Erfurt, 15.10.2013

Pour Dr. Ullrich Hinsel
Merci a vous!!
    Ich bedanke mich
ganz herzlich- für alles!
    Have fun &
    keep smiling

Bridge C. Vargo

Bridge C. Vargo wurde am 1. Juli 1935 in Wiesbaden geboren. Sie ist während der Kriegs- und Nachkriegszeit in verschiedenen europäischen Ländern (Deutschland, Spanien, Frankreich, England) aufgewachsen. Seit 1958 lebte sie in den USA und siedelte 1971 nach Westdeutschland über. In Gießen gründete sie eine Jazzband, die internationale Kleinkunstbühne Ulenspiegel und initiierte 1989 die Einführung von Rikschas in Deutschland. Seit 1990 ist sie Dozentin für Englisch und Motivationstrainerin in Thüringen. Ihre musikalische Leidenschaft gilt Congas und Schlagzeug. Sie hat zwei Töchter und zwei Enkel.

Marianne Schwalbe wurde am 22. Mai 1955 in Berlin geboren. Sie hat Nordeuropawissenschaften studiert und ist diplomierte und in Thüringen vereidigte Übersetzerin für Englisch und Finnisch. Nach den Stationen Marketing Communications und Projektleitung hat sie eine eigene Agentur für Marketing und Sprachen geführt. Heute arbeitet sie als Geschäftsstellenmanagerin bei einem Träger für Jugendhilfe in Erfurt. Das vorliegende Buch ist ihre erste größere Arbeit. Sie ist verheiratet und hat zwei erwachsene Kinder.

BRIDGE C. VARGO   MARIANNE SCHWALBE

frei heraus!

DIE LEBENSGESCHICHTE
DER BRIDGE C. VARGO

2. Auflage Dezember 2011

© 2011 by Bridge C. Vargo & Marianne Schwalbe
Veröffentlicht im Verlag Volkmar Heilbock, Erfurt
www.heilbock-verlag.de
Alle Rechte vorbehalten

Fotos: S. 563 unten © Anett Kulka, alle anderen © privat
Layout, Typografie & Satz: Volkmar Heilbock
Gesetzt aus der Adobe Garamond Pro
Druck und Bindung: FORMAT Publishing GmbH, Jena

ISBN 978-3-00-036739-7

www.freiheraus-dasbuch.de

Für meine Töchter Patty und Chou
und meine Schwester Lory

Auch für meine Freunde, die mir immer beigestanden haben

Inhalt

Prolog 9

Kinderjahre

1935 - 1945 15

Die turbulente Nachkriegszeit

1945 – Bad Harzburg 43
1946 – Fußmarsch über die Alpen 57
1947 – Vigneux-sur-Seine 75
1948 – Gießen 87
1949 – Bromley, Kent 93

Teenager-Zeiten

1950 – Paris - Gießen 99
1951 – Paris 111
1953 – Steven 133

Die neue Welt

1957 – Übersiedlung nach Amerika 163
1960 – Lawton 221
1960 – Pat 227
1963 – New York 241

Kulturzeit

1971 – Gießen 313
1983 – Zwischenspiel in den USA 355
1985 – Nicaragua 371
1985 – Krisenzeit in Gießen 387
1986 – Sowjetunion 399
1986-1989 – Reiseleitung 411
1986 – Erfurt 423
1987 – Spanien 429

Abschluss und Neuanfang

1988 – Gießen 437
1990 – Hessen - Thüringen 455

Frauenpower

1994 – Erfurt 485
1999 und danach – immer wieder Polen 509
2000 – Liebe 519

Schlussworte

Nachtrag 531
Epilog 535
Nachwort von Marianne Schwalbe 537
Nachwort von Bridge C. Vargo 541

Glossar 543

Bilder 545

Prolog

Irgendwann im April 1990 auf dem Wege von Gießen nach Gotha steuere ich meinen Wagen in Richtung Autobahn. Wie zu erwarten war, komme ich in einen Stau. Seitdem die Mauer zwischen den beiden Deutschlands gefallen ist, nimmt sie auf der Autobahn kein Ende mehr – die Blechlawine von Ost nach West und umgekehrt! Irgendwo dazwischen sitze ich und höre meine Lieblingsmusik: Whitney Houston und Tina Turner – ein toller Sound!

Meine Gedanken gehen kurz nach Gießen zurück:

‚Bridge, du lässt 19 Jahre Gießen hinter dir, fährst in eine Zukunft, die spannend sein wird, doch ungewiss ist.' Wieder einmal hatte ich Schiffbruch erlitten. Meine Kleinkunstbühne „Ulenspiegel" an einen jungen Menschen verloren, der alles auf den Kopf gehauen hat. Die Probleme schlugen über mir zusammen, wie Ozeanwellen. Doch irgendwie habe ich in meinem Leben nach Reinfällen immer großes Glück gehabt, einen Schutzengel, um überleben zu können. So war es auch jetzt. Kurz vor dem Ertrinken hatte ich das Angebot nach Gotha in Thüringen zu gehen, um mit arbeitslosen Frauen und Männern die berühmte 41 A Maßnahme durchzuführen - als freiberufliche Dozentin. Ich kannte die DDR von außen. Früher war ich ein paar Mal mit der Gewerkschaft Gießen nach Erfurt eingeladen worden. Ein wenig ahnte ich, was auf mich zukam. Doch wie radikal sich mein Leben nach 56 Jahren ändern sollte, das wusste ich nicht!

Mein Tape ist abgelaufen. Ich schalte um auf Radio, höre eine sympathische Stimme: ‚Radio Thüringen!' Es folgen Musiktitel – amerikanischer Sound, der mich an meine wilden Jahre in New York City erinnert. Es ist unfassbar: So kurz nach der politischen Öffnung haben die Radiosender komplett ihr Programm geändert. So schnell geht das!

Der Stau hat sich aufgelöst. Ein Schild taucht auf: Eisenach – Erfurt – Dresden. Der nächste Wegweiser: Umleitung! Ja, natürlich: Die darf nicht fehlen. Es ist wie im richtigen Leben. Ganz klar liegt der Weg vor dir, und dann kommt doch eine Umleitung. Ich muss einen großen Umweg nehmen – Schritt für Schritt – Stop and Go – bis ich irgendwann wieder freie Fahrt habe. Ich überquere die große Brücke an der Raststätte Eisenach. Sie war noch vor ein paar Monaten die deutsch-deutsche Grenze DDR/BRD. Ich bin hier oft gefahren und in meinem Kopf entstehen die Bilder von damals:

Ein Kilometer Schlange bis zum DDR-Posten. Endlich hatte ich den Kontrollpunkt erreicht. Vor meinem Wagen ein VOPO, strammstehend, mit eiserner Miene und kalter Stimme: „Pass bitte!" Meinen US-Pass in seinen Händen starrte er auf meine Augen, auf mein Passbild und wieder auf den Pass. Dann gab er das Kommando „Weiterfahren!". Ich fragte nach meinem Pass, bekam aber keine Antwort. Er wiederholte nur bestimmter: „Weiterfahren!" Ich machte mir große Sorgen um meinem US-Pass, den ich nach langen Jahren 1966 endlich erhalten hatte! Aber mir blieb nichts anderes übrig als in der Schlange nachzurücken. Dann 100 Meter weiter ein anderer Vopo. Von ihm bekam ich nach kritischen Blicken meine Papiere wieder. Oh Gott! Mir war es immer eiskalt den Rücken heruntergelaufen, wenn ich die Transitstrecke fahren musste.

Heute kann jeder, einfach so, ungestört und frei über die ehemalige Grenze fahren. Ich habe jedes Mal dabei wieder dieses ungute Gefühl, wenn ich kurz vor Eisenach bin. – Grenze – Niemandsland – Menschen, die flüchteten – entweder Glück hatten oder erschossen wurden. Ich ziehe Parallelen zu meiner eigenen Kindheit: 1945 – Besatzungsmächte, Sektorengrenze, schwarz hin und zurück, Angst und Lebensgefahr.

Überall werden jetzt die Autobahnen gebaut. Es geht ‚Aufwärts Ost'. Es müssen schnelle Verbindungen in den Osten hergestellt werden, damit die Geschäfte reibungslos abgewickelt werden können, und dafür wird eben vieles platt gemacht und geteert. Alles für die Brummis.

Whow – ich kann es nicht fassen, ein Trabi überholt mich. Na, der hat Mut! Mein Renault 21 fährt immerhin 120 km/h. Aber was ist das schon – ein Schneckentempo für andere, die mich mit 170/180 überholen.

Auch der kleine Trabi hat es geschafft. Er bewegt sich völlig ungehemmt zwischen den Westriesen und sieht richtig witzig aus auf der Autobahn, so verloren, und trotzdem behauptet er sich wacker. Genau wie im Film: „Herby" auf dem California Freeway. Als Hauptdarsteller im Kino bekam dieser VW-Käfer mit den übernatürlichen Kräften einen Nervenzusammenbruch zwischen den großen US-Schiffen, und doch tauchte er immer wieder auf und fuhr stolz als Sieger davon.

Die sanfte Autobahn West verwandelt sich in ein Waschbrett. Meine erste Station in Gotha ist eine kleine Fabrik namens „Mülana", hergestellt wurde Babywäsche und anderes. Die Maschinen waren total veraltet, doch sie liefen noch ganz gut! Ich stehe wie angewurzelt, sehe mich um, und glaube, 50 Jahre zurückversetzt zu sein. Die Frauen, die bei Mülana arbeiteten, wurden entlassen. Keine Produktion mehr, hieß es. Mit diesen Frauen fängt meine erste Arbeit in Thüringen an.

Ich suche mir ein Zimmer. Es ist gemütlich, sehr klein und hat einen Braunkohleofen. Ich befürchte, dass ich im Schlaf ersticken könnte. Meine Kindheit kommt mir vor Augen. Die Nachkriegszeit: Da hatten wir auch Braunkohleöfen, und ich habe es überlebt. Ich mache mir Mut: ‚Bridge, das schaffst du. Du hast im Krieg und danach in vielen kleinen Zimmern und Wohnungen gelebt' – und trotzdem ist es schwer für mich. Noch vor kurzem hatte ich eine 70 qm-Wohnung mit schönen Möbeln und Bildern voller Erinnerungen.

Ich beschließe, so oft wie möglich zu verschwinden: 'So eingezwängt abends allein in diesem muffigen Zimmer, das hältst du nicht aus. Du musst hier raus, musst was unternehmen. Theater, Oper, Kabarett.'

Und so fahre ich abends oft nach Erfurt, um Kultur zu erleben. Es sind ja nur 27 Kilometer von Gotha. Was ist das schon für eine Amerikanerin?

* * *

Heute war ich in einem Konzert: „Die vier Jahreszeiten" von Vivaldi. Ich liebe Vivaldi.

Jetzt ist es spät: 22 Uhr – dünner Nebel liegt über Erfurt. Die alten Blechmülltonnen qualmen. Braunkohlengeruch liegt in der Luft. Es ist fast gespenstisch in dieser wunderschönen Altstadt. Viele Gebäude sind marode und heruntergekommen, nur einige Häuser renoviert. Die Straßen sind voller Löcher, viele haben Kopfsteinpflaster. Diese Stadt hat einen Hauch von Edgar Allan Poe und Arthur Canon Doyle zusammen – gruselig!

Unter den Bäumen auf der Landstraße ist es gespenstisch. Der Nebel wird dünner, eine Melodie klingt aus dem Radio. Ich habe sie schon so oft gehört: „Yesterday". Immer noch hängt der Braunkohlegeruch in meiner Nase. Ich fange an, ein wenig zu träumen. Langsam reise ich in Gedanken in meine Vergangenheit zurück.

Kinderjahre

1935 - 1945

Es war der 1. Juli 1935 – der Ort: ein Krankenhaus in Wiesbaden, die Zeit: Mitternacht. Ein Blitz, ein Donnerschlag, Wehen, ein Schlag auf den Po, Geschrei – atemberaubend – und Bridge war geboren – mitten hinein in die NS-Zeit – Nazi-Deutschland. Es regierte ein Diktator - ein Wahnsinniger namens Adolf Hitler aus Österreich. Das erfuhr ich aber erst später in meinem jungen Leben. Jetzt wurde ich auf den warmen Bauch meiner Mutter gelegt und konnte mich von den Geburtsstrapazen ausruhen. Ich weiß genau, dass ich ein sehr schönes Baby war. 8 Pfund, blondes Haar und blaue Augen! Wunderschöne blaue Augen, sagte mir Mutter.

An meine ersten vier Lebensjahre, in denen ich hauptsächlich von einem Kindermädchen und meiner Oma großgezogen worden bin, erinnere ich mich nicht so recht. Ich weiß nur, dass ich in eine reiche Familie hinein geboren wurde. Wir wohnten in Frankfurt/Main in der Beethovenstraße 38 gleich am Palmengarten. Ich fühlte mich wohl in dieser Straße, diesem Haus – einem dreistöckigen Patrizierhaus mit großem Garten. Unsere Wohnung war riesig: eine große Diele, Esszimmer, Biedermeierzimmer, Wohnzimmer, Kinderzimmer, das Schlafzimmer meiner Eltern, Kindermädchenzimmer, Klo und Badezimmer. 100 qm waren es bestimmt.

Meine Mutter Karla war eine schöne Frau, groß, blond, blaue Augen. Sie war Modezeichnerin. Mein Vater, Regierungsbaumeister, war ein wenig bieder, kleiner als meine Mutter, ein drahtiger Mann. Er war passionierter Jäger, der die Wochenenden gern auf seiner Jagd im Spessart verbrachte, um ein paar Rehe und Keiler zu schießen! Schrecklich, ich fand es schon als Kind furchtbar.

Besonders geliebt habe ich meine Großmutter, die Mutter meiner Mutter: Emilie, eine echte Hannoveranerin mit viel Charme und Stolz. Meine Oma war mit die wichtigste Person in meiner Kinder- und Jugendzeit.

Zweieinhalb Jahre später bekam ich eine Schwester: Lory. Sie war blond wie ich und hatte blaue Augen. Wir verstanden uns gut, spielten zusammen und waren unzertrennlich.

Schon als Wicht war ich nicht einfach. Immer hatte ich Unsinn im Kopf. Meine ersten Reisen unternahm ich als Dreijährige auf meinem Porzellannachttopf. Wenn Mutter nicht zuhause und das Kindermädchen in der Küche beschäftigt war, machte ich mich auf die große Wohnungsreise. Mit vollem Tempo durch die Diele, in der der große Keilerkopf hing, vor dem ich immer Angst hatte, schnell um die Ecke in das Schlafzimmer meiner Eltern bis zum Frisiertisch meiner Mutter – da war Endstation. Dort saß ich dann auf meinem Reisegefährt und machte alle Schubladen auf. Puder, Schminke... alles holte ich raus, malte mich von oben bis unten an, rutschte zum Stuhl, nahm das Korsett meiner Mutter und legte es um mich, setzte den großen Damenstrohhut auf, in den ich fast bis zum Mund versank – nun fehlten nur noch die Glacéhandschuhe. So saß ich vor dem Schminktisch mit den seitlichen Spiegelklappen. Ich konnte mich von allen Seiten bewundern und spielte die große Dame auf dem Nachttopf. Mir hat das Spaß gemacht, meiner Mutter dagegen gar nicht. Wenn sie mich mit dem so herausgeputzten Gesicht antraf, wurde sie wütend, rief das Kindermädchen und schrie es an, was es denn die ganze Zeit gemacht hätte und nicht aufgepasst hatte auf mich. Ich wurde in mein Kinderbett verdonnert. Natürlich schrie ich wie am Spieß, krallte mich an den Gitterstäben fest und sprang und stampfte vor lauter Wut und Trotz so lange auf meiner Matratze auf und ab, bis das Babybett krachte, der Lattenrost splitterte und meine Mutter kommen musste. Dann war ich glücklich, dass ich es mal wieder geschafft hatte, Aufmerksamkeit von meiner Mutter zu bekommen. Der Lattenrost musste oft erneuert werden.

Die ersten fünf Jahre meines Lebens haben wir in Saus und Braus gelebt. Meine Eltern waren selten zuhause. Vater hatte viele auswärtige Verpflichtungen. Beide gingen viel aus, zu Geschäftsessen oder auf Partys. Meine Schwester und ich wurden vom Kindermädchen versorgt und beaufsichtigt.

Fast jedes Wochenende fuhr unsere Familie Sonntagmorgens auf den Frankfurter Flughafen zum Frühstücken mit hohen Regierungsherren und ihren Anhängseln – den Ehefrauen. Das war ein fester Termin, und auch wir Kinder wurden für diese Gelegenheiten fein angezogen. Ich fand das lästig. Der Flughafen mit den blitzenden Fliegern war natürlich immer die Reise wert und auf das leckere und bunte Frühstück freute ich mich. Aber dass ich mich still und ‚gesittet' benehmen sollte, das war zu viel verlangt. Und vor allen Dingen sollten wir eines: ‚Nicht stören!' Wenn es zum Flughafen ging, fing schon frühmorgens die Schlacht mit dem Kindermädchen an. Von oben bis unten wurde ich schick angezogen: Salamanderschuhe mit Steppchen in beige auf schwarzem Lack, Spitzenkleidchen, Tolle auf dem Kopf mit Schleifchen an den Seiten, grauenhaft! „Briggi – jetzt komm sofort hierher, zieh dein Kleidchen an und die Lackschühchen. Na, wird es bald, die gnädige Frau wartet schon ungeduldig!" Doch das berührte mich wenig. Im Gegensatz zu mir war Lory in ihrem Element. Sie liebte es, und war ganz happy darüber, mitzufahren. Sie war ja auch noch klein.

Wir besaßen einen sehr schicken Wagen, einen silbergrauen Adler mit weinroten Ledersitzen und Elfenbeinsteuerrad. Er gehörte meiner Mutter und wurde morgens aus der Garage, die 30 Meter vom Haus entfernt war, geholt. Gewöhnlich ging ich schon voraus – geschniegelt und gebügelt, spielte noch auf dem Garagenhof und wartete auf meine Mutter. Was war sie für eine schöne, große und elegante Frau. Sie sah wie ein Hollywoodstar aus und wurde oft mit Ingrid Bergman verglichen. Ich war so stolz und liebte sie sehr.

An einem Sonntagmorgen stand ein großer Kohlenwagen, bis oben hin voll mit Eierkohlen auf dem Garagenhof. Direkt vor mir! Er sah so verlockend aus. Kein Thema: Ich musste alles untersuchen. Nichts wie auf den Kohlenwagen klettern und rein in die Kohlen! Meine Mutter, an der Garage angekommen, suchte mich, rief: „Briggi, wo steckst du? Wir wollen fahren!" „Ich komme gleich." Dann versuchte ich aus diesem Kohlengerümpel herauszukommen. Meine Mutter bekam fast eine Herzattacke, als sie mich erblickte: ein Zwerg, schwarz von oben bis unten, ein Minischornsteinfeger! „Wie siehst du denn aus! Das darf doch nicht wahr sein. Sofort kommst du her!" Sie war sehr zornig und zerrte mich nach oben ins Bad. Dort wurde mir erst einmal der Hintern ordentlich versohlt. In solchen Situationen hat meine Mutter nie mit Schlägen und Ohrfeigen gegeizt.

Durch meine Extratour kam die gnädige Frau 1 ½ Stunden zu spät auf dem Flughafen an. Das war für sie ein großes Drama und dementsprechend furchtbar fiel meine Strafe aus. Mein Vater schäumte vor Wut. Er war Regierungsbaumeister und traf hier seine Geschäftspartner und Auftraggeber sozusagen ‚en famille'. Das war ein wichtiger Arbeitstermin. Arme Mutter! Sie hat gewiss Zeter und Mordio zu hören bekommen.

Ich glaube, ich wäre lieber ein Junge geworden. Ich machte dieses Püppchen-Getue nur widerwillig mit. Der größte Skandal, den ich mir auf dem Frankfurter Flughafen geleistet haben soll, geschah als mein Vater Reichsmarschall Göring traf. Es ging um einen lukrativen Bauauftrag für Bad Homburg. Meine Mutter, mein Vater und ich standen geschniegelt und gebügelt auf der Rollbahn und warteten. Nach ein paar Minuten kam eine Gruppe uniformierter Personen auf uns zu. Der eine groß, rundlich, mit Lametta behängt, die Uniform hellblau – Deutsche Luftwaffe. Er lachte wie ein Honigkuchen und streckte uns seine Hand entgegen. Meine Mutter (typisch für Mütter) sagte zu mir: „Jetzt gib dem Onkel die Hand." Göring: „Was für ein süßes Mädchen! Möchtest du mir nicht die Hand geben?" Eigensinnig sagte ich: „Dem Onkel seine Wurstfinger will ich nicht!" „Aber Briggi. Sofort gibst du dem Onkel die Hand!" meine Mutter wurde lauter. „Ich will aber nicht!" Meine Mutter ist fast in Ohnmacht gefallen. Sie beugte sich zu mir herunter, zerrte an meinem Arm und zischte mir noch einmal zu, dass ich brav sein solle! Säuerlich lächelnd verzichtete Göring auf meine Begrüßung. Ich wurde beiseite genommen. Dass ich bestraft wurde, war selbstverständlich. Eine halbe Stunde wurde ich in den Keller gesperrt und schrie das ganze Haus zusammen, bis sie mich wieder herausholten. Ich kann Kellerräume einfach nicht ausstehen!

Meine Mutter hat mir, als ich 20 Jahre alt war, diese Geschichten erzählt. War dieser Offizier wirklich Göring? Ich weiß es nicht.

Später ging ich mit Mutter zum Sonntagsfrühstück ab und zu in das Café Esplanade an der Oper. Dort hat es mir gut gefallen. Das war ein vornehmer Ort mit Gold, Bemalungen und den tollen alten Leuchten. Aber da war ich schon ein paar Jahre älter.

Am 1. September 1939 überfiel Hitler Polen, und der zweite Weltkrieg brach aus.

An manchen Wochenenden sind wir auf die Jagdhütte in den Spessart gefahren, eine wunderschöne Landschaft bei Gelnhausen. Ich freute mich immer, wenn wir dorthin fuhren. Der Wald ringsum und mehr Freiheiten als in der Stadt, herrlich für einen Racker und Wildfang wie mich! Die Hütte stand mitten im Wald, in der Nähe eines Baches. 2007 habe ich diese Hütte zum ersten Mal wieder besucht - nach über 60 Jahren. Sie stand noch, und ich konnte mich gut an den Geruch von damals erinnern.

Vater Hans ging abends gern auf seinen Hochsitz. Dort saß er nächtelang und wartete auf Wildsäue, die im Kartoffelacker wühlten. Wenn sie kamen, schlug seine große Stunde. Dann war er dran und schoss sie nieder, die armen Säue. Oma erzählte gern die Geschichte, von dem totgeschossenen Keiler, der den Hans zum Rennen brachte. Das Schwein war auf dem Acker zusammengebrochen. Hans ging hin, um zu schauen, ob er richtig getroffen hatte. Als er sich dem bewegungslosen Tier näherte, sprang der Keiler auf und jagte hinter Hans her. Der hätte in dieser Nacht alle Goldmedaillen im Rennen gewonnen, so schnell war er an dem Hochsitz wieder angelangt, um dem Keiler zu entkommen. Es muss ein Bild für die Götter gewesen sein, sagte Oma.

Wenn Hans auf die Jagd ging, dann begleitete ihn unser Dackel Asta. Die Dackeldame war zur Jagd abgerichtet. Aber in der Woche lebte sie mit in unserer Wohnung. An einem Osterfeiertag hatte das Dienstmädchen den Tisch im Esszimmer mit einer riesengroßen Wurstplatte eingedeckt. Es roch verführerisch nach allen Arten von Aufschnitt. Ich hatte riesigen Hunger, schlich mich an den gedeckten Tisch und stibitzte die Platte als keiner im Zimmer war. Weg war sie! Als Mutter in des Esszimmer kam und die Aufschnittplatte vermisste, rief sie ganz laut nach dem Dienstmädchen: „Sagen Sie, wo ist die Platte! Warum steht sie noch nicht auf dem Tisch? Wir wollen mit dem Frühstück beginnen!" Das Mädchen kam ganz entsetzt aus der Küche gelaufen, wurde weiß im Gesicht und stammelte: „Aber – gnädige Frau, ich habe vor ein paar Minuten den Aufschnitt auf den Tisch gestellt!" „Das kann nicht sein – wo ist er denn!" „Das verstehe ich auch nicht!" Keiner konnte sich denken, was mit dieser Wurstplatte geschehen war. „Wo ist eigentlich Briggi?" Auch ich war nirgends zu finden, und sie ahnten wohl einen Zusammenhang, denn sie suchten die ganze Wohnung ab, eine Weile vergebens. Bis sie an unserem Schuhschrank vorbeigingen. Da hörten sie leise eine Stimme sagen: „Eine für dich, und eine für mich. Friss nicht so schnell, hörst du!" Sie öffneten die beiden Türen des Schranks. Zwischen den Schuhen saßen rechts Briggi, links Asta – die große Aufschnittplatte lag in der Mitte. Die Hälfte war schon weg geputzt. Es muss ein Bild für die Götter gewesen sein. Wir beide kauten gerade die letzten Happen herunter. Es gab einen Riesenskandal mit Teppichklopfer und allem Drum und Dran! Nach der Tracht Prügel wurde ich in mein Bett gesteckt. Ich heulte und schrie, riss an meinem Gitterbett, stampfte, trampelte und hüpfte mit aller Wut auf der Matratze umher, bis eine Latte brach, und ich herausgenommen und endlich getröstet wurde.

Wenn wir Milch brauchten, schnappte sich Oma unsere Milchkanne, fasste mich an der Hand und wir spazierten hinunter ins Dorf zum Bauern. Einmal, auf dem Rückweg, hörten wir ein Geschrei so hoch und schrill, dass wir uns sehr erschrocken haben. Wir stürmten mit der schweren, gefüllten Kanne in der Hand in die Stube eines am Wege liegenden Bauernhofs, denn von dort kam das Gekreische. Die Bäuerin sprang mit panisch erhobenen Händen auf dem Tisch herum: „A Mous, a Mous. Kumm her, kumm schnell!" Mit großen Sprüngen kam der Bauer zur Tür hereingestürmt, durchforschte mit seinen Blicken die ganze Stube und fand keine Maus. „Ajeh, wo is dann de Mous?" „Nu hier isse doch! Unter mein Rock! Unter mein Rock!" Er hob den Rock hoch, packte die Frau mit seinen großen Händen an der Hüfte und zog nach einigen vergeblichen Versuchen die Maus unter ihrem Rock hervor. Kurz zuvor noch hatte die Bäuerin auf ihrem Schemel am Tisch gesessen und Erbsen gepult. Die neugierige Maus, angelockt durch den leckeren Geruch, hatte den schnellsten Weg nach oben nehmen wollen, direkt über die Beine der Bäuerin. Unvermittelt waren beide unter großem Lärm auf dem Tisch gelandet. Das Theater war weder der Maus noch der Bäuerin gut bekommen, wobei sich die Frau garantiert bald wieder aufgerappelt hat. Die Maus erholte sich nicht mehr davon. Wir standen daneben und lachten uns kaputt.

Eines Morgens ging ich allein ins Dorf Milch holen. Ich kam an einem Bauernhof vorbei und blieb wie angewurzelt stehen. An der Scheunentür hing ein Reh, kopfüber an seinen Hinterpfoten aufgehängt. Sein zarter Körper war aufgeschlitzt, um ihn auszuweiden. Es war schon tot, doch für mich als 5-jährige war es das größte Drama. Ich fing furchtbar an zu weinen. Dieser Anblick hat mich bis heute nicht losgelassen.

Ich habe mir schon als Kind Gedanken gemacht, warum Menschen Lust am Jagen und Ausweiden haben. Was hatten diese Tiere ihnen getan?

Tatsächlich musste ich später in meinem Leben mit großer Traurigkeit und Empörung erfahren, dass die Lust am Jagen nicht so furchtbar ist, wie die Lust am Morden von Millionen von Menschen. Ich habe es bis heute nicht begriffen, warum viele Männer so gewalttätig sein können.

Wir wohnten in Frankfurt. Der Krieg hatte seinen Weg Richtung Russland genommen. Für mich ging die Zeit ohne Probleme dahin. Uns fehlte es an nichts. Auch zu Weihnachten war es wie in Friedenszeiten. Zur Vorfreude gab es einen kleinen Adventskalender, an dem ich jeden Tag mit wachsender Spannung ein Türchen öffnen durfte. Bis zum Weihnachtstag erschienen dahinter kleine Bildchen mit Weihnachtsmotiven.

Am Heiligabend hatte das Kindermädchen alle Hände voll zu tun mit mir und meiner Schwester. Ich hüpfte schon den ganzen Tag durch die Wohnung und war nur kurz still vor Staunen, wenn um 17 Uhr die hohe Tür zum Biedermeierzimmer ganz langsam aufging. Ein riesengroßer Tannenbaum stand dort in seinem vollen Glanz und funkelte und blitzte, dass es nur eine Freude war. Darunter war das große Puppenhaus aufgebaut, das, wie ich später herausbekam, den ganzen Rest des Jahres auf dem Speicher oben stand. Geschenke bekamen wir mehr als genug. Die Puppen, die ich bekam, interessierten mich nicht. Ich stürzte mich lieber gleich auf Auto, Flugzeug oder Baukasten. Es waren Tage in Saus und Braus.

Wir hatten immer noch unseren schönen Adler, den Wagen, der mir so imponierte. Aber in dieser Zeit wurden alle Autos in den Krieg gezogen – auch unseres. Eines Morgens tauchte ein Offizier der Wehrmacht auf. Er zog einen Zettel hervor, reichte ihn meiner Mutter und sagte: „Gnädige Frau, wie Sie sehen wurde mir Ihr Auto zugeteilt. Ich bin gekommen, es abzuholen." Sie gingen zur Garage, das Auto wurde herausgeholt, und ich hörte ihn fragen: „Sie haben da einen goldenen Christophorus in Ihrem Auto. Darf ich ihn mit an die Front nehmen - als Talisman? Wenn mir und dem Wagen was passieren sollte, dann verspreche ich Ihnen, dass Sie den Christophorus wieder bekommen. Ehrenwort!" Meine Mutter sagte zu. Unser Struppi – so war der Kosenamen unseres Autos – fuhr davon. Meine Mutter und ich trauerten um diesen Verlust. Er war ihr Lieblingsspielzeug gewesen. Nach nur vier Monaten kam die Plakette zurück. Wir wussten, dass der Offizier gefallen und Struppi zerfetzt worden war – irgendwo in Russland. Dieser Offizier muss wohl ein Liebhaber meiner Mutter gewesen sein, denn ihre Trauer war groß – zu groß, um nur dem Adler zu gelten!

Im Rahmen der Kinderlandverschickung kam ich, wie viele andere Kinder, in ein Heim weit weg von Frankfurt. Mutter sah ich eine ganze Zeit nicht. Wo war sie? Nur meine Oma besuchte mich mit meiner Schwester Lory in dem Kinderheim. Ich kann mich nur an einige kleine Episoden aus diesem Kinderheim erinnern.

Im Heim herrschte ein strenges Regime. Ab 22 Uhr durfte keiner mehr auf die Toilette gehen. Für den Fall der Fälle hatten wir einen Topf aus Blech im Nachttisch stehen. Aber, wenn es über mich kam, schlich ich auf Zehenspitzen die große Treppe hinunter (wie im Krimi) zum Klo - vor allem, wenn ich wegen meines nervösen Magens Durchfall hatte. Meist ging es gut, aber wehe, ich wurde von der Aufseherin bei meinem Nachtgang ertappt. Dann gab es Strafe!

Eines Nachts hörte ich ein Geröchel neben meinem Bett. Ich machte die Lampe an... Ein Geschrei, als ob ich am Spieß gehangen hätte. Vier Augen sahen sich an, meine zwei und die anderen zwei gehörten einer großen dicken Ratte, die auf meinem Nachttisch saß. Vor lauter Geschrei machte sie sich schnellstens aus dem Staub. Alle im Schlafsaal waren aufgewacht. Die Aufseherin kam hereingestürzt und donnerte: „Was ist denn hier los?" Ich schrie immer noch wie am Spieß. Irgendwie sagte meine Stimme: „Eine Ratte, eine Ratte auf meinem Nachttisch - da...da...". Die war natürlich längst über alle Berge. Ich wurde böse angezischt - wie immer. „Ungezogene Göre", hörte ich die Aufseherin sagen, „ immer gibt es Ärger mit dir. Jetzt mach das Licht aus. Hör auf mit deinen Fantasien. LICHT AUS aber ein bisschen schnell!" Sie verschwand. Doch das Licht blieb für den Rest der Nacht an!

Abends, wenn es ins Bett ging, fiel es mir schwer, einzuschlafen. Ich gewöhnte mir an, mit meinem Kopf hin und her zu rollen, erst langsam, dann schneller – bis ich einschlief.

Mitten in so einer Nacht tat es einen Schlag. Es wurde hell draußen, und alles rannte durcheinander. Eine Stimme rief: „Raus, raus, schnell raus, es wird bombardiert – los, los, los, in den Graben rein, kommt, kommt." Wir hatten es vorher oft geübt. Ich wusste, was zu tun war: Schuhe an, Nachttischtür auf, Pinkelpott greifen und auf den Kopf stülpen. Wir rannten was das Zeug hielt, bergab, in den Graben rein. Eine Hand hielt den Nachttopf auf dem Kopf fest, mit der anderen drängelte ich das Mädchen vor mir, schneller zu laufen. Vor lauter Angst wurde mir erst nach ein paar Minuten im Graben klar, dass ich von oben bis unten nass war. Mein Blechpott war gut gefüllt gewesen. Igittigitt! Doch in diesem Moment war mir alles egal gewesen. Ich hatte nur Angst: das Blitzen, die Einschläge, der Druck. Es war nicht unmittelbar bedrohlich für uns gewesen, aber fürs erste Mal hatte es gereicht.

Kurze Zeit nach diesem Erlebnis kam meine Oma und holte mich ab. Wir fuhren nach Kirdorf. Es gefiel mir immer wieder, in dieses schöne Dorf in Hessen zu kommen – vor allem wegen der Natur - viel Wald, Äcker und Tiere. Hier konnte ich herumstromern und die Freiheit genießen. Meinen Opa habe ich nie kennen gelernt. Er muss schon am Anfang des ersten Weltkrieges gefallen sein, denn er hat die Geburt meiner Mutter nicht mehr erlebt. Schon jahrelang liebte Oma einen Pfarrer –– es war eine unglückliche Liebe. Sie fuhr oft zu ihm. Doch öffentlich ist es nie geworden.

Eines Tages fragte ich: „Omi, wo sind Mutti und Lory, was macht Vati? Ich habe sie so lange nicht mehr gesehen!" Zwei Sätze mussten reichen: „Deine Mutter muss arbeiten. Ich habe einen Brief von ihr, dass sie dich bald holen kommt." „Ja, und Lory – warum ist Lory nicht hier?" fragte ich weiter. Die Antwort kam zögernd: „Lory ist in Bad Homburg beim Vati." Ich gab mich damit zufrieden, und wartete ungeduldig, dass meine Mutter mich aus Kirdorf abholen würde. Doch bis dahin dauerte es ein paar Monate.

Morgens ging ich gleich in den Kuhstall. Ich wollte unbedingt das Melken erleben, dann ab in den Schweinestall oder zu den Hühnern und Gänsen.

Mitte 1942 kam meine Mutter. Ich war ganz aus dem Häuschen. Meine Gedanken spielten mit mir. Sie sagten: ‚Jetzt kommt die Mutti und holt dich, du wirst wieder mit der ganzen Familie zusammenkommen.'

Meine Mutter stand für mich ganz oben auf einem großen Sockel – wie eine Göttin. Sie war so schön und beeindruckte nicht nur mich, sondern auch die Männer und Frauen in ihrer Umgebung. Ich freute mich wie verrückt und lachte und tanzte durch Haus und Hof. Doch bald brachen meine Illusionen wie ein Kartenhaus zusammen. Mutti war nur kurz da. Sie musste weiterfahren. Wohin? Ich wusste es nie und war todunglücklich, weder meine Schwester noch Vater und Mutter zu sehen. Immer hörte ich nur Versprechungen: „Briggilein, bald hole ich dich ab. Dann sind wir zusammen!" Doch jedes Mal musste ich lange warten.

Obwohl ich bei meiner Oma gut aufgehoben war, hatte ich furchtbare Sehnsucht nach meiner Mutter und meiner Schwester.

Aber irgendwann kam dann endlich meine Mutter wieder zu mir. Sie sah sehr krank aus. Wir fuhren zusammen nach Frankfurt in die Beethovenstraße. Meine Enttäuschung war riesengroß, denn in der Wohnung wartete keiner auf uns – weder meine Schwester noch mein Vater. Durch die Bombardierungen, die sich langsam verstärkten, und wegen unserer ständigen Reisereien hatte ich wenig Gelegenheit darüber nachzudenken, was mit dem Rest unserer Familie geworden war.

Mutter hatte eine beste Freundin – Tony. Sie war eine interessante Frau und meistens bei uns in der Beethovenstraße oder mit auf Reisen. Ich mochte sie sehr und trotzdem war ich eifersüchtig, wenn sie sich mit meiner Mutter tuschelnd unterhielt, und ich nur abseits stand. Ich wollte unbedingt dazu gehören, ernst genommen werden. Ich war schließlich kein kleines Kind mehr mit meinen 7 Jahren! Mir ist erst nach vielen Jahren so richtig bewusst geworden, wie sehr ich Frauen geschätzt habe, schöne interessante Frauen.

Eines Abends drängte meine Mutter völlig aufgelöst: „Wir müssen sofort aus Frankfurt weg. Ich habe das Gefühl, die Stadt wird heute Nacht bombardiert. Briggi, pack deinen Rucksack, komm schnell, wir müssen hier weg. Los, los."

Ich hastete hinter ihr her, so schnell ich konnte. Bevor ich mich versah, waren wir mitten in der großen beeindruckenden Halle des Frankfurter Hauptbahnhofs. Dort ließ mich Mutter mit dem Gepäck in der Halle stehen und verschwand mit den Worten: „Du rührst dich nicht von der Stelle, hast du gehört?" Sie wollte mit Tony telefonieren, die zu dieser Zeit im Hotel Frankfurter Hof wohnte. Völlig außer sich kam sie zu mir zurück, Tränen in den Augen. Ich fragte: „Was hast Du, Mutti? Warum weinst Du?" Sie antwortete mir nicht. Sie war wütend und traurig zugleich.

Tony hatte nicht mit uns kommen wollen und fand die Panik meiner Mutter total überzogen. Was sollte das? So schlimm würde es schon nicht werden, hatte sie gesagt. Und: ich habe hier noch zu tun, fahrt schon vor, ich komme nach. Tony war fest entschlossen zu bleiben.

In der Nacht wurde die Stadt tatsächlich bombardiert. Ein Volltreffer traf den Frankfurter Hof. Tony starb damals.

Mutter hatte immer den 7. Sinn. Sie spürte, wenn es eine Bedrohung gab. Das sollte später lebensrettend sein. Für Tony war es zu spät. Mutter hat sie nie vergessen, und ich auch nicht.

Unser Weg führte nach Düsseldorf, unsere Adresse Graf-Adolf-Straße 89, gleich in der Nähe vom Bahnhof. Düsseldorf war eine elegante Stadt. Die Königsallee war damals die Promenadenallee mit den besten Geschäften. Eine kurze Zeit war alles gut.

Als Kind war ich eine ausgesprochene Deutschland-Anhängerin. Ich hasste die Amerikaner und Engländer, die abwechselnd unsere Städte bombardierten, wusste nicht, warum sie das taten. Wenn Mutter mich zum Einkaufen schickte, lief ich zum Laden und schrie mit klackenden Hacken „Heil Hitler" – rechter Arm ausgestreckt. Ich hörte oft und gern die Reden von J. Goebbels. Die Ideen der Nazis waren mir fest eingebrannt. Alle, die gegen das große Reich opponierten, waren meine Feinde. Ich fand alles herrlich. Wir waren die Weltmacht. Und ich war stolz darauf dazu zugehören.

Wenn Soldaten auf Urlaub kamen und sie gefragt wurden, wie es denn an der Front sei, bekam man keine freimütige Antwort, denn jede Information aus den Kriegsgebieten, konnte ein Grund zur Verhaftung sein. Meistens war es dann ein Rendezvous mit der Gestapo. Was das bedeutete, war vielen Erwachsenen klar, aber einem Kind von 8 Jahren nicht .Ich erinnere mich, dass an jeder Ecke die großen Plakate „Feind hört mit!" hingen (eine kleine Tür, ein langer gelber Lichtstrahl und ein überdimensionaler Schatten eines Mannes in Trenchcoat und Hut – darunter stand der Spruch). Die Hitlerjugend blühte, und Eltern konnten sich nicht einmal mehr vor ihren Kindern sicher fühlen. Viele zeigten die eigenen Eltern, wenn diese sich gegen den Staat oder Hitler äußerten, aus Patriotismus an. Von der Verfolgung der Juden habe ich nicht viel mitbekommen. Hier und da wurde zwar gemunkelt, dass wieder eine Familie verschwunden war. Doch wohin sie kamen, wusste ich nicht. Meist wurde gesagt, sie seien in ein Arbeitslager gekommen, um Waffen herzustellen oder einige ins Gefängnis. Ich hatte andere Sachen im Kopf und machte mir mit 8 Jahren keine Gedanken, was mit diesen armen Menschen passierte. Ich wusste nur, dass meine Heimat zerbombt wurde von den bösen Engländern und Amerikanern. Deutschland war das gute Land, das sich gegen seine Feinde in Russland, Polen, Frankreich, Holland, Belgien etc. heldenhaft verteidigte. Mein Hass gegen den Feind wurde noch mehr verstärkt, als ich eines Tages meine Mutter fragte: „Mutti, wo ist Lory, warum sehe ich sie nicht? Wo ist sie? Ich vermisse sie so!" Die Antwort meiner Mutter war für mich ein Desaster, und ich bekam einen Weinkrampf. Ich wollte es nicht glauben. Eine ganze Woche lang konnte ich mich nicht beruhigen.

Die Antwort war: „Sie ist tot, in einem Bombenangriff umgekommen."

Meine Schwester Lory sollte tot sein, das konnte doch nicht wahr sein. Doch wurde es mir immer und immer wieder gesagt und irgendwann glaubte ich es. Von meinem Vater hatte ich lange nichts mehr gehört, und Oma sah ich nur selten. Wenn ich sie nach meiner Schwester fragte, druckste sie herum.

Eines Tages erhielt Mutter einen Brief von einer Behörde, in dem stand, dass sie als Straßenbahnschaffnerin verpflichtet wurde. Das wollte meine Mutter auf gar keinen Fall. Sie musste etwas anderes finden, etwas Kriegswichtiges. Sie fragte eine Freundin, ob sie mit im Theater arbeiten könnte – Fronttheater. Und wieder war sie weit weg, und ich kam zu Oma. Ein paar Monate später kam Mutter von irgendwoher aus den Ostkriegsgebieten mit Typhus zurück. Sie musste lange Zeit ins Krankenhaus. Der Typhus hinterließ einige Narben in ihrem schönen Gesicht. Und doch, sie hatte nichts von ihrer Schönheit verloren. Ich fragte Mutter: „Wo bist du die ganze Zeit gewesen?" Sie sagte zögernd: „In Polen und in Russland!" Ich wollte es genauer wissen: „Was hast du da gemacht?" „Ich habe am Fronttheater gearbeitet als Maskenbildnerin." Das war 1943. (Im gleichen Jahr wurde das Warschauer Ghettos vernichtet.)

Wie ich viel später von meiner Mutter erfuhr, hatte sie in Warschau miterlebt, wie SS-Soldaten Juden erbärmlich misshandelt hatten. Sie wurden geschlagen, verspottet, getreten, an den Haaren gezogen, erschossen. Alles wurde ihnen weggenommen, selbst den Hungernden das, was sie zum Essen gefunden hatten, weggerissen. Und die SS-Soldaten und Offiziere standen da, lachten und machten eifrig Fotos zur Erinnerung. Dieses ganze Grauen hatte sie mit ansehen müssen.

Ich bin fest überzeugt, dass meine Mutter nach diesen Erfahrungen angefangen hat, Widerstand zu leisten, obwohl sie mir nie davon erzählt hat.

Mutter hatte sich sehr verändert. Sie war ernster geworden und fing an, abends ganz leise den verbotenen englischen Sender BBC zu hören, ihr Ohr fest an den Volksempfänger gepresst. Wenn es herausgekommen wäre, meine Mutter hätte den Rest ihres Lebens im KZ verbracht. Ich war – Gott sei dank – nicht so weit verdorben, dass ich meine Mutter angezeigt hätte, oh nein – ich liebte sie viel zu sehr, um das zu tun.

Ich war zwar stolz Deutsche zu sein, aber so weit ging der Stolz dann doch nicht. Ich hörte ab und zu mit oder musste manchmal vor die Tür gehen, um zu horchen, ob das Radio nicht zu laut war. Ich kann mich noch gut erinnern, dass im BBC verschlüsselte Codenamen durchgesagt wurden. Ich hörte immer öfter Mutters Stimme sagen: „Hoffentlich ist der Krieg bald aus." Ich wollte davon nichts hören, meine Antwort war: „Wir werden den Krieg gewinnen! Und so lange wird gekämpft!"

Manchmal waren Mutter und ich in Frankfurt, dann wieder in Düsseldorf.

Für mich gab es schon lange keine Schule mehr. Ich hatte nur Privatunterricht. Die meiste Zeit des Tages war ich allein, da Mutter sich um ‚Dinge' zu kümmern hatte.

Zu dieser Zeit wurden schon Lebensmittelkarten ausgeteilt, doch Mutter brachte zusätzlich viele leckere Sachen nachhause. Wir hatten immer genug zu essen. Ich fragte nicht, wo das alles herkam, denn es war selbstverständlich. Ich hatte keinen vertrauensvollen Kontakt zu anderen. Das Misstrauen untereinander war riesengroß. Wir blieben immer nur kurze Zeit in einer Stadt, zu kurz für mich, um Freundschaften zu schließen und Vertrauen aufzubauen. Nach dem Krieg erzählte mir Mutter, dass sie damals viele Liebhaber hatte, die uns mit den Leckereien versorgten. Ich kann mich nur schwach an Männer in der Wohnung erinnern.

Eine Bekanntschaft aber hat großen Eindruck auf mich gemacht. Oberst Karl war Angehöriger der Luftwaffe, ein großer blonder blauäugiger Mann, gerade so, wie sich Hitler Männer vorgestellt hat, die das tausendjährige Reich bauen. Ich nannte ihn Onkel Karl. Er sah phantastisch aus in seiner Fliegeruniform. Oft trug er eine Lederjacke mit Pelzkragen und pelzgefütterte Stiefel. Onkel Karl war irgendwo in Norddeutschland auf einem Fliegerhorst stationiert. Er war Pilot und flog gegen England, Russland, Frankreich und Holland. Er war sehr nett zu mir, brachte immer Geschenke mit. Es war ein großes Ereignis, als er mir meine ersten Lederschuhe schenkte. Schuhe aus echtem Leder konnte man eigentlich gar nicht bekommen.

Aussichtslos! Stolz wie Oskar lief ich mit meinen neuen Schuhen durch die Wohnung.

Eines Abends in der Graf-Adolf-Straße in Düsseldorf saßen wir beim Abendbrot. Meine Mutter war sehr nervös. Ich hörte sie sagen: „Briggi gehe jetzt ins Bett. Es ist schon spät." Ich war brav, sagte: „Gute Nacht." und verschwand.

Wir waren allein in der großen Wohnung. Mein Zimmer war ziemlich geräumig und beide Fenster mit dichten schwarzen Papierrollos verdunkelt, damit das Licht nicht nach draußen durchschien.

(Die Häuser oder Wohnungen mussten verdunkelt werden, damit die feindlichen Flieger keine Lichtpunkte zur Orientierung hatten. Die Luftschutzwarte achteten darauf, dass jede Wohnung verdunkelt war. Es gab oft Luftschutzübungen (rein in den Keller, raus aus dem Keller, rein in den Keller, raus aus dem Keller!) Und immer wieder diese furchtbare Sirene, kurz: Fliegeralarm, lang: Entwarnung.)

Wir hatten gelernt mit Fliegeralarm umzugehen. Die Sachen wurden so, wie ich mich auszog (erst das Kleid, dann das Unterhemd, Schuhe, Socken, Unterhose) ordentlich gestapelt, damit das Anziehen im Dunkeln schneller ging. Wenn dann die Sirene dröhnte, war ich in einer halben Minute fertig. Ich war an diesem Abend todmüde, lag in meinem Bett, rollte mit meinem Kopf hin und her, bis ich schlief. Dann geschah es: Dröhnendes Krachen, mein Bett knallte gegen eine Wand, das ganze Verdunklungspapier landete auf mir. Ich konnte nichts sehen und schrie wie am Spieß nach meiner Mutter. Ein Einschlag nach dem anderen, es blitzte und qualmte und überall war unerträglicher, lebensbedrohlicher Krach. Ich spürte einen Arm um meine Taille, wurde aus dem Bett gerissen. Ich landete in der Umklammerung meiner Mutter, die mit mir das Treppengeländer bis in den Keller herunterrutschte. Auf den Treppen kamen uns panisch quietschend Ratten entgegen, ein Horror. Ich schrie und schrie, bis wir im Keller ankamen.

Alle Hausbewohner und Leute von der Straße saßen da und starrten meine Mutter an. Fast splitternackt stand sie da, mich unterm Arm wie ein Paket. Sie zitterte vor Kälte und Anspannung. Ein Mann legte ihr eine Decke um den Körper und sagte: „Nehmen Sie die Decke, gnädige Frau." Wir setzten uns in eine Ecke und hörten, wie eine Frau vor sich hin betete: „Bitte, oh Herr, schütze unseren Führer. Bitte, oh Herr!" Meine Mutter rastete aus. Sie schrie: „Beten Sie lieber für die unschuldigen Menschen, die überall sterben müssen. Dem Führer haben wir es zu verdanken, dass wir in dieser Scheiße sitzen!" Alle waren wie gelähmt, und Mutter dachte wahrscheinlich: ‚Warum konnte ich nur meinen Mund nicht halten! Jetzt ist alles aus! Morgen werde ich von der Gestapo abgeholt.' Sie war fix und fertig.

Endlich kam die Entwarnung. Wir konnten wieder nach oben. Es waren in dieser Nacht viele Luftminen, Brandbomben und anderes abgeworfen worden. Düsseldorf war ein Volltreffer für die Briten. Ich sehe es noch vor mir: Auf der anderen Straßenseite war ein Tabakladen. Ein Baby war mit seiner Wiege vom ersten Stock in den Tabakladen auf die Theke gestürzt. Es war am Leben und schlug mit seinen kleinen Händchen schreiend gegen die große Fensterscheibe. Die Feuerwehr kam schnell, und das Kleine wurde – Gott sei Dank – gerettet.

Bei uns sah es wüst aus. Meine Mutter hatte nur einen Gedanken – nichts wie weg hier, gleich in der Früh! Wir packten unsere Sachen, nahmen den Zug und fuhren Richtung Leipzig, wo meine Oma jetzt lebte.

Am dritten Dezember kamen wir in Leipzig an. Es war schon spät und total dunkel. Wir nahmen die Straßenbahn. Doch bereits auf dem Weg zu meiner Oma heulten die Sirenen. Fliegeralarm! Sofort stoppte die Bahn und alle mussten raus. Wir wurden von einem Luftschutzwart in einen Hochbunker geschickt. Dieser Bunker sah sehr ungewöhnlich aus, wie eine überdimensionale Betonzigarre. Man sagte uns, dass diese Bunker die sichersten wären bei Angriffen. Wir setzten uns irgendwohin, wo es zwischen den Menschen eine Lücke gab. Der Bunker war voll von Wand zu Wand. Kindergeschrei, betende Mütter mit ihren Kindern, Männer auf Koffern und Taschen sitzend, Mantelkragen hochgestülpt, abwartend.

Doch so schnell, wie der Alarm ausgelöst wurde, so schnell kam die Entwarnung. Meiner Mutter war es nicht wohl. Irgendetwas störte sie. Sie hatte nur einen Gedanken – nichts wie weg und zu Oma.

Oma wohnte in einem kleinen Vorort von Leipzig, in einem Privathaus, zwei Stockwerke hoch. Oben lebte eine Familie mit Kind, unten Oma. Ein großer Garten lag hinter dem Haus und darin ein tiefer Betonbunker unter der Erde. „Wurde erst vor ein paar Monaten gebaut", sagte Oma.

Sie hatte sich große Sorgen um uns gemacht, weil wir ständig unterwegs waren, um den Bombardements auszuweichen und sie lange nichts von uns gehört hatte. Jetzt waren wir bei ihr und sicher aufgehoben, freute sich Oma. Wir aßen Abendbrot, unterhielten uns noch eine Weile, waren bester Laune, doch meine Mutter ließ ein unbehagliches Gefühl nicht los. Oma fragte: „Was hast Du, Kind, Du bist so nervös?" Meine Mutter sagte: „Ich weiß nicht. Ich habe das Gefühl, dass irgendetwas heute Nacht noch passiert." Oma: „Hier seid Ihr sicher. Leipzig ist noch nie angegriffen worden." Wir waren von der langen Fahrt todmüde und verschwanden in den Betten. Mitten in der Nacht, ich weiß nicht, wie spät es war, ertönte Fliegeralarm von allen Seiten der Stadt. Ein furchtbares Getöse! Meine Mutter sprang aus dem Bett, ich raus, noch nicht einmal eine Minute und wir waren angezogen. Mutter rannte auf dem schnellsten Wege zu Oma ans Bett. Die schlief fest. Oma wurde von Mutter gerüttelt und geschüttelt. Da sagte Oma wieder: „Karla, was machst du da. Lass mich schlafen. Die fliegen über Leipzig nach Berlin. Berlin wird die ganze Zeit schon bombardiert. Das ist ihre Flugroute." Mutter: „Nein, nein, jetzt komm schnell mit!" Oma: „Höre auf, ein Hasenfuß zu sein. Wenn ihr in den Bunker gehen wollt, dann geht." Aber Mutter ließ nicht locker. Zitternd und weinend stand ich zwischen beiden während meine Mutter immer lauter schrie, befahl, bis Oma dann doch mitkam. Mutter rannte nach oben, trieb die Familie, die dort wohnte und uns durch die Waschküche, durch den Garten in den Bunker hinein. Wir standen wie angenagelt da drin, und lauschten den Geräuschen draußen. Die ersten fünf Minuten passierte nichts. Wir öffneten die Tür ein wenig und schauten in den Himmel. Es funkelte über ganz Leipzig. Feindliche Flieger hatten sogenannte Christbäume abgeworfen, Leuchtmittel, die wegen ihres Aussehens von allen so genannt wurden und deren Aufgabe darin bestand, die Ziele für die folgenden Bomber zu erleuchten. Gleich darauf fielen auch schon die ersten Bomben.

Dann gab es eine gewaltige Explosion. Sie konnte nicht weit von uns gewesen sein, denn wir wurden in den Bunker reingepresst. Eine Luftmine war irgendwo explodiert. Es ging Schlag auf Schlag. Brandbomben und nochmals Brandbomben. Bei jedem Einschlag wurden wir hoch geschleudert. Ich umklammerte meine Mutter. Oma saß ganz dicht neben uns und hielt sich die Ohren zu. Dieses Bombardement dauerte eine halbe Ewigkeit, und Leipzig war danach flach wie ein Pfannekuchen. Wir warteten bis die Entwarnung kam. Die ganze Stadt war in Flammen aufgegangen. Wir hörten Feuerwehrsirenen. Es war ein gespenstischer Anblick. Die Luft war voller Qualm. Es roch erbärmlich.

Wir wagten uns langsam aus der sicheren Deckung und liefen vorsichtig mit dem Blick zum Himmel zum Haus. Viel Putz war heruntergekommen, Schränke und Regale umgefallen, überall Staubwolken und Chaos. Im Schlafzimmer meiner Oma war fast die ganze Decke heruntergekommen, ein riesiger Brocken lag auf ihrem Kopfkissen. Wenn Oma im Bett geblieben wäre, würde sie in dieser Nacht ums Leben gekommen sein. Sie war nachträglich noch vollkommen starr vor Angst, und alle bedankten sich bei Mutter, dass sie sie überzeugt hatte, in den Bunker zu gehen. Wir blieben nur noch wenige Stunden. Mutter überredete Oma, mit uns zu kommen. Sie hatte genug von Städten.

Mutter sagte: „Ich habe eine Freundin in Bad Harzburg. Sie wird uns bestimmt aufnehmen."

Oma stimmte zu. Wir packten unser wenig Hab und Gut. Der Mann von oben fuhr uns auf seinem kleinen Lieferwagen durch die Stadt. Es war grauenvoll. Ringsum brannte es immer noch. Rauchschwaden standen über den Straßen. Verkohlte

Leichen überall. Die Leute schaufelten die geschrumpften Körper mit großen Schippen auf die Lastwagen. Sanitätsautos rasten durch die Stadt. Verwundete lagen auf den Straßen. Tote Pferde, Hunde. Mütter suchten ihre Kinder und Kinder suchten ihre Mütter. Schreckliche Geräusche: Weinen, Stöhnen, Jammern, Winseln. Es war ein offenes Schlachtfeld. Diesen Anblick werde ich mein ganzes Leben nicht vergessen! Es war der erste große Bombenangriff auf Leipzig. In 45 Minuten war die Innenstadt so gut wie vernichtet! Der Bahnhof von Leipzig war zerstört. Züge fuhren nicht. Also mussten wir auf Umwegen und meist per Anhalter irgendwie nach Bad Harzburg kommen.

Dort wohnten wir bei Familie Drössler in einem Zwei-Familienhaus und fühlten uns wohl. Ich war neun Jahre alt, wild wie ein Junge und genoss die vielen Möglichkeiten, im Freien zu spielen. In den letzten Monaten des Krieges – bis Mai 1945 – hatten wir ein relativ ruhiges Leben. Keine Bombenangriffe mehr. Wir hatten zwar Fliegeralarm, doch die Geschwader flogen über Harzburg hinweg Richtung Berlin. Wir blieben in Bad Harzburg, bis der Krieg zu Ende war.

Eines Abends noch lange vor Kriegsende klingelte es an unserer Haustür. Wer stand da? Onkel Karl! Er brachte mir ein Geschenk mit, einen großen aus Holz geschnitzten Panzer. Er sagte: „Kriegsgefangene haben ihn geschnitzt." Ich fand den Panzer toll. Und jedes Mal, wenn Fliegeralarm war, rannte ich auf die Straße, legte mich flach auf das Pflaster und schoss mit meinem Spielzeugpanzer die bösen Amerikaner ab. Auf meinem Kopf trug ich eine Pickelhaube aus dem 1. Weltkrieg. Nur die langen Haare auf meinem Kopf passten überhaupt nicht. Ich hasste die blöde Mähne! Eines Tages war ich mal wieder mir selbst überlassen, da meine Mutter organisieren war. Ich blieb bei Oma. Am Morgen stand ich auf und sah mich im Spiegel an. Ich weiß nicht, was über mich kam, aber ich rannte in die Küche, holte eine große Schere und ratschte diese schreckliche Tolle fast bis zur Kopfhaut ab. Ich lachte und war sehr glücklich, dass ich dieses Biest von meinem Kopf runter hatte. Ich brauche nicht zu erwähnen, was geschah, als

Mutter zurückkam. Ich bekam mehr als nur eine Ohrfeige, und mein Hintern wurde kräftig vermöbelt. Ich schrie zwar, aber ich war trotzdem stolz und glücklich! Seit diesem Tag trage ich kurze Haare.

Meine Mutter teilte überhaupt gerne aus. Ich kann gar nicht zählen, wie oft ich Ohrfeigen abbekam oder mir der Hintern versohlt wurde. Meist kam der Teppichklopfer zum Einsatz. Den benutzte sie gern. Den letzten Versuch meiner Mutter, mir eine Ohrfeige zu verpassen, wehrte ich mit 25 Jahren ab, als ich bereits Mutter war und in den USA lebte. Und doch liebte ich sie innig. Sie hat alles getan, was eine Mutter nur machen konnte in der damaligen Situation. Wenn sie auch viel zu selten für mich da war, sie war immer in meinem Herzen. Ich wusste, sie macht das für uns, für unser Überleben und um uns durch den Krieg zu bringen.

Juden, Engländer, Russen und Amerikaner waren meine großen Feinde. Ich hasste sie alle. Deutschland war in Schutt und Asche. Sie waren Schuld daran. Ich liebte Militärparaden, Marschmusik, marschierte mit, wann immer es ging. Die Deutschen waren die Größten und die Besten. Wenn ich das Wort „Juden" bloß hörte, stieg in mir die Wut hoch. Ich war überzeugte Antisemitin. Doch Ahnung von alledem, was geschah, hatte ich nicht. Das sollte noch ein böses Erwachen werden!

Eines Tages wurden uns zwei ukrainische Kriegsgefangene zur Arbeit auf dem Hof zugeteilt. Sie trugen Uniformen mit dem Zeichen KG und dem Ostarbeiterabzeichen auf dem Rücken. Sie sollten Holz hacken und andere schwere Arbeit leisten. Die beiden Gefangenen waren sehr nett zu mir, obwohl sie mit keinem sprechen durften. Das war streng verboten! Ich schaute ihnen oft zu.

Wir hatten einen Gockelhahn auf dem Hof, der mich nicht leiden konnte. Immer wenn er mich sah, peste er mir gackernd hinterher. Ich rannte, wie eine Besessene, um den Hof und schrie wie am Spieß! Der Hahn hinterher, flügelflatternd. Er machte ein ebensolches Spektakel wie ich. Die beiden Russen lachten sich halb tot. Eine Weile schaute meine Mutter sich das mit an. Dann hat sie einem der Russen befohlen, den verdammten Hahn zu schlachten. Ich war gerade auf dem Hof, als das Tier schon kopflos über den Hof rannte. Selbst ohne Kopf ließ es mich nicht in Ruhe!

Wenig später wurde er mir auf dem Teller serviert!

Ich kam in die Küche. Der Tisch war gedeckt – jedoch nicht mit drei Tellern, sondern mit fünf. Ich dachte, dass die Hausbesitzer mitessen würden. Als die Tür dann aufging, wurden meine Augen immer größer. Da kamen doch die beiden Russen herein marschiert. Welche Frechheit! Empört sagte ich zu meiner Mutter: „Wieso essen die Russen mit uns in der Küche? Das ist verboten!" Mutter starrte mich an und sagte: „Warum sollten sie nicht mit uns am Tisch essen? Sie sind Menschen, wie wir auch. Sie haben viel gearbeitet, und es ist kalt draußen. Sei ruhig jetzt – hast du mich verstanden!" Ich runzelte die Stirn, kniff die Augen zusammen und fragte mich im Stillen, ob meine Mutter wohl eine Verräterin am Vaterland sei. Von da an konnten die beiden Russen jeden Freitag mit uns in der Küche essen. Dann gab es Eintopf oder Steckrüben mit Kartoffeln. Ich gewöhnte mich an die Situation. Mit der Zeit konnte ich mich mit ihnen ein wenig verständigen und fing ich an, sie zu mögen. Ich dachte nach einer Weile gar nicht mehr an Russen – Deutsche. Diese Barriere hatte sich spurlos aufgelöst.

Irgendwann, der Feind stand kurz vor Harzburg, klingelte es. In Uniform stand da mein Onkel. Er hatte in Frankreich gekämpft, wollte schnell was essen und weiter an die Front fahren – gegen die Russen kämpfen. Mutter war sprachlos und Oma auch. „Sag mal, bist du denn von allen Geistern verlassen? Die Russen stehen vor Harzburg. Denen solltest du nicht in die Hände fallen. Mensch, zieh deine Uniform aus und fahre den Amerikanern entgegen!" Das wollte er nicht hören. Mein Onkel war Patriot – bis zum Ende! Eine Stunde nach dem Abendessen verabschiedete er sich, ging zu seinem Amphibienfahrzeug – voll gestopft mit Granaten – und fuhr in die Dunkelheit davon. Erst 1958 kam er aus russischer Gefangenschaft nach Deutschland zurück.

Zwei Tage nach dem Besuch meines Onkels hörten wir eine Stimme über den Ortslautsprecher: „Achtung, Achtung! Anordnung der Amerikanischen Armee: Die Bevölkerung hat sich bis morgen früh 6 Uhr zu ergeben. Alle Bürger der Stadt Bad Harzburg haben ein weißes Tuch aus den Fenstern zu hängen. Wer diese Anweisung nicht befolgt, wird beschossen!" Meine Mutter war wie aus dem Häuschen: „Briggi, Mutti, der Krieg ist vorbei – endlich! Hört ihr, der Krieg ist vorbei!"

An diesem Abend waren alle Erwachsenen sehr aufgeregt. Ich aber war vor allem traurig, dass Deutschland den Krieg verloren hatte. Wir suchten uns ein großes Bettlaken, um es auf den Balkon zu hängen. Die Drösslers kamen herunter mit einer Flasche Wein, die Korken knallten durch die Küche. Es sollte an diesem Abend noch viel mehr krachen...!

Kaum waren wir im Bett, da gab es eine starke Explosion. Wir wurden durch das Schlafzimmer geschleudert. Alle rannten in den Keller. Wir saßen – zusammengehockt - in einer Ecke, denn jede Sekunde explodierte es mit ungeheurer Wucht. Mutter sagte: „Da hat irgend so ein Schwein keine weiße Fahne rausgehängt. Jetzt schießen sie ganz Bad Harzburg zusammen!"

Es dauerte Stunden. Immer wieder explodierte es. Gegen 4 oder 5 Uhr morgens war es vorbei, und wir konnten wieder in unsere Wohnung gehen. In Bad Harzburg ist den ganzen Krieg lang nicht ein Fenster zu Bruch gegangen. Aber in dieser Nacht blieb fast kein Fenster heil.

Wir erfuhren erst am nächsten Morgen, dass sich in der Nähe von Bad Harzburg ein großes Munitionslager der Deutschen Wehrmacht befunden hatte. Es war der Befehl gegeben worden, das ganze Lager in die Luft zu sprengen, damit es nicht in Feindeshand fällt. Damit erklärte sich das Spektakel der vergangenen Nacht. Ich danke heute noch den Amerikanern, dass trotz dieser Lagersprengung Bad Harzburg nicht zusammengeschossen wurde. Den ganzen Krieg keine Bombe in dieser Stadt – und dann so ein Ende, unvorstellbar.

Am 11. April 1945 frühmorgens gegen sieben Uhr hörte ich draußen ein Geräusch auf unserem Hof. Ich ging zum Fenster und sah, wie gerade ein Jeep mit unserem Viehwagen davon fuhr. Im selben Augenblick erblickte ich einen anderen Jeep mit einem Neger drin. Er hatte Radio an und hörte gespannt zu. Immer wieder schüttelte er den Kopf und sprach vor sich hin: „What the hell is ‚Punkt'?" Ich rief meine Mutter, die noch schlief: „Mutter, Mutter, komm schnell, guck mal aus dem Fenster. Sind das Deutsche oder Amerikaner?" Meine Mutter sah aus dem Fenster, jubelte: „Briggi, die Amerikaner sind da, endlich."

Ich hatte noch nie einen lebendigen Neger gesehen, nur als Puppe. Es gab die kleinen und großen Negerpuppen mit bunten Baströckchen. Ich hatte auch mal eine bekommen. Aber einen richtigen Neger zu sehen, das war ein Abenteuer. Ich ging ganz langsam auf die Straße und näherte mich dem Jeep. Er saß immer noch da und wollte wissen, was ‚Punkt' heißt.

(‚Punkt' das war das Stoppzeichen des Wehrmachtsenders. Die Wehrmacht gab Instruktionen im Telegrammstil durch. So hörte man nach jedem Satz: ‚Punkt'.)

Ich starrte den jungen Soldaten an. Er sagte: „Hello Baby, here take this. It's for you." Und reichte mir Schokolade. Ich nahm sie an und bedankte mich. Meine Mutter kam herausgestürzt. „Briggi, komm sofort ins Haus!" Ich zeigte ihr die Schokolade und war total fasziniert von diesem GI, wie sie später genannt wurden. Es war der erste Schwarze, den ich in meinem jungen Leben gesehen habe. ‚Der war doch gar nicht böse', dachte ich. In meinem Kopf gab es die Vorstellung, dass alle, die nicht deutsch waren, hinterhältig und schlecht sind. Die Goebbels-Propaganda hatte sehr gut funktioniert. Meine Mutter sagte sofort: „Briggi, ich möchte dich nie wieder mit dem ‚Heil-Hitler-Gruß' sehen. Der Krieg ist aus!"

(Hitler nahm sich das Leben am 30. April 1945, und am 2. Mai kapitulierte die Reichshauptstadt Berlin.)

Es war wirklich endlich vorbei.

An diesem selben Tag der Bekanntschaft mit meinem US-Soldaten kam gegen Mittag eine Nachbarin in unser Haus gerannt und sagte: „Kommen sie schnell. Die Amerikaner marschieren in Bad Harzburg ein. Alle gehen auf den Platz." Ich natürlich wie immer vorne weg. Angst hatte ich keine mehr.

Was ich da zu sehen bekam, hat mein ganzes Leben verändert. Ich konnte nicht glauben, was sich vor meinen Augen abspielte. Es ertönte Musik, die mich nie wieder losließ. Man nannte sie ‚Swing Music'. Die Soldaten der US-Armee marschierten auf: Gummisohlen, lockere Khakiuniform, alles bammelte von ihrer Hüfte herunter – Spaten, Pistole, Magazine, Knüppel. Der Helm saß schief auf dem Kopf, der Mund ging immer auf und zu (Kaugummi), der Hintern schwang im Rhythmus der Melodie von Glen Miller's St. Louis Blues von rechts nach links! Was für ein Unterschied! Unsere Wehrmacht so zackig, Stechschritt – zack-zack-zack. Und dann kamen unsere Feinde mit diesem Sound. Es erschien ein Infanterieregiment, nur schwarze Soldaten auf den Panzern und wieder flogen Kaugummis und Hershey bars durch die Gegend. Ich war sehr beschäftigt, alles einzusammeln. Wann hatten wir Schokolade im Krieg? Die Bevölkerung schrie: Hallo! Alle freuten sich, tanzten, und ich verstand die Welt nicht mehr. Waren das unsere Feinde gewesen? Von diesem Augenblick an bewunderte ich die Amerikaner! (So sind eben Kinder, sehr biegbar.) Wir standen Stunden auf der Straße, um das Spektakel mitzuerleben. Dann kam die Anordnung, dass wir ab 18 Uhr zuhause sein mussten, Ausgangssperre, und viele andere Befehle.

Nicht weit entfernt von Bad Harzburg existierte das große Kriegsgefangenenlager Werk Tanne, aus dem auch unsere russischen Arbeiter gekommen waren. Alle Gefangenen wurden frei gelassen!

Ein paar Tage bevor die Amerikaner einmarschierten, hatte es wie wild an unserer Haustür geklopft. Mutter machte auf. ‚Unsere' beiden Russen standen mit ängstlichen Augen dort und sagten hastig und gestenreich sinngemäß: „Bitte, bitte helfen sie uns. Wir sind geflüchtet und brauchen dringend Zivilkleidung. Wenn uns die deutschen Soldaten entdecken in unserer KG-Uniform, werden wir sofort erschossen. Bitte helfen Sie. Sie waren doch immer gut zu uns!" Meine Mutter hatte sofort reagiert und ihnen zwei Anzüge von Onkel Karl, der öfter bei uns zu Besuch gewesen war, gegeben. Sie strahlten vor Freude, zogen sich um und bedankten sich mit Tränen in den Augen: „Vielleicht werden wir uns im Frieden wiedersehen!" Weg waren sie.

Am Tag der Befreiung des Lagers stürmten die freigelassenen russischen Gefangenen durch Bad Harzburg und plünderten jedes Haus, das ihnen unter die Augen kam. Sie vergewaltigten Frauen – junge – ältere - alte – schmissen Möbel aus den Fenstern, beschmierten die Wände mit Kot, zerrissen, zertrümmerten alles, was ihnen in den Weg kam. Es war grauenhaft. Nur drei Häuser in unserer Straße blieben verschont. Unseres gehörte dazu. ‚Unsere' beiden Russen, die wir schon auf dem Heimweg glaubten, stellten sich den anderen in den Weg: „Nitschewo. Das sind unsere Freunde. Sie waren immer gut zu uns und haben uns geholfen. Hier wird nicht geplündert." Die Anderen respektierten das und rannten ins nächste Haus. ‚Unsere' Russen blieben so lange bei uns, bis dieser Spuk vorüber war. Leider kann ich mich an Namen nicht erinnern. Ich habe sie nie wiedergesehen, hoffe aber, dass sie gut in die Ukraine zurückgekommen sind.

Für mich begann ein langer Weg bis zu meiner heutigen Lebenseinstellung.

Die turbulente Nachkriegszeit

1945 – Bad Harzburg

Das Leben normalisierte sich wieder. Bad Harzburg war von Bomben verschont geblieben, und alles war relativ einfach. Wir hatten unsere Wohnung mit allem Drum und Dran, und ich kannte keinen Mangel.

Mutter sah wie immer elegant aus - im Krieg und nach dem Krieg auch. Sie trug einen wunderschönen Persianerpelzmantel, elegante Schuhe aus Schlangenleder mit einer passenden Tasche. Das war Mode in dieser Zeit. Fast jede Woche fuhr sie weg. Wohin, habe ich nie erfahren. Voll bepackt kam sie, manchmal erst nach Tagen, wieder und meist brachte sie rohen Schinken mit. Nach einiger Zeit hatten wir so viel Schinken in unserer Speisekammer, dass wir nicht mehr wussten, wie er noch gegessen werden sollte. Es gab ihn in jeder möglichen Variante, morgens, mittags, abends. Ich konnte keinen Schinken mehr sehen. Mutter war die perfekteste Organisiererin, die man sich vorstellen kann.

Bald brachte sie ein tolles neues Radio an. Wann immer ich durfte, hörte ich einen Sender in Englisch und nur noch diesen tollen Swingsound. „Here is AFN Radio!" Als Mutter mitbekam, dass ich ständig vor den englischen Sendungen hockte, beschloss sie, dass ich Englisch-Unterricht bekommen sollte. Für mich eine prima Idee. Ich liebte ja jetzt die Amerikaner. Sie organisierte Privatunterricht für mich, wie schon in Kriegszeiten. Eine sehr nette Dame aus Harzburg – sie hatte vor dem Krieg lange in England gelebt - wurde meine Lehrerin. Ich musste durch ein kleines Waldstück laufen, bis ich zu der kleinen Siedlung kam, in der die Lehrerin wohnte. Englisch selbst war für mich großer Spaß. Doch der Weg – vor diesem Weg graute es mir immer. Jedes Mal hatte ich Angst in diesem Wald, in dem sich immer noch Russen herumtrieben. Am Wegesrand stand ein ausgebrannter Panzer der Deutschen Wehrmacht. So bald ich den sah, rannte ich, so schnell wie möglich daran vorbei. Dann stellte ich mir vor, dass einer oder mehrere Tote in diesem Tank verbrannt waren und die Reste ihrer Körper noch darin vor sich hin schrumpften. Richtig gespenstisch! Ich hatte eine wilde Phantasie. Meiner Mutter sagte ich kein Wort davon.

Eines Tages kam ich vom Englischunterricht nachhause. Wenige Meter vor unserem Haus erblickte ich einen amerikanischen Soldaten. Ich war aufgeregt, ging zu ihm und probierte meine Englischkenntnisse aus: „Excuse me, what time is it, please?" Er lachte, sah auf seine Uhr und erwiderte: „It's a quarter past four p.m." Ich sagte: „Thank you", und war stolz auf meine paar Sätze Englisch. Doch damit war es nicht getan, denn er fragte mich gleich: „Where do you live?" Ich antwortete: „Not understand." Er: „Wo du wohnen?" Ich: „Ah, okay, ich wohne gleich hier ein paar Häuser weiter." Er: „Du hast Mutter?" Ich: „Ja, meine Mutter ist zuhause." Ich weiß nicht, was für einen Rang er hatte. Ich sah nur zwei Silberstreifen auf seinen Schultern rechts und links. Ich fragte ihn: „Wer bist Du, what is your name?" Er: "I am John, I am a Captain of the US Army." Ich fand das alles sehr aufregend. Er schenkte mir ein Päckchen Kaugummi. Ich nahm es dankend an, drehte mich herum Richtung Haus. Auweia, da stand meine Mutter und beobachtete mich. Ich holte tief Luft, stammelte: „John, goodbye." und rannte schnell nachhause. Mutter fragte: „Mit wem hast du gesprochen, das war doch ein Ami." „Ja, es war ein Captain. Ich habe ihn nach der Uhrzeit gefragt, wollte mein Englisch ausprobieren, doch er spricht Deutsch. Er hat mich gefragt, wo wir wohnen. Ich habe es ihm erklärt." Na, da war was los. Das hätte ich Mutter nicht sagen sollen! Batsch – hatte ich eine Ohrfeige. Wütend sagte Mutter: „Sage nie wieder jemandem, wo wir wohnen, hörst du, nie wieder!" Ich heulte ein bisschen. Es tat ganz schön weh. Doch insgeheim freute ich mich mehr darüber, dass ich meine erste Begegnung mit dem amerikanischen Captain John in Englisch wunderbar hingekriegt hatte. Die Ohrfeige war bald vergessen.

Wir waren alle ganz wohlgemut. Oma nähte viel und hielt den Haushalt in Ordnung. Ansonsten war es ruhig. Niemand kam mehr zu Besuch. Alle Onkels waren irgendwie verschwunden.

Eines Tages klingelte es. Oma machte die Tür auf, kam aufgeregt ins Wohnzimmer und sagte Mutter: „Ein junger Herr möchte dich sprechen." Mutter ging zögernd zur Haustür. Wer stand da? Mein Captain mit einer großen Schokoladentorte. Meine Mutter lief rot an. Er sagte: „Ich habe ihre süße kleine Tochter vor ein paar Tagen kennen gelernt. Sie sagte mir, dass sie hier wohnt. Darf ich sie besuchen?" Da meine Mutter eine offene und höfliche Frau war, blieb ihr nichts anderes übrig, als ihn hereinzubitten. John trat ein, begrüßte die Drösslers und meine Oma, die gar nicht begeistert von dem Besuch war. Sie befürchtete wohl, den neuen Liebhaber meiner Mutter gerade ins Haus gelassen zu haben. Mutter und John kamen ins Gespräch. Er war ein sehr gut aussehender Mann, groß, braunes Haar, dunkelbraune Augen, tolle Figur, und in seiner Captainsuniform sah er wie ein Hollywoodstar aus. Alle tranken Kaffee, und ich stopfte diese Schokoladentorte nur so in mich hinein, bis mir übel wurde. Am Abend ging es mir furchtbar schlecht. Ich hatte eine „Schokoladentortenvergiftung" und lag tagelang im Bett. Da ich die ganzen Jahre keinen Kuchen, geschweige denn Torten, gesehen oder gegessen hatte, leistete ich nun ganze Arbeit. Seit dieser Episode habe ich nie wieder Schokoladentorte gemocht – nur Blechkuchen mit Obst.

Kurze Zeit später verstanden sich Mutter und John sehr gut. Ich bin sicher, dass sie eine Liebesaffäre hatten. John war viel bei uns. Er brachte mir Comic Books, Schokolade und Kaugummis mit. Mutter und Oma bekamen verschiedene Sachen zum Essen: Dosenmilch, Eipulver, Kaffee, Schmalz – alles in Dosen.

Um diese Zeit herum bekam ich die Krätze. Sie juckte bestialisch. Durch diese Juckerei fing ich an, mir die Haut vom

Körper zu kratzen und hatte große offene Wunden. Ich musste mehrmals ins Krankenhaus und wurde dort in Schwefel gebadet. Am ganzen Körper hatte ich schlimmen Ausschlag. Meine Mutter mit ihren guten Beziehungen zur US-Army konnte Salbe besorgen lassen, die mich nach zwei Wochen von den Quälgeistern befreite. Ich war John dankbar, dass er alle Hebel in Bewegung gesetzt hatte, um an das Medikament zu kommen. Langsam schlossen sich die Wunden. Am längsten dauerte eine offene Stelle am linken Handgelenk.

Eines Tages war Mutter sehr traurig. Sie weinte oft, und John ward nie wieder gesehen. Er musste bestimmt weiter nach Berlin oder sonstwohin. Vielleicht wurde er auch wieder in die USA zurück versetzt. Nachdem John fort war, wurde es ein wenig ruhig um uns. Mutter fuhr immer noch in der Gegend herum zum Organisieren. Dabei schnappte sie eine Nachricht auf: 'Die Russen kommen. Die Amerikaner ziehen sich aus Bad Harzburg zurück.' „Wir müssen unbedingt fliehen – in die amerikanische Zone." Und das kurz vor meinem Geburtstag. Doch womit sollten wir fliehen, und was sollte aus unseren Sachen werden? Mutter machte mal wieder die Welt verrückt mit ihren Plänen. Eines Morgens standen drei brandneue Herrenräder hinten auf unserem Hof. Oma war entsetzt: „Was hast Du vor?", fragte sie Mutter. Prompt bekam sie Antwort: „Wir fahren mit den Rädern Richtung Rheinland.". „Und was sollen wir dort?" Mutter wusste keine richtige Antwort. Oma ist fast in Ohnmacht gefallen, denn sie war schon viele Jahre nicht mehr Rad gefahren. Doch das ließ Mutter kalt. Sie sagte nur: „Fahr' schnell ein paar Mal um den Hof. Radfahren verlernt man nicht so schnell!" Oma war empört. Doch es half ihr nicht viel. Sie musste, ob sie wollte oder nicht. Sonst wäre sie allein in der russischen Zone geblieben, und dass wollte sie schon gar nicht. Ich dagegen hatte gerade erst Radfahren gelernt und war noch reichlich unsicher. Mutter bereitete alles vor. Dann wurden die Räder beladen - Bündel von oben bis unten – drei Kleider übereinander angezogen, Mantel drüber, dann ging es, zähneknirschend,

Richtung Westdeutschland los. Der Abschied von Drösslers fiel uns allen schwer. Sie hatten uns geholfen in dieser schweren Zeit und waren gute Freunde geworden.

Drösslers habe ich nie wieder gesehen.

Ab 30.6.1945 räumten die Besatzer die Ostgebiete, eingeschlossen Bad Harzburg.

Die Fahrradtour wurde sehr anstrengend, vor allem für Oma. Wir hatten viel Gepäck, mussten oft halten und ausruhen. Mutter wollte ursprünglich ins Rheinland fahren. Aber aus irgendeinem Grund fuhren wir nach Frankfurt/Main. Irgendwo unterwegs begegneten wir US-Panzern besetzt mit schwarzen Panzertruppen. Sie fuhren vor uns her. Wir hielten Abstand. Sich einem Panzer zu nähern, konnte fatal ausgehen, da der Panzerfahrer einen Radler nicht sah. Wie schnell rutscht ein Panzer rechts oder links weg. Wir fuhren schon sehr langsam. Doch dann wurden wir auch noch ausgestoppt - nicht von den Amerikanern, sondern durch Oma. Als wir dicht an einem Panzer vorüber fuhren, schrie ein Armist von oben meiner Mutter zu. „Hello, baby!" Meine Oma war empört und rief geschockt zurück: "Was? Was hat der gesagt? Hei, Sie da - meine Tochter ist für Sie kein Baby! Verstanden?" Dabei fuchtelte sie mit ihrem rechten Arm in der Luft herum, das Lenkrad wackelte, Oma verlor das Gleichgewicht, bums – lag sie im Graben. Alles lachte, einschließlich Mutter und ich. Es war zu komisch.

Oma war sonst immer eine würdige Hannoveranerin. Sie legte viel Wert auf sich, war immer fein angezogen und achtete auf Stil. Da lag sie nun im Straßengraben und schimpfte wie ein Rohrspatz über die Dreistigkeit dieser jungen Amerikaner, die nichts als Spaß und Dummheiten im Kopf hatten. Sie hatte sehr damit zu tun, sich nicht in ihren Röcken und Mänteln zu verheddern als sie unter dem ganzen Gepäck hervor krabbelte. Aber sie rappelte sich wieder auf, und weiter ging es.

(Wir haben noch Jahre später immer wieder über diese amüsante Szene gelacht.)

Nach einer halben Ewigkeit kamen wir total übermüdet in Frankfurt an. Unsere Wohnung in der Beethovenstraße war nicht ausgebombt. Wir wohnten dort, bis wir Deutschland verließen. Mutter hatte etliche Sachen zu erledigen, und ich musste mit ihr nach Berlin und Hamburg. Diese Reiserei war entsetzlich für mich. Die Züge waren so überfüllt, dass wir ein paar Mal auf den Dächern sitzen mussten. Die Bahnsteige waren voll bis oben hin. Das ganze deutsche Volk einschließlich der Heimkehrer schien unterwegs zu sein. Für mich war es ein Trauma, eingequetscht in den Massen, zu warten, bis endlich ein Zug einfuhr. Dann die Schlacht um einen Platz im Zug, Koffer durch die Fenster drücken, immer Angst haben, von Mutter getrennt zu werden! Wir waren stundenlang unterwegs, meist wie Ölsardinen in den Gängen stehend.

(Dieser Bahnfahralbtraum hat seine Spuren bis heute hinterlassen – ohne Platzreservierung gehe ich nicht auf Reisen.)

Wir wohnten auf unseren Reisen meist in Hotels. Mutter ging früh am Morgen weg. Ich blieb allein und wartete. Manchmal, wenn es mir zu langweilig wurde, bin ich in der Nähe herumgelaufen, habe mich umgeschaut. Berlin soll mal eine schöne Stadt gewesen sein. 1945 war von dieser Schönheit nicht mehr viel übrig. Überall liefen Menschen herum. Doch wo all die Leute wohnten, war mir schleierhaft. Es stand kaum noch ein Haus – nur Trümmer. Besonders lebhaft ging es auf dem Schwarzmarkt zu. Einmal schickte Mutter mich dorthin mit Nylonstrümpfen. Ich tauschte sie gegen Fett und Seife ein. Oma war die ganze Zeit in Frankfurt geblieben, versuchte, dort alles zu richten und aufzupassen, dass nicht geplündert wurde.

Eines Wintertages kam Mutter und sagte mir: „Briggi, wir müssen in die russische Zone. Ich habe meinen ganzen Schmuck im hinteren Garten eines Hauses vergraben. Wir brauchen ihn zum Überleben." Deshalb gingen wir zweimal in die russische Zone. Oma wusste nichts davon. Sie hätte es bestimmt nicht zugelassen, dass Mutter mich mitnahm.

Auf der ersten Fahrt fuhren wir mit dem Zug in irgendein kleines Dorf an der Grenze zur russischen Zone. Mutter fragte im Dorf, ob es einen Führer geben würde, der uns über die Grenze bringen könnte. Einige Stunden warteten wir in einem Gasthof. Dann kam ein junger Mann und fragte, wer ihn suchen würde. Mutter sagte: „Ich suche einen Führer, der uns sicher über die Grenze bringt. Wir müssen heute nacht unbedingt über die Grenze." Er dachte nach und sagte zu. Er forderte einen stolzen Preis, aber Mutter willigte ein und zahlte im voraus. Alles war perfekt. Gegen Mitternacht trafen wir uns am Ende des Dorfes. Wir liefen etliche Kilometer durch Feld und Wald. Es war stockdunkel. Wir kamen an einen Bahnübergang und blieben stehen. Unser Schleuser sagte: „Ich habe was vergessen. Bitte warten Sie hier auf mich. Ich komme gleich zurück!" Mutter war zwar misstrauisch, doch sie ließ ihn gehen. Nun standen wir zwei da, warteten auf den Mann, der uns über die Grenze bringen sollte, doch nie wiederkam. Wir standen eine Zeitlang vor dem Bahndamm, dann sagte Mutter: „Eine halbe Stunde ist vergangen. Der kommt nicht wieder. Wie naiv konnte ich sein, ihm zu vertrauen. Komm, Briggi, wir müssen weitergehen." Meine Antwort: „Wir schaffen das nie allein. Weißt du denn, in welche Richtung wir gehen müssen?" Ich hatte die Hosen voll vor Angst, atmete viel zu hastig und bekam aus heiterem Himmel einen Hustenanfall, ausgerechnet in dem Moment, als wir über die Schienen gehen wollten. Mutter bekam einen Wutanfall, und zischte: „Jetzt reiß dich zusammen. Wir müssen über den Bahndamm." – Auf den Bahnschienen entlang war ein Draht gespannt, der kilometerweit nebenher lief. Wenn nun irgendetwas dagegen stieß, hörte man es bis in weite Ferne. Da überall russische Wachposten unterwegs waren, durften wir auf keinen Fall den Draht berühren! Beide nahmen wir unseren Mut zusammen, setzten uns in Bewegung. Wir kletterten vorsichtig dem Bahndamm zu, krabbelten hoch, standen mitten auf den Schienen. Irgendwo raschelte es, mir rutschte die Angst in die Därme, und ich musste unbedingt die Hosen runterlassen. Das war schwierig für mich, da ich viel anhatte. Ich stopfte meine Handschuhe in die Manteltasche und hockte mich hin. Mutter war nervös wie ein Tier auf der Lauer, und ich bekam meinen nächsten Hustenanfall. Mutter rastete aus und zischte energischer: „Jetzt hör auf zu husten. Du bringst uns noch ins Lager." Ich fing an zu weinen. Nun hatte ich auch noch meinen Handschuh verloren. Mutter sah sich um, fand den Handschuh und schob ihn mir in den Mund, in der Hoffnung, ich würde endlich still sein. Aber damit war das Problem nur noch größer. Ein ekelerregender Geschmack breitete sich in meinem Mund aus. Ich spuckte den Handschuh in hohem Bogen wieder aus und kotzte gleich noch auf die Gleise. Der Handschuh hatte in meiner eigenen Scheiße gelegen.

(Heute lache ich über diese Episode, doch damals hätte es der Tod sein können.)

Nachdem meine Mutter das Drama unter Kontrolle hatte, ging es weiter durch Felder, über Zäune und Bäche, bis wir an ein Haus kamen. Mutter sagte: „Komm. Wir gehen in den Garten, hier sind wir bestimmt sicher." Genau das taten wir. Wir gingen also leise in den Garten, sahen uns um. Mutter sah eine Laube: „Hier bleiben wir, bis die Sonne aufgeht." Ich nahm meinen Rucksack ab, legte ihn neben mich, Mutter stellte ihren Koffer dazu. Immer wieder musste ich würgen, hatte diesen furchtbaren Geschmack im Mund. Da half auch das Wasser nicht, mit dem ich andauernd meinen Mund spülte. So saßen wir einige Zeit. Dann hörten wir Geräusche. Jemand unterhielt sich, nur kurz, doch Mutter erstarrte: „Sch... Sch..." Sie sagte ganz nervös: „Das sind Russen.

(Mutter verstand ein wenig russisch, da sie ja mit dem Fronttheater in Russland gewesen war.)

Wir sind in einem Russenquartier gelandet. Briggi, sei ganz still, vielleicht gehen sie wieder oder schlafen ein." Draußen wurde es wieder ruhig. Doch auf einmal fing es an, zu rappeln. Ein Wecker ging los, nicht zu laut und nicht zu leise. Mutter bekam einen furchtbaren Schreck. Wo kam das Gerappel her? Nicht zu fassen! Es kam aus dem Koffer meiner Mutter. Wie von der Tarantel gestochen stellte meine Mutter den Lärm ab. Wir sprangen hoch, griffen unser Gepäck und rannten, irgendwohin – nur weg von hier. Wir rannten und rannten, so schnell wir konnten, über die Felder. Wir trafen einen Bauern mit Pferd und Wagen. Mutter fragte ihn, ob wir in der russischen Zone wären, und ob er uns mitnehmen könnte ins Dorf. Der Bauer bestätigte, dass wir angekommen wären, und fuhr uns bis zu dem kleinen Dorfbahnhof. Unterwegs erzählte er von der kleinen russischen Kommandantur in der Gegend, in deren Garten eine Laube stand.

In dem ‚Schatz-Dorf' angekommen, hielten wir uns versteckt. Niemand sollte mitbekommen, dass wir da waren. Mutter grub nachts allein Teile ihres Schmucks aus. In Ölpapier eingewickelt brachte sie Gold, Ketten und Ringe mit. Wir blieben nur zwei Tage. Die Rückreise verlief wesentlich einfacher.

Der zweite Versuch etwas später war wieder mit einem Führer. Mutter musste unbedingt noch einmal über die Grenze. Das letzte Mal! Wir schlossen uns einer Gruppe an, die hinüber wollte. Wir liefen durch einen Wald, kamen an eine freie Wiese, auf der anderen Seite der Wiese wieder Wald – da war die russische Zone. Es war gefährlich über diese offene Fläche zu laufen, da die Russen einen großen Scheinwerfer installiert hatten, der wie ein Leuchtturm jede Minute die Wiese beschien und alles hell machte. Die Anordnung des Fluchthelfers war: „Ich gehe vor, und jeder rennt, so schnell er kann, über die Wiese, doch nur im Dunkeln!" Wir hatten nicht viel Zeit. Die Wiese war vielleicht 50 Meter breit. Immer, wenn der Scheinwerfer sich näherte, mussten wir uns ins Gras fallen lassen. Jeder rannte einzeln los. Es ging auch ganz gut. Mutter war dran und sagte mir: „Du bleibst direkt hinter mir, hast du mich gehört!" Ich sagte nur ängstlich: „Ja. Mutti." Dann ging es los. Ich war ziemlich bepackt, denn ich hatte mich nicht von meinem Geburtstagsgeschenk, einem Kinderakkordeon, trennen wollen und schleppte es überallhin mit. Ich rannte, so schnell ich konnte, hinter Mutter her. Auf einmal ging der Lederriegel vom Akkordeon auf. Ich muss in ein Maulwurfloch getreten sein. Man hörte nur: „Mutti, Mutti, mein Akkordeon" – begleitet von den Tönen, die ein aufgehender Blasebalg verursacht. Daadaahdaaahhh! Meine Mutter drehte sich um, riss mir das Akkordeon aus der Hand und warf es im hohen Bogen irgendwie durch die Gegend. Wieder die verräterische Melodie! Düdüühdüüühhh! Ich weinte und schrie: „Mein Akkordeon!". Mutter riss mich die paar Meter über die Wiese in den Wald. Ich konnte mich nicht beruhigen, und – batsch – saß wieder eine Ohrfeige auf meiner Wange. Unser Begleiter ist ausgeflippt, da ich alle mit meinem Krach in Lebensgefahr gebracht hatte. Doch wir müssen einen Schutzengel gehabt haben.

Wir kamen unversehrt auf dem kleinen Dorfbahnhof an. Der Schleuser sagte uns: „Schnell, putzt eure Schuhe, dass sie nicht sehen, dass ihr durch Matsch gegangen seid." und verschwand. Wir gehorchten ihm, und etwas später tauchte eine russische Patrouille auf dem Bahnsteig auf: „Papiere, dawei! Was Sie machen hier?" Meine Mutter, die immer schnell Ausreden bei der Hand hatte, antwortete: „Wir sind Musiker und spielen im nächsten Dorf." Der Russe: „Musik, Musik, ich gehen Kommandantur. Ihr spielen heute Abend Kommandantur - charascho. Ich gehen jetzt zu Kommandant. Ihr warten hier!" Wir konnten es nicht glauben, er ließ uns wirklich alleine stehen, ging los. Wir warteten ein paar Minuten und machten uns aus dem Staub.

(Russen waren für mich ein Albtraum. Ich empfand sie als Primitive, Alkoholiker, sexbesessene Barbaren. Frauen, Kinder, Omas wurden von ihnen vergewaltigt. Es wurde geplündert. Wer einem russischen Soldaten allein nachts auf der Straße begegnete, dessen Leben war in Gefahr. Doch, ich muss ganz ehrlich gestehen, dass weder mir noch meiner Mutter je ein Leid von den Russen angetan wurde.)

Mutter fand den Rest ihrer Sachen. So schnell wie wir gekommen waren, verließen wir wieder die russische Zone. Eine gewisse Routine hatte Mutter im „Schwarz-über-die-Grenzegehen". Also, rein in den Zug, an irgendeinem Bahnhof in der Einöde aussteigen, diesmal ohne Führer über die Grenze. Es ging alles gut. Nur wussten wir nicht, ob wir die amerikanische Zone erreicht hatten. Nach einem anstrengenden Marsch sahen wir von weitem Lichter. Mutter: „ Wir gehen auf das

Haus zu. Vielleicht können wir dort unterkommen." Sie hatte den Satz noch nicht vollständig herausgebracht, stand ein Jeep hinter uns. „Where are you going, ladies?", fragte uns eine Stimme. Mutter drehte sich um, sagte schnell: "We are coming from a friend's house, over there." Doch der GI glaubte uns nicht und sagte: „Come with me, let's go!" Wir stiegen in den Jeep, fuhren ein paar Kilometer bis wir lange Baracken vor uns sahen, ein hoher Drahtzaun um das Gelände herum. Ich bekam Angst. Mutter versuchte, sich mit dem GI zu unterhalten. Er sagte: "You are going into a detention camp for refugees!" Ein Sammellager für Flüchtlinge – da hatten wir den Salat. Wir wurden hinter Draht eingesperrt. Als erstes ging es in das Hospital. Wir wurden untersucht. Eine Krankenschwester kam auf mich zu, sagte: „Setz dich da auf den Stuhl." Ich gehorchte. Meine Mutter war woanders gelandet. Die Schwester kam mit einem komischen Gegenstand zurück. Es sah wie eine übergroße Puppe aus. „Du musst aufstehen, mein Kind, zieh dich aus!". Im nächsten Augenblick war ich schon von oben bis unten in Staub und Nebel eingehüllt. Nach der Entlausung sah ich aus wie ein Schneemann.

Noch ein paar Routineuntersuchungen, dann konnte ich wieder zu meiner Mutter gehen. Mutter sagte mir: „Briggi, haben sie dich auch entlaust und untersucht?" Ich antwortete hustend – immer noch das Puder in meiner Nase: „Ja!" Wir kamen in ein Büro. Ein US-Offizier stand hinter einem Schreibtisch, sah uns an, und sagte: "Your papers, please." Mutter: „Wir haben keine Papiere mehr, wir sind ausgebombt und haben alles verloren einschließlich unserer Papiere!" „Where do you come from?" hörte ich den Offizier fragen. „Wir sind Flüchtlinge aus dem Osten Europas. Vor einem Monat vor der russischen Armee geflohen." Ich konnte es nicht glauben. Mutter log auch diesen Offizier an ohne rot zu werden. Sie musste Nerven wie Drahtseile haben. In Wahrheit hatte sie absichtlich keine Papiere mitgenommen. Bei diesen Gängen schwarz über die grüne Grenze wollte sie nicht identifiziert werden. Irgendeine Ausrede würde ihr schon einfallen, davon war sie überzeugt. Ich denke mir, dass sie diese Erklärung schon lange vorher fertig im Kopf hatte.

Zu dieser Zeit war es keine Seltenheit, dass Menschen ohne Papiere herumliefen. Viele hatten wirklich alles verloren. Andere nutzten die Gunst des Durcheinanders, um ihre wahre Identität zu verbergen. Viele Leute hatten falsche Papiere. Das Rote Kreuz war sehr aktiv und forschte nach Informationen und Angehörigen. Da Mutter aber einen Phantasienamen angegeben hatte, war es unmöglich, irgendwelche Spuren zu finden. Die Suche über das Rote Kreuz verlief ergebnislos und nach drei Wochen bekamen wir Papiere. Frau Fiebiger und Tochter - ‚staatenlos' - stand darin. Wir wurden entlassen und konnten uns frei bewegen.

Ich blieb sechs Jahre staatenlos, bis es irgendwann meinem Stiefvater gelungen war, richtige Papiere ausstellen zu lassen.

Wieder war Frankfurt unser Ziel. Oma hatte sehnsüchtig auf unsere Rückkehr gewartet und schon gedacht, dass uns was passiert sei. Von nun an hatte Mutter immer Geld. Sie trieb ihre Geschäfte auf den Schwarzmärkten, hatte einen Liebhaber nach dem anderen, ob Deutscher oder Amerikaner - egal. Sie war die meiste Zeit weg, und ich war mir selbst überlassen. Oma, die ja Schneiderin war, hatte ihre Arbeit wieder aufgenommen und zauberte aus alten Resten und Wehrmachtsdecken für ihre Kundschaft Hosen und Mäntel. Für die Bevölkerung war es eine sehr harte Zeit. Trümmerfrauen waren die wichtigsten. Monatelang räumten sie den Schutt von den Straßen, säuberten Backsteine, um wieder aufbauen zu können, und bekamen dafür Lebensmittelkarten. Die meisten Männer waren im Krieg umgekommen oder noch in Kriegsgefangenschaft. Also mussten jetzt Frauen fast alles übernehmen.

Die Frauen im Alter zwischen 15 und 50 Jahren wurden vom Städtischen Hauptamt für Arbeitseinsätze als Trümmerfrauen verpflichtet – zur Mitarbeit bei Aufräumarbeiten und Trümmerbeseitigung.

Mein Englisch wurde immer besser. Wann immer ich konnte, sprach ich GI's an, um die Sprache noch besser zu lernen.

Meine Kontakte zu den GI's fingen immer mit demselben Satz an: „What time is it, please?" So entstand die Kommunikation zwischen mir und den Amis. Es hat richtig Spaß gemacht. Ich bekam Comics geschenkt, die ich heiß und innig liebte. Jeden Abend verschlang ich sie unter meiner Bettdecke bei Taschenlampenlicht. Einer der Liebhaber meiner Mutter brachte mir Rollschuhe mit. Ich machte mir einen Spaß daraus, durch die Straßen zu fahren. Manchmal wettete ich mit meiner Mutter, dass ich schneller als die Straßenbahn wäre. Und tatsächlich war ich eher zuhause als sie. Das war ein Triumph für mich.

Ich hörte sehr viel Radio. US-Musik. Alles, was Amerikanisch war, faszinierte mich. Dann sah ich zum ersten Mal GI's Boogie-Boogie-Tanzen. Ich fand diesen Tanz toll. Es brauchte nur kurze Zeit, und ich konnte Boogie-Woogie tanzen wie verrückt. Wann immer ich konnte, tanzte ich zuhause Swing. Im Radio wurde fast nur noch Swing und andere Unterhaltungsmusik gespielt.

Mutter sorgte gut für uns. Was genau sie wie organisierte, habe ich nicht mitbekommen.

Manchmal fiel mir ein, dass wir hier in dieser Wohnung zu viert gewohnt hatten – mit meiner Schwester und dem Vater. Dann stellte ich Fragen, bekam aber nie eine Antwort.

Eines Tages eröffnete mir Mutter: „Briggi, wir werden nach Spanien gehen. Ich möchte nicht mehr in Deutschland bleiben." Ich war aufgeregt – SPANIEN – das war ein Abenteuer für mich. Ich war glücklich, wieder mal was erleben zu können. Wir verabschiedeten uns von Oma – mit vielen Tränen, da wir nicht wussten, wann wir uns wiedersehen würden. Trotzdem fiel es mir nicht schwer, von Deutschland fort zugehen. Egal wie, dachte ich, vielleicht ist das der Anfang von der Erfüllung meines Traums von Amerika.

1946 – Fußmarsch über die Alpen

Am 1. April 1946 verließen wir Deutschland. Ganz früh morgens fuhren wir von Frankfurt/Main mit dem Zug Richtung Österreich. Wir hatten keine Schwierigkeiten über die Grenze zu kommen. Unser erster Stopp war Salzburg. Eine wunderschöne Stadt, dann weiter nach Innsbruck. Die Gegend hat mich sehr beeindruckt. Bei unserer Ankunft am späten Abend sahen wir zwischen den Hausdächern Lichter blitzen. Ich habe angenommen, dass es Sterne waren. Aber am nächsten Morgen entdeckte ich, dass die Stadt in einem Talkessel liegt und Berge die Dächer überragen. Die Lichter am Abend zuvor waren die Beleuchtung von Dörfern in den Bergen gewesen.

Nach ein paar Tagen in Innsbruck fuhren wir weiter in Richtung Berge. Mutter wollte über Italien-Frankreich nach Spanien. Ab jetzt wurde es sehr spannend. Mutter freundete sich mit einem Bergführer an. Er sollte uns schwarz über die österreichisch-italienische Grenze – und zwar über das Tuxer Joch – bringen. Es war für mich eine Strapaze, da wir viel Gepäck dabei hatten. Ich weiß nicht, was passierte, weiß nur, dass wir aus irgendeinem Grund zurückgingen. Die ganze Strecke zurück und wieder in Innsbruck landeten.

Eine Woche später ging es dann richtig los. Es war ein anderer Führer, sehr groß, braungebranntes Gesicht und stahlblaue Augen. Ich konnte ihn nicht gut verstehen, da er einen starken Dialekt sprach. Er muss Tiroler gewesen sein. Diesmal stiegen wir einen anderen Pass hoch. Die Landschaft war wunderschön. Wir machten Rast auf einer Alm und blieben für eine Woche dort. Es gab frische Milch, Brei, deftiges Brot mit

Wurst und Fleisch zu essen. Ich fühlte mich sehr wohl dort, denn nach den Spielen im Freien konnte ich immer gut essen.

Die Familie, bei der wir zu Gast waren, hatte drei Kinder – einen Jungen und zwei Mädels. Es mussten Bekannte von unserem Bergführer gewesen sein. Ich weiß noch, dass ich mich mit Hans, dem Jungen (er war 13 Jahre alt) gut verstanden habe. Hans zeigte mir sein schönes Land. Wir gingen oft auf die Alm zu den Kühen und Ziegen, legten uns ins Gras und beobachteten die Wolken. Er zeigte mir Edelweiß und erzählte mir alles über sein Leben in den Alpen. An einem wunderschönen sonnigen Tag gingen wir wieder hoch auf die Alm. Er brachte einen Picknickkorb mit. Wir saßen auf ganz weichem grünem Gras. Hans sah mich an, nahm meine Hand, sah mir tief in die Augen und sagte mir, dass er in mich verliebt sein. Ich war erst 11 Jahre alt und konnte damit nicht viel anfangen. Ein solches Verhalten war mir fremd. Ich mochte ihn und war gern mit ihm zusammen. Er war ein lieber Junge. Irgendwie hing ich an ihm, da ich seit Jahren nicht mehr gewusst hatte, was es für ein Gefühl war, mit einem anderen Kind zu spielen und Dummheiten zu machen – seit meine Schwester verschwunden war. Es kam aus mir herausgeschossen: „Ich mag Dich auch." Wir lachten herzhaft zusammen, aßen unseren Korb leer, sielten uns im Gras und hatten einen tollen Tag.

Die Zeit ging schnell herum, bis Mutter mir sagte: „Briggi, morgen gehen wir weiter." Tränen schossen in meine Augen. Ich wollte nicht fort, wollte bei Hans bleiben. Es war das erste Mal, dass ich eine unbeschwerte Kindheit erlebt hatte, kein Nachkriegschaos, viel Ruhe und eine wunderschöne Umgebung um mich herum. Warum sollte ich hier weg??

Hans kam am Vorabend zu mir in die Stube: „Komm, ich möchte Dir was zeigen." Ich ging mit ihm hinten auf den Hof. Dort spielte ein kleiner Schäferhund. Er kam auf uns zu, hüpfte an mir hoch. Er ließ mich fast nicht mehr los. Ein niedlicher kleiner Racker, erst ein paar Monate alt. Hans sah mich an: „Ich möchte Dir meinen Hund schenken. Kann ich dafür Deinen Ring als Andenken bekommen?" Ich trug einen goldenen Ring. Mutter hatte ihn mir vor einem Jahr geschenkt.

Ich war glücklich, dass ich den Hund haben sollte und nickte. Hans wurde von mir fest umarmt. Ich sagte ihm, ich würde ihn nie vergessen und weinte bitterlich. Nur meine Mutter wusste noch nichts von diesem Handel!

Am nächsten Morgen brachen wir ganz früh auf - der Führer voraus. Hans hatte mir am Abend zuvor gesagt: „Ich werde Dich am Kreuzweg treffen mit Wolf. Sag' Deiner Mutter noch nichts von dem Hund, dann darfst Du ihn vielleicht nicht mitnehmen, einverstanden?" Ich hatte mir keine Gedanken gemacht, wie Mutter reagieren würde. Wir kamen an unserem Treffpunkt an. Mutter und der Führer waren ein Stück vorausgegangen, da sah ich Hans mit dem kleinen Hund kommen. Wolf war an der Hundeleine und hüpfte vor lauter Freude immer wieder an mir hoch. Hans stand vor mir mit Tränen in den Augen. Ich nahm meinen Ring vom Finger, gab ihn Hans. Er streckte mir die Leine entgegen. Wir wussten, dass wir uns nie wiedersehen würden, umarmten uns und gingen dann langsam auseinander. Lange haben wir einander hinterher gesehen, winkten noch einmal, bis keiner mehr den anderen sah. Wolf drehte sich auch dauernd nach Hans um. Der Hund wollte mit zurückgehen, doch ich redete ihm gut zu, streichelte ihn und Wolf kam mit mir mit. Es war mein erster schmerzlicher Abschied, den ich so richtig mitbekam. Ich trauerte Hans noch lange Zeit nach. Wolf wurde mein bester Freund, Beschützer und Kamerad. Ich lief mit Wolf den Berg hinauf, immer noch weinend. Mutter sah mich kommen, sie wartete oben auf einem kleinen Felsen mit dem Führer. Sie rührte sich nicht vom Fleck, wartete bis ich näher kam, starrte erst mich und dann den Hund an. „Briggi, was ist das, was soll das..." und, und, und! Ich gestand Mutter, dass Hans mir diesen Hund geschenkt hatte: „Sein Name ist Wolf, ist er nicht schön? Jetzt habe ich endlich einen Freund ganz für mich alleine. Er wird uns beschützen, Mutter!" Mutter fragte mich, wie ich diesen Hund bekommen habe. Ich sagte ihr: „Ich habe meinen Ring gegen den Hund getauscht." Mutter war wie gelähmt, dann sagte sie: „Wie konntest Du nur so was machen? Bist Du denn von allen guten Geistern verlassen? Was sollen wir mit diesem Hund? Er ist uns nur im Weg und frisst uns am Ende unsere Lebensmittel weg. Als hätten wir nicht genug Schwierigkeiten! Und was ist, wenn man uns schnappt? Dann wird Dir der Hund sowieso weggenommen, hörst Du Briggi!" Sie konnte sich gar nicht beruhigen. „Briggi, Du wirst den Hund jetzt sofort unserem Führer zurückgeben, ist das klar?" Ich weinte, tobte und schwor ihr, dass ich mich ganz alleine um den Hund kümmern und mit ihm auch meine Essensration teilen würde! Ich ließ nicht locker, bis Mutter klein beigab und mir drohte: „Sowie dieser Hund uns Schwierigkeiten macht, muss er weg!" Ich umarmte Mutter und küsste sie. Ich glaube, das war das erste Mal, dass ich meine Mutter so herzlich umarmte. Ich hatte gewonnen, und Wolf blieb bei uns. Nach ein paar Tagen kamen wir in Bozen / Italien an. Unser Führer verließ uns schon an der Grenze Österreich / Italien, zeigte uns den Weg und gab uns eine Adresse, wo wir uns einen Tag lang ausruhen konnten. Weiter ging es zu Fuß und per Anhalter Richtung Trient-Milano-Genua-San Remo-Monaco, die ganze Côte d' Azur runter über Marseille-Montpellier-Bèziers, Richtung Spanien.

Wolf lief immer brav mit Ich glaube, ohne ihn hätte ich das alles gar nicht überstanden, da Mutter mich immer wieder allein ließ, um zu ‚organisieren' und sich zu erkundigen, wie unsere Situation war. Wir schliefen oft im Freien. Manchmal gaben uns Leute was zu essen. Sonst gingen wir auf die Felder, aßen von dort die Melonen, Weintrauben und Feigen. Brot und Käse brachte Mutter mit. Wolf wurde immer dünner, doch er war topfit, und wir auch! An einem Abend im Heu dachte ich an Hans. Mir ging dieser furchtbar anstrengende Weg über die Alpen nicht aus dem Kopf. Ich schwor mir, nie wieder Berge zu steigen. Die Landschaft war zwar wunderschön, doch es war nicht meine Landschaft. Von dem Tag an, als ich das unendliche, große weite Meer erblickte, mit seinen tollen Sonnenuntergängen, war ich ihm verfallen!

Wir erlebten viel auf unserer Reise durch Italien, vor allem meine Mutter. Dauernd waren Männer hinter ihr her: „Bella Signorina, bella!" Sie sah ja auch verdammt gut aus. Mutter hatte immer alles unter Kontrolle: Wurden wir von der Polizei aufgegriffen, dann zeigte sie den Staatenlos-Paß, erzählte eine Wahnsinnsstory, und wir konnten weiter.

Die italienisch/französische Küste war ein Traum. Sie hat mich bis heute nicht mehr losgelassen. Wir liefen viele Kilometer. Dann wurden wir mal wieder mitgenommen – einmal ein Laster, dann eine Limousine, ein Wagen von Eseln gezogen, auch mal kurz mit einem Zug, wenn Mutter Geld organisiert hatte.

Wir waren braungebrannt, lagen oft am Meer. Wolf beschützte uns. Wir fühlten uns einigermaßen sicher, und das im Jahr 1946!

Wegen der Geschichten, die meine Mutter sich so schaurig schön ausdachte, wurden wir oft bedauert. Meist fanden wir privat ein Quartier und Verpflegung. Mit Wolf war es keine Schwierigkeit, da Mutter immer eine Ausrede parat hatte: „Der Hund ist das Einzige, was meinem Kind geblieben ist," undsoweiterundsoweiter. Noch heute erscheint es mir wie ein Wunder, dass Mutter uns beide durch diese schwierigen Zeiten gebracht hat. Schließlich war es kurz nach Kriegsende, die Deutschen wurden überall in Europa gehasst. In unseren Papieren stand zwar staatenlos, aber die einzige Sprache, die wir richtig konnten, war Deutsch! Es hätte uns den Kopf kosten können.

Dann passierte es! In Bèziers wurden wir verhaftet. Der Polizist, der uns angehalten hatte, war misstrauisch geworden, nahm uns mit auf die Wache! Der Hund musste auch mit. Mutter gab die Pässe ab, und wir kamen hinter Gitter. Wolf war so dünn geworden, dass er durch die Gitterstäbe laufen konnte. Die Wachposten hatten viel Spaß mit ihm. Ich strengte mich an, lernte ein paar Wörter Französisch – und hatte dieselbe Tour drauf, wie mit den ersten englischen Brocken: „Bonjour, comment vas-tu?" und so weiter. Zwei Nächte blieben wir im Gefängnis, dann wurden wir dem Richter vorgeführt. Es war das erste Mal in meinem Leben, dass ich vor einem Richter stand. Für die Besucher im Saal war alles von Anfang an klar: Wir waren Nazis auf der Flucht! Sie wollten sehen, was mit ‚les boches' jetzt passieren würde. Mutter wurde ausgefragt, warum wir in Frankreich sind, wo wir hinwollten und anderes, was ihnen wichtig erschienen. Mutter erfand tolle Geschichten: Sie wolle nach Spanien, nach Madrid, um ihren Mann wiederzutreffen, den sie seit Kriegsanfang nicht mehr gesehen hätte. Wir kämen aus dem Osten, aus Polen und seien einfach so losmarschiert, um die Familie wieder zusammenzuführen. Meine Augen wurden immer größer. Ich hörte wohl nicht recht. Mutter trug das alles mit so viel Charme vor, dass der Richter am Ende sagte: „Die Pässe sind in Ordnung! Sie sind frei. Wir wünschen Ihnen: Bon Voyage!"

Nachdem der Richter uns freigelassen hatte, setzten wir unseren Weg mit Laufen und Autostopp fort. Mein Hund war immer dabei, der arme.

Einmal hat uns ein Fahrer mit einem ganz komischen Auto mitgenommen. Es wurde mit Schwefel oder so angetrieben und stank fürchterlich. Wir tuckerten so an die 100 Kilometer damit durch die Gegend, aber sehr langsam.

Einmal sind wir in einer Kirche gestrandet. Mutter sprach lange mit dem Pfarrer und erklärte ihm, dass wir kein Geld hätten und unbedingt weiter müssten. Mit Tränen in den Augen zeigte sie auf mich und den kleinen Hund und bat ihn um Unterstützung. Wir durften eine Nacht bleiben, er gab uns Geld, und ich staunte wieder einmal über meine Mutter, die eine so talentierte Geschichtenerzählerin war, dass kein Auge trocken blieb. Unsere ganze Wanderung über hat sie Leute angelogen und mit ihren Lügenmärchen dafür gesorgt, dass es weiterging.

Nach zwei Tagen kamen wir in Toulouse an. Immer wieder versuchte Mutter bei unseren Aufenthalten in größeren Städten, Schmuck zu verkaufen, was ihr diesmal auch gelang. Wie vorausschauend meine Mutter gewesen war! Der Schmuck half uns sehr auf unserem Weg nach Spanien. Wir brauchten immer wieder Geld, waren meist hundemüde und ohne Quartier. Unsere Nerven lagen ziemlich blank. Die ständige Ungewissheit, wer uns mitnehmen würde, was wir essen sollten, wo wir abends landen würden, zerrte an uns beiden.

Zu ihren Händeln nahm mich Mutter nie mit. Ich wartete irgendwo auf sie und langweilte mich, schlief oder spielte mit meinem Hund. Stunden später erschien sie mit frohem Gesicht. Dann war mir klar, dass es uns für ein paar Tage gut gehen würde. Es war Geld da und wir konnten uns etwas leisten. In Toulouse sind wir sogar in ein Hotel gegangen. Wir wollten uns einfach mal wieder so richtig ausschlafen. Es gab sehr gutes Abendessen: Chateaubriand – das beste französische Steak mit Pommes frites und Salat mit Baguette, dazu für Maman eine Karaffe Rotwein und eine mit Wasser für mich. Mutter verdünnte für mich den Rotwein mit dem Wasser halb und halb. Es war ein wunderbarer Abend. Endlich wieder richtig zivilisiert essen und vor allen Dingen in einem richtigen Bett schlafen.

Mutter brachte mich hinauf: "Briggi, geh jetzt ins Bett. Es wird Zeit. Wir wollen uns morgen noch die Stadt ansehen und dann weiterplanen. Ich geh noch mal runter an die Bar. Also schlaf schön." Sie verschwand, und ich dachte mir: ‚Na ja, jetzt lässt sie dich mal wieder allein. Gut, dann trinkst du eben mal einen Schluck Rotwein.' Im Zimmer stand auch noch eine Flasche Rotwein auf der Kommode. Ich machte die Flasche auf, schaltete das alte Radio an, machte es mir im Bett gemütlich und konnte es richtig genießen. Musik hören, auf einem gepflegten Hotelbett liegen, Rotwein trinken. Einfach herrlich! Mit jedem Schluck ging es mir besser – jedenfalls eine gewisse Zeit lang. Dann kippte irgendetwas in meiner Stimmung. Ich trank noch einen Schluck, und mir wurde ganz übel. Alles drehte sich in meinem Kopf, ganz verschwommen kam mir das Zimmer vor. Und dann – auf einmal musste ich kotzen. Nur wohin? Mit einem Ruck füllte sich mein Mund, und es blieb mir keine andere Lösung als das offene Fenster. Danach ging es mir aber auch nicht viel besser. Es drehte sich immer noch alles. Ich schleppte mich ins Bett. Dann erschien plötzlich meine Mutter. Hatte sich ein Passant in der Bar beschwert? Oder hatten Hotelgäste in den unteren Etagen etwas mitbekommen? Ich weiß es nicht. Aber Mutter war sehr blass und beunruhigt: „Was ist los Briggi? Du hast ja lauter weiße

Flecken im Gesicht? Und blau angelaufen bist du auch." Dann sah sie die Flasche. Ganz leer war die ja zum Glück nicht. Aber immerhin fehlte mehr als die Hälfte. Da wusste sie, weshalb ich so neben mir stand – oder lag – oder wie jetzt. Oh, war mir übel. Und es wollte und wollte nicht besser werden. Auch am nächsten Morgen, als ich versuchte, mich vom Bett zu erheben, wurde mir schlecht. Nichts ging mehr. Nur Ruhe, Ruhe und die Gardinen zu, bitte sehr. Mutter war in heller Aufregung. Sie holte sogar einen Arzt. Die Diagnose war schon vorher klar: Alkoholvergiftung. Irgendwie hat der Doc mich wieder hingekriegt. Das Ende vom Lied war, dass ich ein paar Jahre die Finger vom Alkohol gelassen habe. Also ich meine, wirklich total weg mit dem Zeug.

Mutters Plan war immer noch irgendwie bis Madrid zu kommen. Der wurde durch meine Eskapaden jetzt zwei Tage nach hinten verschoben. Dann ging die Tippelei mit den verschiedenen Mitfahrgelegenheiten zwischendurch wieder los. Von Toulouse nach Pau, dann weiter nach Ibana und von dort nach Pamplona. Die Züge Pamplona-Madrid fuhren. Nun hatten wir es schon so weit gebracht. Das sollte uns jetzt auch noch gelingen. Wieder mussten wir die Berge rauf und runter. Schließlich waren wir ja in den Pyrenäen. Es war sehr heiß. Dann gab es wieder sehr heftige Regengüsse und viele Gewitter. Zum Glück hatte Mutter Regenumhänge besorgt. Wir mussten uns oft ausruhen. Oben in den Bergen trafen wir selten jemanden. Und wenn wir Häuser sahen, ging Mutter allein hin und versuchte, etwas zu essen zu organisieren. Meist rasteten wir an einem Bach oder Wasserfall. Da hatten wir wenigstens was zu trinken. Ich spielte in der Wartezeit mit meinem Hund oder ruhte mich aus. Nach einiger Zeit kam Mutter mit einem großen Stück Bauernbrot und geräuchertem Schinken zurück. Ich war glücklich. So etwas Tolles zu essen. Mutter und ich gingen nur mal eben zum Wasser, um uns ein wenig zu waschen. Mir lief die Spucke im Mund zusammen, ganz wässrig war es. Wir kamen zurück, da stockte uns schon wieder der Atem. Genüsslich leckte sich der brave Hund die Schnauze, und vom Schinken war nichts geblieben. Das war es dann. Der Hund musste weg. Gleich am nächsten Tag ging Mutter wieder zu der Schinkenquelle und ließ das gute Tier bei den Bauern. Ich aber war todunglücklich. Wer vertrieb sich jetzt mit mir die Zeit, wenn Mutter auf Tour war? Das Leben war so ungerecht. Er hatte doch auch nur Hunger gehabt. Aber Mutter versuchte, mich zu beruhigen: „Der Hund wird es jetzt besser haben. Er muss nicht immer durch die Gegend ziehen und sich selbst was zu fressen suchen. Hier wird er gut versorgt, wenn er sich an die Bauern gewöhnt hat." Oh, das tat so weh. Aber es half rein gar nichts. Zusätzlich zum Hunger und den Strapazen der Tour hatte ich nun noch mit dem Abschied von meinem Liebling zu kämpfen.

Wir setzten unseren Weg fort. Kurz hinter der Grenze Frankreich / Spanien nahm uns die Gardia Civil fest. Man brachte uns in eine Polizeistation und ließ uns erst einmal schmoren. Niemand hat sich mit uns befasst. „Sitzen bleiben! Warten! Kommissar kommt!"

Na prima. Der spanische Kommissar befragte uns dann endlich. Und er fand heraus, dass wir Deutsche sind. Ein zufriedenes Lächeln breitete sich auf seinem Gesicht aus: „He Kleine, komm, mach mir eine Freude, sag ‚Heil Hitler'." Ich hatte schon viel erlebt mit der Polizei. Aber niemand wollte bis hierher jemals wieder diesen Gruß hören. Und Mutter hatte es mir strengstens verboten: „Nie wieder, hörst Du!" Das hatte sich bei mir eingebrannt. Aber der Kommissar ließ nicht locker. Er zeigte auf ein Bild an der Wand. Franco war darauf. Ich kannte ihn aus Deutschland. Er war ja unser Verbündeter gewesen, ein Freund sozusagen. Als Mutter nickte, bin ich unter dem Bild auf- und abmarschiert und rief, so laut ich konnte: „Heil Hitler! Heil Hitler!" Der Kommissar erzählte von seinen Heldentaten in der Blauen Division. Er war stolz auf seinen Einsatz in Russland. Und bei jedem „Heil Hitler" lachte er aus vollem Hals. Dann wurde er ernst, wollte unsere Papiere sehen. Mutter reichte ihm unsere Pässe: „Staatenlos". Nach einem musternden Blick gab er sie zurück und ließ uns laufen. „Gute Reise nach Madrid", wünschte er uns noch.

Aber erst einmal mussten wir nach Pamplona zum Zug. Zum Glück ging es hinter Isaba meist bergab. Bald wurde die Gegend flacher, und es kamen immer mehr Fahrzeuge, die uns ein Stück mitnahmen. In Pamplona haben wir drei Tage ausgeruht. Es gab viel zu sehen. Pilger waren auf dem Jakobsweg unterwegs. Pamplona, die goldene Stadt im Baskenland, gehört für viele, die aus dem Südosten kommen, mit zu den schönsten Seiten der Wanderung. Sie kamen über die Magdalenenbrücke, und einige übernachteten mit uns mitten in der Stadt in einem Gasthaus mit einem wunderschönen Innenhof voller Kacheln, Palmen und anderen Pflanzen.

(Pamplona und die Stierläufe – dieses Spektakel kenne ich heute und auch die Hemingway - Geschichte ‚Fiesta'. Wenn mir während des Schreibens einfällt: Dort warst du. Wahnsinn.)

Das Geld reichte immer noch. Abends sind wir auf den Platz „Plaza de Castillo" gegangen, haben uns vor eine Bodega gesetzt und die Menschen beobachtet. Welch Leben, welche Leichtigkeit und Ausgelassenheit! Es war ein großes Schauspiel. Meine kulturinteressierte Mutter nahm mich mit zu den Besichtigungstouren: Catedral Metropolitana, Stierkampfarena Plaza de Toros (am Ende der Stadtmauer) und immer wieder die wundervollen Parks.

Am dritten Tag sind wir frühmorgens zum Bahnhof gegangen und mit dem Zug nach Madrid gefahren. Den ganzen Tag dauerte die Fahrt. Wir fuhren durch atemberaubende Landschaften. Endlich konnten meine müden Füße ausruhen. Ein herrliches Gefühl. Und diese Berge! Nur am Anfang unserer Reise vor mehr als einem halben Jahr hatte ich etwas Vergleichbares gesehen. Wieder einmal war alles neu für mich.

Abends erreichten wir Madrid.

Am Bahnhof holte uns ein Mann ab. Er freute sich sehr, meine Mutter wiederzusehen. Bruno war Professor, sehr gut aussehend. Er hatte volle dunkle Haare, einen Schnurrbart und war Brillenträger, immer mit einer Pfeife im rechten Mundwinkel. Bruno hatte eine Wohnung mitten in Madrid und für eine gewisse Zeit eine Lehrstelle an einem Sprachinstitut. Er wusste nicht, ob die Anstellung verlängert werden würde, und so gab es viele Gespräche über die Zukunft. Ein wichtiges Thema dabei war meine Schulausbildung. Ich sollte unbedingt mal auf eine richtige Schule gehen – und zwar für längere Zeit. Bruno hatte gute Kontakte zu allen möglichen Schulen und konnte sich ein Bild machen über die Situation. Nach seinen Recherchen wäre es ganz passend, wenn ich nach Salamanca auf eine Schule gehen würde. Er hatte dort Aussicht auf eine Anstellung. Als die Bestätigung für ihn da war, sind wir nach Salamanca umgezogen.

Doch bis dahin haben meine Mutter und ich viel in Madrid unternommen. Besonders gern haben wir den Parque de Retiro besucht. Dort war immer was los. Kinder sprangen vergnügt umher, und ich hatte genügend zu erkunden und herumzutoben. An den Wochenenden sind wir zu dritt unterwegs gewesen, wenn Bruno es einrichten konnte. Ich hatte großes Glück in meiner Kindheit und Jugend immer von kulturliebenden Menschen umgeben gewesen zu sein. Mein Leben und meine gesamte Einstellung haben sie geprägt.

Unter anderem waren wir auch im größten Kloster Spaniens, 50 Km westlich von Madrid – El Escorial – Kloster San Lorenzo de Escorial. Ich schaute den ganzen Tag nur nach oben. Mit meinen 11 Jahren erschien mir diese Klosteranlage gigantisch.

El Escorial ist ein Muss, wenn man Spanien besucht.

Für mich damals war der Escorial einfach überwältigend. Wir brauchten fast einen ganzen Tag, um uns das Kloster anzuschauen. Am Ende war ich vor lauter Müdigkeit halbtot. An unserem letzten Tag in Madrid ist Bruno mit mir durch den Prado, das bekannteste und größte Museum Spaniens, gelaufen. Nirgendwo sonst ist die spanische Malerei so eindrucksvoll vertreten: El Greco – der Grieche, Diego Rodrigues Velazques, Francisco de Goya und die Werke vieler anderer Maler. Doch das beeindruckendste Gemälde meiner Besuche im Prado, das ich nie vergessen kann, ist von Pablo Picasso. Es ist das berühmte Gemälde Guernica[1]. Die kleine baskische Stadt wurde am 26. April 1937 durch die berüchtigte deutsche ‚Legion Condor' bombardiert. Es war ein Luftangriff der

Deutschen, um ihre Bomben zu testen, bevor sie dann 1939 in Polen einmarschierten. [1]

Bruno und Mutter haben sich für uns eine kleine Wohnung in Salamanca genommen. Sie hatten vor, mich in einer katholischen Schule anzumelden. Schon bei dem Gedanken daran hatte ich meine Probleme. Wir besuchten diese Schule. Es war eine Mädchenschule. Wir wurden in das Büro der Schulleiterin, einer Oberschwester, geführt und über die Schulordnung informiert. Dazu gehörte eine Schuluniform bestehend aus einer weißen Bluse, einem Faltenrock, einer Wollweste und langen Wollstrümpfen. Es war mir unvorstellbar, bei 35 Grad Hitze mit Wollsachen und langen Strümpfen herumzulaufen. Was für ein Schwachsinn! Ergänzt wurde dieser Aufzug durch einen schwarzen Mantel, schwarze Schuhe und eine Baskenmütze.

Am nächsten Morgen besuchte ich diese Schule das erste Mal. Sie fing um 8 Uhr an. Ich wurde in den Raum gebracht. Es standen Pulte und Stühle darin, es gab eine Tafel und, was mir sofort ins Auge fiel, an der Wand vorn hing ein großes Kruzifix. Jesus schaute auf uns, so kam es mir jedenfalls vor. Der Schulraum war voller Mädels, die sehr fröhlich waren. Sie stellten sich um mich herum und wollten alles von mir wissen, eine neugierige Bande. Ich verstand fast kein Spanisch. Doch sie versuchten mit Händen und Füßen und Minenspiel und viel Geduld etwas aus mir herauszukitzeln. Sie freuten sich über ein neues Gesicht, das war schnell klar. Vom ersten Tag an verstanden wir uns alle sehr gut. Meine erste richtige Schulzeit begann ich hier mit 11 Jahren.

Dann ging die Tür auf, und herein kam eine Nonne, ganz in schwarz: „Buenos dias a todos. – Euch allen einen guten Morgen. Gott sei mit euch! Lasst uns beten!" Alle mussten auf die Knie und beten. Dieses Ritual wiederholte sich alle drei Stunden. Es wurde gebetet: morgens, vor dem Mittagessen, nach dem Essen und vor dem Heimweg. Das war für mich der Hammer! Und außerdem hatten wir noch in den allermeisten Stunden Religionsunterricht. Aber es gab natürlich auch die normalen Schulfächer: Spanisch, Mathe usw. Noch heute klingen mir die Worte dieser Nonne in den Ohren: „Jesus liebt euch alle. Er schaut auf euch herunter, beobachtet euch. Er weiß, ob ihr gute und brave Schülerinnen seid." Ich war natürlich keine so gute Schülerin, weil mir das ganze Getue auf die Nerven ging. Ich habe mich öfter mal dumm gestellt, wenn es um Dinge ging, die mir nicht gefielen, oder meinen Kommentar ungefragt dazu gegeben. Dann hieß es: „Brijida, streck die Hände vor!" Die gottesfürchtige Nonne nahm ihren Rohrstock und schlug damit auf meine Fingerspitzen, was höllisch wehtat.

Wenn wir auf dem Plaza Mayor flanierten, wurde streng darauf geachtet, dass wir den Jungen nicht zu nah kamen. Wir Mädels mussten rechts um den Platz laufen und die Jungs links. Wir waren unter ständiger Beobachtung, durften mit den Jungs auf gar keinen Fall reden oder gar uns mit ihnen verabreden, um zu spielen. Das war Francos Spanien in jener Zeit! Trotzdem versuchten wir immer wieder durch Zeichensprache eine Verständigung aufzubauen.

Der Tag kam, an dem ich wieder mal Schläge auf die Finger bekommen sollte, weil ich mich beschwert hatte, dass die Hitze in dieser Uniform nicht auszuhalten sei. Die anderen Schülerinnen zogen die Köpfe ein, weil sie nur zu gut wussten, was jetzt auf mich zukam. Die Nonne sagte: „Sei still, Brijida. Du hast hier nichts zu melden. Du kennst unsere Vorschriften!" Ich gab mich damit aber nicht zufrieden, sondern wiederholte nur lauter und bestimmter meine Kritik. Die Oberschwester kam wieder mit dem Stock an: „Hand her, aber sofort!" Die Nonne wollte gerade den Rohrstock heben, um mir eine Fingerabreibung zu erteilen, da griff ich nach dem Kreuz, das sie um ihren Hals trug und riss es ihr ab. Voller Wut sprang ich auf und schrie sie in meinem gebrochenen Spanisch an: „Sie wollen uns sagen, dass Jesus uns liebt und uns Liebe beibringen? Und was machen Sie? Kinder schlagen im Namen der Kirche! Ich verlasse diese Schule jetzt sofort. Ich bin keine Katholikin bin, sondern deutsche Protestantin. Ich muss mir diese Folter nicht antun!" Damit knallte ich ihr ihre Kette vor die

Füße. Die Nonne wurde weiß im Gesicht. Sie wusste nicht, was sie mir antworten sollte und blieb mit offenem Mund vor mir stehen. Ich drehte mich auf dem Absatz rum und verließ die Schule auf Nimmerwiedersehen.

Als ich viel zu früh nachhause kam, musste ich erst mal meine Mutter über den Vorfall aufklären. „Maman, ich gehe nie wieder in diese Schule zurück. Erstens kann ich in dieser gottverdammten Hitze diese Uniform nicht tragen, und zweitens lasse ich mich nicht foltern!" Mutter fragte nach, was ich mit Folter meinte. Erst jetzt erzählte ich ihr von all den Schlägen auf die Fingerspitzen, die ich in den vergangenen drei Wochen abbekommen hatte. Ich berichtete ihr von den Gebeten fast den ganzen Tag, und dass wir auf den Knien die Treppen raufkriechen mussten, wenn wir in die Kathedrale gingen. Alles zu Gottes Ehre und Jesus' Freude! Das war für mich Elfjährige pure Folter. Ich war ja nur zu meiner eigenen Taufe, an die ich mich natürlich nicht erinnern konnte, in einem Gottesdienst gewesen, sonst nie.

Meine Mutter hatte Verständnis für mein Verhalten. Sie sprach mit Bruno, wie es weitergehen sollte Die Beiden entschieden für mich den Besuch einer Privatschule. Bis zu meinem ersten Tag in dieser Schule hatte ich Zeit, Salamanca zu erkunden und mich heimlich mit meinen Schulfreundinnen zu treffen. Ich bin oft herumspaziert in dieser schönen Stadt. Vor allem faszinierten mich die vielen Störche auf der Neuen Kathedrale. Ich konnte sie stundenlang beobachten.

Als ich 1986 wieder mal in Salamanca war, bot sich mir dasselbe Schauspiel. Die Störche sind immer noch da!

Salamanca wird als die goldene Stadt bezeichnet. Diesen Namen bekam sie von den goldgelben Steinen, aus denen sie errichtet wurde. Wenn die Sonne die Häuser bescheint, ist es wirklich, als ob die Stadt ganz aus Gold wäre.

Zuerst habe ich mich in dieser Privatschule sehr wohl gefühlt. Doch nach ein paar Wochen änderte sich alles. Ich bekam große Probleme mit meinem Mathelehrer. Er sah sehr gut aus, ein schlanker Spanier mit schwarzen Locken und einem kleinen Schnauzer. Ich war gerade elf Jahre alt, und trotzdem versuchte er, mich sexuell zu belästigen. Immer wieder kam er zu mir: „Komm, fass mich an. Hol ihn heraus, nimm ihn in deine Hand und reibe ganz langsam hin und her." Er hatte schon eine Erektion, ein langer, dicker Schwanz. Doch ich schrie ihn an und sagte auf deutsch: „Du dreckiges Schwein. Lass mich in Ruhe, du Sau!" und raste davon. Ich rannte, so schnell ich konnte, zu Mutter und erzählte ihr, was ich vor kurzem in der Schule erlebt hatte. Ich konnte ihr immer alles anvertrauen, was es auch war. Mutter wollte es mir erst nicht abnehmen. Doch ich bestand darauf und berichtete ihr viele Einzelheiten. Schließlich musste sie mir glauben. So etwas konnte ich mir mit 11 Jahren nicht ausgedacht haben. Mutter und Bruno sind mit mir zum Direktor der Schule gegangen. Es wurde viel geredet und gefragt. Dann wurde der Lehrer ins Büro zitiert. Natürlich gab er nichts zu. Es gab eine Aussprache, und der Lehrer wurde in eine andere Klasse versetzt. Mit mir hatte er nichts mehr zu tun. Damit war die Affäre erledigt.

Ich besuchte diese Schule noch drei Monate, dann kam Bruno eines Abends nachhause und sagte uns: „Nächsten Monat ziehen wir nach Paris um. Ich habe eine Anstellung an einer Sprachenschule bekommen." Ich war außer mir, bekam einen Wutanfall und schrie und wütete. Ich wollte nicht weg aus diesem fröhlichen Land. Wir hatten hier so viel Spaß gehabt mit meinen Freundinnen. Was hatten wir nicht alles unsicher gemacht, uns ausgeschüttet vor Lachen. Es war eine wunderbare Zeit mit diesen Mädels. Wenn da nur nicht die Sachen mit der Folter und dem Mathelehrer gewesen wären! Bevor wir alle Sachen packten, luden uns die Schwestern der katholischen Schule ein, um sich bei mir zu entschuldigen. Als Geschenk bekam ich ein Kreuz mit einer goldenen Kette als Andenken. Der Abschied von Salamanca fiel mir sehr schwer. Es gab viele Tränen von allen Seiten.

Bis heute fällt es mir sehr sehr schwer, Lebewohl zu sagen. Es gab immer wieder zu viele schwere Abschiede in meinem Leben.

Wir fuhren erst mal für einige Tage nach Madrid. Dann ging es Richtung Frankreich. Wir sind mit Brunos Auto gefahren, einem alten Citroen, von Madrid über Valladolid, San

Sebastian, Bilbao, über die Grenze bei Irun, weiter nach Biaritz, Bordeaux, Orléans nach Paris. Zwischen Bordeaux und Poitiers hatten wir eine Panne. Bruno machte uns klar, dass wir beide per Anhalter weiterfahren sollten, weil wir unsere Hotelwohnung im Pariser Hotel „Malakoff" reserviert hatten. Die Reparatur sollte zwei Tage dauern, und so lange wollte er uns nicht warten lassen. Also schickte er uns voraus.

Per Anhalter zu fahren, war damals keine große Sache, und es war auch nicht so gefährlich wie heute.

Wir machten aus, dass wir uns in ein paar Tagen im Hotel wieder treffen würden. Mutter und ich liefen zur Hauptstraße, winkten mit unseren Daumen Richtung Paris. Ein großer Lastwagen hielt an: „Wo wollen Sie hin?" Mutter sagte, dass wir bis Paris reisen wollten. Bis Tours konnte uns der Fahrer mitnehmen. An einer Tankstelle hielt er an, um Kraftstoff nachzufüllen und sich etwas zu trinken zu holen. Wir wollten so lange im Fahrerhaus warten und machten es uns gemütlich, da sagte Mutter: „Guck mal, Briggi, was das da ist." Ich sah nach. Es war ein größeres braunes Kuvert, prall gefüllt. Mutter machte es auf. Heraus fielen lauter Geldscheine, große Beträge standen auf den Scheinen. Mutter nahm das Kuvert an sich und sagte fast atemlos: „Komm schnell, schiebe den Brief zu dir an die Seite. Wenn wir aussteigen in Tours, dann versuche ich, ihn unter meinem Schal mitzunehmen." Was? Was sagte sie da? Ich konnte nicht glauben, was sich bei meine Mutter in diesem Moment im Kopf abspielte. Doch sie war fest entschlossen, das Geld mitgehen zu lassen. Nach ein paar Minuten kam der Fahrer zurück. Wir fuhren weiter. Um mich abzulenken, stellte ich dem Fahrer alle möglichen und unmöglichen Fragen. Ich war so schrecklich nervös und wollte ständig wissen, wie lange es noch dauern würde, bis wir aussteigen könnten. Als ihm die Fragerei auf die Nerven ging, schaltete er das Radio ein. Wir hörten Chansons, und meine Gedanken konnten sich endlich von dem Geld lösen und wanderten zurück zu meinen Freunden nach Salamanca. Ich war auf der ganzen Fahrt nach Paris und noch Tage danach so traurig, dass es weh tat. Ich hatte noch nie so viel

Liebe, Freude und Freundschaft erfahren wie in Spanien. Ich bekam einen richtigen psychischen Knacks, der sich so auswirkte, dass ich innerhalb einer Woche in Frankreich meine spanische Sprache verloren hatte! Ich konnte nur noch ein paar Worte sagen, sonst war alles wie ausgelöscht. Vorher hatte ich fließend spanisch gesprochen.

Ich hatte später viel Gelegenheit, über die Auswirkungen nachzudenken, die ein solcher Wechsel des Lebenskreises für Kinder mit sich bringt. Für mich war es damals sehr schlimm und hat zu einer kompletten Sprachblockade geführt.

In einem Vorort von Tours ließ uns der Fahrer aussteigen. „Hier ist die Hauptstraße nach Paris. Ihr werdet bestimmt jemanden finden, der Euch weiter mitnimmt. Ich wünsche Euch weiter gute Fahrt." Mutter griff ihren Schal mit dem Briefumschlag darunter. Wir bedankten uns artig. Vor lauter Nervosität wurde mir ziemlich schlecht. Ich hätte mir fast in die Hose gemacht. Wir stiegen aus und machten uns auf den Weg. Der Lastwagen fuhr weiter. Mutter sagte: „Komm schnell, Briggi, wir gehen auf die andere Seite und suchen uns ein Hotel." Auf meine Frage, warum wir heute nicht weiterfahren würden, antwortete sie sofort: „Wenn der Fahrer den Verlust bemerkt, wird er die Polizei informieren. Da er denkt, dass wir per Anhalter nach Paris unterwegs sind, werden sie die Strecke streng kontrollieren und uns schnappen. Das wäre ein zu leichtes Spiel. Wenn wir erst morgen weiterfahren, finden sie uns vielleicht nicht." Wir hatten Glück und fanden tatsächlich ein Zimmer für eine Nacht in der Nähe der Hauptstraße. Mir war gar nicht wohl dabei. Ich sah uns schon Jahre hinter Gittern sitzen. Wir gingen auf unser Zimmer. Das erste, was Mutter tat: das Geld zählen! Alles lag ausgebreitet auf dem Bett. Sie kam auf eine beträchtliche Summe. Es müssen so einhundert- bis einhundertfünfzigtausend Francs gewesen sein. Das waren vielleicht die Gelder, die der Fahrer für den Verkauf seiner Waren erhalten hatte, denn der LKW war leer gewesen. Das war jetzt auch schon egal. Mein Gott! Ich hatte solche Angst, dass wir an der nächsten Ecke verhaftet werden könnten.

Am nächsten Morgen beschien die Sonne einen wunderschönen Tag. Wir haben in aller Gemütsruhe im Hotel gefrühstückt, obwohl ich vor lauter Angst kaum einen Bissen herunter bekam. Dann sind wir weiter per Anhalter nach Paris gefahren, aber nicht die kürzeste Verbindung über Orléans sondern erst nach Le Mans und dann über Chartres nach Paris. Das war für den Fall, dass der Fahrer uns immer noch suchen ließ. Glücklicherweise haben wir nie etwas von ihm oder der Polizei in dieser Angelegenheit gehört. Vielleicht hat der Fahrer erst an seinem Ziel bemerkt, dass das Geld weg war. Wie sollte er uns dann suchen lassen? Er wusste unsere Namen nicht und kannte nur den Zielort Paris. Aber Paris war groß, und die Suche wahrscheinlich sinnlos. Und schließlich war ja immer noch Nachkriegszeit, alles ging drunter und drüber. Er wird schnell begriffen haben, dass er keine Chance hatte, uns zu finden.

Nach unserer Ankunft in Paris sind wir sofort ins Hotel Malakoff gefahren. Wir hatten jetzt reichlich Geld, mit dem wir ein paar Monate überleben konnten. Bruno kam am nächsten Tag an. Mutter sagte ihm nichts von unserem Abenteuer. Wenn später mal Brunos Taschen leer waren, hat Mutter Geld hervor gekramt und erklärt, dass sie Schmuck verkauft hätte. Damit gab er sich zufrieden. Ich aber musste bei solchen Gelegenheiten immer wieder an den armen Lastwagenfahrer denken. Er tat mir sehr leid!

Es war das Jahr 1947. Bruno hatte eine gute Anstellung an einer Sprachschule. Mutter wollte lieber in einen Vorort von Paris ziehen, da es dort gesünder sei, zu leben. Also besorgte Bruno ein Haus in Vigneux-sur-Seine.

1947 – Vigneux-sur-Seine

Es war ein typisch französisches Haus mit einem großen Garten und einem Originalplumpsklo. Aus dem Garten kam man direkt in die Küche und von dort in die anderen Zimmer. Vigneux ist nicht weit von Paris. Mit dem Zug fuhr man damals weniger als eine Stunde.

Bruno arbeitete in Paris, Mutter und ich waren zuhause. Wir sind oft nach Paris gefahren in den Louvre, das Rodin Museum und viele andere Museen. Bruno war Kunstliebhaber und hat mich oft mitgenommen, so wie später Paul. Aber das beste war doch Kino. Fast jeden Sonntag war ich dort.

Ich ging auf eine französische Schule. Das war die härteste Zeit überhaupt in einer Schule für mich. Die Schule fing um acht Uhr morgens an – um 15 Uhr war Schluss, und ich kam erst um 18:00 Uhr nachhause. Nie sonst habe ich so lange nachgesessen wie in Frankreich!

Die französischen Lehrer waren sehr strikt. Hatte ich Fehler im Diktat, wurde mir gleich das ganze Heft zerrissen. Mutter war sauer, weil sie ständig neue Hefte kaufen musste. In Mathe hatte ich überhaupt keine Ahnung. Immer, wenn es um Division ging, musste ich nachsitzen, bis ich es konnte. Und wie lange das gedauert hat! Eines Tages hatte mir eine Freundin bei einer Aufgabe geholfen. Sie sagte: „Komm, ich helfe dir. Dann kannst du endlich mal zeitig nachhause gehen." Sie litt mit mir. Und natürlich flog das auf. Meine Lehrerin sagte: „Alors, fais la preuve, Bridge! – Mach die Probe, Bridge!" Da stand ich nun vor der großen schwarzen Tafel und wusste nicht, wozu ich gebeten war. Ich bekam eine saftige Strafe und durfte 100 Mal an der Tafel schreiben: „Ich habe geschummelt und schäme mich dafür!" Schon wieder wurde es viel später mit dem Nachhausegehen!

Ich war damals sehr ungestüm, wie ein Junge, was meiner Mutter gar nicht gefiel. Sie wollte so gern ein herausgeputztes Mädchen haben, dass sich wie eine Dame benimmt, und der das dann auch noch Freude macht. Aber diese Art Tochter war ich mit meinen 12 Jahren nicht.

Eines Tages kam ich mit einem Hund an und durfte ihn behalten. Sein Name wurde Kutscho, das heißt auf ungarisch einfach ‚Hund'. Er war eine Promenadenmischung. Wir zwei wurden unzertrennlich. Kutscho verteidigte mich, wo er nur konnte, vor allem gegen meine Mutter, die mit Ohrfeigen nicht zu knapp war. Kutscho war ein richtiger Streuner, sprang über den Zaun, und weg war er für ein paar Stunden. Er hasste Katzen. Einmal beobachtete ich ihn auf der Straße. Er sah eine Katze auf einer Gartenmauer sitzen. (In Frankreich haben die Zäune meist unten eine Mauer und darauf ist ein gusseiserner Zaun.) Auf so einer Mauer saß die Katze in aller Ruhe. Kutscho setzte an und rannte mit vollem Tempo auf die Mauer zu. Die Katze sprang elegant durch die Stäbe in den Garten und Kutscho holte sich eine schöne blutige Nase, weil er den Eisenzaun erst zu spät bemerkte. Er konnte einfach nicht so schnell bremsen. So ging das fast jeden Tag. Eines Tages fand ich ein kleines Kätzchen, brachte es mit nachhause. Ich bettelte und ließ nicht locker bis meine Mutter mit Zagen und Zögern nachgab. Sie hätte bis zu ihrer Zustimmung keine ruhige Minute gehabt. Die Katze blieb bei uns. Ich nannte sie Pepita, weil sie dreifarbig war. Wie sollte ich Kutscho beibringen, dass wir jetzt auch noch eine Katze hatten? Ich rief meinen Hund zu mir und zeigte ihm meine Pepita. Sie war so klein, nicht mehr als ein paar Wochen alt. Kutscho musste sich auf eine Seite von mir setzen, Pepita lag auf der anderen Seite. Dann begann sein Unterricht. „Schöner Kutscho, schöne Pepita, lieber Kutscho, liebe Pepita...". Mein Hund gewöhnte sich an Pepita und fing an, sie zu beschützen. Aber wehe, es war eine andere Katze im Garten oder auf der Straße, dann wurde er zur Furie und hetzte im gestreckten Galopp hinterher. Ein einziges Mal hätte er sich fast geirrt. Abends im Schein der Straßenlaterne saß eine Katze auf einem Stein in unserem Garten. Kutscho nahm Anlauf. Mitten im Galopp erkannte er Pepita, bremste mit allen vier Pfoten gleichzeitig *(wie im Comic)*. Bevor er sich schüttelte, hatte er schon ein paar Purzelbäume geschlagen. Einen ganz großen Skandal habe ich später gemacht, als Pepita nach einem tollen Sommer auf einmal mit drei kleinen Kätzchenkindern auftauchte und Bruno die Kleinen ertränkte.

Ein anderes Mal gab es großen Krach zuhause mit meiner Mutter. Ich bekam Schläge, weil ich mal wieder irgendetwas ausgefressen hatte. Wutentbrannt packte ich ein Bündel zusammen, nahm meinen Hund und rückte aus von Zuhause. Wir gingen an die Seine, die nicht weit von uns war. Ich war wütend und verletzt, weinte sehr viel und hatte das Gefühl, dass mich keiner liebt. ‚Sie werden mich schon suchen', dachte ich. ‚Sie werden Angst um mich haben!' Aber es kam niemand. Wir verbrachten zwei Tage dort, schwammen in der Seine, lungerten herum und hatten schließlich so großen Hunger, dass wir reumütig zurückliefen. Einen anderen Ausweg sah ich nicht.

(Ich weiß, dass mich meine Mutter geliebt hat. Aber körperliche Wärme gab es fast nie. Nur selten nahm sie mich mal in den Arm oder gab mir einen Kuss. Ich denke, dass es mit dem ganzen Drum und Dran des Krieges zu tun hatte. Meistens war ich als Kleinkind ja bei meiner Oma.)

Eines Tages kam Mutter zu mir: „Gegenüber ist ein Haus. Dort wohnt eine jüdische Familie mit zwei Kindern. Der Junge – 10 Jahre , das Mädchen – 7. Ich möchte, dass du hinübergehst und mit ihnen spielst!" Ich war geschockt und sagte prompt: „Nein, mit den Jidden spiel ich nicht."

Ich war immer noch eine „gute" Deutsche, und alles, was im Krieg passiert war, habe ich unseren ‚Feinden' in die Schuhe geschoben. Vor allem JUDEN - die Schuld an allem waren, ... mit Untermenschen spielen ... Das kam nicht in Frage.

Auf diese Antwort bekam ich eine schallende Ohrfeige, hörte nur noch einmal die Wiederholung meiner Mutter: „Du gehst dahin, ob du willst oder nicht, und zwar sofort!"

Es hat mich sehr viel Überwindung gekostet zu dieser Familie zu gehen. Doch ich ging hin mit Zähneknirschen, klopfte an die Türe. Eine ältere Frau machte auf, fragte, was ich wollte. Ich sagte: „Ich will fragen, ob ich mit ihrem Sohn spielen könnte?" Sie bat mich in die Stube. Es roch furchtbar in diesem Haus, ich konnte es nicht aushalten. Ich habe mir eine Ausrede zusammengebastelt, und weg war ich.

(Später erfuhr ich, dass dieser Geruch Knoblauch war, der heute einer meiner Lieblingszutaten in meinen Speisen ist. Ohne Knoblauch geht gar nichts mehr in meiner Küche.)

Meine Mutter fragte mich: „Warum bist du schon wieder da?" „Ich gehe nicht mehr zu diesen dreckigen Juden. Das ganze Haus stinkt so sehr, dass man es nicht aushalten kann!" Batsch! Wieder eine saftige Ohrfeige. Mir war alles egal. Ich rannte in mein Zimmer und schloss mich ein.

Zwei Wochen später bin ich ins Kino nach Paris gefahren, wieder mal ein Tarzan-Film. In Frankreich wurde immer ein kurzer Wochenschaufilm vor dem Hauptfilm gezeigt. An diesem Tag zeigte der Kurzfilm das Konzentrationslager Auschwitz. Ich saß da mit offenem Mund, und wollte nicht glauben, was ich da zu sehen bekam. Nein, das konnten die Deutschen nie gemacht haben, nicht das! Ich habe es nicht geglaubt, mir gedacht: ‚Das stimmt nicht. Alles nur Feindpropaganda. Die Deutschen haben so etwas nicht gemacht!' Ich konnte mich gar nicht mehr beruhigen, bis ich wieder zuhause ankam. Bevor ich vom Bahnhof nachhause lief, ging ich direkt zu dieser jüdischen Familie, fragte nach dem Jungen. Sie mussten es wissen. Sie waren Juden. Der Junge kam an die Tür. Sofort fragte ich ihn: „Kannst Du mir bitte mal Deinen linken Arm zeigen? Ich habe einen Grund dafür!" Er zeigte mir seinen Arm. Ich konnte nicht fassen, was ich da sah. Eine Nummer mit dem Buchstaben A - ... war auf seinen Arm tätowiert. Bläulich sah die Tätowierung aus. Ich war wie gelähmt, stand vor ihm und bekam kein Wort heraus. Er sagte: „Komm doch rein." Ich vergaß in diesem Moment den furchtbaren Geruch, setzte mich an einen Tisch. Die Mutter kam dazu. Ich fragte sie: „Was ist das für eine Tätowierung?" Eine kurze Stille war im Raum. Dann sagte die Mutter: „Wir waren in Auschwitz und sind von den Russen befreit worden. Wir haben, Gott sei Dank ‚überlebt!" Mir gingen die Bilder aus dem Film, die ich keine zwei Stunden zuvor gesehen hatte, immer wieder durch meinen Kopf. Die Kinder am Stacheldraht, und in welcher Verfassung sie waren!

Meine Fragen gingen weiter: „Wo haben Sie davor gelebt? Was war Ihre Heimat?" Die Antwort kam schnell: „Wir kommen ursprünglich aus Lodz, Polen. Die Deutschen sind gekommen. Die SS ist in unser Haus gestürmt. Einer hat mein Baby genommen. Ich schrie: ‚Bitte nicht, bitte nicht, gebt mir mein Kind zurück.' Es war gerade mal vier Monate alt. Sie lachten nur, trieben uns aus dem Haus. Vor meinen Augen schlug er das Baby mit voller Wucht gegen die große Eiche, die in der Mitte des Hofes stand. Ich konnte nichts mehr machen in meinem großen Schmerz. Sie zerrten uns auf den Lastwagen mit vielen anderen. Dann wurden wir nach Auschwitz gebracht." Ich konnte mir das nicht mehr anhören. Ich wusste nur eins, ich will nie wieder Deutsche sein, nie wieder. Ich werde Amerikanerin, gehe so früh wie möglich nach Amerika, egal wie. Das hatte ich mir geschworen an diesem Tag.

Ich bin zu meiner Mutter gegangen und habe ihr alles erzählt. Sie sah mich nur an, nickte ein paar Mal nachdenklich und verschwand. Gesprochen wurde darüber nicht mehr. Ich wusste nicht, warum.

(Viel später, im Jahr 1972, sprachen wir uns aus. Da gestand meine Mutter: „Briggi, ich war in Polen damals und habe das Warschauer Ghetto gesehen. Kein Mensch durfte darüber in der Heimat reden. Ich wusste, was in Russland und Polen passierte. Man hörte so einiges am Fronttheater. Ich konnte damit fast nicht leben. Darum haben wir Deutschland verlassen.")

Nur noch ein paar Wochen spielte ich mit den Kindern, dann schickte mich meine Mutter nach Gießen als

Austauschschülerin. Bevor ich abgereist bin, habe ich mich von der Familie gegenüber verabschiedet und ihnen versprochen: „Eines Tages werde ich nach Auschwitz fahren und einen Film drehen und ihn in den Schulen zeigen, eine Erinnerung an eure Familie." Was ich dann auch gehalten habe. 2000 war ich in Krakau, Auschwitz und Birkenau, drehte meinen Film. Ich war im Krakauer Ghetto, in dem der Film über Oskar Schindler gedreht worden war.

Ich habe meine schönsten Kinderjahre in Vigneux verlebt, mit vielen Kinderstreichen, die ich vorher nicht kannte. Ich hatte so viele Freiheiten, wenn die Schule aus war. Es gab eine kleine Truppe – nur Jungen außer mir. Ich wollte immer viel lieber mit Jungen spielen als mit Mädchen. Wir haben viel unternommen. Dabei ging manches schief. Meine Mutter war oft der Verzweiflung nah. Eines Tages kam ich von einem unserer Streifzüge auf dem Müllplatz mit einem Fahrradrahmen wieder. Er war noch ganz. Ich bettelte meine Mutter, dass sie mir doch Räder und einen Lenker besorgen sollte, damit ich mit den Jungs Fahrrad fahren konnte. Erst wollte sie nicht. Sie hatte so viele schlechte Erfahrungen mit meinen Ausflügen gemacht. Doch dann habe ich die anderen Teile für das Fahrrad bekommen. Ich bin schon immer technisch begabt gewesen, und habe mir das Rad selbst zusammengebaut. Meine schönste Beschäftigung war, dieses Fahrrad immer wieder mit neuer Farbe anzumalen. So hatte ich mal ein blaues, dann wieder ein rotes oder grünes Fahrrad.

Nachdem wir einen alten großen hohen Kinderwagen auf einer Müllkippe gefunden hatten, dachten meine Freunde und ich uns ein tolles Spiel aus. Da wir sehr viele Western im Cinema gesehen hatten, könnten wir doch jetzt mal Postkutsche spielen. Eine tolle Idee, ha! Wir spannten vier Fahrräder vor den Kinderwagen: zwei rechts, zwei links. Das waren natürlich die Pferde. Wir bauten ein dickes Brett auf die Seite des Wagens. Wenn der Kutscher es herunterdrückte, funktionierte es wie eine Bremse. Und los ging ‚s den Berg runter mit lautem Geschrei: „Hei hoh, Silver mit knallender Peitsche!" Was für ein Bild! Am Ende der Straße ging es nicht weiter.

Es gab nur die Hauptstraße, die unten unsere Straße kreuzte von links nach rechts, und gegenüber waren nur Häuser und Wiesen. Wir wurden immer schneller und schneller. Fünfzig Meter vor dem Ende unserer Straße bremsten die Fahrräder. Der Kutscher drückte den Holzhebel runter auf das Hinterrad. Ich denke, ihr könnt euch vorstellen, was dann passierte. Das Holz splitterte in tausend Stücke. Der Wagen fuhr auf die Fahrräder auf, und wir alle, die Pferde und der Kutscher, flogen in hohem Bogen in den Graben. Mein schönes Rad brach mitten durch. Total futsch der Rahmen. Meine Knie waren aufgeschrammt, meine Hosen zerrissen. Ich heulte, rechts und links die Teile meines Fahrrades in den Händen, lief ich nachhause zu Mama. Meine Mutter bekam vor Wut aber auch aus Sorge wegen meiner Verletzungen fast einen Herzinfarkt. Wieder eine neue Hose, dachte sie bestimmt. Ich bekam Jod auf meine Wunden, die höllisch brannten. Ich schrie wie am Spieß vor Schmerzen. Den Jungen war nicht so viel passiert. Wir mussten alle zum Arzt. Nach ein paar Tagen war alles vergessen.

Weiter ging es im Takt. Wir hatten immer die wildesten Ideen. Ich dachte mir die Sachen meistens aus und liebte es, zu experimentieren. Als die Jungs einmal zu mir kamen, sagte ich: „Alors, les garcons on va construire un manège!" – Also – los Jungs, bauen wir ein Karussell. – So eine Art Kettenkarussell sollte es werden. Wir überlegten, wie es funktionieren könnte, und bald hatten wir die geniale Idee. Im Garten lag ein dicker Baumstamm. Zwei große Bretter über Kreuz gelegt und eine lange dicke Schraube, von oben in den Stamm reingeschraubt! Wir bohrten an jedem Ende der Bretter rechts und links Löcher, zogen dicke Seile durch mit zwei Knoten am Ende und legten in die Mitte ein Sitzbrett rein. Angetrieben wurde das Ganze von einem Jungen, der wie ein Esel immer im Kreis lief. So weit, so gut! Wir stellten das fertige Karussell neben dem Rasen auf, setzten uns darauf und los ging ,s: „Plus vite, plus vite" – Schneller, schneller! Es war ein Heidenspaß!

Unser Haus hatte nur ein Plumpsklo, und ich musste jede zweite Woche den Scheißeimer leeren. Und zwar grub ich ein großes Loch auf dem Rasen, zwei Meter tief, in das die ganze Brühe geschüttet wurde. Dann die ausgebuddelte Erde drauf, fertig!

(Wir hatten die besten Tomaten, Salate und Bohnen! Ha!)

An dem Karusselleinweihungstag war das Loch leider leider noch offen... Wir wurden schneller und schneller. Das Seil, auf dem ich saß, löste sich. Durch den Schwung wurde ich in unsere Jauchengrube katapultiert. Alle schrieen Brigit, Brigit. Ich kam raus aus der Brühe – von oben bis unten voller Scheiße. Alles tropfte – gemischt mit Zeitungspapier.

(Ich glaube richtiges Klopapier war uns zu teuer. Deshalb wurden das Telefonbuch oder Zeitungen für meinen zarten Hintern verwendet.)

Ich rannte ins Haus, in die Küche: „Maman. Maammaa", schrie ich wie eine Wilde, kotzte vor mich hin. Meine Mutter kam aus dem Wohnzimmer: „Was für ein Geschrei!" Und gleich darauf: „Was für ein Gestank!" Dann sah sie mich und schrie mich an, ganz unter Schock: „Raus hier! Aber sofort! Du verpestest das ganze Haus mit deinem Gestank. Was hast du denn jetzt wieder angestellt?" Von oben bis unten wurde ich mit dem Gartenschlauch abgespritzt. Ich bekam mal wieder nicht nur eine Ohrfeige. Mutter war außer sich, wusste nicht: sollte sie lachen oder weinen? Hausverbot gab es dann, eine Woche, da der Güllegestank lange braucht, um voll zu verdunsten, und ich wieder haussauber war (nicht zu erwähnen, dass meine Bekleidung in die Mülltonne wanderte).

Sonntags war der Tag, an dem wir, meine Jungs und ich ins Kino gingen. Natürlich meist ein Tarzanfilm. Manchmal sahen wir auch Zorro oder Tom Mix. Doch an jenem Sonntag war es Tarzan. Ich fragte Mutter: „Darf ich heute wieder ins Kino gehen?" „Ja, aber erst wenn du das Geschirr abgewaschen hast!"

(Jeden Sonntag war das meine Aufgabe. Das ganze Geschirr mit allem drum und dran: Suppenteller, Vorspeisenteller, Hauptgerichtteller, Nachspeiseteller, Kaffeetassen, Untertassen, Kuchen- oder Eisteller, alle Gläser von Wasser bis Wein, und nicht

zu vergessen das ganze Besteck dazu. Und das meistens von sieben oder acht Personen! Toll!! So ging das fast jeden Sonntag, da Bruno immer Leute aus Paris einlud.)

Es war so viel Geschirr. Wie sollte ich das schaffen? Ich musste mir was ausdenken. Ich rief die Jungs zusammen, und fragte sie, ob sie mir behilflich sein könnten. Wir hatten zwei Stunden Zeit, um dann ins Kino zu kommen. Also fingen wir an. Wir stellten uns in eine Reihe. Ich spülte, der nächste trocknete ab, der dritte stellte das Geschirr in den Schrank. Hopp, hopp, hopp. Und fertig waren wir! Leider ist uns ein kleines Porzellanmilchkännchen auf dem harten Boden zerschmettert. Auweia, wenn dass Mutter wüsste, dann wäre an diesem Tag Tarzan für mich gestorben und ein paar Wochen danach auch. „HAUSARREST!" Das konnte ich nicht zulassen. Also schob ich die Scherben von dem Kännchen unter einen alten Schrank, der sicherlich schon über 100 Jahre da in der Küche gestanden hatte. Damit war mein Problem gelöst, und ich konnte mit meinen Freunden abziehen ins Kino. Wir hatten eine großartige Zeit! Mutter fragte ein paar Mal, wo denn das Milchkannchen wäre, sie könne es nicht finden. Meine Antwort natürlich: „Ich weiß nicht!" Ich glaube, wenn dieser Schrank noch existiert, dann liegt das Kännchen immer noch darunter. Ha!

Der Film war toll! Und wir waren außer Rand und Band. Nach dem Film rannten wir direkt in den Wald mit einem festen Seil, spielten Tarzan nach. Tarzan war natürlich Bridge. Nachdem wir das Seil festgemacht hatten, kletterte ich den schönen großen Baum hinauf, fasste das Seil richtig fest an, sprang ab mit einem lauten Schrei: „Ahiahaahiaha!" Und klatschte voll gegen einen anderen Baum! Mein Kinn war aufgeplatzt, meine Knie, wie immer, voller Blut. Die Jungs halfen mir nachhause, und Mutter bekam wieder mal fast einen Herzanfall. Ich musste zum Arzt, weil das Kinn genäht werden musste. *(Die Narben trage ich heute noch, als Erinnerung an meine wilde Kinderzeit!)*

Ein halbes Jahr später hatten wir noch einen zweiten Hund. Ich nannte ihn wieder ‚Wolf'. Er war sehr lieb und Kutscho natürlich immer eifersüchtig. Wir waren mit unseren Nachbarn befreundet, stellten eine Leiter an den Zaun, dass wir schneller rüber gehen konnten. Die Hunde hatten auch schnell herausbekommen, über die Leiter zu krabbeln. So stiegen wir alle herüber und wieder zurück. Toll war es, wenn der Briefträger kam mit irgendwelchen Rechnungen. Wann immer der Postmann bimmelte, gab es böses Knurren und Bellen, so dass er gleich weiterging zum Nachbarhaus, und das selbe Spiel von vorne losging. Da ja die Leiter am Zaun stand, war er kein wirkliches Hindernis für die Hunde. Der Postbote rief nur: „A la semaine prochaine!" – Auf nächste Woche wieder. – So ging das ein / zwei Monate. Auf beiden Seiten des Zauns kam fast nie Post an, da die Hunde den Briefträger hassten und alles Papier, dass im Garten lag, sofort zerfetzten. Später mussten wir die Hunde einschließen, wenn der Briefträger kam. Irgendwann mussten ja mal die Rechnungen bezahlt werden.

Ein ganz besonderer Tag ist jedes Jahr der 14 Juli, der wichtigste Nationalfeiertag Frankreichs, der auf die Erstürmung der Bastille im Jahr 1789 zurückgeht.
(Auch heute noch schaue ich mir, wenn ich Zeit dazu habe, im Fernsehen gern die Festveranstaltungen und Paraden in Paris an.)
1948 hatten eine Freundin und ich uns vorgenommen, diesen Tag in Paris zu erleben, die Trommeln zu hören, die Parade zu verfolgen, und wir wollten in die Pariser Oper gehen, uns das Ballett „Schwanensee" anschauen. Am Nationalfeiertag gab es immer freien Eintritt in die Vormittagsvorstellungen. Natürlich war der Andrang riesengroß. Um 4 Uhr morgens bin ich schon in die Stadt gefahren, um mich in die lange Schlange einzureihen. Meine Freundin wollte um Punkt 9 Uhr da sein. Ich war todmüde vom langen Stehen, doch endlich wurden die großen Türen aufgemacht. Alles strömte wie verrückt in die Oper, um gute Plätze zu bekommen. Ich konnte nicht hineingehen, meine Freundin war nicht da. So ein Mist, nun hatte ich schon so weit vorn gestanden und so gute Karten auf wunderbare Plätze. Sie kam eine halbe Stunde zu

spät. So lange habe ich auf sie gewartet und damit den ersten Akt verpasst. Ich war sehr wütend auf sie.

(Ich habe mir an diesem Tag geschworen, dass ich nie länger als 10 Minuten auf jemanden warte. Das gilt bis heute!)

Bis zum Ende des ersten Aktes hatten wir 15 Minuten Zeit. Ich weiß nicht, was uns da geritten hat. In der wunderschönen Pariser Oper fingen wir an, Fangen zu spielen. Alles war mit roten Teppichen ausgelegt, und die schier endlosen Gänge luden zum Rennen ein. Ich lief natürlich vorne weg und meine Freundin hinter mir her. Wir hatten Glück: Kein Aufsichtspersonal war zu sehen. Mitten im schönsten Lauf rannte ich mit voller Wucht gegen eine unsichtbare Wand. POW! Es tat einen Schlag, und ich lag am Boden. Als ich wieder denken konnte, hatte ich eine sehr schöne Beule auf der Stirn. Im Fallen noch hatte ich gesehen, dass ich in eine Spiegelwand gerast war, ein glasklarer Spiegel von der Decke bis zum Boden. Nach meinem ersten Schrecken und der Bestandsaufnahme an meinem Kopf durchzuckte mich der Gedanke, dass nicht nur ich, sondern auch der Spiegel etwas abbekommen haben könnte. Wenn meine Mutter jetzt diesen großen Spiegel würde bezahlen müssen...! Das hätte einen Krach gegeben, der sich gewaschen hat. Herrjemine – Sie hätte mich erschlagen. Doch zum Glück hing er noch in seinen Verankerungen, kein noch so kleiner Riss war zu entdecken. Niemand hatte uns gesehen. Keiner war auf diesen Krach aufmerksam geworden. Alles war menschenleer. Wir sind ganz unauffällig in der Pause zu unseren Plätzen gegangen und haben Schwanensee bis zu Ende verfolgen können, auch wenn mich meine Beule den ganzen Tag noch an mein ‚Ballett' erinnerte. Wie jedes Jahr gingen wir beide anschließend zur Kermesse aux étoile in die Tuilerien. Bei diesem Volksfest drängten sich Menschenmassen voller Erwartungen in dem ehemaligen Schlosspark. Die ganze Stadt war in Bewegung. Hier konnte man endlich mal hautnah seine Lieblingsschauspieler treffen. In den Anlagen waren Stände und Hütten aufgebaut, in denen die Stars Autogramme gaben. Fernandel, Jean Marais, Simone Signoret und viele andere konnten wir aus der Nähe erleben. Ganze

Familien waren unterwegs. Sie setzten sich auf den Rasen und aßen und tranken nach Herzenslust. Auf dem Montmartre wurde getanzt. Irgendwer hatte ein Akkordeon mitgebracht, und alles bewegte sich zu Musette-Musik. Es war eine schöne freudige Stimmung überall.

Im Herbst 1948 zu Beginn des neuen Schuljahrs wurde ich als Austauschschülerin nach Deutschland geschickt. Oma wohnte inzwischen in Gießen und nahm mich gern bei sich auf. Dort sollte ich richtig Deutsch lernen, eine gute Schule besuchen. Und es war eine sehr kostengünstige Alternative für meine Mutter. Ich freute mich darauf, wieder mit Oma zusammen zu sein.

1948 – Gießen

Wieder hatte mich Mutter also bei Oma abgegeben, wie schon so oft in meinem Leben. Ich kam aus Paris und sollte ein Jahr als Austauschschülerin in die Ricarda-Huch-Schule gehen.

Oma hatte eine Ein-Zimmer-Wohnung und eine kleine Schneiderei am Nahrungsberg Ecke Gartenstraße. Sie hatte zwei Angestellte, konzentrierte sich auf Mäntel und Kleider. Mutter war zwei Tage in Gießen, und schon war sie wieder weg, auf dem Weg nach Paris. Ich habe mich bei meiner Großmutter wohl gefühlt. Ich liebte sie sehr. Sie war die einzige Frau, der ich voll vertrauen konnte. Ich hatte mich den ganzen Krieg und die drei Jahre danach wie eine Schachfigur gefühlt. Immer wurde mir erklärt: „Wir müssen weiter, Briggi!" Nur meine Großmutter gab mir Sicherheit und Geborgenheit.

Ich kam in die Ricarda-Huch-Schule, in die Untertertia. Es war ein neues Abenteuer. Alle waren nett zu mir. Ich saß neben Miky. Später wurde ihre Schwester meine beste Freundin. Ich war anders als die anderen 13-jährigen, eine Exotin. Wer hatte schon nach dem Krieg jemanden aus Paris gesehen, geschweige denn eine Mitschülerin in der eigenen Klasse gehabt.

Natürlich musste ich auch in den Religionsunterricht und hasste bereits die Ankündigung. Ich war ja schon in Spanien mit Religion geimpft worden. Ich habe immer wieder dem Religionslehrer gesagt: „Es gibt keinen Gott!" Damit bin ich natürlich nicht gut angekommen. Alle lachten, wenn ich das sagte. Na ja, so schnell wie ich im Religionsunterricht saß, so schnell war ich wieder draußen. Gott sei Dank! Ha! Die nächste Stunde war Französischunterricht. Die Lehrerin wusste nicht, dass ich fließend französisch sprach. Sie rief mich nach vorn.

Ich saß in der letzten Reihe. Sie sagte: „Bridget, lies aus dem Buch von Molière ‚Le corbeau et le renard' (Der Fuchs und der Rabe)." Ich nahm das Buch in die Hand, schmunzelte vor mich hin und fing in perfektem Französisch an zu lesen. Dem Fräulein blieb der Mund offen! Sie fragte mich: „Wo hast du so gut französisch gelernt?" Meine Antwort: „Ich bin die neue Austauschschülerin aus Paris!" Von da an musste ich fast jedes Mal vor die Klasse treten, um in der richtigen Aussprache vorzulesen, was mir gar nicht so passte. Aber ich kam nicht drum herum. Dann ging es in den Geschichtsunterricht. In diesen Stunden wurden oft Dias über Kunstgeschichte gezeigt. Die Fenster wurden verdunkelt und die Lampen gelöscht. Nun, da ging die Post ab! Wir haben unsere Brote gegessen und viel Unsinn gemacht. Es war einer meiner Lieblingsunterrichte. Weiteren Unterricht hatten wir in Latein, Musik und Englisch. Im Musikunterricht wurde nur klassische Musik unterrichtet, langweilig war das für mich. Wir hatten eine Schülerin, die Swing spielen konnte auf dem Klavier. Immer wenn der Lehrer aus dem Raum ging, fing sie an Swing zu spielen, und wir tanzten dazu, bis der Lehrer wiederkam. Dann aber war ich stets schuld an der allgemeinen Ausgelassenheit. Immer stand mir noch der Gaudi auf den Wangen und in den Augen. Gaudi gab es auch im Lateinunterricht: es war der langweiligste Unterricht überhaupt. Alle paar Minuten meldete sich einer von uns, weil er angeblich aufs Klo musste, bis schließlich die Hälfte der Klasse verschwunden war. Der Mondkopf, so nannten wir den guten Mann vorn an der Tafel, ließ uns durch unsere Englischlehrerin suchen. Sie kam an der Mädchentoilette vorbei und hörte ein Geräusch: Tam, Tam, Tam, 1...2, 1...2, tam-ta-tam Charleston. Die Tür öffnete sich. Sie sah uns Charleston tanzen. Diesen neuen Modetanz wollten alle lernen. Lateinunterricht war die beste Gelegenheit dafür. Ich war wie Max und Moritz in einem und immer vorne weg bei Streichen. Die Strafe folgte prompt. Nachsitzen – Blauer Brief nachhause.

In der Englischstunde hatte ich es nicht leicht. Meine Aussprache war US-Englisch, was an dieser Schule verpönt war.

Frau Engelhardt, die Englischlehrerin hat mit allen möglichen Mitteln versucht, mir das Kingsenglisch beizubringen. Doch das klappte nicht, da ich nur das US-Englisch liebte und gar nicht daran dachte, es aufzugeben. Ab und zu brachte ich englische/amerikanische Kriminalromane in die Schule – Agatha Christie, Mickey Spilane – ich liebte diese Romane. Und wenn es mir zu langweilig wurde, habe ich sie in der Englischstunde gelesen. Unsere Lektüre im Unterricht waren Charles Dickens, Shakespeare usw.. Diese Geschichten haben mich nicht so sehr interessiert. Eines Morgens wurde ich von Frau Engelhardt ertappt, wie ich unter dem Pult heimlich meine eigene Literatur las. Sie wurde wütend: Auf ging es zur Direktorin, Frau Dr. Jakobi, eine Frau, die ich sehr verehrte. Sie war Jüdin, emigrierte nach England, wo sie die Kriegsjahre überlebt hatte. Dr. Jakobi gab Geografieunterricht und Politik. Sie war klein, hässlich, doch sie hatte schöne Augen, die Liebe und Offenheit ausstrahlten. Sie war eine sehr starke Persönlichkeit. Ja. Nun stand ich mitten in ihrem Büro mit Frau Engelhardt, die meine Romane auf den Schreibtisch der Direktorin blätterte und sich bei ihr bitter beschwerte: „Frau Doktor Jakobi, es ist eine Unverschämtheit, solche Bücher in meine Klasse mitzubringen und dann noch im Unterricht zu lesen. Immer ist Bridget aufmüpfig. Jetzt müssen andere Seiten aufgezogen werden." Sie ging wieder, und ich stand vor Dr. Jakobi und wartete auf meine Strafe. Sie sagte mir nur: „Ich möchte diese Romane nie wieder in der Klasse sehen, sonst muss ich mir Strafen für dich ausdenken. Geh jetzt zurück in die Klasse!" Ich versprach ihr, dass es nicht mehr vorkommen würde.

Eine Woche nach diesem Vorfall trafen Oma und ich uns, wie immer, zum Mittagessen im Krokodil, einem sehr guten und preiswerten Restaurant. Ich hatte die Krimis wieder dabei, zog sie im Restaurant raus, um was nachzuschlagen. In dem Moment ging die Türe auf, und wer kam herein? Frau Doktor Jakobi. Sie kam auf meine Oma zu. Ganz unauffällig schob ich die Bücher zurück in die Tasche aus lauter Angst, Doktor Jakobi könnte sie sehen und meiner Oma berichten, was in der Schule passiert war. Sie kam zu unserem Tisch.

Meine Oma und Frau Doktor Jakobi begrüßten sich herzlich, und ich hatte Angst. ‚Jetzt wirst du verraten. Gleich sagt sie es Oma, und es gibt Krach.' Aber auf einmal sagte Doktor Jakobi zu mir in Englisch: „Bridge, I love Agatha Christie and Mickey Spilane. Could you do me a big favour and bring me some of your books to my house? It would be just wunderful to have something to read in English again. It has been a long time." Ich wusste gar nicht, was ich sagen sollte, so überrascht war ich. Nach diesem Affentheater in der Schule war ich über diese Reaktion sehr verblüfft. Doch dann freute ich mich, eine Verbündete gefunden zu haben. Erfahren durfte es natürlich niemand!

Ich war sehr viel bei meiner Freundin, Ulla. Wir haben mit unserer ganzen Clique Tischtennis gespielt, Hausaufgaben gemacht, noch Abendbrot gegessen. Dann ging es wieder zu meiner Oma zurück. Meine Oma hat mich vielleicht ein Viertel der Zeit gesehen. Den Rest des Tages verbrachte ich bei Ulla und Familie.

Dann kam der Tag, an dem unsere Lateinklasse einen Ausflug machte mit unserem Mondgesicht. Wir fuhren mit dem Zug Richtung Marburg und stiegen in Fronhausen aus. Der Rückweg ging durch den Wald. Wir sollten alle zusammenbleiben. Doch irgendwie hatte die kleine Gruppe, in der ich lief, die Anderen vor lauter Reden und Spaß verloren. Es dauerte eine ganze Weile bis wir merkten, dass wir sieben lustigen Gesellen ganz allein im Wald waren. Wo war der Rest der Klasse? „Die kommen bestimmt gleich. Wir sind viel zu schnell gewesen." Also setzten wir uns an die nächste Wegkreuzung, packten unsere Brote aus und warteten unter großem Hallo auf den Lehrer und unsere Klassenkameraden. Eine Stunde war vergangen, und immer noch saßen wir allein an der Weggabelung. Manchen von uns wurde ein wenig bange, und so sind wir aufgebrochen, sind auf der Hauptstraße zu einer Dorfkneipe gegangen, haben uns Essen bestellt und uns ordentlich gestärkt. Dann packten wir die Taschenlampen aus und wanderten die letzten 11 Kilometer über Feld und Wiesen nach Gießen. Irgendwann nachts sind wir zu Hause angekommen.

Mondgesicht war vor Angst fast gestorben, hatte überall angerufen, ob wir nachhause gekommen seien. Armer Mondgesicht! Er tat mir ganz schön leid. Ich möchte nicht wissen, wie es mir als Lehrer gegangen wäre, wenn ich die halbe Klasse im Wald verloren hätte. Frage nicht nach Sonnenschein! Am nächsten Morgen in der Schule war die Hölle los. Eine Strafe nach der anderen. Wir hatten uns köstlich amüsiert und sehr sehr viel gelacht, doch am Ende hatten wir nichts mehr zu lachen, denn die Strafe war saftig.

Ich ging oft ins Stadttheater, freundete mich mit Mia Arkoff an. Sie war eine tolle Schauspielerin, und ich hatte mich ein bisschen verliebt in sie. Sie war wunderschön. ‚Maske in blau' war meine Lieblingsoperette - natürlich mit Mia Arkoff!

Unerwartet kam Mutter zu Besuch und teilte mir mit, dass sie nach England für ein Jahr gehen würde. Ich sollte mitkommen auf eine englische Schule, um noch besser Englisch zu lernen. Ich war nicht sehr glücklich über diese Idee. Doch was blieb mir schon übrig?

Also auf nach Bromley, Kent, England! Das war Ende 1949. Ich war 14 Jahre alt.

1949 – Bromley, Kent

Wir wohnten in einer Doppelhaushälfte in einer großen Wohnung mit einem schönen Gaskamin. Wieder eine neue Klasse, eine neue Schule, eine neue Stadt, eine neue Sprache, eine neue Kultur! Schule kannte ich aus Salamanca, Vigneux und Gießen – also Spanien, Frankreich und Deutschland. Mit 14 Jahren also der Versuch in England – okay. Meine Schule war die Bromley Highschool – eine reine Mädchenschule. Es wurde wieder Schuluniform getragen, dunkelblau, ein Rock, weiße Bluse, Schlips gestreift silber/weinrot, eine Cardignan-Weste, Trenchcoat, weinrote Baskenmütze und braune Lederschuhe, völlig unmodern – so eine Art Gesundheitsschuhe. Die Schule war sehr streng. Jede Unterrichtsstunde wurde in einem anderen Raum abgehalten. Wir mussten immer unsere Stühle mitschleppen. Sehr merkwürdig! Den ganzen Tag – treppauf treppab – Stühle tragen, bis der Unterricht vorbei war. Eigentlich konnte ich schon ganz gut amerikanisches Englisch. Aber was ich da in der Schule hörte, dieses British English, da war der Ofen aus. Ich verstand kein Wort. Gute Voraussetzung für Schule... Es war für mich zu Beginn die Hölle.

Für den Schulsport musste die Sportkleidung selbst gekauft werden. Ich sollte Hockey spielen. Also ging ich in ein Geschäft und versuchte dem Verkäufer klarzumachen, dass ich Hockeyschuhe bräuchte. Mit der neuen Errungenschaft ging ich stolz zur Schule. Meine Aufgabe auf dem Hockeyfeld war die Position ‚Linksaußen'. Wie ein Hamster im Rad rannte ich auf und ab, bekam nie einen Ball in diesem Matsch. Immer wieder lag ich auf dem Rasen, weil der Boden so rutschig war. Der Schlamm spritzte nach rechts und links, dass man den

Ball kaum sehen konnte zwischen den Modderbatzen. Ich war keine Unterstützung für meine Mannschaft, wahrlich nicht. Am Ende des Sportunterrichts kam die Lehrerin, sah sich die Schuhe an. Ich hatte Tennisschuhe ohne Stollen gekauft. Alle lachten, und ich schämte mich. Außerhalb der Schule war ich ziemlich verloren, auf mich allein gestellt und einsam dort. Bruno war ständig arbeiten. Er hatte einen Einjahresvertrag als freischaffender Journalist. Mutter war irgendwo.

Mathe war nie mein Ding gewesen. Aber in Bromley schossen die Bewertungspunkte nur so in die Höhe. In meiner Klasse unterrichtete eine wunderschöne große Frau Mathematik. Sie hatte rote Haare, grüne Augen. Ich wollte ihr gefallen, durch gute Noten auf mich aufmerksam machen. Sie hatte sehr viel Ähnlichkeit mit der Filmschauspielerin Maureen O'Hara. Leider hab ich den Namen der Lehrerin vergessen. Ich habe sie vergöttert. Auf einmal wollte ich nur noch lernen. Ich glaube, es war das erste Mal, dass ich mich in eine Frau verliebt hatte. Für mich war sie toll. Wenn ich an die nächste Mathestunde dachte, klopfte mein Herz. Da konnten mich die anderen vorher noch so ärgern. Die Zeit an der Bromley High war voller Emotionen. Natürlich war meine Mutter begeistert über die Erfolge in Mathematik nach all den Pleiten in Salamanca und Vigneux, auch wenn sie die Hintergründe nicht kannte.

Ganz schön fremd war für mich der Verkehr auf der linken Seite. Ich bekam bald ein Fahrrad, doch benutzt habe ich es kaum. Dafür hing ich zu sehr am Leben. Nach meinem ersten Ausflug, der fast auf der Stoßstange eines Krankenwagens geendet hätte, weil ich auf der rechten Seite gefahren war, habe ich das Fahrrad nur noch sehr selten benutzt. Diese Panik wollte ich nicht noch einmal erleben: ‚In welche Richtung muss ich jetzt das Rad lenken? Rechts? Links? Rechts? Links?' Ich gab das Radfahren in England auf.

Dann wurde wieder alles anders. Das Jahr von Brunos Anstellung war um, und Mutter und Bruno planten wieder zurück nach Paris zu gehen. Aus irgendeinem Grund wollte

Mutter, dass ich noch in Bromley bleibe, bis Bruno wieder eine Arbeit gefunden hätte, und sie mich holen würden. Sie verabredete mit den Howards, die eine Etage über uns wohnten, dass ich für ein oder zwei Wochen bei ihnen bleiben konnte. Ich war außer mir und wollte partout mit Mutter fahren. Keine Chance!

Also blieb ich in Bromley zurück, ganz allein bei Familie Howard. Bevor Mutter und Bruno nach Paris zurückfuhren, wurde ich in der Bromley Highschool abgemeldet. Die Howards und ich warteten. Mutter hatte versprochen, mich abzuholen. Es vergingen ein Monat, zwei Monate und 3 Monate. Wir hörten nichts, aber auch gar nichts, weder von Mutter noch von Bruno. ‚Die haben mich einfach vergessen!', dachte ich. Die Familie Howard hatte es satt. Sie hatten nur für die vorgesehenen zwei Wochen Geld von Mutter bekommen und schrieben immer wieder an meine Mutter, doch es kam keine Antwort.

Also wurde ich kurz und gut der Polizei übergeben. Da saß ich nun im Jugendarrest. Die Polizisten waren sehr nett. Ich bin gut verpflegt worden. Man hat sich mit mir beschäftigt, doch meine Angst wurde immer größer. Immer wieder kreiste es in meinem Kopf: ‚Die haben mich einfach sitzen gelassen in England. Warum kommen sie nicht? Warum höre ich nichts? Ist etwas passiert – ein Unfall oder was?' Unter solchen Umständen kommen einem die merkwürdigsten Gedanken. So spukte es die ganzen drei Monate in meinem Kopf herum. Ich hatte die Hoffnung schon fast aufgegeben. Da stand eines Tages völlig unerwartet Mutter in der Polizeiwache. Es gab große Diskussionen mit meinen Aufpassern. Ich wurde aus meiner Zelle geholt. „Come on, Bridge, here is your mother to fetch you!" – Hei Bridge, Deine Mutter ist da und holt dich ab!

Ich war der glücklichste Teenager. Aber auch der Wütendste! Was hatte sie sich nur dabei gedacht! Die nächsten Tage habe ich sie immer wieder beschimpft und versucht, herauszubekommen, was eigentlich los gewesen war. Das, was mir gesagt wurde, empfand ich schlichtweg als Ausreden. Ich glaubte ihr nicht mehr. Wie kann so etwas passieren? Niemand vergisst sein Kind einfach so! Nur meine Mutter! Die wahren Hintergründe für diese lange Zeit des Schweigens habe ich nie erfahren. „Es tut mir leid, Bridge. Ab jetzt sind wir wieder eine Familie! Ende der Diskussion."

Wieder ging es nach Paris in den Boulevard Haussmann, wieder nur für ein paar Wochen. Danach wurde ich nach Gießen zu Oma gebracht. Nach den vergangenen turbulenten Zeiten war ich glücklich, wieder bei ihr zu sein. Sie war mein verlässlicher Halt. Auf wen hätte ich sonst bauen sollen?

Am allermeisten aber freute ich mich auf meine Freundin Ulla.

Teenager-Zeiten

1950 – Paris – Gießen

Am nächsten Morgen bin ich wieder in die Schule gegangen. Erster Unterricht: Englisch. Frau Engelhardt kam ins Klassenzimmer, sah sich um, sah mich und eine Sekunde später: „Well, good morning, Bridge. Back from England? How nice to see you back in school again." - He, guten Morgen, Bridge. Zurück aus England? Schön, dich wieder in der Schule zu sehen! Meine Antwort war nur: "Hi, thanks!" – Hi, danke! Ich rutschte immer mehr unter meine Bank, wollte mich unsichtbar machen. Aber ihr Gesicht konnte ich trotzdem sehen. Der Ausdruck war nicht begeistert. Ich hörte nur ihre Stimme sagen: „Wie ich höre, hast du in England auch kein britisches Englisch gelernt. Du weißt schon, dass in dieser Klasse aber nur britisches Englisch gesprochen wird!" Ich sagte darauf nur noch: „Entschuldigung, Frau Engelhardt, ich spreche aber nur amerikanisches Englisch. Was machen wir da?" Das war das Ende der Diskussion. Die Klasse musste wohl oder übel mit meinem US-Englisch weiterhin klarkommen. Wer nicht gut damit zurechtkam, war Frau Engelhardt. Natürlich hatte ich britisches Englisch gelernt, sehr gut sogar. Doch den Gefallen wollte ich ihr nicht tun.

Ich bevorzuge immer noch die amerikanische Aussprache. Sie ist eben cool. Man kann sich leichter und besser ausdrücken. Und – ich liebe Swing. Der Rhythmus und die Sprachmelodie passen perfekt zusammen. Wow, einfach toll. Ich habe mir manchmal vorgestellt, wie sich ein Song, wie „When the saints go marching in..." in britischem Englisch anhören würde – sicherlich grauenhaft.

1950 wurde ich zu meinem ersten Studentenball der Germania eingeladen. Der junge Student, der mich einlud, hieß

Hans. Oma nähte mir ein ganz tolles Abendkleid. Ich war total aufgeregt. Zum ersten Mal in meinem Leben auf einem großen Ball. Wie oft hatte ich gesehen, dass Mutter sich zum Ausgehen fertig machte, wie schön sie dann war. Nun war ich also endlich dabei.

Der Ball fand im Otto-Eger-Heim statt. Wenn es um Tanzen ging, war ich ganz verrückt. Ich liebte Fred Astaire, Rock ‚n' roll, Swing und alles drum herum. Alle tanzten sehr formell. Hans und ich tanzten natürlich auch so, immer Haltung bewahren! Später ging es los mit: „Mecki war ein Seemann..." und „Rock around the clock tonight". Da war dann kein Halten mehr. Vorbei mit den steifen Tänzen. Ich tanzte amerikanischen Rock und Swing, auch mit dem Fuchsenmajor. Alle blieben stehen, sahen mit weit aufgerissenen großen Augen zu. Ich hatte meinen Spaß. An diesem ersten Abend lernte ich Heinrich kennen, einen Veterinärstudenten. Hans hatte mich mit zusammenschlagenden Hacken und tiefem Diener bei Oma abgeholt, Heinrich brachte mich am Ende nachhause. Das war natürlich gegen jede Regel des Studentenvereins. Am nächsten Morgen gab es so richtig Krach zwischen dem Fuchsenmajor und ‚Heiner', wie ich den Heinrich nannte. „Das wäre zu weit gegangen." Doch ich wollte nur noch mit Heiner nachhause gehen. Wir haben uns von Anfang an sehr gut verstanden. Von diesem Tag an waren wir sehr oft zusammen. Er hatte sich in mich verliebt. Doch ich sah ihn nur als guten Kumpel an. Mit Liebe hatte ich noch nichts im Sinne. Ich war ja erst 14 ½ Jahre alt.

Es war Karnevalzeit. Heiner lud mich ins Otto-Eger-Heim zum großen Karnevalabend ein. Ulla lieh mir ein Mickey-Mouse-Kostüm aus. Heiner holte mich um 20 Uhr bei Oma ab. „Hier ist der Schlüssel. Wenn du nachhause kommst, dann sei bitte leise, dass du nicht das ganze Haus aufweckst." „Jaja, Oma, ich werde ganz leise sein." Und schon waren wir auf dem Weg zum Karneval. Ulla, ihre Schwester Micky, Tanja, Heiner und viele andere Freunde waren mit auf dem Fest. An diesem Abend wurde sehr viel getanzt und getrunken. Es gab ein köstliches Getränk. Nach der Tanzerei war der Durst groß, schnell ein Glas hinunterstürzen und schon ging es wieder ab zum nächsten Tanz, dann schnell getrunken... Es dauerte nur bis 23 Uhr, dann war ich erledigt, voll bis oben hin. Heiner und ein paar andere Freunde packten mich rechts und links unter den Armen, raus ging ‚s an die frische Luft und in den tiefen Schnee. Ein VW Käfer fuhr die Straße hinunter. Er fuhr auf dem Dach... die Räder oben... Das war doch unerklärlich. „Kann das gehen?", fragte ich die Jungs, die sich köstlich amüsierten. Der Weg zu Oma war ganz schön weit. Alle zwanzig Meter mussten wir anhalten. Ich konnte nicht weiter vor Übelkeit. Ich setzte mich auf die Bordsteinkante, wartete bis es wieder ging, und die Jungs mich hoch zerrten. Endlich kamen wir zuhause an. Nach einem langen Gespräch mit meiner Manteltasche und dem Schlüssel darin gelang es mir, das widerspenstige Ding herauszufischen. Ich versuchte, das Schlüsselloch zu finden, aber gar nichts klappte. Er rutschte ständig ab und nur ein lautes: ‚Ratsch, ratsch, ratsch!' war zu hören. Durch diesen Krach wachte Oma auf und kam zur Tür, machte sie auf und fragte leise: „Was ist denn hier los? Du solltest doch leise sein. Du weckst doch alle auf!" Sie bedankte sich bei den Jungs, und die Tür war zu. Ich ging ins Zimmer, Oma hinterher und schimpfte mit mir. Ich sagte nur: „Ach, quak doch nicht so!", und schmiss mich in voller Montur auf mein Bett. Auf mein schönes weißes Federbett! Mit meinen verschneiten Stiefeln!

Wir hatten nur dieses eine Zimmer zum Leben. Im Zimmer gab es ein Waschbecken, an diesem Abend voll mit frisch gewaschener Wäsche. Kaum lag ich auf meinem Bett, drehte sich wieder alles im Kreis. Ich konnte nicht anders, sprang auf, zum Waschbecken und kotzte die schöne frisch gewaschene Wäsche voll! Drama, Drama! Ich glaube, Oma bekam fast einen Herzinfarkt, die Arme. Sie zog mich erst mal aus und legte mich richtig ins Bett. Ich schlief am nächsten Tag bis in die Puppen. Als ich endlich erwachte, zerflog mein Kopf fast vor Schmerzen. Dann ließ meine Oma eine gewaschene Standpauke im Stereoton vom Stapel. Ich konnte ihr nicht richtig folgen. Mir war immer noch kotzübel. Mein armer Kopf! Den ganzen Tag über blieb ich im Bett.

„Was hast du dir nur dabei gedacht, mit dreckigem Mantel und Schuhen in das schön gemachte Bett zu fallen. Und noch obendrein meine frisch gewaschene Wäsche nicht zu verschonen! Hättest du nicht zum Klo gehen können? Nun muss ich die Schweinerei wegmachen, und die ganze Wäsche noch mal waschen!" Für mich war alles nur ein Blablabla... „Was für ein Enkelkind!"

Es dauerte nicht lange, nur ein paar Wochen, da kam meine Mutter auf Besuch. Es war immer noch in der Karnevalszeit. Als meine Mutter von einer Karnevalsfeier nachhause kam, war das Waschbecken wieder mal voll mit Wäsche. Doch als diesmal Mutter aus dem Bett sprang mit den gleichen Vorzeichen wie bei mir, flitzte Oma, so schnell sie konnte, zum Becken und raffte die Wäsche raus. Ab damit in einen Eimer! Fünf Sekunden später kotzte Mutter in das Waschbecken. Oma war außer sich: „Erst die Tochter, dann die Mutter! Was für eine Familie!" Meine arme Oma glaubte danach an ein Dejavue. Wenigstens entschuldigte Mutter sich am nächsten Tag bei Oma. Es war ihr sehr peinlich. Doch was passiert war, war passiert. Bis Oma sich wieder beruhigt hatte, dauerte es eine ganze Weile.

Ich war Oma immer am nächsten. Meiner Mutter vertraute sie nicht. Ich kann mir ausmalen, dass sie früher viele schlechte Erfahrungen mit Mutter gemacht hatte und deshalb meiner Mutter auch nicht verriet, wo der Hausschlüssel lag. Mutter musste immer schön brav klingeln, wenn sie nachhause kam und herein wollte. So hatte Oma sie unter Kontrolle. Ich aber wusste: Der Hausschlüssel liegt immer unter der Mülltonne. Wenn ich abends ausging, musste mich niemand herein lassen. Ich konnte kommen, wann ich wollte.

Gießen war für mich das reinste Gaudi. Ich hatte viele gute Freunde. Doch die liebste ist mir immer Ulla geblieben. Wir machten sehr viel zusammen. Wir lachten und amüsierten uns, wo wir nur konnten. An einem Abend wollten wir in Gießen in die Oper gehen. Es gab den fliegenden Holländer von Richard Wagner. Wir fuhren früh nach Frankfurt, vertrieben uns die Zeit, gingen ins Kino, streunten durch die Zeil und die Hauptwache. Es war einfach ein wunderbarer Nachmittag. Bis uns auf einmal einfiel: Oh Gott, wir müssen ja heute Abend noch in die Oper. Also schnell einen Zug ausgesucht, eine Stunde vor Anfang waren wir wieder in Gießen. Ich war todmüde. Aber wir hatten schon die Karten. Die konnten wir nicht einfach verfallen lassen. Wir saßen in der dritten oder vierten Reihe – ich denke, es waren die Abonnementplätze von Ullas Eltern. Das Licht ging aus. Das Orchester fing an zu spielen. Schon während der Ouvertüre schlief ich ein.

Der Holländer auf hoher See, ein gewaltiger Sturm kommt auf. Es türmen sich die Wellen und schaukeln die Musik mit auf und dann: ein Blitz – ein Donner, ohrenbetäubend und täuschend echt. Mitten aus meinem Träumen gerissen, sprang ich völlig verschreckt von meinem Sitz hoch, drehte mich nach rechts und links und schrie fassungslos: „Was ist, was ist passiert?" Natürlich drehten sich alle um und blitzende Schadenfreude strahlte aus ihren Augen. Es dauerte eine Weile bis Ulla mich beruhigt hatte. Meine Freundin hat sich dann tief in ihrem Sitz verkrochen, die Hand vor den Mund gehalten und schniefende Geräusche gemacht. Sie kicherte ständig und konnte der Oper deshalb kaum folgen. Am Ende des Opernabends sind wir fast geplatzt vor Lachen. Ulla erzählte es immer und immer wieder. Wir konnten uns gar nicht beruhigen.

Aber wir waren nicht nur am Lachen. Jeden Samstag musste ich das Zimmer putzen. In diesem Alter fand ich die Aufgabe schrecklich. Das Zimmer war fünfundzwanzig Quadratmeter groß und hatte einen gestrichenen Holzfußboden. Ich nahm einen Eimer Wasser, schüttete ihn halb auf den Boden, nahm den Schrubber, und los ging ,s. Zack, zack – das Zimmer war geputzt. Es musste schnell gehen. Ich hatte einfach keine Zeit für lange Putzorgien. Immer hatte ich etwas mit meinen Freunden vor. An einem dieser Samstage sagte Oma: „Der Wasserhahn ist kaputt. Ich muss jemanden finden im Haus, der ihn mir repariert." Ich mit meiner technischen Begabung erwiderte schnell: „Nein, nein, musst du nicht. Ich kann den Hahn reparieren!" Ich nahm die Zange und schraubte den Auslaufhahn ab. Mit vollem Druck kam ein Wasserstrahl wie eine Fontäne herausgeschossen. Ich deckte die Öffnung so schnell es ging mit meiner Hand ab. Natürlich spritzte es in alle Himmelsrichtungen. Oma bekam sofort Panik, rannte aus dem Zimmer und rief um Hilfe! Unser Nachbar war, Gott sei dank, zuhause. „Das Wasser, das Wasser im Zimmer! Hilfe!", stammelte Oma. Der freundliche Nachbar stürzte herein und entdeckte die Katastrophe. Er rannte in den Keller und stellte erst einmal das Wasser ab. Alles war nass im Zimmer. Zum Zimmerputzen konnte ich mir das Ausschütten heute mal sparen. Es war schon vorgewässert. Haha! Ich glaube mich zu erinnern, dass mich meine geliebte Oma zum ersten Mal mit vor Zorn rotem Kopf ansah und ich mich ganz schnell verdünnisierte, bevor sie mir eine Ohrfeige verpassen konnte.

Oma hatte einen alten Volksempfänger. Er stand auf der kleinen Kommode im Wohnzimmer. Immer Samstags zwischen drei und vier Uhr gab es eine Sendung im Funk, die ich nicht verpassen durfte: „Ein Nachmittag mit Fred Astaire" – dem größten Stepptänzer aller Zeiten. In dieser einen Stunde war ich nicht ansprechbar. Ich hing mit meinem Ohr schon fast im Radio drin, um Fred Singen und Steppen zu hören. Einmal hatte Oma eine schöne Käsetorte gebacken. Es sollte Kaffee und Kuchen geben wie jeden Samstag. Ich hing wie immer vor dem Radio. Auf einer Seite hörte ich gespannt Freds Gesang, auf der anderen Oma sagen: „Briggi, hier Deine Torte!" „Sei doch mal still, und lass mich in Ruhe." Ich winkte etwas heftig mit der Hand ab, und sah nur noch, wie die Torte durch die Luft flog – durchs ganze Zimmer. Oma stand da mit offenem Mund, den Teller noch in der Hand. Damit war die Fred Astaire Sendung für diesen Nachmittag beendet.

Ich liebte diese Frau, meine Oma. Sie war eine sehr gütige, liebevolle Frau. Ich glaube, dass sie sich sehr sehr oft zusammenreißen musste bei allen meinen Schandtaten. Sie hat mir immer verziehen, egal was ich anstellte.

Eines Abends, als ich mit Heiner aus dem Theater kam, fragte er mich, ob ich mit zum Studentenball käme. Ich sagte ihm: „Da muss ich Oma erst um Erlaubnis bitten. Gehen wir zu ihr und fragen sie." Es war schon reichlich spät, trotzdem gingen wir zu Oma. Ich schloss die Türe auf und ging ins Zimmer, Heiner hinter mir. Oma schreckte auf, saß in ihrem Federbett. Dickes großes weißes Kopfkissen, dickes hohes Federbett und dazwischen Oma! Sie hatte sich, wie immer, ein weißes Band um das Kinn gewickelt und oben auf dem Kopf verknotet, damit sie nicht so laut schnarche. Ihre Zähne lagen in einem Glas mit Wasser. Ich fragte sie, ob ich mit Heiner zum Ball gehen dürfte, wenn er mich hinterher nachhause bringen würde. Heiner wagte nur einen kurzen Blick über meine Schulter auf Oma, als sie mit einer zustimmenden Kopfbewegung „mum, mum, mummm..." machte. Wir waren so schnell wie möglich weg. Diesen unerwarteten Anblick werde ich nie vergessen. So göttlich wie das Gemälde von Spitzweg „Der arme Poet". Vor dem Haus nahm das Gelächter und Gekicher kein Ende. Wir hielten uns die Bäuche.

Heiner hatte sich ein Motorrad gekauft. Ich wollte unbedingt auch Motorradfahren lernen. Wir fuhren zum Üben auf den Schiffenberg bei Gießen. Er übergab mir das Motorrad und sagte: „Setz dich drauf. Hier ist der Gashebel, unten die Kupplung. Auf geht 's." Ich fuhr ganz langsam los, den Waldweg entlang. Meine Sicherheit wuchs mit jedem Meter und ich wurde mutiger und mutiger. Nach einem Kilometer drehte ich um und fuhr natürlich schneller zurück. In der letzten Kurve vor dem Ziel hing ein Ast sehr tief. Ich blieb mit der Schulter daran hängen und fiel rücklings in den Sand. Das Motorrad torkelte ohne Fahrerin bis zu Heiner. Der kam natürlich sofort ganz aufgeregt angelaufen: „Was ist mit Dir, Briggi? Bist du okay?" Ich lag auf dem Waldweg, war total auf den Steiß geknallt. Ansonsten war alles in Ordnung. Heiner war ganz aufgeregt. Schließlich hatte er mich fahren lassen. Ich beruhigte ihn: „Ist alles okay. Nur ein paar Schrammen! Mach dir keine Gedanken! Morgen ist alles wieder Paletti." Von wegen Paletti. In den nächsten Tagen färbte sich mein Hinterteil langsam ein. Es dauerte zwei Wochen bis die Flecken verschwunden waren. Trotzdem fand ich es himmlisch, Motorrad zu fahren.

In diesem Sommer 1950, wir waren 15 Jahre alt, machten Ulla und ich eine Fahrradtour in Frankreich. Unsere Mütter hatten es uns erlaubt. Wir haben unsere Räder im Gepäckwagen bis an die Côte d' Azur mitgenommen. Von da radelten wir entlang der Küste nach St. Raphael. Ulla wollte unbedingt in das Casino gehen. Ich war dagegen. Wir waren noch nicht alt genug. Ulla meinte: „Komm, wir lachen uns ein paar Männer an, die uns dann mit hineinnehmen. In männlicher Begleitung können sie uns nicht wegschicken. Ich möchte mir das unbedingt ansehen." Direkt vor dem Casino legten wir uns in den herrlichen weißen Sand, zwei hübsche junge Frauen mit blonden Haaren und blauen Augen. Es dauerte gar nicht lange, da sprachen uns zwei Franzosen in Militäruniform an. Sie waren auf Urlaub aus Indochina, und wir fragten gleich: „Könnt ihr uns mit ins Casino nehmen?" Sie waren sofort dazu bereit. Und ein paar Minuten später waren wir in dem großen Saal. Wir haben Roulette gespielt und konnten es kaum fassen, das wir wirklich eine richtige Stange Geld gewannen. Den beiden Militärjungs wünschten wir zum Abschied viel Glück. Ein erlebnisreicher Tag und außerdem noch einer mit Geldsegen! Toll!

Am nächsten Tag blieben am Strand, wir lagen auf unseren Badetüchern und sonnten uns. Da hörten wir zwei Männerstimmen über uns: „Bonjour, Mesmoiselles." Es waren Studenten aus Algerien. Sie setzten sich zu uns, und wir kamen ins Gespräch über Frankreich, Algerien, Marokko usw. Sie luden uns zum Essen ein, das sie am Strand zubereiteten. Es gab Couscous mit viel Gemüse und einer anständigen Portion Knoblauch – für uns auf Tellern und mit Gabel. Dann fingen die Herren zu essen an. Immer rein in den Pott mit den Fingern! Obwohl das Essen phantastisch schmeckte, verging mir bei diesem Anblick der Appetit. Als sie fragten: „Möchtest du noch einen Nachschlag?", wurde mir fast übel bei dem Gedanken aus diesem „Fingerfood" mitzuessen. Aber das ist eben arabische Kultur und Tradition, dass die Familien mit den Fingern zusammen aus einem großen Topf essen. Ulla konnte das gut – mit allen aus einem Topf essen. Aber ich wurde abwechselnd rot und blass. Ich war schon immer sehr empfindlich, und mein Magen ist leicht zu beeindrucken. Ich war den Jungs sehr dankbar, dass sie mir als erste den Teller gefüllt und eine Gabel zum Essen gegeben hatten.

Wir haben am Strand übernachtet und sind am nächsten Morgen mit den Rädern nach Draguignan geradelt. Wohl gemerkt: Ohne Gangschaltung bergauf und bergab!

In Draguignan haben wir erst mal eine Rundfahrt gemacht, bis wir an das Gerichtsgebäude kamen. Ganz spontan sagten wir fast gleichzeitig: „Wollen wir uns nicht mal eine französische Gerichtsverhandlung ansehen?" Gesagt, getan. Wir kamen in den Gerichtssaal, gingen auf die Zuschauerempore und hörten gespannt zu. Es ging um eine Scheidung. Was für eine Show uns da geboten wurde! Ehemann und Ehefrau schrien sich an, machten mit ihren Fingern immer wieder unanständige Gesten und fluchten wie die Rohrspatzen. Der Richter hörte sich alles von seinem hohen Thron aus an. Er war sehr genervt. Bei dieser Hitze waren alle gereizt, nur uns beiden gefiel das Spektakel. Wir mussten sehr viel lachen, konnten uns nicht zurückhalten. Es war zu komisch, wie die beiden sich in der Wolle hatten. Und das alles auf französisch! Nicht lange und sie waren geschiedene Leute. Beim Verlassen des Saals kamen zwei Polizisten auf uns zu. „Kommen Sie mit. Der Richter möchte Sie sehen." Uns fiel das Herz in die Hose. Jetzt würden wir was zu hören kriegen. Was konnte der Richter für eine Strafe verhängen für Gelächter im Saal? Wir wussten es nicht und waren knallrot angelaufen vor lauter Ratlosigkeit und Angst vor dem, was uns jetzt erwartete.

Nun, wir mussten mit den Polizisten zum Richter gehen. Zu unserer Überraschung war dieser nett zu uns und fragte: „Wo kommen Sie her? Was machen die Damen hier in dieser Gegend?" „Wir verbringen unsere Schulferien an der Côte d' Azur. In Deutschland sind Ferien." Nachdem wir uns eine Weile unterhalten hatten und unsere Angst vergangen war, sagte der Richter auf einmal: „Haben Sie für die nächsten Tage etwas vor? Ich lade Sie ein. Ich habe ein sehr schönes Haus in den Bergen, nicht weit von Draguignan, mitten in einer Olivenplantage." Ulla war sofort Feuer und Flamme. Doch ich hatte Erfahrungen mit Männern, riet zur Vorsicht und sagte zu ihr: „Nein, das ist keine gute Idee, Ulla. Ganz in den Bergen allein mit dem Richter? Ich kenne die Franzosen. Die wollen meist nur das Eine. Sieh uns doch an. Wir sind zwei hübsche Frauen, blond, blaue Augen. Den Rest kannst Du Dir ja denken." Ulla ließ das nicht gelten: „Jetzt sei nicht so ein Angsthase! Es wird schon nichts passieren. Wir sind zu zweit und ziemlich stark. Also komm schon, ein bisschen Abenteuer schadet uns nicht!" Ich ließ mich überreden, war aber immer auf der Hut. Der Richter hatte einen alten Citroen. Den Motor musste man ankurbeln, um ihn zu starten. Unsere Fahrräder wurden hinten in den Fond gelegt. Wir zwei saßen vorn wie Ölsardinen. Und auf ging ‚s durch eine wunderschöne Landschaft voller Lavendel und Oliven zu seinem Haus.

Es war ein typisches altes provenzalisches Steinhaus mitten in der Pampa. Kein Mensch da! Hinter dem Haus stand ein sehr langer Tisch aus schwerem Holz und viele Stühle. Mir war immer noch nicht sehr wohl bei der Sache. Dann ging die Tür auf, eine Frau trat heraus und begrüßte den Richter. Sehr zu meiner Beruhigung stellte er sie als seine Ehefrau vor. Dann steckte er Daumen und Zeigefinger in den Mund und ließ einen schrillen Pfiff los. Aus allen Ecken kamen Kinder herbeigelaufen und setzten sich mit einem Riesenkrach um den langen Tisch. Ich fragte die Frau: „Ist das hier ein Kinderheim?" „Nein, nein, das sind alles unsere Kinder! 15 an der Zahl!", sagte der Richter ganz stolz und lachte.

Wir haben uns ein paar Tage bei der Familie aufgehalten. Auch wenn wir es gewollt hätten, es war unmöglich zu gehen. Alle wollten uns in diesem schönen Landhaus behalten. Am meisten kann ich mich an die gemütlichen ausgiebigen Mahlzeiten in der Familie erinnern. Michael, der 21-jährige verliebte sich in Ulla. Wie sie darauf reagiert hat, weiß ich nicht mehr so genau.

Wir bekamen ein schönes Zimmer mit einem großen französischen Bett. Das Fenster stand weit offen. Die Nacht war sehr mild. Plötzlich hörte ich merkwürdige Geräusche. Ich stieß Ulla an: „Ulla, wach auf! Da flattert was im Zimmer herum. Ulla, komm, wach auf! Da ist was im Zimmer. Komm schon!" Ich wurde hysterisch, weil ich nicht wusste, was um mich herum vorgeht. Endlich bekam ich Ulla wach. Sie traute sich, aufzustehen und das Licht anzumachen. Wir sahen an die Decke. „Da, da, guck mal, Fledermäuse mindestens acht, neun Stück. Was machen wir jetzt?" Ulla war ganz cool, nahm ihr Kopfkissen und versuchte, sie aus dem Fenster zu scheuchen. Na gut, ich schloss mich der Aktion an. Die armen Fledermäuse! Sie waren so verschreckt, dass einige uns auf die Köpfe gepisst haben. Nach Geschichten, die ich kannte, hatte ich große Angst, dass sich die Fledermäuse in unseren Haaren verfangen würden. Was, Gott sei Dank, nicht passierte. Heute weiß ich nicht mehr, wie lange es gedauert hat, die ganzen Fledermäuse aus unserem Zimmer zu jagen. Trotz aller Angst haben wir uns fast zu Tode gelacht bei dieser Kissenschlacht.

Am nächsten Morgen wollten alle wissen: „Was war denn bei euch eigentlich letzte Nacht los?" Am Frühstückstisch mussten wir unser Nachtabenteuer erzählen, und alle haben sich köstlich amüsiert über unsere nächtlichen Besucher.

Das Wochenende kam. Wir fuhren in dem alten Citroen: der Richter, seine Frau, drei Kinder, zwei Hunde und wir beide an den Strand. Wie wir alle in das Auto gepasst haben, ist mir heute ein Rätsel. Dann war da ja auch noch der Picknickkorb voll mit Essen, Wein und Wasser!

Ein paar Tage später hat uns ein Bekannter des Richters seine kleine Sommerhütte ganz in der Nähe angeboten. Wir haben nicht zweimal überlegt und sein Angebot sofort angenommen. Es war einfach traumhaft. Mutter kam uns besuchen und später noch zwei Studenten aus Gießen. So verbrachten wir unsere Ferien. Vier schöne Wochen in der Provence. Sonne den ganzen Tag! Einfach herrlich! Wir machten Ausflüge mit unseren Rädern, ab und zu auch mal mit dem Wagen. Es ist für mich so, als wäre es gerade gestern gewesen. Nach unserer Rückkehr aus Südfrankreich nach Gießen dauerte es nicht mehr lange, da musste ich zurück nach Frankreich.

Wir zogen Ende 1950 nach Paris. Mutter zeichnete immer noch Entwürfe für Modezeitschriften. Sie trennte sich Anfang 1951 von Bruno.

1951 – Paris

Mutter hatte eine sehr schöne Wohnung gefunden am Boulevard Haussmann nicht weit von den Champs-Élysées, zu Fuß zehn Minuten. Nach dem Unterricht in der Alliance Française, einer privaten Bildungseinrichtung im Quartier Latin, bin ich unzählige Male die Champs-Élysées mit meinen Schulfreunden hoch und runter flaniert.

Leute aller Herkunft konnte man hier treffen, selbstverständlich auch die Reichen und Schönen und die, die sich wichtig nehmen. Immer gab es etwas zu sehen und zu erleben. In der bunten Menge habe ich mich wohl gefühlt, bin herumgeflattert und fand das Leben herrlich; Paris, Sonne, ein Café, ein paar Bäume, Stadtsperlinge und dazu das wabernde Durcheinander der Menschen. Alle schienen so aufgeregt und neugierig auf das Leben wie ich.

Paris in den 50er Jahren war Treffpunkt für Kultur aus der ganzen Welt und hat Künstler, Schriftsteller und Philosophen inspiriert. Ich habe bei unseren Touren sehr viele bekannte Künstler gesehen.

Nach der Schule waren wir oft im Café de Flore am Boulevard St. Germain oder im Les deux Margots. Dass diese Cafés unter Intellektuellen berühmt waren, habe ich erst spät erfahren. Wenn jemand erkannt wurde, ging ein Tuscheln und Raunen durch das Café: „Regardes la, c'est Simone de Beauvoir, n'est-pas?" Sie war es tatsächlich: Simone de Beauvoir. Die große französische Feministin und bekannte Autorin von „Le deuxieme Sexe – Das andere Geschlecht". Dieses Buch, das 1949 wie eine Bombe eingeschlagen war, hatte in den zwei Jahren seit seiner Herausgabe in der Welt schon Furore gemacht. Die Autorin war in aller Munde, und wo sie auftauchte, begann das Getuschel. Wir Frauen lernten die Philosophie der weiblichen Freiheit durch sie. Das war der Anfang des Feminismus. Einige Jahre später habe ich mich an das Werk von Simone de Beauvoir herangetraut, mehr als 900 Seiten klein gedruckt, eine Riesenaufgabe. Meine eigene Einstellung zu Freiheit und zu Männern ist durch diese Lektüre noch gestärkt worden. Denn ich habe mich nie untergeordnet, war immer unabhängig.

Ich lernte sehr viel über französische Kultur: über Jean-Paul Sartre, Gertrude Stein, Ernest Hemingway, Collette und viele andere Künstler. Es war eine ganz große Zeit in Paris. Ich konnte gar nicht genug bekommen, habe in dieser Zeit sehr viel gelesen.

An einem dieser Flaniertage - ich war wieder auf den Champs-Élysées unterwegs – sah ich einen rosa Cadillac auf den Champs-Élysées. Ein riesiger Menschenauflauf stand drum herum. Alle waren sehr aufgeregt und riefen sich gegenseitig etwas zu. Ein schwarzer Mann stand mitten in der Menge. Ich wollte wissen, was da los war und hörte, wie jemand sagte: „Regard, Sugar Ray Robinson, der große Boxer aus USA." Es war das erste Mal, dass ich diesen Namen hörte. Viel mehr als der Boxer aber faszinierte mich der große pink Caddy. Ein tolles Auto, fast so groß wie eine Yacht.

So begegnete ich in Paris einigen Stars ganz ungezwungen, einfach auf der Straße ...

Das Haus, in dem wir wohnten, hatte einen Fahrstuhl. Ich wollte schnell nach oben und stieg ein. Ein elegant gekleideter Mann stand neben mir und fing an, mit mir zu reden: „Bonjour Mademoiselle." Er war sehr freundlich, sprach französisch. Ich fragte auch auf französisch: „Wo kommen Sie her, sind Sie Franzose?" Er sagte: „Raten Sie mal, woher ich komme." Dann wechselte er die Sprache, ein paar Sätze auf deutsch, spanisch, englisch – perfekt. Ich konnte ihm in seinen Sprachen antworten, auch perfekt – ha!

Am Ende sagte er: „Nachdem wir uns beide ausprobiert haben in den verschiedenen Sprachen und Sie die Sprachen genauso gut beherrschen, wie ich, lasse ich die Katze aus dem

Sack. Ich bin Deutscher, stamme aus Hamburg." Also, das hätte ich nicht gedacht. Er hatte so einen gewissen orientalischen Einschlag. Später stellte sich heraus, dass seine Mutter Ägypterin war, und sein Vater aus Ostfriesland kam. Eine tolle Mischung. Er fragte nach meinem Namen: „Brigit. Ich werde Briggi genannt." „Ich heiße Paul. Vielleicht werden wir uns bald wieder treffen. Mal sehen!" Und weg war er. In der Wohnung angekommen erzählte ich Mutter die Fahrstuhlgeschichte, worauf sie mir prompt antwortete: „Das ist ja interessant! Paul war gerade hier auf Besuch. Er ist ein Freund von mir, ein Diplomat, arbeitet in der deutschen Botschaft, Abteilung Auswärtiges Amt."

Wie immer erreichte mich diese Nachricht, als Mutter schon längst ein Verhältnis angefangen hatte. Ein Jahr später heirateten sie. Als Paul und Mutter offiziell ein Paar geworden waren, wurden beide oft zu Partys in die Botschaft und zu anderen Gelegenheiten eingeladen. Mein Interesse an diesen diplomatischen Meetings war sehr gering. Ich ging nur selten mit.

Paul wollte, dass ich elegant angezogen war, wie meine Mutter. Sie war eine sehr attraktive und feminine Frau, die zu jeder Tageszeit trés chic gekleidet war. Ich sollte mich an ihrem Vorbild orientieren. Meist trug sie stilvolle Kleider, die sie selbst geschneidert hatte, vornehme lange Glacéhandschuhe und große Hüte. Sie zog wahrhaftig die Männer an, wie in dem Lied „Falling in love again", gesungen von Marlene Dietrich: ‚Männer umschwirr'n mich, wie Motten das Licht!'.

Ich dagegen war ein sportliches Naturmädchen ohne Schminke, ein richtiger Hans Dampf in allen Gassen. Ich hatte immer das Gefühl, dass mich Kleider in meiner Bewegungsfreiheit einschränken würden. Wohl war ich ein wenig neidisch auf meine Mutter, doch trotzdem wollte ich nicht so sein wie sie! Ich war eben Briggi und nicht Karla.

Paul ging mir mit seinen Kleidungsvorstellungen total auf die Nerven. Immer wenn wir an einem Modegeschäft vorbeikamen, sagte er zu mir: „Sieh doch Briggi, ist das nicht ein schönes Kleid mit dem Spitzenkragen? Du würdest toll darin aussehen!" Ich verzog nur mein Gesicht und antwortete:

„Nein danke. Kein Interesse!" Die Wut in seinem Gesicht war nicht zu übersehen. Aber er war nun mal nicht mein Vater. Es war mir egal, wie und was er über mich dachte. Meine Ansprechperson war meine Mutter, egal wer ihr Freund war.

Mutter sagte mir eines Tages: „Briggi, es wird Zeit, Dir einen Büstenhalter zu kaufen." Ich hörte wohl nicht recht? „Kannst Du das bitte noch mal wiederholen?" Es gab eine schier endlose Diskussion zwischen uns beiden Frauen, denn ich war nicht bereit, mir einen Büstenhalter zuzulegen. Doch es half alles nichts. Mutter schleppte mich in ein Wäschegeschäft. Die Verkäuferin hatte es nicht leicht mit mir. Jeder BH, den ich anprobierte, zerkrachte an meinem Körper. Ich blähte meinen Brustkorb so weit auf, dass kein Büstenhalter dem standhielt. Mutter war entsetzt, wütend. Sie musste die zerrissenen BHs bezahlen. Innerlich habe ich mich sehr gefreut, dass ich es geschafft hatte, keinen BH zu bekommen. Aber im Stillen tat mir meine Mutter leid. Nach diesem Auftritt gab auch Paul auf. Sie hatten beide keine Chance!

Ich hatte andere Interessen: Mit Freunden zusammen sein, Jazz- und Kinoveranstaltungen besuchen. Ich war noch immer ganz wild auf Kino. In Gießen als Kind hatte ich immer kostenlos ins Kino gehen können. Eine Freundin meiner Oma saß an der Kasse im Gloria. Ich brauchte nur zu warten bis die Wochenschau anfing, dann konnte ich mich hineinschleichen. Ich habe fast alle deutschen Nachkriegsfilme gesehen mit der Söderbaum, Hans Albers, Ulla Glas, Maria Schell, Hildegard Knef, Gustav Gründgens, Marika Röck usw. usf. Nicht zu vergessen die vielen Tarzanfilme und die Tanzfilme mit Fred Astaire. Tanzen war meine große Leidenschaft: Swing, Rock and Roll, Tango, Mambo.

Eines Abends traf ich mich mit meinen Freunden. Wir überlegten, wo wir hingehen sollten. Da sagte jemand: „ Es gibt einen Nachtclub – Le Tabou – der soll ganz toll sein. Juliette Gréco, eine bekannte Chansonsängerin wird heute Abend dort auftreten. Kommt, lasst uns ins ‚Le Tabou' gehen." Alle waren einverstanden. Also, nichts wie hin.

In dem Kellerlokal in der Rue Dauphine war eine Luft zum Schneiden, und es war sehr, sehr voll. Auf der kleinen Bühne stand eine aparte Frau, ganz in schwarz gekleidet: Rollkragenpullover, schwarze Jeans, schwarze lange Haare mit Pony. Ihre Stimme war dunkel, sexy. Sie sang eigene Chansons. Ich sah mich im Lokal um, und bemerkte, dass fast alle nur schwarz trugen. Ich fragte den, der mir am nächsten stand: „Hat es eine Bedeutung, dass die Meisten hier schwarze Klamotten tragen?" Er antwortete mir: „Wir sind Existentialisten." „Und, was soll das bedeuten?" Er: „Es bedeutet, frei zu sein, frei zu denken, sich politisch zu engagieren..."

Für mich war es was ganz Neues und aufregend.

Am nächsten Morgen ging ich zu Mutter und sagte ihr: „Maman, ich möchte schwarze Jeans bekommen und einen schwarzen Rollkragenpullover." Mutter wusste nichts über den Existentialismus. Also war es meine Aufgabe, es ihr zu erklären. Nach langem Hin und Her kaufte Mutter mir meine neue Kleidung. Ich war stolz darauf. Ich wurde an diesem Tag eine Pariser Sudo-Existentialistin und trug nur noch schwarz.

Paul war entsetzt, doch das störte mich wenig. Und meiner Mutter war es egal, was ich tagsüber trug. Sie war meist außer Haus, und ich hatte viele Freiheiten, auf mich allein gestellt in dieser großen Stadt. Wir sahen uns nur morgens und abends.

Im Lycée war ich bis 15 Uhr. Dann hatte ich frei, Freiheit für viele schöne Stunden mit meinen Freunden. Mutter kaufte mir ein Fahrrad. Es war ein weißes Peugeot-Rennrad. Damit radelte ich durch Paris – vom Boulevard Haussmann ins Quartier Latin, oder wo immer ich hinwollte. Es war ein tolles Gefühl, so mittendrin zu sein, zwischen den Autos hindurchzuradeln. Oft habe ich mich mit Autofahrern gestritten, weil ihnen an meinem Fahrstil was nicht passte. Ich war eine sehr wilde Mademoiselle und auch mein Mundwerk war nicht übel. Was wollte der von mir – ha? „Sag mal, geht 's noch? Mit dieser Fresse willst du was von mir! Du kotzt mich an." Die entsprechende Geste dazu und weg war ich.

An einem Nachmittag in der Alliance Française lernte ich einen Inder kennen. Er sah fantastisch aus. Sein Name war Arun. Er fragte mich: „Hast Du noch Zeit auf einen Café au lait?" Ich sagte nicht nein, war überglücklich, dass er mich einlud. „Ich habe aber mein Rad dabei." „Das macht nichts. Ich bin mit dem Auto hier. Wir können es hinten rein legen." Wir kamen auf die Straße, gingen zu seinem Wagen. Ich konnte kaum glauben, was ich da sah. Ein alter Citroën, Cabrio, Baujahr 1926, von vorn bis hinten bemalt mit farbenfrohen indischen Motiven: Elefanten, Frauen, Tigern, Blumen. Es war ein Meisterwerk. Arun selbst war der Künstler gewesen. Wir legten das Rad auf den Rücksitz. Ich stieg ein. Er holte die Kurbel aus dem Wagen und ging nach vorn, um den Motor zu starten. Weich wie Butter wogte das Gefährt hin und her. Wir tuckerten die Avenue hinauf. Es war ein Bild für die Götter. Er mit seinem schönen Turban auf dem Kopf, ich daneben, schwarz gekleidet, und mein Rennrad, das hinten herausragte. Als wir die Champs-Élysées entlang fuhren, erregten wir großes Aufsehen. Die Autofahrer rechts und links von uns amüsierten sich köstlich, schwenkten ihre Arme und riefen: „Allez, allez" – Los, los!

Nach dem Café brachte mich Arun nachhause. Wir fanden einen Parkplatz, zerrten das Rad raus, gleich waren wir in der Wohnung. Mutter war entzückt von Arun. Sie wollte alles über Indien wissen. Es wurde sehr spät an diesem Abend. Paul kam dann noch dazu. Es floss viel Wein. Wir haben gegessen und Musik gehört, und den Berichten aus dieser anderen Welt fasziniert gelauscht. Arun wurde mein erster Freund. Drei Wochen waren wir zusammen, haben aber nicht miteinander geschlafen. Ich wollte immer erst nach der Hochzeit mit einem Mann schlafen. Es fiel mir schwer, an Sex zu denken.

Eines Abends fragte Arun meine Mutter, ob ich am nächsten Tag mit ins Konzert gehen dürfte. Im ‚Trocadero' spielten sie die 9. Sinfonie von Beethoven. Mutter stimmte zu. Ich war furchtbar aufgeregt. Wir kauften mir noch schnell ein schönes Cocktailkleid. Obwohl es schlicht war, kostete es mich einige Überwindung, es anzuziehen. Arun holte mich ab. Als Mutter die Tür öffnete: verschlug es ihr die Sprache. Sie sah einen Prinzen vor sich stehen: ein stolzer Märchenprinz in einem goldenen Gewand mit rotem Gürtel und rotem Turban. Um seinen Bart hatte er ein schwarzes Netz gelegt. Er sah einfach umwerfend aus. Auch mir stockte der Atem. Ich brauchte ein paar Sekunden, um den Mund wieder zuzubekommen. „Können wir jetzt gehen? Wir kommen sonst zu spät." Mutter brachte uns nach unten. Sie wollte sich die große Limousine ansehen, natürlich mit Chauffeur, die uns ins Konzert bringen würde. Als wir unten ankamen, war keine Limousine zu sehen. Da stand nur der gute alte Citroën mit den wunderschönen Malereien. Ich konnte es kaum glauben, und Mutter fiel fast in Ohnmacht. Arun hielt mir den Verschlag auf, machte eine Verbeugung und ich stieg ein. Er schloss die Tür behutsam, ging nach vorne, holte die Kurbel heraus und kurbelte, bis der Wagen ansprang. Mutter stand da, völlig perplex. Sie war einem Herzinfarkt nahe. Ich sehe es noch vor mir: Mein goldener Prinz kurbelt das schräg bemalte Auto an. Ein groteskes Bild. Wir tuckerten über den Boulevard DesItaliens, die Rue Royale, über den Place de la Concorde, die Champs-Élysées hoch, die Avenue Montaigne entlang bis zur Konzerthalle des Trocadero. Auf dem ganzen Weg drehten sich die Leute um, zeigten mit den Fingern auf unsere seltsame Fuhre und freuten sich. Ich fand es himmlisch, fühlte mich auf Wolke Sieben! Wir lachten bis uns die Bäuche wehtaten.

Der Konzertsaal war gut gefüllt, das Publikum sehr elegant. Trotzdem drehte sich alles nach Arun um, und ich war unheimlich stolz auf meinen Begleiter. Was mag wohl durch die Köpfe der Leute gegangen sein?

Am Ende des Konzertes verließen wir den Saal. Immer noch verfolgt von Blicken kamen wir zum Wagen. Was nun folgte, muss man gesehen haben. Als der goldene Prinz zu diesem merkwürdig bemalten, alten Gefährt ging, seine Begleiterin einsteigen ließ, die Kurbel holte und den Motor startete, hielten die Leute – im wahrsten Sinne des Wortes - Maulaffen feil. Sie waren völlig überfordert. Insgeheim werden sie sich verarscht gefühlt und sich gefragt haben, ob das alles nur ein

Karnevalskostüm gewesen war. Die Illusion war futsch. Wir lachten noch den ganzen Weg zurück. Diese schockierten Gesichter, herrlich!

Eine Woche später sagte Mutter zu mir: „Briggi, Paul und ich werden heiraten." Toll, dachte ich, endlich mal ein richtiger Stiefvater. 1953, ich war 18 Jahre alt, heirateten Paul und Mutter. Die Trauung war sehr schön. Es kamen viele hochrangige Gäste: unterschiedliche Nationalitäten, Diplomaten, Künstler. Ein tolles Fest! Mutter hatte ziemlich viel getrunken und war ganz schön high, als die letzten Gäste sich verabschiedeten. Da wurde es bereits hell draußen. Mutter und Paul verbrachten eine merkwürdige Hochzeitsnacht: Mutter in ihrem Bett, Paul mit mir in meinem. Ohne Sex versteht sich.

Am nächsten Morgen gab es erst mal einen Riesenkrach! Aber wie! Da ging es richtig rund! Mutter schrie Paul an: „Was hast du dir dabei gedacht?" Und, und, und... Da hatte ich nichts zu suchen. Ich nahm die Tür in die Hand und verschwand nach unten ins Bistro, ließ es mir bei einem Café au lait und einem Croissant gut gehen. Sie hatten einfach beide schuld. Sie waren betrunken gewesen.

Einige Zeit nach der Hochzeit meiner Mutter kam Arun zu meiner Mutter: „Ich möchte Briggi heiraten!" Mutter war aus dem Häuschen. Ihre Tochter sollte in eine reiche Familie einheiraten. Das gefiel ihr. Zwei Tage zuvor hatte Arun mir einen Heiratsantrag gemacht. Ich dachte ständig über diesen Antrag nach und war noch unschlüssig. Arun war ein sehr höflicher, liebevoller und intelligenter junger Mann. Ich habe ihn auf meine Art geliebt. Jedenfalls konnte ich mir damals vorstellen, dass Liebe sich so anfühlt. Es war eine gute Möglichkeit, mich von Deutschland zu verabschieden, nur weit weg. Dann wird es eben Indien und nicht Amerika, dachte ich. Arun gab Mutter zu verstehen, dass er nur drei Tage Zeit hätte, auf die Antwort zu warten. Er musste noch viel vorbereiten. Bei mir war viel Papierkram zu erledigen. Also sprach Mutter mit Paul darüber.

Ich weiß nicht, wie es kam, aber am Abend dieses Gesprächs saß ich in einem Flugzeug Richtung Schweiz. Paul hatte alles organisiert. Drei Wochen Aufenthalt am Züricher See bei seinen Freunden, das war seine Antwort auf die Heiratspläne. Ich war total wütend. In dieser Situation wollte ich natürlich unbedingt Arun heiraten. Paul redete die ganze Fahrt zum Flughafen auf mich ein: „Briggi, Du hast ja keine Ahnung, wie Frauen in Indien behandelt werden. Du wirst eine Null in der Familie sein. Sie werden Dich in einen goldenen Käfig stecken, deine Freiheit ist verloren. Du hast Dich vollkommen anzupassen. Du kannst nur nach den indischen Gesetzen leben. Bombay ist nicht Paris oder Europa, wo Frauen frei leben." Ich argumentierte die ganze Zeit dagegen. Doch es half nichts. Drei Wochen später kam ich nach Paris zurück. Ich habe nie wieder etwas von Arun gehört. Das tat weh, und ich war traurig über diesen Verlust. Die lustigen Zeiten mit dem hübschen Sigh an meiner Seite waren vorbei.

Aber wahrscheinlich hatte Paul ja Recht gehabt.

Der neue Ehemann meiner Mutter wollte, dass ich seine Gäste, die oft Diplomaten waren, in die Pariser Museen begleiten sollte. Als Vorbereitung darauf, wurde erst einmal ich in alle Museen geführt. Natürlich war es phantastisch, die großen Maler wie El Greco, Velazquez, Goya und viele andere wunderbare Künstler zu bewundern. Die Museen Prado in Madrid, Le Louvre, Musée Rodin, Musée Picasso in Paris kannte ich auswendig. Ich hatte mit meinen 18 Jahren längst die Nase voll davon und wollte in kein Museum mehr gehen. Fred Astaire war mir wichtiger, da ich damals Stepp-Tänzerin werden wollte. Ich war wie verrückt nach Fred. Jeden neuen Film, der herauskam, musste ich sehen. Da konnte mich keiner davon abbringen. Und außerdem hatte ich die Furcht, dass diese Herren mich sexuell belästigen könnten, so wie damals in der Schule. Eigentlich lag es immer so in der Luft.

Ich musste mir etwas einfallen lassen. Und so fragte ich vorsichtig bittend die Besucher von Paul: „Meine Herren, ich habe die Museen schon so oft besucht. Ich möchte mir lieber einen Film im Kino ansehen. Würden Sie allein ins Museum gehen? Ich schlage vor, wir treffen uns dann später in einem Café. Sie erzählen, was Ihnen am besten gefallen hat in den

Ausstellungen. Und wenn Paul mich hinterher fragt, dann kann ich ihm genau sagen, was wir zusammen gesehen haben." Sie haben mich verstanden und zugestimmt. Wieder zuhause war das erste, was Paul fragte: „Haben Sie einen schönen Nachmittag zusammen verbracht? Welches Museum haben Sie besucht?" Wie abgesprochen, antwortete einer der Herren: „Wir waren im Rodin Museum. Was für ein toller Künstler Rodin war, diese wunderschönen Skulpturen." Paul: „Was hat Ihnen am meisten imponiert?" Die Antwort kam prompt: „Der Kuss und die Hände." Ein Zwinkern kam zu mir angeflogen von einem der drei Herren. Ich war ihnen dankbar.

Ein paar Mal ist das so gelaufen, dann habe ich energisch protestiert. Was sollte dieses Versteckspielen! „Nein, kein Museum mehr. Das soll jemand anderes übernehmen!"

Einen großen Schock habe ich Paul zu verdanken. Als ich eines Abends mit ihm allein zuhause war, versuchte er, meine Brüste anzufassen, nahm meine Hand und legte sie auf seinen Penis, der, Gott sei Dank, noch in der Hose steckte. Ich schrie ihn an und sagte ihm: „Hör sofort auf damit. Ich werde es Mutter nachher sagen. Was bist du nur für ein Mensch! Du bist ja nicht besser als die anderen Schweine!" Mit dieser heftigen Reaktion hatte er nicht gerechnet. Er war sehr erschrocken und entschuldigte sich sofort. Er bettelte, ich sollte auf gar keinen Fall mit meiner Mutter darüber reden. Es wäre das Ende der Beziehung gewesen. Das wollte er wohl nicht riskieren. So versprach er, mich nie wieder anzurühren. Ich hatte etwas gut bei ihm! Ich aber war total fertig. Meine Gefühle gerieten durcheinander. Wut, Enttäuschung, Ekel, Traurigkeit wechselten einander ab. Mein Stiefvater hatte sich an mir vergreifen wollen! Wie sollte ich damit umgehen. Männer wurden immer abscheulicher. Das Geschlechtsteil des Mannes war mir zuwider. Zu diesem Erlebnis kamen ja noch die vielen anderen Vorfälle hinzu. Was war das nur mit den Männern, was ist los mit ihnen, wieso achten sie Frauen nicht? Meine Beziehung zu Männern war immer gestört. Von Kindheit an hatte ich Männer immer nur als Autorität und Sex-Jäger empfunden.

Das fing ganz früh an mit den vielen Beziehungen meiner Mutter. Einer ging, der nächste kam, um wiederum von seinem Nachfolger abgelöst zu werden. Meine Mutter hatte einen sehr hohen Männerverschleiß. Ich weiß nicht, warum, und sie hat es mir auch nie erklärt. Immer wieder stellte ich mir die Frage nach dem Warum. Ich wollte vieles nicht wahrhaben, was das Leben meiner Mutter anbetraf. Im Krieg und direkt danach hatte sie Beziehungen, um uns das Überleben zu sichern. Okay, das könnte eine Erklärung sein. Aber was ist mit der Zeit danach? Bis auf die längeren Beziehungen zu dem Regierungsbaumeister als ich Kleinkind war, zu Bruno und Paul gab es immer Episoden mit diesem und jenem.

Wie viele Affären Mutter hatte, bevor sie 1937 den Regierungsbaumeister heiratete, weiß ich nicht. Aber eine Geschichte wurde mir später erzählt: Sie hatte eine enge Beziehung vor ihrer ersten Ehe, aus der heraus ich entstanden bin. Ich habe meinen Vater nie gekannt und kenne bis heute seinen Namen nicht. Mutter hat ihn mir bis in ihr Grab verschwiegen. Ein paar Mal gab sie einen kurzzeitigen Partner als meinen Vater aus, dann wieder erwähnte sie, dass mein richtiger biologischer Vater Pole gewesen sei und ein Künstler. So hatte ich drei offizielle Stiefväter, die Ehemänner meiner Mutter, und dann den vierten Phantom-Vater. Doch ich bin sicherlich nicht die Einzige auf der Welt, die mehrere sogenannte Väter hat.

In der Nachkriegszeit fingen meine eigenen schlechten Erfahrungen mit Männern an. Alles ging damals drunter und drüber. Männer waren für mich wie wilde Tiere, die nur ans Bumsen dachten, egal wie oder mit wem, das Alter spielte keine Rolle. Immer wieder werden Frauen vergewaltigt, aber am schlimmsten ist es in Kriegen und danach. Das Traurige ist, dass es bis heute immer so weiter geht, ohne dass etwas wirklich Seriöses und Wirkungsvolles dagegen unternommen wird. Immer wieder werden die Täter viel zu früh in die Freiheit entlassen. Ich möchte hier natürlich nicht pauschalisieren. Aber die Dunkelziffer ist hoch.

Ich spreche hier von meinen eigenen Erfahrungen!

Auf dem langen Weg nach Spanien ist es mir oft passiert, dass mich Männer angesprochen haben: „He Kleine, komm her. Hol mir einen runter, los." Wenn ich abends in den Hotels allein auf dem Zimmer war, meine Mutter unten an der Bar saß, klopfte es an die Tür, und wieder stand da irgendein Kerl, der es sich von mir besorgen lassen wollte – für 100 Francs! Aber Mutter hatte mir strengstens verboten, die Tür zu öffnen. Sie ließen oft erst von der Tür ab, wenn ich anfing, laut zu schreien. Die Männer standen auf große blonde Mädels mit blauen Augen. Ich sah älter aus als 10 oder 11 und war sehr athletisch mit kurzen Haaren. Italiener, Franzosen, Spanier, alle waren in diesem Punkt gleich. Immer wieder gab es Belästigungen.

Dann kam die Geschichte mit dem Mathelehrer in Salamanca. Ich war doch erst 11 Jahre alt. Zum Glück wusste ich immer, wie ich mich verteidigen konnte. Am wirksamsten war es, damit zu drohen, andere zu informieren oder laut zu schreien. Damit bin ich aus solchen furchtbaren Situationen immer halbwegs ungeschoren herausgekommen.

Aber am schlimmsten war es wirklich in Paris. Wenn ich in der Metro fuhr, kam es oft vor, dass mir gegenüber ein Kerl saß, seinen Penis rausholte und sich einen runterholte. Natürlich immer dann, wenn die Bahn nicht so voll war. Dasselbe Spiel in den langen Umsteigegängen zwischen den einzelnen U-Bahn-Stationen. Es passierte öfter, dass Typen mit dem Gesicht zur Tunnelwand standen und wenn ich vorbeiging, drehten sie sich um und zeigten mir ihre erigierten Schwänze. Einfach nur abstoßend und eklig! Der höfliche Ausdruck dafür ist wohl ‚Exhibitionismus'.

Auch das Kino wurde zum Tatort. Dann setzte sich jemand neben mich, holte im Dunkeln eine Zeitung heraus und wichste vor sich hin. Wenn ich mit einer Freundin ins Kino ging, platzierte ich sie deshalb immer an der Gangseite, damit sie geschützt war. Unser Lieblingskino war ‚Le Rex'. Es war das schönste von Paris. Wenn das Licht ausging, verwandelte sich die Kinodecke in einen glitzernden Sternenhimmel. Dort habe ich die schönsten französischen Filme gesehen. Les

Enfant Terribles, Orphé, La Belle et la Bête, Filme von Jean Cocteau und mit meinem Lieblingsschauspieler Jean Marais. Einmal besuchte ich eine Nachmittagsvorstellung, und wieder setzte sich so ein Kerl neben mich und begann sich einen runterzuholen. Ich war 12 und hatte meine Lieblingsschuhe an: braune halbhohe Stiefel mit eisenbeschlagenen Absätzen. Die waren sehr praktisch. Sie hielten viel länger, weil ich die Hacken nicht so schnell ablaufen konnte. Das eklige Geschäft neben mir widerte mich an. An diesem Nachmittag im ‚Rex' gab es einen richtig festen Tritt vor den Knöchel dieses Mannes. Er schrie auf, sprang hoch und rannte mit seinem erigierten Penis so schnell es ging aus dem Vorführraum. Ich habe ihn zum Glück nicht wieder gesehen. Ich hätte mir da mächtig eine Beule holen können, das ist mir viel später erst bewusst geworden. Aber ich hatte meinen Triumph und konnte, nachdem ich mich beruhigt hatte, den Film genießen.

Über Sex wurde nie gesprochen weder mit meiner Mutter noch mit Freundinnen. Ich hatte keine Ahnung, wie das ablaufen sollte. Ich hatte keinen Sex vor der Ehe und konnte mir gar nichts darunter vorstellen. Ich hatte oft gesehen, wie Männer masturbierten und wusste aus Büchern, wie Kinder gezeugt werden. Das war aber auch schon alles. Ich wusste, dass Kinder durch die Vagina ihren Weg in die Welt finden. Diese Vorstellung war für mich unfassbar. Wie konnte das gehen? Ein ganzes Baby sollte durch diesen kleinen Kanal passen? Mir wurde ganz schlecht bei diesem Gedanken.

Aber Küssen, das war ein anderes Kapitel! Mein erster Kuss, war eine Katastrophe! Heiner war es, der mich als Erster küsste. Da war ich 14 Jahre alt. Ich wollte gar nicht geküsst werden, doch dann habe ich es einfach zugelassen. Heiner kam langsam näher und näher, bis sich unsere Lippen berührten. Meine Lippen blieben fest zu. Doch dann schaffte es Heiner, seine Zunge in meinen Mund zu stecken. Mir wurde kotzübel. Ich riss mich los, rannte, so schnell ich konnte, nachhause, wie ein Blitz durchs Wohnzimmer ins Bad, griff nach Zahnbürste und Zahnpasta und fing an, wie verrückt Zähne und Zunge zu putzen. Ich wollte gar nicht wieder aufhören meinen Mund zu spülen vor lauter Ekel. Mit 17 wurde es dann besser mit dem Küssen. Naja, irgendwann musste ich mal anfangen, mich zu überwinden bei der ganzen Sexfrage. Eines Tages wollte ich ja heiraten, um in die USA zu kommen.

Paul und ich wurden doch noch gute Freunde. Er war sehr kulturinteressiert, ob Museen, Jazz, Konzerte, Oper oder Theater. Wir gingen oft abends zusammen spazieren. Es gibt nichts Schöneres, als an einem Frühlingsabend in Paris auf dem Montmartre herumzulaufen, zwischen den Künstlern, hier und da in ein Bistro einzukehren, eine Jazz-Band anzuhören und sich angeregt über Gott und die Welt und die vielen interessanten Leute zu unterhalten. Wir sind meist gegen 20 Uhr losgezogen. Mutter blieb zu Hause mit Freunden. Paul und ich wollten gegen 23 Uhr zurück sein. Doch vor 6 Uhr morgens ist es meist nicht geworden. Wir sind vom Montmartre runter bis zu den Les Halles, einer der beliebtesten Treffpunkte damals, gegangen.

Am frühen Morgen eine geniale Zwiebelsuppe essen, das war ein Genuss. Leider wurde Les Halles später abgerissen.

In diesen Nächten haben wir viele interessante Menschen kennen gelernt. Oft haben wir zum Frühstück noch Gäste mitgebracht, was Mutter absolut begeisterte. Ha, ha. Morgens um sechs Uhr für sechs bis zehn Leute Frühstück zu machen, das war gar nicht ihr Ding. Wenn dann gegen 8 Uhr alle wieder weg waren, gab es richtig großen Streit. „Was fällt dir ein, so lange wegzubleiben, und dann auch noch mit Briggi. Ich habe mir Sorgen gemacht, dachte, es wäre Euch etwas passiert. Und zu allem Übel steht ihr dann in aller Herrgottsfrühe mit wildfremden Menschen vor der Tür, und du erwartest, dass ich für alle Frühstück serviere. Damit ist ab heute Schluss, verstanden!" Paul versuchte, charmant zu sein, doch es nützte nichts.

Ich wurde 18 und machte meinen Führerschein in Paris in Mutters Sportwagen Marke BMW. Dieses Auto hatte eine lange Schnauze, zwei Lederriemen darüber gezogen. Es war ein Zweisitzer mit weinroten Ledersitzen und einem Steuerrad aus Elfenbein.

Paul hatte keinen Führerschein. Also beschloss Mutter, dass ich einen Führerschein machen sollte, um Paul gelegentlich nach Bonn zu fahren. Ich liebte Autofahren und freute mich darauf, jetzt auch offiziell fahren zu dürfen, denn heimlich hatte ich schon während unserer Ferien in einem kleinen Dorf in der Nähe von Deauville auf Seitenstraßen einige Probefahrten unternommen.

Ich hatte einen netten Fahrlehrer. Er hatte viel Geduld mit mir. In Paris den Führerschein zu machen, ist eine Herausforderung ganz besonderer Art. Vier Wochen lang hatte ich Fahrunterricht. Fast alles ging gut. Einen Tag vor der Prüfung jagte mich mein Fahrlehrer die Champs-Élysées hoch bis zum Arc de Triomphe und zum Place de l'Étoile. Ich kam gut in den Kreisverkehr hinein. Doch dann geschah, was natürlich kommen musste. Ich fuhr und fuhr schön im Kreisverkehr herum. Aus Angst vor einem Unfall und der Reaktion meiner Mutter hatte ich keinen Ausweg gesehen, als mich immer nur weiter im Kreis treiben zu lassen. Es kam mir wie eine Ewigkeit vor, bis mein Fahrlehrer irgendwann fragte, wie lange ich noch Karussell mit ihm fahren wolle. Dadurch wurde ich noch nervöser. Schweißperlen standen mir auf der Stirn. Der dichte Verkehr verunsicherte mich. ‚Wenn ich mit einem kaputten BMW nachhause komme, erschlägt sie mich!', dachte ich. Der Fahrlehrer lachte nur vor sich hin und fragte: „Haben Sie schon mal was von Vorfahrt gehört? In Frankreich hat jeder, der von rechts kommt, Vorfahrt. Also konzentrieren Sie sich auf die Fahrbahn rechts und nutzen Sie die Lücken." Mit dem Blick nach rechts erreichten wir die Abbiegespur, und ich konnte endlich das Karussell verlassen. UFF!

Der Tag der Prüfung war da. Alles lief ganz gut bis der Prüfer sagte: „Jetzt biegen Sie hier bitte ein und fahren den Berg hoch." (Meine Prüfung wurde am Montmartre abgehalten. Darauf war ich nicht vorbereitet gewesen.) Ich dachte noch: ‚Kein Problem!' Da ließ er mich anhalten, mitten im Anstieg. „Nun wieder losfahren!" Okay! Ich legte den Gang ein, nahm meinen Fuß von der Bremse, und der Wagen rollte rückwärts, immer weiter. Ich bekam Panik, suchte verzweifelt das Bremspedal zu erwischen. „Mademoiselle, ich würde Ihnen raten, sich der Handbremse zu bedienen!" Gute Idee! Ein Griff, ein Ruck, und wir standen. Der Ruck ging auch durch die Insassen des Autos. So hatte sich der Prüfer das nicht gedacht, und ich bin durch die Prüfung gerasselt. Was habe ich mich geärgert. Der Lehrer übte dann die nächsten Male das Anfahren am Berg mit angezogener Handbremse. Beim zweiten Anlauf war diese Übung keine Hürde mehr für mich, und ich hatte endlich meinen Führerschein, was natürlich nicht bedeutete, dass ich eine perfekte Autofahrerin war.

Paris hat viele Tücken für einen Fahranfänger. Das wurde mir blitzschnell klar, als ich nach bestandener Prüfung allein nachhause fahren musste, bis ans andere Ende dieser Riesenstadt. Schon allein das Einschätzen des eigenen Platzbedarfs machte mir Schwierigkeiten. Auf dieser ersten Fahrt allein habe ich einen parkenden Bus leicht gerammt und bin mit schwitzenden Händen weitergefahren. Verflucht noch einmal, was war das Auto aber auch so breit. Das wär's ja wirklich gewesen: Eben durch die Prüfung kommen und gleich einen Unfall bauen. Da hätte ich den Führerschein gleich wieder abgeben müssen – nach zwanzig Minuten. Oh nein! Meine zweite Lektion ereilte mich bereits ein paar Minuten später. Es hatte geregnet. Ich fuhr aus einer Seitenstraße auf die Champs-Élysées, die ein Kopfsteinpflaster hatte. Kein Auto zu sehen. Also konnte ich beruhigt einbiegen und Gas geben. Es war total rutschig. Das Hinterteil des BMW scherte aus, und ich tanzte einen schönen Wiener Walzer mit dem Auto mitten auf der verkehrsreichsten Straße von Paris. Ein Glück nur, dass das nächste Auto weit weg war. Ich bekam den Wagen wieder in den Griff. Meine Knie schlotterten, meine Hände zitterten, aber sonst ging es mir gut. Vor unserem Haus blieb ich noch eine Weile zur Beruhigung im Auto sitzen. Aber ich konnte jetzt wenigstens den Führerschein vorzeigen.

Ich kam in die Wohnung und präsentierte das gute Stück. Meine Mutter hatte offensichtlich diesmal mit einer bestandenen Prüfung gerechnet, denn sie hatte sofort eine ‚geniale Schnapsidee': „Gratuliere Briggi! Dann kannst Du ja heute

Abend Paul gleich nach Bonn fahren, da er dringend morgen dort sein muss!" Hatte ich mich verhört? Eben war ich schlitternderweise glücklich angekommen und nun sollte ich die Strecke Paris-Bonn gleich noch hintendran hängen? „Nein! Nie im Leben!" Doch Mutter bestand darauf: „Diese Fahrt wird eine gute Übung für Dich sein. Jeder fängt einmal an, und für Dich ist es jetzt eine tolle Gelegenheit!" Im Diskutieren war meine Mutter groß. Ich hatte keine Chance, mich zu wehren. Mir blieb einfach keine Wahl: Ich musste Paul nach Bonn fahren.

Paul kam gegen 16 Uhr nachhause und wurde sofort von Mutter informiert, dass ich ihn in einer Stunde nach Bonn fahren würde. Er war vollkommen überrascht. „Das ist ja großartig! Da brauche ich nicht den Nachtzug zu nehmen!" Konnte es ein, dass er mir meine Nervosität nicht ansah? Ich hatte solchen Schiss, dass ich am ganzen Körper schwitzte.

Mutter machte uns noch Brote zurecht und zwei große Flaschen Limonade. So trat ich meine erste große Autofahrt an. Paul bekam die Landkarte in die Hand gedrückt. Er sollte mein Navigator sein. Wenn er schon keinen Führerschein hatte, konnte er mich wenigstens die richtige Route lang lotsen. Wir verabschiedeten uns von Mutter. Ich trat aufs Gas, und weg waren wir. Bis zur Stadtgrenze von Paris hatten wir es gut geschafft. Dann fuhren wir über die Route Nationale nach Chalons, später auf die Autobahn Richtung Verdun, Metz, Saarbrücken. Von da an wurde es neblig. In der Nähe von Kaiserslautern sind wir von der Autobahn herunter gefahren, weil sich der Nebel so zuzog, dass man fast nichts mehr sehen konnte. (Nebelscheinwerfer am BMW gab es damals noch nicht.) Wir fuhren noch eine Weile. Doch die Suppe wurde immer dicker, und ich hatte die Nase voll. „Paul, Du musst aussteigen. Hast Du ein Taschentuch dabei?" Er kramte in seinen Taschen herum. Endlich fand er ein schönes großes weißes Herrentaschentuch. „Gott sei Dank!" stöhnte ich vor mich hin. Ich befestigte das Taschentuch auf seinem Rücken. Armer Paul! Er musste vor dem Wagen herlaufen, damit ich sehen konnte, wo wir überhaupt hinfuhren. Fast wären wir in den Rhein gefahren. Jetzt war es mir zu bunt geworden. „Ich fahre keinen Schritt weiter! Wir warten hier bis es hell wird. Dann sehen wir weiter." Er war damit einverstanden, und wie er einverstanden war! Denn immerhin war er eine ganz schöne Strecke in dieser dicken Suppe vor dem Auto hergelaufen. Es war so gegen 4 Uhr morgens. Wir haben die Sitze heruntergedrückt und ein paar Stunden, eingemummelt bis oben hin, fest geschlafen. Gegen sieben hatte sich der Nebel etwas aufgelockert, so viel, dass ich eine Sicht von 100 Metern hatte. Das genügte, um wieder auf den richtigen Weg zu kommen. Nachdem wir die Landkarte geprüft hatten, fanden wir heraus, dass wir in der Nähe von Schwetzingen waren. Es dauerte nicht lange, da konnten wir wieder auf die Autobahn Richtung Bonn einbiegen.

Gegen Mittag sind wir endlich in Bonn angekommen. Paul musste sofort zum Auswärtigen Amt, um seinen wichtigen Auftrag abzuarbeiten. Er erzählte mir, dass er den Auftrag bekommen hatte, SS-Offiziere, die an dem Massaker von Oradour-Sur-Glane beteiligt waren, zu überführen, und Zuarbeiten für den Prozess in Bordeaux zu erbringen.[2]

Als Paul mir von dieser grausamen Tat erzählte, kamen mir Tränen in die Augen. Allein die Vorstellung dieses Grauens! Ich hatte sehr viel Mühe, mich unter Kontrolle zu halten. Für mich war es wieder ein Grund mehr, in die USA zu gehen und die amerikanische Staatsbürgerschaft anzunehmen.

Ich blieb einen Tag in Bonn und fuhr ohne Paul zurück nach Paris. Diesmal war es einfacher. Es gab keinen Nebel und ich konnte stolz auf mich sein. Mit dem schönen schweren BMW erregte ich immer mal wieder Aufsehen. Aber kurz vor Paris packte mich die Panik. Wie komme ich allein durch den Verkehr dieser großen Stadt? Dann nahm ich meinen ganzen Mut zusammen, und siehe da, es klappte. Ich war überglücklich, wieder zuhause zu sein. Drei Tage später kam Paul wieder aus Bonn zurück.

Eines Tages brachte Paul einen US-Marinesoldaten mit. Murphy war sein Name. Er war Sergeant First Class, einer von denen, die man Ledernacken nannte. Sie waren vor allen Dingen für die Bewachung der US-Botschaft eingesetzt.

Murphy war ein lieber Kerl. Nachdem wir uns drei Monate kannten, wollte er mich heiraten. Eines Morgens war er zu uns zum Frühstück eingeladen. Ich machte die Tür auf. Da stand Murphy mit verbundenem Kopf vor mir, ein zugeschwollenes Auge, auch sonst ganz schön ramponiert. Er sah aus, als käme er direkt aus einem Boxring. Mit vor Schmerzen verzerrter Stimme beantwortete er unsere besorgten Fragen: „Es gab eine Prügelei in einer Bar gestern. Irgendjemand hat mit einem Bierglas geworfen. That's it!" Ich wollte nicht glauben, dass sich die Männer, die den Schutz einer Botschaft garantieren sollen, im Freigang prügeln. Dann stellte sich heraus, dass es eigentlich immer Ärger gab, wenn er mit den Jungs ausging. Schlägereien zwischen Luftwaffe und US-Armee und Marines waren an der Tagesordnung. Das war eine gefährliche Mischung: Ausgang, Alkohol, andere Soldaten. Explosiv! Und bald ging es nicht mehr ohne Alkohol. Aber einen Alkoholiker wollte ich nun wirklich nicht heiraten. Danach unternahmen wir manchmal etwas zusammen. Von Heirat keine Rede mehr.

Der nächste hieß Clinton. Er kam aus Tennessee, rauchte dicke Zigarren und trank sehr viel Bier. Mehr ist zu ihm nicht zu sagen!

Diese ‚Freundschaften' hatte ich in der Zeit 1952 bis Anfang 1953. Dann hatte ich keine Lust mehr, mich mit diesen Alkoholikern abzugeben. Meine Interessen lagen ganz woanders: Kultur, Musik, Tanzen, interessante Leute treffen, gute Gespräche führen über Kunst, Politik, Philosophie und Psychologie. Da lagen Welten zwischen meinen Vorstellungen und diesen Männern. Ich habe nichts gegen Leute, die nicht so gebildet sind. Aber diese da lagen ganz und gar nicht auf meiner Wellenlänge.

Paul und Mutter hatten sich für den nächsten Urlaub große Pläne gemacht. Es ging nach Venedig! Eine tolle Stadt, Wasser überall, Lagunen und die Gondeln, die die Wasserstraßen befahren.

So wie anderswo auf den normalen Betonstraßen stehen in Venedig Ampeln an den Kanälen. Hier wird der Bootsverkehr auf diese Weise reguliert. Autos kommen in Venedig fast nicht vor. Die ganze Zeit über habe ich auf den Auslöser meiner Kamera gedrückt, so viele beeindruckende Schätze und kulturell interessante Plätze sind in Venedig zu finden. Ich konnte gar nicht genug davon bekommen. Venedig von rechts und links, von schief nach schräg. Dieser Urlaub hat einen starken Eindruck bei mir hinterlassen. Nicht zuletzt auch weil ich dort in einem Nachtklub ein Objekt meiner Liebe kennen gelernt habe: die Conga. Es war ein Nachtklub mit brasilianischer Musik: Samba, Salsa! Es war einfach toll. Ich starrte auf die Bühne, zur Tanzgruppe, zu den Musikern. Alle hatten sie diese Musik, diesen Rhythmus im Blut. Wie liebevoll sie ihre Instrumente behandelten! Besonders der Conga-Spieler hatte es mir angetan. Seine Finger trommelten die unterschiedlichsten Rhythmen, mal mit wilder Ekstase und dann wieder zur Begleitung der anderen. Die Gäste des Klubs klopften den Samba-Rhythmus mit auf den Tischen, dass die Gläser nur so wackelten. Und ich mitten drin. Von dem Tag an musste ich Conga-Spielen lernen, egal was kommen sollte. Ich trieb Mutter in den hellen Wahnsinn. Wo ich ging und stand klopfte ich auf allem herum, was ich finden konnte, ob Streichholzschachtel, Armaturenbrett im Auto, eine Büchse oder Töpfe. Es wurde getrommelt, was das Zeug hergab.

Meine Mutter hatte keine Ruhe mehr vor mir. Ich wollte unbedingt, dass sie mir eine Conga zu Weihnachten schenkt. Ich bekam die Conga. Aber erst zum Weihnachtsfest 1954. Bis dahin spielte ich eben auf allem, was sich zum Trommeln eignete.

Dann musste Paul für längere Zeit nach Bonn. Wir behielten unser Appartement in Paris und zogen für einige Monate nach Bonn in die Lessingstraße 58, Souterrain. Es war eine schöne Wohnung mit direktem Zugang zum Garten.

Eines Tages saß ich auf dem Sofa und las ein Buch. Das Fenster stand weit offen. Da hörte ich ein Geräusch im Garten. Im nächsten Moment sprang ein Mann durch das offene

Fenster in unser Wohnzimmer. Mein Gott, habe ich mich erschrocken! Ich wollte schon um Hilfe rufen, da begann der fremde Mann auf mich einzureden. Er sah verdammt gut aus, und beruhigte mich. Er sagte: „Tut mir leid. Ich wollte Sie nicht erschrecken. Ich wohne oben unter dem Dach. Ich heiße Maximilian Schell und bin der Bruder von Maria Schell, der Schauspielerin!" Na toll, dachte ich. „Das kann doch jeder sagen!" Er lachte, nahm meine Hand, ging mit mir nach oben und zeigte mir sein Fotoalbum. Tatsächlich, er war der Bruder von Maria und Karl Schell. Maximilian war Schauspieler. In Bonn trat er in ‚Der Prinz von Homburg' auf. Es war schön, ihn zu kennen. Aber die Bekanntschaft war von kurzer Dauer, denn wir mussten bald wieder nach Paris zurück. Eines Tages in USA stand ich vor der Filmankündigung für „The young lions" mit Marlon Brando und Maximilian Schell. Wow - hat der Mann Karriere gemacht! Später habe ich mir seine Filme, zum Beispiel ‚Das Urteil von Nürnberg', angesehen und seine Karriere verfolgt.

1953 – Steven

Wieder zurück in Paris habe ich Steven kennen gelernt, einen großen, gut aussehenden Master-Sergeant der US-Armee, der in Fontainebleau stationiert war und, obwohl er Sprachen studiert hatte, in der Finanzabteilung arbeitete. Er ist Amerikaner ungarischer Abstammung, kam ursprünglich aus Ohio und machte einen guten Eindruck auf mich. Nach meinen Erfahrungen mit anderen US-Soldaten, war ein wichtiger Aspekt, dass er kein Alkoholiker war. Er wusste sehr viel, und ich konnte mich gut mit ihm unterhalten. Das war nicht selbstverständlich für mich nach den Erfahrungen mit den Bekanntschaften, die Paul angeschleppt hatte. Steven und ich wurden schnell gute Freunde. Mutter und Paul luden ihn oft zu uns nachhause zum Essen ein. Ich verliebte mich in Steven. Nach fast einem Jahr hat er mich gefragt, ob ich ihn heiraten würde. Nach einer gewissen Bedenkzeit habe ich zugestimmt. Danach ging es bei uns drüber und drunter. Paul hatte unendlich viel damit zu tun, meine Papiere in Ordnung zu bringen. Seitdem wir Ende 1945 Deutschland verlassen hatten, besaßen wir nur die Ausweise als ‚Staatenlose'.

Die Amerikaner waren sehr streng hinsichtlich der Papiere, die wir für die Eheschließung brauchten. Alles musste in deutsch und englisch vorhanden sein. Dabei wurde klar, dass ich meinen biologischen Vater nie kennen gelernt hatte. Auf meiner Geburtsurkunde wird kein Vater erwähnt.

Steven und ich wurden vorgeladen zu einer Befragung im Armeestützpunkt. Die Heiratserlaubnis war an den Ausgang dieses Interviews geknüpft, denn immerhin sollte es eine Eheschließung zwischen einem Katholiken und einer Protestantin werden. Die Urkunde, die ich immer noch habe, bestätigte auf englisch: „It appears that this marriage will be permanent."

Die letzten drei Monate vor meiner Hochzeit haben Paul, Mutter und ich in Bonn in der Arndtstraße 29 gewohnt. Wir mussten aus praktischen Gründen vor Ort sein, denn es gab viele Dinge zu regeln, die mit meinen Papieren zu tun hatten. Steven blieb in Frankreich, bis wir den Termin für die Eheschließung hatten. Nach sieben Monaten konnten wir endlich am 13. August 1955 in Bad Godesberg heiraten. Die Zeremonie fand in einer kleinen Kirche auf einem Berg statt. Es war eine kleine Hochzeit, da Steven am nächsten Tag wieder in der Garnison in Fontainebleau sein musste. Bei der Trauung waren Mutter, Paul, Oma und ein paar Diplomaten anwesend. Hinterher haben wir in einem kleines Restaurant mit einem wunderschönen Blick über den Rhein ein wenig gefeiert.

Nach dem Fest stiegen Steven und ich in den kleinen Renault 4 Chevaux und fuhren zurück nach Samois-sur-Seine, einer kleinen Stadt ca. 35 Kilometer von Fontainebleau entfernt. Für uns war das Auto wie eine Ölsardinenbüchse. Steven war fast zwei Meter groß und ich 1,76 Meter. Doch das machte uns nichts aus.

Es kam mir ganz komisch vor, dass ich von nun an sagen konnte: „Mein Mann. Steven, mein Mann." Der Mann, der da mit mir am Tisch sitzt, ist MEIN Mann. Endlich jemand, der ganz mir gehörte, der mir Liebe schenkte, der für mich da war. Unsere Hochzeitsnacht sollte werden wie in 1001 Nacht mit einem Prinz. Die Ernüchterung kam schnell.

Ich hatte eine verschwommene Vorstellung von dem, was beim Sex passieren würde. Schon allein der Gedanke, dass ich mich jetzt ausziehen und ins Bett legen müsste! Sollte ich warten, bis Steven ins Bad ging und mich dann blitzschnell ins Bett legen? Tausend Fragen gingen mir durch den Kopf vor lauter Ungewissheit und Aufregung, was nun passieren würde. Ich entschied mich für die Variante: So schnell wie möglich ins Bett legen und die Bettdecke bis unters Kinn ziehen. Als Steven aus dem Bad kam, fragte er: „Ist Dir kalt?" „Ja, ein bisschen!" Er legte sich zu mir, fing an, mich zu berühren. Ich erstarrte. Nach einer Weile wurde ich lockerer, wir küssten uns. Er war sehr zärtlich und behutsam mit mir, auch als er in mich eindrang. Es war okay, aber kein sonderlich berauschendes Erlebnis. Von einer Hochzeitsnacht hatte ich mehr erwartet.

Steven war ein lieber Kerl, aber von Sex verstand er zu dieser Zeit nicht viel. Damals gab es nur ein Programm für uns, eine Richtung. Ich unten, er oben, die klassische Missionarsstellung, und los ging ,s, bis er kam. Meine Empfindungen schienen ihm völlig egal zu sein. Einen richtigen Orgasmus habe ich mit ihm nie bekommen. Nach dem Akt drehte er sich um und schlief schnell ein. Ich aber hing vor lauter Aufregung oben an der Decke und wusste nicht, warum.

Jeden Morgen standen wir um 6 Uhr auf, da Steven früh zur Arbeit ins Finanzbüro musste. Das war für mich eine heftige Umstellung. Ach ja, ich war jetzt Ehefrau, hatte einen Mann zu versorgen, Essen zu machen, Wäsche zu waschen, sauber zu machen, zu bügeln usw. usw.. Um ehrlich zu sein, es war gar nicht mein Ding, Hausfrau zu sein. Ich konnte mir nur immer sagen: ‚Du hast dazu JA gesagt, Bridge. Und du willst Amerikanerin werden, also Augen zu und durch. Das bisschen Haushalt wirst du doch wohl schaffen.' Von Mitte 1955 bis 1960 habe ich mich daran gehalten.

Samois war ein kleines Städtchen. Wir wohnten am großen Platz mitten im Zentrum, dem Place de la Republique. Von der Straße ging es direkt in unser Wohnzimmer. Dahinter war die Küche mit einem Ofen, rechts vom Wohnzimmer lag das Schlafzimmer und links vom Wohnzimmer das Gästezimmer, das später Kinderzimmer wurde. Die Wohnung war nicht größer als 55 m². Wir haben uns einen Langhaardackel zugelegt, eine süße Hündin, die wir Bessi tauften. Sie war mein Ein und Alles, da ich tagsüber meist allein war. Bessi war immer eine treue Freundin für mich in allen Lebenslagen.

Es dauerte nicht lange, da fiel mir die Decke auf den Kopf. Ich war noch nie in meinem 20 Jahre währenden Leben so einsam. In Paris war immer was los gewesen. Entweder war die Bude voll mit Leuten, oder ich ging einfach in eines dieser schönen Bistros und traf mich dort mit Freunden oder lief durch die Stadt und lernte neue Menschen kennen. Doch hier gab es weit und breit nix, was mir interessant, spannend oder auch nur nicht langweilig vorkam. Mein Gott, war das öd! Mit dieser Eheschließung hatte mein umtriebiges und quirliges Leben in Paris ein Ende.

Neue Kontaktpersonen wurden für mich die Armeeleute und deren Ehefrauen. Schnell bekam ich mit, dass es in dieser Truppe große Standesdünkel gab. Ständig gab es Querelen zwischen den Offiziersfrauen und den Frauen, deren Ehemänner keine Offiziere waren. Oh, wie mir das auf den Senkel ging! Ich wollte ein eigener Mensch sein, meinen eigenen Wert haben.

Die Frauen der Feldwebel boten mir an, bei ihnen mitzumachen als Gruppenleiterin bei den US-Pfadfindern. Ich nahm gern an. Es war eine sehr schöne Erfahrung mit den Kids und Bessi immer mittendrin. Mir wurden die Kleinsten zugeteilt, die Brownies. Sie waren, wie ich - Anfänger. Den Namen hatten sie von ihren braunen Uniformen. Später bekamen sie Uniformen in Khakifarbe. Abends saßen wir am Lagerfeuer, haben Lieder gesungen und Marshmallows im Feuer gegrillt. *(Das sind diese weißen runden Dinger, die aussehen wie Negerküsse mit Schokolade.)* Lecker, pappig, kleben überall!

Ich fand eine Freundin, mit der ich etliches unternehmen konnte, was nicht mit Kinderbetreuung zu tun hatte. Ihr Mann war auch kein Offizier.

Eines Abends auf einer Party bei Freunden von Steven kam eine Offiziersfrau auf mich zu und sagte: „Sorry, Bridge. Du bist ja gar keine Offiziersfrau. Dein Mann ist nur Master-Sergeant. Da kannst Du wirklich keine Pfadfindergruppe leiten. Du musst also jemand anderem diese Position abgeben." Ich konnte nicht fassen, was ich da gerade gehört hatte. Solche Klassendünkel hatte ich genug in der Nazi-Zeit mitgemacht und später in Paris unter den Diplomaten. ‚Na warte', dachte ich mir. ‚Ich werd's dir schon noch zeigen, gute Frau!'

Offensichtlich sah man mir meinen Ärger an, denn alsbald kam meine Freundin zu mir, ein Glas Wein in der Hand, stieß mit mir an und sagte: „Lass sie nur reden. Wir kriegen das hin. Reg Dich nicht auf! Prost!" Tatsächlich, die Gelegenheit ließ nicht lange auf sich warten. Die Amerikaner mussten alles, was sie im Wald von Fontainebleau vorhatten, von der Bürgermeisterei genehmigen lassen. Es sollte ein Feldlager mit den Kids veranstaltet werden, und dafür brauchten sie die Unterschrift der Stadt. Und gerade diese Lady, die mich auf der Party so angemacht hatte, war dafür verantwortlich, ohne auch nur ein Wort französisch zu können. Sie kam auf mich zu mit der Bitte, diese Sache mit dem Bürgermeisteramt zu regeln. Ich sah sie halb verachtend an und erklärte ihr, dass ich ja aufgrund meines Status als ‚Nicht-Offiziers-Gattin' leider nichts für sie tun könne. So ein unterer Dienstgrad kann doch nicht mit einem Bürgermeister reden, nein. - „Also, wenn ich es mir recht überlege, könnte ich mich mit der Angelegenheit befassen, wenn ich meine Pfadfindergruppe wieder leiten kann." Ich sah ihr an, wie sie sich überwinden musste. Am Ende willigte sie ein. Diese Armeefrau war mir zuwider. Doch ich war stolz auf mich, dass ich sie in die Schranken gewiesen hatte. Ich hatte das Wichtigste erreicht: Ich hatte meine Pfadfinder-Kids wieder.

Zwei Tage später kam mein Mann mit mieser Laune nachhause. Wir saßen am Tisch. Es war Zeit fürs Abendbrot. Eine Weile war es still. Doch dann reichte es mir, und ich fragte Steven, was denn los sein. Das brauchte ich ihn nicht ein zweites Mal zu fragen. Ganz vorsichtig und liebevoll fing er mit seinen Erklärungen an. So war Steven eben. Doch dann brach es genervt aus ihm hervor: „Höre Bridge, Du hast es hier mit Armee zu tun. Das ist kein Zivilleben. Also musst auch Du Dich den Anweisungen und Regeln, die in der Armee herrschen, anpassen. Mein Vorgesetzter hat mir die Story von der Offiziersgattin und Dir berichtet. Du hättest die Vorschriften der US-Pfadfinder akzeptieren müssen. Ich bin nun mal kein Offizier. Das, was Du getan hast, ist für uns beide nicht gut." Ich hatte keine Lust, mich deshalb mit Steven zu streiten, und grinste nur arrogant: „Okay. Ich werde es in Zukunft versuchen." Damit war die Diskussion für mich beendet.

Der nächste Tag war Waschtag. Wir hatten uns eine Waschmaschine im Supermarkt der Garnison (dem PX-Market) gekauft. In so einem PX bekommt man alles was das Herz begehrt. Ich hatte viel zu waschen, vor allem Stevens Uniformen. Und hinterher dann Bügeln. Obwohl ich mich bemühte, eine gute Hausfrau für Steven zu sein, fiel es mir schwer, diese Arbeiten als meinen Tagesinhalt zu akzeptieren. Damit wollte ich eigentlich möglichst schnell fertig sein. Besonders diese Bügelei, einfach nur ätzend, öde und langweilig. Die Hemden mussten exakt gebügelt sein, nach Armeevorschrift eben. Wehe, es gab Bügelfalten! Die Hemdkragen haben mich zur Verzweiflung gebracht. Aber ich versuchte mein Bestes.

Der Versuch war nicht gut genug. Steven kam immer gegen 18 Uhr nachhause, das Essen stand schon auf dem Tisch. Heute kam Steven völlig wütend nachhause. Was war denn Schlimmes passiert? Er war zum ersten Mal so, kein ‚Hello!', kein Kuss, nur Rumgemotze.

„Was ist los? Hattest Du Ärger im Büro?" „Oh nein", schrie er. „Nicht im Büro! Aber heute morgen beim Appell hat mich der Captain zur Sau gemacht, weil in meinem Hemdkragen Bügelfalten waren, die ich vor lauter Zeitdruck heute früh nicht bemerkt habe. So geht das nicht, Bridge! Ich bin in der Armee. Ich muss die Vorschriften beachten. Und Du, Du musst Dich auch daran gewöhnen. Verstehst Du mich?" Ich sah ihn an, und dann platzte es aus mir heraus. „Steven, wer ist denn hier bei der Armee. Doch wohl, Du, oder? Ich nicht! Ich habe keine Vorgesetzten, weder in Fontainebleau, noch hier zuhause. Und wenn es Dir nicht passt, was ich mache, dann bring Deine Wäsche in die Armeewäscherei. Da kannst Du sicher sein, dass alles stimmt. Und ich brauche mich nicht weiter damit herumzuquälen. Das Ganze ist sowieso für mich einfach nur furchtbar. Ich hasse Bügeln! Also?" „He, höre mal, Du bist den ganzen Tag zuhause und hast frei, während ich schufte und das Geld verdiene. Das bisschen Bügeln wirst Du ja wohl hinkriegen!" „Steven, ich bin nicht Deine Dienerin.

Wenn Du an meiner Arbeit herummeckerst, dann mach es entweder alleine oder bring es einfach in die Wäscherei, verdammt!" Steven bekam seinen Mund gar nicht wieder zu. Damit hatte er nicht gerechnet. Ein paar Mal ging die Diskussion noch hin und her, bis er einsah, dass er mich wohl nie zu einer guten Bügelexpertin umerziehen konnte.

Ich war die Hemden los! UFF! Ganz entnervt verließ er das Zimmer und musste begreifen, dass ich mich sehr unterschied von seinen Erfahrungen. Steven war früher längere Zeit in Korea gewesen. Er kannte von dort asiatische Frauen, die alles gemacht hatten und das mit einem Lächeln im Gesicht. Diese Asiatinnen dafür wurden bezahlt, dass sie Dienerinnen waren. Ich aber war keine Asiatin. Ich wollte nie eine Dienerin sein, weder die meines Ehemannes noch irgendeines anderen, egal auf welcher Ebene, Sex inbegriffen! Ich war zwar verheiratet, hatte den ganzen Tag frei, aber die Dienerin meines Mannes wollte ich nicht sein. Nein, das ging zu weit! Wo blieb ich denn da bei dem ganzen Spiel? Putzen, Waschen, Essen kochen, Beine breit und alles andere drum herum, nein nicht mit mir. Ich war eine eigenständige Frau, hatte meine ganz eigene Individualität. Ich hatte schon auf so vieles verzichtet für diesen Mann, für diese Ehe. Mein kulturelles, geistiges Leben war perdu, meine Freiheit dahin. Die Vorschriften, von Anfang an empfand ich sie nur als Fesseln und Folter. Alle Freizügigkeit und Spielräume im Leben – dahin. War ich eine Maus oder eine gestandene Frau, das war hier die große Frage. Noch heute rege ich mich auf, wenn ich über diese Fragestellungen nachdenke. Caramba, dann kocht mein Blut!

Ich musste Steven klarmachen, wie weit er mit mir gehen konnte, wie ich mir vorstellte, dass man mit erwachsenen Frauen umgeht, mit selbständigen Wesen, mit mündigen Menschen. Von diesem Tag an hatte Steven es schwerer mit mir.

Doch im Bett blieb es unverändert. Immer war es ein und dasselbe. Keiner traute sich, etwas zu sagen, Wünsche zu äußern oder sich zu beschweren. Wir hatten es beide nicht gelernt, über dieses Thema zu reden. In Stevens Familie waren sie, so viel ich weiß, prüde, wie die meisten in den USA. Und bei mir? Mutter war viel zu selten da, um ein so intimes Verhältnis zu mir zu haben, dass wir darüber hätten reden können. Es war allgemein gar nicht üblich oder gesellschaftsfähig. Diese Thema wurde ausgespart, zumal ich gar kein großes Interesse an Sexualität hatte. Aber Kinderkriegen, das gehörte zu einer richtigen Ehe dazu. Und siehe da, es dauerte gar nicht lange, da war ich schwanger.

Als ich meine erste Periode bekam, war ich 12 Jahre alt. Ich war geschockt, weil ich gar nichts wusste. Alles war voller Blut. Ich dachte, ich müsste sterben. Ich hatte große Schmerzen, und in mir verkrampfte sich alles. Ich schrie nach Hilfe. Mutter kam ins Bad und wollte wissen, was los sein. Als sie meine Situation sah, sagte sie zu mir: „Briggi, Du brauchst keine Angst zu haben. Es ist nur Deine erste Periode." „Periode? Was ist denn das?", fragte ich ängstlich. „Das bekommt jedes Mädchen, wenn sie zur Frau wird. Die meisten Frauen haben bis zu ihrem 50. oder 55. Lebensjahr ihre Perioden." Das war ‚s! Weitere Erklärungen gab es nicht. Erst viel später habe ich mich in Medizinbüchern über die Hintergründe und Zusammenhänge informiert. Ich war entsetzt gewesen über diese Antwort. Sollte ich jetzt wirklich jeden Monat unter Schmerzen so bluten? Fast mein ganzes Leben lang? Ich empfand das als Strafe für die Frauen.

Meine Schwangerschaft war nicht so toll. Als die erste Periode ausblieb, wurde mir ganz komisch. Es war eine Mischung aus Freude darüber, dass diese furchtbare Periode endlich Ruhe gab, und der Furcht vor der Ungewissheit, was danach kommen würde.

Während der Schwangerschaft konnte ich nicht mehr mit Steven einkaufen gehen. Mir wurde bei jeder Gelegenheit schlecht. Ich brauchte nur die Tür zur Garnisonskantine zu öffnen, und schon musste ich mich übergeben. Den Geruch konnte ich einfach nicht aushalten. Und überhaupt: Auch beim Essen zuhause musste ich zwischendurch immer mal verschwinden. Aber anstatt schlanker zu werden, wurde ich immer dicker. Die ersten vier Monate hatte ich unter dieser

Tortur zu leiden, dann wurde es besser. Von Sex wollte ich während der Schwangerschaft nichts wissen. Ich hatte eine gute Ausrede: ‚Das könnte dem Kind schaden.' Und Steven hat sich danach gerichtet.

Frische Luft tat mir noch am besten. Bessi und ich gingen oft an die Seine. Ich liebte diese Hündin sehr. Sie hat mich stets begleitet und mir Gesellschaft geleistet, wenn ich meine Depri-Phasen hatte. Der Weg am Ufer führte an einer Bank unter einem großen Baum vorbei. Ich saß dort oft lange am Ufer und träumte vor mich hin.

Da hörte ich starkes Dröhnen am Himmel. Es wurde lauter und lauter. Mir wurde ganz komisch. Ich musste mich ins Gras setzen.

Und dann kamen gut verdrängte Bilder wieder hoch: Ich sah Mutter und mich gegen Ende des Krieges irgendwo in Deutschland in einem Zug sitzen. Wir wurden von Jagdflugzeugen beschossen. Eine Kugel zischte ganz knapp an der linken Schulter meiner Mutter vorbei und blieb im Polster der Rückenlehne stecken. Der Zug stoppte. Wir rannten alle raus in den Graben. Die Flieger kamen wieder zurück, beschossen uns von neuem ta, ta, ratatatata, tata. Nachdem der Angriff vorüber war, sind wir ganz langsam aufgestanden und haben uns umgeschaut. Wir mussten einen Schutzengel gehabt haben, denn fast alle links und rechts neben uns waren erschossen worden. Frauen, Babies, ältere Kinder. Wir sind dann Stunden später in einen anderen Zug eingestiegen, der aber auch nur 50 Kilometer vorankam. Es wurden wieder Tiefflieger gemeldet. Alle sind so schnell wie möglich aus dem Zug gesprungen. Mutter und ich sind unter den Zug geklettert, um dort Schutz zu suchen. Überall um uns herum ratterten die Schüsse und flogen die Splitter, dazwischen Menschenschreie. Explosionen. Einfach grässlich. Wir haben uns die Ohren zugehalten. Aber es war so laut, dass das nichts half. Dann wurde der Munitionszug getroffen, der ein paar Gleise entfernt ebenfalls angehalten hatte. Mit jeder Explosion wurden unsere Körper nach oben geschleudert, immer feste gegen die Unterseite des

Zugwaggons, der uns als Deckung diente. Die Arme schützend über meinen Kopf gelegt, knallte ich viele Male gegen den Wagen und wieder zurück auf die Schwellen. Die Explosionen waren so stark, dass wir noch Tage später ganz grün und blau waren am ganzen Körper. Doch wir hatten überlebt.

Ich habe bis heute noch ein mulmiges Gefühl, wenn ich Flugzeuge fliegen sehe, oder wenn es blitzt und donnert. Ich denke immer wieder an die Bombeneinschläge und diese furchtbaren Minuten unter dem Eisenbahnwagen. Auch heute noch, mehr als 60 Jahre später, ziehe ich mir die Decke über den Kopf. Es passiert öfter, dass diese Erinnerungen aus der Kriegszeit Macht über mich gewinnen, vor allem wenn ich Dokumentarfilme aus der Kriegszeit sehe.

Wenn Bessi und ich nach den Spaziergängen wieder nachhause kamen, ging die übliche Abendbeschäftigung los. Nach dem Essen gab es entweder Fernsehen: Baseball oder Football, oder wir machten selbst ein wenig Sport. Steven brachte mir Bowling bei. Er war ein Spitzenbowler mit vielen Trophäen. Er zeigte mir die besten Möglichkeiten, um an hohe Punkte zu kommen. Wir sind oft gemeinsam zum Bowlen gefahren. Nach ein paar Monaten konnte ich sogar an Tournieren teilnehmen. Mein Durchschnitt lag bei 140 Punkten, was für eine Anfängerin gar nicht schlecht ist. Meist waren wir drei Stunden Bowlen. Erst wurde Abendbrot gegessen und dann spielten wir zu viert. Der Gewinner war fast immer Steven.

Mit der Zeit freundete ich mich mit anderen Armeefrauen an. Eine davon war Norma. Sie war in New York geboren, hatte fast ihre gesamte Schulzeit in dieser Stadt verbracht, bis sie ihr Abitur machte. Sofort danach hatte sie ihren Mann geheiratet, der schon ein paar Jahre Offizier in der Berufsarmee war. Norma hatte keine Probleme damit, dass ich nicht Offiziersfrau war, und so hatte ich wenigstens eine Freundin, die sich nicht nur für das langweilige und eintönige Leben in der Garnison interessierte. Sie hatte ein Auto zur Verfügung. Samois war ja nicht weit von Paris weg, und wir sind dann und wann mit Normas Auto dorthin gefahren und haben uns einen schönen Tag gemacht. Wie in alten Zeiten sind wir ins Café George V auf den Champs-Élysées gegangen, haben das Leben genossen und in aller Gemütsruhe etwas getrunken, geschwatzt, und den Vorübergehenden nachgeschaut. Dieses Leben war ich gewöhnt. Hier kannte ich mich aus und fühlte mich viel mehr zuhause als in dieser öden Kaserne. Wir hatten viel Spaß miteinander. Den ganzen Tag über blieben wir in Paris. Wir gingen einkaufen im Printemps oder in die Galerie Lafayette, dann nach St.-Germain-des-Prés in die arabische Fressgasse zum Couscous-Essen. Abends waren wir wieder in Samois. Solche Tage hellten meine Stimmung auf und waren wirklich Glanzpunkte während dieser Zeit. Ansonsten war ich oft genervt während der Schwangerschaft.

Morgens, wenn wir beim Frühstück saßen, wollte ich immer gern mit Steven den täglichen Einkauf besprechen. Er musste ihn immer noch allein erledigen wegen meiner Übelkeitsanfälle. Aber immer öfter griff er am Frühstückstisch zur Zeitung und vertiefte sich derart ins Lesen, dass ich gar keine Chance hatte, zu ihm durchzudringen. Dies Verhalten regte mich auf. Ich wollte nicht mit einer Zeitung frühstücken sondern mit Steven. Dreimal habe ich ihn gebeten, mit dem Lesen aufzuhören. Aber er reagierte überhaupt nicht. Dann wurde es mir zu bunt. Ich nahm ein Streichholz und zündete die Zeitung unten in der Mitte an. Steven sprang auf wie von der Tarantel gestochen. Er warf die lichterloh brennende Zeitung auf die Straße. „Bist du verrückt geworden?", schrie er mich an. „Es fragt sich, wer hier verrückt ist? Ich habe jetzt genug davon, dass du immer Comics liest, wenn ich mit dir reden will. Du nimmst mich einfach nicht ernst. Ich möchte gern mit meinem Mann frühstücken anstatt mit einer Zeitung. Bei uns zuhause wurde am Tisch nie gelesen. Ich finde es respektlos, wenn der eine sich mitteilen möchte, und der andere liest weiter. Das hast du nun davon, dass du mir überhaupt nicht zuhörst." Das war schon wirklich krass von mir. Jetzt, mit den vielen Jahren gesammelter Lebenserfahrung, sehe ich das auch. Aber damals schien es mir der einzige Weg zu sein, um

Steven vom Lesen beim Frühstück abzuhalten. Wir haben uns dann beide beieinander entschuldigt. Natürlich konnte Steven lesen, so viel er wollte, nur eben nicht während der gemeinsamen Mahlzeiten. Darauf haben wir uns verständigt, und das war kein Problem mehr zwischen uns.

Bei einem meiner Ausflüge nach Paris lernte ich Zdenka kennen. Ich hatte einen Abend mit der kroatischen Tanzgruppe ‚Die Lados' besucht und hinterher mit den Tänzern noch ein Gläschen getrunken. Ich befreundete mich mit einer Tänzerin. Das war Zdenka. Wir hatten ein paar schöne Tage in Paris zusammen. Dann musste die Truppe weiter und Zdenka lud mich nach Zagreb ein. Wann würde es wieder einen passenden Reisetermin geben, wenn nicht jetzt? überlegte ich mir. Ich war im fünften Monat schwanger. Also könnte ich jetzt sofort noch einmal wegfahren, bevor das Kind da war. Später müsste ich es ja allein bei Steven lassen. Das würde viel komplizierter werden. Also jetzt!

Ich teilte Steven mit, dass er eine Woche ohne mich würde auskommen müssen, da ich zu meiner Bekannten nach Zagreb fahren wolle. Er war davon überhaupt nicht begeistert. Seine Ehefrau wollte in ein kommunistisches Land fahren, nach Jugoslawien, das konnte unter Umständen dienstliche Probleme bringen. Trotzdem: Ich war Deutsche mit einem deutschen Pass. Deutsche konnten nach Jugoslawien reisen ohne Probleme. Natürlich gab es heiße Diskussionen.

Im Mai 1956 saß ich im Orientexpress und fuhr von Paris aus direkt nach Zagreb. Es ist eine fantastische Fahrt. Diese tolle Landschaft, die gemütlichen Abteile und der stilvolle Speisewagen. Ich kam mir vor, wie bei Agatha Christie ‚Mord im Orientexpress'. Ich hatte mir noch einmal einen Freiraum erkämpft, Zeit nur für mich und meine Interessen. Ich saß am Fenster, genoss den Ausblick auf die vorüberfahrende Landschaft und die Aussicht auf wenigstens eine Woche, die nach meinen Vorstellungen ablaufen sollte, ohne strenge Regeln, ohne Essenkochen und mit selbstgewählter Kultur. Ich war so gespannt auf neue Erlebnisse, neue Menschen. Es ging mir rundum gut.

In meinem Abteil saß ein junger jugoslawischer Soldat. Während der vielen Stunden, die wir zusammen durch die Welt fuhren, hat er mir meine ersten Sätze auf jugoslawisch beigebracht. Er hat es mir vorgesprochen, und ich habe das, was ich gehört habe, aufgeschrieben. Heimlich, als er schlief, habe ich dann den Zettel mit den Vokabeln herausgeholt und geübt. Als er ausstieg, konnte ich mich schon in seiner Sprache bedanken: „Vahla lepo." Okay, okay, ich weiß gar nicht, ob das wirklich so geschrieben wird, aber ausgesprochen habe ich es damals so und wurde verstanden.

Am nächsten Nachmittag kam ich in Zagreb an. Zdenka holte mich vom Bahnhof ab. Es war eine herzliche Begrüßung, und ich war glücklich, wieder unter Kulturleute zu kommen. Wir fuhren mit der Straßenbahn durch die schöne Stadt, am Nationaltheater vorbei in Richtung Wohnung. Zdenkas Mutter öffnete die Tür. Ich sagte meinen gelernten Satz auf jugoslawisch:
„Wulu wrado waswitim!" – Schön, Sie kennenzulernen. Die Antwort „Ju mel seins g'grüßt." Auf österreichisch. Das war vielleicht ein Gelächter. Da hatte ich nun stundenlang diesen Satz auswendig gelernt, und dann werde ich so begrüßt. Ich musste den ganzen restlichen Abend immer wieder den Kopf schütteln und loslachen. Die Überraschung war ihnen wirklich gelungen.

Am Abend lag ich endlich nach der langen Eisenbahnfahrt und dem ersten Kennenlernen der Familie in meinem Bett und fiel sofort in einen Tiefschlaf, aus dem ich mitten in der Nacht durch ein höllisches Gerumpel geweckt wurde. „Was, wo, wie?", noch ganz im Schlaf sprang ich aus meinem Bett. Zdenka kam sofort gerannt und fragte mich, was denn passiert sei. Dieser Krach draußen hatte Erinnerungen wachgerufen, von denen ich gehofft hatte, dass ich sie erfolgreich verdrängt hätte. Erinnerungen an Krieg und Panzer, an klackende Panzerketten auf Kopfsteinpflaster. Mein Atem ging schwer, und ich hatte zu tun, mich wieder einzukriegen. „Es war nur die Straßenbahn. Die fährt hier auch nachts.", erklärte Zdenka.

In Samois gab es nachts keine beängstigenden Geräusche. Was für eine Ruhe wir dort hatten!

Am nächsten Tag gingen wir in das Café neben dem Nationaltheater. Dort trafen sich viele Künstler, Musiker und Autoren. Diese Stimmung war mir so vertraut aus Paris. Ich fühlte mich gleich wie daheim. Ich wollte gern schlau sein, und den Leuten zeigen, wie gut ich ihre Sprache beherrsche. Also rief ich laut nach dem Ober: „Osam, osam molim." Man sah mich erstaunt an, und es dauerte kaum den Bruchteil einer Sekunde, da krümmte sich das Café vor Lachen. Ich lief rot an und fragte Zdenka, warum die alle das so witzig finden würden. „Bridge, anstatt nach dem Ober, hast du ‚acht, acht' durchs Café gerufen!" Na, da hatte ich mich ja so richtig zum Narren gemacht.

Einen ganzen Tag haben wir die Sehenswürdigkeiten der Stadt besucht. Wir waren in der St. Markus-Kirche, der Kathedrale (Katedrala Svetog Stjepana), am Ban-Jelačić-Platz und in der längsten Einkaufsstraße Llica sowie der Radićeva ulica. Ich kann immer nur wiederholen, wie schön Zagreb ist. Am Ende des Tages war ich hundemüde.

Im Kroatischen Nationaltheater haben wir ein Konzert erlebt: ‚Die vier Jahreszeiten' von Vivaldi. Seit dieser Zeit gehört dieses Musikstück zu meinen Lieblingskonzerten. Immer, wenn ich es irgendwo höre, muss ich an die Woche in Zagreb und meine Freundin Zdenka denken. Sie war eine ganz tolle Frau. Die Woche ging wie im Flug vorbei. Wir mussten Abschied nehmen. Nach vielen Umarmungen und Tränen stieg ich wieder in den Orientexpress und fuhr zurück zu Steven.

Fast mein ganzes Leben über ist es so gewesen, dass Menschen, die ich nur kurz kannte, immer sehr freundschaftlich, herzlich und liebevoll waren. Immer wieder musste ich aus unterschiedlichsten Gründen von diesen Menschen Abschied nehmen. Damit bin ich oft nicht klargekommen. Doch an die Freundschaft und Liebe in diesen kurzen Abschnitten meines Lebens muss ich immer wieder denken.

Ich habe Zdenka nie wiedergesehen. Als ich sie 1971 noch einmal besuchen wollte, war es zu spät. Sie war bereits verstorben.

Während der Rückfahrt nach Paris war ich sehr traurig. Immer wieder hatte ich die Bilder dieser schönen erlebnisreichen Woche vor mir. Das war das Leben, das ich mir vorgestellt hatte: Konzerte hören, mit Künstlern kommunizieren, mit Freunden Spaß haben und einfach ich selbst sein.

Die Ernüchterung kam prompt, als ich in Samois ankam. Steven war glücklich, dass ich wieder da war. Er hatte die unbeweibte Zeit nach Kräften genutzt und mir viel Arbeit hinterlassen. Ich brauchte erst mal zwei Tage, um die Wohnung wieder in Ordnung zu bringen. Steven war abends viel mit seinen Kumpels unterwegs gewesen, meist zum Bowling. Und wenn sie nicht außer Haus waren, saßen sie bei uns und haben ferngesehen. Während der Übertragungen war viel Dosenbier getrunken worden. Es waren Berge von Dosen zu entsorgen und Ordnung zu machen. Na ja, eben Männerspiele!

Kurz darauf hatte Steven Geburtstag. Wir saßen am Frühstückstisch. Ich gratulierte ihm und erinnerte ihn daran, auf dem Rückweg noch einzukaufen. Dann musste er zum Dienst. Gegen 18 Uhr kam Steven nachhause. Ich hatte mir einen schönen romantischen Abend vorgestellt, mit Essen und Musik und nur wir zwei. Er sah mich an und sagte ganz schnell und aufgeregt:

„Honey, ich habe für heute Abend 10 Freunde eingeladen zu einer kleiner Party. Kannst Du für Snacks sorgen?" Ich war wie vor den Kopf gestoßen. „Hast Du was zu essen und trinken mitgebracht? Nicht? Dann wirf mal bitte einen Blick in die Küche und den Kühlschrank. Es ist einfach nichts da." Ich nahm die Autoschlüssel und fuhr zu Norma. Sie hatte an dem Abend nichts Spezielles vor. „He, Norma, komm mit. Wir fahren nach Paris und machen uns einen schönen Abend. Mein alter Herr hat mir gerade gesagt, dass er zehn Leute zu seiner heutigen Geburtstagsparty eingeladen hat. Er hat es nicht für nötig befunden, mich vorher zu informieren. Es sind keine Getränke im Haus. Was zu Essen gibt es auch nicht. Und einkaufen war er nicht. Wie stellt er sich das vor? Ich habe die Nase voll. Ich verschwinde heute Abend. Soll er doch sehen, wie er mit seinen Gästen allein klarkommt!"

Wir fuhren nach Paris ins Quartier Latin, haben lecker gegessen und sind später in einen Jazzkeller zum Konzert gegangen. Es war dann doch noch ein toller Abend. Als ich nachhause kam, war der Teufel los. Steven wollte schon richtig loslegen, da verschwand ich im Bett. Er war sehr aufgebracht, doch ich habe mich nicht aus der Ruhe bringen lassen. Er fing immer wieder an und wollte diskutieren. Aber ich habe ihn stehen lassen. Ich wollte einfach keine Auseinandersetzung an diesem Abend. Es war sehr spät, und er hatte ein paar Bier intus. „Lass uns morgen darüber reden!" Damit war die Diskussion für mich und heute Nacht vorbei. Am nächsten Morgen beim Frühstück musste alles heraus. Nach der sehr kühlen Begrüßung: „Guten Morgen! Erst mal!" fingen wir an, uns wie erwachsene Menschen darüber auszutauschen, was eigentlich gestern geschehen war. Wir waren beide sehr verletzt und beleidigt. Ich geigte ihm richtig die Meinung; „Dass Du so einfach hier 10 Leute anschleppst, ohne mir vorher Bescheid zu sagen, wenn keine Lebensmittel und kein Bier im Haus sind, das war mir zu viel. Und ich soll springen und alles richten. Nee, mein Lieber! Übrigens hatte ich eine Geburtstagsüberraschung für Dich vor. Doch das war für Dich ja nicht so wichtig. Du hättest mal vorher fragen können, was wir zusammen machen an Deinem Geburtstag. Aber nein, nicht mal beim Frühstück kommst Du darauf mit mir darüber zu reden. Das fällt Dir im Traum nicht ein!" Steven: „Und Du? Du bist gleich abgehauen, hast mich stehen lassen mit meinen Kumpels. Weißt Du, wie schäbig das aussieht? Ich wusste noch nicht einmal, dass Du nicht wiederkommen würdest. Du hast mich in eine unmögliche Situation gebracht. Und das an meinem Geburtstag. Schöner Geburtstag!" Ich: „Was hast Du Dir nur dabei gedacht? Ich bin nicht so erzogen worden. Ich wurde doch von Dir reingelegt. Nie werde ich mich nie auf so ein Benehmen einlassen. Ich hoffe, dass Du Dir das merkst. Du weißt jetzt, mit wem Du es zu tun hast. Tut mir leid, Steven. Aber so geht das mit mir nicht." Man konnte Steven ansehen, dass es ihm leid tat. Bis zum Abend war wieder alles in Ordnung. Wir entschuldigten uns beide. Die Sache war erledigt. Es kam nie wieder vor. Von da an haben wir alles miteinander besprochen, und ich war glücklich.

An einem Wochenende morgens ging ich, wie immer, in die Küche und wollte Frühstück machen. Ich griff nach der Cornflakes-Box, wollte die Tüte herausnehmen, und heraus sprang eine Maus. Mir stockte das Herz. Ich ließ alles fallen und ergriff die Flucht. Wie ein Blitz rannte ich aus dem Haus. Panisch und am ganzen Körper zitternd riss ich die Autotür auf und zwängte mich hinter das Lenkrad. Ich verriegelte alle Türen und schrie wie am Spieß: „Steven, Hilfe! Hilfe! Eine Maus! In der Küche ist eine Maus!" und fuchtelte mit meinen Armen herum. Steven tauchte hinter dem Küchenfenster auf und rief nach mir: „Wo steckst Du? Was ist denn los?" Er entdeckte mich im Auto sitzen und herumfuchteln. Voller Besorgnis kam er zum Wagen gerannt und fragte hastig: „Was um Himmels willen tust Du hier im Auto?" „Eine Maus!", entgegnete ich immer noch ganz atemlos, „In der Küche, eine Maus!" Steven lachte sich fast zu Tode. Er konnte sich gar nicht wieder einkriegen. Ich wurde immer wütender und fing an zu weinen. Liebevoll öffnete Steven die Wagentür und sagte: „Nun komm doch raus, Bridge. Es ist gut. Die Maus ist über alle Berge. Ich verspreche es." Ich versuchte, aus dem gottverdammten Wagen auszusteigen. Doch ich hatte große Mühe herauszukommen, denn ich und mein Baby, wir waren fest eingeklemmt zwischen Sitzpolster und Lenkrad. Endlich gelang es mir, und ich war befreit. Steven tat alles, um mich zu beruhigen. Wir haben einen Kammerjäger gerufen, der alles untersuchte und reinigte. Danach habe ich auch keine Maus mehr gesehen. Trotzdem bin ich immer sehr vorsichtig in die Küche gegangen.

Vier Monate vor der Entbindung ist meine Oma zu uns gekommen. Sie blieb so lange, bis das Baby geboren war. Ich war glücklich, sie um mich zu haben. Eines Abends saßen wir gemütlich auf dem Sofa, da sagte Oma: „Briggi, ich muss Dir was sagen." Als Oma anfing, mir alles zu erzählen, wusste ich nicht, wo die Zeit verblieb, und was in mir vor sich ging. Ich war sprachlos, weinte, war glücklich, hatte Wut und war vollkommen durcheinander- alles auf einmal!

„Briggi, ich muss Dir sagen, Deine Schwester Lory lebt. Sie wohnt in der Nähe von Bad Homburg bei Hans, ihrem leiblichen Vater, und macht dort eine Ausbildung zur Krankenschwester." Meine Frage platzte nur so aus mir: „Warum hat Mutter gesagt, sie ist tot. Warum?". Da erzählte mir Oma vom Leid meiner Mutter. „Briggi, Du bist am 1. Juli 1935 in Wiesbaden geboren, doch Dein Vater stammt aus Polen – ein Abenteuer Deiner Mutter. Sie hat ihn nur ein paar Tage gekannt. Du bist ein uneheliches Kind. Nachdem Karla aus Polen zurückgekommen ist, hat sie diesen Mann, Deinen leiblichen Vater, nie wieder gesehen. 1936 heiratete Karla dann Hans, den Architekten. Sie liebten sich sehr. Lory wurde 2 ½ Jahre später geboren.

Eines Tages im Jahr 1940 kam ein Einschreibebrief mit Scheidungsunterlagen in die Beethovenstraße. Deine Mutter hatte die Familie mit ihren unmäßigen Einkäufen total ruiniert, nicht bezahlte Rechnungen, ein Auto auf Pump und und und. Hans liebte Deine Mutter sehr, aber er konnte ihre Schwindeleien hinsichtlich des Geldes nicht mehr aushalten und nicht finanzieren. Er ließ sich scheiden nach fünfjähriger Ehe. Lory wurde dem Vater zugesprochen, und ich wurde dein Vormund. Am Anfang durfte Lory noch bei Eurer Mutter wohnen, doch hatte Hans jedes Wochenende Besuchsrecht. Und so war es wieder mal an einem Wochenende drei Monate nach der Scheidung, dass Lory nach Bad Homburg abgeholt wurde. Sie wurde einfach nicht wieder zurückgebracht. Karla bekam danach ein offizielles Schreiben, dass ihr alle Rechte abgenommen wurden in Bezug auf Lory. Sie durfte keinen Kontakt mehr zu ihrem Kind haben. Sie hat so sehr darunter gelitten, und Du erst. Jeden Tag hast Du nach Deiner Schwester gefragt, bis es Mutter nicht mehr aushalten konnte und Dir einfach gesagt hat, dass Lory tot sei."

An diesem Tag berichtete mir Oma alles, was über diese Geschichte zu sagen war.

Ich kann mich erinnern, dass ich mit 16 eine Auseinandersetzung mit Mutter hatte: Als ich ihr Vorwürfe machte, dass sie mich so oft in meiner Kindheit allein gelassen hatte, schrie sie mich an: „Wie kannst Du es wagen, mit mir so zu sprechen. Wenn ich mich nicht gekümmert hätte, und so viele Liebschaften mit einflussreichen Männern erlebt hätte, wären wir beide im Lager gelandet, und Du würdest gar nicht mehr leben!" Ich antwortete erstaunt: „Was meinst Du damit? Wieso sagst Du mir so was?" Mutter: „Weil Du eine Halbjüdin bist." Ich bekam damals einen ungeheuren Schock, der mir bis in die Knochen ging. Ich wusste nicht, was ich ihr noch glauben sollte. Erst war Lory tot, dann war Hans nicht mein Vater, und jetzt sollte ich eine Halbjüdin sein...? Ich fragte sie: „Kannst Du das beweisen?" Die Frage wurde nicht beantwortet, und ich sagte mir: ‚Mutter will mir nur weh tun, da sie wusste, dass ich meine Probleme mit Juden hatte.'

Und was hatte sie mir über die Scheidungsgründe erzählt? Hans sollte von der NS-Partei gezwungen worden sein, sich von ihr zu trennen, weil sie einen schlechten Einfluss auf ihn ausüben würde. Seine Karriere wäre ihm wichtiger gewesen als die Liebe zu meiner Mutter.

Das war ihre Geschichte gewesen. Sie hatte es einfach erfunden, und ich hatte es ihr eine halbe Ewigkeit geglaubt.

Wenn Oma nicht mit mir gesprochen hätte, hätte ich nie erfahren, dass meine Schwester noch lebte. Oma war die Frau, die ich am meisten liebte und respektierte, weil sie mir gegenüber immer die Wahrheit sagte. Wenn etwas unklar gewesen war, brauchte ich nur sie zu fragen. Ich konnte dann wenigstens mit den Tatsachen umgehen und mich danach richten. Bei Mutter wusste ich nie, was Wahrheit war und was Fantasie.

Ich will es nicht unterstützen, doch denke ich, dass Mutter oft so gehandelt hat, um uns das Leben ein bisschen sorgloser zu gestalten. Deswegen habe ich ihr verziehen. Da ich selbst mit 21 Jahren Mutter wurde, zwei Kinder bekam, später als Alleinerziehende in einem fremden Land mit meinen Kindern überleben musste. Ich habe Mutter trotz all der Lügen geliebt, liebe und vermisse sie sehr seit ihrem Tod 1973. Ich bin ihr immer noch für vieles dankbar. Sie hat mir beigebracht, selbständig zu leben, unabhängig zu sein und vor allem frei und offen ohne Vorurteile zu leben. Sie war nicht nur meine Mutter, sie war auch meine Freundin. Sie hatte ein sehr tolles, aber auch hartes, trauriges Leben. Und dennoch war sie voller Freude, Optimismus. Witzig war sie, immer für eine Schandtat zu gewinnen, lernte drei Sprachen und lebte fast 25 Jahre in Frankreich, Spanien und Irak. Sie bleibt immer in meinem Herzen. Ich verdanke ihr viel.

Im Jahr 2009 gab mir meine Schwester Lory Briefe von Hans, die die Geschichte mit meiner verschwenderischen Mutter belegten. Ohja, sie konnte so überzeugend Geschichten erzählen! Was war sie für ein Mensch? Ich hatte mir eingebildet, sie zu kennen, doch nun stellte sich heraus, dass sie Lügen erzählt hatte, wieder und wieder.

Es war kaum zu glauben, dass ich nach 12 Jahren erfuhr, dass meine Schwester am Leben ist. „Ja und Du, Oma, warum hast Du mir nie etwas davon gesagt?" „Ich musste schwören, kein Wort darüber zu sagen. Aber ich habe die ganze Zeit über Kontakt zu Hans und Lory gehabt. Du kannst mir glauben, Briggi, dass es nicht leicht für mich war, dieses Geheimnis zu bewahren. Doch jetzt ist Lory 18 Jahre alt, und es ist der Tag gekommen, an dem ich dieses furchtbare Geheimnis lüften kann."

Ich war überglücklich zu hören, dass Lory lebte. Oma gab mir ihre Adresse. Ich schrieb Lory einen Brief, der nicht leicht für mich war. Meine Emotionen kochten hoch. Ich konnte es einfach noch nicht richtig glauben, dass ich eine Schwester hatte. Okay, eine Halbschwester. Sie hatte mir so gefehlt, war einfach verschwunden aus meinem Leben. Und genauso tauchte sie urplötzlich wieder auf.

Lory antwortete ziemlich schnell. Der Brief war genauso emotional wie meiner. Wir konnten es nicht abwarten, uns endlich nach so vielen Jahren wiederzusehen.

Also fragte ich Steven, ob ich den Wagen für ein paar Tage haben könnte. Ich habe ihm die ganze Geschichte erzählt, und er war einfach wundervoll, hatte großes Verständnis dafür, dass ich meine Schwester besuchen wollte. Er fand eine Mitfahrgelegenheit zum Dienst mit einem anderen Armeemenschen, und ich konnte es gar nicht erwarten, am nächsten Morgen auf diese Reise in die Vergangenheit und eine neue Zukunft zu gehen. Ich war total aufgeregt.

Ich schnappte mir Bessi, meinen Hund. Wir fuhren Richtung Deutschland. Mittags kam ich in Bad Homburg an und parkte meinen Wagen direkt am Krankenhaus, in dem Lory arbeitete und ausgebildet wurde. Ich war supernervös und ging mit immer schnelleren Schritten zur Anmeldung. „Ja, sie ist im Haus. Aber es dauert ein paar Minuten, bis sie Pause hat. Nehmen Sie doch bitte da drüben Platz." Diese wenigen Minuten dauerten für mich eine Ewigkeit. Ich wusste nicht, was ich mit mir anfangen sollte. Dauernd starrte ich den Gang hinunter. Und dann kam Lory. Ich konnte es nicht glauben, nach all den Jahren habe ich sie gleich wiedererkannt. Wir standen uns gegenüber und starrten uns an. „Lory?" „Briggi?" Dann fielen wir uns in die Arme und weinten vor Glück. Wir umarmten uns immer wieder, streichelten uns und wussten gar nicht, wohin vor lauter Wiedersehensfreude.

Sie nahm mich mit auf ihr Zimmer. Sie wohnte im Spital. Ich glaube, es war ein christliches Spital, denn alle hier trugen ein Kreuz am Kragen, auch Lory. Darüber hinaus bestand die Dienstkleidung aus einem langen Rock mit einer hellblauen Schürze darüber, einer Bluse und einem Häubchen.

Das Zimmer war klein aber fein. Wir setzten uns aufs Bett, und Lory fing an, ihre Geschichte zu erzählen. Ihr Vater hatte in der Kriegszeit eine neue Frau genommen und mit ihr fünf Kinder gezeugt. Lory war als Älteste in die täglichen Pflichten eingebunden. Sie hatte oft an Mutter und mich gedacht und freute sich immer, wenn Oma mal wieder etwas von uns beiden berichtet hatte. Dann sagte sie etwas über ihre Ausbildung und Arbeit, und plötzlich waren wir bei den Streichen unserer Kinderjahre gelandet.

„Briggi, weißt Du noch, wie Du über das Tor vorn geklettert bist? Und ich, die kleine Schwester, wollte es Dir nach machen, obwohl ich so viel Angst hatte vor den spitzen Metalldornen. Wie blanke Schwerter waren die, scharf und spitz. Ich stand unten und wollte nachkommen, traute mich aber nicht so richtig. Und Du, Du sagtest: ‚na komm schon, ich helfe dir. Los komm, mach schnell!' Ich nahm meinen ganzen Mut zusammen, kletterte das Tor hinauf, wollte drübersteigen. Mein Kleid verfing sich an einer dieser Spitzen auf dem Tor. Ich konnte nicht vor und nicht zurück, schrie wie am Spieß. Du hast mir nur zugesehen und gesagt: ‚Na los, Lory, komm, das schaffst Du doch!' Und dann kreischte im Haus eine Stimme auf. Unser Kindermädchen hatte den Schlamassel entdeckt und schrie: ‚Gnädige Frau, gnädige Frau, kommen Sie, sehen Sie sich das an.' Beide standen auf dem Balkon und sahen ängstlich hinunter. Mutter kam dann schnell gerannt und befreite mich." „Ja, und unser Teppichklopfer tanzte mal wieder auf meinem Hintern." Wir lachten beide. Immer wieder fiel uns etwas aus unseren Kindertagen ein. Ich hatte immer nur Unsinn im Kopf gehabt, so scheint es, wenn man sich die Geschichten zu Gemüte führt. Und Lory hatte darunter zu leiden.

Nach zwei Tagen Aufenthalt musste ich wieder zurück nach Samois. Der Abschied fiel uns schwer. Doch wir versprachen einander, uns nicht wieder aus den Augen zu verlieren, was wir bis heute eingehalten haben, obwohl wir sehr verschieden sind. Das ist kein Wunder bei den unterschiedlichen Lebensläufen.

Als ich nachhause kam, war alles blitzblank. Oma und Steven wollten ganz genau wissen, wie es gewesen war mit meiner Schwester.

Ich stand kurz vor der Entbindung. Meine Mutter wurde aus Paris erwartet. Die Leute in meiner Umgebung reagierten ganz unterschiedlich auf diese Spannung. Oma wurde immer ruhiger. Stevens Nervosität steigerte sich von Tag zu Tag, und ich? Ich hatte zunehmend keine Lust mehr auf diesen dicken Bauch. Ich wollte es so schnell wie möglich hinter mich bringen. Ich wusste, dass ich in guten Händen war und hatte deswegen keine Angst. Die Ereignisse überrollten mich dann, dass ich mir keine Gedanken mehr machen konnte. Am 30. Juli fingen die Wehen an. Steven nahm den gepackten Koffer und bugsierte mich in den Wagen. Es dauerte keine zwanzig Minuten, und ich war auf der Entbindungsstation in der US-Kaserne Fontainebleau. Die ganze Nacht über hatte ich höllische Wehen, war zweimal im Kreissaal und kam wieder zurück. Meine Mutter war inzwischen eingetroffen und machte einen Riesenaufstand im Hospital. „Ich will sofort, dass sich ein richtiger Doktor um meine Tochter kümmert. Mein Mann ist Diplomat und hat ganz andere Beziehungen. Ich will sofort den General sprechen. Wenn jetzt nicht gleich ein Arzt kommt, der was von seinem Handwerk versteht, dann..." „Mutter! Mutter! Tu mir einen großen Gefallen und fahr nachhause! Mit Deiner Aufregung machst Du es mir nicht leichter. Lass mich einfach nur hier liegen. Wir rufen Dich an, wenn alles vorbei ist. Du machst ja alles nur noch schlimmer mit Deinem Geschrei!" Sie fuhr beleidigt zurück zu Oma nach Samois. 24 Stunden haben die Wehen angehalten, ehe meine kleine Patty zur Welt kam. Als es soweit war, war kein Arzt in der Nähe. Der Diensthabende war im Kino. Die Schwestern mussten einen anderen Arzt auftreiben. Ich glaube, er war arabischer Abstammung. „Pressen, pressen!" Es tat so höllisch weh, und das Baby rührte und rückte sich nicht. Man musste mich ein Stück aufschneiden, damit der große Kopf austreten konnte. Dann endlich hatte ich es hinter mir. Ganz plötzlich hatte ich keine Wehen mehr, abrupt waren sie vorüber, und irgendwo im Raum weinte eine zarte Stimme. Und auf Pattys Geburtsurkunde steht nun der 1. August 1956. Meine schöne kleine Tochter! Es war für mich ein Wunder.

Ich wurde noch genäht, natürlich ohne Narkose. In diesem Moment betrat der verantwortliche Arzt die Szenerie. Er untersuchte mich und stellte fest, dass die Nachgeburt nicht komplett draußen war. Also ging es noch mal von vorne los. Und ich hatte schon an Ausruhen und Schlafen gedacht. Schlafen durfte ich dann auch, denn man gab mir eine Gasmaske vors Gesicht und ließ mich rückwärts zählen: „Zehn, neun, acht,..." Ich kann mich noch erinnern, dass ich beim Rückwärtszählen durch einen langen Tunnel ging und in einem anderen Jahrhundert angekommen bin. Ich glaube, es war das 18..

Als ich am nächsten Tag aufgewacht bin, lag mein kleines Baby in einem winzigen Bettchen neben mir. Die Tür ging auf. Eine große Krankenschwester trat in mein Zimmer und sagte lachend: „Wo haben wir denn unseren Neuzugang? Wir wollen sie jetzt mal hübsch machen. Schließlich geht es heut Abend zum Tanz." Patty war so wunderschön: groß mit blauen Augen und blonden Haaren. Ich musste aufstehen, was mir große Mühe machte, denn es tat mir wirklich alles weh. Doch ich musste lernen, Patty zu windeln. Sie bekam von Anfang an die Flasche. Aus Angst um meine Brüste wollte nicht stillen. Ich hatte während meines Klinikaufenthaltes viel Zeit, über die neue Situation nachzudenken. Jetzt hatte ich ein Kind! Ich konnte es lange nicht glauben, obwohl ich die kleine Patty ständig ansehen konnte und mächtig stolz auf sie war. Es war ein komisches Gefühl. Von einem Tag auf den anderen hast du ein Kind. 24 Stunden am Tag bist du damit beschäftigt. ‚Jetzt ist deine Freiheit endgültig zu Ende.' dachte ich.

Alle kamen mich besuchen. Steven war der glücklichste Vater. Drei Tage blieb ich im Hospital, dann drängten alle darauf, dass ich nachhause kam. Pardon, dass wir nachhause kamen. Wir hatten ein sehr schönes Kinderzimmer eingerichtet. Mit allem Drum und Dran. Oma hatte mir deutsche Strampelhöschen geschenkt, so dass Patty sich immer frei bewegen konnte und sich nicht in den Decken verwickelte. Mutter hatte einen sehr schönen Schlafsack mitgebracht. Für alles war gut vorgesorgt. Steven holte uns von der Klinik ab. Als erstes kam mir vor dem Haus Bessi entgegen gerannt. Das war eine spannende Frage: Was würde der Hund mit dem kleinen Wesen auf meinem Arm anfangen? Aber von Anfang an legte sich Bessi unter das Babybett und bewachte mein Kind. Wehe, es kam jemand Unbekanntes in das Kinderzimmer. Dann ging das Gebelle los.

Es gab eine echt amerikanische Willkommensparty für Patty. Alle freuten sich mit uns über diesen neuen Erdenbürger.

Doch jetzt ging es erst so richtig los. Jeden Morgen um 5:30 Uhr aufstehen, Fläschchen kochen und Patty füttern. Nachts haben wir uns abgewechselt. Eine Nacht war Steven dran, die darauf folgende Nacht ich usw.. Zweimal in der Nacht bekam Patty ihre Flasche, und dann wieder am frühen Morgen. Das hielten wir drei Wochen durch. Dann war Schluss damit. Patty kam in ihren Schlafsack, die letzte Flasche gab es um Mitternacht, die erste wieder um 6 Uhr. Das Geschrei war groß. Es tat uns beiden von Herzen weh. Doch es konnte eigentlich nichts passieren, da sie keine Decke hatte und nicht ersticken konnte. Wir schlichen uns vorsichtig aus dem Kinderzimmer. Die Tür blieb weit offen. Nach drei oder vier schlaflosen Nächten mit viel Geschrei schlief Patty durch und wir auch. Patty war ein wunderbares, pflegeleichtes Baby. Ich hatte viel Freude an ihr und liebte dieses kleine Wesen sehr.

Natürlich kamen zwischendurch immer wieder Phasen, in denen ich mir alles nicht so richtig vorstellen konnte. ‚Jetzt sollst du ewig und drei Tage Windeln wechseln, Breichen kochen, niedliche Sachen waschen und auf dem Spielplatz mit anderen Müttern über Kinder schwärmen.' Eigentlich wollte ich noch mehr vom Leben. Wie das eben so ist, mit den Gedanken, wenn man gerade Mutter geworden ist.

Ab dem 4. Monat haben wir versucht, Patty mit Babynahrung zu füttern. Es gab diese Pulver in dem Laden auf dem Kasernengelände. Das war Stevens Aufgabe. Er brachte immer alle Einkäufe mit.

Da die Amerikaner eine etwas andere Einstellung zu Kindern und Babys haben, wurde Patty überall mit hingenommen. Ich finde es einfach toll, und damals hat es mir das Leben unheimlich erleichtert. Ich glaube, ich hätte es gar nicht ausgehalten, immer nur zuhause zu bleiben. Aber so konnte ich zusammen mit Steven zum Bowlen, ins Kino oder ins Restaurant gehen. Unsere kleine Patty war immer dabei. Egal zu welcher Tageszeit, überall werden die Kleinen mit hingenommen. Das ist das Natürlichste von der Welt. Wenn ich mal nach Paris fahren wollte, konnte ich Patty bei Oma oder einer guten Freundin lassen, die auch ein Kind hatte. Es war ein gutes Leben in Samois. Meine Rolle als Ehefrau habe ich, so gut es ging, gemeistert. Ob ich glücklich war damals, habe ich mich erst 1959 intensiv gefragt.

Im Klartext: Ich habe meinem Mann gegenüber die gute und glückliche Ehefrau gespielt. Ich habe mir fest eingebildet, ich würde ihn lieben und mir damals selbst etwas vorgemacht. Das wurde mir später sehr klar. Ich hatte kaum Lust, mal mit Steven zu schlafen. Es war immer öde und langweilig und eine Überwindung. Wann immer es ging, habe ich nach Ausreden gesucht. Meine Lieblingssprüche kennen bestimmt die meisten Frauen: ‚Ich habe furchtbare Migräne.' oder ‚Ich habe gerade meine Periode und starke Schmerzen.' Schon kam ich um Sex herum und hatte meine Ruhe.

Mir war Patty das Wichtigste. Ich hatte dieses kleine Wesen in die verrückte Welt hinein geboren. Nun hatte ich auch die volle Verantwortung zu tragen. Egal, was kam.

Steven war ein toller Mann. Ich sah ihn immer als guten Freund. Wir haben fast nie gestritten. Er war immer ausgeglichen. Von dem Tag an, als ich ihm klargemacht hatte, dass ich keine asiatische Frau und nicht seine Bedienstete bin, haben wir uns sehr gut verstanden.

In der Garnison hatte ich viele Möglichkeiten, die unterschiedlichsten Kunsthandwerke zu erlernen. Lederarbeiten, Fotografieren, Filme entwickeln, Bilder vergrößern, überhaupt alles, was zum Fotografieren gehört, habe ich dort gelernt. Es hat mir Spaß gemacht, und ich hatte immer sehr viel Beschäftigung. Als Scoutleiterin konnte ich leider nicht weiter machen. Das war mir dann doch zu kompliziert mit Patty.

Oma ist nach ein paar Wochen nach Gießen zurückgefahren. Es war der schwerste Abschied, da wir beide annahmen, dass wir uns ganz ganz lange nicht wiedersehen würden. Ich werde noch heute ganz traurig, wenn ich daran denke. Ich habe Oma wirklich nie wieder gesehen. Sie starb in der Zeit, in der wir in Kalifornien wohnten. Sie hatte Magenkrebs und ist leider nur 64 Jahre alt geworden. In meinem Herzen ist sie ständig bei mir.

Dann kündigte mir Steven vorsichtig an, dass er zurück in die Staaten versetzt werden würde.

Die neue Welt

1957 – Übersiedlung nach Amerika

Als Steven mir sagte, wir gehen in zwei Monaten in die USA, wurde mir ganz anders. Ich hatte so viele Reportagen und Filme über Amerika gesehen. Mein Urteil stand fest: Fast alle Städte sehen gleich aus. Ausnahmen waren nur San Fransisco, Philadelphia, New Orleans und Washington D.C.. Überall in Amerika sonst: Große eckige Häuserblöcke und dann die Wolkenkratzer, Häuserschluchten, in denen sich der Mensch wie ein Wurm vorkommt. Selbst in den Comics sah alles so egal aus.

Europa hingegen mit seiner alten Kultur, seinem Charme, die wundervolle Architektur aus Jugendstil, Barock, Gotik, die vielfältigen traditionellen Einflüsse der unterschiedlichen Kulturvölker. Italien und Frankreich mit seinen schönen Schlössern an der Loire, Kunstwerke, bei denen einem der Atem stockt: Goya, Velazquez, El Greco! Nun würde ich die prachtvollen Bauten Spaniens, die großzügig gebauten Avenues, das quartier Latin, den Boulevard St. Germain, Notre-Dame, den Arc de Triomphe und den Louvre gegen diese Kästen eintauschen. Und doch war neben der Wehmut eine große Abenteuerlust. Amerika! Schon als Nachkriegskind im Harz hatte ich davon geträumt, wegzukommen aus diesem Deutschland und nach Amerika zu gehen.

Was würde mir dort Montmartre, die großen Parks und die vielen anderen mit Erinnerungen besetzten Orte ersetzen können? Ich dachte an die wunderbaren Düfte der Bäume, besonders im Frühling. Eine Fahrt abends auf der Seine mit einem bateau mouche - wenn die großen romantischen Gefühle kommen und man sich wie in einem Schwebezustand auf der Seine durch die „Stadt der Liebe" träumt. Das alles sollte ich nun verlassen? Ich wusste tief in meinem Herzen, dass ich dieses alte Europa vermissen würde. Es wurde ein Tausch zwischen Kontinenten, einem alten warmen, der meine vielen Geschichten kannte, und einem neuen modernen, der mich erst noch kennen lernen sollte.

Die Zeit des Abschiednehmens verging wie im Flug. Steven war nach Oakland Army Base versetzt worden, also nach Kalifornien – Presidio – San Fransisco – nicht irgendwo in den Wilden Westen. Ich war happy. Es sollte wunderschön dort sein.

Bei uns ging es drunter und drüber. Alles verpacken, dazwischen Patty – unser zum Glück pflegeleichtes Kind, das gerade 1 Jahr alt war und mit Tippelschritten durch die Gegend laufen konnte – und zwei Hunde, die Dackel Bessi und Wolf. Steven, der immer noch zum Dienst in die Kaserne musste, versuchte, mich dabei zu unterstützen. Neben der Packerei gab es viel Papierkrieg – auch die Papiere für die Hunde mussten stimmen, denn ohne sie wäre ich nicht gefahren. Steven verkaufte unser Auto an einen Kumpel.

Die Army organisierte den gesamten Transport. Irgendwann holten sie unsere Kisten ab. Anfang August sind wir nach Le Havre, einem der großen französischen Häfen an der Nordwestküste Frankreichs, gefahren worden.

Im Hafenbecken lag ein riesiger Flugzeugträger, auf dem sollten wir in die Staaten reisen. Ein Riesenschiff mit Flugzeugen, Landebahn und einer richtigen kleinen Stadt für die Besatzung und die Frauen, die wie ich in die Staaten transportiert wurden - 5000 Menschen gedrängt für ein paar Tage. Diesen Flugzeugträger von außen zu betrachten, war eindrucksvoll, doch dann stand ich auf dem Deck und war total überwältigt von den Ausmaßen dieses Schiffes. Nach dem Betreten des Trägers mussten alle antreten und die Anweisungen des Captain entgegennehmen. Ich stand dort mit Patty auf dem Arm, sah mich um und konnte es nicht fassen: ‚Mann, Bridge, du bist auf einem Flugzeugträger! Wie verrückt das Leben doch ist.' Der Captain gab sich große Mühe, aber mir fiel es schwer, dem zu folgen, was man machen sollte – im Fall des Falles…

Es waren unheimlich viele Frauen an Bord. Alle Familien waren auf dem Deck untergebracht. Die Single Soldaten mussten Unterdeck logieren. Oberdecks waren die Kantinen, die Snackbar und eine Sporthalle. Ich war unsagbar neugierig und bin überall hinspaziert, wo man hin durfte, denn natürlich gab es verbotene Bereiche. Ein riesiges Haus eingebaut in einem Schiff mit Aufzügen, die zu den Hangarn fahren. Mit ihnen wurden auch die Flugzeuge zwischen den unterschiedlichen Ebenen hin- und her transportiert. Meine Technikbegeisterung fand immer wieder etwas Neues und Interessantes.

Alles war sehr beeindruckend, nicht zuletzt die Versorgung der vielen Menschen. Immerhin wurden schon für den Betrieb der Flugzeuge 1800 Mann gebraucht (fliegendes Personal und Techniker), dazu noch 2800 Seeleute, Matrosen, Techniker, Köche usw., die das Schiff am Laufen halten, und diesmal halt noch die heimkehrenden Soldaten mit ihren Familien. Allein die Frischwasserversorgung an Bord produzierte zirka 900.000 Liter täglich. In den Speisesälen wurden 13.000 Mahlzeiten ausgegeben. Wie viel Kilo Fleisch und Gemüse werden das wohl gewesen sein? Den riesigen Speisesaal sehe ich noch vor mir. Alles Mobiliar war fest verschraubt. Tische – na ja, ist vielleicht normal auf einem Schiff. Dann wollte ich meinen Stuhl weiter zum Tisch rücken, ging nicht, auch fest verschraubt auf dem Fußboden, okay. Anstellen, Essen fassen, dann den langen Weg zurück in die Kabine. Sie war im Zwischendeck und für drei Personen recht beengt. Es gab zwei Hochbetten rechts und links an den Wänden, unten ein kleiner Tisch und ein Stuhl, und was zum Ablegen oder Baby-wickeln. Das musste für die nächsten fünf Tage reichen. Immerhin hatten wir genügend Platz, um das kleine tragbare Kinderbett für Patty mit aufstellen zu können. Wenn wir die Kabine verließen, wurde das Licht auf „Rot" gestellt – Sparlicht. Nach dem Abendbrot wollte Steven Bingo spielen. Ich habe Patty zu einer Besprechung aller Soldatenfrauen in die große Sporthalle mitgenommen. Wir wollten für die Männer eine kleine Show einstudieren. Das Programm sollte am Abschiedsabend auf dem Flugzeugträger vorgeführt werden. Ich hatte meine Congas dabei und schlug vor, Musik zu machen. Wie wäre es mit Samba? Heiße Rhythmen aus Brasilien! Dazu tanzen ein paar Frauen. Das törnt doch die Jungs so richtig an. Wir wollten ihnen einheizen auf ihrem Rückweg in die Heimat. Vorher musste jeden Abend geprobt werden, um dann am letzten Abend fit zu sein. Am folgenden Abend sollte die erste Probe stattfinden.

Nach dem Mittagessen am nächsten Tag haben wir uns die Zeit mit Spielen vertrieben. Wir Frauen spielten eine Runde Canasta. Ich sortierte meine Karten auf der Hand und dachte: 'Komisch, warum torkeln die Könige und Buben dauernd hin und her?' Etwas musste mit dem Blatt nicht stimmen. Alles fing an sich zu drehen. Mir wurde übel. Ich erwachte in unserer Kabine. Der Militärarzt kam.
- „Lady, don't worry. You are seasick. In a couple of days you'll be okay again. Ich gebe Ihnen ein Beruhigungsmittel und hier ein paar Pillen gegen die Seekrankheit. See you again later."
An diesem und dem nächsten Tag fühlte ich mich total beschissen. Ich lag wie ein nasser schwerer Sack auf meinem Bett, habe vor mich hin gedöst und einfach nichts gemacht. Es ging nichts mehr. Steven musste Patty beschäftigen. Er war ein guter und liebevoller Vater und tat alles, damit es uns gut ging. Am 4. Tag unserer Überfahrt ging es mir besser, und ich konnte wieder aufstehen. Ich kam gerade rechtzeitig zur Generalprobe für die Show. Alle freuten sich. Die Frauen hatten ihre Tanzschritte schon drauf.
Die Show am nächsten Tag war ein voller Erfolg. Da unten in dem stickigen Raum hatten sich so viele Männer versammelt, wie ich noch nie auf einem Haufen gesehen hatte. Sie johlten, pfiffen und klatschten und wurden gar nicht wieder fertig mit den Begeisterungsstürmen. He, das war doch wie bei den legendären Konzerten von Marlene Dietrich im zweiten Weltkrieg! Ich gebe zu, ein bisschen übertrieben ist das

jetzt schon. Aber die Atmosphäre war einfach großartig. Trotz der enormen Hitze da unten. Es war wie in der Hölle! Die Jungs machten noch einen Höllenlärm. Sie waren begeistert von dieser Überraschungsshow und haben das bestimmt lange nicht vergessen. Ich jedenfalls habe die Bilder, Geräusche und Gerüche noch ganz plastisch vor mir.

Dann mussten wir wieder packen. Die Ankunft in New York stand bevor.

Alle versammelten sich an Deck, um das Einlaufen des Flugzeugträgers zu erleben. Immer größer wurde die Silhouette von New York City. Ein neuer Abschnitt in meinem Leben sollte beginnen – beginnen in einer mir fremden Welt. Als es langsam dunkel wurde, gingen in der Stadt Millionen von Lichter an. Wir waren so nah, dass ich Einzelheiten erkennen konnte: die Statue of Liberty – die Freiheitsstatue! Das Wahrzeichen der Neuen Welt!

Wir durften nicht mehr von Bord gehen. Es war einfach zu spät. Der Flugzeugträger blieb vor dem nächtlichen New York liegen. Wir mussten noch eine Nacht an Bord verbringen. Zur Unterhaltung der Soldaten und Angehörigen wurde auf dem Deck eine riesengroße Leinwand aufgebaut und der Film ‚Ben Hur' vorgeführt. Das war eine tolle Idee. Man muss sich das mal vorstellen: auf diesem riesigen Deck zu Hunderten zu sitzen, das New Yorker Panorama in der schwarzen Sommernacht, die funkelnden Lichter der Stadt und dazwischen die Filmleinwand und ‚Ben Hur'. Noch heute läuft mir ein Schauer über den Rücken. Drei Stunden ging der Film. Patty lag neben mir in ihrem kleinen Tragebett. Die Lautstärke des Films störte sie überhaupt nicht. Sie schlief überall.

Ich konnte mich nicht richtig auf den Film konzentrieren. Ich sah die Freiheitsstatue vor mir, und meine Gedanken wanderten zurück in die Immigrantenzeit. Vor meinem geistigen Auge sah ich Schiffe ankommen mit jüdischen Flüchtlingen und Immigranten, die sich, zusammengedrängt auf den Schiffen, in Amerika eine neue Zukunft erhofften. In den Jahren 1880 bis 1920 erreichten über zwei Millionen Immigranten den New Yorker Hafen. Sie alle waren mit klopfenden Herzen und glänzenden Augen mit einer großen Hoffnung zu dieser Reise aufgebrochen und nach ihrer Ankunft sofort nach Ellis Island gebracht worden. Nachdem sie den Gesundheitscheck überstanden hatten, wurde ihnen die freie Einwanderung erlaubt. Sie fanden Arbeit in der Lower East Side von Manhattan in Bekleidungsfabriken von deutschen Juden. Später kamen die Flüchtlinge der Nazi-Zeit. Heute haben 16 Prozent der New Yorker Bevölkerung jüdische Wurzeln. *Ich habe immer noch dieses Boot aus dem Film „Yentel" vor mir. So ungefähr muss es sich abgespielt haben.*

Von ‚Ben Hur' habe ich nicht viel mitbekommen. Am Ende des Films war ich todmüde und ein wenig melancholisch. ‚Wie wird meine Zukunft in den USA werden? Was wird mich erwarten in Kalifornien?' Ich war gleichzeitig ungeduldig und angespannt.

Am nächsten Morgen gegen sechs Uhr wurden wir nach dem Frühstück im Brooklyn Hafen von Bord gelassen. Es war ein tüchtiges Gewusel und Gewimmel, bis alle vom Schiff auf dem Kai angekommen waren. Für uns hatte es fast eine Stunde gedauert, bis wir wieder festen Boden unter den Füßen hatten. Bis zu unserer Ankunft in Oakland waren wir ohne die Betreuung durch die Armee. Wir hatten zwei Wochen Zeit, um die vielen tausend Kilometer bis dorthin zurückzulegen.

Steven wollte, so schnell es ging, nach Lorain / Ohio. Er hatte Verwandte dort. Wir beschlossen, uns sofort einen Wagen anzuschaffen, mit dem wir nach Lorain fahren konnten, denn mit dem Kind, den Hunden und dem ganzen Gepäck war es das einfachste, anstatt mit einem Greyhound Bus die ganze Strecke zu fahren. Ein Taxi brachte uns zu einem Autohändler. Nach langem Hin und Her haben wir uns dann für einen schönen großen gelben V8 Dodge entschieden. Es war ein Gebrauchtwagen, sah aber ganz neu aus. Der Kilometerstand war auch okay. Nachdem der ganze Papierkram erledigt war, sind wir sofort losgefahren. Der Wagen war groß, und bot ausreichend Platz für alle. Patty wurde zu den beiden Hunden nach hinten verstaut. Wir wollten so schnell wie möglich heraus aus New York. Wir fuhren über die Brooklyn-Bridge mitten durch die Betonschluchten von Manhattan. Ich war beeindruckt von dieser Stadt und habe mich wie ein kleiner Marienkäfer gefühlt. Die Wolkenkratzer, so hoch, dass ich den Himmel nicht sehen konnte aus meinem Autofenster. Das Gewimmel auf den Straßen, alles voller Autos und Menschen! Es wurde mir fast schwindelig. So etwas hatte ich noch nicht erlebt. Steven war sehr konzentriert beim Fahren. Ich war froh, dass er fuhr. Bei diesem Gewimmel wollte ich auf keinen Fall am Steuer sitzen. So viel Erfahrung hatte ich nicht.

Die Route ging weiter unter dem Hudson-River durch den Holland-Tunnel. Als wir aus diesem langen Tunnel herauskamen, hatte sich die Gegend völlig verändert. Alles war grün, keine Wolkenkratzer mehr, es war wie auf dem Land – ein Wunder. Dann ging es auf den Highway Richtung Harrisburg-Pennsylvania, Lorain-Ohio. Am Nachmittag des nächsten Tages sind wir in Lorain angekommen. Patty hatte sich wunderbar benommen auf der Fahrt. Wir waren sehr stolz auf sie. Auch den Hunden ging es nach dieser langen Reise gut.

In Lorain sahen alle Straßen gleich aus. Schöne Bungalowhäuser mit gleichmäßig geschnittenem Rasen vor der Tür, die meisten hatten nur eine Etage. Zwei Tage blieben wir in unserem kleinen Häuschen bei den Verwandten. Die Inneneinrichtung war für mich ein wenig gewöhnungsbedürftig. Es ging direkt vom Vorgartenrasen ins Wohnzimmer. Dort gab es ein Sofa an der Wand, davor ein Couchtisch, daneben große Stehlampen. Auf der anderen Zimmerseite stand ein Esstisch mit vier Stühlen aus Chrom und Plastik. Die Küche war schön. Sie hatte einen riesengroßen Kühlschrank - refrigerator - US-way eben. Überall wo wir hingekommen sind, waren die Fridges voll bis oben hin. ‚Davon kann man gewiss drei Wochen leben', dachte ich. Wir blieben aber nur zwei Tage, und hatten überaus herzliche Gastgeber. Dann ging es weiter – nach Chicago am Michigan-See.

In Chicago mit seinem ganz besonderen Flair verbrachten wir noch einmal zwei Tage. Die Skyline dieser Stadt sucht ihresgleichen. Nicht einmal New York kann da mithalten. Die größten Musiker des Blues, Jazz und Gospel waren hier und haben in den Sälen und auf den Straßen Konzerte gegeben. Wir besuchten das beliebteste Museum der Stadt, das Museum of Science and Industry am Lake Shore Drive. Ein deutsches U-Boot aus dem zweiten Weltkrieg war zu besichtigen, sogar das Hitler-Buch ‚Mein Kampf' lag in der U-Boot Bibliothek aus. Im ganzen Museum konnte man alles anfassen, ausprobieren und miterleben.

Abends wurden wir von Bekannten von Steven eingeladen. Sie verabredeten sich am Telefon, und Steven fragte, ob er noch einen Freund mitbringen könne, doch der sei schwarz. Die Antwort vom anderen Ende der Leitung war ein Schock für mich: „Nein, am meinem Tisch wird kein Nigger sitzen!" „Steven, habe ich das richtig gehört?" „Ja, meine Liebe." Ich konnte nicht glauben, dass die Amerikaner immer noch auf der Welle der Rassendiskriminierung schwammen. Ich war fast wie gelähmt. ‚Was war das denn jetzt? Was in Deutschland während des zweiten Weltkriegs geschehen war, die schlimmsten Rassendiskriminierungen und Verbrechen der modernen Zeit gegen Juden, Zigeuner, Homosexuelle und alle Andersdenkenden hatte dazu geführt, dass ich unbedingt in das Land der Freiheit auswandern wollte. Das Land der Demokratie! Immer wieder wurde in den offiziellen Statements größter Wert auf Aussagen wie: ‚Wir sind eine freie Nation! Alle haben die gleichen Rechte! Wir sind alle gleich!' gelegt. Aber meine erste Erfahrung in Chicago war ganz anders. Ich war von einem Deutschland der Diskriminierung in ein anderes Land mit Diskriminierung gekommen. In Europa noch hatte ich eine große Liebe und Ehrfurcht vor Amerika. Ich liebte die Freundlichkeit der Amerikaner, die ich in Deutschland erlebt hatte, und deren begeisternde Musik: Jazz, Swing, Tanz, Musicals. Für Politik hatte ich mich nie interessiert. Dieser Abend schockte mich. Ich war in der amerikanischen Realität, dem täglichen Leben, angekommen.

Nein, das ging nicht mit mir. Steven entschuldigte uns bei seinen Bekannten. Also machten wir uns im Hotelzimmer mit dem besten Abendessen und Wein einen schönen Abend, hörten Ella Fitzgerald und Duke Ellington. „Und weißt du was: Alle beide sind Afro-Amerikaner!" Das war doch schizophren. Den ganzen Abend haben wir diskutiert. Aber mein Steven war anders. Er beruhigte mich. Er war ein ganz netter Kerl.

Am nächsten Morgen haben wir unsere Fahrt fortgesetzt. Gegen sieben Uhr packten wir das Auto. Steven fuhr zuerst Richtung St. Louis auf die Route 66 über Springfield, Oklahoma City, Amarillo, Albuquerque, Santa Fee, Flagstaff, Grand Canyon, Kingman nach Los Angeles. Es war eine sehr lange Fahrt. Wir sind Tag und Nacht gefahren. Steven fuhr meist am Tag und ich nachts. Wir mussten öfter stoppen wegen Patty und auch wegen der Hunde. Wir haben oft in einem ‚Diner' gegessen: typisch amerikanisches Frühstück: Bohnen, Schinken, Würstchen, Bratkartoffeln, Rührei mit Schinken und Weißbrot. Abends gab es dafür: ein großes Steak oder einen großen Cheeseburger mit Ketchup, Salat, Pommes frites und Kaffee. Das war der Beginn meiner Ernährungsgewohnheiten in den folgenden Jahren.

Diese Fahrt schien kein Ende zu nehmen. Die Geschwindigkeitsbegrenzung in den USA lag bei 65 Meilen pro Stunde auf den Fernstraßen (ca. 100 km/h), manchmal auch darunter. Durch die Wüste führte die Straße fast 1000 Kilometer weit immer nur geradeaus. Ich musste nachts besonders wachsam sein, denn schließlich wollten wir heil ankommen. Ich habe oft Pillen geschluckt, um wach zu bleiben. Die anderen vier schliefen fest, das Radio war leise an und vor mir die gerade Straße. Nichts war zu tun, als vor sich hinzufahren. Auch die Gegend war nicht aufregend. Rechts Kakteen, dann wieder mal links Kakteen und in der Ferne Bergsilhouetten. Lenkrad festhalten und Fuß auf dem Gaspedal – und das Stunde um Stunde. Es war gespenstisch. Irgendwann fingen die Kakteen an, über die Straße zu laufen, sich hin-und-herzuwiegen. Ich hatte das Gefühl, mich in einer magischen Twilight-Zone zu befinden. Im Zwielicht tauchten Gesichter vor meiner Windschutzscheibe auf, einfach unheimlich. Dann endlich kam eine Tankstelle mit Diner. Ich konnte eine kurze Rast machen.

Das Auto wurde vollgetankt. Das musste bei jeder Tankstelle gemacht werden. So viele gab es nicht. Und wenn der Wagen liegen geblieben wäre wegen fehlendem Sprit, dann ‚Gute Nacht, Marie!'. Zum Glück ist uns das erspart geblieben.

Es wurde langsam hell. Die Sonne kam über den Bergen hervor. Wir waren in Arizona. Nach dem Frühstück waren alle putzmunter, nur ich nicht. Steven übernahm das Steuer. Ich kümmerte mich um Patty, spielte ein wenig mit ihr und schlief ein. Als ich aufwachte, waren zwei Stunden vergangen. Ich sah nach links und dachte: 'Was sind das für komische Drähte auf den Bergen und lauter Höhlenwohnungen?' und fragte Steven: „Sag mal, was ist das da oben in den Felsen? Und was sind das für Drähte?" „Dort wohnen Indianer. Und oben auf den Bergen stehen Fernsehantennen." Ich konnte mir gar nicht vorstellen, wie man in solchen Höhlen leben konnte. Ich war beeindruckt. „Ist das nicht zu kalt im Winter?" Steven sagte nur: „Nein. In den Höhlen ist es im Winter warm und im Sommer kühl. Viele Indianer wohnen so." Danach wollte ich alles über die Geschichte der Indianer und Afroamerikaner wissen.

Es war ein verdammt heißer Tag, fast 50 Grad. Wir hatten zum Glück eine Klimaanlage im Wagen. Aber wehe, wenn wir daran dachten, aus dem Auto auszusteigen. Die Hitze schlug uns wie eine Faust ins Gesicht. Ich konnte fast nicht atmen. Patty hatte natürlich auch ihre Schwierigkeiten und vor allem die Hunde mit ihrem dicken Fell. Wir tranken literweise Wasser. Nachts wurde es nicht wesentlich kühler, aber immerhin: nur noch 30 Grad. Wir waren bis kurz vor den Grand Canyon gekommen. Die Sonne ging langsam unter. Es war wie ein Gemälde: die roten Felsen der Canyons in dieser romantischen Beleuchtung. Ein Naturspektakel! Eine kleine Raststätte auf unserem Weg war da genau richtig. Wir hatten großen Hunger und Durst. Der Kanister mit dem Wasser für die Hunde und natürlich der Tank unseres Autos mussten gefüllt werden. Das Essen war, wie üblich, gut und üppig – noch mal 2500 Kalorien. *Damals dachte ich noch nicht an Kalorien beim Essen.* Nach der Rast war es Nacht und ich saß wieder am Steuer.

Die Nacht war gar nicht so dunkel. Wir fuhren immer noch durch die Wüste. Im Radio war tolle Musik und die Straße schnurgerade. Ich hatte genügend Zeit meine Gedanken schweifen zu lassen. Vor zwei Wochen noch hatte ich mein klares Urteil über die USA. Und jetzt fuhr ich in einem Wagen durch ein wunderschönes riesiges Land mit vielen Abwechslungen und kulturellen Unterschieden. Und ich nahm mir vor, ein Urteil immer erst dann zu fällen, wenn ich eigene Erfahrungen gesammelt hatte oder mir selbst ein Bild hatte machen können. Auch wenn die Großstädte mir immer noch ziemlich eintönig vorkamen, hatte ich das Gefühl, dass Amerika (USA) einer der interessantesten Kontinente mit vielen unterschiedlichen Sprachen und Kulturen sei.

Im Morgengrauen erreichten wir Kingman. Dort haben wir eine längere Pause gemacht mit einem reichhaltigen Frühstück für alle. Patty spielte mit den Hunden. Für ihr Alter nahm sie diese ganze Fahrerei wunderbar. Auch während der Fahrt war sie selten nörgelig und kuschelte sich an die Hunde. Das war eine ganz innige Liebe: die zwei Dackel und unsere Tochter.

Gegen 8 Uhr fuhr Steven uns weiter Richtung Los Angeles. Er hatte von seinem Vorgesetzten das okay für eine weitere Woche Freizeit bekommen. Dadurch konnten wir seinen Plan umsetzen und seine Mutter in San Bernardino besuchen. Er hatte sie seit mehreren Jahren nicht mehr gesehen und wollte natürlich voller Stolz seine Tochter herumzeigen. Stevens Mutter hatte eine neue Familie bekommen und ich eine Schwiegermutter. Außerdem brauchten wir alle unbedingt ein paar Tage zum Ausruhen von den Strapazen der riesigen Tour.

Als wir endlich in Los Angeles ankamen, traf mich fast der Schlag. Wir mussten durch die Stadt, um zur Schwiegermutter zu kommen. Nach langen Tagen mit eintönigen geraden Straßen – nun diese riesige verkehrsreiche Stadt. So viele Freeways (wie man die Autobahnen in den USA nennt) hatte ich in meinem ganzen Leben noch nicht gesehen, geschweige denn mich mittendrin bewegt. Aus Sicht eines Helikopters stelle ich mir das Gewimmel so vor wie ein Haufen Spaghetti.

Ich war wieder einmal heidenfroh, dass Steven am Steuer saß und nicht ich.

Ich versuchte, Steven in Richtung San Bernardino zu lotsen. Es gelang auch diesmal nicht beim ersten Versuch, weil der Verkehr so stark war. Aber schon in der zweiten Runde konnten wir unsere Ausfahrt erwischen. Und einen Tag später waren wir bei seiner Mutter. Sie war überglücklich, uns zu empfangen. Steven und sie hatten sich viel zu erzählen. Sie war eine kleine zierliche Frau und sehr lieb zu uns. Sie kam mir wenig selbstbewusst vor. Auch Stevens Schwester begrüßte uns. Ich hatte das Gefühl, dass sie labil war.

Ich habe noch die Hunde ausgeführt, mich um Patty gekümmert und war nach dem Essen todmüde. Es gab nur Weißbrot, das oben am Gaumen kleben blieb und immer sehr pappig war. An das amerikanische Brot konnte ich mich lange nicht gewöhnen. Dazu tranken wir Bier. Das Bier in den USA war fast wie Wasser. In Deutschland war das Bier stärker. Der Kaffee (meist „Maxwell") schmeckte auch ganz anders als der gute Bohnenkaffee in Deutschland. Bis ich mich daran gewöhnt hatte, gingen ein paar Monate ins Land. Eine riesige Umstellung!

Patty hatte ich ins Bett gebracht. Die Arme! Fünf Tage und vier Nächte im Auto, das war einfach zu viel für ein Kind. Nur die Hunde waren wie immer quietschvergnügt.

In dem kleinen einstöckigen Haus wohnten wir während der drei Tage im mütterlichen Schlafzimmer. An diesem Abend habe ich zum ersten Mal ein amerikanisches Schlafzimmer gesehen. Ich staunte nicht schlecht: zwei getrennte Betten mit einem Nachttisch dazwischen, einer kleinen Stehlampe auf dem Nachttisch. Ich war erleichtert bei diesem Anblick, da ich überhaupt keine Lust auf Sex hatte. Im Kopf gingen mir immer wieder die Gedanken herum: ‚6 Tage keinen Sex. Jetzt bist du dran. Deine Ehepflicht ruft.' Steven kam zu meinem Bett. Er wollte schmusen. Mir war nicht danach. Also sagte ich: „Entschuldige. Aber ich bin todmüde nach diesen ganzen Tagen im Auto und brauche unbedingt ganz viel Schlaf."

Ich gab ihm einen Kuss auf die Wange, drehte mich auf die andere Seite und schlief ein.

Nach dem Frühstück sind wir zu einem Supermarkt gefahren, um einzukaufen, Kleinkindnahrung für Patty, Hundefutter für die Hunde und andere Sachen, die wir brauchten. Meine Schwiegermutter hat uns San Bernardino gezeigt. Genau wie in Los Angeles gibt es hier viele Palmen, und es war heiß.

Nach ein paar Tagen mussten wir weiter nach Oakland. Der Abschied fiel allen sehr schwer, vor allem der Mutter von Steven. Endlich hatte sie eine Enkelin, und schon musste sie sich wieder von ihr trennen. Wir versprachen ihr, bald wiederzukommen.

Unser Weg führte uns weiter durch herrliche Landschaft, immer mit dem Ausblick auf den Pazifischen Ozean. Über Santa Barbara und Carmel fuhren wir die Route No. 1 bis Monterey. Dort legten wir einen kurzen Zwischenstopp ein und bewunderten Otter, Seelöwen und Seehunde im Hafen der Stadt.

Natürlich gab es hier für uns Erwachsene Fisch zu essen. Der Jachthafen mit seinen teuren und strahlend weißen Schiffen hat uns beeindruckt. Ich fühlte mich wie im Traum: die atemberaubende Landschaft, die großartige und abwechslungsreiche Architektur. Da hatte doch tatsächlich ein wahrer Magier Häuser entworfen, die aussahen wie ein Schiff oder ein Klavier. Die Zeit verging viel zu schnell, und wir mussten weiter. In meinen Gedanken funkelten noch die Jachten, lagen die Seelöwen auf den Felsen und liefen die Menschen durch diese phantasievollen Straßen, da kamen wir an der Kaserne an.

Schon am Schlagbaum, von dem rechts und links unüberschaubar lange Zäune abgingen, war ich geschockt. ‚Hier sollten wir wohnen?' Die Kaserne war riesig, Baracken überall, immer schön schnurgerade in Reihen gebaut. Es sah fast aus wie in einem Gefangenenlager. Hohe Zäune mit Stacheldraht und sehr gut bewacht! Am Eingang kontrollierten die Posten unsere Ausweise. Dann wurden wir zu unserer Wohnung gebracht. Sie war standardmäßig mit Armeemöbeln ausgestattet.

Wir wohnten im Parterre rechts. Es gab zwei Wohnungen im Erdgeschoss und zwei darüber. Wir hatten ein großes Wohnzimmer, zwei Schlafzimmer, ein kleines Bad mit Waschmaschine und eine schöne amerikanische Küche, die durch einen Tresen vom Wohnzimmer abgeteilt war. In der Küche standen kleine Schränke, eine Spüle, ein großer Kühlschrank, ein Elektroherd und ein Esstisch. Das Wohnzimmer hatte die üblichen Einheitsmöbel: Sofa mit kleinen Ablagetischen rechts und links und Lampen darauf, davor ein Kaffeetisch und daneben zwei Sessel. Alle Wohnungen waren gleich eingerichtet, nur eben spiegelverkehrt oder lagen eine Etage höher.

Ich wusste nichts über das Leben in einer Kaserne. In Frankreich war es ganz anders gewesen, weil ich in Samois wohnen konnte und nicht mit in der Fontainebleau-Kaserne.

Wir waren durch Zäune getrennt von der restlichen Bevölkerung Oaklands. Immer, wenn wir durch die Posten fuhren, mussten wir uns ausweisen. Auch sonst gab es für das Leben und Verhalten auf dem Gelände strikte Vorschriften. Eigentlich musste man die Kaserne gar nicht verlassen. Alles, was man zum Leben brauchte, gab es innerhalb der Zäune: ein kleiner PX-Market (Lebensmittelmarkt), ein Kino, Bowlinganlage, eine Kirche (für alle Religionen), ein Unteroffiziersklub, ein Offizierskasino und ein Club für die Soldaten, die GIs. Natürlich gab es einen Kindergarten und Schulen, eine Junior und eine Junior High School. Ich habe vor allen Dingen die Freizeiteinrichtungen genutzt. In mehreren Werkstätten konnte man die unterschiedlichsten Aktivitäten ausüben. Nach der ersten Eingewöhnungsphase habe ich hauptsächlich in der Holzwerkstatt, der Lederwerkstatt und dem Fotolabor meine Freizeit verbracht.

Wenn Steven gegen 7:30 Uhr die Wohnung verließ, musste ich mich irgendwie beschäftigen. Ich habe meine Routinearbeiten in der Wohnung erledigt: ‚The same procedure as every day!' – jeden Tag dasselbe Einerlei. Wenn ich Patty in den Kindergarten gebracht hatte, konnte ich in die Werkstätten gehen. Die Arbeit mit Holz hat mir viel Spaß gemacht. Für unsere Wohnung habe ich eine kleine Bar und einen

Nierentisch gebaut. Oder ich ging in die Lederwerkstatt und habe dort unterschiedliche Dinge aus Leder gearbeitet: Gürtel, Brieftaschen und Armbänder. Manchmal sprachen mich andere Frauen an und bestellten solche Lederarbeiten bei mir, um sie anschließend zu verschenken. Damit konnte ich mir ein kleines Zubrot verdienen. Meine Lieblingsbeschäftigung war Fotografieren und die Entwicklung der Aufnahmen im Labor. Am Nachmittag holte ich Patty wieder ab. Sie fand viele kleine Spielkameraden und war fast immer draußen. Auch unsere Hunde konnten frei herumlaufen.

Nach dem Abendessen, zu dem Steven nachhause kam, sind wir drei oft zum Bowling gegangen. Steven war ein versierter Bowler – ein Durchschnitt von 175 Punkten war normal für ihn. Er hat mir das Bowling gut beigebracht. Bald konnten wir an Turnieren teilnehmen. Dabei gewann Steven viele Trophäen. Nach einem Pokal als Punktletzte (eine Frau auf einer Bowlingkugel) habe ich später einen zweiten und ersten Platz belegt, mit immerhin 185 Punkten! Ich war sehr stolz.

Aber im Grunde genommen war das Armeeleben in der Kaserne langweilig - jeden Tag das Gleiche. Abwechslung brachten die großen und kleinen Streitigkeiten innerhalb der Familien oder unter den Armeeangehörigen. Eines Abends, wir saßen gerade beim Abendbrot, tat es einen gewaltigen Schlag, der Kühlschrank wackelte, die Tür sprang auf und unsere gesamten Vorräte flogen in hohem Bogen heraus. Bierdosen, Flaschen, Lebensmittel, einfach alles landete auf dem Fußboden. Nebenan war Geschrei zu hören. Unsere Hunde bellten wie verrückt, und Patty schrie wie am Spieß. He, was war da los? Wir schlichen rüber zu unseren Nachbarn, öffneten ganz vorsichtig die Tür und trauten unseren Augen nicht. Was für ein Schauspiel! Wir standen wie angewachsen da. Eine kleine japanisch aussehende Frau von ein Meter fünfundsechzig ließ ihren Zwei-Meter-Mann durch die Luft fliegen. Offenbar hatte sie ihn mit einem ungeheuren Judowurf so gegen ihren eigenen Kühlschrank geworfen, dass die Erschütterung in unserer Wohnung zu dem beschriebenen Chaos geführt hatte. Und noch immer jagte sie ihn. Dieser Krach hatte sich gewaschen. Gegen ihre Judokünste war der Gatte machtlos. Wieder flog er durch das Zimmer. Wir machten uns schnell und heimlich aus dem Staub und zogen uns in unsere Wohnung zurück, wo wir aus dem Lachen gar nicht wieder herauskamen. „Hast du das gesehen? Na, Steven, da kannst du aber froh sein, dass ich kein Judo kann – im Fall der Fälle." Wir dachten beide, dass der Nachbar bestimmt nichts mehr zu melden hatte in dieser Familie. Immer wieder platzte das Lachen aus uns heraus. Auch beim Einräumen des Kühlschranks konnten wir uns kaum beruhigen.

Im Laufe meines Aufenthalts in der Kaserne habe ich erfahren, dass solche Vorfälle zum Alltag gehörten, nichts Außergewöhnliches also. Die Familien hockten per Befehl so eng aufeinander, oftmals ohne realen Ausweg, dass es ständig Reibereien gab. Auch Fremdgehen und Alkoholismus gehörten dazu. Ich hatte großes Glück mit meinem Ehemann. Steven war ein Gemütsmensch. Wir haben uns fast nie gestritten, nur am Anfang in Frankreich, in den kurzen Episoden, die ich schon erwähnt habe. Unsere Beziehung war mehr freundschaftlich und wir beide dadurch nicht so verletzbar.

Eines Tages brachte Steven eine Einladung zu einem Kollegen mit, den er im Finanzbüro der Kaserne in Presidio kennen gelernt hatte.

Um sechs Uhr abends sollten wir uns zu einem gemütlichen Essen in seinem schönen Haus außerhalb der Garnison einfinden. Steven klingelte, doch es bewegte sich nichts. Die Haustür war nicht verschlossen, also gingen wir beide hinein und riefen. Keiner antwortete. Wir betraten das Wohnzimmer. HORROR! Uns gingen die Augen über, und die Unterkiefer klappten herunter. Es sah aus wie eine Szene aus einem Hollywood-Film: Spaghetti mit Tomatensoße klebten an den Wänden, hingen vom Leuchter herunter. Sie waren überall. Das gesamte Wohnzimmer war ‚geschmückt' mit Spaghetti – die Stühle, der Tisch, der Fußboden. Die Schüssel entdeckten wir zerbrochen auf dem Teppich. Was hatte hier wohl stattgefunden? Steven sagte: „Herr im Himmel, die müssen sich ja ordentlich gestritten haben. Komm, wir gehen irgendwohin zum Essen."

Eine Woche später rief Steven mich vom Büro aus an. Ich sollte ihn abholen. Wir hatten uns darauf geeinigt, dass ich tagsüber unser Auto nutzen konnte zum Einkaufen oder was auch immer. Wir hatten den Dodge verkauft. Das neue Auto war ein hellblauer Ford. Normalerweise wurde Steven von einem Kameraden mitgenommen. Sie hatten eine ‚Fahrgemeinschaft' gebildet. Doch heute wollte sein ‚Chauffeur' woanders hin. Jetzt bekam ich also Gelegenheit über die Bay Bridge nach San Fransisco zu fahren mit unserem tollen Wagen. Ich hatte noch nicht viel Erfahrung mit dem Fahren auf mehrspurigen Straßen in turbulenten Städten. Aber ich freute mich auf dieses Abenteuer. Es war doch ganz einfach: Überall war ausgeschildert und auf den Asphalt geschrieben, wie man fahren sollte: ‚turn right, turn left, straight ahead' – rechts abbiegen, links abbiegen, geradeaus. Außerdem hatte Steven mir den Weg beschrieben: „Nimm die letzte Ausfahrt vor der Golden-Gate-Brücke. Dann kommst du direkt nach Presidio, okay?"

Also los. Rein ins Auto, starten, und nach kurzer Zeit war ich auf der sechsspurigen Straße Richtung Golden-Gate-Brücke. Wo war denn nur die verflixte Ausfahrt. Schwupp, vorbei war ich. Nun hatte ich sie doch verpasst und fuhr auf der äußerst rechten Spur in einem schnellen Autostrom direkt auf die Brücke zu. Dann sah ich das Schild ‚Toll' – Gebühren. Das Benutzen der Brücke kostete Gebühren? Das hatte ich nicht gewusst und demzufolge auch kein Geld dabei. In mir kam Panik hoch. Was sollte ich tun, wenn ich an die Mautstelle kam und nicht bezahlen konnte. Bevor ich richtig zu schwitzen anfing, schaute ich in den Rückspiegel und beobachtete aus einem Augenwinkel den entgegen kommenden Verkehr auf den anderen sechs Spuren. Jetzt kam eine größere Lücke. Das war meine Chance! Ich habe das Lenkrad herumgerissen und bin so schnell es ging über die fünf Spuren Richtung Brücke neben mir und die fünf Gegenspuren auf die äußerste Fahrbahn in Gegenrichtung eingeschwenkt. Im Ganzen hatte ich 12 Fahrspuren gewechselt. Ich war heilfroh, dass ich das geschafft hatte – ohne Unfall. Es dauerte jedoch nicht lange, und neben mir tauchte ein Polizeimotorrad auf: Riesenmaschine, dunkelblaue Uniform, schwarzer Helm. Der Polizist machte mir per Handzeichen klar: ‚Rechts 'ranfahren, anhalten!' Mir war klar weshalb, und ich hatte höllische Angst. Mein Herz klopfte bis oben. Ich musste mir schnell etwas ausdenken. Ich hielt an. Der Polizist kam auf mich zu, stellte sich mit den Händen in den Hüften neben meine Wagentür. Irgendwie kam er mir blass vor, als er fragte: „Was, zum Teufel, haben Sie da eben getan? Sind Sie verrückt?" „Ich komme aus Deutschland. Mein Englisch ist nicht allzu gut!", stöhnte ich, „Au, au. Mein Blinddarm. Ich habe solche Schmerzen. Ich fahre ins Krankenhaus in Presidio. Mein Mann ist in Presidio." Der Polizist sagte nur: "Okay, okay gute Frau. Folgen Sie mir ins Krankenhaus." Er machte sein Blaulicht an und begleitete mich zum Krankenhaus. Er ging mit bis zur Aufnahme und sagte: „Diese Frau hat einen akuten Blinddarm. Sie muss sofort zum Doktor."

Man holte mir einen Rollstuhl. Ich musste mich hineinsetzen und ein paar Minuten warten. Der Polizist wartete mit mir bis der Arzt erschien. Bevor er ging, sagte er noch: „ Ich hoffe, Sie werden wieder gesund. Aber wenden Sie nie wieder auf der Straße wie eben. Nächstes Mal werden Sie Ihre Fahrerlaubnis los und müssen eine hohe Geldstrafe zahlen." Er dreht sich um, verließ das Krankenhaus und brauste auf seinem Motorrad davon. Ich war erleichtert, denn mir war klar, was ich da angestellt hatte. Bezahlen musste ich trotzdem für meine Tat. Nachdem ich meine Krankenversicherungskarte vorgezeigt hatte, rollte man mich in ein Untersuchungszimmer. Mein Theater musste ich noch fortsetzten, sonst wäre ich aufgeflogen. Also simulierte ich heftige Schmerzen. Ich bekam eine schöne saftige Spritze in den Hintern und wurde wieder entlassen. Der Arzt sagte noch: „Wenn es wieder schlimmer wird, müssen wir Sie operieren und den Blinddarm entfernen."

Steven war inzwischen sehr nervös geworden, da ich erst mit einer Stunde Verspätung ankam. Er wartete vor seinem

Büro und wollte unbedingt wissen, was denn passiert wäre. Mir aber steckte noch der Schrecken in den Gliedern. Ich wollte es ihm erst zuhause erzählen. Darauf ließ er sich ein, und ich hatte eine kleine Verschnaufpause, konnte mir die Worte zurechtlegen und ein wenig von der Aufregung erholen. Steven fuhr uns zurück. Wir brauchten ziemlich lange, da es Hauptverkehrszeit war. Mein Hintern tat mir von der gewaltigen Spritze ganz schön weh. Gegen sechs Uhr abends waren wir wieder daheim. „Komm, lass uns im Restaurant essen. Ich habe keine Lust, heute noch zu kochen. Außerdem habe ich ganz schöne Schmerzen."

Als wir im Restaurant saßen und bestellt hatten, wollte Steven wissen, was denn nun passiert war. ‚Oh weia, wie soll ich ihm das nur beibringen?' Ich nahm meinen ganzen Mut zusammen und erzählte ihm alles so, wie ich es erlebt hatte. Ich werde Stevens Gesicht nie vergessen. Es war weiß, grün und blau, sein Mund stand offen. Er schnappte heftig nach Luft, bis er dann ganz laut schrie: „WAS hast du gemacht? Du bist doch nicht in Europa! Du bist in Amerika! Ich glaub das einfach nicht!" Er war außer sich. Die anderen Gäste wurden auf uns aufmerksam und lachten, ich nicht! In dem Moment war mir nicht nach lachen zumute. Und dann war mir peinlich, wie Steven sich aufführte. Na ja, er hatte ja recht. Es war dumm und gefährlich, was ich da verzapft hatte! Ich konnte nur ständig wiederholen: „ Es tut mir leid. Aber ich hatte nun mal kein Geld dabei. Was sollte ich an der Brücke tun? Ich hatte keine andere Wahl. Ich musste wenden! Und bitte, Steven, führ dich nicht so auf. Entspann dich! Es ist doch nichts passiert." Er beruhigte sich langsam wieder. Ich muss gestehen, noch nie hatte ich Steven so außer Fassung gesehen. Bis wir wieder zuhause waren, dauerte sein Kopfschütteln. Irgendwann musste er über meine Eskapade lachen. Es hätte auch alles anders kommen können. Nicht auszudenken, was passiert wäre, wenn der Polizist zu Steven ins Büro gekommen wäre.

Unsere Ehe verlief ruhig. Sex gab es wenig, da ich mir Mühe gab, passende Ausreden zu erfinden. Ich hatte einfach keine

Lust. Viermal im Monat war doch wirklich genug. Ich denke, Steven ging es damit nicht so gut. Aber was soll`s. Mitte Juli 1959 wurde ich zum zweiten Mal schwanger. Mir war nicht so wohl dabei, noch ein Kind in die Welt zu setzen. Aber wenn man verheiratet ist, gehört Kinderkriegen dazu. Also war ich brav. Außerdem war es vielleicht gar nicht so verkehrt, wenn Patty nicht allein aufwachsen musste.

Im Verlauf der Schwangerschaft fand auch ich immer mehr Gefallen an einem zweiten Kind. Patty war schon drei Jahre alt. Sie konnte ziemlich viel verstehen von dem, was da in mir vor sich ging. Sie freute sich auf ein Geschwisterchen.

Immer wieder versetzten uns unsere Mitbewohner in Schrecken. Unsere Obermieter hatten eines Tages einen heftigen Streit. Wir saßen gerade am Frühstückstisch, als es vor unserem Fenster einen Mordsknall tat. Auf dem nagelneuen Auto der Obermieterfamilie lag ein Telefonapparat, offenbar komplett aus der Wand gerissen, denn es waren noch Mörtelreste an der Wanddose. Wir liefen vors Haus und trafen dort die aufgebrachten Eheleute von oben. Sie schrieen sich auch hier draußen wie wild an. Dadurch erfuhren wir, dass die koreanische Ehefrau vor lauter Wut den Apparat aus der Wand gerissen und nach ihrem Mann geworfen hatte. Doch der Wurf verfehlte sein Ziel. Dafür ging das Fenster in die Brüche, und das Auto hatte eine richtig tiefe Beule. Zum Glück hatte es unser Fahrzeug nicht erwischt, sonst wäre der Stunk noch größer geworden. Offenbar waren wir von Streithähnen umgeben in diesem Kasernengelände. Männer gegen Männer, Frauen gegen Männer, Männer gegen Frauen – der Kampf, für den die Armeeangehörigen im Dienst trainierten, wurde daheim fortgeführt. Im Vergleich dazu war unsere Ehe eine Oase des Friedens.

Die Wochenenden haben wir meist außerhalb der Kaserne verbracht. Wir mussten vor diesen Verrückten einfach fliehen. Mit dem vollgestopften Auto ging es oft in die Berge, in den berühmten Yosemite Nationalpark östlich von San Fransisco.

Oder wir übernachteten in unserem Zelt am Lake Tahoe. Von Oakland aus sind es vier bis fünf Stunden Autofahrt. Für Amerikaner ein Klacks! Dort konnte man alles finden, was das Herz begehrt. Supermarkt, Bad mit Duschen, Restaurants mit Musik und Tanz – alles in Blockhäusern untergebracht, die wundervoll in die Landschaft eingepasst sind. Kein einziges Steingebäude. Wir haben diese Auszeiten alle sehr genossen und kamen regelmäßig mit einem Sonnenbrand zurück.

Nach diesen Wochenenden konnte ich immer nur schlecht einschlafen. Ich musste viel über mein Leben nachdenken. Ich hatte die Kultur in Europa gegen ein armseliges Armeedasein eingetauscht, wo sich die Leute um uns herum täglich stritten und prügelten. Zuhause war der Fernseher immer an. Im Sommer lief Baseball und im Winter Football. Es war Stevens Lieblingsbeschäftigung alle Spiele zu sehen. Ich konnte dem nichts abgewinnen, fand es langweilig. Dieses Sportprogramm im Fernseher hat uns oft davon abgehalten, gemeinsam etwas zu unternehmen. Ich musste jedes Mal darum kämpfen. Doch auch wenn ich allein war, lief irgendein Programm, besonders beim Bügeln (was ich hasste) oder bei Küchenarbeiten. Dadurch kam ein bisschen Ablenkung in die Bude, es war nicht mehr so still. In den ersten zwei Jahren habe ich den US-Humor überhaupt nicht verstanden. Die ganze Mentalität war mir schwer zugänglich.

Wenn Steven zur Arbeit gefahren war, kamen manchmal Frauen aus der Nachbarschaft zu mir. Sie standen mit der Kaffeekanne in der Hand, Lockenwicklern im Haar im Morgenmantel vor der Tür. „Guten Morgen. Ich dachte, wir könnten uns mal unterhalten." Oder „Ich bin neu hier und wollte mich vorstellen. Hast Du nicht Lust auf einen Kaffee und einen kleinen Schwatz?" Am Anfang dachte ich, dass es eine schöne Geste wäre, doch dann bemerkte ich die ganze Oberflächlichkeit und Gewohnheit daran. Sie interessierten sich nicht wirklich für mich, wollten sich einfach die Zeit vertreiben. Und dann diese Witze! Wie gesagt: Ich verstand den Humor nicht. Erst nach zwei Jahren konnte ich mit ihnen lachen. Überhaupt war ich nicht sehr glücklich mit meinem Leben und dachte: ‚War das alles? Das kann es nicht sein!' Nach einigem Überlegen fiel mir meine Handtrommel ein. Das hatte Spaß gemacht auf dem Flugzeugträger. Vielleicht gab es auf dieser Ebene eine Möglichkeit, etwas für mich zu tun. Ich rief bei einem Kubaner an, der eine Perkussionschule leitete. Wir vereinbarten einen Termin für einen Abend, an dem Steven zuhause war, damit Patty nicht allein sein musste. Die Conga-Schule war 20 Minuten entfernt. Ich war aufgeregt, als ich Sal gegenübertrat. Er war Vollblutmusiker, 60 Jahre jung mit weißem Haar und einem Bart. Er war sehr überrascht, eine große blonde Frau zu treffen. Offenbar hatte er etwas anderes erwartet. Mit dieser Skepsis ließ er mich vorspielen. Nach kurzer Zeit unterbrach er mich: „Was sie da machen, das ist kein Conga-Spiel! Ich werde ihnen mal zeigen, wie es richtig geht." Darauf setzte er sich an diese wundervollen Instrumente, die mit dickem Rindsleder bespannt waren, und aus denen ich kaum einen Ton heraus bekommen hatte. Nach den ersten Anschlägen hatte ich begriffen, was er meinte. NEIN, ICH KONNTE NICHT CONGA SPIELEN! Seine Hände wirbelten auf den Trommeln umher, mal weiche sanfte Töne, dann harte Rhythmen und dieser unvergleichliche Salsa. Das wollte ich unbedingt lernen.

Steven fand das gar nicht gut. Aber irgendwann hat er akzeptiert, dass ich zu der kubanischen Schule ging. In diesem Perkussionstudio lernte ich viele Exil-Kubaner kennen. Es war für mich eine Freude, nun auch wieder spanisch sprechen zu können. Diese Männer hatten den Salsa-Rhythmus mit der Muttermilch eingesogen, so schien es. Ich musste mir die Spieltechnik und den Rhythmus hart erarbeiten. Nach ein paar Monaten hatte ich ein ganz gutes Gefühl für Salsa und Congas, und lernte noch Schlagzeug: Blues und Swing. Das hatte mir als Kind schon gefallen.

Als Steven und ich einmal in San Francisco im Modern Jazz Club waren, spielte dort eine phantastische gemischte Band, schwarze und weiße Musiker. Hier klappte es mit dem gleichberechtigten Zusammenspiel perfekt. Es sind doch nicht alle Rassisten, dachte ich erleichtert und hörte mit Begeisterung zu. In der Pause ging ich, zum Entsetzen von Steven, zum Bandleader an die Bar und unterhielt mich mit ihm. Dabei konnte ich nicht anders, als ihn zu fragen, ob ich nicht mal ein Stück mit ihnen spielen dürfte. Mir juckte es einfach in den Fingern. Nachdem er mich von oben bis unten gemustert hatte, stimmte er zu. „Das erste Stück nach der Pause." Vier Minuten später saß ich hinter dem Schlagzeug. Stevens Gesicht war wie erstarrt. Ich schaute lieber nicht zu ihm, sondern konzentrierte mich auf meinen Rhythmus. Ich wollte doch bei meinem ersten richtigen Auftritt auf Nummer Sicher gehen. Hinterher habe ich erfahren, dass das die Band von John Coltrane war, einer Legende des Modern Jazz. Und John hatte mir Mut gemacht, weiter zu lernen. Ich war wie auf Wolke Sieben. Ich wollte nur noch Musikerin werden. Bei jeder Gelegenheit ging ich zum Unterricht. Manchmal nahm ich Patty mit. Ich bin davon überzeugt, dass ihr wunderbares Rhythmusgefühl in dieser Zeit ausgeprägt wurde.

Eines Tages kam tatsächlich der lang ersehnte und gleichzeitig gefürchtete Anruf von Sal. Der Conga-Spieler der Big Band war krank geworden. Am Abend sollte ein Tanzabend in Sacramento stattfinden, einen Vertrag mit dem Veranstalter gab es schon lange, 1500 Karten waren verkauft worden. Es durfte nicht ausfallen. Mir wurde ganz schlecht. Ich, Bridge, wurde gefragt, mit 24 Bandmitgliedern einen ganzen Abend lang zu spielen. Sal zerstreute meine Bedenken. Er sagte: „Nur so wirst du es wirklich lernen. Trau dir was zu! Nur auf der Bühne sammelt man Erfahrungen." Voller Aufregung rief ich Steven an. Er müsse heute Abend mal auf Patty aufpassen, weil ich zum Tanz aufspielen sollte. Nach längerem Zögern und Diskutieren stimmte er seiner Rolle als Babysitter zu. Ich warf mich also in Schale. Ausnahmsweise legte ich auch Rouge und Schminke auf. Ich stand vorn rechts auf der Bühne, Reihe eins sozusagen. Vor der Band stand Sal und dirigierte. Der Tanzsaal wurde brechend voll. 1500 Latinos waren gekommen, um ihr Lebensgefühl in der Musik, in Gesang und Tanz wieder zu finden und auszuleben. Salsa, ein Mythos. Und dann spielten wir bis 1 Uhr nachts. Meine anfänglichen Hemmungen lösten sich bei jedem Stück mehr. Rhythmus hören, Takt aufnehmen, mitspielen. Ich war total kaputt, als ich nach dem Abbau und der Rückfahrt endlich gegen 6 Uhr früh wieder zuhause war, und ich war stolz auf mich.

Von nun an gab es kein Halten mehr. Ich war sehr ehrgeizig und wollte immer mehr lernen, immer besser werden. Den Salsa-Rhythmus kann man nur zusammen mit anderen richtig draufkriegen. Eines Tages stieß Sherly Price zu Sals Band. Sie war Pianistin und durch und durch Salsa-Spielerin. Sie setzte sich ans Klavier und legte los. Whow! Keine Zweite spielte wie diese große schlanke Frau mit den langen rötlichen Haaren. Wir wurden gute Freundinnen und trafen uns oft nur zu zweit, um zu proben.

Auch heute noch liebe ich das Conga-Spielen. Wann immer sich eine Gelegenheit bietet, spiele ich mit anderen Musikern und fühle mich dabei so richtig zuhause. Besonders gefällt mir die phantastische Conga- und Timbal-Spielerin Millie P (Puente) aus Puerto Rico, die oft mit ihrem Vater Tito Puente Konzerte gibt und dabei mit Rhythmusgefühl und den anspruchsvollen Soloeinlagen und Jazzvariationen das Publikum begeistert.

Im Oktober 1959 kam Steven mit einem Versetzungsbefehl nachhause. Ein Jahr Korea! Meine Schwangerschaft war kein Grund, gegen einen Marschbefehl Einspruch zu erheben. So etwas gab es nicht in der US-Army. Ehefrauen und Familien durften nicht mit. Außerdem mussten wir die Garnisonswohnung verlassen. Oh, mein Gott! Ich war vollkommen fertig. Was sollte ich in den USA allein und bald mit zwei kleinen Kindern machen?

Steven versuchte, mich zu beruhigen. Wir mussten erst einmal eine Wohnung oder so etwas finden. Möbel hatten wir nicht, da die Armeewohnung möbliert gewesen war. Also auch noch Einrichtung kaufen. Stevens Sold war nicht sehr üppig. Wie sollte das alles gehen? Bald hatten wir eine Zweizimmer-Wohnung in der Nähe des Zentrums von Oakland gefunden – 300 Dollar Miete im Monat.

Die neue Wohnung lag im Erdgeschoss, nach hinten, damit der Straßenlärm uns nicht so störte. Die zwei Zimmer waren leer. Für 350 Dollar kauften wir uns eine Einrichtung zusammen. Natürlich hatten wir dieses Geld gar nicht. Aber es ist in Amerika ganz einfach, Kredite zu bekommen. Es kamen zu der Miete also noch einmal 20 Dollar Kreditratenzahlung hinzu. Zum Glück wurden die Möbel schnell angeliefert und aufgebaut. So hatten wir Drei noch zwei Wochen zusammen in der neuen Wohnung.

Ich hatte also wieder eine neue Umgebung, kannte niemanden, dazu noch die Verantwortung für ein kleines Kind, und ich würde während der Abwesenheit meines Mannes noch ein zweites auf die Welt bringen. Wie sollte das nur gehen? Immerhin durfte ich die Armeeeinrichtungen weiter nutzen, auch das Krankenhaus, wenn es denn so weit wäre. Trotzdem hatte ich großen Schiss, mit diesen Dingen allein zu sein. Außerdem war da noch die Geldfrage. Ich musste jeden Dollar zweimal umdrehen.

Steven nutzte die Zeit bis zum Marschbefehl sehr intensiv. Er kümmerte sich liebevoll um Patty und mich.

Dem Tag des Abschieds sah ich mit gemischten Gefühlen entgegen. Es war alles so in der Schwebe, im Ungewissen. Außerdem hasse ich Abschiednehmen. Zu viele Abschiede hatte es schon in meinem Leben gegeben. Ich machte es kurz und knapp und verschwand. Steven nahm seinen Überseesack auf die Schulter, ging zur Straße, wo der Militärwagen auf ihn wartete. Er drehte sich noch mal um. Patty rannte zu ihrem Daddy, umarmte ihn und weinte: „Daddy, geh nicht, bitte, geh nicht!" Er versuchte, sie zu trösten: „Ich bin doch bald wieder da!" Dann stieg er ein, und weg war er. Mein kleines Mädchen war nur sehr schwer zu beruhigen. Das Gefühl der Fremdheit in dieser Umgebung lähmte mich. Zum Glück waren da die zwei Hunde, die ihr Recht einforderten. Die wollten und mussten raus, so blieb ich in Bewegung. Ich wusste nicht, wie es weitergehen sollte. Mir war zum Heulen, genau wie Patty.

Der nächste Morgen war eine reine Katastrophe. Ich wachte alleine auf und gleich ging mir wieder alles durch den Kopf. Tausend Dinge, die ich nun ganz auf mich gestellt, bewältigen musste. ‚Oh nein, das schaffst du nie! Wie soll das nur gehen?' Mitten in meine Depression klingelte es an der Wohnungstür. Patty machte auf. Herein kam ein Frau in einem rosa Morgenmantel mit einer Kanne Kaffee in der Hand. Es war unsere Nachbarin Maria, die sich vorstellen wollte und Lust auf einen Plausch hatte. Das kam mir bekannt vor, von der Garnisonswohnung. Diesmal war ich froh, dass jemand zum Kaffee und zum Reden vorbei kam. Wir saßen bis zur Mittagszeit zusammen. Sie erzählte mir ihre ganze Geschichte. Maria war geschieden und konnte viele Stories über Streit, Eifersucht, Gewalt und Betrug erzählen, die ganze Palette ehelicher Nettigkeiten. Gespannt hörte ich ihr zu und war wieder mal froh, in Steven mehr einen Freund gefunden zu haben als einen besitzergreifenden Sexpartner. Vielleicht war es auch deshalb so friedlich bei uns. Die Zeit verging wie im Flug.

Das Geld reichte nicht hinten und nicht vorn. Ich musste mir eine Arbeit suchen. Aber was sollte ich denn arbeiten? Ich stand ohne Ausbildung da, hatte eine dreijährige Tochter und war schwanger. Über Arbeit hatte ich mir nie Gedanken gemacht. Und das brauchte man zu diesen Zeiten auch nicht. Mädchen bereiteten sich schon früh darauf vor, jung zu heiraten und dadurch versorgt zu sein. Es war klar, dass der Familienvater das Geld nachhause brachte. Die Gegenleistung der Frau sollte ein sauberes Haus, gewaschene Kinder und abends ein schönes Essen sein. Auch mir war es so ergangen. Ich hatte mich mit 20 bewusst auf einen Amerikaner eingelassen, weil ich fort wollte aus diesem furchtbaren Deutschland mit seinen Verbrechen. Doch nun stand ich da. Was für eine Arbeit sollte ich finden?

Da kam mir das Schicksal zu Hilfe.

Eines Morgens wollte ich mit meinen Hunden den fälligen Rundgang machen. Noch bevor ich Bessi, meine Hündin, anleinen konnte, stürmte sie in vollem Galopp aus der Wohnung und auf die Straße. Ich hörte Bremsen quietschen, und meine Bessi jaulen. Sie lag auf der Straße, wimmerte leise. Das Auto hatte ihre Hinterbeine verletzt. Oh Gott, oh Gott! Jetzt auch das noch! Behutsam hob ich das arme Tier in meinen Wagen und legte es auf die Rückbank. Zum Glück war Maria zuhause. Sie nahm Patty zu sich. Ich fuhr wie eine Wilde in die Oakland Tierklinik. Der Notarzt ließ sie als erstes röntgen, den ganzen Unterleib und die Läufe. Es sah erst nicht gut aus. Sie bekam eine Spritze und musste in der Klinik bleiben. Man ließ mich wissen, dass es keine Garantie gäbe, dass sie durchkommt. Ich liebte diesen Hund so sehr und wollte, dass wirklich alles getan werde, dass ich sie wieder mit nachhause nehmen könnte, irgendwann. Ich blieb noch eine Stunde bei Bessi am Käfig. Dann musste ich gehen. Es war, als ob es eins meiner Kinder getroffen hätte. Ich konnte nachts nicht mehr richtig schlafen. Jeden Tag fuhr ich mit Herzklopfen und großen Ängsten in die Tierklinik: hoffentlich war der Käfig nicht leer. Bessi hatte Glück. Sie erholte sich langsam. Ich hatte viele intensive Gespräche mit den Ärzten und dem Betreuungspersonal. Als ich mich nach den Tagessätzen für einen diesen Pflegeplatz erkundigte, drehte sich mir bei der Antwort der Magen um. Wo sollte ich bloß so viel Geld herbekommen? Deshalb war ich froh darüber, dass mir ein paar Tage später der Arzt vorschlug, Bessi die Spritzen selbst zu geben. Er zeigte es mir, und obwohl ich es mir am Anfang nicht vorstellen konnte, lernte ich, meiner Hündin die Injektionen zu verabreichen. Von diesem Tag an habe ich in der Klinik alles, was für ihre Pflege notwendig war, selbst erledigt. Nun brauchte ich nur noch die Medikamente und das Futter zu bezahlen. Eine kleine Erleichterung war das schon in meinem finanziellen Desaster. Zwei Wochen lag Bessi in der Klinik. Das Personal zeigte mir allerhand Kniffe und Tricks bei der Pflege und Versorgung kranker Tiere. Da ich mich nicht ungeschickt anstellte in dieser Zeit und offensichtlich intensiv beobachtet worden war, hatte ich nach diesen zwei Wochen meinen ersten Job: zwölf Stunden in der Woche für 50 Dollar. Davon konnte ich die Behandlungskosten für Bessi abbezahlen, außerdem Maria für das Beaufsichtigen von Patty etwas geben und ein wenig blieb noch übrig für andere Dinge. Nun war ich Montags, Mittwochs und Freitags jeweils von 9 bis 12 Uhr in der Tierklinik und kümmerte mich um deren kranke Patienten. So einfach war das! Nach Wochen voller schlechter Nachrichten und ewigen Grübeleien nun endlich ein Lichtblick. Amerika, das Land der unbegrenzten Möglichkeiten. Vom Tellerwäscher zum Millionär! So hat das bei mir zwar nicht geklappt. Millionärin bin ich nicht geworden, aber es ging mir finanziell ein wenig besser. Mein Leben hatte sich wieder mal auf einen Schlag total verändert. Aus Bridge ist eine alleinerziehende berufstätige Frau geworden. Whow!

Ganz so einfach war das alles nicht. Ich kam nicht mehr viel zum Überlegen, was meiner Gemütslage ganz gut tat. Ich musste mich um den Haushalt kümmern, mit Patty nachmittags schwimmen gehen oder andere Sachen unternehmen. Aber für meine Salsa-Musik hatte ich genügend Reserven.

Doch immer öfter spielte mein Magen verrückt, wenn ein Hund sich übergeben musste. Es wurde immer schwieriger für mich, die Tiere zu heben. Zweieinhalb Monate habe ich in der Tierklinik gearbeitet, dann konnte ich nicht weitermachen. Ich wollte meine Schwangerschaft nicht gefährden. Es tat mir sehr leid, die Klinik verlassen zu müssen. Alle waren so freundlich und hilfsbereit zu mir gewesen. Es war mein erster Einstieg in einen Beruf. Ich konnte mir gut vorstellen, eines Tages in einer Tierklinik als Assistentin zu arbeiten.

Also saß ich mit meinem gerundeten Bauch wieder zuhause. Manchmal kam Maria zu uns zum Essen, oder wir waren bei ihr eingeladen. Die meiste Zeit verbrachten wir vor dem Fernseher.

Eines Tages bekam ich Post von Erika, einer Bekannten. Sie wollte mich besuchen. Great! Besuch aus Europa! Mal wieder Deutsch reden, einfach toll nach dieser langen Zeit. Ich freute mich riesig. Sie klingelte. Ich machte die Tür auf und vor mir stand eine Frau in US-Army-Uniform im Range eines Unteroffiziers. Erika war schon länger in Amerika und gleich in die Berufsarmee eingetreten. Sie sah gut aus in ihrer Uniform. Sie hatte das getan, wovon ich auch mal geträumt hatte, damals in Deutschland als Kind, als die Amis mit Glen Miller Musik einmarschiert und die furchtbare Kriegszeit endlich vorbei gewesen war. Doch später hatte ich das Leben in der US-Garnison kennen gelernt, und mir war klar, dass ich in so einem Leben nicht glücklich geworden wäre. Die Tage gingen schnell vorbei. Wir hatten uns viel zu erzählen. Es waren schöne Tage. Endlich war jemand da, mit dem ich mich unterhalten konnte, der mich aufmunterte und mir Kraft gab weiterzumachen. Als sie ging, wünschte sie mir viel Glück für mein zweites Kind und versprach, uns wieder zu besuchen.

In der folgenden Nacht konnten Patty und ich nicht schlafen. Es war gegen ein Uhr. Über unserem Schlafzimmer fing ein Riesenkrach an. Wir versuchten, ihn zu ignorieren, aber keine Chance. Mich packte die Wut. Ich ging nach oben, klingelte Sturm, holte tief Luft und erstarrte. Eine sehr schöne Frau mit einem Lächeln im Gesicht stand in der Tür. Ich wollte ihr sagen, warum ich überhaupt gekommen war, aber es ging nicht. Ich brachte keinen Ton heraus, war wie hypnotisiert. Meine ganze Wut war verschwunden. Sie schaute mich erwartungsvoll an. Endlich löste sich die Starre und, meine Augen ganz tief in ihren Blick versenkt, brachte ich stammelnd hervor: „Verzeihung, ich habe ein kleines Kind, direkt unter ihnen. Wir können bei diesem Krach nicht schlafen." „Oh, Entschuldigung. Wir sind erst vor zwei Tagen eingezogen und haben noch keinen Teppich. Wir werden versuchen, die Möbel leiser zu verschieben, und das Wohnzimmer tagsüber einzuräumen." „Vielen Dank. Wir brauchen unseren Schlaf nämlich. Gute Nacht!" Und weg war ich. Wir hatten endlich Ruhe, doch schlafen konnte ich trotzdem nicht. Was war denn das gewesen? Noch voller Wut hatte ich oben geklingelt, und dann kam ich mit so einem laschen Ergebnis wieder. Ich wusste nicht, was los war und war ganz durcheinander.

Am nächsten Morgen frühstückten wir wie jeden Tag auf dem Hof, die Hunde, Patty und ich. Unser Tisch stand im Schatten zwischen Palmen und saftiggrünen Büschen. Die beiden Langhaardackel hatten sich nach dem morgendlichen Gassi gehen gleich auf ihre Trinknäpfe gestürzt. Patty und ich knabberten an unseren Broten, da bekamen wir Besuch. Meine nächtliche Bekanntschaft kam in den Hof, entschuldigte sich noch einmal für die Ruhestörung, und auf meine Aufforderung hin, setzte sie sich auf einen Kaffee zu uns: „Hi, I'm Pat." „Und ich bin Bridge. Das ist meine Tochter Patty."

Nun hatte ich also schon eine Gewohnheit der Amerikaner angenommen und lud fremde Leute zum Kaffeetrinken ein. Pat interessierte sich für die beiden Dackel. Diese Hunderasse war in Amerika so gut wie gar nicht bekannt. Dann kamen wir auf unser Leben zu sprechen. Ich erzählte ihr von Steven, der in Korea Dienst tat, von meiner Arbeit in der Tierklinik, dass ich aufgrund der Schwangerschaft und den damit verbundenen gesundheitlichen Beschwerden hatte kündigen müssen, und dass ich erst vor einem Jahr und ein paar Monaten aus Europa eingewandert war. Natürlich wollte ich auch etwas über Pat erfahren. Sie war aus Maryland, hatte zwei Wochen in New York gewohnt und war nun seit 4 Tagen hier, zusammen mit ihrer Freundin. Meine Gedanken überschlugen sich. Die Gefühle rasten wie auf einer Achterbahn. Wir waren von Anfang an auf ein und der selben Wellenlänge.

Pat war streng katholisch. Jeden Sonntag ging sie in die Kirche ohne Ausnahme um Punkt neun Uhr. Damit konnte ich nun allerdings gar nichts anfangen. War ja klar, nach dem, was ich in Spanien mit der katholischen Kirche erlebt hatte!

Pat kam später, so oft es ging, herunter zu uns. Und ich fragte mich: ‚Wieso ist sie so oft bei uns, wo sie doch oben mit einer Freundin wohnt?' Wir hatten wundervolle Stunden mit der kleinen Patty beim Schwimmen, Bowlen oder im Kino. Pats Freundin haben wir kaum zu Gesicht bekommen. Abends diskutierten wir oft und viel, manchmal bis spät in die Nacht. Pat wusste über viele Dinge gut Bescheid und war an allem interessiert. Es machte Freude und erzeugte das berühmte Kribbeln im Bauch, mit ihr zu diskutieren. Alles, was uns berührte, wurde offen besprochen: Gott und die Welt und auch politische Themen wie Kuba und Fidel Castro.

Irgendwann kamen wir auf das Thema ‚Homosexualität'. Pat wollte meine Meinung dazu wissen. Was sollte ich darauf antworten? Meine Vorurteile waren ziemlich groß. Die Kindheit während der Nazizeit hatte in meinem Unterbewusstsein doch etliche Weichen gestellt, auch in dieser Frage. Und ehrlich gesagt konnte ich mir nicht vorstellen, wie zwei Frauen, geschweige denn zwei Männer, miteinander Sex haben konnten. Das war mir ein Rätsel! Ich hatte nur die Eindrücke vom Sex mit Steven. Erfahrungen konnte man das nicht wirklich nennen. Es wurde eine heiße Diskussion, und Pat bemühte sich, mir klar zu machen, dass es gar nicht schlimm sei, „gay – homosexuell" zu sein. Meine Gefühle spielten immer verrückt, wenn ich Pat sah. Es war mir sehr unheimlich. Ich hatte so etwas noch nie gespürt. Aber im Film, in Büchern und aus Erzählungen wusste ich, dass es so etwas geben sollte. Doch geglaubt hatte ich es nie so richtig. Verliebtheit und Liebe, das sind zwei unterschiedliche Schuhe. Jetzt war Wolke Sieben zu mir gekommen. Ich saß darauf und wollte es nicht glauben, nicht zulassen und war einfach nur verstört. Pat hatte sich mir gegenüber ganz normal benommen. Was war nur geschehen?

Erika kündigte wieder ihren Besuch an. Gerade an dem Wochenende, an dem wir eine Einladung zu einer Freundin von Pat hatten, wollte sie zu uns kommen. Kurzerhand wurde Erika auch noch mit eingeladen in dieses wunderschöne große Holzhaus mit direktem Blick auf den Pazifischen Ozean. Romantik pur! Wir waren sechs Frauen und ein Kind, Patty. In der ersten Etage des Hauses gab es 5 Schlafzimmer mit den entsprechenden Bädern. Unten, in der Mitte des Hauses war das tiefer gelegte Wohnzimmer mit Kamin. Daneben gab es noch die Küche und eine Art Aufenthaltsraum mit einer langen Bar. Vor dem Haus konnte man den Meeresblick von der riesigen Terrasse genießen, die auf einen Felsvorsprung gebaut war. Im ganzen Haus wuselten und werkelten die Frauen umher. Patty immer mittendrin. Alle kümmerten sich liebevoll um meine kleine Tochter. Das war für mich herrlich, weil ich beruhigt mal für mich allein sein konnte. Das Essen wurde ein ganz besonderes Geschäft. Woher hatten sie nur die vielen

Hummer? Drei Tage lang gab es immer wieder Hummer. Eingewickelt in Zeitungspapier lagen sie auf dem Tisch. Ich hatte noch nie zuvor einen Hummer ausgenommen, schaute abwechselnd zu den Frauen und versuchte, das, was ich sah, nachzuahmen. Als ich in der Mitte des Hummers herumstocherte, wurde mir so kotzübel. Es kam ein grüner Brei herausgeschossen, der richtig eklig aussah. Damit war mein Appetit auf Hummer erst einmal verschwunden.

Als Patty in ihrem Bettchen lag, bin ich zu den anderen auf die große Terrasse gegangen. Noch heute – nach fast 50 Jahren – sind meine Erinnerungen an diesen Abend so intensiv, dass sich meine Pulsfrequenz erhöht. Wir saßen in dieser lauen Nacht bei einem Glas Wein und lauschten der Musik des Meeres. Eine große Zärtlichkeit erfasste mich. Ich hatte wirklich Mühe, meine Gefühle unter Kontrolle zu halten. Die Sterne funkelten so intensiv und hell, dass sie zum Greifen nah waren. Nach Mitternacht haben sich alle in ihre Zimmer zurückgezogen. Ich legte mich neben Patty und ließ den Abend noch in mir nachklingen. Da hörte ich Geräusche vor meiner Tür, ein ständiges Huschen und Schlurfen. Das war mir total unheimlich. Ich musste wissen, was da vor sich ging. Leise öffnete ich die Tür einen kleinen Spalt und sah, wie eine der Frauen mit einem Kopfkissen unter dem Arm den Flur entlang lief und in einem Zimmer verschwand. Kurz darauf verließ eine andere Frau ein Zimmer, schlich in entgegengesetzte Richtung. Auch sie hatte ihr Kopfkissen unter dem Arm. Was war denn das für ein Spiel? Ich war schon sehr naiv damals und konnte mir diese Zimmerwechsel nicht erklären. Ich wusste nicht, was ich von der Szene halten sollte, die sich vor meinen Augen abspielte. Es war wie aus einem Hollywood-Slapstickfilm. Ich machte die Tür wieder zu und ging kopfschüttelnd in mein Bett, drehte mich um. In diesem Moment ging unsere Türe ganz leise auf und schwups, lag Pat bei uns im Bett. Ich erstarrte, lag da wie ein Brett, ohne mich einen Zentimeter zu bewegen, und stellte mich schlafend. Dabei waren all meine Nervenenden bis aufs äußerste gespannt.

Pat schmiegte sich an mich und schlief ein. Bei mir dauerte es noch eine ganze Weile, bis ich endlich einschlafen konnte.

Am Frühstückstisch fragte ich vorsichtig: „Was war eigentlich vergangene Nacht los? Das war ein Schleichen von einem Zimmer zum anderen." Alle lachten laut und fanden es sehr lustig. Nur ich wusste nicht, warum sie lachten: „Das war nur ein Spaß. Wir wollten uns halt amüsieren." Erst später verstand ich, dass die Doppelzimmeraufteilung nicht den Wünschen der Frauen entsprochen hatte und sie sich deshalb auf den Weg in andere Zimmer gemacht hatten. Ich sah Pat an, fragte sie, warum sie ausgerechnet in unser Zimmer gekommen war. „Tja, ich wollte mit Dir und Patty zusammen sein." Okay!

Es war ein wunderschönes Wochenende. Es war so anders, unbeschwert und schwebend, verglichen mit meinem Leben in der Wohnung. Als wir im Alltag zurück waren, kamen auch schnell die Zweifel und Probleme, die Widersprüche und finanziellen Belastungen wieder und sammelten sich in meinem Kopf.

Wir hörten nur sehr wenig von Steven. Ich bekam selten Post, meist nur einen Monatsscheck, der sehr gering ausfiel. Wir brauchten unbedingt mehr Geld zum Leben. Das bisschen, das ich mir aus meiner Zeit in der Tierklinik gespart hatte, reichte kaum zur Tilgung der Kreditraten für die Möbel und zum Essen. Und bald würde es aufgebraucht sein. Ich musste Arbeit finden, aber wie und wo? Immer wieder plagten mich diese Gedanken, und ich genoss jede Stunde mit Pat, da in ihrer Nähe alles anders war. Wenn sie dann gegangen war, machte ich mir Vorwürfe und fiel in ein tiefes Loch.

Mitte November 59 schlenderten wir zu dritt durch die Gänge eines großen Warenhauses. Pat blieb vor einem Touristenbüro stehen und sah sich die Angebote an. Ihr Blick fiel auf Aufnahmen von Mexiko. „Hey Bridge, hast Du nicht Lust mit mir nach Mexiko zu fahren. Ich habe 6 Wochen Urlaub, was denkst Du?" „Was?? Mexiko?? Ich kann nicht mit Dir nach Mexiko fahren! Erstens habe ich kein Geld und zweitens ein Kind, für das ich sorgen muss! Wie stellst Du Dir das vor?"

Ich war im ersten Moment total geschockt von diesem Angebot. Wie konnte sie nur auf so was kommen? Doch allmählich wurde mir bewusst, wie toll es sein könnte, wie aufregend. „Schau Bridge, Du hast ein Auto und kein Geld! Ich habe Geld und kein Auto! Und über alles andere musst Du Dir keine Gedanken machen."

Pat war total euphorisch. Ich wusste nicht, was ich sagen sollte. So was war mir noch nie vorgekommen. Aber eins wusste ich genau, dass ich mich in Pat bis über beide Ohren verliebt hatte. Was sie davon hielt, war mir egal, auch ob sie es mitbekam. Meine Verliebtheit wuchs ständig. Ich konnte mir nicht erklären, was mit mir geschah. Es machte mir Angst. Ich und verliebt in eine Frau? Trotzdem dachte ich über das Angebot nach: Ich war jetzt im vierten Monat schwanger. Eine solche Reise würde später nicht einfacher werden. Patty könnte ich zu Stevens Mutter bringen. Sie würde sich sehr freuen und Patty auch. Ich hörte mich langsam sagen: „Okay. Wenn ich Dir das Geld zurückzahlen darf, bin ich dabei. Ich werde mit Stevens Mutter klären, dass Patty für diese Zeit in San Bernardino bleiben kann." Wir waren uns also einig. Ich rief meine Schwiegermutter an, fragte sie, ob Patty für diese sechs Wochen bei ihr bleiben könnte. Sie war sofort Feuer und Flamme und freute sich auf die Enkeltochter. Auf nach Mexiko!

Wir hatten noch drei Tage für die Vorbereitungen. Da die Hunde mit auf die Fahrt mussten, ging ich in die Tierklinik, ließ sie impfen und besorgte einen Pass für die beiden. Dann ging es los – zuerst nach San Bernardino. Das dauerte einen ganzen Tag. Stevens Mutter freute sich sehr, uns zu sehen. Pat wurde als eine gute Freundin vorgestellt, und wir hatten alle einen schönen Abend zusammen. Es fiel mir sehr schwer, Patty so lange Zeit bei der Oma zu lassen. Auf der anderen Seite dachte ich mir, dass es doch ganz gut wäre, wenn die beiden mal Gelegenheit hätten, eine längere Zeit miteinander zu verbringen. Ich legte Patty schlafen und blieb noch eine ganze Weile bei ihr. Ich erklärte ihr, dass ich in sechs Wochen zurück sein würde, und worauf sie zu achten hätte. Ich war sehr traurig. Der Abschied fiel uns beiden schwer. Es war schließlich das erste Mal, dass wir so lange getrennt sein sollten.

Am nächsten Morgen packte meine Schwiegermutter uns Orangen und viele Getränke ein. Es war verdammt heiß. Wir konnten die ganze Fahrt über mit 35 bis 40 Grad rechnen, und mein Wagen hatte keine Klimaanlage. Wohl war mir nicht dabei, doch ich liebte das Abenteuer, und dann war schließlich Pat dabei. Für mich war es eine einmalige Gelegenheit, eine solche Reise zu unternehmen. Das Auto war vollgepackt mit Koffern, Hunden, Geschirr, Wassertanks und allem anderen, was wir für die Fahrt brauchten. Die Verabschiedung war sehr tränenreich. Die kleine Patty und ich weinten um die Wette. Doch dann war es so weit. Vamos a Mexiko!

Meine Gedanken liefen immer wieder voller Erwartungen voraus: Na ja, die Fahrt wird sehr schön werden. Pat kann mich beim Fahren ablösen. Wir haben viel Zeit, und Mexiko-City ist bestimmt ganz toll und auch nicht so weit.

Die Fahrt bis zur Grenze Arizona-Mexiko dauerte fast den ganzen nächsten Tag. Nach einigen Kilometern in Arizona kamen wir an einen Kontrollposten. Was war denn jetzt los? Solche Erfahrungen hatte ich noch nicht gemacht, dass man in den USA kontrolliert wurde. Wir stoppten den Wagen und wurden nach Obst gefragt. „Ja, wir haben Orangen dabei." Wir mussten sie abgeben. Um diese Jahreszeit war die Einfuhr von Orangen aus Kalifornien nach Arizona verboten. Darauf konnten wir weiterfahren. Nach ein paar Stunden erreichten wir Tucson.

Wir haben von der Stadt nicht viel erlebt. Als wir am Abend in Tucson angekommen waren, haben wir ein Zimmer in einem Motel genommen. Ich war todmüde. Trotzdem mussten die Hunde noch ausgeführt werden. Dann gab es was zu essen, und ich fiel ins Bett.

Meine Emotionen Pat gegenüber wurden stärker. Ich wusste nicht, was daraus werden sollte, oder wie es weitergehen könnte, denn Pat ließ sich nichts anmerken. Sie tat so, als ob alles ganz normal wäre. Ständig dachte ich daran herum: Na ja, Pat ist mit einer schwangeren Frau unterwegs, die ihr kleines Kind nur bei der Oma abgegeben hat. Warum sollte sie sich für diese Frau interessieren? Mann, was war nur los mit mir? Ständig ging mir diese Frage im Kopf herum.

Nach dem Frühstück fuhren wir Richtung Nogales an der Grenze zu Mexiko. Natürlich wurden wir an der Grenze auf amerikanischer Seite kontrolliert. Es war alles in Ordnung, und wir konnten mit den Hunden weiter fahren. Drüben auf der mexikanischen Seite gab es ebenfalls eine Kontrolle. Die Mexikaner waren sehr freundlich, aber bestimmt. Sie wollten wissen, was unser Ziel war. Da ich fließend spanisch spreche, konnte ich mich mit ihnen unterhalten und erwiderte: „Wir fahren nach Mexiko-City." Die beiden Grenzer lächelten erstaunt. Die Jungens dachten bestimmt: ‚Die beiden hübschen Frauen wollen alleine nach Mexiko-City. Na, ob das gut geht?' „Viel Glück!' wünschten sie uns, und der Wagen setzte sich wieder in Bewegung. Es war verdammt heiß. Alle Fenster waren herunter gekurbelt. Wir saßen in kurzen Bermuda-Shorts und leichten Tops im Wagen, und das mitten im streng katholischen Mexiko. Uns war das egal. Hauptsache, wir kamen irgendwie über diese heißen Tage. 45 Grad war normal. Der Straßenzustand war sehr schlecht. Wir kamen nur langsam voran. Es wäre ein Traum gewesen, wenn die Mexikana 15 in demselben Zustand gewesen wäre wie die Autobahnen in den USA. Bereits nach 10 Kilometern tauchte wieder eine Grenzstreife auf. Vor dem kleinen Posten war ein großes Schild STOPP. Wir dachten eigentlich, dass wir die Grenzkontrolle hinter uns gebracht hätten, aber Pustekuchen, auf einer Strecke von 15 Kilometern gab es noch vier weitere Kontrollposten. Wieder mussten wir unsere Pässe zeigen und dieselben Fragen nach dem Ziel beantworten. Die Grenzer sahen uns an, als ob sie uns ausziehen wollten. Sie zeigten uns ihre Verblüffung darüber, dass zwei so schöne Frauen alleine durch ihr Land fahren wollten. Als wir nach der zweiten Kontrolle am Kilometer 10 weiterfuhren, stand ein Schild am Straßenrand, schwach beschrieben oder ausgewaschen vom Regen. Als ich las, was auf Schild geschrieben stand, bekam ich fast einen Schlag. ‚Ciudad de Mexico – Mexiko Stadt – 2000

Miles'! „Pat, hast du das gelesen? 2000 Meilen!" Ich bekam nicht gleich eine Antwort. Pat war wahrscheinlich genauso geschockt wie ich. „Okay. Wir haben fünfeinhalb Wochen vor uns, und Du kannst mir beim Fahren helfen." Pat sah mich mit ihren großen Augen an. Ihr Gesicht sah aus, als hätte sie eine Kröte verschluckt. Sehr langsam kam ein Ton aus ihr heraus: „Sorry, Bridge. Ich kann nicht Auto fahren. Ich habe nicht einmal eine Fahrerlaubnis.!" „Was hast Du gesagt? Du hast keine Fahrerlaubnis? Das glaub ich einfach nicht. Wie um Himmels Willen soll ich diese riesige Strecke allein hin und zurück fahren?" Pat sah sehr unglücklich aus, und ich war ein Idiot gewesen, sie nicht nach ihrem Führerschein gefragt zu haben. Mir wurde ganz schnell klar, dass es meine eigene Dummheit gewesen war. Da ich Autofahren sehr liebte, und es in den USA großen Spaß machte, hatte ich mir überhaupt keine Gedanken über die Situation gemacht. Von wegen Mexiko-City war nicht weit von der Grenze!! Ich war einfach sauer: die furchtbare Hitze, die schlechten Straßenverhältnisse und dann noch die vielen Kilometer. Aber, es blieb mir nichts anderes übrig. Ich war verdonnert, die ganze Reise selbst zu fahren. Prost Mahlzeit!

Die Straßen waren sehr staubig. Wir fuhren einen großen Teil der Strecke durch Wüste. Alles war sehr sandig. Nach 60 Kilometern tauchte ein Dorf auf, staubige Dorfstraßen und die Gebäude aus Lehm und Holz. Die Atmosphäre war so, wie ich sie nur aus dem bekannten Hollywood-Film „Viva Zapata" kannte. Die Dorfbewohner saßen vor ihren Lehmhäusern, geschützt vor der Sonne. Hunde streunten auf der Straße herum. Diese Bilder bedrückten mich. Wir hatten keinen Proviant mehr, nur noch eine Flasche Wasser. 200 Kilometer lagen hinter uns, und wir hatten einen Riesenhunger. Aber wo konnten wir etwas zu essen finden? Es gab keine Motels am Wege, wie in den USA. Von Tankstellen ganz zu schweigen. Gott sei Dank hatten wir wenigstens zwei Kanister voll Benzin im Kofferraum, nicht ungefährlich bei der Hitze. Gegen 20 Uhr kamen wir wieder an einem kleinen Dorf vorbei. Ich stoppte vor dem Saloon, einem richtigen Saloon wie im Kino.

Ich nahm all meinen Mut zusammen und ging rein. Mein Herz klopfte bis oben hin vor Angst. Alle starrten mich an, als ob ich von einem anderen Stern käme. Ich setzte mein Pokergesicht auf und sagte fröhlich: „Hallo, kann ich hier essen? Wir sind zwei Personen." Ich war überglücklich: „Si senora." zu hören. Der Saloon sah sehr primitiv aus. Von Sauberkeit keine Spur. Uns war alles egal. Wir wollten nur etwas zu essen, die Hunde auch. Sie wurden draußen gefüttert. Ich habe gefragt, was es gibt. „Pollo mulo – Huhn mit sehr scharfer Soße." Wir freuten uns auf das Essen. Es sah sehr gut aus. Ich haute so richtig rein. Das erste Stück, das ich von meinem Essen schluckte, trieb mir die Tränen in die Augen. Ich rang verzweifelt nach Luft. „Whow! Wasser, Wasser, agua, agua. Ich brenne. Wasser schnell!" Der ganze Saloon schüttete sich aus vor Lachen. Die Gauchos konnten gar nicht wieder aufhören. Bevor Pat ihr Stück Huhn in den Mund schob, hielt ich ihren Arm fest. „Iß das nicht! Das ist scharf wie Hölle!" Ich bekam die Worte kaum heraus vor lauter Brennen in meinem Hals. Der Wirt brachte uns eine große Karaffe Wasser und eine Flasche Rotwein. Wenn ich mich nicht irre, habe ich an diesem Abend den Rekord im Wassertrinken gewonnen. Es dauerte eine ganze Weile bis mein Hals wieder in Ordnung war. Wir haben uns Brot und Käse zum Mitnehmen bestellt. Nachdem wir meine Hunde gefüttert hatten und Gassi gegangen waren, konnten wir endlich weiterfahren.

Zum Schlafen kamen wir nicht. Es wurde nach Mitternacht bis wir das kleine Dorf El Oassis entdeckten. Es war ganz still auf der Straße. Dann gab es endlich ein Schild ‚Hostal' – Gasthaus. Wir diskutierten eine Weile, ob wir uns das antun wollten, hier zu übernachten. Doch unsere Müdigkeit siegte. Wir klopften an die große Tür und hatten Glück. Es wurden uns nicht viele Fragen gestellt. Man gab uns ein Doppelzimmer. Wir schliefen diese Nacht so fest, dass uns sogar ein Erdbeben nicht hätte aufwecken können. Die Hunde schliefen mit im Zimmer. So brauchten wir keine Angst vor nächtlichen Überraschungsgästen zu haben.

Morgens gegen sieben Uhr, nach dem Frühstück mit vielen Früchten, Brot, Schinken und Kaffee deckten wir uns mit einem großen Wasservorrat ein und setzten unsere Reise fort. Mitten in der Einöde, nur Wüste ringsum, wurde unser Tank leer. Was für ein Glück, dass wir die Kanister im Kofferraum hatten. Sie waren unsere Rettung. Kurz vor Hermosillo tauchte endlich eine Tankstelle auf. Mir fiel ein Riesenstein vom Herzen, denn auf dieser sogenannten Hauptstraße Mexikana 15 war der Verkehr sehr spärlich. Wenn da der Tank leer geworden wäre, kaum auszudenken. Wir deckten uns richtig ein. Das war uns eine Lehre gewesen. Wasser, Cocacola, Tortillas, Kartoffelchips, Brot, Käse, Süßigkeiten, Obst und ein großer Sack mit Hundefutter wurden gekauft. Wir blieben noch für drei Stunden in der Stadt. Diesmal haben wir sehr gut zu Mittag gegessen. Wir aßen Burritos – Fladen aus Weizenmehl und Chili con Carne mit einem Salat. Diese Gerichte kannte ich aus Kalifornien. Da konnte nichts schief gehen.

Weiter fuhren wir Richtung Guaymas über furchtbar staubige Straßen. Wegen der Hitze mussten wir die Fenster geöffnet lassen. Der ganze Staub sammelte sich im Wagen. Langsam bekam ich Husten. Ich konnte diese Hitze fast nicht mehr aushalten. Meine Augen taten weh, und der Husten wurde schlimmer. In Guaymas übernachteten wir wieder in einem Gasthaus - dieses Mal für zwei Tage. Ich brauchte dringend Erholung, Pat und die Hunde auch. Alle waren durch den Wind. Wir hatten bis jetzt nicht sehr viel gesprochen auf dieser ganzen Fahrt. Pat war sehr lieb und half mir und den Hunden, wo sie nur konnte. Ich hatte das Gefühl, dass sie diese lange Reise unterschätzt hatte. Ich versicherte ihr, dass es eine schöne Idee von ihr war, diese Reise anzutreten. Pat war sehr glücklich, dieses Geständnis von mir zu hören. Wir umarmten uns. Alles war gut.

Abends sind wir in ein sehr schönes Restaurant am Golf von Kalifornien in Cabo Haro gegangen. Es war eine warme Nacht. Wir haben am Strand gesessen und den Mond betrachtet, den Wellen gelauscht. Die vielen Sterne waren zum Greifen nah. Die Spiegelungen im Wasser des Golfs schaukelten sanft. Es war so romantisch. Am liebsten hätte ich Pat gesagt, dass ich in sie verliebt bin. Doch ich traute mich nicht, weil ich nicht wusste, wie sie reagieren würde. Es hätte auch sein können, dass ich mir eine gewaschene Ohrfeige einfange. Das wollte ich auf alle Fälle vermeiden. Also litt ich weiter vor mich hin. Mein Herz raste wie eine Dampfmaschine. Um mich zu beruhigen, zog ich mich aus und sprang in den Golf zur Abkühlung. Es war ein wohltuendes Gefühl, ins Meer zu tauchen an diesem lauen Abend. Pat und die Hunde folgten mir. Ich hatte gar nicht gewusst, dass Dackel auch gern baden gehen. Aber wir hatten alle diese Abkühlung nötig. Wir spielten wie die Wilden in den Wellen und ließen uns von ihnen an den Strand tragen. Wir lagen im Sand, über uns der schönste Sternenhimmel, den man sich vorstellen kann, und dieser riesige Mond. Ich war so glücklich, hatte meine Gefühle wieder im Griff und war Pat nur noch dankbar, dass ich durch sie in diesem schönen und freundlichen Land sein konnte.

Diese zwei Tage in Guaymas waren wunderbar.

Gegen drei Uhr morgens kamen wir wieder in unserem Gasthaus an. Nach dem Frühstück ging es an diesem Tag bis nach Tepic. Es gab keine Änderung der Landschaft, alles war voller Sandstaub. Mein Husten wurde nicht besser. Ich konnte fast nicht mehr atmen, und wir hatten noch immer 800 Kilometer vor uns. Die Straßen und Dörfer, die wir durchfuhren, waren menschenleer. Nur wir zwei verrückten Frauen waren auf der Piste mitten in der heißen Sonne von Mexiko. Ich dachte mir dabei: Nur Amis können so bekloppt sein, so eine Fahrt mitten im Sommer zu unternehmen! Wir mussten oft anhalten.

Nach 300 Kilometern Fahrt suchten wir uns gegen Abend wieder ein Gasthaus zum Übernachten. Es war ein Gebäude, das von außen nicht so verlockend aussah. Doch als wir durch das Tor, hatte es einen sehr schönen Innenhof mit Palmen. Es war sehr sauber, und die Besitzer waren freundlich und zuvorkommend. Das Essen war vorzüglich, und der Wein einfach herrlich. Auch die Hunde waren willkommen. Sie bekamen gleich Wasser gereicht und wurden lieb behandelt. Die Besitzer waren um die 40, der Ehemann ein sehr guter Gitarrist und Sänger, seine Frau eine hervorragende Köchin. Wir bekamen ein schönes Zimmer mit Dusche. Was wollten wir mehr? Später am Abend wurden wir zu einem Barbecue-Grill eingeladen mit anschließender Musik und Gesang der Mariachis. Es war einfach toll und fast wie im Traum. Wir saßen bis in die Nacht hinein bei dieser wunderbaren Musik.

Am nächsten Morgen setzten wir unsere Fahrt in Richtung Mexiko-City fort. Es ging über Magdalena, Tequila, Zapopan, wo wir uns zum Essen ein paar Stunden aufhielten. Dann ging es weiter nach Guadalajara, und es waren immer noch fast 500 Kilometer bis zu unserem Ziel ‚Nehmen denn diese Kilometer nie ab?', dachte ich.

Ich war völlig erschöpft von der langen Fahrerei durch Staub und Hitze.

„Pat, ich fahre nicht weiter. Ich muss erst mal meine Akkus aufladen, dann können wir nach Mexiko-City fahren. Aber ich muss jetzt ausruhen." Pat hatte keine Wahl, und wir machten uns auf die Suche nach einem Hotel, in dem Hunde erlaubt waren, und das eine abgeschlossene Garage hatte. Am Abend sind wir in ein typisch mexikanisches Restaurant gegangen. Auf der Speisekarte stand „Grill Mexikana" mit Steak, Tacos und vielen Salaten. Man konnte auch sehr gute Fischgerichte bestellen. Zu trinken gab es mexikanisches Bier (Tecate oder Negra Modelo). Der Alkoholgehalt war niedriger als in Deutschland. Diese Sorten haben mir sehr gut geschmeckt. . Der Durst war groß, und abends habe ich immer reichlich davon getrunken. Meine Gefühle würfelten durcheinander. Jedes Mal, wenn ich in Pats Nähe kam, wurde ich nervös. Da ich von den Strapazen der vielen Kilometer aber ganz ausgepowert war, hatte ich keine Kräfte mehr, mich mit meinem Verliebtsein zu beschäftigen. Ich dachte nur noch an eins - Schlafen, Ausruhen. Danach werden wir weitersehen, was mit uns passiert.

Insgesamt blieben wir drei Tage im schönen Guadalajara. Abends hörten wir den romantischen Liedern der Mariachis zu. Dauernd schlichen Männer um uns herum, sprachen uns an und wollten wissen, wo wir herkamen und warum wir nicht mit unseren Ehemännern reisten. Es sei doch gefährlich! Zwei so hübsche Frauen – allein – so eine lange Fahrt!

Wir haben unsere Hunde einem ‚Dog walker' (Hundesitter) übergeben, dann konnten wir schwimmen gehen. Drei Stunden lang wurden die Hunde im Park ausgeführt, und der Hundesitter bekam dafür 15 $, was für mexikanische Verhältnisse damals ganz gutes Geld war.

Nachdem ich mich ein wenig erholt hatte, konnten wir unsere Fahrt nach Mexiko-City fortsetzen. Von nun an war es ein Vergnügen, zu fahren, denn die Straße Mexikana 15 war hier asphaltiert und fast so breit wie eine Autobahn. Doch an dem Tag sind wir nicht mehr bis nach Mexiko-City gekommen, dazu war es zu weit entfernt. An diesem Tag ging es bis nach Zamora und am nächsten übernachteten wir nach 200 Kilometern in Morelia. Wir fanden ein sehr schönes Gasthaus und blieben drei Tage in dieser schönen Stadt.

Ich brauchte die Auszeit sehr, da es mir immer noch nicht gut ging. Zu dem Husten kamen noch Magenprobleme. Ich denke, dass ich mir eine leichte Ruhr eingehandelt hatte. Pat hat sich rührend um mich gekümmert, die Hunde ausgeführt, Wäsche gewaschen und versucht, es mir so bequem zu machen, wie nur möglich. Ich war ihr sehr dankbar. Mein Gefühl sagte mir, dass ich Pat auch nicht völlig egal war. Sie ist sehr liebevoll mit mir umgegangen. Dazu spürte ich eine große Spannung zwischen uns. Ich war so weit, dass ich nicht mehr wusste, wie ich mich ihr gegenüber vor lauter Verliebtheit verhalten sollte. Wir haben fast jede Nacht in einem Bett geschlafen, und es wurde für mich immer unerträglicher ihre Nähe zu spüren. Mein Bauch fühlte sich an, als ob er voller Schmetterlinge wäre, so nervös war ich. Oft lag ich nachts wach, dachte über mich, meine Gefühle und mein Verhalten nach. Nein, es konnte nicht sein, dass ich mich in eine Frau verliebt hatte. Warum? Woher hatte ich diese Gefühle? Wie ist es dazu gekommen? Ich konnte nachdenken, so viel ich wollte, ich bekam keine vernünftige Antwort auf meine Fragen.

Um mich zu beruhigen, nahm ich eine Tablette und konnte endlich einschlafen. Ich brauchte diesen Schlaf, da wir immer noch eine lange Strecke vor uns hatten bis nach Mexiko-City.

Tagsüber sahen wir uns Morelia an. Es ist eine sehr schöne Stadt. Abends sind wir in ein Restaurant gegangen mit sehr gutem Essen und Wein. Dann weiter in eine mexikanische Kneipe, in denen sich sonst hauptsächlich Bewohner der Stadt aufhielten. Immer gab es Life-Musik. Was sonst? Ein Mariachi-Ensemble spielte. Immer wieder konnte ich den Mariachis zuhören. Was für Stimmen! Jedes Lied so romantisch. Das verstärkte meine Gefühle zu Pat noch mehr. Ich sah in ihre Augen, und sie erwiderte meine Blicke.

Am nächsten Morgen gegen 10 Uhr konnten wir die letzte Etappe antreten. Die Fahrt war wie Erholung. Wir konnten eine Art Autobahn benutzen, und seit Guadalajara war alles grün. Doch insgesamt habe ich in meinem ganzen Leben nie wieder so viel Staub schlucken müssen, wie auf diesen 1700 Kilometern. In den ganzen sechs Wochen gab es keinen einzigen Tropfen Regen, Temperaturen zwischen 30 und fast 50 Grad. Ich vermied jeden Gedanken an die Rückfahrt. Jetzt hatten wir erst mal 1 ½ Wochen für Mexiko-City. Während der allerletzten Etappe bis zu unserem Ziel haben wir viermal Rast gemacht. Gegen 20 Uhr kamen wir endlich an. Halleluja, viva Mexico!

Wir suchten uns ein Hotel, das nicht zu teuer war. Nicht weit vom Chapultepec Parc fanden wir ein Drei-Sterne-Hotel, das für uns noch ein Doppelzimmer mit Blick auf den Platz El Angel Mon a la Independencia und eine Autogarage hatte. Genau, was wir uns vorgenommen hatten. Der Ford V8 hatte die Strecke mit Bravour gemeistert. Er war innen und außen voll mit Staub und Sand. Wir fuhren ihn in die Garage, ließen das Gepäck ins Hotel bringen und checkten ein. Wie gut, dass ich spanisch konnte, sonst hätte es garantiert Verwicklungen gegeben. Bei Pat mit dem US-Pass war es ein gewohnter Vorgang für das Hotelpersonal. Aber meine Papiere aus Deutschland mit einer amerikanischen Greencard haben schon ein wenig für Verwunderung gesorgt. Zudem reisten wir mit den beiden Dackeln. Sehr verwunderlich!

Pat hatte Hunger. Ich weniger, da es mir immer noch nicht so gut ging mit meinem Magen. Ich bestellte mir etwas Leichtes, dazu Tee mit einer extra Kanne für das Zimmer. Die Hunde wurden gefüttert und nochmals um den Block gebracht, bevor wir endgültig in unserem Zimmer landeten.

Ich nahm eine heiße Dusche und legte mich sofort ins Bett. Ich versuchte, einzuschlafen, wurde aber wieder sehr nervös. Es schien so, als ob Pat heute besonders lange im Bad blieb. Mein Kopf wollte fast platzen, so voller Gedanken war er. ‚Es muss jetzt endlich was passieren, sonst explodiere ich.' Pat kam ins Bett, lehnte sich über mich und fragte: „Wie geht 's Dir? Fühlst Du Dich besser?" Wir sahen uns an. Ich fasste Pat an ihren Schultern, zog sie ganz langsam zu mir herunter, küsste sie zärtlich auf ihre Wangen, Augen und zuletzt auf den Mund. Pat ließ es zu, ja, sie erwiderte meinen Kuss. Wir küssten uns innig, konnten gar nicht wieder aufhören. Ich war noch nie so aufgeregt, wie in dieser Nacht. Mein ganzes Gehirn schien aus Brausepulver zu bestehen. Pat streichelte meinen Körper, jedoch nur bis zum Nabel. Ich ließ nicht zu, dass sie weiter ging. Wir machten die halbe Nacht Petting und küssten uns immer wieder. Unsere Zungen spielten miteinander. Solche Gefühle hatte ich nie mit meinem Mann erlebt. Wie ganz nebenbei sah mich Pat prüfend an und fragte: „Wo hast Du so küssen gelernt?" Ich war in diesem Moment total baff und schämte mich ein wenig. Ohne viel zu überlegen antwortete ich kurz und knapp: „In Frankreich!" Aus ihr prustete das Lachen nur so heraus. Ich konnte es mir auch nicht verkneifen und entspannte mich. Es vergingen Stunde um Stunde. Ich hatte nicht geahnt, dass beim Austausch von Zärtlichkeiten die Zeit so rasch vergehen kann. Erst bei Sonnenaufgang sind wir aneinander gekuschelt eingeschlafen. Mit dem Aufwachen kamen Schuldgefühle Pat gegenüber. Ich traute mich gar nicht, sie anzuschauen. ‚Was hast du da nur gemacht? Was hast du dir dabei gedacht? Bist du nicht mehr ganz bei Trost?', ging mir jetzt durch den Kopf. Ich war glücklich und hatte doch gleichzeitig ein verdammt beklemmendes Gefühl in der Magengegend. Wir setzten uns zum Frühstück, bestellten starken Kaffee und was so zu einem Frühstück gehört. Ich versuchte, mich so normal wie möglich zu benehmen. Es gelang mir aber nicht. Pat sah mich liebevoll an. Sie ließ mich nicht aus den Augen. Nach ein paar Minuten hörte ich Pat sagen: „Hey Bridge. Wie sieht ‚s aus? Wollen wir daraus etwas machen, oder beenden wir es sofort? Ich habe mich schon vor einiger Zeit in Dich verliebt. Ich hatte aber Angst, dass Du mir einen Korb gibst. Immerhin bist Du eine verheiratete Frau." Ich starrte sie an, meine Anspannung wich. Ja, auch Pat hatte sich verliebt. Ich hatte mich nicht geirrt. Meine Antwort lautete: „Pat, ich liebe Dich auch. Ja, lass uns weitermachen." Danach waren wir ein Paar. Wir schlossen uns drei Tage im Zimmer ein. Wir konnten kaum von einander lassen. Ein Hundesitter kümmerte sich um die Dackel, das Essen wurde aufs Zimmer gebracht. Es war wie im Paradies, so ganz anders als mit meinem Mann. Pat war so schön und so weich, nicht so stoppelig und rauh wie der Körper eines Mannes. Wir streichelten und küssten uns zärtlich. Wir nahmen uns viel Zeit und erlebten den Körper der anderen. Alle Ecken wurden erkundet bis zum Venushügel. Ich war im Himmel. So ging es, bis wir beide vor Müdigkeit einschliefen. Meine Erfahrungen mit Männern konnte ich einfach nur abhaken. Ein paar Streicheleinheiten, ein Kuss, dann schnell rein in die Vagina, Sperma ablassen und wieder heraus mit der Frage: ‚Na, wie war ich?' Noch einen kleinen Kuss. ‚Gute Nacht, Liebling!' Herumdrehen und einschlafen, war dann alles eins.

Durch meine Sexerfahrungen mit Pat habe ich zum ersten Mal erfahren, wo mein G-Punkt ist und wie die Klitoris sexuell stimuliert wird. In den nächsten Jahren habe ich erfahren, dass es Analogien zum Penis des Mannes gibt. Wenn man den G-Punkt lange genug stimuliert, wird er ähnlich hart wie ein Penis, nur in Miniform. Klein, aber oho!

Nach den drei Tagen Sextrip machten wir eine Sightseeing-Tour durch Mexiko-City.

Mexiko-City ist eine wunderschöne Stadt mit vielen Grünanlagen. Besonders beeindruckend ist der riesengroße Chapultepec-Park mit seinem großen See. Es ist ein wunderbarer Park mit einer riesigen Vielfalt an Bäumen, Tieren und prachtvollen Blumen. Integriert in den Park sind viele Freizeitangebote, die von den Einwohnern und Besuchern eifrig genutzt werden, Hier kann man bis spät in die Nacht Familien mit ihren Kindern treffen. Die Mexikaner lieben Kinder. Sie sind überall mit dabei. Kinder sind das Ein-und-Alles für jeden Mexikaner.

Wir sind auch nach Xochimilco gefahren, zu den Wassergärten von Mexico City. Wir waren begeistert vom historischen Zentrum der Stadt, dem Zocalo. Der Platz wird umrahmt von der monumentalen Kathedrale, dem Stadtpalast und dem Nationalpalast. Wir besuchten einige Museen: das Museo de Arte Moderno, El Museo Nacional de Historia und das Museo del Arte Popular.

Es waren heiße Tage. Abends gingen wir in schöne einfache Restaurants mit gutem Essen, feierten mit den Einheimischen und Touristen. Wir versuchten auch den Folkloretanz zur Musik der Mariachis zu lernen. Ausgelassen und glücklich sind wir um den Sombrero herumgetanzt. Dabei wurden etliche Margaritas getrunken. Dieser beliebte Cocktail aus Tequila, Curacao und geeistem Limettensaft wird mit einem Salzrand am Glas serviert und ist nach einem heißen Tag eine herrliche Erfrischung. Wir kamen ziemlich beschwipst im Hotel an. Nach diesen erlebnisreichen Stunden musste ich erst mal unter die Dusche. Der Stadtrundgang, das Tanzen und nicht zuletzt der Alkohol hatten mich total klebrig gemacht. Kaum hatte ich das Wasser angedreht, wurde der Duschvorhang langsam zurückgezogen. Pat stand vor mir in ihrer ganzen Schönheit, stieg zu mir und machte den Vorhang wieder zu. So etwas hatte ich noch nicht erlebt, zu zweit unter der Dusche. Wir seiften uns ein von oben bis unten. Ein Wahnsinnsgefühl! Unglaublich erotisch! Wir küssten uns die Tropfen aus dem Gesicht, umarmten uns. Angenehm warmes Wasser rann über unsere Körper, dann kamen die Hände dazu, jeder Zentimeter nackter Haut wurde erforscht. Wir waren beide wie auf einem Trip oder im Vollrausch. Wenn es zu heiß wurde, drehten wir das Wasser kalt. Aber unsere Glut kühlte nicht ab. Nachdem wir uns abgetrocknet hatten, standen wir noch eine Weile vor dem Spiegel und bewunderten unsere schönen Körper. Zum richtigen Schlaf fanden wir in dieser Nacht kaum Zeit. Wir haben uns geliebt. Ich hatte keine Ahnung, wie zwei Frauen miteinander Liebe machen können. Da fehlte doch was...! Also, wie sollte ich da zu einem Höhepunkt kommen? In den ersten drei Nächten hatten wir uns auch geliebt. Aber wir waren nicht den 100%-igen Weg gegangen. Wir hatten uns gestreichelt, auch über den Venushügel. Doch wie es weiterging, wusste ich nicht. Das war für mich Niemandsland. Was und wie – keine Ahnung! G-Punkt, schön und gut, aber wie wird er stimuliert?

In dieser Nacht waren wir so in Fahrt, dass es nicht lange dauerte, bis ich lernte damit umzugehen. Ich hatte mit Pat eine gute Lehrerin. Und so habe ich in jener Nacht erfahren, wie mein Körper wirklich funktioniert. Wir waren beide so verliebt, dass wir nichts um uns herum wahrnahmen.

Wir frühstückten im Bett, ließen es uns gut gehen. Es war fast mittags, als wir in die Stadt gingen. Eigentlich waren wir nach Mexiko-City gefahren, um uns diese schöne Stadt anzusehen. Wer hätte das gedacht, dass wir die meiste Zeit im Bett verbringen würden, unser Zimmer in ein Liebesnest verwandelten? Ich hatte solche Sehnsucht danach, mit Pat zu schlafen. Ob sie es zuließ, war die Eine-Million-Dollar-Frage. Mein Wunsch ging in Erfüllung, und ich war die glücklichste Frau der Welt. Gegen Mittag sind wir noch einmal in den Chapultepec-Park nicht weit von unserem Hotel gegangen. Wir haben den Zoo- und Vergnügungspark La Feria Chapultepec Magica besucht und die Residenz des Präsidenten von Mexiko Los Pinos gesehen.

Als wir genug herumgelaufen waren, habe wir uns am See im Park erholt und den Kindern im und am Wasser zugesehen. Die Ausgelassenheit und Fröhlichkeit der kleinen Mexikaner war richtig ansteckend. Manchmal hatte ich irgendwie ein komisches Gefühl, da ich ein paar Mal gehört hatte, dass es in der Stadt Erdbeben gegeben hatte. Aber ich dachte mir: ‚Jetzt bist du so glücklich. Lass dich von diesen blöden Gedanken nicht beeinflussen. Augen zu und durch – es wird schon nichts passieren.

Leider hatten wir keine Zeit mehr, um zu den anderen wunderschönen Sehenswürdigkeiten zu fahren. Es war einfach zu weit. Wir mussten langsam den Heimweg antreten. Die eineinhalb Wochen in Mexico City gingen viel zu schnell vorbei. Ich hatte große Schwierigkeiten, mich von dieser Stadt zu verabschieden. Die glücklichste aller Zeiten hatte ich hier erlebt, mit Pat! Ich hatte noch nie so viel Liebe bekommen und genossen. Für mich ist Mexico City und das Land Mexiko immer verknüpft mit diesen intensiven Gefühlen. Nun sollte diese unbeschwerte Zeit also vorbei sein.

Ich habe sehr viele Affären in meinem weiteren Leben gehabt. Doch so intensiv, wie ich in Pat verliebt war, wie ich unser Beisammensein, unsere Liebe genossen habe, ist es mir nie wieder passiert. Sie war meine größte und intensivste Liebe. Ich danke dir, meine geliebte Pat für alles, was du mir gegeben hast an Liebe und Vertrauen. Du wirst immer in meinem Herzen bleiben!

Heute, weiß ich nicht einmal, ob Pat noch lebt.

Einen Tag vor unserer Rückreise haben wir den Wagen sauber gemacht und voll beladen. Alles, was wir für die Rückreise brauchten, vor der mir schon ein wenig graute, wurde im Auto verstaut. Proviant, Obst, Tacos, Kartoffelchips und sehr viel Wasser! Unsere Rückfahrt wurde in einem Dorf in der Nähe von La Cruz, 1100 Kilometer vor der Grenze zur USA, abrupt unterbrochen. Wir hatten mit den gleichen Schwierigkeiten wie auf der Hinfahrt zu kämpfen, Staub und diese Hitze. Ich bekam entsetzliche Magenschmerzen und musste so stark husten, dass ich nicht mehr weiterfahren konnte. Ich hatte jetzt eine richtige Ruhr! Wir fuhren durch dieses staubige Dorf. Ich hielt den Wagen in einer kleinen Seitenstraße an, hustete mir fast die Seele aus dem Leib. Nichts ging mehr. Mir war alles egal. Hoffentlich war das nicht meine Ende, nicht in Mexiko. Nach einiger Zeit trat ein Mann so um die 50 Jahre alt an unseren Wagen. „Kann ich Ihnen helfen, Ladies?" Er sprach gebrochenes Englisch mit einem starken spanischen Akzent. Ich verneinte sofort ganz ängstlich. Doch Pat unterbrach mich und erklärte dem Mann unsere Situation. „Sie ist furchtbar krank und kann in diesem Zustand wirklich nicht weiterfahren. Was können wir nur machen?" Er bot uns seine Hilfe an. „Ich wohne gleich da drüben. Kommen Sie mit. Wir werden sehen, was wir für Sie tun können." „Oh nein.", sagte ich. „Pat, ich gehe mit diesem Mann nirgendwohin. Du weißt ja überhaupt nicht, was er mit uns vorhat." Doch sie hörte nicht auf mich und sagte ihm zu. Wir wendeten den Wagen und fuhren durch ein großes Tor in der gegenüberliegenden Lehmmauer. Ich hatte immer noch ein ungutes Gefühl. Das Tor ging auf, und dahinter verbarg sich eine riesige Halle, die mit Bierkästen voll gestapelt war. Die Seitentür ging auf und eine Frau, etwas jünger als der Mann, trat in den Getränkemarkt. Sie begrüßte uns herzlich und schaute ganz besorgt auf mich mit meinem kleinen Babybauch. Ihr Mann informierte sie über unsere Lage, und sie willigte sofort ein, uns zumindest für eine Nacht zu beherbergen. Sie reichte mir die Hand und brachte uns in ein sehr schönes großes Zimmer mit einem Doppelbett.

Bevor wir in das Zimmer kamen, mussten wir durch den Garten. Dieses Stückchen Paradies lag kaum ein paar Meter neben der staubigen Straße, und doch fühlten wir uns in eine andere Welt versetzt. Es war unbeschreiblich: Kakteen, Palmen und lauter Rosen. In der Luft schwirrten die Aromen von zuckersüßen Rosen und anderen Blumen. Es gab einen kleinen Teich mit Goldfischen. Bänke standen am Beckenrand, einfach traumhaft. Obwohl es mir nicht gut ging, konnte ich aus meinen Augenwinkeln diese Traumwelt wahrnehmen. Ich kam mir vor wie in dem Rosengarten von ‚Die Schöne und das Biest'. Unsere Gastgeber waren einfach rührend um uns bemüht. Pat bekam ein tolles Essen. Ich konnte leider kein Stück herunter bekommen. Als ich dann endlich im Bett lag, kamen vor meinem inneren Auge die vielen Kilometer durch öde und staubige Gegend und trostlose Dörfer wieder hervor. Sollten hinter den Mauern solche Paradiese liegen? Nie hätte ich auch nur ahnen können, wie wunderschön es sich die Menschen hinter ihren Toren eingerichtet hatten. Wir hatten so ein Glück!

Der Arzt kam noch am selben Abend. Er sprach ein wenig englisch. Nach der Schilderung meiner Beschwerden entschloss er sich dazu, mir eine Spritze gegen Durchfall zu geben. Ich würde mich in zwei Tagen besser fühlen, versprach er, und auch, dass er morgen wiederkommen würde. „He Pat, wir müssen doch morgen weiterfahren", gab ich zu bedenken. „Das Einzige, was wir müssen, ist gesund werden. Alles andere kann warten.", war ihre Antwort. Bei meinem aktuellen Zustand hatte es keinen Sinn, ihr zu widersprechen. So blieben wir insgesamt drei Tage in diesem Gartenparadies mit Vollpension. Wir hatten hier eine sehr aufmerksame und liebevolle Hausdame.

Als es mir dann besser ging, konnten wir weiterfahren. Wir wollten bezahlen, doch keine Chance. Sie wollten kein Geld annehmen. Wir fühlten eine so große Dankbarkeit, dass wir das nicht hinnehmen konnten. Wir legten einen Umschlag mit 100 Dollar unter das Kopfkissen meines Bettes. Sie konnten das Geld garantiert gebrauchen.

Noch heute denke ich mit großer Dankbarkeit an diese mexikanische Familie, die ohne viel Aufhebens vollkommen fremde Menschen aufgenommen und mir vielleicht sogar das Leben gerettet hatte.

Wir brachen zu unserer nächsten Etappe auf, fuhren bis Los Mochis, blieben eine Nacht, weiter über Ciudad Obregon, nochmals mit einer Übernachtung, weiter nach Hermosillo, wo wir zwei Tage blieben, dann weiter nach Nogales. Nun betraten wir wieder amerikanischen Boden, und ein großer Teil der Ungewissheit hatte damit für uns ein Ende.

Ich war fix und fertig. Aber wir mussten weiter. Von nun an wurde die Fahrerei einfacher. Es gab wieder Autobahnen, Raststätten, Tankstellen, die nicht so weit auseinander lagen und vor allem keinen STAUB mehr!

Auf den langen Fahrten haben wir oft über unsere Erlebnisse in Mexiko gesprochen. Das Land war wunderschön, die Menschen sehr hilfsbereit. Immer gab es ein Lächeln auf ihren Gesichtern. In den Tavernen und Bodegas genossen sie das Leben, liebten Musik, Tanz, Fiesta.

Wir brauchten zwei Tage von der Grenze bis nach San Bernardino. Gegen Abend erreichten wir Stevens Mutter. Ich freute mich sehr auf meine kleine Patty. Es war eine lange Trennung gewesen. Als erstes stürmten die Hunde aus dem Auto und sprangen an Patty hoch und schleckten sie ab. Sie waren so stürmisch, dass das Mädchen lachend umfiel. Dann war ich endlich dran und konnte meine kleine süße Tochter auf den Arm nehmen und an mich drücken. Stevens Mutter war auch froh, dass wir wieder da waren. Es war für sie bestimmt nicht leicht gewesen, so viele Wochen ein kleines Kind zu beaufsichtigen und zu pflegen. Ich war und bin ihr unendlich dankbar, dass sie mir diese Reise mit Pat ermöglichte, durch die sich mein ganzes Leben verändert hat.

Wir sind noch zwei Tage dort geblieben. Doch dann war es an der Zeit, zum Ernst des Lebens zurückzukehren. Ein Jahr später habe ich Stevens Mutter noch einmal gesehen. Das war das letzte Mal. Auch Stevens Schwester, mit der ich mich ganz gut verstanden hatte, habe ich nur noch einmal besuchen können.

Zurück in Oakland blieb Pat oben bei ihrer Freundin wohnen. Doch die meiste Zeit verbrachte sie bei uns. Ich musste unbedingt Arbeit finden und las die Zeitungen nach Stellenangeboten durch. In einer Dosenfabrik, die Tomaten und andere Gemüsesorten verarbeitete fing ich an. Ich war jetzt im 6. Monat schwanger. Zum Glück stellte das für den Boss kein Problem dar. Ich musste nachts von 22:00 bis 6:00 Uhr morgens in der Kantine arbeiten. Ich konnte tagsüber auf Patty aufpassen. Das war perfekt für mich. Nachts und morgens übernahm Maria, meine Nachbarin. Patty war bei ihr bis gegen 13 Uhr, damit ich schlafen konnte. Den Rest des Tages konnte ich mich um Patty und die Hunde kümmern. Und Pat war auch für uns da. Sie arbeitete im Oakland Hospital in der geschlossenen Abteilung der Psychiatrie als Krankenschwester. Ihr Dienst ging bis 16 Uhr. Dann kam sie zu uns, hat mir geholfen, das Abendbrot zuzubereiten und Patty ins Bett zu bringen.

Die Konservenfabrik DelMonte war nicht sehr weit von uns entfernt – ungefähr eine Viertelstunde mit dem Auto. Doch so spät am Abend zur Arbeit zu fahren, war mir wegen der Kriminalität nicht ganz geheuer. Wir waren zu dritt in der Kantine. Es war eine riesengroße Küche mit allem Drum und Dran. Mir wurde das Abwaschen und das Frühstückmachen zugeteilt. Na toll! Während des Frühstücks stand ich an der Eierpfanne und musste Spiegeleier braten. Dabei gab es natürlich Spezialwünsche: ‚sunny-side – down' oder ‚sunny-side – up'. Ich konnte noch nicht einmal das. Dieser Job war eine echte Herausforderung. Das Eigelb ohne Schaden nach unten zu wenden, gelang mir am Anfang fast nie. Nach ein paar Tagen hatte ich es endlich drauf. Bis dahin musste ich die verunglückten Versuche selbst vertilgen. Ich glaube, ich habe in meinem ganzen Leben nie wieder so viele Eier gegessen. Danach wurde ich die beste ‚Sunny-side-down-friedeggs'-Braterin der Welt. Immerhin galt es 475 Arbeiter damit zu versorgen.

Das Schlimmste jedoch war der Abwasch. Wir hatten zwar eine große Geschirrspülmaschine, doch die ganzen Pötte, egal wie groß sie waren, musste ich saubermachen. In den paar Wochen in der Konservenfabrik habe ich so viele Töpfe gespült, wie noch nie vorher in meinem Leben, obwohl ich zuhause bei meiner Mutter beinahe täglich am Waschbecken gestanden hatte. 3 Monate hatte ich diesen Job. Dann musste ich aufgrund der Schwangerschaft aufhören. Von dieser Arbeit ist mir nur eins geblieben: ich hasse es. Bis heute dauert mein Abwaschsyndrom.

In diese Zeit fällt auch ein Gespräch mit Pat. Sie kam herunter und teilte mir mit, dass ihre Freundin wieder nach New York zurückkehre. Sie hatten sich in der letzten Zeit oft in der Wolle gehabt. Man konnte es bis unten hören. Und dann eröffnete mir Pat, dass Naomi ihre Lebensgefährtin gewesen sei, dass sie sich aber in Mexiko in mich verliebt habe und nach der Reise nichts mehr ging mit Naomi. Ich war wie geschockt. „Was? Du bist lesbisch? Und das schon länger? Du hast mir das nie gesagt. Ich hatte so ein schlechtes Gewissen, als ich anfing, Dich zu küssen in Mexiko-City. Ich dachte, Du bist hetero, genau wie ich." Ich war außer mir. Ich kam mir total veräppelt vor. „Ich weiß, Bridge. Es tut mir leid. Aber, ich liebe Dich so sehr. Ich möchte mit Dir und den Kindern zusammen sein. Und wenn das Baby da ist, dann werden wir es gemeinsam aufziehen. Ich will Dir doch nur helfen und Dich lieben. Bitte, vertrau mir." Ich musste mich erst mal beruhigen. Ich dachte an die arme Naomi, die nach fünf Jahren wieder allein dastehen würde. Ich kam nicht zur Ruhe. Immer wieder dachte ich über Pat nach und darüber, dass sie mir verheimlicht hatte, dass sie lesbisch war. Ich hatte so einen Idioten aus mir gemacht, als ich über so viele Wochen Angst hatte, über meine Verliebtheit zu sprechen. Und auch in dem entscheidenden Augenblick im Hotel in Mexiko-City hatten mein Herz und mein Hirn einen harten Kampf miteinander ausgefochten. Es musste erst mal eine gewisse Zweit vergehen, ehe ich wieder klar denken konnte. Naomi verließ Oakland. Pat blieb in der Wohnung. Ich wollte mit Pat zusammen bleiben, eine Beziehung aufbauen. Mir wurde immer klarer, wie sehr ich Pat liebte. Wir lebten unseren Alltag, hatten eine schöne Zeit zusammen.

Eines Abends bekam ich so heftige Wehen, dass ich Pat herunter rufen musste. Sie bestellte einen Krankenwagen und schon ging es ins Armeekrankenhaus. Es war der Abend vor dem 9. April 1960. Ich wurde auf die Entbindungsstation gebracht. Es war 20 Uhr. Kurz nach 0 Uhr schoss meine zweite Tochter Chou in die Welt hinaus. Diese Entbindung war lange nicht so schwierig wie bei Patty. Patty hatte sich 24 Stunden Zeit gelassen, um auf diese Welt zu kommen. Vielleicht ahnte sie, in was für eine komplizierte Welt sie hineingeboren werden würde.

Am nächsten Morgen konnte ich Chou auf der Babystation sehen. Die Schwester brachte mich vor ein Bettchen. Da lag ein kleines Wesen mit ganz vielen schwarzen Haaren, das aussah wie ein Nachkomme einer mexikanischen Familie. Das konnte doch wohl nicht mein Kind sein! Patty war vollkommen blond gewesen. Sie hatte blaue Augen gehabt. Und nun hatte ich also ein Kind, das offensichtlich die Mehrheit seiner Gene von der ungarischen Vaterseite geerbt hatte. Sehr merkwürdig! Ich dachte, in der Klinik haben sie bestimmt die Kinder vertauscht, was immer mal wieder vorkommen soll. Aber die Schwester bestand darauf, dass meine Tochter schwarze Haare hatte bis in die Stirn.

Chou war sehr temperamentvoll. Als wir nach ein paar Tagen wieder zu Hause waren, ging es so richtig zur Sache. Nachts war es fast nicht möglich zu schlafen, da sie nur am Schreien war. Sie hatte dauernd Hunger. Sie bekam, genau wie Patty, damals die Flasche. Danach wollte sie aber noch lange nicht einschlafen. Wir beide, Patty und ich, haben in den ersten Wochen fast keinen Schlaf bekommen. Eines Nachts hörte ich Geräusche aus der Küche. Ich stand leise auf, um nachzusehen, was los war. Ich konnte es nicht glauben. Da stand meine große Patty am Herd, machte eine Flasche warm, nahm sie vorsichtig aus dem Topf. Als sie vor dem Babybett stand, schüttete sie ein paar Tropfen Milch auf ihren Puls, um zu testen, ob die Milch die richtige Temperatur hatte. Dann gab sie Chou die Flasche, und Ruhe war. Patty war damals nur viereinhalb Jahre alt. Ich war sehr stolz auf sie. Leider musste ich ihr erklären, dass es gefährlich war, an den Herd zu gehen. Patty hat sich von da an auch daran gehalten.

Pat hat mich intensiv unterstützt mit den Kindern. Wir haben zusammen viel unternommen, sind schwimmen gefahren nach Walnut Creek auf der anderen Seite der Berge. Nur eine halbe Stunde Autofahrt und der Temperaturunterschied betrug 10 Grad. Oft haben wir den Wagen voll gepackt bis oben hin und sind ins Autokino gefahren. Die Kinder waren natürlich immer dabei. Das war eine tolle Zeit, so harmonisch und ausgefüllt. Pat und ich waren glücklich. Fast jeden zweiten

Tag haben wir uns geliebt. Ich bekam alles, was ich mir in einer sexuellen Beziehung gewünscht hatte. Auch die Kinder mochten Pat, das war für mich sehr wichtig. Es war einfach alles zu schön, um wahr zu sein.

Von Steven kam einmal pro Monat eine Nachricht. Er schickte das Geld und ein paar Zeilen. Das war's, bis zu dem Tag, an dem er schrieb, dass er in zwei Wochen zurück sein würde.

‚Ich bin nach Lawton, Oklahoma versetzt worden.' schrieb er. Im Oktober müssen wir dort eintreffen.' Oh, mein Gott! Ich hatte diese Seite meines Lebens so total verdrängt, dass es mich jetzt wie ein Hammer traf. Was sollten wir nur tun? Ich liebte Pat so sehr, das war die eine Seite. Aber mit Steven war ich verheiratet, und es gab die Kinder, das war die andere Seite.

Ich liebte Steven nicht mehr. Pat war jetzt mein Leben. Doch ich war so erzogen worden, dass ich einmal gegebene Versprechen halten muss, egal, um was es ging. Ich war mir meiner Verantwortung aufgrund der Ehe bewusst. Mein Kopf war beschäftigt mit sich ständig widersprechenden Argumentationen. Diese Zeit der Ungewissheit war für Pat und mich furchtbar entnervend. Wir waren nur noch am Heulen. Es gab keinen anderen Gedanken mehr. Für nichts war Platz in unseren Köpfen. Wie sollte es nur weitergehen?

Patty liebte ihren Vater. Chou kannte ihn noch nicht. Aber ich wollte Steven die Kinder nicht vorenthalten. Auf der anderen Seite war da Pat, die mich und die Kinder genauso liebte. Ich konnte ihr doch nicht alles nehmen! Dann dachte ich an die Trennung von Naomi und Pat. Nun sollte es also Pat sein, die sich mit Trennungs- und Liebeskummer herumplagen sollte! Ich wusste lange nicht, was ich tun würde. Dann, kurz vor der Ankunft von Steven, entschloss ich mich, mit ihm nach Oklahoma zu gehen. Es war wie ein Todesstoß für Pat. In der letzten Woche versuchten wir, so oft wie möglich zusammen zu sein. Doch je mehr wir gemeinsame Erlebnisse hatten, um so schlimmer wurde es für uns. Mir ging es schlecht. Vor lauter Trennungsschmerz und Depression zog ich mich immer mehr zurück, tat nur noch das Allernötigste. Zu nichts war ich mehr fähig. Es gab keinen Ausweg, nein! Der Schock sollte nicht so gigantisch werden, deshalb hatte ich mir vorgenommen, die letzten drei Tage nicht mehr mit Pat zu schlafen, sie nicht mehr zu sehen. Ich schlich wie ein Tiger im Käfig durch die Wohnung. Aber meist lag ich irgendwo herum und beschäftigte mich mit meinen trübsinnigen Gedanken.

Patty aber war überglücklich, als ich ihr sagte, dass ihr Vater wiederkommt.

An einem Spätnachmittag kam er dann. Patty war außer Rand und Band. Sie hüpfte sofort in seine Arme, und ihr kleiner Mund hörte nicht wieder auf, zu fragen und zu erzählen. Unsere Begrüßung fiel eher zurückhaltend aus. Es war schön, Steven wiederzusehen, aber nicht mehr als Ehemann. Was sollte ich nur machen? Allein der Gedanke, dass ich abends mit ihm würde schlafen müssen, ging mir gegen den Strich. Ich musste da durch. Ich hatte mich entschieden, mit nach Oklahoma zu gehen.

Es wurde spät an diesem ersten Abend. Ich hatte versucht, es so lange wie möglich hinauszuzögern. Wir legten uns ins Bett. Mir wurde kalt und unwohl. Ich dachte nur an Pat, an ihren schönen, weichen Körper, ihre strahlenden Augen, die in letzter Zeit so viel geweint hatten, ihre Zärtlichkeit, ihren Geruch, wie sie neben mir lag, nachdem wir uns geliebt hatten, in Löffelchenstellung einschliefen.

Nein, es war unmöglich. Ich konnte einfach nicht mit ihm schlafen. Ich dachte mir mal wieder eine Ausrede aus. Gott sei Dank, war Steven ein friedlicher Ehemann. Mancher Andere hätte seine ehelichten Rechte mit Gewalt durchgesetzt. Das hätte in jener Zeit noch nicht einmal einen Richter gefunden. Gewalt und Vergewaltigung in der Ehe waren kein Delikt, sondern gehörten dazu, wenn die Ehefrau nicht so wollte wie der Hausherr. Ich war Steven sehr dankbar dafür. Nur noch eine Nacht, und wir mussten abreisen.

An diesem letzten Abend musste ich unbedingt eine Ausrede finden, um Pat noch einmal zu sehen. „Steven, ich muss noch mal weg, um mich von einem Freund zu verabschieden!" Und weg war ich. Ich rannte, so schnell ich konnte, mit Riesenschritten die Treppe hoch zu Pats Tür, klingelte Sturm und hoffte, dass sie zuhause wäre. Die Tür ging auf, und Pat stand vor mir. Sie riss mich in die Wohnung. Die Tür knallte zu. Da lagen wir uns schon in den Armen und schluchzten und umarmten uns, dass wir fast keine Luft mehr bekamen. „Pat, meine große Liebe. Es tut mir so leid. Aber ich muss mit Steven gehen. Es ist doch wegen der Kinder. Ich liebe Dich so. Und ich werde Dich immer lieben. Es war eine so schöne Zeit mit Dir. Du bist meine größte Liebe. Ich werde Dich nie vergessen. Meine liebe liebe Pat! Ich verspreche Dir, dass ich Dir so oft schreiben werde, wie ich kann. Schau uns nicht nach, wenn wir gehen, Das halte ich nicht aus.!"

Sie erwiderte fast alles, was ich ihr sagte, dass sie mich auch liebe und nicht wüsste, wie sie ohne mich leben könnte. Es war das schlimmste Drama meines Lebens.

Ganz früh am nächsten Morgen fuhren wir Richtung Oklahoma los. Es war gegen 5 Uhr. Pat hat unsere Abfahrt nicht mitbekommen, da es zu früh war. Es war auch besser so für uns alle!

1960 – Lawton

Wir gaben schweren Herzens unsere Hunde weg und fuhren innerhalb von drei Tagen nach Fort Sill in Lawton. Die ganze Fahrt über ging mir Pat nicht aus dem Kopf. Ich hatte jetzt schon Sehnsucht nach ihr. Wie sollte ich das nur aushalten?

Steven erzählte mir von Korea, von seinem Jahr dort und was seine Aufgaben in dieser Zeit gewesen waren. Ich musste mich zwingen, seinen Worten zu folgen. An der ersten Tankstelle habe ich sofort eine Postkarte an Pat geschrieben, ihr mitgeteilt, dass ich sie schon jetzt vermissen würde. Ich konnte einfach nicht anders.

Die Verabschiedung von Pat hatte mich fertiggemacht. Aber die Vorstellung, wieder in einer Kaserne zu wohnen, eingezwängt in einem Nest ohne Kultur, jagte mir kalte Schauer den Rücken hoch und runter. Lawton war eine Kleinstadt mit vielen Lehmstraßen, wie in einer Westernstadt aus den Filmen der 60er Jahre, nicht weit davon entfernt ein Indianerreservat, Büffel überall.

Als wir in Lawton ankamen, traf mich erst einmal der Schlag. Eine reine Matsch-Town! Überall Matsch! Straßen und Gehwege bestanden nur aus Modder! Es musste sehr geregnet haben, denn woher sollte der viele Schlamm sonst kommen? So eine hässliche Stadt! Von weitem sah ich schon das Schild: Fort Sill – Geradeaus.

Am Eingang wurden wir kontrolliert: Papiere und Einweisungsschein. Als ich die Baracken sah, wurde mir kotzübel. Da sollte ich mit den Kindern wohnen? ‚Wie stehst du das nur durch? Hier wirst du nicht alt!,' dachte ich mir. ‚Das schöne

Kalifornien! Und dann noch Pat nur eine Treppe höher! Alles eingetauscht gegen Pampe und Trostlosigkeit! Mein Gott!'

Steven arbeitete wieder im Finanzbüro. Patty spielte meist draußen mit den Nachbarskindern, und Chou war in ihrem Spielgitter mitten im Wohnzimmer. Es konnte niemandem etwas passieren, nur wo blieb denn eigentlich ich mit meinen Bedürfnissen und Lebensansprüchen?

Ich musste mir eine Beschäftigung im Fort suchen. Sonst würde ich es nicht aushalten. Wir besprachen am Abend die Situation. Steven war einverstanden, dass ich arbeiten ging, und zwar abends im NCO-Club als Kellnerin für einen Stundenlohn von 45 Cents. Oklahoma hatte damals die niedrigsten Löhne der ganzen USA. Gearbeitet habe ich vier Tage pro Woche von 17 bis 23 Uhr. Es war der letzte Horror in dieser Bar. Fast jeden Abend gab es Streitereien, Bierflaschen flogen durch die Gegend, es wurde gerauft und geboxt, getreten und gebrüllt. Es war wie in einem Hollywood-Western: Kampfszenen im Saloon, und ich mittendrin! Nicht zu glauben! Lange habe ich es da nicht ausgehalten. Alles war so primitiv, halt das Übliche in einer Kaserne. Fremdgehen, sich volllaufen lassen, Schlägereien und Messerstechereien, das ganze Programm. Ich war der unglücklichste aller Menschen in dieser Garnison. Es machte mir Angst, abends allein nach der Arbeit nachhause zu gehen, obwohl ich mich in einer bewachten Kaserne befand. Ich musste Steven öfter bitten, mich abzuholen. An den Wochenenden sind wir zu den Indianerreservaten gefahren und haben uns die Büffelherden angesehen.

Fast jeden Tag bekam ich Post von Pat. Sie schrieb mir heiße Liebesbriefe. Eine Zeit lang konnte ich es verheimlichen. Doch wie das Leben so spielt, einmal musste es ja auffallen. Steven kam eines Mittags nachhause, hatte die Post in der Hand und fragte mich, wer mir dauernd schreiben würde. „Das ist mir schon ein paar Mal aufgefallen!" „Das sind Briefe von einer Freundin aus Oakland." Damit hatte sich für mich der Fall erledigt, obwohl mir bei der Lügerei nicht ganz wohl war. Aber Steven gab sich damit nicht zufrieden. Heimlich las er einen der Briefe, und kreidebleich stellte er mich am nächsten Tag zur Rede. Er hielt mir einen Liebesbrief von Pat unter die Nase. „Bridge, erklär mir das!" Ich war bestürzt und froh zugleich, dass es endlich herauskam. Stockend beichtete ich ihm die Liebesbeziehung zu Pat. Steven ging ins Schlafzimmer, setzte sich aufs Bett und stierte ins Leere. Nach ein paar Minuten fragte er fast nicht hörbar: „Wie lange geht das schon?" „Ein Jahr!" „Wie konntest Du nur...? Was ist mit den Kindern?" „Oh, sie liebt die Kinder. Und die Kinder kommen gut mit ihr aus. Sie heißt Pat. Ich war ganz allein in Oakland, und ohne Pat hätte ich gar nicht gewusst, wie ich das alles mit den zwei Kindern hinkriegen sollte. Sie hat uns so sehr geholfen, und da habe ich mich in sie verliebt. So ist das!" Steven war absolut geschockt. Von diesem Tag an verachtet er mich, bis heute.

Als wir noch so auf dem Bett saßen, sagte er: „Ich will die Scheidung, so schnell wie möglich." „Ist gut, Steven. Wir werden zurück nach Kalifornien gehen." „Was meinst Du mit, wir?" „Ich und die Kinder. Du bist hier in dieser verrückten Kaserne. Das ist Dein Beruf. Aber bei diesen ganzen Idioten lasse ich meine Kinder nicht. Ich werde von hier verschwinden, mit den Mädchen."

Am Ende dieser Unterhaltung mussten wir beide weinen. Es hatte doch auch gute Zeiten zwischen uns gegeben. Als er aus dem Zimmer ging, sagte er ganz beiläufig: „Übrigens, ich habe in Korea eine Frau kennen gelernt. Ich liebe sie. Ich werde sie herholen und heiraten." Na, das war ein Schock für mich, der mich sprachlos machte. Was hätten wir uns alles ersparen können, wenn er das schon in Kalifornien ausgesprochen hätte. Eben hatte er mir noch Vorwürfe ohne Ende gemacht, dass ich fremdgegangen war, und jetzt hatte er selbst ein Jahr lang ein Leben mit einer anderen Frau gelebt. Ich wurde wütend darüber, wie hier mit zweierlei Maß gemessen wurde, und bin es heute noch. Mein Verbrechen bestand darin, dass ich ihn mit einer FRAU betrogen hatte. Das war ungeheuerlich und nicht zu akzeptieren. Sein Ego war bis ins Mark verletzt. Dagegen war sein Fremdgehen legitim, oder?

Aber trotzdem war ich heilfroh, dass er mich freigab, ohne viel Federlesen.

Wir einigten uns friedlich. Er konnte alles behalten, die Möbel, das Auto und musste nur für die zwei Kleinen Unterhalt zahlen. Ich wollte von ihm keine Unterstützung. Am Ende wurden wir in Oklahoma geschieden, was für Steven beträchtliche Vorteile mit sich brachte. Ich war viel zu unerfahren, um mich über praktische und finanztechnische Dinge in diesem Zusammenhang zu erkundigen. Jeder Bundesstaat hatte für Scheidungen seine eigenen Gesetze und Unterhaltssätze. In Oklahoma war der Kindesunterhalt mit 35 Dollar pro Kind festgesetzt. Wenn die Scheidung in Kalifornien gelaufen wäre, hätte ich pro Kind 150 $ bekommen. Doch ich wusste nichts davon, und Steven hat sich sicher über den niedrigen Satz gefreut.

Ich rief Pat noch am selben Abend an. Sie konnte es nicht fassen. „Ihr kommt wieder? Ich kann es gar nicht erwarten. Wann denn? Am nächsten Samstag? Oh, wundervoll! Ich liebe Dich. Ich warte auf Euch. Sag den Mädchen liebe Grüße!" Am nächsten Abend teilte ich Steven mit, dass ich am Samstag zurückfliegen würde nach San Fransisco.

In den nächsten Tagen gingen wir uns aus dem Weg. Es war uns beiden peinlich, den anderen zu sehen. Steven war oft weg. Er ging zum Bowling, oder wer weiß wohin. Unsere wenigen Gespräche drehten sich um die Kinder. Immerhin konnten wir noch miteinander reden, wenn auch verhalten. Aber das Wenige, was es zu besprechen gab, wurde gesagt. Steven wollte die Scheidung über seinen Anwalt laufen lassen. Da ich es nicht besser wusste, stimmte ich zu. Es gab genügend offiziellen Papierkram zu regeln. Wir einigten uns darauf, dass er die Kinder sehen könnte, wann er wollte. Er sollte nur erst wieder verheiratet sein.

Ich habe im Wohnzimmer geschlafen, weil ich das Bett nicht mehr mit ihm teilen konnte. Es ging einfach nicht. Durch meine Beziehung zu Pat hatte sich alles geändert. Steven war ein schöner Mann, gut gebaut und groß. Doch es gab kein sexuelles Interesse, geschweige denn, Verlangen von meiner Seite.

Der Tag der Abfahrt kam. Er fuhr uns zum Flughafen in Lawton. Ich dankte ihm für alles. Der Abschied von den Kindern fiel ihm sehr schwer. Er hatte ja nur eine kurze Zeit mit ihnen verbracht. Ich hörte Steven noch sagen, dass er die Scheidungspapiere schicken würde, so schnell wie möglich. Er umarmte die Kinder, winkte uns hinterher. Das war das letzte Mal, dass ich Steven sah!

Im März 1961 wurden Steven und ich in Oklahoma geschieden. Heute ist er über 80 Jahre alt und hat in seiner zweiten Ehe sein großes Glück gefunden, was ich ihm von Herzen gönne. Er hat tatsächlich die Koreanerin geheiratet, von der während unserer Trennung die Rede war. Sie machte es ihm leichter als ich.

Nach einem Flug voller Erwartungen und Sehnsucht landeten wir auf dem Flughafen von San Fransisco. Pat stand in der großen Halle. Sie hatte einen riesigen Strauß roter Rosen im Arm und strahlte über das ganze Gesicht. Wir waren beide so von Glück erfüllt, dass es uns egal war, was die Menschen ringsum denken würden. Wir umarmten uns, küssten uns auf den Mund und konnten kaum voneinander lassen. Als wir aus diesem Gefühlsstrudel auftauchten, bemerkten wir, dass wir bei den Umstehenden Kopfschütteln hervorgerufen hatten. Homosexualität in der Öffentlichkeit war in den 60er Jahren in Amerika ein Delikt. Hinterher wurde uns das bewusst, und wir waren erschrocken über unsere Unbekümmertheit. Zwei Frauen, die sich innig küssten, waren nicht nur ein Skandal, sondern auch Gesetzesbrecher. Aber uns war alles egal, Hauptsache, wir hatten uns wieder.

Pat nahm Chou auf den Arm, und ich folgte ihr mit Patty an der einen und den roten Rosen in der anderen Hand. Auf - nachhause!

1960 – Pat

Wir nahmen uns ein Taxi. Pat gab eine Adresse an, von der ich noch nie gehört hatte. Oakland, Weldon Avenue. Das Taxi hielt vor einem wunderschönen Haus mit Turmzimmer. „Well, my love. Da sind wir!" „Was meinst du mit: Da sind wir?" „Das ist von nun an unser Haus, Ich habe es für uns gemietet." Staunend gingen wir durch den Garten, der ein wenig abschüssig auf einem Hang gelegen war. Hecken, Bäume, Blumen – eine richtige kleine Oase. Es gab drei Schlafzimmer, ein großes Wohnzimmer, Bad und Küche, unter den Zimmern eine Garage und eine große Terrasse. Ich war sprachlos, freute mich wie ein kleines Kind. Ein richtig schönes Haus, keine Baracken, keine Kaserne mehr! Hier würde ich die Gelegenheit haben, mit normalen gebildeten Menschen reden zu können. Nicht mehr diese oberflächlichen Armeehausfrauen mit ihren Affären und Streitigkeiten! Ich war im siebten Himmel, konnte das alles gar nicht fassen und musste es erst mal langsam verdauen. Pat hatte ein mexikanisches Essen gekocht. Mit jedem Bissen wurde mir warmer ums Herz, und die Erinnerungen an unsere außergewöhnliche Autoreise durch Mexiko durchströmten meinen ganzen Körper. Die Kinder wurden ins Bett gebracht, und wir Erwachsenen setzten uns mit einem Glas kalifornischen Weins auf die Terrasse. Ich war sehr müde von diesem aufregenden Tag, trotzdem wurde es spät, bis auch wir uns bettfertig machten. Ich ging noch unter die Dusche. Plötzlich stand Pat neben mir unter dem angenehm warmen Wasser. Es war ein himmlisches Gefühl. Wir beide wieder zusammen! Dann legten wir uns, so wie wir waren, nackt ins Bett. Wir liebten uns fast die ganze Nacht mit einer intensiven Zärtlichkeit, die nicht zu beschreiben ist. Immer wieder drängte es meine Hand, Pat zu berühren. Wir zitterten vor Ekstase und Glück. Es war unbeschreiblich. Unsere Körper verschmolzen miteinander und waren nicht mehr zu trennen. Ich hatte diese Gefühle in den vergangenen Wochen so vermisst. Tränen des Glücks stiegen mir in die Augen. In diesem Haus war ich eine Königin, mit Pat aber außerirdisch glücklich. Wie sehr liebte ich sie! Vollkommen ermüdet aber überglücklich schliefen wir gegen Morgen eng umschlungen ein.

Chou ließ uns nicht lange schlafen. Gegen 7 Uhr musste ich aufstehen und ihre Windeln wechseln. Dann wachte Patty auf, und der Tag begann. Pat hatte sich die ersten drei Tage unseres Zusammenlebens frei genommen, wofür ich ihr dankbar war. Alles war so neu für uns, für mich und die Kinder. Patty erkundete die neue Umgebung. Alles war einfach ideal. Wir saßen oft und gern auf der Terrasse. Diese drei ersten Tage mit Pat waren die Erfüllung aller Sehnsüchte. An einem Abend wollte Pat etwas Wichtiges mit mir besprechen: „Also Bridge, ich denke, wir brauchen ein Auto, damit wir Vier uns freier bewegen können. Ich habe mir überlegt, dass ich einen VW-Bus kaufe. In so einem Bus haben wir ausreichend Platz, und wenn nötig, können wir auf Reisen sogar darin übernachten. Es wäre eine geniale Geschichte, oder was denkst Du?" „So ein Bus wäre schon ein tolles Ding. Aber Du vergisst, dass ich kein Geld habe. Ich kann mich überhaupt nicht finanziell beteiligen." „Pass auf! Ich habe genügend Geld für so eine Anschaffung. Ich kaufe den Bus und bin die Besitzerin. Aber, wie Du weißt, kann ich gar nicht Autofahren. Das heißt, Du fährst und benutzt den Bus einfach so, als ob er Dir gehören würde. Und dann habe ich mir noch überlegt, dass Du Dir auch eine Arbeit suchst. Das einfachste ist, eine Stelle tagsüber ohne Schichten für Dich. Dann bist Du abends und nachts bei den Mädchen. Und ich mache Nachtschichten, dann bin ich tagsüber für die Kinder zuhause. Im Krankenhaus suchen sie ständig Leute, die freiwillig Nachtschicht machen wollen. Außerdem gibt es dafür mehr Geld. Die Sache hat nur den einen Haken, dass ich Nachts nicht allein mit öffentlichen

Verkehrsmitteln durch die Stadt fahren will. Du müsstest mich abends zum Dienst bringen und mich am nächsten Morgen gegen sechs wieder vom Krankenhaus abholen, sozusagen als Gegenleistung für die Anschaffung des Autos."

Da brauchte ich nicht lange zu überlegen. Mit diesen Randbedingungen konnte ich mit ruhigem Gewissen dem Kauf zustimmen. Immerhin hatte Pat nicht nur die Geldausgabe, sondern auch eine Gegenleistung von mir. Traurig war ich nur, weil ich nun die Nächte meist allein schlafen musste. Das gefiel mir nicht so sehr. Es ging aber nicht anders. Wir waren schließlich zu viert, und sie hatte meine kleine Familie sofort zu der ihren gemacht.

Wir fuhren mit einem Taxi zu einem VW-Händler, suchten uns einen schönen Bus in rot und schwarz aus. Wir handelten eine Garantiezeit von zwei Jahren und einen Sonderpreis aus, da das gute Stück bereits 5000 Kilometer auf dem Buckel hatte und Pat ihn gleich bar bezahlte. Ich musste mich sofort hinters Lenkrad setzen. Es war ein ganz anderes Fahrgefühl als mit den kleinen PKWs, die ich bisher gewöhnt war. Man saß viel höher und hatte einen besseren Überblick über die Straße, auch weil der Bus ringsum Fenster hatte.

Pat setzte ihren Schichtwechsel durch, und ich fand am gleichen Tag einen ersten Job in einer Frittenbude. Von 9 bis 17 Uhr musste ich Hamburger braten, Sandwichs vorbereiten usw. Für 336 Dollar im Monat war die Arbeit okay und nicht so schwer wie bei DelMonte. Mit diesem Geld kam man nicht weit. Wir konnten davon gerade mal Lebensmittel, Benzin und ein paar Kleinigkeiten kaufen. Das meiste Geld steuerte Pat bei. Sie verdiente in ihrem Krankenhaus 1000 Dollar. Es war für uns alle eine harte Zeit. Wenn ich mit Pat am Morgen um 6 Uhr zu unserem Haus fuhr, war sie todmüde von der Nachtschicht. Dann konnte sie sich ein wenig hinlegen, bis ich zur Arbeit musste. Bis ich wieder kam, hatte sie die Oberaufsicht über die Mädchen mit allem Drum und Dran. Kurz vor Mitternacht fuhr ich sie ins Krankenhaus, wo sie bis zum Morgen arbeitete. Das war alles sehr ermüdend und stressig. Wir mussten da gemeinsam durch.

An den Wochenenden sind wir, so oft es sich lohnte, herumgefahren, nach Berkeley, Monterey, zum Schwimmen, zum Picknick, ins Autokino oder was uns sonst noch so einfiel.

Meine Arbeit war monoton. Jeden Tag hatte ich das Gleiche zu tun: Kaffee kochen, Frühstück machen, Hotdogs und Burger braten, Suppen kochen und servieren, danach alles saubermachen. Eben alles, was in einer Frittenbude so anfällt. Am interessantesten waren die Gäste. Eine gewisse Zeit würde ich das durchstehen. Aber auf die Dauer war das nicht mein Traumjob, das war mir ziemlich schnell klar. Ich hoffte auf eine bessere Stelle. Ich hatte keine Zeit, mich um einen neuen Job zu kümmern, also nutzte ich die Gespräche mit den Stammgästen und den anderen Angestellten zu diesem Zweck. Und tatsächlich wurde ich dafür belohnt.

Sam, einer meiner Stammgäste, besuchte uns auch manchmal zuhause und kochte dann für uns. Er zauberte wunderbare Gerichte der philippinischen Küche, einfach lecker. Wenn er in der Küche war, durfte niemand zu ihm. Er wollte seine Kreationen ungestört herstellen. Ich hatte bald das Gefühl, dass er Interesse an Pat entwickelte. Seine Besuche bei uns zuhause wurden mir immer mehr suspekt, und in mir kochte die Eifersucht. Ganz langsam schlich sie sich in unser Leben ein.

Es war auch Sam, der mir den Tipp mit dem Dentallabor gab. Der junge Chef suchte jemanden zum Ausfahren der fertigen Kronen und Prothesen. Autofahren war für mich schon lange kein Problem mehr, und besser, als nach altem Fett zu riechen, war das allemal. Es gab sogar ein paar Dollar mehr! Auch Pat war froh, dass ich eine bessere Stelle gefunden hatte.

Von morgens bis nachmittags, achteinhalb Stunden lang, habe ich mich von da an mit dem Firmenwagen durch die große Stadt geschlängelt in Abgaswolken eingehüllt und eigentlich ständig im Stau. In dieser Zeit fing es an, dass ich mir Gedanken machte, was wohl zu Hause passieren würde. Sam! Pat? Pat! Sam? Ich war durch das Leben in den Kasernen und die ganzen Eifersuchtsdramen und Fremdgehereien in meiner nächsten Umgebung so geprägt worden, dass ich mir beinahe alles vorstellen konnte. Ohne dass ich es wollte, fingen die ersten Eifersuchtsszenen zwischen uns beiden an. Es war eine unschöne Zeit zwischen Pat und mir. Es musste schnell etwas passieren. Und so zog Pat die Notbremse. Eines Abends noch bevor ich Pat mit meiner Eifersucht kommen konnte, sagte sie: „Heute habe ich mit Sam gesprochen." „Wie?" „Ich habe ihm gesagt, dass wir beide ein Paar sind." „Und?" „Er war ziemlich geschockt. Wir haben noch eine Weile zusammen geredet. Dann ist er gegangen. Er wird nicht wiederkommen." Oh ja, sie liebte mich. Ich war total erleichtert und wurde wieder ausgeglichener.

Nach dieser guten Nachricht konnte ich wieder beruhigt, glücklich und mit guter Laune meiner Arbeit nachgehen. Was hätte ich nur ohne Pat gemacht! Sie war emotional so unglaublich wichtig für mich. Dazu noch ihre liebevolle Bindung an die Kinder! Und nicht zuletzt konnten wir nur mit ihrem Geld überleben. Meine 400 Dollar pro Monat plus die 70 von Steven für den Unterhalt der Kinder reichten hinten und vorne nicht. Pat hat mir nie das Gefühl gegeben, dass sie es war, die unsere kleine Familie finanzierte. Sie war so wunderbar selbstverständlich und liebevoll.

Eines Tages musste ich eine Lieferung in die Market Street bringen. Mehrere Dentalprothesen waren bei Dr. Vamos abzugeben. Es war eine riesige Praxis mit 15 Behandlungsräumen. Ich fragte die Sekretärin ganz spontan, ob sie eine Zahnarzthelferin bräuchten. Sie sagte: „Oh ja, wir suchen gerade eine." Was hatte mich geritten, eine solche Frage zu stellen? Ich hatte nicht die geringste Ahnung von diesem Job!

Und dann stand plötzlich der Doktor vor mir: weißer Kittel, weißes Haar, Schnurrbart, Halbglatze. Er stellte sich als Dr. Vamos vor und fragte, wie er mir helfen könne. „Eh, ich suche einen Job als Zahnarzthelferin. Im Augenblick arbeite ich für das Labor und beliefere die Zahnärzte der Stadt. Ich dachte mir, vielleicht brauchen Sie in dieser großen Praxis noch Unterstützung....Erfahrung? Eh, ja, in Deutschland hatte ich einen Onkel, der war Zahnarzt. Ich habe ein Jahr lang für ihn gearbeitet." Erstaunt hörte ich mir selbst zu. Wo hatte ich das denn her? „Okay," sagte Dr. Vamos. „Wir werden es mal mit Ihnen versuchen. In zwei Wochen können Sie bei uns anfangen. Für die erste Zeit kann ich aber nur 80 Dollar die Woche zahlen. Wir müssen Sie erst anlernen." Ich stimmte sofort zu.

Na ja, ich hatte wieder mal noch weniger Geld, aber dafür sollte ich endlich einen guten und sicheren Beruf anfangen können. Dr. Vamos gab mir hier eine Chance, und ich ergriff sie, ohne groß zu überlegen. Ich fuhr heim. Die Kinder spielten und freuten sich, dass ich mal früher nachhause kam. Pat war erstaunt, dass ich schon da war. Ich lachte und war aufgedreht wie selten. „Pat, wir müssen sofort in einen Buchladen. Los, komm! Die Kinder können sich in der Spielecke amüsieren." „Warum denn? Was soll diese Hektik?" Ich erzählte ihr die Story meiner Begegnung mit Dr. Vamos. „Natürlich hatte ich nie einen Onkel, der in Frankfurt Zahnarzt gewesen ist. Ich habe nicht die Spur einer Ahnung von Zahnarzthelferin und was die so tun den ganzen Tag. Ich habe die Geschichte erfunden, um den Job in dieser riesigen Praxis zu bekommen. Das muss eine tolle Arbeit sein. Ich freue mich so. Aber jetzt brauche ich ganz schnell ein Buch ‚Wie werde ich Zahnarzthelferin' oder so ähnlich. Ich habe nur zwei Wochen zum Lernen." In den nächsten zwei Wochen habe ich das Buch kaum aus der Hand gelegt. Ich lernte so viel, wie nur in meinen Kopf hinein ging. Wenn Pat da war, haben wir zusammen gelernt. Wir hatten viel Spaß dabei. Immer mit dem Buch in der Hand bin ich um ihren offenen Mund herumgesprungen und habe mir die neuen Wörter und Handgriffe zurechtgelegt.

Was absolut zu kurz kam in dieser Zeit, wie auch in den Monaten in Lawton, war meine eigene Musik. Ich hatte nur selten Muße und Gelegenheit, zuhause meine Congas zu spielen. Ich hörte viel Salsa, Jazz und Motown Musik. Wir alle tanzten danach. Das war unser Sport zuhause. Patty konnte großartig tanzen. Die Kleine drehte sich wie eine Prima Ballerina. Meine große Leidenschaft war Ballroom-Dancing á la Fred Astaire und Disco-Dancing (‚Hang-on Snoopy', ‚Heatwave', ‚Dancing in the streets').

Dann kam der erste Arbeitstag. Ich war so nervös, dass ich vor lauter Aufregung Durchfall bekam. Ich packte mein Buch ein, zog mich um: Dienstkittel an und Häubchen auf den Kopf. Ich sah ziemlich bescheuert aus. Aber - ohne Haube keine Arbeit. Es war reine Gewöhnungssache. Diese Kopfbedeckung wurde sehr schnell ein Teil von mir. Alle wünschten mir Glück, und ich begann meinen vierten Beruf. Am ersten Tag sah ich mir alles, was gemacht werden sollte, an. Abdrücke präparieren, am Behandlungsstuhl assistieren, den Speichel aus dem Mund absaugen, Amalgamfüllungen mixen, Gips anrühren, Goldkronen formen (das wurde damals noch mit der Hand gemacht) und die Bissflächen der Kronen ausstempeln. Alles lief wie am Schnürchen, bis Dr. Doland, der zweite Zahnarzt in der Praxis, mir zwei Röntgenaufnahmen gab und mich zum Entwickeln in die Dunkelkammer schickte. Ich wurde kreidebleich im Gesicht, denn das hatte ich noch nicht drauf. Also rannte ich die Treppe runter, holte mein Buch und ab ging es in den Entwicklungsraum. In einer Hand mein Buch, in der anderen die Aufnahmen. Erst in den Entwickler, dann in das Fixierbad und ganz zum Schluss ins Wasser. Je länger die Aufnahmen im Entwickler liegen, um so dunkler werden sie. Also hieß es, höllisch aufpassen, dass die Aufnahmen nicht zu lange in den Lösungen liegen. Ich war mächtig stolz auf mich, dass das am Ende geklappt hatte. Meine Erfahrungen von den Freizeitaktivitäten im Fotolabor der Garnison in Oakland kamen mir nun zugute.

Doktor Vamos war streng und häufig ungehalten. Er war ungarischer Abstammung, wie Steven, und eigentlich verstanden wir uns gut. Nur wenn etwas nicht so lief, wie er es sich vorstellte, wurde öfter herumgebrüllt. „Wo sind Sie?" „Auf was warten Sie noch?" „Kommen Sie sofort hierher!" So ein Benehmen mir gegenüber wollte ich eigentlich nicht ertragen. In den ersten Wochen musste ich stillhalten, da ich unbedingt eine gute Ausbildung erhalten wollte. Doch hatte ich mir fest vorgenommen, später etwas gegen diesen Ton zu unternehmen.

An einem denkwürdigen Morgen gab es einen heftigen Zusammenstoß zwischen uns beiden. Ich ging den langen Flur nicht schnell genug herunter, Dr. Vamos holte mich ein, griff nach meinem Arm, riss mich herum und fauchte: „Haben Sie mich nicht gehört? Ich rufe schon die ganze Zeit nach Ihnen!" Ich riss mich los aus seiner großen Hand, die sich um meinen Arm geklammert hatte, und sagte mit großem Zorn in der Stimme: „Fassen Sie mich nie wieder an! Sonst werde ich Ihnen das nächste Mal eine verpassen!" Ich ging in Boxkampfstellung und hielt ihm meine Faust unter die Nase. Er ließ mich wie ein Blitz los, sah mich erstaunt an. Ohne ein Wort zu sagen, drehte er sich um und verschwand in seinem Büro. Am nächsten Tag kam Dr. Vamos mit einem großen Korb voller Äpfel, überreichte ihn mir und entschuldigte sich für sein Ausrasten. „Bridge, es tut mir aufrichtig leid wegen gestern. Es wird nicht mehr passieren. Hier, das ist für Ihre Kinder." Jetzt war ich an der Reihe. „Doktor Vamos, ich nehme Ihre Entschuldigung an. So ein Verhalten mir gegenüber habe ich nicht verdient und lasse das auch nicht mit mir machen. Sonst müssen Sie sich jemand anderen suchen."

Ich sah es ihm an: so hatte noch nie eine Frau mit ihm gesprochen. Und ich war mir sicher, dass ich Trümpfe in der Hand hatte. Ich war gut, und das wusste er. Durch meine Sprachkenntnisse in Spanisch, Französisch und Deutsch war ich eine wertvolle Mitarbeiterin. Wir verkauften viele Gebisse und andere Zahnarztleistungen an Mexikaner, denen ich die Behandlung erklärte und dann die Tilgung verhandelte. Da konnte er sich auf mich verlassen. Wer hätte das sonst machen sollen? Von diesem Tag an ging es mir in der Praxis und im Umgang mit Doktor Vamos gut.

Der zweite Zahnarzt, Doktor Doland, musste auch so seine Erfahrungen mit mir sammeln. Ich hatte ihm gesagt, dass ich einen empfindlichen und sensiblen Magen hatte. Wenn sich ein Patient unwohl fühlte, konnte ich mich gleich neben ihn legen. Nach einem ersten Vorfall hatte er verstanden, was ich damit meinte.

Abdrücke für die Gebisse wurden mit Gips genommen. Doktor Doland meinte, dass diese Gipsmischung fein und dünn sein sollte, damit die Abdrücke möglichst genau werden. Also mixte ich den Gips schön dünn, wie er es verlangte, schmierte ihn auf den Abdrucklöffel, gab ihn an den Doktor weiter. Der schob den Löffel dem Patienten in den Mund. Der würgte und würgte, und dann schoss alles im hohen Bogen heraus. Zusätzlich zu der Gipsmasse kam der Mageninhalt mit. Ich hatte diesen Strahl nur aus den Augenwinkeln mitbekommen. Aber für mich reichte dieser kurze Eindruck. Ich musste sehr an mich halten, um nicht gleich mitzukotzen, und rannte, so schnell ich konnte, aus dem Behandlungszimmer, hockte mich in den Entwicklungsraum. Schweißgebadet und heftig schluckend hörte ich die Stimme des Doktors nach mir rufen. „Bridge, kommen Sie! Der Boden muss aufgewischt werden. Wo, zum Teufel, stecken Sie? Kommen Sie sofort her!" Ich blieb stumm, erholte mich langsam. Irgendwann hörte ich, dass nach der Sekretärin gerufen wurde. Mary, die Aushilfe, wischte den ganzen Schlamassel weg. Ich war gerettet. Zögerlich kam ich aus meinem Versteck hervor, als alles vorüber war, und sprach mich mit Doktor Doland aus. Nach diesem Vorfall musste Mary regelmäßig bereitstehen, wenn der Doktor Abdrücke machte. Das war meine einzige Schwäche. Ich kann einfach keinen erbrechen sehen, ohne dass ich eifrig mitmache.

In einem Café auf der Market Street lernte ich eine deutsche Kollegin kennen. Sie war aus Hamburg und arbeitete jetzt in der Praxis von Doktor King, ein paar Häuser entfernt von unserer. Ich freute mich unheimlich, mal wieder jemand aus Deutschland zu treffen. Wir haben uns angefreundet. Monika fragte mich, ob sie mir mal ihren Arbeitsplatz zeigen sollte, und so lernte ich Dr. King kennen. Er war ein kleiner chinesischer Mann und wollte alles über meine Tätigkeit wissen. Zum Abschluss fragte er mich, ob ich nicht bei ihm arbeiten wollte. Ich war total überrascht und wollte eigentlich bei meinen Doktoren bleiben. Schon fast ein Jahr hatte ich dort gearbeitet. Sein Angebot war besser als mein aktueller

Lohn: 150 Dollar die Woche. Das war fast das Doppelte! Am Wochenende überlegte ich mit Pat die ganze Sache hin und her. Ich hatte ein schlechtes Gewissen Doktor Vamos gegenüber. Immerhin hatte er mir in den vergangenen Monaten viel beigebracht und mir vertraut. Konnte ich ihn jetzt einfach so im Regen stehen lassen?

Am Montag fuhr ich mit einem flauen Gefühl in der Magengegend zur Arbeit. Mein schlechtes Gewissen und die Aufregung vor dem Gespräch waren Schuld daran. Als erstes prüfte ich die Laune des Doktors. Okay, dachte ich, jetzt ist der richtige Zeitpunkt. Wir saßen uns gegenüber. Ich hatte trotzdem Schwierigkeiten mit meinem Anliegen herauszurücken. „Dr. Vamos, ich weiß gar nicht so richtig, wie ich es Ihnen beibringen soll. Ich bin nun schon fast ein Jahr bei Ihnen und habe viel gelernt. Sie wissen, dass ich zwei kleine Kinder habe, und mit den 80 Dollar die Woche komme ich einfach nicht rum. Am Freitag letzte Woche habe ich Dr. King kennen gelernt. Ich bin sicher, dass sie ihn auch kennen. Er braucht in seiner Praxis jemanden, der Spanisch spricht, und deshalb hat er mir ein verlockendes Angebot gemacht: 150 Dollar Wochenlohn. Ich habe ihm gesagt, dass ich erst noch mit Ihnen reden will, und dass ich mich Anfang dieser Woche entscheide." Dr. Vamos sprang auf wie eine Furie. „Was? Nachdem ich so viel für Sie getan habe! Wie können Sie mir das antun? Sie haben alles bei mir gelernt, was Sie als Zahnarzthelferin wissen müssen, und jetzt lassen Sie uns alle im Stich?" Er wurde grün und blau im Gesicht vor lauter Zorn. Zaghaft versuchte ich ihm zu erklären, dass es ein großer Unterschied sei, ob man 320 oder 600 Dollar nachhause bringt, dass das nichts mit ihm oder der Arbeit zu tun habe und und und. „Ach, machen Sie doch, was Sie wollen!" Er war total sauer. Den ganzen Tag über gingen wir uns aus dem Weg. Doch dann, kurz vor Feierabend rief mich Dr. Vamos in sein Büro. „Setzen Sie sich, Bridge. Okay, ich bezahle Ihnen die 150 pro Woche. Und jetzt raus hier, schnell, bevor ich es mir noch mal anders überlege!" „Wie? Was?" Ich konnte es erst gar nicht glauben. Er bezahlt mir auch 150 Dollar!! Auf dem

Nachhauseweg schwebte ich förmlich. „Hei, Pat, wir machen heute eine Party!" Das wurde gefeiert. Ich war überglücklich.

Pat war sehr streng mit den Kindern, was mir nicht so gefiel. Patty, meine große Tochter, die nun schon 5 Jahre alt war, wehrte sich öfter gegen die Erziehungsmaßnahmen von Pat. Immer, wenn Patty etwas sagte, was Pat nicht passte, sollte sich das Kind den Mund mit Seife auswaschen. Oder Pat wollte es sogar selbst bei dem Mädchen machen. Es gab oft Streit zwischen mir und meiner Lebensgefährtin, und zwar genau wegen folgendem Satz: ‚Wenn Du das noch mal sagst, wasch ich Dir mit Seife den Mund aus!' Ich konnte es nicht ertragen, dass Pat so einen Unsinn zu meinen Kindern sagte. Manchmal bekam Patty auch einen Klaps von Pat. Dann sah ich rot! Ich hatte viele Schläge von meiner Mutter bekommen. Ich wusste, was das heißt. Ich musste meine beiden davor bewahren. Wir hatten oft Aussprachen und konnten die Meinungsverschiedenheiten in dieser Frage einfach nicht ausräumen. Ich machte ihr meine Einstellung klar: „Pat, ich kann es nicht ertragen, wenn Du den Kindern mit Mundauswaschen drohst! Und gar nicht geht, dass Du handgreiflich gegen sie wirst. Rede mit ihnen. Zeig ihnen, was sie falsch machen. Du kannst sie bestrafen, indem Du sie in ihr Zimmer bringst und sie drin bleiben müssen. Aber das ist auch alles. Wenn ich abends nachhause komme, kann ich alles andere mit den Kindern regeln. Überlass mir bitte die Erziehung. Es sind meine Kinder!" Jede von uns beiden beharrte auf ihrem Standpunkt. Pat war der Meinung, dass es ihr selbst nicht geschadet hatte, dass ihre Eltern sie streng erzogen hatten. Doch ich hatte prinzipiell eine andere Position. Sie wollte, wenn sie mit den Kindern die ganze Zeit allein zuhause war, auch mit den Kindern umgehen, wie sie es für richtig hielt. Und ich war der Meinung, dass meine Kinder nach den von mir bestimmten Regeln erzogen und behandelt werden sollten. Es ging hin und her. Wer Kinder hat, weiß, dass es jeden Tag neue Überraschungen und Situationen geben kann, die schwer im Einverständnis zu meistern sind, wenn man solch gegensätzliche

Auffassungen über Erziehung hat. Von dem Tag dieser Auseinandersetzung an wurde unser Verhältnis angespannter.

Und in diese explosive Situation kam nun noch meine Mutter. Es war Mitte 1961, als sie sich plötzlich und unerwartet bei mir meldete. Sie wollte ein paar Wochen bei uns bleiben. Sie wusste nicht, dass ich mit Pat in Partnerschaft lebte. Wir sprachen auch nicht darüber.

Sie, die immer alles besser wusste, mittendrin in unserem Schlamassel! Mutter konnte Pat nicht ausstehen. Es gab permanent Krach zwischen den beiden Frauen. Auch mit mir suchte sie ständig Streit. Sie hielt mir vor, dass mir Pat wichtiger war als sie, dass wir mit den Kindern nicht richtig umgingen und und und... Im Laufe der ersten Woche ihres Besuches schaukelte sich die Situation auf. Mutter trank eine bis zwei Flaschen Wein pro Tag, wenn nicht noch mehr. Sie ging abends oft aus und verbrachte die Abende mit Männern in nahe gelegenen Bars. Eines Abends, als sie wieder ziemlich betrunken war, fing ein heftiger Streit an. Ich war so wütend, dass ich die verbliebenen Flaschen Wein ins Küchenbecken ausschüttete. Ich konnte es nicht mehr ertragen. Mutter kam auf mich zu und wollte mir eine ihrer berühmten Ohrfeigen verpassen. Ich sah rot. Als sie ausholte, um mir eine zu verpassen, fing ich ihren Arm ab und schubste sie mit aller Kraft von mir. Sie landete im Sessel und sah mich geschockt mit ihren glasblauen Augen an. „Ma, das war nun wirklich das allerletzte Mal, dass Du mir eine Ohrfeige geben wolltest. Damit ist jetzt Schluss. Und hör auf zu trinken!" „Ich werde morgen abreisen. Ich bleibe keinen Tag länger in diesem Haus!" Ich schämte mich. Der Gedanke, dass ich handgreiflich geworden war, schockte mich sehr, und ich entschuldigte mich bei Mutter. Je mehr ich darüber nachdachte, desto mehr war mir einfach nur zum Kotzen zumute. Ich hatte nicht gewusst, dass man so zur Weißglut gebracht werden konnte. Und nachts im Bett gingen mir die vielen Szenen aus den Garnisonen durch den Kopf, die Streitereien, die Prügeleien, die Handgreiflichkeiten. War ich jetzt auch so weit? Es war das erste und das letzte Mal, dass mir so etwas passierte.

Mutter hatte ihr gesamtes Geld ausgegeben und konnte sich kein Flugticket leisten. Pat gab ihr das Geld dafür, und am nächsten Morgen packte Mutter ihren Koffer. Mittags kam das Taxi, das sie zum Flughafen San Fransisco brachte. Der Abschied war kühl. Es tat mir sehr weh, denn ich wusste, sie hatte sich so auf die Kinder gefreut. Nun flog sie schon nach einer Woche wieder zurück nach Deutschland. Danach haben wir sieben Jahre keinen Kontakt mehr miteinander gehabt. Dieser schreckliche Abend in Oakland blieb für lange Zeit das letzte Bild, dass ich von meiner Mutter hatte.

Pat und ich haben uns wieder besser verstanden und zusammengerauft. Sie war wirklich alles für mich. In meinen Träumen lebte ich bis ans Ende mit ihr glücklich zusammen. In der Wirklichkeit jedoch ging unsere Beziehung mal hoch und mal runter. Wir haben uns nicht gestritten, aber immer aufwändig auseinandergesetzt.

Die Zeit verging wie wahnsinnig. Tage, Wochen, Monate, alles flog nur so dahin: Meine Arbeit bei Doktor Vamos hat mir viel Freude gemacht. Ich kannte meine Aufgaben aus dem FF, und die 150 Dollar haben uns natürlich geholfen. Ende 1962 saßen wir abends zu Tisch und aßen, da fragte mich Pat: „Love, was würdest Du sagen, mit mir nach New York City zu ziehen? Ich habe ein sehr gutes Angebot in einem großen Krankenhaus bekommen mitten in der Stadt mit mehr Gehalt." „New York City? Die Stadt ist viel zu groß. Da gibt es doch nur Beton, kein Grün drumherum, keine Bäume. Wie sollen wir dort mit den Kindern leben? Ich weiß nicht, ob ich das möchte." „He, Bridge, wir können in Queens oder Brooklyn leben. Das sind Stadtteile mit vielen Parks und Bäumen. Du hättest dort bessere Chancen, in Deinem Beruf zu arbeiten. Überleg's Dir einfach. Okay?" Ich ging in eine Buchhandlung und schaute mir Bücher über New York an. Es war schon verlockend. So eine Riesenstadt! Ob das gut gehen würde?

1963 – New York

Im Frühjahr 1963 haben wir uns entschieden, nach New York umzusiedeln. Unseren VW-Bus haben wir verkauft und uns dafür einen VW Käfer angeschafft. Damit würden wir weniger Probleme mit dem Parken in New York haben.

Als ich Doktor Vamos meine Kündigung aussprach, war er sehr traurig. Auch ich trennte mich nur schweren Herzens von meiner Arbeitsstelle. Pat hatte mich überzeugt, diesen großen Schritt zu machen, und irgendwann gab es kein Zurück mehr. Wir verkauften alle Möbel, nahmen nur die Sachen mit, die wir wirklich brauchten, und mieteten uns einen Anhänger, den wir vor Ort wieder abgeben konnten.

Es fiel uns allen schwer, das schöne Kalifornien zu verlassen. Wir liebten die Bay-Area.

Am Abend vor unserer Abreise haben wir die Fahrtroute festgelegt. Wir wollten diesmal die Nordverbindung nehmen, da diese Strecke nicht so heiß war wie die Südroute, die ich von der Hinfahrt kannte. Es war wieder mal eine lange Fahrt, schlappe 4000 Kilometer und das alles in dem kleinen VW-Käfer mit zwei kleinen Kindern und zwei Hunden. In Reno haben wir in einem Motel übernachtet. Unser nächster Stop war Salt Lake City. Im Ganzen sind wir durch neun Staaten gefahren. Die Strecke war ganz anders als die Südroute und außerdem noch 1000 Kilometer kürzer.

Pat hatte uns ein schönes Appartement in Queens in der 108. Straße besorgt. Ich hatte Fotos davon gesehen mit großen Blocks aus rotem Backstein am Yellow Stone Boulevard. Ich war überrascht, als wir ankamen. Die ganze Umgebung war grün. Viele große Bäume wuchsen hier. Die Häuserblöcke sahen gut aus, und es war sauber.

Pat suchte den Hausmeister. Nach kurzer Zeit tauchte er auf und zeigte uns die möblierte Wohnung im 5. Stock. Gott sei Dank gab es einen Aufzug. Ich fand die Wohnung toll. Sie hatte drei Zimmer und Platz für uns alle. Tiere waren auch willkommen. Es dauerte eine Zeitlang bis wir alles so hatten, wie wir wollten. Da die monatliche Miete 550 Dollar betrug, und das Leben in New York nicht billig war, musste ich mich schnell um eine Arbeit kümmern. Pat hatte ihre Arbeit schon im St. Vincent Hospital.

Ich durchforstete die Zeitungen. In der New York Times fand ich die Anzeige eines Kieferorthopäden gleich in der Nähe unserer Wohnung. Ich ging hin, reichte ihm meine Papiere, und nach einem kurzen Gespräch hatte ich den Job. Ich wurde eingestellt für 155 Dollar die Woche, das hieß netto auf die Hand 500. Für New York war das natürlich keine Summe, aber Pat hatte ein gutes Gehalt.

Ich brauchte nun noch einen Kindergarten für Chou und eine passende Grundschule für Patty. Die Schule war schnell gefunden. Es war die Forest Hill Public School. In unserer Gegend, in Queens Forest Hill, war es schwer, Kindergartenplätze zu bekommen. Ich hörte von einer jüdischen Einrichtung um die Ecke. Fast hätten mich die alten Gespenster wieder eingeholt. Immer noch saßen in meinem Kopf die Parolen der NS-Zeit. Dann fiel mir mein jüdischer Freund in Vigneux ein, der mir damals die Augen geöffnet hatte über die wahren Zustände und die Unmenschen, die Nazis. Hier stand ich nun vor der Tatsache, wie ich mit den Erkenntnissen umgehen würde. Ich konnte beweisen, dass ich mich von dieser Beeinflussung gelöst hatte. Ich dachte: Es kann nicht schaden, Chou in einen jüdischen Kindergarten zu geben. Es war bekannt, dass die jüdische Erziehung und deren Lehrmethoden gut und erfolgreich waren. Also machte ich einen Termin für mich und meine kleine Tochter. Wir wurden liebenswürdig empfangen. Erst ab einem Alter von vier wurden die Kinder aufgenommen und Chou war drei Jahre alt. Aber Chou war von klein auf extrovertiert und witzig. Ich fragte, weshalb sie das Kind nicht aufnehmen würden. „Sorry, aber es tut uns leid. Ihre Tochter ist noch zu jung. Sie muss noch auf die Toilette gebracht werden. Dafür haben wir in unserem Kindergarten keine Zeit." Chou sah die Erzieherin mit ihren schönen braunen Augen an, nahm die Hand und zipfelte an ihrem Rock. „Wo ist das Klo?" Es wurde ihr gezeigt. Chou ging hin, zog ihren Schlüpfer herunter, setzte sich, machte ihr Pipi, zog an der Spülungsleine, zog sich wieder an. Mit einem schelmischen Lächeln kam dann ihr Kommentar hin zu der Erzieherin: „War das in Ordnung so?" Die Erzieherin musste lachen, sie konnte es sich nicht verkneifen und sagte dann, was wir alle hören wollten: „Okay, wir nehmen ihre kleine Tochter auch mit auf. Was für ein süßes Kind und schon so raffiniert!" Ich war überglücklich, dass ich unbesorgt meine neue Arbeitsstelle antreten konnte. Es wurde vereinbart, dass Patty nach der Schule zum Kindergarten gehen konnte und dort auf mich wartete.

Mein Arbeitstag begann um 8 und endete um 17 Uhr. So lange war auch der Kindergarten geöffnet. Ich stand sehr unter Druck, diese Zeiten einzuhalten. Es kam manchmal vor, dass ich bis 17:30 Uhr arbeiten musste, wenn es viel zu tun gab. Ich wusste überhaupt nicht, wie die Erzieher im Kindergarten damit umgehen würden. Ich kam 45 Minuten zu spät, um die beiden abzuholen. Es war niemand mehr da außer dem Rabbiner. Ich klopfte an seinem Büro an, machte die Türe auf und sah meine kleine Chou zu Füßen des Rabbi sitzen. Sie strahlte mich glücklich an, dass ich endlich kam, um sie abzuholen. Es war ein Bild für die Götter. Der hagere Mann mit dem nach hinten geschobenen großen schwarzen Hut erzählte meinen Töchtern gerade eine Geschichte. Sein freundliches Gesicht wurde von einem schwarzen Bart umrahmt, und die Brillengläser funkelten lustig in den Abend. Dieses Bild war so weit entfernt von meinen Kindheitserlebnissen, und ich war stolz darauf, dass ich es offensichtlich geschafft hatte, diese Erziehungsmuster zu überwinden. ‚Toll, jetzt sind wir richtig international geworden!' sagten meine Gedanken.

Alles schien gut zu laufen. Ich fühlte mich wohl in Forest Hills, doch die Beziehung zu Pat wurde angespannter. Über fast jede Kleinigkeit gab es Meinungsverschiedenheiten. Ich liebte Pat, hatte aber große Angst, sie zu verlieren. Irgendetwas stimmte nicht mit ihr. Wir wohnten nun schon sechs Monate in Queens, und alles war zur Routine geworden. Aufstehen, Kinder zurechtmachen und in die Schule und den Kindergarten bringen, arbeiten gehen, Kinder abholen, Abendbrot machen und essen, ein wenig spielen, ins Bett gehen – und alles fing wieder von vorne an. Pat war immer müde, wenn sie nachhause kam. Also wurde nicht viel gesprochen. Wir sahen noch meist ein wenig fern abends. Das war's. Das Geld war knapp, und deshalb wurden auch die Wochenenden öder. Wir hatten einfach kein Geld, um uns etwas leisten zu können. Manchmal sind wir ans Meer gefahren nach Coney Island oder zu „Nathan's" direkt am Strand. Man bekommt dort die allerbesten Hot Dogs der ganzen Metropole. Nathan's ist ein Muss!

Im Winter wurde es schwieriger für uns. New York ist sehr kalt. Manchmal gehen die Temperaturen bis auf 20°C unter Null zurück, und nicht zu vergessen die Schneestürme, die heftig sein können. Da sind wir lieber zuhause geblieben. Denn wenn es mal schneite, dann richtig.

Ich fand es interessant, zu sehen, wenn die Schneepflüge durch die Straßen kamen. Sie begruben rechts und links die geparkten Autos. Heute freute ich mich noch darüber, aber am nächsten Tag konnten wir unser Auto unter den Schneemassen nicht mehr finden. Zum Glück hatten meine Kinder und ich nur kurze Wege, sodass ich sie an die Hand nahm und mich mit ihnen durch den Schneesturm kämpfte. Es war ein großes Abenteuer, die Kinder bei hohem Schnee in den Kindergarten zu bringen. Der Weg hätte viel länger sein können für sie. Ich musste sie ständig drängen, weiter zu laufen, denn eine Schneeballschlacht musste sein.

Chou liebte ihren Kindergarten, Patty machte die Schule Spaß, und ich fand meine Arbeit einfach genial. Mein Kieferorthopäde war zufrieden mit mir.

Und dann kam der Tag, den ich am meisten gefürchtet hatte. Pat kam später als sonst nachhause. Die Kinder waren im Bett. Sie setzte sich aufs Sofa und sagte mir einfach so: „Bridge, ich habe mich im Krankenhaus in einen Mann verliebt. Er ist Afroamerikaner. Ich werde ihn heiraten." Mir war, als ob ein Blitz in meinen Körper eingeschlagen hätte. Ich war wie gelähmt und kreidebleich im Gesicht.

„Du tust was? Ich höre wohl nicht recht. Warum willst Du uns verlassen? Und das in New York! Wir sind erst fünf Monate hier. Wie soll ich ohne Dich in dieser fremden großen Stadt klar kommen?" „Es tut mir auch sehr weh, Bridge. Aber ich liebe Frank nun mal. Ich kann es nicht ändern." „Wie lange geht das schon mit ihm?" „Wir sind zweieinhalb Monate zusammen." „Was? Zweieinhalb Monate und dann schon heiraten? Warum hast Du mir nicht früher davon erzählt? Du hast mich mit hierher nach New York gebracht. Ich habe alles aufgegeben, meine ganzen Möbel verkauft. Ich vertraute Dir, Pat!! Warum Pat? Warum?" „Ich bin auch traurig. Aber ich kann nicht mehr mit Euch zusammen wohnen. Ich liebe Dich nicht mehr. Lass uns Freunde bleiben." „Und die Kinder? Sie sind fast ihr ganzes Leben lang mit Dir groß geworden. Sie lieben dich." „Ich kann sie besuchen kommen, wenn Du es mir erlaubst. Ich werde sie nicht vergessen." „Wie stellst Du Dir das eigentlich vor mit der Wohnung? Wir haben einen gemeinsamen Mietvertrag. Ich kann allein die Wohnung gar nicht bezahlen. Und was ist mit dem Auto?" „Den Wagen schenke ich Dir. Den Mietvertrag müssen wir auflösen. Du kannst Dir eine kleinere Wohnung suchen, vielleicht in Brooklyn. Da sind die Mieten billiger!" Vor lauter Schmerz und Wut hätte ich sie umbringen können. Ich konnte das alles nicht glauben. Wir liebten uns doch. Wir wollten gemeinsam die Kinder großziehen. Es lief immer so toll mit uns.

Ich liebte Pat über alles. Meine Illusion war, dass sie mich genauso lieben musste. Aber je mehr ich nachfragte, desto schlimmer wurde es zwischen uns beiden. Die Auseinandersetzungen wurde heftiger. Zum Glück schliefen die Kinder als Pat die Wohnung verließ und zu ihrem neuen Freund nach Manhattan City fuhr. Es war eine gespenstische Stille im Wohnzimmer. Ich lief wie ein Tiger im Käfig herum. Ständig hämmerte es in meinem Kopf: WARUM, WARUM NUR? Ich holte mir ein großes Glas aus der Küche, schenkte es voll mit Whisky und trank es auf einen Hieb leer. Aber Saufen half da nicht viel. Mir wurde nur zusätzlich zu meinem Kummer auch noch kotzübel. Alles drehte sich, und ich musste mich übergeben. Meine ganze Gefühlswelt war in Aufruhr. Konnte es sein, dass ich mir alles nur eingebildet hatte? Mein ganzes Leben war ein einziger Scherbenhaufen. Wie konnte mir so etwas nur passieren? Was hatte ich dazu beigetragen, dass Pat mich verließ? Immer wieder Fragen, immer wieder Whisky. Ich war so geschockt, dass ich mich am nächsten Morgen für drei Tage krankmelden musste. Ich konnte nicht mehr klar denken, schickte die Kinder in den Kindergarten und die Schule und verkroch mich in meinem Kummer. Am Abend erzählte ich meinen Töchtern, dass Pat ausziehen würde, weil sie mit ihrem Verlobten zusammen sein wollte. „Aber Mom, wird Pat nie wieder zu uns kommen oder uns wenigstens besuchen?" Ich wusste keine Antwort darauf und war froh, dass die beiden nicht weiter nachhakten. Das Chaos in meinem Innersten konnte ich vor ihnen verbergen. Sie wussten auch gar nicht, dass Pat und ich ein Liebespaar gewesen waren. Sie war für die Mädchen einfach nur eine gute Freundin, die mit uns zusammen wohnte. Beide waren traurig und hatten große Schwierigkeiten mit Pats Abwesenheit. Es dauerte sehr lange, bis ich mich halbwegs wieder einkriegte. Als ich nach den drei Tagen wieder zur Arbeit kam, sah ich aus wie frisch aus dem Wasser gezogen. Nachdem ich kurz von dem bevorstehenden Aus- und Umzug berichtet hatte, bekam ich zur Antwort: „Es wird schon einen Weg geben!" Okay, na klar! Aber welchen?

Nach und nach kam mein Verstand zurück. Ich musste klaren Kopf beweisen, die Zeitungen durchblättern, nach einer günstigen Wohnung suchen, eine kleine mit nur einem Schlafzimmer und einem Wohn-Esszimmer. Nach einigen Anläufen fand ich eine kleine Wohnung in Brooklyn in einer mit hohen saftigen Bäumen bestandenen Straße. Die Wohnung war im Souterrain, 60 m² für 350 Dollar in der Argyle Road zwischen Ocean Park Way und Flatbush Avenue. Das Appartementhaus war fünf Stockwerke hoch und ungefähr 60 Meter lang, ein moderner Bau. Ein paar Schritte die Straße hinunter war eine Schule, die Public School 139. In diese Schule wurde Patty aufgenommen, für Chou gab es in der Nähe einen Kindergarten. Mir gefiel die Wohnung. Sie wurde genommen. Nun musste ich noch Möbel besorgen: für unser Schlafzimmer ein Doppelstockbett für die beiden Mädchen und ein einfaches Bett für mich. Mit dem Kredit konnte ich für uns sogar noch eine Stereoanlage und einen Fernseher kaufen. Das alles hatte eine Weile gedauert, aber endlich waren wir umgezogen. Nun musste ich mir nur eine neue Arbeitsstelle suchen. Jeden Tag die komplizierte und zeitraubende Fahrerei nach Forest Hills war nicht zu machen.

Anfang der 60er Jahre fing ich an, mich mit Politik zu beschäftigen. Es war die Zeit, als sich John F. Kennedy als Präsidentschaftskandidat der Demokratischen Partei der USA aufstellen ließ – ein junger Bewerber.

Leider durfte ich noch nicht mitwählen, da ich erst 1966 die amerikanische Staatsbürgerschaft erhielt. Die Diskussionen und Kampagnen um die Möglichkeiten einer erneuerten Politik ließen mich nicht kalt. Es war überall Aufbruchstimmung. Zum ersten Mal bestand die Möglichkeit, einen jungen dynamischen Präsidenten zu bekommen. Die Öffentlichkeit in den USA war aus dem Häuschen, als er antrat. Am 4. November 1960 hielten alle Demokraten die Luft an, da es der Wahltag war. John gewann die Wahl und wurde im Alter von nur 43 Jahren Präsident der Vereinigten Staaten von Amerika. Immer wieder gab es in den 60er Jahren kritische Phasen in den internationalen Beziehungen, vor allem im Verhältnis zu Kuba. Die Angst vor einem weiteren Weltkrieg war groß.

In diese Zeit fiel der Bau der Berliner Mauer. Es wurde von den Alliierten nicht eingegriffen, aus welchem Grund auch immer. Danach war Kennedy in Berlin und hat dort seinen berühmten Satz: „Ich bin ein Berliner!" geprägt. Das war seine Art der Unterstützung und Anteilnahme am schweren Schicksal der Berliner nach der Trennung der Stadt.

Durch diese Ereignisse wurde mein politisches Interesse geweckt. Ich wollte Stellung beziehen und dabei sein.

Am 22. November 1963 stand ich morgens in der Praxis, assistierte gerade bei einer Zahnextraktion, als wir über Radio die unglaublichste Nachricht hörten: „Der Präsident der Vereinigten Staaten von Amerika ist heute morgen in Dallas, Texas, erschossen worden. Weitere Informationen folgen im Laufe des Tages." Wir waren alle so geschockt, dass wir nach dem Patienten, der gerade behandelt wurde, frei bekamen. Es war wie im Ausnahmezustand. Die ganze Stadt war gelähmt. Es gab nur einen Gesprächsstoff. Am 25. November nahmen über eine Million Menschen an der Beerdigung teil. Ich werde den Tag nie vergessen. Den ganzen Tag über habe ich die Beerdigung am Fernseher verfolgt. Diese Bilder aus Washington D.C waren so rührend: die Pferde, die den Sarg des Präsidenten langsam die Constitution Avenue hinunter in Richtung Nationalfriedhof Arlington zogen, dazu die monotonen Trommelschläge, dahinter die Kennedy-Familie mit einer sehr starken Jacqueline und die vielen Menschen, die sich zum letzten Mal von ihrem Präsidenten verabschieden wollten. Die Trommelschläge sind heute noch in meinen Ohren zu hören.

Ich hoffe sehr, dass sich das nicht noch einmal wiederholt während Obamas Präsidentschaft.

Für mich waren die 60er Jahre aufregend!

Es war die Zeit des Rassenaufstandes der Afro-Amerikaner mit Martin Luther King, Malcolm X, Angela Davis und anderen. Ende August 1963 fand der Marsch auf Washington statt. Mehr als eine Viertelmillion Menschen hatten sich vor dem Lincoln Memorial versammelt. In der ganzen Stadt ging nichts mehr. Mit dieser Veranstaltung wollte die schwarze Bevölkerung beweisen, dass sie nicht gewalttätig ist, dass sie zu friedlichen Protesten, Demonstrationen fähig ist. 600.000 Weiße waren mit dabei. Unter ihnen stand ich und lauschte gespannt und gerührt dem großartigen Prediger und Politiker Martin Luther King zu. Es herrschte eine euphorische und friedliche Atmosphäre. Die Rede wurde ständig von Zwischenrufen unterbrochen. Hier einige Ausschnitte aus der

Rede von Martin Luther King, die mich am meisten beeindruckt haben:

Ich habe einen Traum, dass meine vier kleinen Kinder eines Tages in einer Nation leben werden, in der man sie nicht nach ihrer Hautfarbe, sondern nach ihrem Charakter beurteilen wird.

Ich habe einen Traum heute...

Ich habe einen Traum, dass eines Tages in Alabama mit seinen bösartigen Rassisten, mit seinem Gouverneur, von dessen Lippen Worte wie „Intervention" und „Annullierung der Rassenintegration" triefen ..., dass eines Tages genau dort in Alabama kleine schwarze Jungen und Mädchen sich die Hände schütteln mit kleinen weißen Jungen und Mädchen als Brüdern und Schwestern.

Für mich ist Martin Luther King neben Mahatma Gandhi einer der charismatischsten Politiker und Kämpfer für die Freiheit der Menschen überhaupt. Leider wurden beide erschossen, der eine 1968 der andere 1948.

Für mich war diese Zeit der Beginn dafür, dass ich mich mit der Rassenproblematik in den USA beschäftigt habe. Ich wollte mehr erfahren, auch über den Ku-Klux-Klan.

Also holte ich mir Informationen aus der Bibliothek und fragte einige Afroamerikaner, die aus den Südstaaten kamen. Der Ku-Klux-Klan geht zurück in eine Zeit um 1850. Er war die am meisten gefürchtete rassistische und terroristische Gruppe in jener Periode. Der Rassismus der Weißen hat eine lange Geschichte. Es hat eines harten Kampfes bedurft, die Ungleichbehandlung abzuschaffen. So gab es noch zu meinen Zeiten in den USA getrennte Toiletten für Schwarze und Weiße, im Bus durften die Afroamerikaner nur hinten sitzen, getrennt von den weißen Fahrgästen, und auch die Schulen und Universitäten konnten nicht gemeinsam besucht werden. Es erinnerte mich alles an die Nazi-Zeit und die Diskriminierung der jüdischen Bevölkerung Anfang der 30er Jahre.

Für mich war diese Zeit der Anfang meiner politischen Entwicklung, meines politischen Engagements. Ich engagierte mich für die Unterstützung von Minderheiten. Meine Kinder wurden in diesem Sinne von mir erzogen. Schließlich verdanke ich mein ganzes musikalisches Können Afroamerikanern.

Ich hatte im West Village ein tolles Jazz-Lokal gefunden, Arthur's Tavern in 57 Grove Street. Das Lokal war nicht sehr groß, eng, auf einem erhöhten Podest stand ein Klavier. Damals spielte eine fantastische Bluessängerin und Pianistin die ganze Nacht durch. Das war Miss Mable. Ich fragte Mable, ob ich mit ihr spielen dürfte, und bekam eine Snare Trommel und Besen. Von diesem Abend an habe ich oft in Arthur's Tavern mit Mable gespielt, vor allem Swing und Blues. Sie war wunderbar, eine großartige Afroamerikanerin mit einer tollen kräftigen und leidenschaftlichen Bluesstimme und hat mir viel beigebracht.

Ich fand einen Job bei Doktor Sorrel in Manhattan. Doktor Sorrel war Kieferorthopäde. Er teilte sich die Praxis mit seinem Bruder. Der hieß natürlich auch Doktor Sorrel, war aber Psychiater. Gleich neben dem Eingang saß Mary, die Sekretärin für beide Brüder. Sie erledigte alles, was mit Schreibkram zu tun hatte. Morgens legte sie die Akten auf die entsprechenden Schreibtische und teilte die ersten Patienten ein.

Mein Weg mit der U-Bahn dauerte fast eine halbe Stunde. Ich musste schon um 7:30 Uhr losfahren. Vorher aber musste ich die Mädchen wecken, Frühstück machen und Chou in den Kindergarten bringen. Kindergarten und Schule gingen bis 16 Uhr. Meine große Tochter Patty ging dann mit Chou nachhause. Ich konnte noch nicht so früh zu Hause sein. Wir brauchten das Geld. Meine beiden wurden Schlüsselkinder. Wir machten uns aus, dass sie mich anrufen konnten, wenn etwas passiert sein sollte. Sie nutzten diesen Notruf zum Glück nur selten, und dann hatte Doktor Sorrel Verständnis für meine Lage.

Meine Kinder waren an den Wochenenden viel mit mir unterwegs. Ich spielte an einigen Wochenenden wieder. Die Mädchen lernten viele schwarze Musiker kennen und schon früh Jazz und Soul zu lieben. Auch mit einigen meiner schwulen Freunde waren meine Kinder zusammen, zum Beispiel, wenn wir schwimmen gingen im Reese Park auf Coney Island.

Wir besuchten meist den ‚Gay Beach'. Die schönsten Sommertage verlebten wir dort draußen. Wir spielten Softball und trafen viele Leute. Es gab keinen anderen Strandabschnitt, an dem man so viel Spaß haben konnte.

New York war merkwürdig. Im Sommer traf man immer die gleichen Sommerbekanntschaften und im Winter die Winterleute. Nur ganz selten besuchten wir die Sommermenschen auch in der Winterzeit.

Zwei meiner schwulen Freunde hießen James und Terry. Sie hatten eine wunderschöne Wohnung in Manhattan. Einmal luden sie uns drei zum Essen zu sich ein. Ich war schon öfter bei ihnen gewesen, aber die Einladung mit den Kindern war etwas ganz Besonderes, und wir freuten uns sehr darauf. Ich werde es nie vergessen. In der Wohnung stand eine große Statue von David, natürlich ganz nackt. Sie war ungefähr einen Meter hoch und stand auf einem großen Sockel. Es war ein Meisterwerk. An dem Tag der Einladung betraten wir die Wohnung. Ich ging ins Wohnzimmer, während sich die Kinder noch mit den Jungs unterhielten. Als ich mich in den Sessel setzen wollte, sah ich auf die Statue und konnte nicht glauben, was ich da sah. David stand in seiner großen Pracht auf seinem Sockel mit einem lila Samtschal um seinen Pimmel gebunden. Er sah richtig edel aus! Es platzte nur so vor Lachen aus mir heraus. James kam und fragte mich, was denn los sein. Ich brachte erst kein Wort heraus, zeigte mit dem Finger auf das lila Tuch. „Was habt ihr denn mit David gemacht?" James wurde puterrot und antwortete: „Nun ja, wir dachten, wenn die jungen Damen kommen, sollte David ein schönes Gewand anhaben!" Ich hielt mir den Bauch. „Meine beiden Damen stört ein nackter David überhaupt nicht. Wir haben zuhause schon über Aufklärung und Jungs und Mädchen gesprochen. Und Bilder von einem Penis kennen sie auch. Es ist toll, dass ihr euch solche Gedanken gemacht habt. Ich danke euch!" Natürlich wusste Patty auf diesem und auf allen Gebieten mehr als Chou. Sie ist ja 3 ½ Jahre älter. Aber immer wenn Patty etwas Neues gelernt oder gehört hatte, musste es auch

Chou sofort wissen. Patty kam einfach nicht drum herum, da ihre kleine Schwester nie aufgab, nachzuhaken. Sie war eine witzige Maus. Chou war der Clown im Haus. Patty war früh die Vernünftige.

1963 war die Weltausstellung in New York City. Einige Freunde riefen mich, zu einer großen Party an einem Samstag nach Manhattan mitzukommen. Zwei schwule Jungs, die am Broadway in einem Musical mitmachten und in einem Penthouse in der 10th Avenue wohnten, hatten eingeladen. Die Kids spielten bei ihren Freunden, und ich fuhr zu der Party. Es war die komischste Party, die ich je erlebt habe. Der Tag war verdammt heiß, 38 ° C. Das große Appartement war voll von Gästen, so um die 100. Die Klimaanlage lief auf Hochtouren. Es war laut durch die Musik und das Geschnatter der Leute. Ein Riesenbüfett war aufgebaut mit allem Drum und Dran und überall Flaschen mit hartem Alkohol, Weine und Wasser. Eben alles, was das Herz begehrt. Es war gerade 16 Uhr, und die Klimaanlage fiel aus. Innerhalb kürzester Zeit war im Appartement eine Bullenhitze. Nicht zum Aushalten! Also, was tun? Einer der Gäste, ein bekannter Rechtsanwalt, machte sich bemerkbar und sagte: „Okay, Boys. Dann ziehen wir eben um in meine Wohnung." Wie sollte das über die Bühne gehen mit so viel Essen und den ganzen Getränken? Jeder musste eine Schüssel mit Salat oder andere leckere Sachen tragen. Die Flaschen wurden auch auf die Leute verteilt, und los ging es. Der Weg war nicht weit. Fünf Blocks entfernt war die neue Partywohnung. Es war ein Bild für die Götter. Alle liefen hintereinander her wie Gänse mit ihren Jungen. Es waren fast Männer und nur wenige Frauen, die als Letzte in der Reihe liefen. Ich hörte auf einmal ein Polizeiauto mit quietschenden Bremsen vor uns halten. Ein Hüne von Polizist stieg aus dem Wagen. Der Riese schob seine Mütze nach hinten, stemmte die Hände in die Hüften und brüllte: „Was, zum Teufel, geht hier vor?" Ein kleiner Puertoricaner, so eine richtige Tunte, stand direkt vor dem Polizisten. Er balancierte, wie ein professioneller Oberkellner, über seinem

Kopf mit der rechten Hand eine Schüssel mit Nudelsalat. Mit einem gekonnten Hüftschwung antwortete er dem Polizisten mit seiner hohen Stimme: „He, wir sind auf dem Weg zur Weltausstellung. Wir gehören dazu!" We're on the way to Worlds Fair. Ich werde diese Szene nie vergessen. Der Kleine mit seiner tuntigen Art und seinem Gehabe brachte den Polizisten total aus der Fassung. Unser Gesetzeshüter blieb mit offenem Mund stehen. Man konnte richtig sehen, wie sich die Gehirnwindungen des Polizisten bemühten, diese Antwort zu verkraften und einzuordnen. Und er kam offensichtlich zu dem Schluss, dass man bei diesen Künstlern nie wissen konnte, ob oder ob nicht, denn er sagte nach längerem Zögern: „Ok. Dann macht mal weiter. Aber ihr dürft kein Verkehrshindernis werden, verstanden?"

Damit schwang er sich zurück in sein Auto und fuhr langsam davon. Wir nahmen wieder unsere Prozession auf. Das Appartement lag im 55. Stockwerk, war gigantisch und hatte eine riesige Terrasse. Alle stellten die überführten Speisen und Getränke irgendwo hin, und die Party ging weiter. Am späteren Nachmittag, als es nicht mehr so heiß war draußen, sind wir auf die Terrasse gegangen. Es war ein herrliches Gefühl, mitten in der Stadt und doch ganz im Freien, wie Fliegen über der City. Eine Bekannte rief mich an die Balustrade:

„He, Bridge, sieh dir diese wunderbare Aussicht nur an! Ein fantastisches Panorama!" Mir war in diesem Moment gar nicht bewusst, dass ich im 55. Stockwerk auf einer Terrasse stand. Als ich aber nach unten sah, wo die Autos und Menschen wie Flöhe aussahen, da war alles aus bei mir. Mir wurde schwindelig. Meine Beine fühlten sich an wie Pudding. Man musste mich ins Zimmer zurücktragen. Erst mit einem Whisky auf dem Sofa beruhigte ich mich wieder.

Meine Finanzen erholten sich nicht, und ich war gezwungen, mir noch einen Zusatzjob zuzulegen. In diesem Großstadtdschungel mit 650 $ Gehalt war es jeden Monat ein großer Kampf mit zwei kleinen Kindern zu überleben. Ich hatte feste Ausgaben: 350 Dollar Miete, dann noch die Kosten für

Essen und die Raten und alles andere. Die 35 Dollar pro Kind, die ich vom Vater der Mädchen erhielt, reichten gerade für Schulmaterial und Schulspeisung.

Ich versuchte, noch eine Stelle für Samstag zu bekommen. Da ich durch die Vertreter von Zahnmaterial bekannt war und ein gutes Verhältnis zu ihnen hatte, fiel es nicht schwer, einen Zahnarzt zu finden, der am Samstag eine Aushilfe brauchte. Er war Fachzahnarzt für Chirurgie. Die meisten Patienten kamen, um sich Zähne ziehen zu lassen. Ich hatte Glück und bekam den Job, gleich nachdem ich mich vorgestellt hatte. So musste ich auch noch Samstag von 8 bis 14 Uhr arbeiten. Ich bekam dafür 250 Dollar im Monat, was uns sehr geholfen hat. So war ich also sechs Tage in der Woche damit befasst, das nötige Geld für uns heranzuschaffen.

Ich war oft überfordert und deprimiert. Wenn es mich packte, dann konnte ich den Berg von Verantwortung kaum ertragen. Dazu kam noch meine Trauer über den Verlust von Pat. Und nicht zuletzt; Die Kinder, an die ich während der Arbeit denken musste: Wie würden sie allein klarkommen?

Eines Abends auf dem Weg nach Greenwich Village war ich fast so weit. Das hat alles keinen Zweck, keinen Sinn. Ich wollte mit dem Wagen gegen eine Laterne fahren. Ich wollte mich umbringen. Dann kamen mir die beiden Kinder vor Augen. Was sollten sie ohne mich anfangen? Sie brauchten mich! Ich konnte sie nicht allein lassen in dieser riesigen Menschen verschlingenden Stadt. Also fuhr ich weiter. Mein Kopf wurde wieder klarer. Ich stellte mich den Problemen. Es würde schon gehen.

Pat ging mir einfach nicht aus dem Kopf. Ich liebte sie so sehr, wie ich noch nie jemanden geliebt hatte zuvor. Bilder wanderten vor meinen Augen hin und her. Was hatten wir alles zusammen erlebt, unsere Liebesnächte, die schönen Zeiten mit den Kindern in Kalifornien! Ich musste auf andere Gedanken kommen. Was sollte ich tun? Ich kannte fast niemanden. Mit Männern auszugehen konnte ich mir nicht mehr vorstellen, seit ich mit Pat zusammen gewesen war.

Also entschloss ich mich, eine Lesbenzentrale ausfindig zu machen. Ich bekam einige Adressen von Lesbenbars in der Village heraus. Es gab zwei gute Bars mit Disco. Für schwule Männer war das Angebot wesentlich größer. Sie konnten sich in Dutzenden Bars treffen. Auch heute noch gibt es viel mehr Orte für schwule Männer als für Frauen. Und das ist nicht nur in New York so, sondern nach meinen Erfahrungen in den meisten anderen großen Städten der Welt.

An einem Samstag sagte ich den Kindern, dass ich ausgehen wollte. Ich brauchte die Abwechslung dringend. Sie sahen fern und waren zufrieden, nicht gestört zu werden. Die Hunde waren auch zuhause, und die Nachbarin versprach, mich sofort zu informieren, wenn etwas Außergewöhnliches passieren sollte. Patty hatte eine Telefonnummer, unter der sie mich erreichen konnte. Also stieg in den Wagen und fuhr zur Village. Ich brauchte nur 20 Minuten zur Christopher Street. In der Nebenstraße war die Lesbenbar, die ich besuchen wollte. Von außen sah alles ganz normal aus. Ich tigerte eine Viertelstunde vor der Bar auf und ab, um mir Mut zu machen und den ersten Schritt in die Bar zu setzen. Damals war ich gerade 28 Jahre alt, 1,76 groß, blond, sportlich und hatte blaue Augen. Die Leute in Paris sagten: vom Typ ‚Ingrid Bergman'. Die Bar war voll mit vielen jungen Frauen. Einige ältere saßen an der Theke. Insgesamt machte alles einen geschmackvollen und eleganten Eindruck. Im hinteren Raum wurde getanzt. Ich setzte mich allein an einen Tisch und war total nervös. Es waren kaum zehn Minuten vergangen, da setzten sich einige Frauen zu mir an den Tisch. Ganz unkompliziert stellten sie sich vor und fingen ein Gespräch mit mir an. Ich tanzte wie eine Wilde zu ‚Hang on Snoopy', ‚Dancing in the Streets' und zu den ‚Village people – YMCA'. Es war einfach toll. Dieser Abend gab mir die gewünschte Abwechslung. In der Bar hatte ich so viele Telefonnummern gesammelt, dass ich mich einen ganzen Monat lang jeden Tag mit einer anderen Frau hätte treffen können. Was ich natürlich nicht tat.

Wieder zuhause konnte ich nicht schlafen vor lauter Aufregung. Der ganze Abend ging mir durch den Kopf. ‚Warum bin ich eigentlich in eine Lesbenbar gegangen? Was wollte ich dort? War ich jetzt lesbisch geworden, nur weil ich einmal eine Liebesbeziehung mit einer Frau gehabt hatte? Vielleicht? Denn das Gefühl, mit einer Frau zusammen zu sein, diese wunderbare Erfahrung, mit einer Frau zu schlafen, dieses Gefühl hatte ich nie mit meinem Mann gehabt. Frauenkörper waren mir nicht fremd. Im Gegenteil, ich fühlte mich geborgen, konnte mich in der Sexualität frei fallen lassen, brauchte keine Angst zu haben, schwanger zu werden. Frauenkörper sind so weich, so geschmeidig, aufregend mit den wunderbaren Kurven. Ich fand Männerkörper uninteressant, voller Haare. Natürlich hatte ich auch Angebote von Männern bekommen bei anderen Gelegenheiten. Doch da hatte ich jedes Mal das Gefühl gehabt, dass ich das Essen, zu dem sie mich eingeladen hatten, später auf der Matratze abzahlen müsste.

Und wenn ich ehrlich sein wollte, musste ich mir eingestehen, dass ich mich bereits in der Schule in manche Lehrerin verliebt hatte. Ich hatte mir darüber nie Gedanken gemacht. Aber vielleicht war ich schon als Jugendliche latent lesbisch? Irgendwann wurde ich über dem ganzen Gegrübel müde und schlief ein.

Am nächsten Morgen ging der normale Tagesablauf wieder los. Die Kinder mussten in die Schule und den Kindergarten. Ich musste mich auf meine Arbeit konzentrieren.

Eine Woche später bekam ich einen Anruf von einer Frau, die ich in dieser Bar kennen gelernt hatte. Claire war ihr Name. Sie war eine schöne Frau von 22 Jahren und wollte sich unbedingt mit mir treffen. An einem der nächsten Samstage haben wir uns getroffen. Wir haben über alles Mögliche geredet. Ich wollte alles wissen, was es über das Lesbenleben so zu wissen gab, denn ich hatte nicht die geringste Ahnung, außer meine Erfahrung mit Pat. Alles war Neuland und natürlich äußerst interessant. Claire wollte eine Beziehung mit mir anfangen. Ich war noch längst nicht bereit, mit einer anderen Frau ins Bett zu gehen und eine neue Beziehung einzugehen. Ich wollte es auch den Kindern nicht antun. Und Sex in meiner Wohnung würde es schon gar nicht geben.

Fast jeden Abend war ich gleich nach der Arbeit in dieser Bar. Ich tanzte die Nächte durch und hatte, fast zwei Jahre nach der Trennung von Pat, auch mal kleinere Affären: mal eine Woche, dann drei Wochen, eine Nacht oder mal sechs Monate. Ich habe viel Erfahrung in Frauensexualität bekommen und dadurch meinen eigenen Körper lieben gelernt. In diesen Zeiten war ich die glücklichste Frau überhaupt. Ich lernte die unterschiedlichsten Frauen kennen, darunter eine Kubanerin und eine Puertorikanerin. Von diesen beiden Frauen habe ich viel gelernt in Beischlaffragen. Sich voll gehen lassen, sich Zeit nehmen, fast wie Tantra, einfach fliegen lernen, wenn du kurz vor dem Orgasmus bist. Die Liebesspiele dauerten oft die ganze Nacht. Am nächsten Morgen, wenn ich dann wieder zur Arbeit gehen musste, war ich fast tot von der letzten Nacht, aber im siebten Himmel. Mit meinen Affären habe ich meinen ganzen Frust, die Enttäuschungen und Schmerzen ausgelebt! Aber ich war nie diejenige, die Liebesbeziehungen angefangen hat. Das waren immer Initiativen meiner Partnerinnen. Flirten konnte ich gut. Aber da hörte es dann auch auf. Mein Körper war mir extrem wichtig, vor allem lege ich viel Wert auf Hygiene. Das schon bremste mich aus, schnell mal eben so mit jemandem ins Bett zu springen. Diese ganze Eskapaden halfen mir über den Verlust von Pat hinweg, was für mich wichtig war, um weiter existieren zu können. Aber irgendwann hatte ich genug von allem.

1964 waren meine beiden Töchter für ein Jahr bei ihrem Vater Steven in Lawton, und Patty besuchte dort die Schule. Ende 1965 kamen beide wieder zurück.

Schweren Herzens hatte ich mich zu dieser Maßnahme entschlossen, aber es ging einfach nicht mehr anders zu diesem Zeitpunkt. Meine Finanzen und meine Nerven brauchten diese Auszeit. Für mich war es nur folgerichtig, dass der Vater auch mal die Kinder nahm. Es ging ihm um so vieles besser als mir. Er hatte eine neue Ehefrau, also jemanden, der sich mit ihm die Verantwortung und die Arbeit zuhause teilte. Sie machte alles für ihn: Kochen, Wäschewaschen,

Saubermachen, eben alles, was eine liebende Hausfrau für den Ernährer der Familie nach traditionellen Mustern tut. Auch finanziell ging es ihm bedeutend besser als mir. Er war abgesichert durch seinen Armeejob und hatte zum Beispiel die medizinische Betreuung kostenlos. Was ich mit den Kindern leider nicht hatte. Wenn jemand von uns krank war, musste das Leben trotzdem ganz normal weitergehen. Ich konnte nicht zuhause bleiben, weil wir jeden Cent von meinen Jobs brauchten, um uns über Wasser zu halten.

Ich hatte die Mädchen in diese harte Welt hineingeboren mit großen Schmerzen. Es war meine Verantwortung, sie großzuziehen. So sah ich das. Ich liebte sie über alles. Ich muss aber gestehen, dass ich in Wahrheit eigentlich nicht als Mutter geeignet war und oft das Gefühl hatte, überfordert zu sein. Aber ich habe stets versucht, mein Bestes zu geben. Steven schrieb mir 1966 einen Brief voller Vorwürfe, dass ich eine schlechte Mutter sei. Ja, ich war ganz bestimmt keine so gute Mutter, wie er es sich gewünscht hätte. Doch in meiner Lage hätte Steven es auch nicht besser machen können. Natürlich hätte ich ihm die Kinder nach seiner Eheschließung überlassen können. Meine Mutterliebe war stärker.

Aber an der aktuellen Situation waren wir schließlich beide schuld.

In diesem Jahr bekam ich einen tollen Job angeboten als Supervisor in der Zahnklinikabteilung des Brooklyn-Hospital für zwei Tage die Woche. Also war ich vier Tage bei Doktor Sorrel und zwei im Hospital. Jedes zweite Wochenende spielte ich in einer Jazzband. Ich ging abends oft aus, meist in die Kellerbar „Snake Pit" (Schlangengrube), die erst um 1 öffnete und bis 6 Uhr Gäste bewirtete. Die Nächte dort waren toll.

Eines Tages lernte ich Daisy kennen. Sie war klein, zierlich, blond mit wunderschönen blauen Augen. Man brauchte sie nur anzusehen und war hypnotisiert. Ich verliebte mich in sie und hatte das Gefühl, dass sie mich auch mochte. Wir sprachen nächtelang über Gott und die Welt, bis sie mir offenbarte, dass sie mit zwei Schimpansen, ‚Cocomo' und ‚Rodney', für das Fernsehen arbeitete. Ich war beeindruckt. Ein paar

Tage später besuchte ich sie. Sie wohnte in einem schönen typischen New Yorker Ziegelhaus. Die Wohnung war sehr groß, alles auf einer Etage. Vom Keller, der gemütlich eingerichtet war, führte eine große Tür in einen wunderschönen Garten. Dort hatte sie einen riesigen Käfig, den sie mit Baumstämmen und vielen Grünpflanzen für die beiden Schimpansen hergerichtet hatte. Ich war hin- und hergerissen, als ich die beiden Tiere sah. Sie waren lieb und an Menschen gewöhnt. Ich schloss die beiden Affen in mein Herz. Daisy freute sich, dass auch die Chimps mich mochten, und fragte nach kurzer Zeit: „Sag mal, Bridge, hättest Du Interesse daran, uns zu chauffieren, wenn wir zum Filmen fahren?" Ich war einfach baff, glücklich und überrascht zugleich über das Angebot. Ich hatte in diesem Jahr mehr Zeit für mich und stimmte zu.

An einem sonnigen Tag im Februar starteten wir das erste Mal. Daisy hatte einen Vertrag in Atlantic City, New Jersey, auf der anderen Seite des Hudson River zu einem Dreh für eine Fernsehserie am Strand. Als wir am Drehort ankamen, ging es hektisch zu. Alle Mitarbeiter des Filmteams rasten nur so umher. Das ganze war wunderbar aufregend. Es dauerte ziemlich lange, bis die Schimpansen ihren Auftritt hatten. So konnte ich die ganze Atmosphäre in mich aufsaugen: Techniker mit Beleuchtungsutensilien, Maskenbildner, die hastig an den Statisten und Schauspielern herummalten, der Regisseur, der ständig dazwischenrief. Die Nerven lagen blank.

Ich hatte mich schon immer für Kunst interessiert. Hier war ich das erste Mal hautnah am Film dran. Total spannend! Ich war das erste Mal in Atlantic City. Ein schöner Ort, voll von Touristen und denjenigen, die Ozean, Strand und den berühmten ‚Boardwalk' liebten.

Es war eine schweißtreibende Arbeit, die Schimpansen bei Laune zu halten. Dann endlich sollte es losgehen, und wir zogen den beiden Anzüge mit Westen an. Es war nicht leicht, Cocomo zu überzeugen, was er machen sollte. An Rodney fiel mir auf, dass er manchmal sein Gesicht stark verzog. Als ich ihn so beobachtete, entdeckte ich einen kurzen Draht, der ein kleines Stück aus seiner Weste herausschaute. Ich fragte Daisy, was das zu bedeuten habe.

„Och, das ist nur ein kleines Kabel von dem Gerät, das er auf dem Rücken trägt. Wenn ich hier auf den Kommandoknopf drücke, dann bekommt er einen schwachen Stromschlag und weiß, dass er meinen Befehl ausüben muss!"

Ich war entsetzt und wollte nicht glauben, zu welchen Methoden Daisy da griff. „Aber das ist doch Tierquälerei, Daisy!" „Nein, ich denke nicht. Es hat den beiden bis jetzt überhaupt nicht geschadet. Und so machen sie eine sehr gute Arbeit." Da Daisy sonst mit den Affen liebevoll und gut umging, führte ich die Diskussion nicht weiter fort. Es ging mich eigentlich nichts an. (Heute ärgere ich mich, dass ich nichts unternommen und sie nicht beim Tierschutz angezeigt habe.)

Die Zeit mit Daisy und den Chimps war trotzdem eine schöne Abwechslung von meinem Alltag.

Aber ein ganz unbeschriebenes Blatt in dieser Hinsicht bin ich auch nicht. Ich hatte mir irgendwann einen Schäferhund zugelegt, in einem ziemlich kleinen Appartement mitten in der Stadt. Heute denke ich, dass es fast kriminell war, so einen Hund in dieser Wohnung zu halten. Wenn keiner zuhause war, oder wenn der Hund Blödsinn machte, musste er in den Käfig, der mit in der Wohnung stand. Da ich viel unterwegs war, hatte meine Tochter Patty auch das noch auf den Schultern. Einmal rief sie mich an und bat um Hilfe, weil der Hund krank geworden war, und es ihm sehr schlecht ging. Ich drückte mich davor und sagte ihr: „Ruf den Tierarzt an! Der soll ihn abholen." Heute habe ich ein schlechtes Gewissen deswegen. Aber seit den Kriegszeiten mit den vielen Leichen von Mensch und Tier habe ich Angst vor solchen Bildern. Auch als ich 1973 meine krebskranke Mutter pflegte, hatte ich Angst davor, sie als Tote sehen zu müssen.

Es war schäbig und feige von mir und unverzeihlich, wie ich mich in der Situation mit dem Hund gegenüber den Kindern verhalten habe. In diesem Buch möchte ich mich nochmals an meine Kinder wenden, dass sie mir alle Fehler, die ich gemacht habe, verzeihen mögen.

Die Arbeit in der Zahnklinik hat mir viel Spaß gemacht. Natürlich musste ich mich erst einarbeiten, was durch die geringe Arbeitszeit nicht so einfach war. Meine Aufgabe bestand darin, alles zu kontrollieren, was in der Klinik nötig war. Es waren Bestellungen aufzugeben, die Lehrlinge zu beaufsichtigen und das gesamte Tagesgeschäft zu organisieren.

Am Morgen fing es damit an, dass die Azubis den Patienten, die nicht aufstehen konnten oder durften, die Zähne putzten. Eines Tages kam eine junge Helferin nach oben gestürmt, ganz entrüstet mit puterrotem Kopf: „Zu dem gehe ich nie wieder! Weißt Du, was passiert ist? Ich wollte Mr. Johns die Zähne putzen, gehe mit der Bürste zu seinem Bett, setzte sie an die Zähne. Und was sehe ich? Da hebt sich die Decke und sein Penis steht kerzengerade in der Luft. Zu dem gehe ich nie wieder!"

Alle haben sich gebogen vor Lachen. Wir konnten uns nicht halten. „Ach, Mädel. Das kann doch jedem Mann passieren. Du bist eben ein hübsches Fräulein. Wer weiß, wann er das letzte Mal Sex hatte! Und außerdem ist das ganz normal für einen Mann. Das kann vorkommen und ist nichts Außergewöhnliches." Sie musste sich erst mal setzen und sich beruhigen. Es wurde bei diesem Patienten jemand eingesetzt, der mit einer solchen Situation besser umgehen konnte. Tja, ja, die prüden Amerikaner!

Immer wollte ich Neues und Aufregendes, Unbekanntes ausprobieren. Und so ergriff ich auch gleich wieder eine Gelegenheit, als ich eine Anästhesistin der Klinik kennen lernte und mich mit ihr anfreundete. Sie war die meiste Zeit im Operationssaal beschäftigt, und als ich Interesse zeigte, mir das einmal anzuschauen, da nahm sie mich mit in einige Operationen. Mit gemischten Gefühlen betrat ich den OP-Saal. In der Tierklinik hatte ich bereits bei Operationen Erfahrungen gesammelt. Doch bei Menschen stellte ich mir das krass vor. Ich erwartete viel Blut und offene Wunden. Doch dann war alles mit grünen Tüchern abgedeckt und nur die Operationsstelle zu sehen. Alles halb so schlimm!

Acht Monate habe ich in dem Hospital gearbeitet, dann wurde es mir zu viel. Die Arbeit bei Dr. Sorrel, im Hospital, Jazz und die Fahrten mit den Chimps, auf die Dauer war es einfach zu anstrengend. Ich gab die Stelle im Hospital wieder auf.

Ein Freund von mir, Rosaire, ein Kanadier, hatte mich im Sommer auf eine Woche nach Quebec eingeladen. Für mich war das eine große Freude, da in Quebec Französisch gesprochen wird, natürlich auch Englisch, doch die Hauptsprache ist Französisch.

Am schönsten ist Quebec im Winter, was ich allerdings erst auf einer späteren Reise feststellen konnte. Dann findet der Eiskarneval statt. Die meisten Einwohner haben ihre „weißen Stöcke" mit hochprozentigem Whisky gefüllt, um die Kälte zu ertragen. Es werden Schlösser aus Eis gebaut, viel Musik gespielt und getanzt.

Rosaire war schwul und ein phantastisch aussehender junger Mann. Wir hatten in New York viel Spaß zusammen. Viele Nächte haben wir in den Gay-Bars durchgetanzt. In die schwulen Bars konnten beide Geschlechter gehen, in den Lesbendiscos waren Männer nicht gern gesehen. Die Frauen waren in dieser Beziehung radikal. Sie wollten einfach unter sich bleiben, was ich akzeptieren konnte. Wenn ich mit Rosaire in eine Lesbenbar gehen wollte, gab es regelmäßig Theater. Ich hatte viele Bekanntschaften mit gay boys. Es war ein Vergnügen mit ihnen auszugehen. Wir hatten viel Spaß. Es war eine verrückte Zeit in diesem Jahr des Alleinseins. Ich habe mich so richtig ausgetobt und alles nachgeholt, was ich sonst nicht machen konnte.

Oft besuchte ich das Metropolitan Museum of Art, das besonders durch seine Sammlungen ägyptischer, griechischer und römischer Kunst und Meisterwerke der europäischen Malerei, besonders der Französischen Impressionisten berühmt ist. Auch ins Guggenheim Museum bin ich gerne gegangen. Vor allem hat mich die Architektur des runden Gebäudes immer wieder fasziniert. Im Guggenheim wird eher moderne Kunst ausgestellt.

Der Central Park war für tolle Konzerte gut. An ein Konzert erinnere ich mich besonders und werde es nie vergessen. Es dauerte nur 10 Minuten. Nina Simone, die „Hohepriesterin des Soul", wie sie von ihren Fans genannt wurde, kam auf die Bühne, sah hinreißend aus, setzte sich ans Klavier, fing an zu spielen und zu singen. Da hörte sie, wie sich zwei in der ersten Reihe unterhielten. Sie war beleidigt, knallte den Klavierdeckel zu und verschwand. Das war mein tolles Nina Simone Konzert. Ende der Vorstellung! Alle waren wütend. Aber – keine Chance. Nina war eine Diva, und wenn Nina ging, dann ging sie ohne Wenn und Aber auf Nimmerwiedersehen.

Ein anderes Konzert werde ich auch nie vergessen. Ich war eingeladen worden zu einem Beethoven-Konzert – die Neunte. Ich war überglücklich, da der berühmte Dirigent Leonhard Bernstein dirigierte. Als ich in der wunderschönen Metropolitan Opera saß, die Musik spielte und dann der Chor einsetzte, musste ich wieder an meinen indischen Prinzen Arun denken, wie wir zusammen mit seinem verrückt bemalten Auto vor 11 Jahren in Paris ins Konzert gefahren sind. Mir liefen nur so die Tränen mein Gesicht herunter. Im Grunde hatte ich Heimweh nach Europa, nach dem kulturellen Leben und der Schönheit der kleinen und großen Städte. Das Konzert war großartig. Wir saßen in der zweiten Reihe, und ich konnte Bernstein bei seiner Arbeit genau beobachten. Was für eine Erscheinung!

Mit den Kindern war ich später in der Radio City Music Hall, wo man Filme sehen konnte. Davor gab es eine tolle Show mit den berühmten Rockets, die mit ihren langen Beinen synchron tanzten.

Meine Lieblingszeitungen waren die Sonntagsausgabe der New York Times, die fast so dick wie ein Buch ist, und The Village Voice, die über kulturelle Veranstaltungen in der Nähe informierte. Es gibt so viel von New York City zu berichten, dass ich mehrere Bücher schreiben müsste. Also werde ich mich nur auf meine Leben in dieser großen verrückten City beschränken.

Bevor die Kinder zurückkamen, bin ich mit einigen Leuten für eine Woche nach Cape Code gefahren. Cape Code ist eine Halbinsel, 110 Kilometer lang, die in den Atlantik zeigt, wie eine Art Haken. Am Ende des Hakens liegt Provincetown, eine alte Walfängerstadt mit 3200 Einwohnern. Ich träume heute noch davon, eines Tages wieder mal hinzufahren. Provincetown ist dank seiner Künstler und mit der Schwulenkolonie als liberalste Stadt der Ostküste bekannt geworden. Die kleine Stadt ist voller Galerien, Antiquitätenläden, schönen kleinen Restaurants und vielen gemütlichen Hotels. Mein Lieblingshotel war Angels Landing, was auch heute noch als Geheimtip gilt. Wir wohnten direkt am Strand und waren dauernd unterwegs von einer Party zur nächsten. Da war wenig Zeit zum Schlafen. In der ganzen Woche werden es wohl zwischen 8 und 10 Stunden gewesen sein. Eines Abends war ich so fertig, dass ich früh ins Bett ging. Nach ein paar Stunden Schlaf wachte ich auf und musste aufs Klo. Ich machte die Schlafzimmertür auf, stolperte über einen Körper und noch einen.... Das ganze Wohnzimmer war voll von nackten Körpern, die untereinander, übereinander oder nebeneinander schliefen. Die meisten betrunken. Ich stieg über einen Typ, der wachte auf, sah mich an und fragte: „Wo kommst Du denn her?" „Vom Himmel gefallen!" Ich war sauer, dass meine Bekannte so viele Leute mitgebracht hatte. Am nächsten Morgen sah es immer noch so aus. Es gab einen Riesenkrach, weil ich es für unmöglich hielt, so etwas in unserem Hotelappartement zu veranstalten. Der Kater war groß. Ich war froh, als endlich alle verschwunden waren. Meine Bekannte entschuldigte sich bei mir, und ich dachte: ‚Bridge, du bist wohl doch nicht so tolerant, wie du dich immer gibst.' Aber Grenzen mussten in meinem Leben sein. Das war eine davon. Am Ende der Woche war ich einfach tot von den ganzen Partys.

Als ich wieder in der Praxis ankam, sah ich nicht erholt aus. Mary sagte: „Weißt Du, Bridge, ich habe das Gefühl, Du brauchst jetzt Urlaub vom Urlaub." Das wäre toll gewesen, aber nichts zu machen.

Wochentags hatte ich viel Arbeit, und an den Wochenenden fuhr ich oft mit meinen Freunden nach Atlantik City oder nach Philadelphia.

Ich liebte Philly, wie die Stadt auch genannt wurde. Immer, wenn ich dort war, ging ich in das einzige Rodin-Museum, das Philadelphia Museum of Art. Es ist eines der schönsten Museen, die ich kenne, und sieht aus wie ein großer griechischer Tempel mit acht hohen Säulen und einer riesigen Freitreppe. Die älteste Kunstakademie Amerikas ist im gleichen Gebäude untergebracht. Nie reichte die Zeit, um die umfangreichen Sammlungen amerikanischer Kunst aus drei Jahrhunderten zu bestaunen, obwohl ich insgesamt fünfmal in Philadelphia war. Die Abende verbrachten wir in der Wallnutstreet, dem Gay-Viertel. Es gab gute Bars und Discos. In die Heterodiscos bin ich nicht mehr gegangen, da ich mich von Männern belästigt fühlte. In einer Gay-Disco hatte man als Frau seine Ruhe und sehr viel Spaß mit den Jungs und den mitgebrachten Frauen. Wir fühlten uns wie eine große Familie. Aus diesem Gefühl heraus wurde auch der Song „We're a family!" geboren.

Noch 1969 gab es in Greenwich Village eine Gay-Bar, Manhattan ‚Stonewall Inn'. Hier wurde der „Christopher Street Day" geboren, der fast auf der ganzen Welt von Gays und Andersdenkenden gefeiert wird.

Der Kampf der Homosexuellen um Gleichbehandlung ist ein langer Weg. Ein Stück davon habe ich miterlebt.

Bald war das Jahr 1965 vorbei. Die Kinder sollten in drei Monaten wieder zu mir kommen. Ich freute mich auf sie. Andererseits war ich auch ein wenig traurig, weil ich meine Freiheit wieder verlieren würde. Also nutzte ich die kurze Zeit noch mal so richtig aus.

Auf Beziehungen hatte ich mich nicht eingelassen, da es irgendwann später meist kompliziert wurde. Und wenn ich doch mal mit jemandem zusammen war, dann immer nur kurz. Mein großer Wunsch war es, jemanden zu finden, mit dem ich zusammen leben konnte, so wie mit Pat in Kalifornien. Es hat nie geklappt. Die Erwartungen von beiden Seiten waren zu unterschiedlich, und so ist es bis heute geblieben.

Ich bin nicht für dauernd wechselnde Beziehungen geschaffen. Ich fand es nicht gut, wenn man in einer Bar gleich von einer anderen Frau bedrängt wurde, die sich in das Paarverhältnis drängen wollte. Manchmal dachte ich Lesben seien auch nicht besser als viele Männer. Die Eifersüchte waren fast identisch. Ich habe erlebt, dass Frauen in ihrer Eifersucht gewalttätig werden können, vor allem verbal. Sprache kann genauso Gewalt ausüben, wie physische Gewalt. Die meisten Frauenbeziehungen, die in meinem Umfeld gehalten haben, waren Paare, die nicht in Lesbenbars gegangen sind, sondern ihr ganz eigenes Leben hatten, im Beruf und mit gemeinsamen Interessen. Der Kampf um eine neue Partnerin ist unter Frauen sehr hart. Männer dagegen haben große Auswahl unter ihresgleichen. Die Zahl der schwulen Männer ist höher. Es gibt darunter etliche Männer, die verheiratet sind und hier und da ein Doppelleben führen. Die Begründung, die ich für mich gefunden habe, hat mit dem männlichen Sexualleben zu tun. Männer können in einem Park, der Sauna, auf den Toiletten von Bars, Bahnhöfen oder sonstigen Einrichtungen ihren Sexspielen nachgehen. Reißverschluss runter, Penis raus, einen runterholen oder orale Befriedigung – fertig. Diese Quickies funktionieren bei Frauen nicht so gut. Sie haben es schwieriger, sind emotionaler, romantischer, brauchen eine gewisse Zeit und genießen es, zum Organismus zu kommen. Es gibt bestimmt auch solche, die es im Schnellverfahren treiben. Für mich ist das aber schwer vorstellbar.

Es kam der Tag, an dem die Kinder nachhause kamen. Ich hatte mich sehr auf sie gefreut. Die Kinder waren nicht so begeistert. Sie kamen aus einem geregelten Haushalt wieder zurück in den Dschungel der Großstadt, in ein ziemlich stressiges und wildes Leben. Ich hatte Verständnis für sie. Wir richteten uns ein. Auch ich musste mich nach dem einen Jahr in Freiheit wieder an mein eingeschränktes Leben gewöhnen. Es war eine gewaltige Umstellung, für uns alle drei.

Anfang 1965 bekam ich einen Brief von meiner Schwester Lory. Sie wollte uns besuchen und für einige Zeit in New York bleiben. Ich fuhr voller Erwartungen zum Kennedy

Airport, um sie abzuholen. Wir hatten uns neun Jahre nicht gesehen und hatten uns viel zu erzählen. So erfuhr ich, dass meine geliebte Oma gestorben war. Sie hatte Magenkrebs gehabt. Ich konnte es nicht fassen, dass ich nun erst von ihrem Tod erfuhr, viele Jahre später. Mutter hatte es mir nicht mitgeteilt. Es herrschte Funkstille zwischen uns. Ich war traurig. Oma war mein Ein und Alles gewesen in meiner Kindheit und Jugend. Sie war auf der Grabstelle in Kirdorf bei Opa beigesetzt worden. Ich schwor mir, dass ich sie beide an ihrem Grab besuchen würde, eines Tages. Das war ich Oma schuldig, dass ich auf diese Art von ihr Abschied nahm und nicht nur aus der Ferne an sie dachte.

Ich erfuhr weiter, dass Mutter wieder in Gießen lebte. Sieben Jahre lang war sie in Bagdad gewesen mit ihrem Mann Paul, dem Diplomaten. Paul war auch in den 60er Jahren gestorben. Er hatte Prostatakrebs gehabt.

Patty und Chou freuten sich über ihre Tante. Da sie jetzt bei uns wohnte, waren die Kinder nicht mehr so allein, wenn ich aus dem Haus war. Dadurch wurde die Umstellung nicht ganz so dramatisch.

Ich liebte meine Schwester. Wir hatten so wenig voneinander gehabt. Nur einmal hatte sie mich zum Staunen gebracht mit einem Brief. Als ich ihr vor Jahren mitteilte, dass ich mit einer Frau lebte, bekam ich einen Brief zurück: ‚Es ist nicht schlimm, Briggi. Ich bin schon seit meinem 18. Lebensjahr lesbisch.' Das hatte mich damals ziemlich umgehauen. Auch meine Halbschwester war lesbisch. Das hätte ich nie gedacht. Es machte mich ruhiger und zeitweise sogar ein wenig froh, dass ich nicht als Einzige in dieser Familie mit einer Frauenbeziehung lebte.

Lory hatte noch fünf Geschwister bekommen in der zweiten Ehe von Hans, ihrem Vater, bei dem sie gelebt hatte. Sie musste ihrer Stiefmutter viel helfen, da sie die Älteste war. Zeit für sich hatte sie kaum, erzählte sie. Auch deshalb kam sie wenig mit meiner Art der Erziehung klar. Meine Kinder wurden frei erzogen. Es war für mich sehr wichtig, dass sie die Wahrheit sagten und sich an die verabredeten Hausregeln hielten. Jede hatte ihre Aufgaben zu machen: aufräumen, Geschirr abwaschen, Tisch decken, schmutzige Wäsche in den Waschkorb legen und ihr Zimmer sauber halten, die Klamotten dahin räumen, wo sie hingehörten, das waren ihre Verantwortungen. Sonst konnten sie spielen, Freunde besuchen oder jemanden zu uns einladen. Das war schon ziemlich frei und zwanglos. Und auch deshalb wohl bekamen meine Schwester und ich miteinander Probleme. Aber ich wollte nicht strenger sein.

Lory war ausgebildete Krankenschwester, OP-Assistentin. Sie hatte gute Zeugnisse und wollte in New York in einem Krankenhaus arbeiten. Das Problem war, dass in den USA die europäische Ausbildung nicht anerkannt wurde. Lory hätte noch ein Jahr in den USA studieren müssen, um anerkannt zu werden. Das Jüdische Hospital war nicht weit von uns entfernt. Dort hatte sie sich beworben. Man sagte ihr das Gleiche, wie in den anderen Einrichtungen, wo sie sich beworben hatte. Sie hatte Glück, konnte mit dem Chefarzt reden und ihre Zeugnisse aus der Schweiz, die exzellent waren, vorlegen. Er hat sie als OP-Helferin eingestellt. Lory kannte die ganzen Operationsinstrumente und -abläufe und arbeitete gewissenhaft und zuverlässig. Schnell bekam sie eine Gehaltserhöhung als beste Op-Schwester im Jüdischen Orthopädiekrankenhaus. Ich war sehr stolz auf sie.

Mit den Kindern verstand sie sich gut, hauptsächlich mit Patty. Eigentlich verstanden wir, meine Schwester und ich, uns auch gut. Aber als ich ein Verhältnis mit Mary anfing, in die ich mich verliebt hatte, gab es Auseinandersetzungen zwischen uns. Eines Abends waren wir zu Besuch in Marys Appartement. Es klingelte an der Türe. Mary machte auf. Da stand ein Mann, fast 1,90 groß mit dem Hang zum Dickwerden. Er fragte Mary: „Hi, ich suche Bridge Vargo. Ich komme aus Deutschland und heiße Karl-Heinz." Was? Wie? Ich traute meinen Ohren nicht und sprang aus meinem Sessel zur Tür. „Karl-Heinz? He, du bist es wirklich. Wie hast du mich hier gefunden?" „Ich hatte Deine Schwester am Telefon. Sie gab mir diese Adresse hier. Da bin ich."

Karl-Heinz, der Ehemann meiner besten Gießener Schulfreundin Ulla, nahm an einem Kongress in New York teil. Er blieb nur ein paar Tage. 14 Jahre hatten wir uns nicht gesehen. Er hatte so viel zu erzählen. Meine Ulla war Studienrätin, whow. An diesem Abend hatte Mary nicht sehr viel Freude an mir, denn das war eine Sensation, dass Karl-Heinz mich gefunden hatte. Wir haben uns noch zweimal in seinem Hotel an der Bar getroffen.

Karl-Heinz nahm sich viel Zeit, und ich war froh zu hören, dass es den beiden gut ging. Ich bekam richtig Heimweh nach Deutschland, obwohl ich mich als Amerikanerin fühlte.

In dem Jahr, in dem Lory bei uns wohnte, nutzte ich die Situation oft aus, um mich mit Freundinnen zu treffen, in Discos zu gehen. Ich wollte einen Ausgleich für meinen nicht einfachen Alltag finden. Dass das nicht in Ordnung war, wurde mir erst später klar. Meine Schwester war oft mit meinen Mädchen allein zuhause und kümmerte sich um sie.

Ich spielte immer noch in der kleinen Bar in Brooklyn Jazz, ab und zu am Wochenende. Eines Tages kam der Besitzer Robert zu mir und fragte, ob ich Interesse hätte, als Barfrau zu arbeiten. Jenny, die sonst hinter dem Tresen stand, war krank geworden. Robert hatte niemanden, der für sie einspringen konnte. Da er mich von der Musik kannte, dachte er, dass ich das ganz gut machen könnte. Ich hatte noch nie hinter einer Bar gestanden. Die paar Drinks, die ich kannte, stammten von meinen eigenen Partys, das übliche halt. Ich dachte nach: Okay, Screwdriver, Bloody Mary, Grasshopper – die kann ich. Das war's aber auch schon. Wenn ich mich noch mit einem Buch schlau machen würde, müsste es eigentlich reichen. „Wann soll's losgehen?" fragte ich.

Robert grinste mich an: „Du hast Freitag und Samstag von 18 Uhr bis 1 Uhr nachts Dienst und bekommst 10 Dollar die Stunde." 80 $ pro Abend? So viel hatte ich noch nie verdient. Ich nahm den Job. Er war überglücklich, dass er jemanden gefunden hatte. Und ich merkte schnell, dass ich die

Dumme gewesen war, die wieder mal in einen Fettnapf trat, von dem ich nichts aber auch gar nichts wusste. Als ich nachhause kam, musste ich es Lory beibringen. Sie war überhaupt nicht begeistert. „Musst Du das wirklich machen? Abends in einer Kneipe und dann noch hinter der Bar." Nachdem ich ihr erklärt hatte, dass ich pro Abend 80 Dollar verdienen würde, und wir das Geld dringend bräuchten, sagte sie zögernd zu. Es gab Momente, da traute sie mir nicht recht. Warum, weiß ich bis heute nicht. Vielleicht dachte sie, ich würde zu Mary gehen und dass es nur eine Ausrede war, um den Abend frei zu bekommen.

Ich kaufte mir das Buch ‚How to mix a cocktail' und habe es ein paar Tage lang studiert. Dann ging es in den Kampf mit den Cocktails. Ich war sehr nervös. Am ersten Abend zeigte mir Robert, wo die Gläser standen, welche Gläser für welche Getränke genommen wurden, wo das Eis war und wo die Flaschen lagerten, wie man ein Bier zapft und wie man Wein ausschenkt. Es war spannend, aber die vielen Dinge, die zu beachten waren, erzeugten ein mulmiges Gefühl in meiner Magengegend. Doch es kam noch schlimmer. Als er mit den Erläuterungen fertig war, verabschiedete sich Robert. „Bridge, ich muss gehen. Du machst das schon." „Soll ich jetzt allein hier hinter der Bar stehen?" „Ja. Bis später!" So, da stand ich nun mit einem neuen Schlamassel zwischen durstigen Kehlen. Na ja, es musste gehen. Learning by doing war also wieder mal angesagt. Ich war mir selbst überlassen und musste da durch. Das war für mich in so vielen Situationen die Parole. Und wenn man einigermaßen clever war, kam man durch – in diesem Beruf oder einem anderen.

Mein Buch lag neben mir hinter der Theke. Die Bar füllte sich. Erst wollten alle Bier und Wein, aber am späteren Abend ging es mit den Cocktails los. Ich rannte hin und her, vom Buch zum Mixen. Es war besonders voll. Alle mussten gewusst haben, dass ich heute hinter der Bar stand und nicht wie sonst am Schlagzeug saß. Ich bekam viel Unterstützung von den Männern. Sie gaben mir Tipps. Was haben wir alle gelacht! Das Geld legten sie auf den Tresen. Ich brauchte nur zusammenzurechnen, das Geld vom Tresen nehmen, und alles war okay. An diesem Abend bekam ich fast 100 Dollar Trinkgeld. Einfach toll. Ich hatte es geschafft! Nach dieser Zeit hätte ich gut als Bardame arbeiten können. Das ist etwas, was ich an den Amerikanern so liebe und schätze. Sie sind in fast allem so unkompliziert. So etwas wäre in Deutschland undenkbar. Okay, Amerikaner werden als oberflächlich hingestellt. Da könnte auch was dran sein, aber sie sind starke, optimistische Menschen, die immer wieder auf ihre Füße zu stehen kommen, auch wenn es brenzlig wird. Sie sind Patrioten durch und durch. Sie halten zusammen, egal welcher Herkunft oder Hautfarbe sie sind. Ja, sie sind Mickey Maus und Superman, verhalten sich ab und zu wie Kinder, doch das macht sie so sympathisch. Man sollte sie nie unterschätzen. Man muss einfach ihr Verhalten kennen lernen, und das dauert manchmal Jahre. Dann kann man wunderbar mit ihnen leben. Mit diesem kurzen Kommentar will ich natürlich nicht behaupten, dass alles, was Amerikaner tun, gut zu heißen ist. Es gibt so vieles, was ich nie für gut gehalten habe. Doch welches Land ist frei von Fehlern? Keines!

Drei Wochen habe ich hinter der Bar gearbeitet. Ich hatte so viel Spaß in dieser Zeit und gutes Extrageld. Schade, dass es vorbei war! Auf der anderen Seite brauchte ich auch wieder mehr Zeit für Zuhause.

Am 22. März 1966 habe ich den Test für die amerikanische Staatsbürgerschaft in Brooklyn gemacht. Ich musste viel über die Vereinigten Staaten von Amerika wissen, die Geschichte, Schreiben, Lesen. Ich hatte zwei Wochen abends über den Geschichtsbüchern gehangen, um alles auswendig zu lernen. Ich war stolz auf mich, als ich es endlich geschafft hatte. Seit meinem 11. Lebensjahr wollte ich unbedingt Amerikanerin werden, jetzt bekam ich meine ID-Card in die Hände. Ich habe es bis heute nicht bereut, Amerikanerin zu sein. Mein Selbstbewusstsein ist in Amerika gewachsen. Ich bin überzeugt, dass ich heute überall überleben kann. Das habe ich den USA zu verdanken.

Die Beziehung zu meiner Schwester wurde immer angespannter. Ich hatte das Gefühl, dass sich die Kinder und Lory gegen mich verschworen hatten. Meine Schwester hielt mir ständig vor, ich sei eine schlechte Mutter, ich müsste mehr mit den Kindern zusammen sein usw. usw.

Was ich durchmachte, um meine Kinder durchzubringen, dass wurde nie erwähnt. Lory war nur für sich allein verantwortlich. Von ihrem Gehalt konnte sie gut leben. Mein Gehalt war bedeutend geringer und musste für drei reichen. Wir konnten nicht nur von einer Arbeitsstelle leben. Das musste einfach mal klargestellt werden.

Wenn Weihnachten anrollte, wollten die Kinder schöne Geschenke bekommen. Beide lagen mir schon ein Jahr davor in den Ohren, dass sie Fahrräder zu Weihnachten haben wollten, was ich natürlich erst einmal ausklammerte. Allein die Vorstellung, die Kinder auf den Rädern in den verkehrsreichen Straßen fahren zu lassen, verursachte mir Angstzustände. Und obendrein waren diese Räder sündhaft teuer.

Es gab einen großen Krach mit Lory. Sie kündigte ihre Arbeit und flog zurück in die Schweiz. Natürlich waren Patty und Chou sehr traurig, dass alles so gekommen war. Auch mir war richtig schlecht geworden, weil ich solche Auseinandersetzungen hasste. Erst mit Mutter, jetzt mit Lory. Wenn ich heute daran zurückdenke, weiß ich, dass ich natürlich nicht unschuldig an dieser ganzen traurigen Situation war. Damals war meine Einstellung: Du hast die Kinder in die Welt gesetzt und volle Verantwortung für sie, komme, was da wolle. Sie haben mich nicht gefragt, auf die Welt zu kommen, sie schulden mir gar nichts. Sondern: Alles lag bei mir. Ich schuldete ihnen, dass sie, so weit es ging, alles hatten, was sie brauchten. Ich liebe meine beiden Kinder. Als sie klein waren, sind sie immer tief in meinem Herzen gewesen. Da ich sehr wenig Liebe von meiner Mutter erfahren hatte, hatte ich keine Erfahrung - im wahrsten Sinne des Wortes. Ich bin so selten von meiner Mutter mal in den Arm genommen worden oder habe einen Kuss bekommen. Ich bedaure es zutiefst, dass ich mit meinen Kindern genau so agiert habe, wie ich es erlebt hatte.

Aber ich denke, dass es mit der Zärtlichkeit meinen Kindern gegenüber besser war als in dem Verhältnis zwischen meiner Mutter und mir.

Unser Leben hatte sich wieder einmal sehr verändert, da Lory nicht mehr da war.

Meine Arbeit bei Dr. Sorrel war immer noch lehrreich für mich. Eines Abends als ich nachhause fahren wollte und gerade beim Ticketschalter war, gab es einen Stromausfall in der ganzen Stadt. Nichts ging mehr. Ich hatte gerade noch Gelegenheit, meine Kinder anzurufen, ihnen Bescheid zu sagen, dass es später werden würde, aber alles in Ordnung wäre. Ich hatte Glück, dass ich noch nicht in der Bahn gesessen hatte, denn das Ganze dauerte 24 Stunden. Ob ich das in der U-Bahn ausgehalten hätte, weiß ich nicht. Patty sagte mir: „Mach dir keine Sorgen. Wir schaffen das schon." Diese Riesenstadt und kein Strom! Man braucht keine große Phantasie, um sich die Situation auszumalen. Es wurde geplündert ohne Ende, vor allem im Stadtteil Harlem. Die Fenster von Geschäften wurden eingeschlagen, Fernseher, Radios und alles, was nicht niet- und nagelfest war und sich tragen ließ, wurde einfach so mitgenommen. Die Polizei konnte gar nicht überall auf einmal sein.

Was sollte ich tun? Natürlich gab es kein Taxi. Die fuhren alle besetzt vorbei. Ich ging also in eine Bar in der Nähe. Es war proppenvoll. Alle Leute waren in der gleichen Lage wie ich. Keiner konnte nachhause fahren. Also wurde versucht, das Beste daraus zu machen. Die Beleuchtung bestand aus Kerzen. Es herrschte eine Atmosphäre wie zu Weihnachten. Die Leute rückten zusammen und machten sich gegenseitig Mut. Es war eine ausgelassene Stimmung. Daran ändern konnte ja sowieso keiner was. Wildfremde Leute kamen in dieser Nacht ins Gespräch. Die Wirte spendierten auch mal eine Runde Drinks. Ein Typ neben mir sagte einen bedenkenswerten Satz in die Runde: „Zum ersten Mal sind in der ganzen Stadt die Idiotenkästen aus. Und seht nur, die Leute reden miteinander. Ist das nicht toll?" Der Fernseher ist ein großes Kommunikationshindernis. Man kann sich und dem Leben der anderen so schön aus dem Weg gehen. Hat man keine Lust, sich auseinander zusetzen, schaltet man einfach den Kasten an, und Ruh ist. Prima.

Aber in dieser einen Nacht sprachen sie miteinander, jeder mit jedem. Und sie hörten sich zu und machten neue Bekanntschaften. So hatte der große Blackout auch etwas Gutes. Am nächsten Morgen stabilisierte sich die Lage langsam. Ich konnte nachhause fahren und war glücklich, dass in der Wohnung und mit den Kindern alles in Ordnung war. Patty und Chou saßen schon am Tisch.

Das dauernde U-Bahnfahren machte mich völlig fertig. Immer gehetzt, immer 2 Stunden in einer vollgepfropften Bahn fast ohne Luft, der Schweißgeruch um mich herum. Es konnte einem schlecht werden.

Aber ich brauchte noch einen Anstoß, um mich von meiner Arbeit bei Dr. Sorrel zu verabschieden.

Gegen Mittag eines schönen sonnigen Tages bekam ich in der Praxis einen Anruf von Patty. „Schnell, Mum, Du musst sofort ins Krankenhaus kommen. Chou ist von einer Zaunstange gefallen und hat sich den Kopf verletzt. Sie blutet und blutet. Bitte komm sofort!" Ich war sehr erschrocken, fragte Dr. Sorrel, ob ich frei bekommen könnte. Er schickte mich sofort los. Mein Herz blieb fast stehen vor lauter Angst, was mit Chou passiert war. Die Fahrt mit der U-Bahn dauerte fast eine Ewigkeit. Endlich war ich zuhause, stieg in meinen VW und fuhr zum Krankenhaus. Gott sei dank war das Krankenhaus in Brooklyn. Als ich dort ankam, fragte ich in der Notaufnahme, wo mein Mädchen wäre. „Ach, Sie sind die Mutter von den ganzen Kindern?" Ich verstand kein Wort. „Gehen Sie geradeaus. Dann werden Sie die Kinder hören." Und lachte mich dabei an. Ich raste los. Was ich dann sah, konnte ich kaum glauben. Ich fand Chou mit einem Kopfverband auf einer Bank sitzen. Patty und noch sechs andere Kinder standen um sie herum.

„Was ist passiert? Was hat der Arzt gesagt? Und wo kommen diese ganzen Kinder her?" „Ich bin okay, Mum. Patty hat sich ganz toll gekümmert. Sie ist sofort mit mir zur Notaufnahme gefahren. Der Arzt war ganz schnell da und hat mir den Kopf genäht, 4 oder 5 Stiche. Alles ist jetzt wieder gut, sagt er." Nachdem ich mich ein wenig beruhigt hatte, fragte ich die beiden: „Sind die Kinder hier alle mit euch mitgekommen? Wieso denn das? Und wie seid ihr überhaupt zu acht hier hergekommen?" „Och, das war gar kein Problem. Wir haben ein Taxi genommen. Unsere Freunde wollten alle mit." Und nun? Sie mussten alle wieder zurück, und ich hatte nur einen Käfer. „Das wird schon gehen. Wir machen uns alle ganz klein." Ich konnte ihnen nicht böse sein. Naja, Chou mit ihrem Kopfverband musste natürlich vorn sitzen. Sie hatte für heute genug geturnt. Die anderen mussten hinten verstaut werden. Es ging zu wie in der Heringsdose, einer über dem anderen. Alle passten in den Wagen, aber die Fenster mussten runtergekurbelt werden. Die Beine der Kids hingen aus den Fenstern. Es war eine lustige Fuhre. Fast wie in einem Hollywoodfilm, dem mit Herby. Wie Äste ragten die Beine aus dem Auto, und ab ging es in froher Fahrt nachhause. Von diesem Tag an, nahm ich mir vor, nur noch in Brooklyn zu arbeiten. Wenn wieder mal so etwas passieren sollte, wäre ich dann wenigstens schneller am Tatort. Also suchte ich mir einen neuen Job in einer anderen Zahnarztpraxis und fand prompt einen nicht weit entfernt von unserer Wohnung. Das Gehalt war ungefähr dasselbe wie bei Dr. Sorrel. Mein Doktor war traurig, dass ich kündigen musste. Ich blieb noch zwei Monate bei ihm, bis er eine neue Kraft gefunden hatte.

Im September 1966 wurde Chou in die Schule aufgenommen. Dadurch wurde es für Patty leichter. Sie konnte zusammen mit ihrer Schwester den Schulweg nehmen und musste nicht mehr zum Kindergarten. Manchmal habe ich mit Chou Hausaufgaben gemacht. Aber das wurde immer schwieriger für mich. Später wurde in Mathe die Mengenlehre durchgenommen. Grauenhaft! Ich konnte meinem Kind nicht helfen und ärgerte mich schwarz über diesen Unsinn. So etwas hatte ich noch nie vorgelegt bekommen. Also, auf zur Schule! Ich bat um ein Treffen mit der Mathelehrerin. Wir konnten gleich da bleiben. Als ich die Lehrerin zu sehen bekam, dachte ich: ‚Mein Gott, ist die jung! Na ja, kein Wunder...!' Ich machte sie gleich an: „Was soll der ganze Quatsch hier?" und legte das Heft vor sie hin. „Wie soll man mit einem Kind Hausaufgaben machen, wenn man selbst die Aufgaben in diesem Durcheinander nicht versteht? Sie sollten sich das mal durch den Kopf gehen lassen." „Tja, Misses Vargo. Was Sie mir hier zeigen, ist Mengenlehre. Diese neue Form von Mathematik wird seit ein paar Jahren an unserer Schule unterrichtet." Das war's! Ich fühlte mich wie ein Idiot und wurde immer kleiner.

Als ich das erste Mal ein Telefon bekam, wurde es gleich von den Kindern beschlagnahmt. Als nun auch noch Chou anfing, mit ihren Schulfreundinnen zu telefonieren, wurde es mir zu bunt. Wenn die Kinder aus der Schule kamen, dauerte es gar nicht lange, bis das Telefon klingelte. Es war nie für mich. Immer waren die Mädchen gefragt, die vor einer halben Stunde noch mit den Anruferinnen zusammen gewesen waren. Sie hatten was wegen Mathe zu fragen, aha! Die Gespräche zogen sich hin. Eine halbe Stunde war da keine Seltenheit. Kaum aufgelegt, klingelte es wieder, diesmal war meine andere Tochter gefragt. Und das Spiel ging von vorn los. Falls mich jemand hätte erreichen wollen, wäre das einfach unmöglich gewesen. Ich berief eine Familienkonferenz ein. Wenn es Probleme gab zwischen uns, machten wir das so. Wir nahmen uns viel Zeit dafür. Es ging um das Telefon. Ich machte meinen Kindern klar, dass es besser sei, wenn ich ein zweites Telefon installieren lassen würde, in ihrem Zimmer. Sie müssten die Rechnung der Gespräche selber bezahlen. Das konnten sie. Sie hatten Taschengeld und verdienten sich nebenbei noch den einen oder anderen Dollar. Patty ging immer mal wieder zum Babysitten, und Chou verdiente sich etwas durch Tütenpacken im Supermarkt. Immerhin nahm Patty für die Stunde 1 Dollar, und Chou bekam fast immer 50 Cents pro gepackter Tüte. Beide lernten sehr früh, mit Geld umzugehen. Sie konnten es besser als ich. Ich hatte es nie gelernt. Ich hatte kein Taschengeld bekommen, und Geldverdienen war ich als Kind auch nicht gegangen.

Eines Abends fragte ich Chou: „Kannst du mir mal einen Dollar leihen? Ich habe gerade kein Geld mehr und kann erst morgen wieder zur Bank gehen. Dann bekommst du ihn gleich wieder. Versprochen!" Chou hat schon immer aufs Geld geachtet, und ein Schlitzohr war sie obendrein. Sie holte ihre Sparbüchse, nachdem ich ihr noch einmal versichert hatte, dass sie den Dollar morgen wiederbekommt. Sie nahm diese Sache sehr ernst. Es war wie ein geschäftlicher Vorgang. Es vergingen zwei Wochen. Ich hatte den Dollar total vergessen, da erinnerte mich Chou beim Abendbrot an die Angelegenheit. Ich wurde ganz verlegen. Sie hatte ja recht, und mir war es so peinlich, dass ich mein Versprechen nicht eingehalten hatte, was eigentlich nicht meine Art war. Ich gab ihr ganz schnell den Dollar wieder. Sie bedankte sich und sah mich an. Irgendetwas stimmte noch nicht, denn sie ließ mich mit ihren Augen gar nicht los. „Was ist denn jetzt noch, Chou? Warum siehst du mich so an?" „Entschuldige, Mum. Aber ich bekomme von dir noch Zinsen für die zwei Wochen." Ich konnte es nicht fassen. Ein Kind von sieben Jahren und schon so geschäftstüchtig. Wie sollte das später in ihrem Leben werden? „Okay. Hier hast du noch einen Dollar. Und jetzt zisch ab, aber schnell!" Das Mädchen grinste zufrieden und verschwand. Meine Mädchen waren und sind auch als Frauen sehr unterschiedlich.

Ein paar Wochen musste ich noch bei Dr. Sorrel durchhalten. Diese Tortur mit der U-Bahn! Ziemlich am Ende meiner Zeit dort lernte ich in einem kleinen Imbiss eine Frau kennen. Ich fand heraus, dass sie auch lesbisch war. Wir verstanden uns gut, hatten aber keine Beziehung. Wir waren nur gute Freunde. Ich erzählte ihr natürlich von meinem U-Bahn-Burnout und dass die Mädchen unbedingt mal wieder in die Natur müssten. Kaum hatte ich das gesagt, da kam ein Vorschlag von ihr. „Ich habe vier Freundinnen, die sich ein Blockhaus im Wald in der Nähe von Woodstock mieten möchten. Die Miete ist 600 Dollar im Monat. Wir suchen noch jemanden, der auch Lust dazu hat und einen Teil der Miete mit übernimmt. Hast Du Lust? Wir wären dann 6 Frauen auf 600

Dollar, macht für jede 100 Dollar im Monat. Was hältst Du davon?" Ich war zuerst sprachlos, musste meine Haushaltskasse überschlagen, ob wir uns das leisten konnten. Ich bat um ein paar Tage Bedenkzeit und besprach zuhause die Sache mit den Kindern. Die waren natürlich sofort Feuer und Flamme. Endlich mal raus aus der Stadt! Eigentlich ließ meine aktuelle Finanzlage das nicht zu, aber wenn ich noch einen Zusatzjob machen würde, kämen wir über die Runden. Das sollte es mir schon wert sein für Wochenenden an der frischen Luft. Ich sagte zu. Wir machten einen Besichtigungstermin aus und sahen uns alle gemeinsam das Blockhaus bei Woodstock an. Es war einfach großartig. Es gab ein riesengroßes Wohnzimmer mit einem schönen Kamin. Über eine Treppe erreichte man eine Art Balkon. An dem offenen Gang lagen fünf Schlafzimmer, zwei Badezimmer, Toilette und eine Küche. Unten im Keller war ein gemütlicher großer Partyraum mit Bar und Tanzdiele. Das Blockhaus wird so ungefähr 180 m² Grundfläche gehabt haben. Das alles für 100 Dollar im Monat? Da konnte ich nicht nein sagen. Die anderen Frauen sahen das ähnlich, und alle waren sich einig. Ich unterschrieb. Wir verabredeten, dass sowohl die gemeinsame Nutzung als auch Alleinsein möglich sein musste. An den meisten Wochenenden waren dann doch immer alle da. Und nicht nur sie. Als Bekannte und Freunde von dem Haus hörten, da waren sie auf einmal alle da. „He, Bridge, Du hast ein Haus in Woodstock gemietet? Hast Du was dagegen, wenn ich mal rauskomme?" Die Mitbewohnerinnen stimmten zu, und so war die Bude an den Wochenenden fast immer voll. Das ging ganz schön an den Geldbeutel, denn alle wollten auch verpflegt werden. Wir entschlossen uns, von jedem 5 Dollar zu kassieren, der übers Wochenende kommen wollte. Und es funktionierte gut. Es gab immer einen Riesentopf mit Spaghetti, Tomatensoße und Hackfleisch. Das reichte fast für das ganze Wochenende. Und zu trinken hatten wir mehr als genug. Die Abende verbrachten wir meist mit dem Spielen von Power-Black-Jack.

Patty konnte oft mit aufbleiben, aber Chou musste ins Bett. Als wir um unseren runden Tisch saßen und anfangen wollten, sagte jemand: „Kann ich einen Drink bekommen?" Patty sprang auf und bereitete die Getränke zu. So ging das fast bis um 1 Uhr am Morgen. Nach 2 Stunden waren wir halb betrunken. Wie konnte das gehen? Wir tranken nur Orangensaft mit einem Schuss Wodka. Von wegen! Patty hatte halb und halb die Getränke gemischt, halb Orangensaft und halb Wodka. Sie fand es lustig, wenn sich die Leute merkwürdig benahmen. Sie schlich wie eine Katze um die Spieler herum und versuchte, Zeichen zu geben, wer was in der Hand hatte. Nur vom Beobachten und Zuschauen wurde sie eine gute Pokerspielerin. Später am Abend spielte sie mit und gewann die Hälfte aller Einsätze. Als sie am nächsten Morgen ihrer kleinen Schwester das Geld zeigte, wurde Chou traurig, dass sie schon ins Bett hatte gehen müssen. „Ich würde auch so gern mal spielen. Patty, komm, spiel mit mir. Du hast ja jetzt so viel Geld." Die beiden setzten sich und spielten. Die kleine Chou mit ihrem flinken Verstand brauchte nicht lange, um ihrer großen Schwester das ganze Geld abzuknöpfen. Meine beiden Mädchen waren Klasse!

Die Zeit in Woodstock war einfach schön. Ich habe in den lauen Sommernächten öfter auf dem Dach übernachtet. Die erste Nacht verbrachte ich mit einer jungen Frau. Wir hatten bereits einige Wochen geflirtet. So verliebten wir uns. Wir stiegen auf das Dach des Hauses. Ich hatte noch nie so eine Atmosphäre gefühlt wie da oben. Die Luft war warm, der Himmel dunkelblau, die Sterne so groß und tief, dass man das Gefühl hatte, dass man sie greifen und herunterholen könnte. In den Augen meiner wunderschönen dunkelhaarigen Freundin spiegelten sie sich als kleine Fünkchen. Unter die Geräusche der Nacht mischte sich unser zärtliches Flüstern. Es war das erste Mal, dass mich ein überwältigendes, starkes romantisches Gefühl überkam. Leider hielt diese Romanze nur kurz. Und nie wieder habe ich die lauen Sommernächte auf dem Dach so romantisch und einzigartig erlebt. Leider!

Richtige Beziehungen konnte ich nicht leben, da ich das meinen Kindern nicht zumuten wollte. Für sie waren meine Beziehungen Freundinnen wie andere auch. Wir trennten uns nach kurzer Zeit, aber nicht im Bösen. Wenn wir meine verflossenen Freundinnen später am Strand oder sonst wo trafen, konnten wir freundlich miteinander umgehen. Ich konnte es nie verstehen, warum man bei einer Trennung unbedingt schmutzige Wäsche waschen musste oder sich dann einfach nicht mehr kannte. Man war mal verliebt ineinander gewesen und hatte zusammen geschlafen. Wie konnte man da anschließend nachtragend sein? Das liegt nicht in meiner Natur. Aber Probleme einfach runterschlucken, das geht bei mir auch nicht. Sie müssen ausgesprochen, ausgetragen werden, bis man Frieden miteinander schließen kann, auch wenn es Monate, Jahre dauert.

Ich arbeitete nun in der Praxis von Doktor Bernstein und Doktor Forman. Es war eine große Gemeinschaftspraxis mit vier Behandlungsräumen. Nach den vielen anderen Zahnärzten, bei denen ich gearbeitet hatte, genoss ich die Zeit bei Dr. Forman. Er war ein toller Zahnarzt mit einem liebevollen und entspannten Umgang. Meist hatten wir nur wenig Zeit, Pausen einzulegen. Da kam es gerade recht, dass auf der gegenüberliegenden Straßenseite eine Pizzeria war. Das Personal der Praxis entwickelte eine Zeichensprache für Bestellungen in der Pizzeria. Ein Finger – Salamipizza mit Käse. Zwei Finger – Pizza mit Allem. Ein tolles System. Nach dieser Fernbestellung dauerte es nicht lange, und wir konnten den Boten in der Praxis begrüßen und hatten was zu essen. Perfekt! Manchmal mussten wir das Essen dann doch stehen lassen, weil Patienten dazwischen kamen.

Wenn man mittags in der Lower Eastside durch die Straßen ging, konnte man Menschen auf Stufen sitzen sehen, die in der Mittagspause schnell mal zwischendurch was aßen. Fastfood eben!

Das alles tat meiner Figur nicht gut. Ich nahm höllisch zu von dieser Art Essen. Die Pizzen und Fastfood taten ihr Werk. Ich brauchte Jahre, um wieder einigermaßen eine Figur zu haben.

Die Zeit raste nur so dahin. Ein Jahr war gar nichts mehr. Es jagte nur so an mir vorbei. Und das Geld reichte nie. Ich brauchte unbedingt noch einen guten Job. Den Jazz in Brooklyn hatte ich aufgegeben.

Also beschloss ich, mich in dem großen Kaufhaus ‚Alexander Department Store' zu versuchen. Ich machte einen Termin mit dem Manager des Kaufhauses und bot ihm an, Montag bis Donnerstag von 18.30 bis 23.00 Uhr zu arbeiten. Immerhin ging meine Arbeitszeit beim Zahnarzt bis 18 Uhr. Und tatsächlich, er ließ mir die Wahl zwischen zwei Abteilungen: Sport oder Damenunterwäsche. Ich entschied mich für Sport, konnte in einer Woche anfangen und erhielt 8 Dollar pro Stunde plus Umsatzbonus.

Ich erklärte den Kindern beim Abendbrot die neue Situation und tröstete sie damit, dass wir das ganze Wochenende zusammen sein würden, was Schönes unternehmen könnten und dann mehr Geld zur Verfügung stünde. Im Hinterkopf hatte ich auch die Weihnachtsgeschenke für die Mädchen. Dieses Jahr sollten es aber nun wirklich die so lange ersehnten Fahrräder werden. Sie hatten mich so toll unterstützt und eine kleine Aufmunterung wirklich verdient.

In der Sportabteilung wurden im Herbst und Winter natürlich Skiausrüstungen verkauft, Skistiefel, Bindungen, Stöcke, Skier. Ich hatte lange nicht mehr auf Skiern gestanden und eigentlich Null-Ahnung. Wie sollte ich da Kunden beraten können? Es half nichts, ich musste vor dem ersten Arbeitstag noch irgendwo Erfahrungen und Wissen auf dem Gebiet des Wintersports auftreiben. Gleich um die Ecke gab es ein Sportgeschäft, in dem ich ohne Geld ein Praktikum absolvieren konnte. Eine Woche musste reichen. In Steven's Ski Shop habe ich das Notwendigste gelernt. Ich lernte die Qualität von Skistiefeln, -pullovern, Bindungen und den Skiern selbst kennen. Manchmal waren die Skier schon aus Fiberglas, und es gab viel Erklärungsbedarf bei den Kunden. Materialien, Längen, Einstellungen, Montage der Bindungen – alles war neu für mich und spannend. Ich hatte einen guten Überblick nach dieser einen Praktikumswoche.

Der erste Arbeitstag bei Alexander war nicht schlecht. Hatte ich mal eine Frage, konnte ich mich an einen Kollegen wenden – ein süßer junger Mann und Gay. Wir verstanden uns gleich auf Anhieb. Ich war mir sicher, dass er von mir so dachte, wie ich über ihn: süß, jung und gay. Wir waren ein tolles Team.

Eines Abends stand eine ganz schwarze Frau vor mir, sehr schön. Ihre Haare waren fast blauschwarz. Sie war groß und elegant. Als sie mich nach einem Skipullover fragte, hatte sie einen Akzent, der nicht von der englischen Sprache herrühren konnte. Ich fragte sie, wo sie herkam, und war total überrascht als ich die Antwort hörte: „Aus Deutschland!" Das konnte ich nun aber wirklich nicht glauben. „Ich bin auch aus Deutschland." Und sie erwiderte auf reinstem Norddeutsch: „Mein Vater ist aus Kenia, und meine Mutter kam aus dem Kongo. Er war Diplomat. Ich bin jetzt seit 5 Jahren in New York und arbeite bei den Vereinten Nationen." Ich konnte mir gar nicht vorstellen, dass jemand so schwarz war und Deutscher sein sollte. Eine Afrikanerin aus Deutschland? Die Hitlerzeit mit ihren Rassenvorurteilen war immer noch tief in mir verwurzelt. Da waren sie also wieder, die alten Dämonen.

Wir unterhielten uns nur kurz, da ich weiter verkaufen musste. Sie gab mir ihre Telefonnummer, kaufte zwei Pullover und freute sich, dass sie mal wieder deutsch sprechen konnte. Von diesem Tag an schickte sie mir immer mal Kunden aus der UNO. Dadurch machte ich große Umsätze und erhielt Umsatzboni, mal einen Skipullover oder auch eine Reise nach Vermont zum Skifahren. So kam es, dass ich mit den Kindern ein ganzes Wochenende nach Mount Snow in Vermont fahren konnte zum Skilaufen.

Vermont ist der Staat der roten Scheunen und weißen Lattenzäune. Nirgends sonst erlebt man das ‚alte' Amerika so intensiv wie dort. Der Neuengland-Staat besitzt die meisten überdachten Brücken. Vor allem die Liebespaare gehen gern zu diesen Brücken. Die von Norden nach Süden verlaufende Bergkette, die bis über 1000 m hohen Green Mountains, sind das Rückgrat des Bundesstaates. Skilaufen in Vermont ist natürlich ein teurer Spaß. Die Reichen und Schönen kommen jedoch nicht nur im Winter hierher.

An dem Freitag, an dem wir zum Skifahren aufbrechen wollten, gab mir Patty kurz vor der Abreise eine Einladung zu einem Elternabend in der Schule, zu dem ich unbedingt kommen sollte. Wir waren schon in voller Skiausrüstung und wollten uns nicht noch einmal umziehen. Also kamen wir mit dieser Montur in der Schule an. Kaum hatten wir das Gebäude betreten, war Patty verschwunden. Ich denke, es war ihr peinlich, mit der Mutter gesehen zu werden. Das ist wohl in diesem Alter so. Schwamm drüber! Ich hatte ein gutes Selbstbewusstsein. Ich lief die Gänge hoch und runter und suchte den Versammlungsraum, da ich nicht wusste, wo sich die Eltern treffen. Mir kam eine Lehrerin entgegen, musterte mich von oben bis unten und sagte dann in forschem Ton: „Die Schüler gehen da rein." Aha, dachte ich, wieso erzählt sie das mir? Und ich fing an zu lachen: „Ich muss eigentlich in die Elternversammlung. Meine Tochter Patty geht hier zur Schule." Sie errötete: „Oh! I'm sorry. Dann gehen Sie bitte zur nächsten Tür rechts." Im Klassenraum traf ich die Französischlehrerin und unterhielt mich ein wenig auf französisch mit ihr. Sie sagte mir, dass Patty gut wäre, was mich sehr stolz machte. Dann musste ich die Besprechung beenden, denn unser Bus nach Vermont würde nicht auf uns warten, und Chou stand mit unserem ganzen Gepäck an der Haltestelle. Sie war schon unruhig geworden, da die Abfahrtzeit immer näher rückte, und sie nicht wusste, wie lange die Versammlung dauern würde.

Es war ein wunderschöner Winterurlaub. Die Kinder sind von morgens bis abends Ski gefahren. Ich hätte mir gewünscht, dass ich den Mädchen das öfter bieten konnte, doch dazu fehlte uns das Geld und die Zeit. Es machte mir dann und wann zu schaffen, dass wir am Minimum lebten. Ich habe versucht, meine finanziellen Probleme von den beiden fern zu halten. Sie hätten es damals sowieso nicht verstanden, denke ich wenigstens. Obwohl Kinder ein gutes Gespür haben, wenn Probleme auftauchen. Es war halt wie es war, und basta!

Diese aufregenden 60er Jahre! Politisch passierte unendlich viel. Fortschrittliche Politiker, die nicht in das Raster passten, wurden einfach aus dem Weg geräumt. John F. Kennedy – ermordet. Martin Luther King – ermordet. Robert Kennedy – ermordet. Etliche mussten mit ihrem Leben bezahlen, weil sie für ein besseres Leben in Frieden und Gleichheit kämpften. Aber es gab und gibt noch so viele, die für Menschen, Frieden und Gerechtigkeit und gegen Rassismus aufstehen. Die große Kriegsgegnerin, Jane Fonda. Sie gründete und organisierte Friedenskampagnen und setzt sich für Menschenrechte und Gleichberechtigung ein. Jesse Jackson, der erste Afro-Amerikaner, der US-Präsident werden wollte. Er fungierte als Unterhändler der USA vor allem dort, wo bei politischen Problemen menschliche Lösungen gefragt sind.

Wir sind immer wieder an den Wochenenden nach Woodstock gefahren. Abwechselnd hatte einer von uns Küchendienst. Eines Tages war ich an der Reihe. Also stand ich früh auf, ging in die Küche und wollte anfangen, den Tisch zu decken. Ich griff nach der Cornflakes-Box. In hohem Bogen sprang aus der Box eine zu Tode erschrockene Maus, und ich?? Ich ergriff die Flucht, schrie wie am Spieß, rannte nach draußen, sprang voller Panik auf einen Gartenstuhl und schrie und schrie. Alle waren geweckt und stürzten ins Freie mir nach: „Was zur Hölle geht denn hier ab? Sag doch, was ist los?" Ich konnte mich noch steigern. Meine Stimme überschlug sich, und in spitzen Tönen brüllte ich: „Eine Maus, eine Maus! Schlagt sie tot! Schlagt sie tot!" Meine Freunde glaubten ganz bestimmt, dass ich jetzt übergeschnappt war. Total geisteskrank! Wie ein General stand ich da und befahl in die Schlacht zu ziehen gegen eine kleine Maus. Als ich nachher darüber nachdachte, sagte ich mir: ‚Also, Bridge, wirklich. Du hast sie nicht mehr alle auf der Latte.' Ich kam mir vor wie ein Idiot. Okay, ich hatte panische Angst vor Mäusen und Ratten. Aber es war nicht das erste Mal, dass mir so etwas passiert. Schon in Frankreich hatte ich mich panisch hinter dem Lenkrad unseres Autos verklemmt, als während meiner Schwangerschaft unverhofft eine Maus auftauchte. Eigentlich hätte ich daraus lernen können. Doch bis heute – keine Chance!

An jenem Wochenende rollte bereits die nächste Katastrophe auf mich zu. Wie immer hatten wir am Abend gemütlich zusammengesessen, und fast alle hatten gut getrunken. Am nächsten Morgen wurden die meisten mit Eisbeuteln vor den Köpfen in ihren Betten gesichtet. Da ich nie viel Alkohol trinke, weil mir Trunkenheit zuwider ist, war ich am muntersten am Frühstückstisch. Mir fiel auf, dass ein Platz unbesetzt war, und Mary fehlte. In ihrem Zimmer war sie nicht, und gesehen hatte sie auch niemand. Das Bett war unberührt. Wir mussten sie suchen. Wir durchkämmten das Haus. Keine Spur von Mary! Wir mussten draußen nach ihr suchen und riefen laut. Keine Antwort! Ein Stück weit entfernt vom Haus gab es eine alte Hütte direkt am Weg. War Mary dort? Wir versuchten, die Tür aufzumachen. Sie ging schwer. Alle mussten anpacken. Als sie endlich offen stand, sahen wir Mary in einem total verstaubten Bett liegen. Sie trug noch die Sachen vom Vortag. Der ganze Raum war verstaubt, Spinnweben überall. Hier war seit Jahren niemand mehr gewesen. Nach einer Weile reagierte Mary auf unsere Weckversuche. Sie blickte sich um und konnte gar nicht glauben, dass sie hier geschlafen hatte. Am anderen Ende des Raumes stand eine alte Truhe. „He, Leute, seht mal, die Truhe." Und schon war ich damit beschäftigt, sie zu öffnen und erwartete geheimnisvolle Schätze. Ich machte also den Deckel auf. HILFE! Mir entgegen sprang ein Dutzend Mäuse wie auf ein geheimes Kommando. Als ich wieder aufwachte, hing mein Körper auf einem Stuhl vor der Hütte. Besorgt standen meine Freunde um mich herum und klopften mir die Wangen. Als ich wieder voll da war, berichteten sie, was sie herausgefunden hatten: Mary war sturzbetrunken gewesen, hatte die Hütte mit unserem Haus verwechselt und war einfach geschlafen. Die Truhe in der Ecke war voller Bücher gewesen, die die Mäuse als Nahrungsquelle und Schlafstätte nutzten. Die Bücher waren alle angeknabbert, und sicherlich war seit vielen Jahren niemand in der Hütte gewesen, jedenfalls kein Mensch. Ich brauchte mindestens den ganzen Tag, um mich wieder einzukriegen. Immer wieder hatte ich die Bilder aus meiner Kinderzeit vor

Augen, als uns während der Bombenabwürfe in Düsseldorf die Ratten die Treppe hoch entgegenkamen. Diesmal waren es eben Mäuse gewesen, nicht so groß wie Ratten, dafür aber um so schneller. Dabei sind sie doch so niedliche Tiere. Aber bei mir ist da nichts zu machen. Es schüttelt mich, wenn ich nur dran denke, eklig! Es hat wohl jeder so sein Päckchen zu tragen.

Irgendwann bekam ich einen Anruf von meiner Ex-Lebensgefährtin Pat. Wie sie unsere Telefonnummer herausgefunden hatte, weiß ich nicht. Eines Abends klingelte es bei mir. Ich nahm den Hörer ab, konnte es gar nicht glauben, dass Pat am anderen Ende war. Mir blieb die Spucke weg. Dann ganz langsam sagte ich zu ihr: „Hallo Pat. Das ist in der Tat lange her, dass wir von Dir gehört haben. Ich würde sagen, fast vier Jahre. Wie geht es Dir und Deiner Ehe?" „Ich bin seit fast drei Jahren geschieden. Die Ehe hat nur ein Jahr gehalten." „Das tut mir leid für Dich." „Ich lebe jetzt in Brooklyn, in einem schönen Appartement, und wollte Dich fragen, ob ihr mich mal besuchen möchtet." Stille um mich herum! Ich hielt die Luft an. Dann dachte ich mir: Warum eigentlich nicht? Es ist so lange her. Das wirst du ganz bestimmt verkraften. Pat wiedersehen! „Okay, Pat. Vielleicht können wir uns am nächsten Sonntag am Nachmittag mal treffen?" Meine Mädchen hatten auch große Lust, sich mit Pat zu treffen. Und so waren wir verabredet.

Es wurde Sonntag, und ich war furchtbar aufgeregt. Es war so unendlich lange her, dass ich Pat das letzte Mal gesehen hatte. Sie wohnte nicht weit von uns entfernt. Wir begrüßten uns herzlich. Aber es war ein komisches Gefühl, Pat in die Augen zu sehen. Wir haben uns beide gegenseitig forschend gemustert. Jede wollte herausbekommen, was mit der anderen passiert war in den Jahren. Sie war mir nicht fremd geworden. Aber ich war immer noch sehr verletzt, dass sie mich verlassen hatte, damals, so unvermittelt. Es brauchte einige Überwindung, Ruhe zu bewahren. So viel ging mir durch den Kopf: Erinnerungen an wunderschöne Nächte mit heißen Liebesschwüren, dieses Kribbeln auf der Haut, die Mexiko-Reise, die gemeinsame Zeit mit den Mädchen. Alles kam wieder hoch. Doch ich riss mich zusammen. Ich wollte und konnte jetzt nicht mit Vorwürfen herausplatzen. Es wurde ein schöner Nachmittag. Pat erzählte, dass sie sich nach einem Jahr hatte scheiden lassen. Sie war mit ihrem Mann überhaupt nicht klargekommen, so auf die Nähe, obwohl sie ihn liebte.

Wir haben uns noch ein paar Mal getroffen, Wein getrunken, erzählt und versucht, herauszufinden, ob und was da noch war zwischen uns. Eines Abends bei einem Glas Wein kramten wir die alten Geschichten hervor. Das bereitete mir einiges Unwohlsein. Ich hatte ewig gebraucht, um diese Eindrücke zu verdrängen. Ich kam jetzt ganz gut ohne diese Sehnsucht aus. Das sagte Pat auf einmal: „Bridge, ich würde so gern wieder mit Dir zusammenleben. Ich vermisse die Mädchen. Wir könnten eine schöne Wohnung nehmen, zum Beispiel in Brooklyn Heights, und alles wäre wieder gut."

Pat hatte schon immer dort leben wollen. Das Problem war nur, dass es höllisch teuer war. Ich konnte es mir nicht leisten. Es war auf der einen Seite natürlich verlockend, aber nein, nicht noch einmal vor einem solchen Scherbenhaufen sitzen. „Pat, I'm sorry. Aber das kann ich nicht mehr. Ich kann nicht mit Dir zusammenleben. Dafür ist zu viel passiert in mir! Es hat Jahre gedauert bis ich die Trennung überwunden hatte. Dann und wann hatte ich Beziehungen, um über Dich hinwegzukommen. Das fiel mir schwer. Doch jetzt bin ich mit mir im Reinen und zufrieden - so, wie es ist. Du wirst Verständnis dafür haben müssen, dass ich es nicht noch einmal aufs Spiel setzen will. Nicht noch mal! Nein, tut mir leid." Ich sah ihr an, dass sie traurig war. Aber sie versuchte, mich zu verstehen. „Ich hatte so gehofft, dass wir wieder alle zusammenkommen könnten. Ich bin wohl zu spät gekommen. Es macht mich unendlich traurig. Es war zu heftig, was ich Dir und den Kindern angetan habe. Aber ich liebe Dich noch immer, das musst Du mir glauben." „Pat, wir hatten eine so schöne Zeit zusammen. Lass uns diese Zeit in Erinnerung behalten. Du wirst immer einen ganz besonderen Platz in meinem Herzen haben."

Dann musste ich ganz schnell gehen. „Die Kinder warten auf mich." Wir umarmten uns innig, sahen uns tief in die Augen. Obwohl uns beiden zum Heulen war, lächelten wir uns an, hinter mir ging die Tür zu, und weg war ich. Nach diesem Abend habe ich Pat nie wiedergesehen.

„Your fathers mustache" war meine Lieblingsjazzbar. Ich bin oft mit den Kindern hingegangen. Jeden Sonntagnachmittag spielte dort eine Band. Ich liebte diese Stunden. Manchmal traute ich mich, die Leute zu fragen, ob ich mal ein Stück mitspielen dürfte. Dann setzte ich mich hinter das Schlagzeug und versank in einer ganz anderen Welt.

An einem Nachmittag war Wild Billy Davison, eine fantastische Jazzband, auf der Bühne. Ich fragte Billy und durfte nach der nächsten Pause ans Schlagzeug. Oh Mann! Unten saßen die beiden Mädchen und blickten aufgeregt auf die Bühne. Ihre Mutter ging wirklich hinter das Schlagzeug und spielte mit den Musikern. Als ich so richtig in Fahrt war, drehte ich mich zu den anderen und sah einen kleinen unscheinbaren, schüchternen Mann mit Brille gerade seinen Soloklarinettenpart spielen. Der Mann kam mir irgendwie bekannt vor. Den hatte ich doch schon mal gesehen! Ich fragte Billy mitten im Stück: „Sag mal, wer ist denn das? Der sieht ja aus wie Woody Allen." „Das ist Woody Allen!" Ich hörte mich noch sagen: "Oh shit, I don't believe this." Oh ja, ich hatte mit Woody Allen den St. Louis Blues gespielt. Ich hatte bis dahin gar nicht gewusst, dass er Jazzmusiker war, nicht nur Filmschauspieler und Regisseur. Gleich nach dem letzten Akkord des Stückes machte ich mich aus dem Staub. Ich bin stolz darauf, sagen zu können, dass ich zusammen mit Woody Allen Musik gemacht habe – auch wenn es nur ein Stück war.

Ich hatte viele solcher Begegnungen. Die ganz Großen der Jazzmusik jener Zeit schienen sich verabredet zu haben. Viele habe ich im Village Gate gehört: Stan Getz, den Altmeister des Bossa-Nova, Astrud Gilberto, bekannt durch das Lied ‚The girl vom Ipanema', Sergio Mendes, Lionel Hampton, der Xylophon spielte, wie kein zweiter, Oscar Petterson mit seinem Trio, und meine große Liebe Billy Holiday. Manchmal ich habe mich zu Jamsessions an meine Congas gesetzt und mitgespielt. An solchen Abenden ging mir das Herz auf. Beschwingt war ich und glücklich. Was für Zeiten das doch waren! In diesen Jahren wurde meine Vorliebe zu Jazz noch mehr ausgeprägt. Aber nicht vergessen möchte ich Ella, Ella Fitzgerald, Ikone des Jazz, die große Dame der Improvisation. Als sie starb, habe ich eine ganze Woche um sie getrauert. Die Nachricht von ihrem Tod brachte mich zum Weinen. Und so haben sich in den vergangenen Jahren viele von ihnen von dieser Welt verabschiedet. Aus meiner Generation sind nicht mehr viele übrig. Aber meine Erinnerungen bleiben. Einen großen Jazzmusiker muss ich noch erwähnen: Cal Tjader – mit seiner Querflöte und seiner Band mit dem Afro-Cubansound. Ich habe mit meinen Congas sehr viel nach seinen Schallplatten geprobt. Natürlich gibt es heute andere tolle Jazzmusiker. Diese Musik hat mich durch mein ganzes Leben begleitet. Mein Leben in Amerika bestand zu einem Großteil aus dieser Art Musik und hat mich geprägt. Ohne die Musik ware ich keine so lebenslustige Frau geworden. Sie hat mir immer sehr viel Kraft gegeben, mich aufgebaut, wenn ich ganz unten war. Heute kommen viele junge nach. Die Szene aus Osteuropa, Russland, Polen hat es mir besonders angetan. Sie sind fantastisch.

Meine Arbeit im Alexander Warenhaus gab ich 1969 auf. Es war der reinste Stress. Spät abends mit der U-Bahn nachhause zu fahren war mir oft nicht so geheuer. Auch das Blockhaus in Woodstock mussten wir aufgeben, da es einfach zu teuer war. Die Kinder wurden größer, brauchten mehr, und ich wollte es ihnen auch gerne geben. Patty war jetzt 13 Jahre alt und Chou 9. Doch ich gab nicht auf.

Ich bekam in der Ave M einen Job in einem kleinen Laden für Nippes ‚knick-knacks'. Es war nur ein paar Meter von der Praxis von Dr. Berkowitz und Dr. Forman. Dort half ich Freitag und Samstagnachmittag aus, wenn ich nicht zu einer anderen Praxis geschickt wurde. In diesem Laden gab es Glasvitrinen, in denen Porzellan ausgestellt war. Immer, wenn ich mit meinem festen Tritt an den Vitrinen vorbeiging, rappelte der Boden, und es klirrte. „Bridge, gestern war hier ein Mädchen im Laden. Genau wie bei Dir klapperten die Geschirre in den Schaukästen, als sie hier auf- und abstapfte. Man könnte meinen, ein Elefantenbaby wäre hier gerade durchgelaufen." sagte Bill, der Besitzer, zu mir. „Ach ja. Das war meine Tochter Chou. Sie hat mich kurz besucht." „He, das hätte ich nie gedacht, dass sich so ein Tritt vererbt. Elefantenmama und Elefantenbaby im Porzellanladen." Wir mussten beide herzlich lachen. Er nahm es uns nicht krumm, bat aber dann doch, dass ich versuchen sollte, ein wenig leichter zu gehen. „Ich werde es versuchen. Tut mir leid."

Als ich nachhause kam, hörte ich schon von weitem laute Musik auf der Argyl Road. Ich dachte noch: Was haben die nur wieder für eine laute Party auf der Straße. Oh Gott! In die Überlegungen versunken, dass ich nun wieder wegen irgendwelcher Leute nicht zu einem ruhigen Feierabend kommen würde, bog ich um die Ecke. Und was erblickte ich da? Alle Kinder unseres Blocks tanzten auf der Straße und sangen lauthals mit. Patty und Chou natürlich mittendrin. ‚Dancing in the street…' schallte es durchs Viertel. Der Sound war auf maximal aufgedreht. Erst als ich näher kam, wurde mir klar, woher die Musik kam. Ich erkannte meine Musikanlage. Meine beiden Süßen hatten sie auf die Straße geholt, die Lautsprecher auf eine breite Mauer gestellt und durch mein Fenster das Stromkabel verlegt. Und ab ging die Post! Ich konnte es nicht fassen. Meine Stereoanlage, auseinandergenommen. Ich schäumte vor Wut. Dann sagte ich mir: ‚Bridge, ganz tief durchatmen, bis zehn zählen, dann sprechen!' Ich sah meine Beiden an. Eben noch tanzten sie verzückt auf dem Straßenpflaster, als sie mich erblickten, wuchs ihnen ihr schlechtes Gewissen über den Kopf. Sie ahnten wohl, was auf sie zukommen würde. Ich musste erst mal lächeln: So schlecht war die Idee eigentlich gar nicht. Alle hatten sehr viel Spaß. Sollte ich ihnen das so jäh verderben? Na gut, dachte ich mir, schimpfen kannst du nachher noch. Erst mal tanzte ich ein paar Runden mitten unter den Kids. Aber nachdem alles vorbei war, die Stereoanlage wieder heil im Wohnzimmer gelandet war, gab es eine gewaschene Standpauke. „Ihr beide, was habt ihr euch nur dabei gedacht, einfach meine Anlage auf die Straße zu tragen? Ich möchte eine gute Antwort, aber bitte, dalli!" „Mom, wir hatten so große Lust, eine Straßenparty zu machen mit unseren Freunden. Es war so warm draußen, und ihr Großen macht auch solche Partys." „Okay. Für dies eine Mal will ich alle Augen zudrücken. Aber ich will nie wieder erleben, dass ihr ohne meine Erlaubnis die Anlage aus dem Wohnzimmer auf die Straße gebt. Sie ist sehr teuer gewesen. Und wenn überhaupt noch mal eine Straßenparty sein muss, dann will ich vorher davon wissen und gefragt werden. Verstanden?" Sie machten sehr betroffene Gesichter. Chou schmollte vor sich hin, und Patty entschuldigte sich. Sie wusste, dass das nicht in Ordnung gewesen war, was sie da angestellt hatten. Trotzdem hatten beide das Gefühl, gewonnen zu haben. Und so endete es meist: Wenn ich die beiden anschaute, sah ich zwei total verschiedene Charaktere: Chou, der kleine schelmische Fratz mit den temperamentvollen Augen und Patty, die verantwortungsvolle große Schwester mit dem kühlen Kopf. Ich kann es eigentlich nur so vergleichen: ein südländisches Kind und ein Mädchen aus dem Norden, sehr viel Temperament gegen ruhige Überlegungen.

Doch wir konnten zusammen auch Spaß haben. Sie machten alles mit, wenn wir zusammen waren. Es wurde bei uns immer viel gelacht. Vor allem bei den Mahlzeiten haben wir uns immer ausgetauscht, über ernsthafte Fragen, aber auch über viele witzige Themen. Oft konnten wir nicht mehr essen vor lauter Lachen. Bei Auseinandersetzungen, die es natürlich dann und wann gab, flogen auch schon mal die Fetzen – natürlich nur im Gespräch.

Was ich immer sehr schön fand, waren die Samstagabende. Dann lagen wir zusammen in einem Bett, eine rechts, die andere links von mir und sahen fern. Besonders in Erinnerung geblieben ist mir der Frankenstein-Film, ein Schwarz-Weiß-Streifen, sehr gruselig, mit Boris Karloff. Mitten im Film, alles war dunkel, ganz ganz langsam ging eine Tür im Keller auf, knirschende Geräusche, die Spannung stieg: Ein Schrei! Das war ich gewesen. Bevor der Zuschauer wusste, wer da in den Keller kam, und was es da Schauriges zu entdecken gab, stieß ich vor lauter Anspannung einen spitzen Schrei aus. Meine beiden schossen hoch vor lauter Schreck und stimmten ein. Als wir wieder zu uns kamen, schauten wir uns an und prusteten vor Erleichterung laut los. Wenn uns da jemand beobachtet hätte...! Dann fing eine an mit der Kissenschlacht, und alle machten mit. Meine Mädchen haben es mir heimgezahlt, dass ich so unbeherrscht losgeschrieen hatte. Es war wunderbar, dass wir uns mal so richtig austoben konnten nach diesem furchtbaren Schrecken.

Wenn ich an diese Zeit zurückdenke, fällt mir auf, dass wir nicht oft Spaß miteinander hatten. Entweder ich war nicht zuhause, oder ich war zu müde oder ging tanzen, wenn ich es brauchte. Meist war ich zu aufgedreht von dem vielen Arbeiten. Ich habe nicht so viel darüber nachgedacht. So war halt unser Leben. Patty war mein rechter Arm. Das war für mich selbstverständlich. Sie muss einiges durchgemacht haben mit Chou. Aber eigentlich wollten es mir beide immer recht machen.

Eines Tages kam ich von der Arbeit nachhause. Es roch irgendwie komisch, als ich die Tür aufschloss. Mit vor Stolz glänzenden Augen stürzte Chou auf mich zu: „Hi Mom. Guck mal, ich habe heute den Boden in der Küche aufgewischt. Ich wollte, dass alles tipptoppsauber ist, wenn Du nachhause kommst." Patty stand hinter ihrer Schwester mit hochgezogenen Augenbrauen. Das konnte sie sehr gut, wenn etwas nicht so war, wie es sein sollte. Ich sagte: „Darling, das ist ja ganz toll von Dir. Die Küche sieht wirklich sehr sauber aus. Aber was riecht hier so beißend?" Patty, immer noch mit den hochgezogenen Augenbrauen: „Sure! Chou hat den Boden mit Terpentin aufgewischt." Ich bekam einen Schreck. Nicht auszudenken, was alles hätte passieren können. Oh, mein Gott. Ich dachte an Feuer und was daraus hätte werden können. Sicherlich wollte sie nur Gutes tun, aber ich hielt ihr trotzdem eine Standpauke. Chou weinte. Sie war ein richtiges Häufchen Unglück. Nun musste sie tatsächlich den Boden noch einmal wischen. „Chou, du hast es gut gemeint. Aber mit Terpentin kann man keinen Fußboden wischen. Das ist sehr gefährlich. Es ist Brandgefahr, hochgradig. Bitte fasse die Flasche Terpentin nie wieder an, versprochen? Und Patty, hilf ihr doch beim Wischen." Das war Patty gar nicht recht. Sie hatte nichts damit zu tun. Trotzdem half sie ihrer Schwester nach einer Weile. Dann war alles wieder gut. Patty beschwerte sich immer mal wieder bei mir, dass sie ständig auf Chou aufpassen musste. Ich konnte sie verstehen. Weihnachten 1969 wurden sie belohnt für ihre Hilfe.

Es war vier Tage vor Weihnachten, als ich mich überwand, den beiden die heiß ersehnten Fahrräder zu schenken. Sie hatten es sich verdient. Also fuhr ich los, um ein paar schöne Räder zu kaufen. Nach einigem Hin und Her fand ich die richtigen Fahrräder für sie. Sie kosteten pro Stück 100 Dollar, also 200 für beide zusammen. Ich ließ sie mir am Vormittag des Heiligen Abends liefern. Die Kinder waren bei Freunden und bekamen davon nichts mit. Ich schmückte den Weihnachtsbaum und legte die Geschenke darunter. Als die Räder angeliefert worden waren, band ich große Schleifen darum und stellte sie in die Ecke hinter den Weihnachtsbaum. Ich habe mit meinen Kindern Weihnachten immer noch so gefeiert, wie ich es aus Deutschland kannte. Die Bescherung war also am 24. abends und nicht, wie in den USA üblich, erst am 25. Es gab ein großes Festmahl, und dann haben wir die Geschenke aufgemacht. Patty und Chou konnten es nie abwarten. Es war jedes Jahr Heiligabend das Gleiche. Sie freuten sich sehr über ihre kleinen Geschenke. Als alle Päckchen ausgepackt waren, fragte ich sie: „Seid ihr jetzt fertig mit dem Auspacken?" „Ja. Na klar." „Habt ihr auch alles richtig abgesucht?" „Wie, abgesucht? Natürlich!" „Das glaube ich aber nicht!"

Sie schauten unter den Weihnachtsbaum. Da war nichts mehr. Sie guckten mich an und dachten bestimmt: Was will sie von uns? Dann war auf einmal ein lauter Glücksschrei zu hören. „Whow, schau nur. Da stehen ja Fahrräder. Schau Dir nur die schönen Fahrräder an." Sie rannten beide zu mir, umarmten mich mit Tränen in den Augen vor lauter Freude. „Danke, Mom. Oh, das ist toll. Schau nur, die schönen Räder." Sie trugen sie in unseren langen Flur und fuhren fast eine Stunde lang immer den Flur hoch und runter. Sie hatten so einen riesigen Spaß. Und ich freute mich, dass meine beiden glücklich waren. Ich war stolz, dass ich es endlich geschafft hatte, ihnen diesen lang gehegten Wunsch zu erfüllen. Dieser Winter war sehr kalt in New York. Wir hatten öfter Schneestürme. Beide mussten lange warten, bis es Frühling wurde ,und sie endlich im Freien mit ihren Rädern fahren konnten. Doch dann gab es kein Halten mehr.

Bei Bedarf fuhr ich immer noch die Daisys Schimpansen zu Filmaufnahmen. Eines Tages sagte Daisy, dass Cocomo für die Leute zu gefährlich geworden wäre. Seine schönen großen Zähne sollten gezogen werden. Sie bat mich, mit Dr. Forman darüber zu sprechen, ob er nicht die Schneidezähne ziehen würde. Ich war entsetzt darüber, dass sie so etwas vorhatte. Wir diskutierten lange darüber, aber ich konnte sie nicht umstimmen. Dr. Forman sagte zu, und so kam er eines Tages in die Wohnung zu Daisy. Cocomo bekam eine Betäubungsspritze, und dann wurden ihm die vier Vorderzähne gezogen. Ich blieb bei dem Affen, bis er aufwachte. Am nächsten Tag saß Cocomo auf Daisys Bett und spielte mit Klebstoff. Ich ging zu ihm: „Komm, Cocomo, gib mir die Tube." Ich sagte es ihm noch ein paar Mal, doch er reagierte nicht auf diese Aufforderung. Plötzlich sprang er mich an, packte meinen Arm und biss in meine Hand, die ich fordernd nach der Tube ausgestreckt hatte. Ich schrie wie am Spieß um Hilfe. Daisy kam die Treppe heraufgerannt, schoss wie eine Wilde durch das Schlafzimmer zu Cocomo, griff ihn und zerrte ihn zurück. Nicht auszumalen, was passiert wäre, wenn er seine starken Vorderzähne noch gehabt hätte. Wer weiß, was aus meiner Hand geworden wäre! Noch heute habe ich die Narben von der Affenattacke an meinem Arm und der linken Hand. Ein paar Wochen bin ich noch mit Daisy und den Chimps zur

Arbeit gefahren, dann hatte ich keine Lust mehr. Zum Abschied und als Entschädigung schenkte mir Daisy eine Pentax-Kamera, die sehr teuer war. Wir haben uns danach nie mehr gesehen.

Eines Tages berichtete Patty aus ihrer Schule, dass dort Drogen umgingen. Das machte mir sehr große Angst. Wie sollte ich meine Kinder davor beschützen? Ich hatte so wenig Zeit für sie. Und wenn sie es ausprobieren würden? Ich zermarterte mir den Kopf. Mir fiel keine richtig gute Lösung ein. New York, dieses gefährliche Pflaster! Was konnte ich nur tun? Irgendwann fiel mir der Vater der Mädchen ein, der in einem viel ruhigeren Umfeld lebte und eine Frau hatte, die sich gut um die Kinder kümmern konnte. Ich fragte die beiden, ob sie es sich vorstellen könnten, zu ihrem Vater nach Kalifornien zu ziehen und dort zu leben. Dort hätten sie gute Aufsicht und eine Schule, an der sie auch später Abitur machen konnten. Patty hatte bereits vor längerer Zeit gesagt, dass sie zu ihrem Vater wollte, und so schrieb ich an Steven. Es fiel mir unendlich schwer, sie gehen zu lassen. Aber ich wollte nicht, dass sie unbeaufsichtigt in New York City blieben. Das war mir zu unsicher und gefährlich. Es dauerte nicht lange, da bekam ich eine Antwort von ihm. Er stimmte zu, und die beiden waren glücklich. Ich konnte es ihnen nicht verdenken. Ich dachte immer wieder an meine eigene Schulzeit zurück. Ich hatte nie die Gelegenheit gehabt, richtig durchgehend zur Schule zu gehen. Immer wurde ich irgendwo eingeschult und wieder herausgerissen, von einem Land ins andere, von einer Sprache in die nächste. Für mich war es damals eine Tortur gewesen. Ich hatte kaum einmal Freundschaften aufgebaut, da hatte ich sie auch schon wieder verloren. Eigentlich wollte ich meinen Kindern so etwas nie antun. Doch was blieb mir weiter übrig? Es war wirklich leichter für die Kinder in Kalifornien. Das Leben in New York war schlecht auszuhalten und zu ertragen unter den aktuellen Umständen.

Steven hatte die ganzen Jahre für beide immer nur die 70 Dollar überwiesen, die bei der Scheidung festgelegt worden waren. Ich war deshalb auf ihn sauer und fühlte mich hintergangen. Die Kinder waren schon ein Jahr in Lawton gewesen und hatten sich dort gut entwickelt. Nun war es mir sehr wichtig, die Kinder auf einen soliden Lebensweg und in eine gute Schule zu schicken. Und im Nachhinein war meine Entscheidung richtig. Beide machten ihr Abitur und erlernten sehr gute Berufe: Patty wurde Krankenschwester und Chou Hotelfachfrau. Ich bin sicher, dass es den beiden sehr schwer gefallen ist, mich zu verlassen. Ich glaube auch, dass Chou am meisten darunter gelitten hat. Sie war erst 10 Jahre alt und Patty 14 ½. Ich schrieb Steven zurück, dass ich es sehr gut von ihm und seiner Frau fand, dass sie sich um die Kinder kümmern wollten. Der Abschied kam dann schneller, als ich es wollte. Es ging so viel durch meinen Kopf. Wann würde ich sie wiedersehen? Wie würden sie sich eingewöhnen mit der neuen Stiefmutter und allem Drumherum? Ich umarmte beide, konnte sie fast nicht loslassen. Wir weinten alle drei bitterlich. Vor allem Chou brach mir fast das Herz. Ich hätte am liebsten alles wieder rückgängig gemacht. Mein Bauch sagte mir: Lass sie hier, bei dir! Mein Verstand aber sagte: Nein! Es ist besser so für die beiden! Ich hatte mich noch nie in meinem ganzen Leben so traurig und schmerzvoll gefühlt wie an diesem letzten Tag mit meinen beiden Mädchen. Ich hatte das verloren, was ich am liebsten hatte, meine Kinder.

Wenn ich heute an meine Mädchen denke, dann bin ich stolz auf die zwei starken Frauen, die ich auf die Welt gebracht habe. Sie haben früh begonnen, sich ihren Weg zu suchen. Patty hat als Jugendliche viel gearbeitet: als Babysitter bei Dr. Forman, einen ganzen Sommer lang, oder als ‚candy-striper' (Hilfskraft, die im Krankenhaus arbeitet, kleine Einkäufe macht, ein Buch vorliest oder für die Patienten Wege erledigt) im Jüdischen Hospital für einige Monate. Ihr hatte das sehr gefallen. Es war der Einstieg in ihren heutigen Beruf als Krankenschwester. Auch Chou, die immer wieder zum Supermarkt Tüten einpacken gegangen ist, hat sich ihr eigenes Geld verdient. Wunderbare Kinder, mit denen ich viel Neues und Lustiges erlebt hatte.

Nachdem beide zu ihrem Vater geflogen waren, hatte ich eine sehr harte Zeit. Ich bekam Depressionen und Schuldgefühle, dass ich meine Kinder weggeschickt hatte. Aber was hätte ich anderes tun sollen? Ich hatte keinen anderen Ausweg gesehen. So hätte es nicht weitergehen können. Ich dachte oft darüber nach, was geworden wäre, wenn: Wenn wir gleich nach der Trennung von Pat zurück nach Kalifornien gegangen wären. Aber es fehlte das Geld. Wir konnten nicht zurück. Je mehr ich darüber nachdachte, um so schlimmer wurde es. Ich musste damit aufhören. Ich musste etwas ändern.

1970 arbeitete ich immer noch bei Dr. Forman. Die Kinder und ich korrespondierten, so oft wir konnten. Patty schrieb mir, dass Chou große Schwierigkeiten mit ihrer Stiefmutter hatte, weil die so streng sei. Sie hat dagegen oft rebelliert. Diese Briefe setzten mir ganz schön zu. Ich dachte fast jeden Tag an meine beiden, machte mir Sorgen um sie. Ich hatte aber die Hoffnung nicht verloren, dass sie sich an ihren neuen Lebensstil gewöhnen würden.

Ich ging abends zu ‚Arthur's Tavern', spielte mit Mable Jazz. An einem der Abende trat ein Posaunist, mit einem wunderbar leichten Sound, dort auf. Ich verliebte mich in diesen Sound, konnte gar nicht genug bekommen. Also fragte ich ihn, wann er wieder hier spielen würde. „Jeden zweiten Abend in der Woche." An diesen Abenden war ich nun auch immer in der Tavern. Das ging zwei Monate so. Dann bat er mich um ein Date. Warum nicht, dachte ich mir. Vielleicht kann ich ja noch mal eine Beziehung mit einem Mann aufbauen. Und obwohl ich zu dieser Zeit eine Beziehung mit Maria, einer US-Italienerin hatte, versuchte , mit Rod auszugehen. Da wir beide Jazz liebten, hatten wir von Anfang an gemeinsame Interessen. Wir haben viele Konzerte in Harlem und im Village besucht und oft auch bei Jamsessions mitgespielt bis in den Morgen.

Es tat mir gut, Musik zu spielen. Das war die ideale Ablenkung von meinem Schmerz, dass Patty und Chou nicht mehr bei mir waren. Andere versinken in solchen Krisen in Alkohol, ich in Musik.

Nach ein paar Wochen bin ich mit Rod in sein Apartment gegangen. Er wollte, dass ich über Nacht bleibe, was ich dann auch tat. Ich war ein wenig angeheitert. Wir sind beide ins Bett gegangen. Ich wollte versuchen, ob es noch ging mit einem Mann. Aber es war einfach grauenhaft. Er versuchte, mich ein wenig zu streicheln. Nach nicht einmal vier Minuten war er in mir drin. Den Rest kann sich jeder vorstellen. Als er gekommen war, hörte ich nur: „Na, wie war ich? War ich gut?" Ich fing laut an zu lachen, stieg aus dem Bett und sagte: „Tut mir leid. Aber ich habe keine Lust mehr, mit Dir zu schlafen." Es war wie früher gewesen. Ich hatte wieder keinen Orgasmus und noch nicht einmal Spaß gehabt. Okay! Er war sonst ein ganz netter Kerl. Wir gingen weiterhin zusammen aus. Für mich war das eine schöne Abwechslung. Er lud mich ein zu kulturellen Veranstaltungen, wo ich sonst nie hingekommen wäre, weil sie zu teuer waren.

Eines Tages lud Rod mich ein, mit ihm eine Woche nach St. Thomas zu fliegen. Ich freute mich über seine Einladung und nahm sie an. Es war ein sehr schöner Urlaub. Die Bahamas – ein Paradies. Wieder in New York angekommen fragte er mich, ob ich ihn heiraten wolle. Er war Rechtsanwalt und vermögend, und die Woche Urlaub war eigentlich ganz gut gewesen, also sagte ich ihm erst einmal zu. Als ich allein war, kam ich zum Überlegen. Eigentlich hatte ich einerseits keine Ehe mehr eingehen wollen, andererseits dachte ich mir: ‚Wenn ich jemanden heiraten würde, der finanziell gut abgesichert ist, dann könnte ich meine Kinder wieder zu mir nehmen.' Was aber war mit der Sexualität? Die stimmte hinten und vorne nicht. Na und wenn schon, damit könnte ich umgehen. Also schrieb ich meinen Mädchen, dass ich heiraten würde, einen Anwalt mit drei Jungen. Die Beiden freuten sich. Sie waren nicht dagegen.

Als Rod mich an einem anderen Wochenende einlud, um seine drei Kinder kennen zu lernen, war ich sehr aufgeregt, da ich nicht wusste, ob die drei mich akzeptieren würden. Die Jungs verhielten sich wie die Wilden. Sie tobten und tollten herum, und Rod hatte nicht die geringste Kontrolle über sie.

Bereits nach kurzer Zeit wurde mir klar, dass der Vater eine zusätzliche Betreuerin für seine Kinder gesucht hatte, als er mich mitnahm. Vor meinem inneren Auge schaltete sich die rote Warnblinkanlage an. Wir verbrachten nur kurze Zeit zusammen. Ich konnte nicht anders, ich musste Rod die Hochzeit absagen. „Tut mir leid, Rod. Aber ich kann Dich nicht heiraten. Ich habe schon zwei Mädchen großgezogen. Mit den Jungs komme ich nicht klar. Meine Interessen liegen ganz woanders. Ich will nicht Erzieherin sein für eine Jungenhorde, die total ausgeflippt ist. Ich bin keine Kinderpsychologin. Sorry!" Ich verabschiedete mich, und weg war ich. Ich weiß, das war keine nette Geste von mir. Wenn ich diese Heirat durchgezogen hätte, hätte ich meine Freiheit wieder verloren. Aber ohne sie war ich der unglücklichste Mensch der Welt. Geld war nicht alles im Leben für mich. Meine eigenen Werte waren mir in diesem Fall wichtiger als alles andere. Ich hatte ein Beispiel vor Augen: meine Mutter. So wollte ich nicht werden. Sie hätte Rod garantiert geheiratet, da er ein reicher Mann war. Ich aber nicht! Rod und ich haben uns nie wiedergesehen. Ich schrieb meinen Kindern, dass ich die Hochzeit abgeblasen hätte und auch warum. Es gab keine große Reaktion auf diese Mitteilung.

Eines Morgens in der Praxis von Dr. Forman wurde ich ans Telefon gerufen. „Bridge, komm. Deine Mutter ist am Apparat!" „Wie bitte? Meine Mutter? Das kann nicht sein!" Fast zehn Jahre war es her, dass sie sich bei mir gemeldet hatte. Nach ihrer Abfahrt aus Oakland hatte ich nichts mehr von ihr gehört. Mein Herz klopfte mir bis zum Hals, so aufgeregt war ich. War etwas passiert? „Hallo, hier ist Bridge am Apparat." „Briggi, hier ist Mutter. Ich weiß, wir haben lange nichts voneinander gehört." „Wo bist Du? In New York?" "Nein. Ich bin in Gießen." „Es hört sich an, als ob Du unten von der Straße aus anrufen würdest." „Tja, es scheint, wir haben eine sehr gute Verbindung erwischt." Noch ehe wir irgendetwas Konkretes besprechen konnte, holte mich Dr. Forman vom Telefon weg. Er brauchte mich für eine Zahnbehandlung. Ich schrieb mir die Telefonnummer meiner Mutter auf und versprach, sie abends zurückzurufen. Ich war wie gelähmt. Nach so langer Zeit hörte ich von meiner Mutter. Das Leben geht eigenartige Wege. Erst Stille, dann aus dem Nichts heraus bekommt man wieder ein Zeichen von jemandem, den man schon immer geliebt hat. Ich denke, alles braucht seine Zeit zum Heilen. (Das Bizarre ist, dass sich fast alles immer wieder wiederholt im Leben. Genau so spielte es sich zwischen mir und meinen Töchtern später ab.) Ich war damals in Oakland so wütend auf meine Mutter gewesen weil ich ihre Alkoholkrankheit übersehen hatte. Es war mir damals nicht bewusst, was das für Auswirkungen haben könnte, wenn man sich mit einem Alkoholiker herumschlägt. Das musste ich erst noch lernen.

Ich rief Mutter am Abend zurück. Es wurde ein sehr langes Gespräch. Mutter fragte mich, ob ich nicht in meinen Ferien für einen Monat nach Deutschland kommen wollte. Ich fand die Idee gar nicht so schlecht und sagte zu. Im August 1970 sollte es soweit sein. Wir waren beide froh darüber. Doch wie hatte Mutter nur meine Telefonnummer herausbekommen? Als ich sie fragte, sagte sie mir: „Lory hat sie mir gegeben." Also war Lory die treibende Kraft, Mutter zu sagen, dass sie sich bei mir melden sollte. Dafür bin ich ihr sehr dankbar – bis heute. Wer weiß? Vielleicht wäre ich nie wieder nach Deutschland gekommen, wenn mich Mutter nicht angerufen hätte.

In der damaligen Situation musste ich mir erst einmal Gedanken machen, wie ich das Geld für den Flug und meinen Aufenthalt in Gießen besorgen könnte. Was konnte ich tun? Von Handwerkern verstand ich einiges. Ich kaufte mir die N.Y. Times, sah mir die Anzeigen an und fand eine, in der jemand zum Tapezieren eines Esszimmers gesucht wurde. Tapezieren? Damit hatte ich überhaupt keine Erfahrungen. Trotzdem ging ich zur Besichtigung der Arbeit. Als ich bei der Familie ankam, zeigten sie mir, was tapeziert werden sollte. Mich traf der Schlag. Sie wollten eine Folientapete mit Bild darauf und zwar auf eine 5 Meter lange und 3 Meter hohe Wand. Sie fragten mich, wie viel das kosten würde. Da ich mir eine solche Arbeit überhaupt nicht unter dem Auftrag vorgestellt hatte, hatte ich keine Preisvorstellung. Trotzdem sprudelte es nur so aus mir heraus: 800 Dollar! Sie hatten keine Einwände, und ich machte mich an die Arbeit.

Es gab genügend Do-it-yourself-Bücher. Also kaufte ich mir eins: ‚Alles was man über das Tapezieren wissen muss'. Wie immer las ich das Buch sehr intensiv von vorn nach hinten und wieder zurück. Eins weiß ich nach diesem Job: Nie wieder so eine Tapete! Es dauerte elendiglich lange, bis ich die Tapete an der Wand hatte. Die Besitzer der Wohnung waren zufrieden. Sie hatten meinen Kampf mit der Tapete mitbekommen und gaben mir zum Abschied noch 100 Dollar Trinkgeld. Was war ich glücklich. Ich hatte 900 Dollar und konnte beruhigt meinen Urlaub in Gießen in Angriff nehmen. Natürlich musste ich erst alles mit Dr. Forman besprechen, da es in den USA immer nur zwei Wochen Urlaub gab. Er gab mir die vier Wochen frei, da ich noch einige Überstunden gut hatte. Ich besorgte mir einen Pass, telefonierte zum abschied mit meinen Kindern, informierte Mutter, und eine Woche später saß ich im Flugzeug Richtung Frankfurt/Main.

Als ich durch die Ausgangstüre des deutschen Flughafens schritt, entdeckte ich sofort meine Mutter. Sie sah immer noch sehr gut aus, hatte sich nicht viel verändert. Es war sehr aufregend für uns beide. Wir umarmten uns. Nach so vielen Jahren konnten wir uns endlich wiedersehen. Wir freuten uns sehr. Mutter hatte einen Opel. Ich stieg ein, und los fuhren wir Richtung Autobahn. Ich weiß nicht, wie ich die Fahrt ausgehalten habe. Was war schlimmer gewesen, das Fliegen oder in diesem Auto zu sitzen? Mutter raste mit 160 km/h über die Autobahn. In den USA gab es eine strikte Geschwindigkeitsbeschränkung – 60 Meilen pro Stunde. Mutter nahm keine Rücksicht auf mich. Ich bekam fast einen Herzinfarkt, so raste sie an den anderen Autos vorbei. Ich fühlte mich, als ob ich auf einer Rennstrecke fahren würde. Das Aussteigen war der reinste Genuss für mich. Endlich geschafft! Nachdem ich den Jetlag überwunden hatte, gingen wir abends in Mutters Stammkneipe. Sie musste allen ihre Tochter aus Amerika vorstellen. Ich bekam eine großes Bier und eine riesige Portion Bratkartoffeln mit Schnitzel. Whow, das sollte ich alles essen? In Gedanken sagte ich mir: wenn du jeden Tag solche Portionen vertilgst, dann siehst du bald aus wie eine Tonne. An diesem ersten Abend habe ich auch alles verputzt, aber danach bestellte ich mir kleinere Mahlzeiten. Mutter konnte einiges im Trinken wegstecken. Meine Alarmglocken schrillten laut auf. Ist Mutter immer noch dem Alkohol verfallen? Je länger ich sie beobachtete, um so mehr wurde mir bewusst, dass es in den Jahren, in denen wir uns nicht gesehen hatten, noch schlimmer geworden war. Ich sprach die Situation nicht an. Es war ja nicht mein Leben, und Mutter war alt genug, um zu wissen, was sie tat. Ich wollte nur eine schöne Zeit mit ihr verbringen. Nachdem ich eine Woche bei Mutter zu Besuch war, hörte ich eine laute Auseinandersetzung zwischen Mutter und einem Mann. Ich ging in die Küche und sah einen hochgewachsenen Mann in einem dunkelgrauen Ledermantel mit grauem Filzhut und einer alten braunen Ledertasche. Mir gingen gleich ganz alte, schon vergessen geglaubte Bilder durch den Kopf. So hatte ich sie im Hinterkopf, die deutschen Behördenmänner. „Was ist denn hier los? Bei diesem Krach kann kein Mensch schlafen." fragte ich die beiden. „Briggi, dieser Mann ist vom Wohnungsmeldeamt. Meine Vermieterin hat dort angerufen und ihnen gemeldet, dass ich eins meiner Zimmer untervermietet hätte. Das ist nicht erlaubt." Ich konnte es nicht fassen. Lebten denn hier alle noch in der Nazizeit, mit gegenseitiger Überwachung? „Du bezahlst jeden Monat Deine Miete. Also geht es doch Deine Vermieterin einen Dreck an, wen Du in der Wohnung hast." Ich regte mich richtig auf. „So geht das nicht, Fräulein. Was erlauben Sie sich? Wir leben hier in Deutschland, und da muss alles seine Ordnung haben, verstanden? Und auf Beamtenbeleidigung steht Strafe." Ich wurde jetzt vollends wütend. „Ich werde ihnen jetzt mal was sagen, sehr verehrter Herr. Erstens bin ich die Tochter, zweitens bin ich Amerikanerin aus New York City, drittens mache ich gerade 4 Wochen Urlaub bei meiner Mutter, die ich 10 Jahre nicht gesehen habe, und viertens bezahlt meine Mutter jeden Monat pünktlich ihre Miete. Lebt Deutschland nicht in einer Demokratie? Oder ist hier noch ein Rest Nazizeit übrig geblieben? Und dann noch eins: Ich bin kein Fräulein, sondern Frau Vargo für Sie. Ich hoffe, wir haben uns verstanden. Und wenn diese Vermieterin Informationen haben möchte, dann sollte sie direkt zu meiner Mutter kommen. Die Zeit der Denunziationen ist wohl hoffentlich vorbei. Jemanden zu verraten, ohne nachzufragen, was eigentlich Sache ist, das ist wirklich die Höhe!" Er lief rot an, ließ sich aber trotzdem noch meinen US-Pass zeigen. Dann war die Situation geklärt.

Noch lange hinterher habe ich mich darüber aufgeregt. Ich konnte es nicht fassen. Dieser Auftritt! Diese Arroganz! Hatte sich in Deutschland wirklich so wenig verändert in den vielen Jahren? Woher nahmen diese „Amtspersonen" nur ihre Dreistigkeit?

Die Stadt Gießen hatte ich noch in guter Erinnerung. Meine Oma hatte hier gelebt, und ich war auf der Ricarda-Huch-Schule zu Gast gewesen, um wieder besser die deutsche Sprache zu erlernen. Viele Erinnerungen kamen zurück. Die Frankfurter Straße, in der ich fast zuhause gewesen war, weil dort die Familie meiner besten Schulfreundin Ulla gewohnt hatte. Es war eine glückliche Zeit gewesen: das Otto-Eger-Heim mit den vielen Studentenbällen, das Stadttheater mit meiner Lieblingsschauspielerin Mia Arkoff, der GRG-Ruderverein an der Lahn, das Restaurant Krokodil, wo ich mich mit Oma zum Mittagessen traf. Was waren das für wunderschöne Zeiten gewesen! Wo sind sie geblieben? Inzwischen war ich schon 35 Jahre alt und freute mich, Gießen wieder zu besuchen. Es wurde höchste Zeit!

Mutter wollte mit mir ins Kino gehen, und ich war gleich begeistert. Das Gloria-Kino!! Als Jugendliche hatte ich immer freien Eintritt gehabt, jeden Samstag und Sonntag verschwand ich gegen 14.45 Uhr von zuhause, sehr zum Missfallen meiner Oma, die nicht wusste, wohin ich wollte. Aber irgendwann hatte ich es ihr gebeichtet. Sie konnte es zwar nicht so richtig nachvollziehen, hatte mich aber gehen lassen.

Vor meinem geistigen Auge liefen viele Szenen, die mit dem Kino zusammenhingen, ganz lebhaft ab. „Na, nun komm endlich. Der Film fängt gleich an," riss mich Mutter aus den Gedanken. Es wurde spät an diesem Abend. Keine Ahnung, welchen einen Film wir gesehen haben. Aber hinterher sind wir in Mutters Stammkneipe zum Biertrinken gegangen. Nach zwei Bieren fing uns der Magen an zu knurren, und Mutter schlug vor, noch zu Bratwurst-Anna zu gehen. Mutter wohnte in der Steinstraße, und Anna hatte ihren Platz Bratwurststand am Brandplatz in der Nähe des Schlosses. Anna war eine Institution in Gießen, eine resolute Frau und eine harte Arbeiterin. Sie hatte immer ein offenes Ohr für alle, und ihre Würste waren die besten in der ganzen Stadt. Egal, um welche Uhrzeit man zu Anna kam, es stand immer eine lange Schlange an ihrem Verkaufswagen. Ich habe sie sehr bewundert. Anna fuhr einen tollen Mercedes. Sie war stolz auf diesen Wagen. Sie hatte ihn sich mit harter Arbeit verdient. Gearbeitet hat sie fast rund um die Uhr – ihr ganzes Leben lang. Noch 1971, als ich später wieder nach Gießen zurückkam, habe ich sehr oft Bratwürste bei Anna verzehrt. Sie war eine gute Seele mit dem Herzen auf dem richtigen Fleck. Ich bin sicher, dass sich viele in der Stadt an sie erinnern.

Mutter war schon in Rente. Sie hatte eine Zusatzarbeit in einer Taxizentrale gefunden. Ihre Aufgabe war es, die Fahrten für die Taxifahrer einzuteilen. Sie liebte diesen Job sehr. Was hatte sie für einen Lebenslauf! Von einem Diplomatenleben in Saus und Braus zur Telefonistin in einer Taxizentrale. Alle Achtung!

Die Tage gingen rasend schnell vorbei. Wir nutzten die Zeit auch zu Ausflügen in unsere Vergangenheit und haben in der Beethovenstraße in Frankfurt am Main nach unserem alten Haus gesehen, nicht weit vom Palmengarten. Es war ein komisches Gefühl. In diesem Haus hatte es ein Leben gegeben mit Lory, meiner Schwester, dem Stiefvater und dem Kindermädchen. Ich sah nach oben zu unserem ehemaligen Balkon: Dort stand das Kindermädchen und rief nach meiner Mutter: „Gnädige Frau, kommen Sie schnell. Briggi hat wieder was angestellt." Es war, als ob es gestern gewesen wäre. Wir fuhren zur Hauptwache und später ins Operncafé direkt neben der Oper. Ich war oft mit Mutter hier gewesen, da sie sich mit der Inhaberin angefreundet hatte. So viele alte Geschichten tauchten auf. Sie wurden alle wieder aufgewärmt, und Mutter und ich mussten oft lachen. Was hatten wir nicht alles erlebt.

Mir blieb plötzlich nur noch eine Woche, bevor ich nach New York City zurückfliegen musste. Eines Abends in der Kneipe hörte ich Mutter angeschwipst fragen: „Briggi, warum kommst Du nicht einfach für länger zu mir nach Gießen, ein Jahr oder einige Monate?" Ich wusste nicht, wie ich diese Frage beantworten sollte. „Wie soll das gehen? Ich habe meine Arbeit in New York. Und meine Kinder sind mir so schon viel zu weit weg, wenn ich in New York wohne. Doch dann wären sie noch viel weiter weg." „Ein Jahr wird wirklich nichts ausmachen. Ich bitte Dich ja gar nicht, für immer zu bleiben. Wir haben uns so lange nicht gesehen und jetzt so prima verstanden. Wer weiß, wie lange wir noch leben werden! Ich fände es einfach toll, wenn wir die verlorene Zeit ein wenig nachholen könnten!" Ich erbat mir Bedenkzeit. Damit konnte Mutter leben, aber meine Nächte wurden ziemlich unruhig. Ich musste andauernd über Mutters Frage nachdenken. Sollte ich alles liegen lassen in Amerika? Wollte ich das? Natürlich war ich oft einsam in dieser Riesenmetropole. Ich hatte zwar keine Langeweile, spielte Musik, arbeitete, hatte eine Freundin. Aber...! Die ganze Zeit gingen mir diese Fragen nicht aus dem Kopf. Natürlich ließ Mutter nicht locker und fragte immer wieder. „Und was soll ich in Gießen arbeiten? Wovon soll ich leben?" Aber auch dafür hatte sie eine passende Antwort: „Du kannst Auto fahren. Also hättest Du eine Chance, Taxi in der Stadt zu fahren. Du brauchst nur noch den Taxischein zu machen, und schon hättest Du eine gute Arbeit bei mir." Ich zergrübelte mir den Kopf. Soll ich? Soll ich nicht? Aber warum eigentlich nicht? „Okay, Mutter. Ich habe es mir lange überlegt. Ich denke, es könnte gehen. Ich werde also mal für ein Jahr nach Gießen kommen." „Wie wär's gleich zu Weihnachten?" „Aber das ist doch in vier Monaten!" Ich wurde nervös bei dem Gedanken. Wie sollte ich in der kurzen Zeit alles in New York abwickeln? Ich musste meine Möbel irgendwo einlagern, genug Geld verdienen, damit ich nicht ganz bei Null in Deutschland anfangen musste, und viele andere Dinge regeln. Oje!

Wir verabschiedeten uns auf dem Frankfurter Flughafen. „Bis Weihnachten, Briggi! Komm gut nachhause!" Meine Mutter hatte gut reden. Wieder so ein Flug, der mich nervös machte, und dann noch diese ganze Umzugsplanung! Als ich glücklich wieder in Brooklyn gelandet war, hatte ich nur eine Idee im Kopf: meine nächste Reise nach Deutschland. Ich war mir gar nicht so sicher, ob ich das überhaupt wollte, nach allem, was in der Vergangenheit geschehen war. Eigentlich hatte ich immer gedacht: Nie wieder willst du nach Deutschland. Doch nun überlegte ich mir: Wenn viele jüdische Bürger nach diesem furchtbaren Holocaust wieder nach Deutschland zurückkamen, dann konnte ich das erst recht, denn mir und meiner Familie hatte keiner was getan. Ich war schließlich eine erwachsene Frau. Man muss jedem, auch einem ganzen Land, verzeihen können. Sonst würden wir nie Frieden bekommen.

Nach langen Überlegungen entschloss ich mich, nach Deutschland zu gehen. Aber im Hinterkopf hatte ich stets die Zeit von einem Jahr, mal zum Ausprobieren.

Dr. Forman habe ich erst im November 1970 reinen Wein eingeschenkt. Er wollte es mir gar nicht glauben: „Bridge, Du wirst es nicht lange in Deutschland aushalten. Du wirst sehen, in zwei, drei Monaten bist Du wieder hier bei uns. Wollen wir wetten?" „Okay. Wetten wir! Wenn ich vor Ablauf eines Jahres wieder hier bin, führen Sie mich zu einem ganz tollen Abendessen aus. Einverstanden?" „Einverstanden! Bis dahin hebe ich den Arbeitsplatz für Dich auf." Aber einen Arbeitsplatz bei einem Zahnarzt in den USA zu finden, würde für mich nicht so schwierig sein. Ich kannte so viele Ärzte. Sie hätten mich mit Handkuss eingestellt. Über New York machte ich mir keine Gedanken. Aber wie würde ich in Gießen über die Runden kommen? Kommt Zeit, kommt Rat, war da meine Devise.

Zuerst hieß es aber, ganz schnell, so viel Geld wie möglich zu sparen. Ich suchte mir noch eine dritte Arbeitsstelle bei dem Zahnarzt Dr. Weinstein, der im italienischen Viertel von Brooklyn arbeitete. Jeden Abend fuhr ich dorthin von 18 bis 22 Uhr und dann noch zwei volle Tage. Ich gewöhnte mir an, in den kleinen Imbiss gleich um die Ecke zu gehen, wenn ich Hunger hatte. Der Besitzer war Italo-Amerikaner und hieß Joe. Seine Tochter traf ich immer bei meinen Kursen „Wie putze ich mir richtig die Zähne". Das war so eine Art Aufklärung in Mundhygiene für Schulklassen. Joe war genauso lebhaft wie ich, und wir mochten uns nach kurzer Zeit, diskutierten miteinander und lachten zusammen. Eines Morgens parkte ich wie immer meinen VW-Käfer an der Ecke. Nach Dienstschluss nahm ich noch einen Drink in dem Imbiss und stieg in mein Auto. Mir fiel sofort auf, dass das Handschuhfach offen stand und alle Papiere daraus verschwunden waren. Das war ein Drama. Das hatte mir gerade noch gefehlt. Auch mein Führerschein war fort. Und ich wollte bald nach Deutschland! Total entnervt erzählte ich Joe diese Geschichte und bat ihn, sich umzuhören. Er kannte so viele Leute in dieser Gegend. Vielleicht hatte ich auch mal Glück. Drei Stunden später klingelte es an der Praxistür. Die Kellnerin des Imbiss übergab mir einen braunen Umschlag und sagte: „Viele Grüße von Joe!" Ich sah hinein und wäre fast auf den Rücken gefallen vor Überraschung: meine Papiere vollzählig – ich hatte sie wieder. Ich war so erleichtert, dass ich beinahe durch die Praxis getanzt wäre. Dr. Weinstein klärte mich auf: „Der Imbissbesitzer hat gute Kontakte zur Mafia. Über diese Kanäle kann man sehr viel erreichen." Doch das war mir egal in diesem Augenblick. Ich hatte meine Papiere wieder, das war das Wichtigste. Man wusste nie, woran man mit den Mafialeuten war. Wenn man okay war, bekam man auch Hilfe. Aber wehe, du hast jemanden von dem Verein geärgert. Dann gnade dir Gott!

So etwas habe ich in der Zeit bei Dr. Weinstein miterlebt. Der junge Assistenzarzt von Dr. Weinstein, Dr. Hall, wollte sich selbständig machen. Ein paar Häuserblöcke entfernt ließ er sich eine eigene Praxis ausbauen. Aber sehr schnell bekam er großen Ärger und zwar mit der Mafia. Dr. Weinstein, der selbst der Mafia angehörte, hatte offensichtlich darüber gesprochen, dass Dr. Hall unbedingt daran gehindert werden musste. Eines Abends, als er noch in seiner neuen Praxis alles einrichtete, bekam er Besuch von den entsprechenden Leuten. Sie gingen durch seine neue Praxis, sahen sich alles an und sagten dann abschließend: „Du bist morgen früh aus diesen Räumen verschwunden. Wenn nicht, und Du eröffnest doch, werden wir mit Deiner Praxis ein schönes Feuerwerk machen. Hast Du das verstanden, Doktor?"

Am nächsten Morgen stürmte der bleiche Dr. Hall in die Praxis von Dr. Weinstein, nix wie rein in den Behandlungsraum, wo gerade ein Patient im Stuhl saß. Er war total aufgelöst und fing schon in der Tür an zu brüllen: „Weinstein, Sie Dreckskerl. Das werden Sie mir büßen. Das sind Nazimethoden. Was Sie sich erlauben, ist kriminell!" Das war sein letzter großer Auftritt. Danach war er verschwunden auf Nimmerwiedersehen! Er konnte seine Praxis nicht mehr eröffnen. Dafür hatte die Mafia gesorgt.

Wer einmal in die Fänge der Mafia geraten war, kam nur sehr schwer wieder heraus. Sie hatten, ganz offiziell natürlich, kleine Firmen: Wäschereien, Müllentsorgungsdienste, Restaurants. Wer einmal ihre Dienste in Anspruch genommen hatte, konnte nie wieder den Dienstleister wechseln, oder es gab massiven Ärger.

Man konnte sich von der Mafia natürlich Geld leihen – zu horrenden Zinsen. Einmal habe ich das auch in Anspruch genommen. Joe lieh mir für drei Wochen 100 Dollar. Das war überhaupt kein Problem. Ich musste es nur nach drei Wochen zurückzahlen, andernfalls hätte ich Schwierigkeiten bekommen. Nach drei Wochen habe ich die 100 Dollar zurückgezahlt plus 20 % Zinsen. Das waren meine Erfahrungen mit der italienischen Mafia in New York. Ich muss gestehen, das hatte mir gereicht. Die Stadt ist voll mit Mafialeuten und nicht nur aus Italien. Sie kommen von überall her und haben gut funktionierende Ringe aufgebaut. Es ist besser, man hütet sich vor ihnen. Aber woher weiß man, wer dazu gehört und wer nicht? Sie sehen aus wie alle. Da sitzt du bei einer netten Familie zum Kaffeeplausch und ahnst nicht, dass du dich in einem Wespennest der Mafia befindest.

Dann war die Zeit des Umzugs gekommen. Ich hatte es geschafft. Ich hatte genügend Geld verdient, schrieb meinen beiden Kids, dass ich für ein Jahr nach Deutschland fahren würde, um bei meiner Mutter zu leben, löste die Wohnung auf, verkaufte meinen VW Käfer noch für 1000 Dollar, und es konnte losgehen.

Ich hatte mich für die letzten Tage bei einer Kollegin eingemietet. Die Frau, mit der ich eine Beziehung hatte, war sich nicht sicher, ob sie auf mich warten würde. Sie stand hart unter Beobachtung durch ihre streng katholische Mutter, und man weiß ja nie, was in so einer langen Zeit passiert. Es hielt mich nichts mehr in dieser Stadt.

Zum Abschied schenkte ich ihr eine siamesische Katze, die ich vier Wochen vorher auf der Straße gefunden hatte, ein wunderschönes junges Tier. Wir hatten Glück: Das Tier akzeptierte die neue Bezugsperson.

Einen Tag vor meiner Abreise hat Dr. Forman für mich noch ein Abschiedsfest gegeben. Es fiel mir schwer, sie alle zu verlassen. Es flossen viele Tränen. Am späten Abend traf ich mich noch einmal mit meiner Freundin. Wir fuhren zum letzten Mal in die Village, in meine Lieblingsdisco und danach zu Arthurs Tavern. Gegen 5 Uhr morgens war ich endlich in meinem Zimmer.

Meine Freundin brachte mich dann zum Flughafen. Ich musste unbedingt noch einmal Pizza essen, denn in meinem Hinterkopf hatte sich festgesetzt, dass es in Deutschland keine geben würde. Ich fraß mich voll, was mir später während des Fluges nicht so gut tat. Es gab wie immer noch zwei Cognac, dann umarmten wir uns und weinten bitterlich.

„Bis nächstes Jahr! Danke Dir, Love!"

Kulturzeit

1971 – Gießen

Der Weg zum Flugzeug fiel mir schwer. Jeder Schritt führte mich in eine ungewisse Zukunft. Da ich aber eine positiv denkende Frau bin, sagte ich mir: 'Es geht eine neue Tür auf. Du musst sie nur tapfer durchschreiten und sehen, was auf dich zukommt. Alles wird gut!'

Mit diesen Gedanken ging es mir ein wenig besser. Meine Kinder fielen mir ein, und es war wieder vorbei mit dem Bessergehen. Ich hatte schon jetzt große Sehnsucht nach Patty und Chou. Aber ich dachte mir, wenn ich erst einmal etabliert bin in Gießen, könnte ich sie fragen, ob beide nach Deutschland zu mir kommen möchten. ich würde sie nachholen. In Deutschland wäre es einfacher, die beiden erwachsen werden zu lassen. Ich dachte über unser Leben in New York City nach und hatte tiefe Schuldgefühle, wie es gelaufen war. Aber mir war auch klar, dass es gefährlich gewesen wäre, sie in dieser Stadt mit der hohen Kriminalität und den Drogen zu lassen. Wenn da etwas passiert wäre, ich hätte es mir nie verziehen. Es war in meinen Augen die richtige Entscheidung, sie zu ihrem Vater zu schicken. Ich war mit den Aufgaben und der Verantwortung total überfordert gewesen. Jetzt konnten sie in einer geborgenen Atmosphäre ihr Abitur machen und gute Berufe erlernen. Dafür bin ich noch heute ihrem Vater sehr dankbar. Das lief alles in meinem Kopf herum, bis ich endlich in meinem engen Flugzeugsitz einschlief.

Mittags landete die Maschine auf dem Frankfurter Flughafen. Nach dem obligatorischen Gang durch die Pass- und Gepäckkontrolle stand ich meiner Mutter wieder gegenüber. Sie wartete schon ungeduldig auf mich. Es war eine herzliche Begrüßung. Sie war so aufgeregt, dass sie während der Autofahrt nach Gießen am laufenden Band redete, und das bei ihrem mörderischen Tempo. Ein paar Mal blieb mein Herz fast stehen. Mutter aber machte bereits Pläne für mich. Ich sollte bei ihr wohnen, wir würden zusammen dies und das unternehmen, und sie wusste genau, was ich unbedingt kaufen musste. Wie manche Mütter halt so sind! Doch das hatte ich schon vor Jahren durchgemacht und wollte es absolut nicht mehr. Ich war inzwischen eine erwachsene Frau und hatte ganz eigene Vorstellungen. Meine resolute und dominante Mutter hatte sich nur wenig verändert. Ich war gezwungen, erst einmal einiges klarzustellen: „Mutter, bevor Du weiter redest und Pläne schmiedest, möchte ich Dir sagen, dass ich erwachsen bin. Ich bin gern nach Gießen gekommen und werde hin und wieder etwas gemeinsam mit Dir unternehmen. Aber ich möchte nicht bevormundet werden. Wenn wir uns nicht darauf einigen können, packe ich meine Koffer gar nicht erst groß aus, sondern fahre weiter nach München oder Berlin oder wer weiß wohin. Als erstes werde ich mir so schnell wie möglich eine eigene Wohnung suchen, damit wir uns nicht in die Quere kommen. Also, meinst Du, das geht so?"

Wir waren immer noch auf der Autobahn. Mutter war erschüttert, den Tränen nah: „Aber, Briggilein, ich will mich doch gar nicht in Dein Leben einmischen. Das verspreche ich Dir. Ich habe das früher gemacht. Das tut mir leid! Ich will Dir doch nur helfen!" „Okay. Einigen wir uns darauf, dass ich mir mein Leben in Deutschland in aller Ruhe selbst aufbaue. Und wenn ich Hilfe und Rat brauche, dann wäre ich glücklich, wenn ich zu Dir kommen könnte. Und genauso umgekehrt. Wenn Du mich brauchst, werde ich da sein. Wir gehen mal was essen oder ins Kino oder so. Aber zusammen leben werden wir nicht."

Damit war das geklärt. Wir entspannten uns beide, konnten wieder Witze machen. Ich erzählte ihr die Geschichte mit den Pizzen auf dem Flughafen, und dass mir ganz schön übel gewesen war während des Fluges. Wir lachten herzlich darüber. Alles war wieder im grünen Bereich. Wir freuten uns auf einen schönen Abend in Mutters Kneipe mit einem richtigen guten deutschen Essen und einem halben Liter Bier.

Als ich am nächsten Morgen in die Küche kam, hatte Mutter liebevoll den Frühstückstisch gedeckt. Ich möchte hier ganz ehrlich sein: das deutsche Frühstück ist schon etwas anderes als das in den USA. Richtiges gutes Vollkornbrot oder die wunderbaren Brötchen, echte Leberwurst, Schinken, meine geliebte Teewurst und die herrliche Marmelade – was für ein Genuss! Das hatte mir in Amerika gefehlt. Immer nur Weißbrot! Toast, der am Gaumen klebt! Wie schrecklich! Der Kaffee in Deutschland schmeckte auch viel besser als drüben. Amerikanisches Frühstück ist viel zu fett. Und nicht nur das Frühstück, das konnte ich an meinem eigenen Körper feststellen.

Ich war total ausgepowert, weil ich die letzten Wochen rund um die Uhr geschuftet hatte und machte erst einmal richtig Urlaub. Mutter hatte herausgefunden, dass im Studentenwohnheim noch Zimmer zu haben waren. Für den Anfang war so ein Zimmer unter lauter jungen Leuten genau das Richtige für mich. Es sollte möbliert 150 DM kosten. Auch das war natürlich ein Grund für meinen Einzug ins Studentenheim. Ich brachte meine wenigen persönlichen Sachen hin: ein Radio, ein paar Bücher, fertig war der Lack. Jetzt konnte ich erst mal verschnaufen. Die erste Hürde war genommen.

Mit den Studenten aus aller Herren Länder kam ich schnell in Kontakt. Ich fand es toll, wieder mal meine Sprachkenntnisse auszuprobieren und fühlte mich schnell sehr wohl. Meine Mitbewohner waren unkomplizierter und offener als manche ‚normalen Bürger'. Es machte Spaß. Auf die Dauer aber würde das nicht ausreichen. Ich brauchte eine Arbeit. Mutter schlug vor, dass ich den Taxischein machen sollte und danach bei dem Unternehmen, in dem sie tätig war, anfangen könnte. Es geht doch nichts über Beziehungen! Mutter wusste und kannte einfach alles und jeden. Es lief wie am Schnürchen. Einen Tag nach meiner Anmeldung bekam ich einen Termin für die Prüfung. Nun hieß es eifrig um- und dazulernen. Mutter besorgte mir von ihren Taxifahrerkollegen einen Stadtplan von Gießen, die Passagierordnung und die Taxischein-Schulungsunterlagen. Die Verkehrsregeln unterschieden sich ganz beträchtlich von denen in Amerika. Zum Glück hatte ich einen netten Fahrlehrer, der mir half. Der Gießener Stadtplan war leicht zu lernen, Die Stadt ist in unterschiedliche Viertel eingeteilt: das Blumenviertel, das Musikerviertel usw. Nach bestandener Prüfung bekam ich einen deutschen Führerschein zusätzlich zu meinem amerikanischen, und ein paar Tage später hatte ich die Taxierlaubnis in der Tasche.

Eine Woche darauf saß ich schon hinter dem Lenkrad eines Taxis. Es dauerte gar nicht lange, und die Buschtrommeln hatten alle Taxifahrer in Gießen darüber informiert, dass jemand Neues angefangen hatte. So etwas funktioniert in Deutschland wunderbar. Die Neugier scheint hier erfunden worden zu sein. Es dauerte eine ganze Weile, bis ich von den Kollegen akzeptiert wurde und gleichberechtigt an Gesprächen teilnahm. So einfach mit Smalltalk mit jemandem ins Gespräch zu kommen wie in Amerika, das ging hier nicht. Es gab eine gewisse Scheu und zum Teil sogar Ablehnung. Oder war es die Konkurrenz? Ich weiß es nicht.

Ich trug fast immer meinen Army-Parker, der gut für jedes Wetter war, und war für die anderen bald nur noch ‚die Amerikanerin'. Meine Arbeitszeit ging gewöhnlich von 6 bis 18 Uhr, also 12 Stunden pro Tag. Ich fuhr tagsüber Taxi, denn abends wollte ich frei haben. Manchmal nahm ich extra einen Wochenenddienst, vor allem dann, wenn das Geld knapp war und ich nicht wusste, was ich mit mir anfangen sollte. Das passierte schon manchmal. Es dauerte eine ganze Weile, bis ich hier in Deutschland neue Bekanntschaften oder gar Freundschaften schloss. Irgendwie waren alle abgekapselt und für sich. Deshalb verbrachte ich in den ersten Wochen meine Freizeit oft mit Mutter.

Am Bahnhof durfte ich mich mit meinem Taxi nur sehen lassen, wenn alle Bahnhofstaxis, die zu einem anderen Unternehmen gehörten, unterwegs waren. Ansonsten war es wie in allen anderen Städten: das erste Taxi in der Reihe bekam die nächste Fahrt. Niemand durfte sich vordrängeln, Fahrgäste wegschnappen oder bestellte Fahrten abstauben. Am nervigsten war die ständige Kommunikation über Funk. Den ganzen Tag über piepte, knackte oder schwatzte es aus dem kleinen schlechten Lautsprecher. Das ging mir ganz schön auf die Nerven. In der ersten Woche jedes Monats waren die Einnahmen sehr gut. Dann hatten die amerikanischen Armeeleute (in und um Gießen waren damals über 10.000 Angehörige der US-Army stationiert) ihren Sold bekommen. Sie fuhren zu den Pendleton Barracks, gingen einkaufen und fuhren mit vollen Tüten zurück in ihre Kasernen. Natürlich habe auch ich mich dort eingereiht und fühlte mich erinnert an die Oakland-Base in Kalifornien. Es waren nur US-Army-Leute zu sehen, weit und breit.

Ich war gerade mal einen Monat Taxi gefahren, da stiegen bei den Rivers Barracks drei GIs ein. „Zum Depot." Ich schaltete das Taxameter ein und fuhr los. Die Drei unterhielten sich in ihrem US-Slang: „He, guck mal, heute fährt uns eine Lady. Wollen wir mit der mal ...? Oder, was denkt ihr, sollten wir sie nicht wenigstens um ihr Geld erleichtern?" „Wie willst Du das anstellen?" Der Erste setzte zur Antwort an: „Kein Problem. Wir ..." Bevor er weiterreden konnte, fiel ich ihm in bestem New-York-Englisch ziemlich derb in die Rede: „Jetzt reicht's, you motherfuckers. Ich denke, ich melde das Eurem Kommandeur. Also los, wie heißt Eure Einheit? Entweder Ihr sagt mir, wer Euer Kommandeur ist, oder ich bring Euch ganz schnell zum MP-Posten. Do you understand me, men?" Es hatte ihnen die Sprache verschlagen. Eine solche Meldung hätte ganz schnell ihren Aufenthalt in Deutschland beendet und disziplinarische Strafen nach sich gezogen. „Oh, ah. Ähm! You're American?" „Oh yes, you motherfuckers! Ich bin aus New York. Und laßt es Euch gesagt sein: Wenn Ihr mir eins überbraten wollt, dann bin ich schneller, als Ihr denkt." Ich war so wütend. Was dachten sich diese Kerle? Kleinlaut brachten sie Entschuldigungen hervor. Ich solle sie bloß nicht melden. Wirklich, nie wieder würden sie auch nur im Traum an so etwas denken. Beim Aussteigen waren sie immer noch ganz weiß im Gesicht, wenn man das von Afro-Amerikanern überhaupt sagen kann, und der Schreck saß fest in ihren Augen. Sie gaben mir fünf Dollar Schweigegeld und bedankten sich. „Thank you, New York!"

Es sprach sich unter den GIs ganz schnell herum, dass da eine Amerikanerin in Gießen Taxi fuhr. Ich wurde eine gefragte Person. Die GIs wollten nur noch mit mir fahren, und es entwickelte sich ein wunderbarer Neid unter den anderen Taxifahrern, die ständig nach mir gefragt wurden. Meinen Spitznamen hatte ich nun weg: New York!

Immer wieder geschah es, dass die Jungs die anderen Wagen ignorierten, wenn ich mit in der Reihe stand. Ich hatte deswegen viel Ärger mit den Kollegen. Ich musste den GIs erklären, dass das nicht zum Aussuchen war: „Ihr dürft nur in das erste Taxi in der Schlange einsteigen, sonst gibt's Ärger!" Manchmal warteten welche dann einfach, bis die Taxis vor mir besetzt weggefahren waren. Dann stiegen sie fröhlich ein und wollten alles über New York wissen, und wie ich dazu käme, in Deutschland Taxi zu fahren. Bei meinen Kollegen von der Taxizunft hatte ich dadurch keinen guten Stand. Sie waren neidisch auf meine guten und intensiven Kontakte zu den Amis. Ich konnte öfter über Funk hören: „Guck mal da, die hat's mit den Bimbos!" *Damit meinten sie die Afro-Amerikaner. Das war ein weit verbreitetes Schimpfwort.* Ständig kam auch die Aufforderung: „Amis, go home!" Viele Fahrer wussten nicht, was sie mit mir anfangen, geschweige denn wie sie mit mir umgehen sollten. Aber es interessierte mich nicht, was sie über mich dachten. Als New Yorkerin ließ mich das ganze Geschwätz über Funk kalt. Es gab nur ein paar wenige Kollegen, die richtig nett mir gegenüber auftraten.

Mitte 1972 fing Mutter an, für Herrn Granitza Taxi zu fahren. Er war ein sehr netter und höflicher Chef und korrekt mit allem. Ich fand die neue Situation gut. Wenn wir beide keine Fahrt hatten, konnten Mutter und ich uns jetzt an einem Taxistand treffen und ein Schwätzchen halten.

Sonntags ging ich dann und wann zum Frühschoppen in den besten Jazzkeller Gießens zwischen der Walltorstraße und dem Landgrafen. Ich kam ins Gespräch mit den Besitzern. Inge und ihr Mann leiteten den Jazzkeller sehr engagiert. Irgendwann ließen sie sich scheiden, und Inge führte den Laden allein weiter. Über sie lernte ich noch andere Jazzfreunde kennen, und langsam fühlte ich mich heimisch in dieser Stadt. Zum Frühschoppen wurde meist Dixieland gespielt. Es ging immer hoch her, und mir juckte es in den Fingern. Ich wollte unbedingt wieder Musik machen und fragte die Musiker, ob ich mitspielen dürfte. Doch hier war eine ganz harte Nuss zu knacken. Erst nach ein paar Wochen hatte ich sie überzeugt und durfte mich ans Schlagzeug setzen. Da war ich in meinem Element. Als ich dann bei meinen Gesprächen mit den GIs herausfand, dass unter ihnen auch Soul-Musiker waren, war das ein gefundenes Fressen für mich. Ich fragte, ob sie an einer Soul-Band Interesse hätten, da ich Congas spielen könnte, besonders Soul und Salsa.

Ein paar Wochen später stand ich am Depot, als zwei US-Musiker an meinen Wagen kamen. „Hi Bridge, wir haben mit den Boys gesprochen. Sie sind fasziniert von dem Projekt und möchten, dass Du ins Depot kommst, um alles zu besprechen. Du bekommst einen Passierschein von unserem Captain, okay?"

Am Samstag fuhr ich mit dem Taxi ins Depot. Es standen einige andere Taxis dort. Die Fahrer bekamen ganz große Augen, als ich mit dem Wagen auf das Kasernengelände fuhr. Danach dauerte es ein paar Tage, bis sich der Funk wieder beruhigt hatte. Sie befürchteten, dass ich ihnen die lukrativen Fahrten gleich vom Gelände wegschnappen würde. Ich musste eine Erklärung abgeben: „Ich spiele dort in einer Soul Band mit. Ich werde in der nächsten Zeit noch oft zum Proben hinfahren. Keine Angst, ich nehme Euch keine Fahrten weg."

Damit hatte sich für mich der Fall erledigt. Doch so richtig glaubten sie mir erst, nachdem sie die Band das erste Mal gehört hatten.

Wir gründeten die Gießen Soul Big Band. Sie bestand aus 12 Instrumentalisten und vier Frontsängern. Wir wollten in Militärklubs in verschiedenen Kasernen in Hessen spielen. Ich holte die Erlaubnis ein, dass wir zusammen auftreten durften, wenn die Boys keinen Dienst hatten. Das hieß zwar, dass hin und wieder mal einer ausfiel, stellte aber kein Problem dar, da wir auch in kleineren Formationen auftreten konnten. Es begann eine intensive Probenzeit. Wir probten Stücke von Stevie Wonder, Smokey, The Commodores, Marvin Gaye, The Jackson Five und Robinson & The Miracles. Motown war in!

Bis wir alle Stücke geprobt hatten, vergingen einige Wochen, obwohl viele Musiker der Band die Stücke fast auswendig konnten. Als wir 30 Titel im Repertoire hatten, trauten wir uns, öffentlich aufzutreten.

Unser erster Auftritt war in der Mensa des Gießener Studentenwohnheims. Da ich noch im Wohnheim mein Zimmer hatte, konnte ich richtig die Werbetrommel rühren. Ich dachte mir, dass das für den ersten Auftritt der richtige Platz wäre. Was wurde das für ein Abend! 16 Musiker: vier Sänger standen vorn auf der Bühne, Schlagzeuger, Bassist, E-Gitarrist, ein Klavierspieler und sieben Bläser! Ich spielte auf zwei Congas. Noch nie zuvor hatte das Studentenwohnheim oder überhaupt die Stadt Gießen so eine Soulband gehört. Die Studenten drehten fast durch vor lauter Rhythmus und Tanzen. Sie tanzten überall, wo sie Platz dafür fanden, wenn es sein musste, auch auf den Tischen. Der Saal kochte. Nach drei Stunden Auftritt waren wir fast tot, aber die glücklichste Band der Welt. Sogar die Presse berichtete begeistert von diesem Konzert.

Es gab regelmäßige Proben, einmal pro Woche. Meine Aufgabe in der Band war das Abstimmen und Organisieren von Konzertterminen. Wir traten nur Samstags auf, insgesamt höchstens dreimal im Monat. Das war nie einfach, da oft jemand von den Bandmitgliedern militärische Aufgaben zu erfüllen hatte. Sie mussten versuchen, jemanden zu finden, der ihren Job für diesen Abend übernahm. Ein einziges Mal mussten wir einen Abend absagen, als alle beiden Trompeter fehlten. Ohne die ging es nicht! Aufträge hatten wir genug.

Wir spielten wunderbare Konzerte in den Unteroffiziersklubs in der Jägerkaserne in Aschaffenburg, in der Ayers-Kaserne in Kirchgöns und natürlich in den Rivers-Barracks in Gießen.

Ansonsten saß ich auf meinem Bock im Taxi und fuhr Schichten. Eines Morgens stand ich am Taxistand Wiesecker Weg direkt gegenüber einem Apartmenthaus, in dem US-Ehepaare wohnten. Drei GIs stiegen in meinen Wagen und wollten in die Pendleton-Barracks gefahren werden. Sie waren Puertoricaner und unterhielten sich den ganzen Weg über auf Spanisch. „Wow, die Biene war so richtig geil! Wie viel Mal bist du gekommen?" „Ich? Oh, dreimal." „Was, dreimal. Das ist noch gar nichts. Meine hatte so geile Titten und was für eine Muschi. Ich bin sechs Mal gekommen, hatte immer wieder einen Steifen." Der Dritte: „Ich bin so oft gekommen. Ich konnte es schon gar nicht mehr zählen. Ich hab nach jedem Orgasmus einen Strich an die Wand überm Bett gemacht. Was für eine Nacht!" Ich versuchte, so ernst zu bleiben, wie ich konnte und konzentrierte mich auf den Verkehr – den Autoverkehr. Am Ende der Fahrt hatte ich meinen Riesenspaß. Ich hielt vor dem Kaserneneingang, drehte mich um und sagte mit schelmischem Grinsen auf Spanisch: „Fünf Mark bitte!" Die Drei wurden kreidebleich. Sie bekamen ihre Mäuler fast nicht mehr zu. „Ay, caramba. Du sprichst Spanisch?" „Ja, warum nicht ? Da staunt ihr?" „Himmelherrgott! Das darf nicht wahr sein!" Ich erklärte ihnen, dass man vielleicht doch aufpassen sollte, was man sich so vorspinnt im Taxi. Es könnte ja immer mal wieder vorkommen, dass auch andere Leute verschiedene Sprachen verstehen können. Sie gaben mir ein gutes Trinkgeld, und weg waren sie.

In diesem Haus im Wiesecker Weg ist es oft hoch hergegangen. Wenn die Ehemänner auf Manöver waren, tanzten die Mäuse auf den Tischen. Da ich US-Kasernen auch von innen sehr gut kannte, erstaunte mich das nicht. Warum sollten US-Kasernen in Deutschland anders funktionieren als in den USAn selbst!

So verging das erste Jahr in Gießen. Ja, ich hatte nur ein Jahr bleiben und dann wieder zurück nach New York City gehen wollen. Doch es gefiel mir so sehr, dass ich einfach blieb.

Mit Mutter ging es ganz gut. Sie fuhr - wie ich - den ganzen Tag Taxi. Ab und zu trafen wir an einem Taxihalteplatz zusammen und machten gemeinsam Pause. Irgendwann sagte sie mir, dass sie Schmerzen im Unterleib hätte. Aber wegen des Jobs oder anderer wichtiger Dinge war keine Zeit, um einen Arzt aufzusuchen. Sie war eine erwachsene Frau und musste selber wissen, was sie tat.

In dieser Zeit hatte ich viele Krankenfahrten. Die meisten gingen nach außerhalb, nach Bad Homburg, Grünberg, Marburg, Wetzlar und in andere Orte. Unsere Kunden fuhren zwischen der Frauenklinik, dem Strahlenbunker, der Krebsstation, der Chemotherapie, der Dialyse und der Kinderklinik hin und her. Für mich persönlich war es eine herzzerreißende Erfahrung, diese schwerkranken Patienten zu ihren Wohnungen oder Häusern und nach ein paar Tagen wieder zurück in die Klinik zu fahren. Es kam oft vor, dass ich einige nie wiedergesehen habe. Insbesondere zwei Fälle werde ich nicht vergessen. Der erste Fall war ein junges Ehepaar. Der junge Mann erkrankte an Krebs und mussten jeden dritten Tag zur Chemotherapie. Beide saßen eng umschlungen in meinem Wagen. Ihr liefen die Tränen. Er sah richtig gelb aus im Gesicht. Ich dachte mir meinen Teil und versuchte, so diplomatisch zu sein, wie ich konnte. Beide waren am Anfang sehr lustig. Wir unterhielten uns während der Fahrt über Gott und die Welt. Und doch spürte ich, dass die beiden ihre Ängste in dieser schmerzvollen Situation überspielten. Je mehr Zeit verging, desto einsilbiger wurden unsere Fahrten, bis eines Tages die junge Frau ganz allein in meinen Wagen einstieg. Ich fragte sie nach ihrem Mann, und ganz leise, dünn und traurig antwortete sie mir: „Mein Mann ist vor fünf Tagen gestorben. Er wurde gerade mal 32 Jahre alt." Ich war ganz erschrocken und stellte mir vor, wie es wäre, wenn es mich oder einen von mir geliebten Menschen betreffen würde. Auch ich wurde blass und drückte ihr mein Beileid aus.

Der zweite Fall war ein Physiker. Ich war mit ihm und seiner Frau Heide befreundet. Er war ein hervorragender Klavierspieler, und wir spielten öfter zusammen im Jazzkeller. Eines Tages traf ich ihn im Klinikum.

„Was machst Du denn hier?" fragte ich ihn ganz erstaunt. „Ich komme gerade von einer Tomografie. Es hat sich herausgestellt, dass ich einen Gehirntumor habe, der nicht heilbar ist." Ich war so geschockt, dass ich nicht wusste, was ich ihm antworten sollte. Er bat mich, es nicht weiterzuerzählen. Wir sprachen noch kurz über die schönen Stunden, die wir gemeinsam musiziert hatten, erinnerten uns dankbar daran. Danach traf ich ihn danach noch ab und zu. Zum Schluss hatte er schon ziemliche Schwierigkeiten, zu sprechen. Ich sah ihn an und mir war klar, dass dieser Abschied für immer sein würde. Kurze Zeit später starb er, viel zu jung.

In dem Jazzkeller fand ich jemanden zum Reden. Die junge blonde Frau, mit der ich mich anfreundete, war mir eine sehr große Hilfe in dieser schweren Zeit. Es ist so wichtig, jemanden zu haben, wenn einen einfach alles nach unten reißen will. Später wurde eine engere Beziehung daraus, und ich lernte auch ihre Eltern kennen.

Ich liebte das Taxifahren. Wenn ich das Gefühl hatte, dass jemand Hilfe brauchte, nahm ich mir auch während des Dienstes viel Zeit. Da war diese alte Dame, die ich einmal pro Woche nach Bad Vilbel ins Kurhaus fuhr. Sie hatte zwar Familie, aber so richtig kümmerte sich keiner um sie. Also versuchte ich, ein wenig zu helfen, indem ich mir Zeit zum Zuhören nahm. Zum Schluss wohnte sie in einem Altersheim, wo ich sie ab und zu besuchte, wenn ich in der Nähe zu tun hatte. Vier Wochen nach meinem letzten Besuch erhielt ich über Funk eine Nachricht, dass ich in die Ostanlage fahren sollte. Es war das Haus der alten Dame. Ich fuhr hin und traf die Tochter an. Sie legte mir einige Sachen vor, die ich von dieser Dame geerbt haben sollte. Ich war sprachlos. Es waren eine sehr schöne Brücke (Teppich) und eine Männerstatue mit Degen von 1934, die heute noch in meiner Wohnung steht.

Bei meinen Taxifahrten gab es hin und wieder auch witzige Episoden. Besonders bei den Spät- oder Nachtdiensten passierten mir Geschichten wie aus einem Panoptikum. Eines Abends, ich machte Nachtdienst als Aushilfe, stieg eine Dame mit einem wunderschönen Pelzmantel ein und ließ sich nach Lich chauffieren. Das sind an die 15 Kilometer von Gießen entfernt und kostete damals 20 DM. Als wir vor ihrer Türe hielten, hatte sie kein Geld dabei. Bei so etwas war mit mir nicht zu spaßen. Ich sagte ihr also: „Entweder Sie bezahlen jetzt sofort, oder wir fahren gemeinsam zur nächsten Polizeistation." Die Dame wurde so wütend, dass sie ihren Pelz auszog, ihn mir in den Wagen schmiss und zeterte: „Eine Unverschämtheit! Ich werde morgen bezahlen. Hier haben Sie den Mantel als Pfand." Ich sah die Frau an und bekam erst in diesem Moment mit, dass sie darunter vollkommen nackt war. Irgendwie war ich geschockt. In ihrem Eva-Kostüm rannte sie wie der Blitz ins Haus, und ich gab Gas und fuhr zurück in die Stadt. Am nächsten Tag wurde ich über Funk ausgerufen. An einem Standplatz hatte sich die Dame eingefunden, um ihren Pelz einzulösen. Ich bekam mein Geld und sie ihren Mantel.

Weihnachten 1972 habe ich zusammen mit Mutter gefeiert. Bei einem Gläschen Wein kamen wir ins Erzählen und fingen an, uns über unsere Vergangenheit zu unterhalten. Die freien Stunden zwischen den Jahren gingen mit diesen gemütlichen Unterredungen hin. Es blieben viele Fragen offen. Vor allem, was sich alles in meiner Kindheit abgespielt hatte, blieb unerzählt. Aber wir konnten diese Gespräche ja im neuen Jahr oder später fortsetzen.

Mutter klagte nun fast ständig über Schmerzen, bis es mir eines Tages reichte. Ich konnte es nicht mehr mit anhören. Es machte mir Angst, und ich brüllte sie an: „Verdammt noch mal! Entweder Du gehst jetzt gleich zum Arzt und lässt Dich untersuchen, oder ich will von Deinen Beschwerden nie wieder etwas hören." „Briggi, ich habe Angst davor. Wer weiß, was der Arzt mir erzählen wird? Ich möchte es lieber gar nicht wissen." „Okay. Dass Du Angst hast, kann ich verstehen. Aber es wird von allein nicht besser! Es wird höchste Zeit, dass Du endlich zum Arzt gehst!" Am nächsten Tag wurde ich über Taxifunk informiert, dass meine Mutter in einem Lokal auf mich wartete und unbedingt mit mir reden wollte. Ich fuhr hin. Als ich meine Mutter dort sitzen sah, wurde mir ganz komisch zumute. Sie sah kreidebleich aus, ihre Augen voller Tränen. Ich setzte mich besorgt zu ihr, bestellte einen Apfelsaft und wartete. Nach ein paar Minuten brach sie das Schweigen und verkündete mir leise: „Ich habe Unterleibskrebs. Der Arzt gibt mir noch zwei Jahre." Mir stockte der Atem. Ich hatte Mutter eben erst wiedergefunden. Und nun sollte sie nur noch zwei Jahre leben? Das konnte doch nicht sein. Mein Kopf war ganz leer. Ich versuchte, mich unter Kontrolle zu halten, aber es ließ sich nicht aufhalten: Ich fing an zu weinen.

Was muss in meiner Mutter vor sich gegangen sein nach so einem Todesurteil? Ich versuchte, mich in ihre Lage zu versetzen. Wie würde ich reagieren? Eins wusste ich: Mutter war eine starke Frau und Kämpferin. Sie hatte schon in der Zeit des Weltkriegs erfolgreich um unser Überleben gekämpft. Ich brachte sie in ihre Wohnung, benachrichtigte Paul, ihren geschiedenen zweiten Mann, und stürzte mich in die Arbeit. Paul war sofort zur Stelle, als er die Hiobsbotschaft erhielt. Er half Mutter, wo er nur konnte. Seine Liebe zu ihr hatte nie aufgehört. Er war ein richtig guter Freund geblieben. Ich konnte sie also getrost mit ihm allein lassen.

Seit dem Tag, an dem sie die ganze Wahrheit über ihren Gesundheitszustand erfahren hatte, fuhr Mutter nicht mehr Taxi. Sie schlug Herrn Granitza, ihrem Chef, vor, dass ich an ihrer Stelle fahren sollte. Er war sehr wählerisch mit seinen Fahrern und unterzog mich einer strengen Prüfung. Da ich noch nie einen Unfall gebaut hatte und gute Referenzen von Kunden bekam, fuhr ich für ihn, bis er in den Ruhestand ging. Das waren noch fünf Jahre. Ich vergrub mich ins Taxifahren. Ich wollte auf andere Gedanken kommen, nicht immer nur an Mutter denken. Nachts konnte ich nicht mehr schlafen vor lauter Angst, wie es jetzt weitergehen sollte mit Mutter, und was sie durchmachen würde.

Dann musste sie in die Klinik. Die Ärzte wollten sie, so schnell wie möglich, operieren. Sie hatte keine andere Wahl. Nach der Operation wurde ich zum Arzt gerufen: „Frau Vargo, wir haben Ihre Mutter vor ein paar Tagen operiert. Der Krebs ist schon sehr weit fortgeschritten, und wir können nichts mehr für sie tun. Es tut mir leid für Sie und Ihre Mutter. Aber da ist nichts zu machen! Es werden jetzt harte Zeiten auf Sie zukommen. Wir können Ihre Mutter nicht im Krankenhaus behalten. Sie muss zuhause gepflegt werden. In einer Woche wird sie entlassen." „Wie soll das gehen? Ich muss doch arbeiten!" „Sie können über die Krankenkasse ihrer Mutter eine Pflegehilfe beantragen." „Und, Doktor, wie lange hat meine Mutter noch zu leben?" Ich stellte ihm diese Frage, obwohl ich mich vor der Antwort fürchtete. Die Antwort fiel knapp aus: „Ein halbes Jahr oder weniger." Oh Gott! Diese Auskunft traf mich wie ein Dolchstoß. Ich war verzweifelt. Da konnte nur noch Paul helfen! Ich musste mich mit ihrem Ex-Mann treffen und alles besprechen. Er versprach mir, tagsüber bei ihr zu bleiben. Nachts sollte ich dann übernehmen. So machten wir es. Nicht einmal tagsüber hielt ich es aus, nicht bei ihr zu sein. Wann immer ich in der Nähe der Wohnung eine Fahrt hatte, sah ich nach ihr. Eines Mittags war es so schlimm, dass Mutter es vor Schmerzen nicht aushielt. Sie hatte Paul aber verboten, den Notarzt anzurufen. Also musste ich es tun. Der Arzt nahm sie gleich mit in die Klinik zum Röntgen. Ich fuhr mit. Wir mussten eine halbe Ewigkeit warten. Mutters Schmerzen wurden heftiger, und niemand kümmerte sich. Ich wurde richtig wütend: „Wo sind eigentlich die ganzen Ärzte? Warum muss meine Mutter hier so lange warten?"

„Wir haben gerade Mittagspause. Alle sind zum Essen. Es wird wohl noch zehn Minuten dauern." sagte die Schwester am Empfang ganz selbstverständlich. Ich regte mich fürchterlich auf. „Geht es noch? Die Frau liegt mit wahnsinnigen Schmerzen seit einer halben Stunde hier, und die Ärzte machen in aller Seelenruhe Mittag? Ich will, dass sich jetzt sofort jemand um sie kümmert. Oder ich fahre sie allein in den Röntgenraum. Das ist doch alles nicht zu fassen!" Endlich tauchte jemand auf und nahm Mutter mit zum Röntgen. Ich wurde ins Sprechzimmer gerufen. Die Röntgenaufnahmen hingen schon am Projektor. Ich sah sie und bekam einen Riesenschock. Durch meine Arbeit in der Zahnchirurgie konnte ich Röntgenaufnahmen deuten und sah, dass die ganze Wirbelsäule von oben bis unten mit Metastasen befallen war. „Es tut mir leid, Frau Vargo. Wir können Ihrer Mutter nicht mehr helfen. Wir können nur eine Gipsschale für sie anfertigen, die die Wirbelsäule stützt. Mehr können wir nicht tun. Gegen die Schmerzen gebe ich Ihnen jetzt Medikamente und ein Rezept mit. Alles andere müssen Sie dann mit dem Hausarzt Ihrer Mutter besprechen."

Die Schmerzmedikamente halfen, und ich nahm Mutter wieder mit nachhause. Sie fragte mich, ob alles wieder in Ordnung sei. Ich musste sie belügen. Wie hätte ich ihr sagen können, dass es bald vorbei sein würde mit ihrem Leben? Ich brachte es einfach nicht über die Lippen. Mir kamen die Tränen dabei, aber sie hatte in diesem Moment keine Schmerzen, war so lebensfroh und gut drauf, dass ich ihr nur sagte, das wäre das Übliche mit der Wirbelsäule. Ich fühlte mich wie eine Verräterin. In den nächsten Tagen und Wochen musste ich diese Lüge aufrechterhalten. Das war für mich die größte Tortur, die ich je in meinem Leben hatte.

Paul schlug vor, Mutter in seine Wohnung zu verlegen, da es für ihn dort einfacher war, sie zu betreuen. Der Hausarzt kam von nun an jeden Abend und verpasste Mutter eine Morphiumspritze. Mutter war danach immer sehr witzig. So ohne Schmerzen fühlte sie sich gut: „Weißt Du, Briggi, wenn ich gestorben bin, dann schütte bitte einen Krug Bier über mein Grab. Nicht vergessen! Und so, wie ich Dich kenne, wird sicherlich noch was Komisches passieren nach meinem Tod. Bald schwebe ich davon!"

Wir haben Erinnerungen hervorgekramt und herzlich gelacht. Immer, wenn es darauf angekommen war, war irgendetwas schiefgegangen.

„Weißt du noch...?" Und wieder ging das Gelächter los. Nach einiger Zeit wurde Mutter verwirrt. Sie verkaufte Blumen auf französisch, oder auch spanisch. Ihr Gehirn spielte verrückt. Sie sah Gegenstände, die gar nicht vorhanden waren. Es wurde immer schlimmer. Ich bewunderte Mutter, wie tapfer sie sich verhielt mit ihren Wahnsinnsschmerzen.

Sie wünschte sich, meine Schwester Lory noch einmal zu sehen. Also rief ich in der Schweiz an und berichtete, dass Mutter bald sterben würde. Doch Lorys Reaktion war: „Es tut mir leid. Ich kann nicht kommen. Ich muss arbeiten!" Ich wollte mich damit nicht abfinden und überredete meine blonde Freundin mit mir und ihrem Dackel in die Schweiz zu Lory zu fahren. Wir wollten uns nicht lange bei Lory aufhalten, aber dass es so kurz werden würde, hatten wir nicht gedacht.

„Ich bitte Dich, Lory. Mutter wird sterben. Und sie wünscht sich so sehr, Dich noch mal zu sehen." „So schnell stirbt es sich nicht, Bridge." Mitten im Gespräch tauchte Busch, der Dackel, im Zimmer auf. Er hatte eine erdverschmierte Schnauze, aus der noch eine rote Schleife herausschaute. „Busch, was hast Du denn gemacht?" Ganz bedeppert sah er uns an, legte seinen Kopf schief und riss die Augen auf. Was für ein Bild! ‚Und vom ganzen schönen Schmaus schaut nur eine Schleife raus...' Meine Freundin und ich fingen zu lachen an. Doch es blieb uns bald im Halse stecken. Der kleine Dackel hatte Lorys Lieblingspflanze aus dem Topf gerissen. Oh, was war Lory sauer! Okay, mir tat es auch leid um die Pflanze. Aber für Lory war damit der Ofen endgültig aus. Nun wollte sie auf gar keinen Fall mehr unsere Mutter besuchen.

Ich war sehr traurig, dass Lory Mutter nicht sehen wollte. Wir fuhren unverrichteter Dinge zurück nach Gießen. Es wurde höchste Zeit, dass ich wieder zu Mutter kam. Als ich an ihrem Bett saß und ihr in die Augen sah, hatte ich das ganz starke Gefühl, dass Mutters Seele längst woanders war. Sie sah mich an, aber ihre Augen waren verschleiert, irgendwie erloschen, einfach nicht mehr die selben. Das Gesicht war vollkommen entstellt durch die Metastasen. Ich hörte, dass sie versuchte, mir etwas zu sagen. Ganz schwach kam es aus ihr heraus: „Ich hätte mir so sehr gewünscht, meine Enkelinnen wiederzusehen. Ich glaube, ich fliege jetzt zu ihnen nach Kalifornien."

Als der Arzt abends kam, fragte ich ihn, ob man sie nicht von all dem erlösen könnte. Aber er lehnte rigoros ab. „In Deutschland kann ich keine Sterbehilfe leisten. Das geht nicht."

In jenen Tagen habe ich viel über die Definition von Liebe nachgedacht. Was ist das eigentlich? Sollte Liebe nicht auch Loslassen sein? Muss man wirklich warten, bis ein Mensch qualvoll gestorben ist, nur weil man ihn noch um sich haben möchte und egoistisch an die eigene Einsamkeit denkt? Ist es nicht viel mehr Liebe, wenn man Erbarmen mit den Leidenden hat und loslassen kann und ihnen die endgültige Ruhe gönnt?

So lange Mutter noch ansprechbar war, versuchte ich mit ihr zu reden. Ich bedankte mich bei ihr für alles. Unsere gemeinsamen Zeiten waren nicht immer gut gewesen, aber ich habe ihr verziehen. Ich bin sicher, dass sie in ihrem Leben oft sehr unglücklich war und gelitten hat. Es war alles nicht einfach: die Kriegszeit, die Jahre danach in Spanien, Frankreich, England, Irak, gescheiterte Ehen und zum Schluss die Zeit in Deutschland. Ihre ganze Lebensgeschichte habe ich leider nie erfahren.

Beim Anblick meiner Mutter habe ich mir vorgenommen, dass ich freiwillig aus dem Leben scheiden würde, wenn ich mal Krebs bekomme und voraussichtlich so würde enden müssen wie Mutter. Bis heute halte ich an dieser Absicht fest.

Mutter starb am 6. Dezember 1973, Nikolaustag. Paul war bei ihr. So kam ich darum herum, sie tot zu sehen. Ich hatte und habe auch heute noch eine höllische Angst davor, Tote sehen zu müssen. Ich rief meine Schwester an: „Lory, unsere Mutter ist vor zwei Tagen gestorben. Die Beerdigung findet in zwei Wochen statt. Mutter wird eingeäschert." Lory machte mir Vorwürfe, warum ich sie nicht informiert hätte, dass Mutter im Sterben liegt. Ich wollte nicht mit ihr streiten: „Tut mir leid, Lory. Wir waren bei Dir, haben Dich gebeten, Mutter noch mal zu sehen. Du hattest leider keine Zeit dafür!"

Es zerriss mir das Herz bei dem Gedanken, wie es wohl in Mutter ausgesehen haben mochte. Sie hatte eine Familie gehabt und dann doch wieder nicht. Ich war so froh, dass ich mich entschieden hatte, nach Gießen zu kommen. Wenigstens hatten wir uns so noch drei Jahre lang gehabt. Ich hätte niemals geglaubt, dass Mutter so schnell von uns gehen würde. Sie hatte vor kurzem noch so quicklebendig ausgesehen, war eine so lustige Person mit viel Humor gewesen und hatte ihre eigene Persönlichkeit.

Es ist nie leicht, einen Menschen zu verlieren, den man sehr geliebt hat. Für mich ist es außerordentlich wichtig, dass ich mich mit Mutter ausgesprochen habe, so lange dafür noch Zeit war. Wir hatten uns versöhnt, und das ist mir auch heute noch ein Trost. Ich lebe dadurch viel gelassener und ruhiger. Zwar sind etliche Fragen offen geblieben, doch der große Konflikt war gelöst worden. Wir hatten die Gelegenheit genutzt, uns ausgesprochen und verziehen. Kein Mensch ist ohne Fehler! Niemand ist perfekt! Wenn wichtige Fragen nicht gestellt werden, trägt man sie immer mit sich herum. Zweifel und Ungewissheit nagen bis ans Lebensende an einem. Wenn erst alle begraben sind, gibt es keine Möglichkeit mehr, sich zu versöhnen.

Mutters Exmann Paul erledigte alles, was mit der Beerdigung zu tun hatte. Er muss Mutter sehr geliebt haben. Es fiel mir sehr schwer, zur Trauerfeier zu gehen. Meine Freundin begleitete mich, Gott sei Dank! Es kamen viele Leute. Ein Pfarrer hielt eine Rede. Ich bekam von allem kaum etwas mit. Meine Gefühle, die ich in den letzten Monaten zurückhalten musste, um Mutter zu schonen, brachen sich Bahn. Es war schlimm für mich gewesen, zu sehen, wie der Krebs sie entstellt hatte. Ich konnte es immer noch nicht fassen.

Um mich abzulenken, fuhr ich rund um die Uhr Taxi. Herr Granitza, der Mutter lange Zeit gekannt hatte, verhielt sich mir gegenüber fast wie ein Vater. Die wenigen freien Stunden fand ich Halt bei meiner Freundin. Ich weiß gar nicht, wie ich das alles hätte allein überstehen sollen. Ich hatte sonst niemanden. Meine Kinder waren weit weg. Sie fehlten mir. Wie wichtig ist doch eine intakte Familie! Das wurde mir klar.

Es ist schon merkwürdig, wie sich Geschichten wiederholen: Mutter und ich hatten uns jahrelang nicht gesprochen. Nun ging es mir mit meinen Kindern ganz genauso. In dieser Zeit fiel mir das Gleichnishafte ganz besonders auf. Steven, der Vater meiner Kinder, war nicht daran interessiert, eine Brücke zwischen Patty, Chou und mir zu bauen. Dafür verachtet er mich immer noch. Schon wenn er meinen Namen hört, wird er ungehalten. „Ich will nichts zu tun haben mit Eurer Mutter!" Das ist sein Kommentar. So jedenfalls berichtete es mir Patty in den 80er Jahren, wenn ich sie richtig verstanden habe. Steven kann es bis heute nicht verknusen, dass ich ihn mit einer Frau betrogen habe. Er war und bleibt der Unschuldige. Ist es nicht immer so, dass die Frau die ganze Schuld trägt? In unserer verkorksten Kultur ist das anscheinend die akzeptierte Regel. Aber ich bin heute noch der Überzeugung, dass man unbedingt beide Seiten anhören sollte. Ich war sehr traurig, dass Steven von Patty und Chou bevorzugt wurde. Im Laufe der Jahre haben die beiden auch ein gutes und verständnisvolles Verhältnis zu ihrer Stiefmutter entwickelt. Ich selbst habe diese Frau nie kennen gelernt. Trotzdem bin ich nach den Erzählungen überzeugt, dass sie eine gute Stiefmutter ist. Ich werde ihr ewig dankbar sein, dass sie sich so gut um die Mädchen gekümmert hat.

Nach dem Tod meiner Mutter kam das alles in mir hoch, und vieles trage ich noch bis heute mit mir herum.

Eine Woche nach der Trauerfeier, es war ein Freitag, ließ ich mir von Herrn Granitza frei geben, um zur Beisetzung meiner Mutter auf den Friedhof zu gehen. Wir gingen zu dritt, Paul, meine Freundin und ich, mit Blumen in der Hand zu der kleinen Kapelle. Doch niemand war zu sehen. Alles war geschlossen. Endlich fand ich jemanden, den ich nach der Feier für Mutter fragen konnte. Er verschwand und kam nach ein paar Minuten wieder: „Frau Vargo, die Urnenbeisetzung Ihrer Mutter findet erst in einer Woche statt. Es tut mir leid. Sie sind heute umsonst hergekommen." Das konnte doch nicht sein. Wir waren sprachlos. Nur Mutter hatte es vorher gewusst. „Irgendetwas Komisches wird schon noch passieren," hatte sie auf ihrem Sterbebett gesagt, und nun stand ich eine Woche zu früh auf dem Friedhof. Wieder mal hatte ich Mist gebaut. Typisch Bridge! Und Mutter hatte wieder, selbst nach ihrem Tod, Recht behalten. Das musste natürlich so kommen. Nach dem ersten ungläubigen Kopfschütteln stiegen wir in den Wagen und fingen an zu lachen. Wir konnten uns kaum beruhigen. Wie vorausgesagt: Mutter hatte die letzten Lacher auf ihrer Seite.

Als ich zur Taxizentrale kam, musste ich Herrn Granitza schon wieder um einen freien Tag bitten, nur eine Woche später. „Ist es denn so wichtig? Sie hatten heute schon einen freien Tag." „Und ob es wichtig ist. Ich muss zur Beisetzung meiner Mutter?" Die großen erstaunten ungläubigen Augen von meinem Chef sehe ich heute noch vor mir. „Was soll das denn heißen? Sie kommen doch gerade von der Beerdigung ihrer Mutter!" „Ähm! Ja, das stimmt. Ich war heute auf dem Friedhof. Es war aber leider der falsche Tag. Die Veranstaltung wird erst in einer Woche stattfinden." Peinlich, peinlich! Er war sprachlos und konnte nicht begreifen, wie man sich bei einem solch wichtigen Termin irren konnte. Auch ich verstand es nicht so wirklich. Ich denke, es gehört einfach zu dem Mist, den ich immer mal wieder gebaut habe. Ein Mosaiksteinchen im großen Kunstwerk: Misthaufen!

Am folgenden Freitag waren wir wieder auf dem Friedhof. Und diesmal klappte es! Der Bestatter ging voraus mit der Urne im Arm. Es war ein merkwürdiges Gefühl, dieses kleine Gefäß zu sehen. Darin sollten die Reste meiner Mutter sein? Das konnte ich mir gar nicht vorstellen. Ich hatte überhaupt keine Beziehung zu dieser Urne, aber egal: Mutter wurde zu Grabe getragen. Ich legte eine rote Rose in das Grab und wünschte ihr endlich Ruhe und Frieden. Das hatte sie sich wirklich verdient. ‚Rest in peace' hatte ich auf ihrem Grabstein eingravieren lassen. Ich war danach nur noch einmal auf dem Friedhof. Ich mochte keine Friedhöfe besuchen, da Mutter für mich schon längst im Nirwana war – auf dem Weg in ein anderes Leben.

Später erzählte jemand, dass in den Urnen sowieso nie die Asche von nur einem Menschen ist. Wenn mehrere Särge verbrannt werden, dann vermischt sich die Asche mit der von anderen. Anschließend wird mit einer Schippe Asche in die verschiedenen Urnen geschaufelt. Es ist rein symbolisch. Mutter ist tief in meinem Herzen bei mir. Das ist mir wichtiger als auf einen Friedhof zu gehen. Manchmal braucht man einen Ort, an den man gehen kann, und manchmal ist dieser Ort das eigene Herz. Bei meiner Oma war das anders. Sie wurde nicht verbrannt, sondern in Kirdorf neben meinem Opa beigesetzt. In den 70er Jahren besuchte ich ihr Grab und bedankte mich für alles, was sie für mich war.

Nach und nach pegelte sich mein Alltag wieder ein. Ich fuhr häufig Taxi, spielte Musik mit meiner Soulband und ging sonntags in den Jazzkeller.

Eines Tages bekam ich einen Anruf von der FDP. Unsere Band wurde gefragt, ob sie auf einem Schiff in Frankfurt/M mit Übertragung im Hessischen Fernsehen bei sehr guter Gage spielen würde. Ich hatte keine Ahnung, was FDP war, war nur begeistert über das Angebot und fragte die Boys. Sie stimmten zu. In einem Bus ging es zur Anlegestelle. Es war ein tolles Schiff mit vielen gelben Fahnen geschmückt. Auf allen stand ganz groß FDP. Barbara Dickmann, als Moderatorin des Abends, begrüßte uns und wies uns unsere Plätze zu. Je mehr ich mich umsah und die Dimension dieser Veranstaltung begriff, um so mehr Panik ergriff mich. Wie war die Situation: Eine US-Armee-Band spielt auf einer Wahlversammlung einer deutschen Partei, und das auch noch vor laufenden Kameras. Politisches Engagement war den Angehörigen der amerikanischen Streitkräfte strikt untersagt. Wir hatten keine Erlaubnis eingeholt, hier auftreten zu dürfen. Auweia! Ich hielt die Luft an und betete, dass keiner der oberen Offiziere die Sendung am Abend sehen würde. Am Nachmittag war unser Auftritt. Wir spielten wie die Weltmeister Soul-Musik. Das ganze Boot schaukelte vom Swing und Tanz. Wir unterhielten die Leute bis in die späte Nacht hinein. Ich werde mein mulmiges Gefühl, das mich hin- und herriss zwischen toller Musik, Wahnsinnsstimmung und Bammel vor den Reaktionen in den nächsten Tagen nie vergessen. Zum Glück wurde in den Nachrichten der Hessenschau nur über die Politik berichtet. Es gab keinen Kameraschwenk über die Band, und ich konnte nach den Nachrichten beruhigt einschlafen.

Einige Monate später löste sich unsere Band auf, weil viele der Musiker versetzt oder aus der Armee entlassen wurden. Wieder mal endete eine tolle Epoche.

Die 70er Jahre waren für mich die Zeit der Schwulen-Discos. Das Select, damals in der Bahnhofstraße, war der angesagte Treffpunkt. Es war ein schöner Treffpunkt für uns, eine gemütliche Bar, die zwei Jungs betrieben. Die Ausstattung sah aus wie aus einem Jean-Cocteau-Film. Jedes Wochenende von Freitag bis Sonntag jeweils von 10 Uhr abends bis in den frühen Morgen hinein haben wir hier getanzt wie die Wilden nach Motown-Musik, Swing, Schlagern etc. Das Publikum war gut durchmischt, Homosexuelle beider Geschlechter. Auch Amerikaner durften in das Select hinein. Wir fühlten uns alle sehr wohl. Ich habe unendlich viel getanzt, fast bis zum Umfallen. Meine Partnerinnen waren tolle Tänzerinnen. Später zog das Select um in den alten Wetzlarer Weg.

Die zweite Lieblingsadresse war der Club Bonaparte in der Liebigstraße. Der Inhaber, Martin Kalbfleisch, hat seinen Club stilvoll eingerichtet. Club Bonaparte ist weit über Gießen hinaus bekannt für seine Gemütlichkeit und vor allem für seine Travestieshows. Jeder war bei Martin willkommen. Ich habe viele Abende dort verbracht.

Verliebt war ich immer mal wieder. Aber diese große Liebe, wie ich sie mit Pat erlebt hatte, begegnete mir nicht noch einmal. Alles zusammengenommen hatte ich längere Beziehungen zu drei Männern (Ehemann eingeschlossen) und 15 Frauen. Manchmal hatte ich das Gefühl, dass die Frauen, die mit mir geschlafen haben, eher lernen wollten, wie das so ist mit einer anderen Frau. Ich war meist die erste Frau in ihrem

Sexualleben. Einige waren verheiratet oder geschieden. Sie wollten es mal mit einer gleichgeschlechtlichen Beziehung versuchen und waren diejenigen, die den ersten Schritt machten und zu flirten anfingen. Wenn ich sie interessant fand, habe ich mich auf sie eingelassen. Die anschließenden Trennungen kränkten mich. Wieso verließen mich alle immer wieder? Einmal habe ich mir beim Abschied sogar eine Ohrfeige eingefangen. Ich sagte einer Freundin, die vorher noch keine sexuellen Erfahrungen mit Frauen gehabt hatte beim Abschied: „Na wenigstens hattest Du eine gute Lehrerin im Bett!" Watsch, die Ohrfeige saß! Ich habe diese Frau nie wiedergesehen, weiß aber, dass sie mit ihrer neuen Partnerin nach Griechenland ausgewandert ist und auf der Insel Mykonos einen Wollladen aufgemacht hat.

1974 bin ich aus dem Wohnheim in die Frankfurter Straße gezogen. Da war das Select ganz nah, und ich war oft dort.

Auch im Berufsleben gab es neben dem Stress lustige und erwähnenswerte Erlebnisse. Oft fuhr ich Männer zu den bekannten Bordellen, eines davon nicht weit vom Bahnhof. Ich bekam jedes Mal fünf DM Provision für neue Kunden. Das Geschäft war sehr lukrativ.

Einmal stieg ein Mann in mein Taxi. Es war schon 18 Uhr, und ich wollte gerade meinen Dienst beenden. „Wo möchten Sie hinfahren?" „Fahren Sie mich nach München, bitte." Ich war überrascht und lief erst mal zum Telefon, um mit meinem Chef zu reden. „Herr Granitza, ich habe soeben einen Fahrgast bekommen, der nach München will. Wollen Sie ihn fahren? Meine 12 Stunden Schicht sind gleich um. Es wäre vielleicht gut, wenn die Fahrt nicht verloren ginge." „Bridge, tun Sie mir einen Gefallen und fahren Sie die Tour. In München nehmen Sie sich ein Hotel und kommen dann morgen wieder zurück, okay?" Ich machte mich auf den Weg nach München. Gegen Mitternacht kamen wir an. „Fahren Sie mich ins Hofbräuhaus." Als wir dort anhielten: „Bitte warten Sie hier auf mich. Ich will nur eine Schweinshaxe essen und dann gleich wieder zurück nach Gießen fahren." Ich hatte wohl nicht richtig gehört? „Tut mir leid. Meine Fahrt ist hier zu Ende! Ich werde erst morgen früh zurückfahren. Meine Schicht ist schon lange um. Mehr als 12 Stunden dürfen Taxifahrer nicht arbeiten. Sie schulden mir 600 DM für die Fahrt hierher." Er war gar nicht glücklich mit dieser Auskunft, denn er musste unbedingt wieder zurück. Der gute Mann bezahlte mir die Fahrt. Ich übernachtete in einem 3-Sterne-Hotel und fuhr am nächsten Morgen in aller Gemütsruhe zurück. Auf was für merkwürdige Einfälle der Mensch kommt, wenn er nicht auf Geld achten muss.

Kurze Zeit darauf hatte ich abends wieder kurz vor Schluss meine letzte Fahrt. Ein GI stieg ein am Depot: „Hi, Fahren Sie mich nach Gent in Belgien. Ich muss mein Auto vom Hafen abholen." Wieder rief ich Granitza an. „Bridge, nehmen Sie die Fahrt an. Morgen bekommen Sie dafür einen freien Tag. Einverstanden?" Ich ließ mich darauf ein, machte immer wieder längere Pausen. Von Gießen nach Gent sind es ungefähr 450 Kilometer. Als Pauschalpreis erhandelte ich eine Mark pro Kilometer.

Es tat mir weh, dass ich die Musik mit der Band hatte aufgeben müssen. Musik gehört einfach zu meinem Leben. Und so fing ich an, mich um neue Musiker zu bemühen. Ich wollte unbedingt neben meiner Arbeit und den mehr oder weniger glücklichen Affären etwas für mich tun. Ich sprühte nur so vor Elan. Und wie das oft so ist im Leben, die Mundpropaganda funktionierte, und ich konnte 1976 zusammen mit ein paar Musikern die Band „Gießen Jazztett" gründen. Es waren glückliche Zeiten mit harter Arbeit und wunderbaren Auftritten mit Regina Hoppe: Klavier, Helmut Schwetasch: Bass, Helmut Knör: Rhythmusgitarre, Thomas Stamnitz: Saxophone, Bridge Vargo: Schlagzeug. Später löste Manny Regina am Piano ab. Die Band Gießen Jazztett war, soweit ich weiß, die erste in Deutschland, die Jazzkonzerte für Kinder veranstaltete. Die Idee für Kinderjazzkonzerte wurde bei einem Frühschoppen geboren. Viele Eltern hatten ihre Kinder mit zum Frühschoppen gebracht. Wir sahen, wie sich die Kinder mit großer Freude zur Musik bewegten und Spaß daran hatten.

„He, wollen wir nicht mal so eine Jazzveranstaltung extra für Kinder machen? Seht sie Euch nur an, wie begeistert sie sind. Das wird bestimmt ein Erfolg!" Ich überredete die anderen Bandmitglieder, und wir begannen Kinderlieder zu verjazzen. „Alle meine Entchen..., Fuchs, du hast die Gans gestohlen..., Wer hat die Kokosnuss geklaut...". So klang es nun während unserer Proben. Wir fanden riesigen Gefallen daran, und probierten die Stücke beim nächsten Frühschoppen aus. Volltreffer! Kinder und Eltern – besser – Eltern und Kinder waren absolut begeistert. Kinderlieder im Swingrhythmus! Das war's! Wir hatten viele Auftritte, und auch in die Konzerte für Erwachsene wurden die Kinderlieder mit eingeflochten. Wir ernteten großen Beifall. Etwas ganz Neues war geboren! Vier Jahre lang gaben wir Kinderjazzkonzerte. Unser Ruf eilte uns voraus. Dreimal spielten wir in Frankfurt/Main: im Theater am Zoo und in den Katakomben. Die Stadtverwaltung Gießen lud uns ein, auf der Frühjahrsmesse zu spielen. In der alten Zigarrenfabrik, im City Center und auf dem Schiffenberg gaben wir Jazzkonzerte für Kinder. Es war ein Riesenspaß jedes Mal. Kinder trauen sich noch. Wenn ihnen was gefällt, dann hüpfen und springen sie umher. Ihre Augen leuchten. Ich liebte diese Kinderveranstaltungen.

Nach den schlimmen Erfahrungen mit der Krankheit meiner Mutter und deren furchtbarem Ende überwand ich mich und ging 1975 endlich auch mal zu einem Frauenarzt. Das Ergebnis war erschütternd. Meine Gebärmutter hatte sich gesenkt, und der Arzt war der Meinung, dass nur durch eine baldige Operation die Entwicklung von Krebs zu verhindern wäre. Die Einweisung in die Frauenklinik in Gießen ging rasch. Der verantwortliche Arzt betrat das Sprechzimmer und fragte mit Akzent: „Was kann ich für Sie tun?" Ich verstand nicht, was er meinte, schließlich lag meine Krankenakte vor ihm: „Herr Doktor, bin ich hier bei ‚Wünsch dir was' gelandet? Wenn Sie sich die Papiere ansehen, wissen Sie, was Sie für mich tun können." Ich war sauer, dass er mich wie einen Gegenstand behandelte und versuchte, die Situation für mich positiver zu gestalten. „Sagen Sie, ich höre da einen kleinen

Akzent in Ihrer Aussprache. Ich interessiere mich für Sprachen und würde gern wissen, wo Sie ursprünglich herkommen." „Ich bin Ungar!" „Na, so ein Zufall. Mein Ex-Mann ist auch ungarischer Abstammung." Sein Gesicht strahlte auf einmal wie die Sonne. Er wurde freundlich und offen. Wir unterhielten uns noch eine Weile über die ungarische Revolution 1958 und darüber, dass Steven und ich damals Pakete nach Ungarn geschickt hatten. Damit war das Eis gebrochen. Zwei Tage später wurde ich vor den OP-Saal gerollt und im Flur abgestellt. Auf dem Gang war reger Betrieb. Viel Personal in weißen und grünen Kitteln zog an mir vorbei. Ich konnte Gesprächsfetzen mithören: „Gestern Abend habe ich doch an der Bar so eine schicke Blonde angebaggert." „Und, wie ist es ausgegangen?" „Nach einigen Drinks sind wir bei mir gelandet!..." oder „Der Oberarzt hat sich wieder mal voll daneben benommen. Stell' dir vor, er hat doch tatsächlich ... angemacht, obwohl er ganz genau weiß, dass..." Das waren also die Probleme derjenigen, die mich gleich operieren würden. Eine Weile wurde ich von meiner Angst abgelenkt, aber sie holte mich schnell wieder ein. ‚Positiv denken, Bridge. So schnell kommst du nicht zu den Engeln. Die da oben hätten nichts zu lachen mit dir! Das werden sie sich nicht antun. Die schicken dich wieder nachhause!' Dann ging es endlich los. Ein Pieks in den Handrücken und weg war ich. Im Aufwachen hörte ich den Arzt sagen: „Ihre Eierstöcke konnten wir drin lassen!" Dann dämmerte ich wieder weg und hörte nur noch verschwommen seinen Kommentar zu meiner Bettnachbarin: „Bei Ihnen ist alles raus!" Diese Ärzte haben manchmal einen Ton drauf.... Zwei Wochen blieb ich im Krankenhaus und erholte mich von der Operation. Der Arzt hatte mir eine schöne Narbe verpasst und die alte große Narbe von der Blinddarmoperation im Militärhospital von San Fransisco entsorgt. Als sie nicht mehr so sehr beim Lachen wehtat, konnten wir wieder unsere Späßchen machen. „Sagen Sie, Schwester, wie sieht denn so der Speiseplan für den Rest der Woche aus?" „Morgen gibt es Kartoffeln und Fleisch und übermorgen Fleisch und Kartoffeln! Und dann wieder von vorn!" Das größte Gelächter aber habe natürlich wieder ich provoziert. In unser Zimmer wurde eine Türkin gelegt, die demnächst operiert werden sollte. Sie musste vor der OP den Anamnesefragebogen ausfüllen, den sie nicht gut verstand. Ich klärte die Fragen mit ihr. Auf die Frage: „Haben Sie ein Gebiss?" antwortete sie: „Ja, immer.", was ich aufschrieb. Am nächsten Morgen kam die Krankenschwester, checkte die Patientin durch und forderte sie zum Schluss auf, den Mund zu öffnen. Die Frau machte den Mund auf, und die Schwester begann, an den Zähnen zu ziehen und zu zerren. Ganz entrüstet rief die Patientin: „Alles meine, alles meine!" Es war meine Schuld. Ich hatte nicht richtig verstanden und nicht weiter nachgefragt. Ein paar Stunden später war Visite. Der Arzt lief vorneweg, tief über die Krankenakten gebeugt, die Schwester hinterher. „Guten Morgen, wie geht es Ihnen heute?" So marschierte er von Bett zu Bett und sah nur auf seine Krankenblätter. Als er an das letzte Bett kam, fragte er auch: „Guten Morgen, wie geht es Ihnen heute?" Ich fing an zu lachen und sagte: „In diesem Bett liegt ‚Mein Freund Harvey', der unsichtbare weiße Hase, Herr Doktor." Er stand vor einem leeren Platz und konnte nicht mitlachen. Die Situation war ihm sehr peinlich.

Neben der schöneren Narbe brachte diese Operation auch noch den Vorteil, dass ich dadurch keine Periode mehr bekam. Ich hatte sie vom ersten Mal an gehasst. Endlich frei!!

Als ich fast drei Jahre in der Frankfurter Straße wohnte, bekam ich einen ganz merkwürdigen Anruf. Ich hob ab, und eine Stimme sagte: „Hallo, hier ist Patty, Deine Tochter!" „Wie, meine Tochter? Meine Tochter spricht kein Deutsch. Soll das ein Scherz sein?" Mein Herz klopfte bis obenhin. „Nein. Ich bin wirklich Deine Tochter Patty." Ich glaubte, man wolle einen bösen Scherz mit mir machen. „Haben Sie Geschwister?" „Ja. Ich habe eine Schwester." „Wie heißt denn diese Schwester?" „Chou. Sie lebt in Kalifornien." Ich hatte Tränen in den Augen. Ich konnte es gar nicht fassen, dass ich nach sieben Jahren wirklich etwas von Patty hörte. „Wo bist Du? Wieso sprichst Du so gut deutsch?" „Tante Lory hat mich, als ich 18 wurde, in die Schweiz geholt. Dort habe ich eine Ausbildung als Krankenschwester gemacht." Na, das war ja toll! Meine Schwester hatte mir nie etwas davon gesagt oder geschrieben. Meine Gefühle waren total durcheinander. „Mum. Ich möchte Dich besuchen kommen. In zwei Wochen habe ich Urlaub. Wäre das okay für Dich?" „Na klar. Ich würde mich sehr freuen." „Gut. Dann werde ich in zwei Wochen in Gießen sein. Ich sag Dir vorher noch Bescheid mit welchem Zug ich ankomme. Bis bald, Mum." Sie legte auf. Ich konnte es gar nicht glauben, dass meine Tochter mich nach dieser langen Zeit besuchen sollte. Ich war wie aufgedreht, freute mich riesig, hatte Wut gegen meine Schwester, dass sie mir verschwiegen hatte, dass Patty die ganze Zeit bei ihr in der Schweiz war. Man musste sich das mal vorstellen. Da hat man Kinder, glaubt sie in Kalifornien in der Ausbildung. Und dann das! Ich hatte mir so oft Sorgen um sie gemacht, da ich nie was gehört hatte, weder einen Anruf noch Briefe, außer 1972 als ich Chou anrief und ihr anbot, nach Deutschland zu kommen, um ihre Schule in Gießen weiterzumachen. Sie hatte damals abgelehnt, da sie Patty nicht allein lassen wollte, was ich natürlich mit Wehmut akzeptieren musste. Und nun kam Patty mich besuchen! Es war ein großer freudiger Schock für mich. Ich brauchte die zwei Wochen, um das zu verdauen.

Dann dachte ich an meine Mutter und mich. Wir hatten jahrelang nichts von einander gehört und gesehen, und plötzlich war sie wieder aufgetaucht. Die Geschichte wiederholte sich nun eine Generation später.

Im Frühling 1977 stand ich auf dem Bahnhof. Als der Zug einfuhr, spielten meine Nerven verrückt. Es war alles wie im Traum. Patty stieg aus dem Zug, und ich erkannte sie sofort. Als ich sie das letzte Mal gesehen hatte, war sie 14 Jahre alt und schon fast so groß wie ich. Jetzt überragte sie mich, hatte blonde Haare und wunderschöne blaue Augen. Sie konnte fast ein Model sein, so schön war sie. Wir umarmten uns, und mir blieb vor Freude die Sprache weg. Ich musste sie immer wieder anschauen. In der Zeit, in der Patty bei mir war, fragte ich meine Tochter aus. Wir sprachen über alles, was ich wissen wollte: Wie es Chou ging, was geschehen war, als sie bei Steven lebten, und wie es ihr in der Schweiz ergangen war. Sieben lange Jahre hatten wir nichts voneinander gehört und lernten uns nun ganz neu kennen. Wir hatten eine gute Zeit zusammen. Es war ein sehr merkwürdiges Gefühl, eine so große Frau zur Tochter zu haben. Wir sahen eher wie Geschwister aus, nicht wie Mutter und Tochter. Patty zeigte mir Fotos von Chou. Was für eine hübsche Frau sie geworden war! Patty sah aus wie eine Schwedin und Chou wie eine rassige Vollblutfrau, lange dunkle Haare und dunkelbraune Augen. Schade, dass meine Mutter Patty und Chou nicht mehr gesehen hat! Als meine Tochter zurück in die Schweiz musste, war ich sehr traurig, weil ich sie schon wieder gehen lassen musste. Aber diesmal wusste ich, dass es nicht das letzte Mal war, dass wir uns treffen würden. Trotzdem dauerte es bis zum nächsten Mal eine ganze Weile.

Und wie das so ist im Leben: Es kommt alles auf einmal. Ich verliebte mich bis über beide Ohren in eine Krankenschwester. Wir sind zusammen in das Haus der Familie Werner, der Eltern meiner Schulfreundin Ulla, gezogen. Frau Werner lebte noch. Ich kannte sie seit meinem 14. Lebensjahr und fühlte mich zuhause. Es kamen so viele Erinnerungen zurück, als wir einzogen. *Die lustigen Zeiten mit Ulla, Ingrid und Elisabeth. Die vielen Tischtenniswettkämpfe unten. Ich sehe Herrn Werner noch vor mir: Er hatte ein Autogeschäft und war ein lieber und emotionaler Mensch. Leider ist er zu früh von uns gegangen.* Meine Freundin und ich teilten uns die Miete. Jede hatte ihr Zimmer, ihren Privatbereich. Eines Tages sind wir auf eine Katzenausstellung gegangen. Wir wollten uns die Katzen nur ansehen. Alle Rassen waren vertreten, eine schöner als die andere. Wir gingen zur Ausstellung mit vier Beinen und kehrten 12-beinig zurück. Wir konnten es nicht lassen: Zwei wunderschöne Perserkatzen wurden unsere Mitbewohner. Ich hoffte sehr, dass Frau Werner uns erlauben würde, Katzen zu halten. Ich sprach mit ihr, wendete alle meine Redekunst an und habe sie tatsächlich überzeugen können. Oft hatte ich die Wohnung für mich allein, weil meine Freundin regelmäßig Nachtdienst hatte. Das war für mich optimal. Ich ging oft ins Select und machte neue Bekanntschaften. Wir tanzten bis früh. Wenn amerikanische Soldaten da waren, fühlte ich mich wie früher in New York City. Irgendwann bemerkte ich, dass meine Freundin sich mir gegenüber merkwürdig verhielt. Ich spürte, dass da etwas nicht stimmte und sich zusammenbraute. Eines Abends erwischte ich sie zusammen mit einer anderen. Ich war noch nie so gekränkt wie an diesem Abend. Ich stellte sie zur Rede. Es tat ihr leid, aber die Beziehung zwischen den beiden ging weiter. Für mich war das Ganze gegessen. Es dauerte lange bis ich über diesen Vertrauensbruch meiner Freundin hinwegkam. Trotzdem wohnten wir weitere anderthalb Jahre zusammen in der Wohnung und planten für den Sommer eine gemeinsame Spanienreise.

Kurz bevor wir nach Spanien fahren wollten, lernte ich eine attraktive Frau kennen. Sie war verheiratet, lebte getrennt von ihrem Mann und hatte eine Tochter, die damals 8 Jahre alt war. Und auf einmal entwickelte sich etwas, von dem ich nicht wusste, wo es mich hintreiben wird. Wir gingen auch ins Select. Sie war neugierig auf die für sie neue Atmosphäre in einer solchen Gay-Bar. Ich habe sie auch zuhause besucht und lernte ihre Tochter kennen. Wir verbrachten viele schöne Stunden miteinander. Es war mir schnell klar, dass das meine nächste Beziehung werden würde. Sie war nicht gay, sondern nahm unsere Affäre als Versuch zum Ausprobieren. Danach hatte sie nur Beziehungen mit Männern.

Verliebt zu sein ist ein Wahnsinnsgefühl. Am Anfang versucht man, dem Partner alles recht zu machen - keine Diskussionen, keine Meinungsverschiedenheiten. Man lässt alles sausen, nur um mit der Geliebten zusammen sein zu können, fast gibt man sich selbst auf. Wenn dann nach einiger Zeit die Luft raus ist und sich die rosarote Wolke am Horizont verzieht, ist der Absturz vorprogrammiert. Dann kommt es darauf an, wie viel Interesse übrig bleibt und wie viel Arbeit man in die Beziehung investieren will.

Anfang 1978 hörte ich mit dem Taxifahren auf. Herr Granitza ging in Rente, und ich wollte nicht für einen anderen

Chef fahren. Es war Zeit für den nächsten Abschnitt meines Berufslebens. Ich ging zum Arbeitsamt und fragte nach einer Stelle. „Ich habe in New York City als Zahnarzthelferin gearbeitet und bin in Gießen sieben Jahre lang Taxi gefahren. Können Sie mir eine neue Stelle vermitteln?" Die Dame im Amt sagte: „Ich habe keine Arbeit für Sie!...ähm...doch....doch...warten Sie. Hier ist eine Kieferorthopädin, die eine Zahntechnikerin sucht. Würde Sie das interessieren?" Ich dachte darüber nach. In New York hatte ich schon viele Zahnprothesen repariert. Ich traute es mir zu und vereinbarte einen Vorstellungstermin. Am nächsten Tag war ich in der Praxis von Dr. Wessel in der Dietzstraße. Ich war damals 42 Jahre alt und brachte sehr gute Zeugnisse mit. Sie war beeindruckt. Dr. Wessel, eine Frau um die 50, war nett und stellte mich mit einem guten Gehalt ein.

Ich musste zurück aufs Arbeitsamt, um die Papiere fertig zu machen. Als die Frau vom Amt meine Arbeitserlaubnis sehen wollte, konnte ich nur abwinken. Ich hatte noch nie eine gehabt und hätte von Anfang an eine gebraucht. Ich war also sieben Jahre lang ohne Arbeitserlaubnis Taxi gefahren. ‚Na toll!' dachte ich, ‚wer weiß, was da noch nachkommt.' Das konnte doch wieder nur mir passieren! Die Bearbeiterin war sprachlos.

„Haben Sie nicht gewusst, dass Sie als amerikanische Staatsbürgerin eine Arbeitserlaubnis brauchen, wenn Sie in Deutschland arbeiten?" „Nein. Ich habe es nicht gewusst. Ich bin nie danach gefragt worden. Mein Deutsch ist so gut, dass meine Vorgesetzten nie dachten, dass ich Amerikanerin bin." „Dann schauen wir uns mal Ihre anderen Papiere an. Nun ja, Sie haben ein unbefristetes Visum in Ihrem Pass. Ihre Mutter war Deutsche und Ihr Wohnort ist Gießen?" „Ja, das stimmt." „Na gut, dann wollen wir mal Gnade vor Recht ergehen lassen. Ich werde Ihnen eine unbefristete Arbeitserlaubnis ausstellen." Ich hatte das nicht für möglich gehalten, bedankte mich, und weg war ich.

Am nächsten Tag fing ich bei Frau Dr. Wessel an. Im Labor hatte ich eine sehr hilfsbereite Kollegin, die mir das Biegen der Aktivatoren und Zahnspangen beibrachte. Es dauerte sechs

Monate, und ich war perfekt im Biegen von Labialbögen und Federn, im Schräubchen-In-Klammern-Einsetzen und Aktivatoren-Herstellen. Ich liebte meinen Job. Später kam ich auf die Idee zur Motivation der Kinder kleine Comicbilder in die Geräte einzubauen. Sie liebten danach ihre Zahnspangen und wurden motiviert, sie regelmäßig zu tragen.

Frau Dr. Wessel hatte einen Sohn, der unbedingt Schlagzeug lernen wollte. Als ich erwähnte, dass ich in einer Band Schlagzeug spiele, war sofort klar, dass ich ihm die Anfänge beibringen sollte. Ich habe ihm die Grundlagen gezeigt, damit er zuhause üben konnte. Ich weiß nicht, ob er sich heute noch damit beschäftigt. Ich habe mindestens 25 Jahre nichts von ihm gehört.

Obwohl ich meine Exfreundin mit einer anderen erwischt und die intime Beziehung zu ihr beendet hatte, planten wir einen gemeinsamen Urlaub mit noch zwei anderen Frauen. Den Urlaub hatte ich schon lange eingereicht und die Reise nach Spanien bezahlt. Nun kam meine neue Beziehung dazwischen.

Natürlich war meine neue Freundin, Regina, überhaupt nicht dafür, dass ich mitfahren wollte. Aber ich liebe Spanien sehr und wollte dort eine angenehme Zeit verbringen. Es gab herzzerreißende Szenen deswegen, aber ich bin mitgefahren. In Spanien war es wunderbar. Ich liebe dieses Land. Unser Haus stand in Lloret del Mar. Ich fühlte mich pudelwohl in der Sonne, mit der Sprache und dem Meer. Das erste Mal nach vielen Jahren bin ich wieder gewandert. Ich hatte nach der Alpenüberquerung mit zehn Jahren, den vielen Wochen und Kilometern zwischen Deutschland und Spanien mit meiner Mutter zu Fuß und per Anhalter, nicht die geringste Freude an dieser Betätigung. Aber während dieser Urlaubstage bin ich tatsächlich 14 Kilometer gelaufen von Lloret del Mar nach Tossa del Mar. Ich war richtig stolz auf mich. Jeden Abend rief ich meine neue Freundin Regina an, bis es ihr zu dumm wurde: „Warum kommst Du nicht zurück, anstatt dauernd anzurufen?" Natürlich! Ich musste mich und sie ja nicht quälen. Ich konnte zurückfahren. Gesagt, getan! Ich buchte einen

Platz in einem ganz normalen Bus, der überall anhielt. Mehr als 24 Stunden sollte die Fahrt dauern. Von Barcelona nach Frankfurt Hauptbahnhof, Kostenpunkt: 94 Mark. Das ging noch. Egal! Nun noch die Ausrede: Das Wetter!! Es war zu kühl, es war zu nass! Und außerdem hatte ich in diesem kalten Steinhaus sowieso Rückenschmerzen bekommen! Ich konnte es nicht mehr aushalten. Natürlich war meine Ex-Freundin stinksauer. Aber das machte mir nun wirklich absolut gar nichts aus. Ich rief Regina zuhause an und teilte ihr mit, wann ich in Frankfurt ankommen würde. Sie war überglücklich: „Ich hol dich ab!" Ach ja, die Liebe! Die Zeit im Bus kam mir fast unendlich vor. Ich war so aufgeregt. Die Begrüßung war sehr leidenschaftlich. Ich blieb für den Rest der Urlaubszeit in der Wohnung meiner Freundin. Wir kannten uns noch gar nicht lange, und trotzdem fragte sie mich, ob wir nicht nach dem Urlaub zu dritt zusammen leben wollten. Ich brauchte nur ein paar Minuten Bedenkzeit, dann stimmte ich zu.

In meiner Freizeit machte ich mich nun auf die Suche nach einer geeigneten Wohnung. Nach ein paar Tagen fand ich sie auf dem Seltersweg mitten in der Stadt. Die Wohnung war riesig und bestand aus zwei Teilen, ideal für unsere Konstellation. Am Eingang gab es zwei große Zimmer und ein Bad, dann ein langer Flur, der in der Mitte durch eine Glastür getrennt war, dahinter noch einmal zwei große und ein kleines Zimmer, das zweite Badezimmer und die Küche. Aber die Krönung des Ganzen war der überdachte Balkon, von dem man einen gigantischen Blick auf die Johanneskirche und ins Grüne hatte. Die Wohnung war perfekt für uns. Ich würde mein eigenes Reich haben, zwei Zimmer und Bad und konnte Küche und Balkon mit benutzen.

Auch Regina war von der Wohnung begeistert. Vor allem liebte sie den Balkon. Man konnte sich dort unbeobachtet sonnen. Wir unterschrieben beide den Mietvertrag. Es sollten 11 Jahre werden, die wir zusammen dort lebten. Ich möchte nicht näher auf unsere Beziehung in dieser Wohnung eingehen, nur so viel: nach ein paar Monaten wurde es zu einem Desaster. Mit der Tochter kam ich überhaupt nicht mehr klar.

Sie konnte mir gegenüber machen, was sie wollte. Ich bekam keine Unterstützung von der Mutter. Das führte schließlich dazu, dass ich nicht mehr mit den beiden gemeinsam das Essen einnahm. Ich habe dann halt allein gegessen. Es gab mal bessere und mal schlechtere Zeiten, aber nach knapp einem Jahr war unsere enge Beziehung vorbei. Ich war total am Boden zerstört, hatte kein Selbstbewusstsein mehr. Schon wieder war ich in eine doofe Lage hineingerasselt. Ich habe lange gebraucht, um mich aus diesem Tief wieder aufzurappeln. Mit Hilfe einer Psychologin und in einer Gruppentherapie habe ich dann gelernt, damit umzugehen.

Ende 1979 machte ich mit einer Bekannten eine Runde durch Gießen. Uns fiel eine Ecke im Seltersweg auf, die ein tolles Ambiente ausstrahlte. Ein wunderschönes Haus mit sieben Giebeln und Kellerräumen auf beiden Seiten. Wir hörten, dass der eine Keller links frei und zu vermieten sei. Und wie ich nun mal so bin, fing es in meinem Kopf gleich an zu denken, was man mit so einem Keller alles machen könnte. Kurz darauf saßen wir in einem Café, da platzte es auch schon aus mir heraus: „Sag mal, Helga, hättest Du nicht Lust mit mir eine Kleinkunstbühne aufzumachen?" „Wie meinst Du das?" „Dieser Keller wäre ideal dafür. Wir sollten ihn uns mal ansehen. Stell Dir nur vor, wir beide holen attraktive Künstler nach Gießen, kassieren Eintritt, machen Bewirtung, und haben einen wunderbaren spannenden und lohnenden Alltag. He, was hältst Du davon?" In meinem Kopf sprudelte ein Feuerwerk von Kreativität. Was man damit alles machen konnte! Es wäre einfach genial! Und Helga konnte sich meiner Begeisterung nicht entziehen. Also gingen wir die Räume besichtigen. Das Ulenspiegel-Gebäude gehörte der Stadt Gießen. Es gab einen Hauptmieter. Der hatte versucht, etwas aus den Kellergewölberäumen zu machen. Doch aus irgendwelchen Gründen war es ihm nicht so recht gelungen. Ich war einfach hin und weg bei der Besichtigung. Zwei große lange Gewölbe, vorn mit einem Kamin und einem langen Bar-Tresen. Also war hier schon einmal ein Ausschank gewesen? Mein Enthusiasmus war gewaltig. Ich sah sie schon ganz deutlich vor mir: Die geniale alternative Kleinkunstbühne! Am Abend erzählte ich Regina, was ich vorhatte. Sie war nicht sehr begeistert davon und stellte sich die vielen Stunden vor, die ich in dieser Kellerbühne zubringen würde. „Wo bleiben wir denn da?", fragte sie mich. Aber dieses Vorhaben war beschlossene Sache. Mit Feuereifer machte ich mich an die Vorbereitung.

Zu dieser Zeit begann ich Rhythmusunterricht zu geben. Im Musikhaus Vitrinchen erteilte ich Kindern ab vier Jahren Unterricht in Schlagzeug und Conga. Beide Seiten hatten Riesenspaß an der Sache. Der Unterricht wurde erweitert auf Pantomime-Theater. Aus diesem Kurs entstand die Aufführung „Peter und der Wolf". Sie wurde ein großer Erfolg. Ich hatte damals sieben kleine Schüler. Einer lieber als der andere – und ein Mädchen unter den Jungs. Sie konnte sich sehr gut in der Gruppe behaupten und war einfach eine ganz Süße. Ich liebte meine kleinen Musiker und war stolz auf sie! Sie traten auch während der Kinderjazzkonzerte auf.

So langsam nahmen die Ideen um den Ulenspiegel Gestalt an. Eine richtige alternative Kleinkunstbühne schwebte uns vor. Durch meine Band Mixed double+one (sie war aus dem Gießen Jazztett hervorgegangen) und den Kinderunterricht hatte ich eine gute Ausgangsposition. Ich traf mich oft mit Helga, um über die Pläne zu diskutieren. Es mussten zähe Verhandlungen mit der Stadt und dem Hauptmieter geführt werden. Schließlich wurden wir uns einig und unterzeichneten einen 10-Jahres-Mietvertrag. In dieses Arrangement gehörten: der Ulenspiegel und die Kneipe ‚Das Bittchen'. Sollte eine der Mietparteien pleite gehen, würde der verbleibende Partner übernehmen.

Voller Enthusiasmus starteten wir die Arbeiten im Innern des Gebäudes. Es gab viel zu tun, schließlich sollte eine der schönsten Kulturstätten Gießens entstehen. Wir nannten die Kleinkunstbühne ‚Bridge's Pianobar im Ulenspiegel'. Helga war damit einverstanden. Sie wollte weiter im Hintergrund bleiben, aber immer mit Rat und Tat zur Seite stehen. Mein Part war die Kultur, und der Hauptmieter verantwortete das Geschäft und den Umsatz. Obwohl Regina nicht begeistert war, hat sie mir sehr geholfen. Sie ist eine richtige Künstlerin und liebt es, mit Kunst zu tun zu haben. Das Schild, das über den Eingang kam, hatte sie gemalt. Es wurde das Wahrzeichen für den Ulenspiegel, das internationale Kulturzentrum in Gießen. Für mich war diese Zeit ein ungeheurer Kraftakt. Neben der Arbeit in der Praxis, die das Geld für das tägliche Leben einbrachte, arbeitete ich hart an der Verwirklichung des Traums von der Kleinkunstbühne: Pläne schmieden, Geld besorgen, renovieren, Werbung machen und all die tausend Kleinigkeiten, die so viel Zeit fraßen. Im November 1980 war es endlich so weit. Unsere Pianobar öffnete ihre Pforten.

Für den Vorderraum hatten wir einen kleinen Flügel gekauft. Zur Eröffnung spielte Günther darauf Swing. Viele bekannte Persönlichkeiten aus Gießen kamen: unter ihnen Politiker aller Parteien, Freunde, Studenten, Künstler von der Remmelgalerie, dem Stadttheater und und und. Es war rappelvoll. Die Szene freute sich, dass eine alternative Kunstkneipe in Gießen entstand. Die Gießener Presse, der Anzeiger und die Gießener Allgemeine wurden eingeladen und berichteten hinterher sehr schön über unsere Eröffnung. Ich war ihnen dafür dankbar, denn ohne Klingeln geht das Gewerbe nicht. Von diesem Tag an hatten die Redakteure und Journalisten keine Ruhe mehr vor mir. Ich wurde ein Albtraum und eine Plage für sie. Ich machte exzessive Pressearbeit. Jede Veranstaltung, alle Termine und die Veranstaltungshefte wurden von mir an die Presse gegeben, aber nicht per Telefon oder Fax, sondern ich erschien regelmäßig selbst in den Redaktionen. Ich plante fast jeden Tag ein Programm. Man kann sich also gut vorstellen, wie oft ich in die Redaktionen stürzte, um meine Künstlerinformationen abzugeben, sodass sie darüber berichten konnten.

Wir waren überwältigt von den vielen Gästen an unserem Eröffnungsabend. Meine Vision war, eine Amateurbühne zu schaffen, auf der jeder seine Talente unter Beweis stellen konnte. Ich wollte eine internationale Bühne schaffen, eine Begegnungsstätte für alle Altersgruppen und Minderheiten. Der Ulenspiegel bot eine Plattform für verschiedene Talkshows,

Jugendtheater, Kindertheater, Salsatanzabende, Frauenabende, für Flamenco und Bauchtanz.

Nachdem wir eröffnet hatten, dauerte es nicht lange, bis ich das Kinder-Jugend-Theater jeden Samstagmorgen im Theaterraum des Ulenspiegel etablierte. Der Andrang war groß. Für mich war das Wichtigste, dass nur Kinder aufgenommen wurden, die wirklich Interesse am Theaterspielen hatten, und nicht von den Eltern überredet wurden. 17 Teilnehmer, darunter 6 Mädchen meldeten sich beim ersten Mal an. Ich war überrascht, dass sich so viele dafür interessierten. Lorenza, Frank, Patrick, Roland, Nadja, Anita, Rachel, Ben, Eve, Lorenz, Patty, Anke und viele andere junge Amateurschauspieler kamen in den Jahren neu dazu. Ich möchte an dieser Stelle nicht vergessen, Ingrid Chiout zu erwähnen. Sie stellte alle Kostüme her und übernahm mit die Leitung, wenn wir große Auftritte hatten. Sie ist leider von uns gegangen. Die Nachricht von ihrem Tod erreichte mich in Thüringen, ein paar Jahre nachdem ich Gießen verlassen hatte. Das macht mich heute noch traurig, und ich bedaure es zutiefst. Ich möchte Ingrid einen ganz großen Dank aussprechen für ihre Hilfe und den Beistand in den Jahren des Kinder-Jugend-Theaters. Ohne sie hätten wir das alles nicht so wunderbar geschafft.

Unsere erste Aufführung war „Robin Hood". Weiter ging es mit: „Viel Besuch", „Gaslicht", „V.S.F – vorsicht schöne Füße", „5 Tage durch Europa", „Traum oder nicht Traum - das ist hier die Frage", „Die Schöne und das Biest". Dieses Stück wurde gespielt mit Stefan Reiser, Roland Klein, Lorenz Schirmer, Sabine Köhler, Walter Heck, Beatrix Masannek und Ariana Giordani. Es wurde eines unserer Highlights. Ohne die Unterstützung durch das Stadttheater Gießen bei den Requisiten und dem Soundtrack und vor allem bei Maske und Kostüm von Ingrid Chiout wäre es uns nur halb gelungen, diese wunderbare Atmosphäre umzusetzen. Am Premierenabend standen die Leute bis zum Seltersweg Schlange. Wir mussten das Stück noch ein paar Mal aufführen. So groß war die Nachfrage. Die meiste Aufmerksamkeit bekamen wir für „Traum oder nicht Traum – das ist hier die Frage".

Innerhalb von zwei Wochen haben wir dieses Stehgreiftheater für das Burgfest der Amerikaner ohne Skript auf die Beine gestellt. Die Ideen kamen von meiner Theatergruppe. Die Kostüme wurden von den Amerikanern aus dem Theaterfundus Aschaffenburg gestellt, alles Kostüme aus dem 14. Jahrhundert. Es wurde eines der grandiosesten und witzigsten Stücke überhaupt. Mehr als 3000 Besuchern haben es gesehen. Die Resonanz war riesig. Die Amerikaner dankten uns. Sie waren hin und weg.

Es gab in meiner Umgebung so viele künstlerisch interessierte Menschen, die mich wunderbar unterstützten. Alles fing mit Straßenmusikern an, die ich einfach ansprach, ob sie nicht auftreten wollten. Die meisten freuten sich riesig und hatten mit ihren Auftritten Erfolg. Ich bekam viele gute Ratschläge und fand immer offene Ohren bei: der Remmelgalerie mit Fritz und seinem Lebenspartner, Karstadt, dem Schuhgeschäft Darré, Dieter Schormann von der Ferber-Buchhandlung, der Büchergilde mit Irmgard Tenden und ihrer Tochter Dagmar, der Universität, etlichen Schulen etc.... Ich kann sie gar nicht alle aufzählen. Auch völlig fremde Leute haben mich damals aktiv unterstützt. Es war eine wilde und aufregende Zeit.

Nach einem Jahr liefen die Programme fast von allein. Es hatte sich wie ein Lauffeuer unter den Künstlern herumgesprochen, dass es in Gießen eine Kultureinrichtung gab, auf deren Bühne fast jeder seine Träume ausleben konnte. Ich wurde mit Anfragen überschüttet, brauchte nur auszuwählen. Leider hatte das Ganze auch eine andere Seite. Mit dem Hauptmieter gab es regelmäßig Zoff. Wir verstanden uns nicht gut, weil er immer alles bestimmen wollte. Wir hatten uns so arrangiert, dass ich für die Kultur und er für das Kneipengeschäft zuständig war. Trotzdem mischte er sich dauernd in meine Kulturarbeit ein. Ständig kam er mit seinen Umsatzzahlen: „Bridge, wir müssen Bier umsetzen! Die Kultur bringt keine Einnahmen!" Da war ich aber anderer Meinung: „Wenn wir gute Kultur bieten, dann werden wir den Ulenspiegel voll bekommen, nicht nur durch Biertrinken. Wir haben uns doch auf einen Kulturbetrieb geeinigt, und so wollen wir es bitte schön auch halten." Es kamen immer mehr Gäste in den Ulenspiegel. Wir hatten von 18 bis 1 Uhr geöffnet. Aber voll wurde er erst so gegen 20 oder 21 Uhr, wenn das Programm anfing. Trotzdem versuchten wir die Öffnungszeiten bis 3 Uhr früh auszudehnen. Aber es gab keine Chance. Die Behörden wollten einfach nicht mitmachen. (Aber wie das Leben so spielt: Nach meinem Ausscheiden aus dem Ulenspiegel 1990 wurde das dann doch genehmigt, als das schöne Kellergewölbe in eine Tanzbar umfunktioniert wurde.) Wir haben öfter bei Straßenfesten mitgemacht, haben in Frankfurt/M am Turm, in Wetzlar und in Lich gespielt. So ging es weiter bis 1987. Dann war Schluss mit dem eigenen Theaterspielen. Meine Akteure wurden älter. Sie verließen einer nach dem anderen die Bühne. Ich hatte keine Zeit mehr, da ich auch noch das Kindertheater Sonntags ab 15 Uhr betrieb.

Noch heute, 20 Jahre nach meinem Ausscheiden, werde ich in Gießen von ehemaligen Gästen des Ulenspiegel auf der Straße angehalten. „He, Bridge. Ach, was waren das für schöne Zeiten damals im Ulenspiegel. Du hast so viel Kultur in die Stadt gebracht. Ein Hauch der großen weiten Welt! Warum kommst du nicht wieder? Schade, dass das alles nicht mehr existiert." Es ist schön, nach so vielen Jahren noch derart geachtet zu werden.

Gleich im ersten Jahr wurde ich von einem Geschäftsführer, den der Hauptmieter ausgesucht und angestellt hatte, um 35.000 DM betrogen. Er wurde sofort entlassen! Es war für mich unfassbar, wie dieser Geschäftsführer so viel Geld hatte unterschlagen können und das unter Aufsicht. Natürlich haben wir uns deswegen so richtig in die Wolle gekriegt. Der unfähige Steuerberater hatte ebenfalls seinen Anteil daran.

Eines Sonntags, als sich ein Clown in dem kleinen Kabinett schminkte, bekam der Hauptmieter einen Tobsuchtsanfall. „Das geht hier nicht! Also machen Sie, dass Sie hier rauskommen. Dieser Raum ist nur vom Personal zu betreten!" Der arme Clown war furchtbar erschrocken, kam ganz aufgelöst aus dem kleinen Raum heraus: „Bridge, was soll ich tun? Ich muss mich irgendwo schminken!" Natürlich habe ich mich sofort beschwert: „So geht das wirklich nicht, mein Lieber. Es reicht jetzt. Ich habe um 15 Uhr Kindertheater, und jetzt weder Zeit noch Lust mich mit Dir anzulegen. Mach nicht meine Leute runter! Wenn Du was zu sagen hast, dann sag es gefälligst mir. Mach hier nicht so einen Aufstand! Und jetzt möchte ich Dich bitten, zu verschwinden. Wir müssen unsere Arbeit in Ruhe hier und jetzt machen. Also lass uns einfach nachher reden, okay?" Nach der Theatervorstellung habe ich mich mit ihm getroffen. „Also, pass auf! So werde ich nicht weiterarbeiten. Irgendwie habe ich das Gefühl: Du boykottierst unsere Kulturarbeit hier. Ich fand es einfach nur unverschämt, wie Du mich vor allen runtergemacht hast. Das war in der Art das letzte Mal. Das muss ich mir nicht gefallen lassen. Morgen werde ich zur Stadt gehen und ihnen mitteilen, dass ich nicht mehr bereit bin unter solchen Umständen weiter mit Dir als Partner zu arbeiten!" Das war ihm gar nicht recht. Er hatte schon registriert, dass diese Kulturarbeit auf großes Interesse in der Stadt traf, und viele Leute eine positive Einschätzung hatten. Trotzdem beharrte er auf seiner Meinung: „Es kann doch wirklich nicht jeder in die Personalkammer gehen!" „Was ist nur so schlimm daran, he? Wenn ich sonntags Kindertheatervorstellungen veranstalte, dann brauche ich jeden Raum zum Schminken. Niemand hinterlässt irgendwelchen Dreck. Ich brauche einfach freie Hand. Bei solchen Veranstaltungen trage ich die Verantwortung und nicht Du!" Er war ein knallharter Geschäftsmann, was ich auch gut fand. Er hatte große Erfahrungen in der Gastronomie, ich dagegen keine. Aber die Kultur – das war mein Baby! Ich hatte jahrelang mit Bands auf der Bühne gestanden. Der Umgang mit internationalen Künstlern machte mir Freude, und wir hatten Erfolg damit. Ich verstand nicht, dass er sich so anstellte. Wahrscheinlich ging es einfach nur ums Prinzip. Aber in mir hatte er eine schwierige Partnerin. Ich war nicht so leicht kleinzukriegen, hatte meine eigenen Ansichten. Das Ende vom Lied war, dass wir uns trennten. Der Hauptmieter betrieb das Bistro, das Bittchen, und ich den Ulenspiegel. Ich war überglücklich, als mir die Stadt Gießen den Ulenspiegel zusagte. Sie schätzten meine Kulturarbeit. Ein bisschen internationales Flair tat der Stadt gut. Gießen als Universitätsstadt braucht eine weltoffene Kultur.

Helga, die den Anfang der Kleinkunstbühne mitgestaltet hatte, zog sich aus dem Ulenspiegel zurück. Es war ihr zu viel geworden. Ich konnte das gut verstehen. Sie hatte ihren Sohn und eine Vollzeitstelle. Es tat ihr leid, doch sie konnte nicht anders. Ich bin Helga sehr dankbar, dass sie mir am Anfang mitgeholfen hatte, meinen Traum von einer Kleinkunstbühne zu verwirklichen. Meine Bank gewährte mir einen Kredit über 30.000 DM, und ich war nun alleinige Betreiberin des Ulenspiegel. Was aber hieß, dass ich die Gefangene der Kleinkunst wurde. Es gab so viel zu tun: vorausschauend zu planen, durchzuführen und hinterher abzurechnen. Trotzdem fehlte mir nichts. Ich hatte mich schon immer für Kunst, Musik und Theater begeistert. Es war eine tolle Sache. Natürlich kamen manchmal Probleme auf. Aber das Lösen dieser Knoten war auch jedes Mal ein Erfolg.

Ich möchte nur kurz erwähnen, wer alles zu Gast auf der Ulenspiegel-Bühne war in all den Jahren: Lee Bach, die Liedermacherin – Gernot Gingele, Flamencogitarrist – Dale King Bluesband – Georgette und Terry, Travestieshow (heute ist Georgette sehr berühmt mit ihren Chansons) – Lahn River Jazzband – Ximo und Jude, Folklore aus Brasilien – Lisa Dawson mit ihrer Jazzband aus den USA – The Gospel Travellers – Peter Merck mit den Schülern der Goethe-Schule (Wetzlar), Musicalabend – Los Rumberos, Zigeunerabend – Liederbuch, Krofdorf-Gleiberg mit internationalen Liedern – die Gruppe Fastfood (was für eine Gruppe von Sängern!) mit Heinz Jörg Ebert und Chris Barber. Auch Matthias Beltz, der Kabarettist und Autor, hat den Ulenspiegel besucht und nach Möglichkeit meine Kleinkunstbühne unterstützt. Leider ist er viel zu früh verstorben, schon im Alter von 57 Jahren. Thomas Freitag, inzwischen im Fernsehen oft präsent, der 1975/76 Schauspieler am Stadttheater Gießen engagiert war, hatte öfter einen Auftritt im Ulenspiegel. Eine Person, die ich nie vergessen werde, ist Dr. Horst Eberhard Richter, Psychoanalytiker und Sozialphilosoph. Diesem Mann verdanke ich viel. Durch die intensiven Gespräche, die wir im Ulenspiegel führten, hat sich meine politische Gedankenwelt total verändert. Ich fing an, an Demonstrationen teilzunehmen. Meine Einstellung zum Weltgeschehen, auch zu mir selbst, veränderte sich stark!

1983 – Zwischenspiel in den USA

Meine Mitbewohnerin Regina wollte unbedingt nach Amerika reisen. Und obwohl wir viel Zoff miteinander hatten, fragte sie mich, ob ich mitfahre. Mein Magen fühlte sich an, als ob ein Stein darin liegen würde, so schlecht habe ich mich gefühlt. Ich hatte das Gefühl, dass sie meine Ortskenntnisse ausnutzen wollte, doch ich konnte nicht NEIN sagen zu dieser Reise. Ich würde Gelegenheit haben, meine Tochter Chou nach langen Jahren wiederzusehen. Sie arbeitete im Hotel Double Tree in Monterey, Kalifornien, als Hotelfachfrau. Das gab mir die Kraft zuzusagen. Ich meldete mich bei Chou, und schrieb ihr, dass wir sie besuchen würden. Sie ließ mich wissen, dass sie sich freute und uns vom Flughafen in San Fransisco abholen würde.

Es war schon kurios. Meine Freundin und ich redeten die letzten zwei Wochen vor dem Urlaub nicht miteinander. Nur über die Buchung der Reise mit Mietwagen verständigten wir uns. Ansonsten herrschte Funkstille! In den USA würden wir den Alltag nicht haben. Jeden Tag würde etwas passieren. Es konnte nur besser werden zwischen uns, dachte ich und machte mir Mut.

An unserem Abreisetag ging irgendwann die Glastür zwischen den beiden Wohnungsteilen auf, und sie kam mit ihrem Rucksack heraus: „Okay. Lass uns fahren." Als wir im Zug zum Flughafen Frankfurt fuhren, entspannte sich die Stimmung bereits. Vorfreude machte sich breit und setzte sich an die Stelle der negativen Schwingungen. Unser Flug war sehr angenehm. Nach einer Stunde Zwischenstopp in Newark ging es weiter nach San Fransisco, wo wir am nächsten Morgen gegen 10 Uhr landeten. Meine Aufregung wuchs von Stunde zu Stunde. Und dann stand sie wirklich in der Airport-Halle. Meine Tochter Chou! Ich war sehr glücklich, sie wiederzusehen. Sie war eine attraktive Frau, groß, schlank, lange braune Haare und sehr schöne braune Augen. Sie sah fast aus wie ein Hollywood-Star. Ich war so stolz auf sie. Wir umarmten uns fest!

Draußen, vor dem Flughafen, kamen die alten Erinnerungen hervor: der Geruch, die Temperatur, das Flirren – mein Gefühl war, als hätte ich Kalifornien nie verlassen. Als Chou dann auch noch das Radio anmachte, ich den Sprecher sagen hörte: ‚This is Radio San Fransisco...' mit der so vertrauten Musik, da wurde mir ganz anders. So viele Bilder gingen durch meinen Kopf: mein Leben mit den kleinen Kindern, meine große Liebe Pat, die vielen Jobs, die herrlichen und die harten Zeiten.

Chou hatte eine Wohnung, die sie sich mit einer Freundin teilte. Wenn es ging, passte Chou auch auf deren Kinder auf. Wir schliefen im Bett meiner Tochter und sie auf dem Sofa. Ich war hundemüde vom Jetlag und hatte, wie immer nach solchen weiten Flugreisen, Anpassungsschwierigkeiten. Mitten in der Nacht tat es einen Schlag, dass ich senkrecht auf der Matratze saß. „Was war das?" Chou kam ins Zimmer: „Keine Angst, Ma. Das sind nur die Waschbären, die den Deckel der Mülltonne heruntergeschmissen haben. Sie kommen fast jede Nacht, um Futter zu suchen." Wir gingen zusammen zum Fenster, und Chou zeigte mir die putzigen Tierchen. Sie sahen mit ihren schwarzen Masken wirklich wie Räuber aus. Als ich die Straße herunter sah, konnte ich noch einige sehen, die auf der Flucht waren. Nachts gehörten die Straßen von Monterey den Waschbären.

Am nächsten Morgen sind wir drei in das Hotel Double Tree gefahren, wo meine Tochter arbeitete. Es ist ein sehr schönes Hotel, 5 Sterne, viele Filmschauspieler haben dort übernachtet. Chou hatte einige kennen gelernt und konnte interessante Stories zum besten geben. Es gab viel zu lachen.

Chou arbeitete am Empfang. Sie erklärte uns ihre Arbeit und das existierende Bonussystem. Wenn Mitarbeiter des

Hotels Gästen eine Empfehlung für ein Restaurant gaben, dann erhielten diese Mitarbeiter in Abhängigkeit von der Zeche der Gäste in dem empfohlenen Restaurant Verzehrcoupons. Chou war gut im Geschäft und hatte so viele Coupons gesammelt, dass sie uns zum Essen in Fisherman's Wharf einladen konnte. Der Fisch war frisch, direkt aus dem pazifischen Ozean. Einfach ausgezeichnet! Und die 120 $, die auf der Rechnung standen, konnte meine geschäftstüchtige Tochter mit den Coupons begleichen. Trotzdem wollte sie dem Kellner noch 25 $ Trinkgeld geben, und das sollten wir bezahlen. Da rastete meine Freundin aus: „Was? 25 $ Trinkgeld? Das ist viel zu viel." Mir war das sehr peinlich, auch Chou und ihrer Freundin gegenüber. Wir erklärten Regina die allgemeinen Regeln in der amerikanischen Gastronomie. Die Kellner erhalten nur ein Grundgehalt, was nicht sehr üppig ausfällt. Den Rest müssen sie über Trinkgelder einnehmen. Deshalb ist das Personal in den Restaurants in Amerika dem Kunden gegenüber extrem höflich, damit das Trinkgeld gut ausfällt. Okay? Wir teilten uns die 25 Dollar, und damit hatte sich der Fall erledigt. Aber dieser peinliche Auftritt sorgte mal wieder dafür, dass ich Magendrücken bekam und die allgemeine Stimmung gedrückt war. Ich entschuldigte mich bei Chou dafür und bedankte mich für die Einladung und den schönen Abend. Das nächste Mal würden wir dran sein, sie einzuladen.

Am nächsten Tag fuhren Chou und ich zu einem Kaufhaus. Als wir einparken wollten, fuhr ein Cabrio an uns vorbei in entgegengesetzter Richtung. Die beiden jungen Männer hielten neben uns, sahen Chou an und fragten: „Hi, schöne Frauen. Was macht ihr heute Abend?" Chou sah mich mit großen verschmitzten Augen an. Dann wandte sie sich zu den Jungs: „Hi, ihr zwei. Meine Mutter und ich haben heute Abend schon was vor." „Ähhhm! Wie, was? Mutter? Oh sorry. Schönen Tag noch!" Und weg waren sie. Wir standen auf dem Parkdeck und konnten uns vor Lachen kaum halten. Wie früher als Chou klein war, kamen uns die Tränen. Was hätte ich darum gegeben, die ganze verlorene Zeit mit ihr nachholen zu können, sie aufwachsen zu sehen. Das hat nicht sollen sein. Auch jetzt hätte ich mir so sehr gewünscht, mehr Zeit mit Chou verbringen zu können, mit ihr zu reden über ihre Zeit mit dem Vater und der Stiefmutter. Aber unsere zwei Wochen Urlaub waren so knapp bemessen, dass meine Freundin und ich am nächsten Tag aufbrechen mussten. Vielleicht würde sich auf der Rückfahrt ein längerer Aufenthalt ergeben. Nach dieser kurzen Stippvisite bei meiner Tochter fiel mir der Abschied sehr schwer. Ich hätte sie sehr gern mitgenommen. Es scheint mein Schicksal, dass über längere Zeiten meine Familie nicht so mit mir zurechtkommt, wie ich es mir wünschen würde. Es begleitet mich mein ganzes Leben.

Am späten Nachmittag sind wir zum Autoverleih gegangen, um unseren vorbestellten Wagen abzuholen. Es war ein kleines Auto mit dem wichtigsten Zusatz, den ich mir vorstellen konnte – einer Klimaanlage. Nach dem Frühstück sind wir zum Highway No. 1 gefahren und dann Richtung Grand Canyon, Nationalpark. Es ist einfach traumhaft, diesen wunderschönen Highway zu befahren, entlang der Küste mit den riesigen Felsen auf denen Seehunde liegen und sich von der Sonne bescheinen lassen. Als wir in L.A. ankamen, hatte ich dasselbe Problem wie 1958, als ich mit Steven auf diesem Spaghetti-Freeway herumfuhr und die richtige Abfahrt nicht fand. Verdammt noch mal, das konnte doch nicht so schwer sein! Richtung Arizona – Kingman! Wir sind bestimmt dreimal um ganz Los Angeles herumgefahren, ehe uns ein Polizist anhielt und seine Dienste anbot. Und mit ihm war es ganz einfach. Er winkte, und wir nahmen erleichtert und elegant die korrekte Abfahrt.

In Kingman fanden wir ein Motel mit akzeptablen Preisen. Unser Zelt, das wir für den Fall der Fälle von Deutschland mitgebracht hatten, konnte in seiner Verpackung warten.

Zu meinem Erstaunen ging es den ganzen Tag mit meiner Freundin total harmonisch zu. Wir verstanden uns sehr gut während der Fahrt. Es wurde immer alles abgestimmt und besprochen, der nächste Tag geplant. Wir gingen gemeinsam schwimmen und essen, und alles war eitel Sonnenschein.

Am nächsten Tag fuhren wir weiter zum Grand Canyon. Was für eine überwältigende Kulisse! Ich wusste, was uns erwartete, aber Regina konnte sich nicht satt sehen an diesem riesigen Panorama. Auf einem Campingplatz fanden wir eine sehr schöne Stelle für unser Zelt, neben einem Tisch, zwei Bänken und einem Grillplatz. Der Campingplatz hatte alles, was man sich wünscht: Supermarkt, Duschen, Toiletten, Restaurant, Bar, eine 1-A-Ausstattung. Es dauerte nicht lange, da kam ein Riesenmotorrad angefahren und baute sich neben uns auf. Der Fahrer sah aus, als käme er direkt vom Mars. Er war ganz in schwarzes Leder gekleidet und trug einen Helm mit einer Antenne oben drauf. Ein paar Minuten später kam ein zweites Motorrad mit einem kleineren Marsmenschen drauf. Als sie die Helme abnahmen, konnte man erkennen, dass sie Mann und Frau waren. Ich stand da mit offenem Mund und konnte gar nicht fassen, dass eine so kleine Frau so eine große Maschine fahren konnte. Wir kamen rasch ins Gespräch, machten zusammen Abendessen und schwatzen noch lange. Zwei Marsmenschen und zwei Frauen aus Deutschland hatten einen sehr schönen Abend auf einem amerikanischen Campingplatz.

Am nächsten Tag wollten wir in den Canyon hinunterlaufen. Es konnte unten am River Grande sehr heiß werden, und die Gefahr, nicht wieder gesund zurückzukommen, war von Touristen schon manchmal unterschätzt worden. Deshalb musste man sich bei den Rangern anmelden, wenn man hinunterging. Sie kontrollierten jeden Tag die Strecke nach unten und wiesen uns darauf hin, dass wir genügend Wasser und eine Kopfbedeckung mitnehmen und feste Schuhe tragen sollten. Sie erzählten uns Geschichten von Besserwissern, die in Sandalen, ohne Hut und Wasser die Strecke liefen. Wenn sie dann den Rückweg nicht mehr schafften, mussten sie mit einem Hubschrauber geborgen werden. Das ist teuer und riskant. Aber wir waren gut gerüstet und machten uns auf den Weg. Als wir die steinige Strecke herunter liefen, kamen uns kleine Esel entgegen, auf denen dicke, gut eingepackte Frauen saßen. Mir taten die Tiere leid. Ich war auch nicht gerade dünn, aber das hätte ich den Eseln nicht zugemutet. Regina ist eine Sportlerin, die sehr viel radelt. Sie schaffte es bis ganz nach unten. Mein Sport ist eher das Treten auf Kupplung und Gaspedal. Ich drehte nach einer Weile um. Es wurde mir viel zu anstrengend. Wir trafen uns später im Restaurant zu einem vorzüglichen Abendessen bei Countrymusik. Saftige Steaks mit baked potatoes und Salat; das war nach der Anstrengung des Tages genau das Richtige.

Um unsere Füßen wirbelten Hunderte Frösche durch die Nacht. Ich fragte unseren Gastgeber: „Warum sind hier so viele Frösche auf einmal?" „Die sind hier, weil sie nach den Insekten jagen. Schau mal nach oben, an die Lampen." Um die Lampen herum schwirrte es nur so von Insekten. Wahrhaftig! So viele kleine Flugwesen auf einmal hatte ich noch nie gesehen. Es war ein richtiges Schauspiel! Dann gingen wir zum Zelt. Ich war todmüde und schlief sofort ein. Am nächsten Morgen gegen vier Uhr wurden wir durch einen ungebetenen Gast in unserem Zelt geweckt. Etwas raschelte und hüpfte und spazierte durchs Zelt. Ich saß kerzengerade im Schlafsack und dachte erschrocken, dass ich wieder mal das zweifelhafte Vergnügen hätte, eine Ratte als Schlafgast begrüßen zu dürfen. Doch dann entdeckte ich das süße kleine Eichhörnchen und beobachtete es voller Freude. An Schlaf war allerdings nicht mehr zu denken.

Wir bauten unser Zelt ab und machten uns auf die Reise zum Monument Valley, zum Lake Powell. Das war unser nächstes Ziel. Es war verdammt heiß, so um die 50 Grad. Im Wagen störte es nicht. Wir hatten ja Klimaanlage an Bord. Aber wehe, wir wollten aussteigen! Dann war es wie ein Schlag ins Gesicht, wie eine unsichtbare Hitzemauer, gegen die wir prallten. Gegen Mittag kamen wir am Monument Valley an. Es war so heiß, dass wir erst mal im Wagen sitzen blieben und mit großen Augen diese bizarre Landschaft bewunderten. Jeder Felsen sah aus wie eine Skulptur: eine Kaffeekanne, ein Elefant, ein Fausthandschuh. Man musste nur seine Fantasie spielen lassen, und das Valley wurde zu einem riesigen Skulpturenpark.

Im Valley habe ich zum ersten Mal Lehmhütten von Indianern gesehen. Sie sahen aus wie kleine Iglus, nur diese hier waren aus Lehm und nicht aus Eis.

Am späteren Nachmittag machten wir uns auf den Weg zum Lake Powell und nach Page. Die Gegend war der vollkommene Kontrast zur Wüste. Page liegt mitten im Grünen umgeben von einer einzigartigen Natur. Man muss selbst hinfahren, um es zu erleben. Die Hotels und Motels verfügen alle über so viel Wasser, dass sie Schwimmbäder betreiben können. In Page waren keine Indianer zu sehen, und auf meine Nachfrage im Motel wurde mit mitgeteilt, dass hier keine Indianer in der Stadt leben, die wohnen alle in Reservaten in der Wüste. Ich konnte es nicht glauben. Gab es hier immer noch Rassentrennung? Von wegen ‚Land of the Free'!

Wir haben eine Nacht in Page verbracht, sind am nächsten Tag zum Lake Powell gefahren. Was für ein wunderschöner See! Ich habe noch nie so ein Blau gesehen. Und sein Staudamm ist riesig! Wer in der Nähe des Grand Canyon und Page ist, sollte nicht versäumen unbedingt zum Lake Powell fahren. Wir haben einen halben Tag am Lake verbracht, sind dann weiter Richtung Las Vegas durch den Bryce und den Zion National Park gefahren. Im Bryce Nationalpark haben wir auf einem Campingplatz unser Zelt aufgeschlagen und die herrliche Landschaft mit den großen Felsen und Flüssen genossen. Dieser warme Lufthauch, der Geruch nach warmen Kiefernnadeln, dazu das Gezwitscher und Gezirpe der kleinen Vögel und die aufgeregten Rufe der Raubvögel! Natur pur!

Der Campingplatz war wieder aufs Beste ausgerüstet. Die Amerikaner gehören zu den größten Campingfans der Welt. Man kann hier alles haben und finden: vom kleinsten spartanischen Einmannzelt bis zu riesigen Caravans, die fast schon so groß und so komfortabel sind wie ein festes Wohnhaus. Amerikaner sind immer auf Achse. Wenn sie die Nase von einem Job voll haben, ziehen sie mit allem um, was sie haben, entweder mit dem ganzen Haus (wenn sie es sich leisten können) oder mit ihrem Camper, Caravan-Wohnwagen. Dann siedeln sie sich für eine Übergangszeit in der Nähe eines Ortes oder einer Stadt an, oder ziehen gleich auf den Campingplatz am Stadtrand.

Einen Tag und eine Nacht sind wir im Bryce Canyon geblieben. Dann fuhren wir weiter nach Las Vegas. 50 Grad Hitze draußen. Weit und breit nichts als Wüste, schnurgerade Straßen, ein paar Kakteen in der Einöde. „Sag mal, kannst Du Dir vorstellen, dass in dieser endlosen Wüste eine blühende Stadt existieren soll?" fragte ich meine Freundin. „Nein, das kann ich mir wirklich nicht vorstellen. Es ist so gespenstisch hier." Wir fuhren auf dem Highway geradeaus, schnurgerade und weiter gerade. Über dem Asphalt flirrte die Luft. Alles spiegelte sich von der großen Hitze. Manchmal sah es so aus, als ob die Straße hinter der nächsten kleinen Bodenerhebung verschwinden würde. Dann, auf einmal: „Sieh mal, da vorn! Was ist das? Eine Fata Morgana? Oder siehst Du auch was?" Auf einmal entstand eine Stadt vor unseren Augen, einfach so aus der Wüste. Ich hatte das Gefühl, mich in einer mystischen Zone, einer verzauberten Welt, zu befinden. Ein Casino nach dem anderen, ein Hotel am anderen und dazwischen Kirchen. Überall wimmelten Menschen umher. Las Vegas, das Spiel- und Heiratsparadies! Alles rund um die Uhr!

Wir hatten ein schönes kleines Hotel gefunden, nicht zu teuer, Zimmer mit Klimaanlage, das war die Bedingung. Die Hitze draußen war unerträglich. Wir haben uns erst mal ausgeruht bis Mitternacht. Dann sind wir auf die Pirsch gegangen durch die Casinos. Als wir aus dem Hotel kamen, schlug uns Hitze entgegen. Es waren immer noch 35 Grad, und das um 24 Uhr! In den Casinos war es schön kühl. Sie hatten ihre Klimaanlagen auf Hochtouren laufen.

Nie in meinem Leben habe ich so viele Jetons benutzen müssen. Es gab sie für alles: Getränke, Essen und natürlich Spiele. Geld und Münzen konnte man nicht benutzen. Vor jedem Casino bekam man einen Jeton geschenkt. Damit wurden die Menschen in die Spielhöllen gelockt. Alle sollten spielen. Ich fand eine Maschine, die halbe Dollarstücke als Gewinn auswarf und gewann 35 Dollar. Es machte mir so viel Spaß, dass ich nicht aufhören wollte, und ganz schnell hatte ich alles wieder verloren. Man konnte hier reich werden oder ganz arm. Ich hörte lieber auf, bevor ich mein ganzes Bargeld verspielte. Meine Freundin hatte auch nichts gewonnen. So haben wir uns einen Tag Las Vegas angesehen und uns mit unseren Jetons durchgefuttert. War auch eine schöne Sache!

Am nächsten Tag fuhren wir weiter Richtung Death Valley National Park. Es war nicht ungefährlich durch diese Gegend zu fahren.

Wir mussten 27 Kilometer durch das Valley nach Bishop. Zum Glück hatten wir ausreichend Wasser mitgenommen, und die Klimaanlage lief auf Hochtouren. Auf unserem Weg durch das Tal des Todes trafen wir kaum ein Auto. Nach 20 Kilometern sahen wir einen Wagen, der an der Seite geparkt war. Kein Mensch darin! Wir hielten an, um zu sehen, ob wir helfen konnten. Es war eine höllische Hitze! Wenn hier jemand zu Fuß unterwegs war, dann gnade ihm Gott! Doch weit und breit war niemand zu sehen. Also stiegen wir wieder ein und fuhren weiter. Nach einem kleinen Berg erreichten wir ein Haus mit einer Tankstelle. Wir wollten die Gelegenheit nutzen, um uns mit frischem Wasser einzudecken. *An dieser Stelle mal ganz ehrlich: Sachen gibt's, die gibt's gar nicht!* Wir kamen an der Tankstelle an, stiegen aus. In dem Moment hörte ich eine Männerstimme auf deutsch sagen: „Na schau mal einer an – da kommt Bridge!" Ich war völlig überrascht. Wer sollte mich denn hier kennen? Zwei Männer saßen auf einer Bank. Sollte ich mich an sie erinnern? „Kennen wir uns?" „Na klar. Ich bin öfter Gast bei Dir im Ulenspiegel. Du erkennst mich nicht, oder?" Ich sah ihn mir zweimal an. Konnte schon sein, und stimmte höchstwahrscheinlich, denn woher sonst sollte er meinen Namen kennen? Aber es waren so viele Gäste im Ulenspiegel, dass ich mir wirklich nicht jeden merken konnte. „Was macht Ihr denn hier im Niemandsland?" Blöder Spruch von mir! „Dasselbe könnte ich Dich auch fragen, Bridge!" Wir lachten. Ausgerechnet im Death Valley treffe ich Gäste aus dem Ulenspiegel. Eine kuriose Welt! Aber wie das Leben halt so spielt! „Seid Ihr ohne Auto?" „Nein, unser Wagen steht ungefähr sieben Kilometer von hier weiter unten.

Unser Keilriemen ist gerissen. Wir warten auf einen neuen, der mit dem Helikopter hierher unterwegs ist." „Was? Für einen Keilriemen kommen die mit einem Hubschrauber angeflogen? Nicht zu fassen!" Auch das ist Amerika! Wir unterhielten uns noch eine Weile, dann mussten wir weiter, schließlich wollten wir nach Bishop und dort eine Übernachtung finden. Im Motel sind wir zur Abkühlung noch eine Runde geschwommen. Was für eine herrliche Erfrischung nach einem Tag mit glutroter Hitze! Dann ging es gleich ins Bett, da wir am nächsten Tag weiter Richtung Yosemite Nationalpark fahren wollten.

Es war eine gemütliche Fahrt. Kurz vor dem Park lief ganz gemächlich ein Grizzlybär über die Straße. Ein tolles Bild und Erlebnis! Ich saß noch ganz hypnotisiert am Steuer, als meine Freundin das Fenster herunterließ. Sie wollte den Bären unbedingt noch einmal genau und aus der Nähe sehen. Ich schrie sie an: „Mach sofort das Fenster zu. Bist Du denn von allen guten Geistern verlassen? Bären sind unberechenbar. Er kann ganz leicht aus dem Graben wieder herausspringen, und der Arm ist ab." Das Fenster war zum Glück und zu meiner Beruhigung ganz schnell wieder oben. Doch mein Herz raste wie verrückt. So ein Leichtsinn!

Als wir im Yosemite Park ankamen, war es später Nachmittag. Wir fuhren in die Nähe des Wasserfalls und bauten unser Zelt auf. Später machten wir noch einen Spaziergang um die Campinganlage herum, sahen uns ein paar Rehe und Hirsche an.

Am nächsten Tag ging unsere Fahrt weiter nach Virginia City. Erst am Nachmittag kamen wir in der Geisterstadt an. Gleich auf den ersten Metern durch die Stadt hatte ich das Gefühl, dass im nächsten Augenblick ein Sheriff um die Ecke galoppiert, mit seinem stolzen Pferd vor dem Saloon stoppt, sich elegant aus dem Sattel schwingt, in das Haus stürmt und sich den Gangsterboss schnappt. Die ganze Stadt eine Filmkulisse. Gigantisch! Ich war begeistert.

Am frühen Abend brachen wir wieder auf und fuhren in die Nähe des Lake Tahoe. Unweit vom See, in einem kleinen Motel, mieteten wir ein Zimmer, gingen essen und machten anschließend noch einen kleinen Spaziergang. Der Sonnenuntergang war einfach traumhaft! Wir hatten an den vergangenen Tagen so viel erlebt, dass wir beschlossen, am nächsten Tag eine Auszeit zu nehmen und nur am See zu bleiben und die Ruhe zu genießen.

Das Motel bereitete uns einen Picknickkorb vor. Wir stiegen mit Decken und Verpflegung und allem, was man so braucht, wenn man nichts machen möchte, froh gelaunt und beschwingt hinunter zum Lake Tahoe. Wir suchten uns einen schönen Platz in der Sonne, breiteten unsere Decke aus und bewunderten die atemberaubende Natur. Nach dem Essen legte ich mich auf den Bauch und schlief ein. Regina konnte stundenlang in der Sonne liegen, für mich war das nicht so gut. Nach zwei Stunden ungefähr wurde ich wieder wach, erkundigte mich nach der Uhrzeit und drehte mich um. Aua, aua! Bei jeder geringsten Verschiebung meiner Hautzellen brannte der Rücken wie verrückt. „Au! Sieh mal bitte nach. Mein Rücken tut wahnsinnig weh." „Bridge, Du bist rot wie ein gekochter Krebs." Ich musste sofort aus der Sonne und zurück ins Motel. Klar, ich hatte den schlimmsten Sonnenbrand meines Lebens! Gott sei Dank hatten wir Creme dabei, die gut gegen Sonnenbrand helfen sollte. Meine Freundin rieb mir den Rücken ein. Doch so sehr sie sich auch bemühte ganz ganz vorsichtig zu sein, es tat höllisch weh. Ich musste durchhalten, denn ohne Creme würde es überhaupt nicht besser werden. Ich hatte Tränen in den Augen vor lauter Schmerzen. Meine Freundin legte ein Badehandtuch auf meine Betthälfte, und darauf legte ich mich. Ich war so froh, als ich es endlich geschafft hatte, in einer Position zu liegen, in der möglichst wenig weh tat. Ich bewegte mich keinen Zentimeter. Auf einmal sagte meine Freundin: „Was ist denn das da? Das sieht wie ein Münzeinwurf aus. Ja, tatsächlich! Stell Dir vor, Du brauchst nur 25 Cents einzuwerfen und schon bekommst Du eine Massage direkt im Bett. Das werde ich jetzt ausprobieren. Mal sehen, wie das geht." Einen Moment später stand sie am Münzeinwurf, und die 25 Cents fielen in den Kasten. Ich hatte keine Zeit, ihr davon abzuraten. „NEIN, TU DAS BITTE

NICHT!" schrie ich gequält, doch zu spät. Das ganze Bett fing an, sich hin und her zu bewegen wie bei einem Cha-Cha-Cha. Ich schrie vor Schmerzen. Jede einzelne Hautzelle auf meinem Rücken schrie mit mir: „Stopp das verdammte Gerät!" Meine Freundin fing an zu lachen. Sie konnte sich vor lauter Lachen nicht mehr halten. „Was ist denn das für eine verrückte Idee? Ein Bett, dessen Matratze sich bewegt." Ich dagegen hatte gar nichts zu lachen. Ich war wütend und voller Schmerzen und dankbar, als es endlich aufhörte.

Am nächsten Tag, als es mir ein wenig besser ging, konnte ich auch darüber schmunzeln. Ich konnte Regina verstehen. Es muss sich wirklich um eine sehr witzige Szene gehandelt haben. Comedy á la Hollywood! Ich sehe ganz genau die Einstellung vor mir, und alle lachen auf Kommando, wie das in den amerikanischen Comedy-Sendungen ist. Hahaha! Es war zu komisch.

Nachdem mein Rücken besser geworden war, fuhren wir zurück zu meiner Tochter. Dort verbrachten wir noch zwei Tage. Wir gaben unseren Wagen zurück, Chou fuhr uns nach San Fransisco zum Flughafen. Es fiel mir schwer, von Chou Abschied zu nehmen. Wir haben sie nach Deutschland eingeladen. Ich hoffte sehr, dass sie irgendwann einmal auch kommen würde. Ich umarmte mein Kind, mein großes Kind, konnte die Tränen nicht zurückhalten. Es schmerzte mich so sehr, vor allem, dass wir keine Möglichkeit gehabt hatten, uns richtig auszusprechen. Ich hoffte, dass wir dazu eine Chance haben würden, wenn Chou in Gießen sein würde. Wir mussten uns unbedingt die Zeit nehmen.

Während der Rückreise hörten wir im Radio, dass die Krankheit Aids ausgebrochen war, und viele schwule Männer daran gestorben waren. Als ich später mehr über Aids erfuhr, wurde auch mir ganz anders. Es waren nicht nur Männer betroffen. Die Medien suggerierten, dass die Hauptschuldigen die Homosexuellen wären! Wie das so ist im Leben! Findet man keinen wirklich Schuldigen, wird eben jemand gesucht. In diesem Fall waren die Gays an Aids schuld. Na toll! Immer wieder ist das so: Ohne groß nachzudenken, wird Menschen, die etwas anders sind, die Schuld für etwas in die Schuhe geschoben. Diese Nachrichten lösten vor allem in der Schwulenszene eine Riesenpanik aus. Einer meiner Lieblingsschauspieler, Rock Hudson, starb am 2. Oktober 1985 als einer der ersten Prominenten, an dieser schrecklichen Krankheit. Er wurde nur 59 Jahre alt. Für mich war es ein großer Schock, als ich im Radio die Nachricht von seinem Tod hörte. Ich sehe heute noch gerne seine Filme mit Doris Day. Er war einer der schönsten Männer überhaupt.

Der Flug verlief ruhig und gut, nach 14 Stunden waren wir wieder in Frankfurt und eine Stunde später in unserer Wohnung. Die Katzen waren gut versorgt und alles schön sauber. Reginas Tochter hatte sich während unserer Abwesenheit ausgezeichnet um alles gekümmert.

Dann ging der Alltagsstress wieder los. Ich kümmerte mich neben der Arbeit um den Ulenspiegel und Regina ging zum Dienst. Auf unseren Reisen konnten wir immer viel gemeinsam lachen. Es war schön, mit ihr auf Reisen zu gehen. Aber in Gießen hatten wir innerhalb kürzester Zeit wieder Schwierigkeiten miteinander. Schade, ich hätte es mir anders gewünscht, denn sie bedeutet mir viel. Aber die Tür zwischen den beiden Wohnungsteilen ging wieder zu. Und schon fingen die kleinlichen Zänkereien und Ungerechtigkeiten wieder an. Was war da nur los? Es ging einfach nicht so wie im Urlaub. Ich verstand es nicht.

Eines Nachts bekam ich einen Anruf von meinem Geschäftsführer, dass der Ulenspiegel unter Wasser stehen würde. Es hatte in dieser Nacht wie aus Eimern geschüttet. Die Keller von halb Gießen standen unter Wasser. Klar, dass das Wasser auch den Weg in die Gewölbe gefunden hatte. Ich musste mitten in der Nacht so schnell wie möglich in meine Kleinkunstbühne. Ich rief noch vor dem Loshetzen ein paar Leute an, und tatsächlich rückten nach und nach Helfer an. Mit Eimern und Lappen bewaffnet kämpften wir gegen das eingedrungene Wasser. Es dauerte etliche Stunden, bis wir wieder alles unter Kontrolle hatten. Das war eine Aktion!

Ohne meine tatkräftigen Freunde wäre das nicht so glimpflich abgelaufen. Am Abend des folgenden Tages öffnete der Ulenspiegel um 19 Uhr wieder. Wir hatten Glück, dass der Schaden nicht so groß war. Ich war meinen Mitarbeitern sehr dankbar. Sie waren immer da, wenn wir einen Engpass hatten, und das bis zum Ende des Ulenspiegel!

Im Grunde war ich neben der Arbeit und den Veranstaltungen im Ulenspiegel ganz schön einsam. Ich ging viel aus und machte neue Bekanntschaften. Aber eigentlich hatte ich das satt. Ich wollte unbedingt wieder eine Freundin, der ich voll vertrauen und mit der ich das Leben, Sorgen und Freuden teilen konnte.

In der Frankfurter Rundschau sah ich ein Inserat: Frau sucht Frau! Ich antwortete, und wir verabredeten uns in einem Museum am Römer. Eine zarte Frau mit großen blauen Augen und einem sehr warmherzigen Lachen stand vor mir. Ich war fasziniert von ihr und verliebte mich wieder einmal unsterblich. Wir trafen uns oft, und nach kurzer Zeit entwickelte sich zwischen uns eine Romanze. Ich jagte, so oft ich konnte, gleich nach meiner Arbeit zu ihr und war noch nie so viel auf der Autobahn, wie in der Zeit mit ihr. In ihrer Wohnung gab es viele zarte Möbel, die gut zu ihr passten. Ich hatte immer ein wenig Angst, dass de Stuhl, auf den ich mich setzte, zusammenkrachen würde. Ich war immerhin 1,74 m groß und hatte 100 Kilo auf meinem schönen Körper. Jeden Tag fuhr ich nach Frankfurt, genoss unser Zusammensein, bis wir auf einer Fahrradtour durch die Lüneburger Heide fühlten, dass diese Liaison keinen Sinn mehr für uns hatte. So war ich wieder mal ohne Liebe im Leben unterwegs.

Am Ende meiner Beziehungen war meist ich die Leidtragende, da ich aus unterschiedlichen Gründen verlassen wurde. Ich weiß: Es gehören zwei dazu! Und auch ich habe meinen Teil dazu beigetragen. Ich wünschte mir, meine Freiheit zu behalten, und doch verstrickte ich mich meist so heftig, dass ich meine Wünsche unterdrückte. Aber wenn ich liebte, war ich sehr treu und zuverlässig. Dann gab es nur uns beide. Ich hätte niemals in einer Dreierbeziehung leben können.

Ich habe immer wieder empfunden, dass eine echte Beziehung Schwerstarbeit ist. Jeder hat seine eigene Persönlichkeit, hat eigene Bedürfnisse, Macken. Man wünscht sich Freiräume und doch fällt es schwer, sie auch dem anderen einzuräumen, das Gegenüber so zu akzeptieren, wie er/sie ist. Alles unter einen Hut zu bringen und möglichst wenig zu vernachlässigen, das ist eine der schwersten Aufgaben, die es in einer Beziehung gibt.

1985 – Nicaragua

Im Juni 1985 fragte mich Regina, mit der ich immer noch die Wohnung in Gießen teilte, ob ich mit nach Nicaragua fahren würde. Die SPD und die Grünen von Gießen wollten eine Städtepartnerschaft mit San Juan del Sur ins Leben rufen. Da brauchte man mich nicht zweimal zu fragen. Ich liebe die Kultur und Lebensart der Latinos und die spanische Sprache. Wir hatten im Ulenspiegel manchmal Straßenmusikanten, die aus Lateinamerika kamen, zu Gast. Sie hatten mich und das Publikum mit ihrem Schwung oft begeistert. Aber in das Land zu fahren und dieses Temperament vor Ort zu erleben, das stellte ich mir herrlich vor! Natürlich war ich Feuer und Flamme und sagte zu. Die Reise sollte vier Wochen dauern.

Da musste ich vorher im Ulenspiegel alles gut organisieren, damit während meiner Reise keine großen Katastrophen aufkamen. Wie ich schon erwähnte: Ich hatte sehr gute Mitarbeiter und nun einen neuen, ganz passablen Geschäftsführer. Ich berief eine Teamberatung ein, sagte ihnen, dass ich vier Wochen nach Nicaragua fliegen würde und sie alles allein schmeißen müssten. Die Resonanz war positiv. Ich fühlte mich sicher und konnte beruhigt diese Reise antreten.

Ich besprach vor der Reise noch einige wichtige Dinge mit Regina. Sie teilte mir mit, dass wir einen großen Sack mit Medikamenten für das Krankenhaus in San Juan del Sur mitnehmen würden. Das konnte schwierig werden. Meine Erfahrungen mit Zoll und Polizei machten mich misstrauisch. „Wir sollten ein Schreiben der Botschaft mitnehmen, dass wir die Medikamente importieren dürfen. Es wäre doch schade, wenn die am Flughafen weggenommen werden.", sagte ich zu ihr und hängte mich sofort ans Telefon. Sehr zur Verwunderung meiner Freundin Regina traf der Begleitbrief mit Stempel und vom Botschafter persönlich unterschrieben, eine Woche später bei uns ein.

Der Tag der Abreise kam. Wir sind zum Flughafen gefahren. Die Maschine flog am Morgen nach Madrid. Dort sollten wir umsteigen. Ich stand in der Schlange zur Passkontrolle. Alle holten ihre Papiere hervor, ich auch. Da fiel es mir auf: Ich hatte einen amerikanischen Pass! Alle anderen nicht. Oh, mein Gott! Als Amerikanerin nach Nicaragua, in eine kommunistische Diktatur! Ging das überhaupt? Brauchte ich etwa ein Visum? Ich hatte mir darüber keinen Kopf gemacht. Mir wurde auf einmal ganz anders. Regina und die ganze Gießener Gruppe – alle hatten Visa für Nicaragua, bloß ich nicht. Mein Pass war leer. OH NEIN! Was mache ich jetzt bloß? Na toll, dann würde ich eben gleich wieder zurückfliegen müssen. Ich schwankte ständig zwischen Ärgern und Beruhigen, zwischen ‚so ein Mist' und ‚vielleicht brauchst du ja gar kein Visum.' Auch das Personal am Informationsschalter auf dem Frankfurter Flughafen kannte sich nicht aus mit den Einreisebestimmungen nach Nicaragua für Amerikaner. Irgendjemand musste doch was wissen! Ich rief die Auskunft der Pan American Airlines an, und die Dame am anderen Ende sagte mir: „Alles okay. Sie werden auch ohne Visum nach Nicaragua gelassen!" Ich hätte sie umarmen können für diese gute Nachricht. Ich hoffte nur, dass auch die Kontrolle in Nicaragua das wusste.

Noch ganz aufgedreht stieg ich in die Maschine nach Madrid. Nach ein paar Stunden Aufenthalt dort ging es weiter nach Kuba. Um 5 Uhr früh landeten wir in Havanna bei tropischer Hitze und einer Luftfeuchtigkeit von fast 100 %. Wir fühlten uns wie in einer Waschküche. Nach einer weiteren Stunde Aufenthalt setzten wir unsere Reise fort. Gegen 9 landeten wir in Managua, der Hauptstadt von Nicaragua.

Ich kann kaum beschreiben, welche Gefühle mich erfassten, als ich aus dem Flugzeug sah. Das Empfangsgebäude, das Rollfeld und überhaupt jede Ecke war voller Militärs. Überall standen Sandinisten, bewachten den Flughafen. Sofort fühlte ich mich zurückversetzt in die Zeit nach dem zweiten Weltkrieg, als die russischen Soldaten einfach überall waren. Klar und deutlich stiegen die Bilder in mir hoch.

Es dauerte eine Weile, bis wir die Maschine verlassen durften. Doch endlich betraten wir den Boden von Nicaragua. Mit einer Mischung aus Angst und freudiger Erwartung reihte ich mich in die Schlange bei der Passkontrolle ein. Ich war als Amerikanerin in einem Land angekommen, dessen Feinde von Amerika unterstützt wurden. Oh Gott! Ich übergab meinen Pass einem Polizisten, sagte ‚Hola!', dabei klopfte mein Herz bis zum Hals. Er schaute sich meine Papiere an, dann mich und gab sie mir mit einem ‚Bienvenido a Nicaragua!' zurück. Was für eine Erleichterung! Ich durfte ohne Visum einreisen. Das Aufregendste stand uns aber bei der Zollkontrolle noch bevor. Wir konnten beobachten, was mit den Leuten vor uns in der Schlange beim Zoll passierte. Die Beamten, so richtige Machos, ließen die angekommenen Frauen spüren, wer hier das Sagen hatte. Sie mussten die Koffer aufmachen und alles herausnehmen. Wirklich alles wurde inspiziert, auch Tampons und Hygienebinden wurden untersucht. Bei meinen vielen Kontakten mit Zollbeamten hatte ich so etwas noch nie erlebt. Sie machten sich über die Binden lustig, blickten mit Verachtung und einem süffisanten Lächeln auf die vor ihnen stehende Frau. Obwohl es mich gar nicht betraf, stieg mir vor lauter Wut das Blut in den Kopf. Was würde uns erst erwarten, mit den vielen Medikamenten? Die arme Frau musste alles wieder einpacken. So eine Demütigung! Dann waren wir an der Reihe. Ich dachte: ‚Okay, du Schwein. Jetzt bist du fällig.' „Koffer aufmachen!" „Wir haben nur diesen Überseesack mit Medikamenten!" „Dann machen Sie den Sack auf!" „Tut mir leid. Aber den Sack mache ich nicht auf. Ich habe ein Begleitschreiben der Botschaft Nicaraguas, dass ich die Medikamente einführen darf." Er wurde sehr pampig. Doch das ließ mich kalt. „Ganz egal – Aufmachen!" „Ich habe schon gesagt, dass ich das nicht tun werde. Ich will Ihren Vorgesetzten sprechen!" „Der ist nicht hier!" Da riss mir der Geduldsfaden: „Hören Sie zu, junger Mann. Ich will sofort jemanden mit einem höheren Rang sprechen, verstehen Sie? SOFORT!" Ich ließ mir doch von dem nichts vormachen. Diesem Schwein mussten mal seine Grenzen gezeigt werden. Gott sei dank, konnte ich sehr gut spanisch sprechen. Ich merkte so richtig, wie er immer nervöser wurde und ganz klein mit Hut. Nach ein paar Minuten kam ein Offizier. Er war sehr höflich. Ich übergab ihm den Brief, erklärte ihm, was unsere Mission in seinem Land war. Kein Problem! Wir brauchten den Sack nicht zu öffnen. Er entschuldigte sich für das Verhalten seines Beamten, und damit war die Sache erledigt. Ich hatte meine Genugtuung, dass ich dem Kerl eins auswischen konnte. Ich bin eigentlich sonst nicht so. Aber dieser Vorgang mit der Frau vor uns musste bestraft werden. Ich wollte ihm damit beweisen, dass auch Machiotas existieren. Das war mein erster Eindruck von Managua.

Die folgenden Wochen unserer Reise haben mir dann ein anderes Bild gezeigt. Gezeigt, dass die Menschen in diesem Land trotz ihrer Armut sehr freundlich und hilfsbereit sind.

Wir wohnten in einem sehr schönen Haus einige Kilometer außerhalb von Managua. Am nächsten Morgen haben wir die Stadt besichtigt. Wir fuhren an der Kathedrale de Santiago vorbei, die 1931 und 1972 von Erdbeben stark beschädigt worden war. Nun wurde gerade die neue romanische Kirche gebaut. Als wir auf der Plaza de la Revolucion standen, war ich sehr beeindruckt. Später, am 17. Juli, habe ich eine Kundgebung mit Daniel Ortega (einem Mitglied der sandinistischen Regierung) dort erlebt. Unter Tausenden von Einheimischen standen meine Freundin und ich auf diesem riesengroßen Platz. Was für ein Gefühl! Wir erlebten historische Momente. Unbeschreiblich! Ich, Bridge C. Vargo, unter den Sandinisten auf dem Platz der Revolution! Unvorstellbar! Die Menschen um uns waren wie elektrisiert bei der Rede von Ortega. Laut und temperamentvoll ging es zu.

Aber erst einmal setzten wir unsere Stadtbesichtigung im Barrio 14, einem Stadtteil von Managua, fort. Wir besuchten eine kleine Kirche, die im Inneren mit wunderbaren farbigen Bildern bemalt war, und wir lauschten der Messe von Padre

Molina. Doch der eigentliche Höhepunkt des Tages folgte erst nach dieser Messe. Ein älterer Mann mit längerem weißem Haar und einem Bart hielt eine sehr beeindruckende Rede. Er trug eine Baskenmütze auf dem Kopf, eine weiße Bluse und eine schwarze Hose, und er hieß Ernesto Cardinal, der bekannte Dichter und Priester. Seiner wortgewaltige Sprache in diesem Kirchenraum und die vielen aufmerksamen Zuhörern sind mir in lebhafter Erinnerung geblieben. Es ist für mich eine Ehre, ihn reden gehört zu haben. Ich war hin und weg.

Nachdem das Programm in der Kirche vorbei war, hörte ich draußen Salsamusik. Das musste ich mir anhören! Und ich konnte es mal wieder nicht lassen: als sie eine Pause einlegten, fragte ich einen von ihnen: „Darf ich mal bei euch mitspielen? Ich spiele Congas." Sie übergaben mir ohne große Vorbereitung zwei Congas und los ging es. Es war einfach fantastisch! Die Latinos haben den Rhythmus im Blut, und ich immer dazwischen – ha, das war doch was! „Wo hast Du so Conga spielen gelernt?" „Das haben mir kubanische Musiker beigebracht!" „Das merkt man an Deiner Technik! Einfach toll! Komm doch heute Abend und spiel mit uns im Club!" Leider hatte ich keine Zeit, um mit ihnen zum Tanz zu spielen. Wir mussten weiter. Es war ein sehr herzlicher Abschied. Wir lagen uns in den Armen, als ob wir uns schon Ewigkeiten kennen würden. Was für ein freundliches, liebevolles Volk! Ich hätte viel gegeben, um an diesem Abend in Managua zu spielen! Aber so ist das Leben!

Wir fuhren weiter nach Masaya, einer kleinen Stadt im Südwesten Nicaraguas. In Masaya waren deutsche Brigaden, die Straßen bauten, eine Fahrradwerkstatt errichtet hatten und andere Hilfsprojekte durchführten. Zum Abendessen saß die Delegation an einer langen Tafel, gedeckt mit wunderbarem Essen. Es wurde viel geredet, getrunken und gegessen. Es war wunderschön bis zu dem Moment, als ich mal musste. Drama hoch Eins! Die Nacht war schwarz, und es existierten nur sehr primitive Toiletten. Da war vorprogrammiert, dass es für mich unangenehm werden würde. Ein junger Mann ging mit einer Taschenlampe voraus. Wir liefen auf einem langen Brett entlang, bis wir die offenen Kabinen erreichten. Er leuchtete hinein. Ich sah nur einen Betonklotz mit einem Loch darin. Da sollte ich mich draufsetzen? Es gab keine Alternative. Also redete ich mir gut zu: ‚Bridge, du bist hier in Nicaragua. Andere können das auch, also hab dich nicht so.' „Leuchte das Ding doch noch einmal an, damit ich mich besser zurechtfinde." Das tat er. Als der Lichtstrahl auf das Klo schien, guckten zwei riesige, lange Fühler aus dem Loch heraus. Sie bewegten sich tastend und gehörten zu einer Riesenschabe – La cucaracha! Wie in einem Science-Fiction-Film. Boy, hatte ich mich erschrocken! Mir war alles vergangen! Wir konnten umkehren. Als wir zurück zur Gruppe kamen, musste natürlich mein Begleiter gleich alles ausposaunen. Alle lachten sich kaputt. Nach ein paar Minuten hatte ich mich auch von dem Schock erholt und stimmte mit ein.

Nach einem guten Nachtschlaf wurden wir am nächsten Tag mit einem Wagen weiter nach San Juan del Sur gebracht. Es gab in den 80er Jahren fast keine öffentlichen Verbindungen. Busse fuhren nur sehr spärlich und waren dann total überfüllt. Gegen Mittag erreichten wir unser Ziel. Als wir durch den Ort fuhren, sahen wir nur ungepflasterte Straßen. Auf den Wegen wühlten Schweine im Müll. Das ganze Leben spielte sich auf der Straße ab. Die Häuser waren klein und mit roter oder blauer Farbe angestrichen. Meist hatten sie nach vorn eine Terrasse.

Und ich erwischte mich bei dem Gedanken: ‚Wenn die Gießener Bevölkerung wüsste, wie es hier aussieht! Das soll eine Partnerstadt von Gießen werden? Ohweia!' In dem Moment verhielt ich mich wie eine ganz kleinkarierte Person. Wie konnte ich nur so denken? Es war doch noch gar nicht so lange her, dass ich selbst in Armut, in primitiver Umgebung gelebt hatte, keine 40 Jahre! ‚Jetzt stehst du hier mit deinen Gedanken und Vorurteilen. Du bist wirklich das Allerletzte, Bridge!' Nachdem ich über mich geschimpft hatte, ging es mir viel besser, denn dieser Ort war durchaus schön und hatte sehr viel Charme. Als wir an den Strand kamen, war alles vergessen. Wir wurden direkt am Strand im Hotel Estella untergebracht.

Das Haus war ziemlich einfach. Oben, in der ersten Etage, gab es einen Riesenschlafraum, der mit leichten Stellwänden abgetrennt war. So hatte zwar jeder ein Doppelzimmer, doch richtig privat war es nicht. Wenn man auf die Toilette musste, ging man eine Treppe hinunter in einen Hinterhof. Es gab keine Beleuchtung. Da ich immer zweimal in der Nacht dorthin musste, war es für mich die Hölle. Ich hatte ständig Angst, dort Ratten zu begegnen. Gott sei dank habe ich keine gesehen. Erst auf dem Rückflug erzählte mir meine Freundin, dass wir sogar in unserem Zimmer nachts Besuch von Ratten gehabt haben mussten. Die Nüsse, die sie abends auf den Tisch gelegt hatte, waren am nächsten Morgen verschleppt oder geknackt worden. Ich mag es mir gar nicht ausmalen, was geschehen wäre, wenn ich die gesehen hätte, mitten in der Nacht, so Auge in Auge mit einer Ratte, wie im Kinderheim. Ich hätte das ganze Hotel zusammengeschrien. Noch dazu hatte ich ein paar Mal ganz allein dort übernachtet. Bei dieser Vorstellung laufen heute noch Schauer über meinen Rücken!

Am nächsten Tag sind wir in das Krankenhaus gefahren, um unseren Seesack mit den Medikamenten zu überreichen. Was für eine Freude das war! Die Klinik war sehr spärlich eingerichtet. Aber immerhin hatte die Stadt wenigstens eins. Es musste dringend gestrichen werden. Die Gießener Delegation versprach dem leitenden Arzt, dass sie Farbe spenden und die Krankenzimmer streichen würde. Die Leute waren während des Rundgangs sehr herzlich und zuvorkommend. Anschließend wurde die Gießener Gruppe vom Bürgermeister empfangen. Ich sah mich ein wenig draußen um. Gegenüber dem kleinen Rathaus, auf der anderen Straßenseite stand ein ganz neuer Mercedes-Bus. Ein Mann werkelte daran herum, und ich kam mit ihm ins Gespräch. Die Kupplung war kaputt, und Ersatzteile gab es keine. Das Auto war ein Stück Entwicklungshilfe gewesen: Wir schicken euch einen Bus. Und damit war es erledigt für die Spender. Doch diese Art Hilfe nützt nur wenig. Man muss auch dafür sorgen, dass die Menschen sich nachher selbst helfen können. Man kann nicht nur geben und geben, ohne die Betroffenen zu unterrichten, wie sie dann allein zurechtkommen, wenn Probleme auftauchen. Es hat sich zwar einiges verbessert in der letzten Zeit, aber insgesamt wird zu wenig getan, um die Leute zu befähigen, hinterher etwas aus der Hilfe zu machen.

Es gab zu dieser Zeit nur sehr einfache und bescheidene Lokale in der Stadt. Die Bänke und Tische standen auf festgestampftem Lehmboden, aber das Essen schmeckte einmalig. Wir hatten viel zu erzählen, tranken Wasser und Wein und hatten einen richtig gemütlichen Abend. Ich merkte, wie die Blicke meiner Freundin sich immer wieder vergnügt nach unten richteten, und dann sagte sie mit einem Grinsen: „Bridge, sieh mal. Da unten links!" Ich wendete meinen Kopf, hielt die Luft an und riss die Beine hoch! Oh Gott! Ich sah, wie einige Mäuse mitten im Lokal im Kreise tanzten. Niemand schien davon Notiz zu nehmen. Und dazwischen saß nun ich mit meiner Rattenneurose. ‚Bridge, dreimal tief durchatmen' sagte ich zu mir. Vorsichtshalber schloss ich beide Augen. Als ich sie wieder öffnete, hatte sich die Situation nicht verändert. Nur nichts anmerken lassen! Ich antwortete tapfer: „Ach, was sind die kleinen Mäuse süß!" Ich versuchte die Mäuse sehr couragiert zu ignorieren, platzierte ganz langsam die Beine auf der Querstrebe des Tisches und nahm ein wenig unkonzentriert an den Gesprächen teil. Es waren zum Glück für mich und alle Anwesenden keine Ratten. Sonst wäre ich unter lautem Geschrei so schnell aus dem Lokal herausgestürzt, dass es medaillenreif gewesen wäre. Ich hatte meinen Nicaragua-Test bestanden. Das sahen die Mäuse auch ein und verfolgten mich die restliche Zeit nicht mehr.

Regina lernte einen Mann aus dem Dorf näher kennen. Ich war eifersüchtig und ärgerte mich, dass sie die Zeit nur noch mit ihm verbrachte. Unsere Beziehung war schon lange zu Ende, und trotzdem hatte ich ein echtes Problem damit. Obwohl wir in Gießen zusammen wohnten, gingen wir in Deutschland getrennte Wege. Aber hier, in der Ferne, war das eine andere Sache.

Eines Nachts brachte sie diesen Mann mit in unseren Verschlag zum Übernachten. Sie hatte mich vorher nicht informiert, und ich war stinksauer und verletzt. Sie nahm überhaupt keine Rücksicht auf mich. Ich lag ganz still in meinem Bett und kochte innerlich. Es fiel mir schwer, aber ich bewegte mich nicht einen Millimeter. Irgendwann hörte ich ein merkwürdiges Geräusch. Ich sah zum Balkon und konnte nicht glauben, was ich da zu sehen bekam. Da stand doch der Typ auf dem Balkon und pisste runter auf die Straße. Ich musste sehr an mich halten. Das war doch wirklich die Höhe! Als der Kerl am nächsten Morgen verschwunden war, hatten wir beiden Frauen einen Riesenkrach! Ich empfand diese Nacht als eine Demütigung. Warum tat sie so etwas? Sie hätten sich doch ein extra Zimmer nehmen können, wenn sie jemandem eine Möglichkeit zum Übernachten geben wollte. Aber direkt neben mir! Und es schien ihr überhaupt nicht in den Sinn gekommen zu sein, dass mich das – gelinde gesagt – gestört haben könnte. Was musste sie mich verachten, um so mit mir umzugehen. So etwas wäre mir im Traum nicht eingefallen, für niemanden hätte ich das fertiggebracht.

Eine gemeinsame Fahrt unternahmen wir noch, dann trennten sich unsere Wege. Wir fuhren nach Pochote, einem kleinen Dorf an der Grenze zu Costa Rica. Die Sandinisten hatten Pochote drei Kilometer zurückgebaut, da es sonst zu gefährlich wurde für das Dorf, denn es gab noch einige Kontras in der Gegend. Mit einem grellroten Lastwagen sind wir durch den Dschungel gefahren. Zu unserem Schutz saßen schwer bewaffnete Männer mit Maschinengewehren hinten drauf. Es war wie ein Himmelfahrtskommando! Die Kontras hätten uns kilometerweit erkennen können, wie wir die vielen Serpentinen hinauffuhren. Ich hatte schon lange nicht mehr so viel Angst wie auf dieser Tour. Man muss sich das mal vorstellen: ein Lastwagen mit harten Holzbänken, darauf ein paar Deutsche aus Gießen und mittendrin meine verkrachte Freundin und ich, hinten die Männer mit den Gewehren, es rumpelt und schaukelt, man muss sich irgendwo festhalten. Und in meinem Kopf und in meinem Magen sitzt die Angst, nach so langen Jahren wieder beschossen zu werden. Ich hatte kein Vergnügen an der Tour. Wir fuhren in den Ort, besichtigten eine Schule und waren froh, wieder in dem Wagen zu sitzen. Von meinem Sitz aus erhaschte ich einen Blick in den Rückspiegel: da starrte mich die Öffnung eines Maschinengewehrs an. Uff! Endlich waren wir zurück in San Juan del Sur, heil! Gott sei dank!

Vom folgenden Tag an war ich auf mich gestellt. Die offiziellen Termine der Gießener Delegation schienen vorbei zu sein. Regina nutzte die Gelegenheit und fuhr mit ihrem Typen auf eine Insel, oder sonst wohin. Mein Kopf war wie gespalten. Ich fragte mich immer wieder: ‚Warum bist du eigentlich mit nach Nicaragua gefahren? Jetzt sitzt du alleine da! Aber du hattest unbedingt mitfahren wollen. Du wolltest Nicaragua kennen lernen. Jetzt bist du hier. Also mach was draus!' Ich hatte es mir vor der Reise ganz anders vorgestellt. Aber es war nun einmal so gekommen. Ich fand jemanden, der mich mit nach Managua zurücknahm. Dort fragte ich meinen Gastgeber, ob er jemanden mit einem Auto kenne, der Interesse daran hätte, mich in Nicaragua herumzufahren. So kam es, dass ich mit einem sehr netten älteren Mann in einem alten Taxi eine Tour durch Nicaragua unternahm. Wir fuhren nach Leon, dann weiter nach Jinotepe. Wir hatten zweimal Reifenpanne, da die Straßen in einem sehr schlechten Zustand waren. Doch der Fahrer war darauf vorbereitet. Es waren immer nur wenige Autos auf den Straßen unterwegs. Ich übernachtete bei Freunden des Fahrers. Mitten in der Nacht hörte ich, wie geschossen wurde. Wieder bekam ich Panik. Man sagte mir: „Es ist weit weg von hier. Du brauchst keine Angst zu haben." Dann war alles wieder ruhig. In Jinotepe besuchte ich einen Anwalt, den ich in Managua kennen gelernt hatte. Er lud mich für ein paar Tage in sein Haus ein. Er hatte eine sehr nette Frau und einen Sohn Enrique. Der Fahrer fuhr nach Managua zurück, und ich unternahm mit Enrique, der Frauenarzt im städtischen Krankenhaus war, Ausflüge und besichtigte die Stadt.

Ich fotografierte alles, was vor meine Kamera kam. Dann fragte ich ihn, ob ich mit in den Kreißsaal kommen könnte um Fotos von Entbindungen zu machen. Er stimmte zu. Wir verbrachten einen ganzen Nachmittag auf der

Entbindungsstation. Abends wollten wir ausgehen. Doch daraus wurde nichts. Eine 16-jährige Indianerin, total verängstigt, sollte in der Nacht entbinden, und der einzige verfügbare Arzt war Enrique. Er musste im Spital bleiben. Es war rührend, wie er sich um die junge Frau kümmerte. Ich blieb bei ihr. Immer wenn die Wehen kamen, tröstete ich sie: „Immer schön atmen. Entspann Dich. Es wird alles gut, meine Liebe." So saßen wir von 16 Uhr bis Mitternacht an ihrer Seite. Dann war es endlich soweit. Wir brachten sie in den Kreißsaal. Es dauerte noch eine halbe Stunde, dann sah man den Kopf herauskommen, und ich machte Aufnahmen von dieser spannenden Geburt. Ich hatte selber zwei Kinder zur Welt gebracht, doch nie eine Geburt beobachtet. Es war einfach faszinierend. Mir liefen die Tränen herunter. Es war für mich wahnsinnig emotional und gleichzeitig wunderschön. Sie hatte ein süßes Mädchen geboren. Wir waren alle Drei sehr glücklich. Sie dankte uns, dass wir ihr die lange Zeit über beigestanden hatten. Enrique fragte: „Hast Du schon einen Namen für die Kleine?" „Nein, ich weiß nicht. Wie heißt Ihr beide mit Vornamen?" „Ich bin Enrique, und das ist Bridge." Sie lächelte uns an und sagte: „Bueno! Dann nenne ich meine Tochter: Enriqua Brijida. Es soll eine Erinnerung an Euch beide sein. Ich bin Euch so dankbar für alles." Und so geschah es, dass ein Indianerkind in Nicaragua irgendwo im Dschungel mit meinem Namen lebt. Ich habe mich selten so gefreut wie an diesem Tag und war stolz auf diese beiden wunderbaren Menschen. Es fiel mir schwer weiterzufahren, denn Jinotepe war mein Höhepunkt in Nicaragua. Ich hatte mich bei dieser liebevollen Familie sehr wohl gefühlt und wusste tief in meinem Herzen, dass ich sie nie wiedersehen würde. Ich bin Enrique so dankbar, dass ich diese Geburt miterleben durfte, und werde sie alle nie vergessen.

Es gibt so viele wunderbare Menschen auf dieser Erde, die man nur kurz kennen lernt und doch stehen sie einem manchmal näher als Familie oder andere Freunde. Das liegt wahrscheinlich auch daran, dass man mit ihnen nicht den Alltag verbringt. Dann würde es sich anders anfühlen, garantiert! Trotzdem haben mich diese Menschen sehr berührt.

Dann holte mich der Fahrer wieder ab, und abends waren wir in Managua. Ich bezahlte ihm 100 $ für die ganze Tour. Er war glücklich, so viel Geld verdient zu haben, und ich war glücklich, weil ich einen zuverlässigen Fahrer gehabt hatte. Ich bin noch eine Zeitlang in der Hauptstadt geblieben. Dann traf ich Regina wieder. Wir hatten uns beide ein wenig beruhigt, und das Klima zwischen uns war einigermaßen erträglich. Wieder ging es nach San Juan del Sur. Auf dieser Fahrt gab es noch einen Zwischenfall. Wir fuhren auf einer Nebenstraße einen Hügel hinauf und sahen am Horizont vier Männer in Uniform mit Maschinengewehren. Sie warteten auf uns, wie es schien, und als wir näher kamen, liefen sie langsam auf das Auto zu und drumherum. Ich konnte in diesem Augenblick nicht erkennen, ob es Sandinisten oder Kontras waren. Sie sahen sich so ähnlich in ihren Uniformen. Mein Herz klopfte bis zum Hals. Am liebsten hätte ich mich irgendwo verkrochen. Einmal Kriegskind, immer Kriegskind! Ich erinnerte mich an Berichte, in denen Fremde durch die Kontras einfach erschossen worden waren. Ich denke, wir fühlten uns alle nicht wohl in dieser Situation. Als die Vier endlich an unseren Wagen traten, hörten wir nur: Hola Compañeros! Sie lachten uns an und ließen uns weiterfahren. Ganz allmählich beruhigte ich mich wieder. Ein tiefer Seufzer, und der große schwere Stein fiel von meinem Herzen.

Die Gießener Delegation hatte noch einige Absprachen zu treffen wegen der geplanten Partnerschaft und den Möglichkeiten von Entwicklungshilfen. Ich blieb abseits und unterhielt mich lieber mit den Einheimischen über ihre Probleme, das Verhältnis USA-Lateinamerika, die soziale Situation im Land oder zwischenmenschliche Konflikte. Wir diskutierten viel. Die US-Armee unterstützte die Kontras. Wenn also ein US-Latino in der amerikanischen Armee Dienst tat, konnte es vorkommen, dass er nach Honduras kommandiert wurde, um dort seinen Einsatz zu absolvieren. Dann konnte er auch gegen seine Latino-Brüder eingesetzt werden. Einige hatten sich geweigert, doch das war ihnen nicht gut bekommen. In den amerikanischen Zeitungen wurde viel darüber berichtet.

Ich liebte besonders die Kinder. Ihre großen Augen, die kohlrabenschwarzen Haare und immer ein verschmitztes Lächeln im Gesicht! Sie sahen herrlich aus. Obwohl sie sehr arm waren, schienen sie glücklich zu sein. Die meisten Jungen liefen mit nacktem Oberkörper durch die Gegend, die Hosen abgeschabt, und Schuhe waren selten. Aber der Schalk saß ihnen im Nacken!

Eines Morgens saß ich vor unserem Hotel, genoss den wunderbaren Anblick der riesengroßen Palmen am Strand, die sich leicht im Wind wiegten, und lauschte dem Rauschen des Pazifik. Ein kleiner Junge, nicht älter als 6 oder 7 Jahre, kletterte eine Palme hinauf bis ganz nach oben. Er schien gar keine Mühe zu haben, sich an dem Stamm die 9 bis 10 Meter hoch zu hangeln. Als er wieder herunterkam, hatte er eine Kokosnuss in seiner Hand, kam zu mir herüber gelaufen, lächelte mich herzlich an, streckte seinen Arm aus und reichte mir die Kokosnuss. Er sagte: „Das ist für dich!" Ich war sehr gerührt. Wie klar und fröhlich das Gesicht dieses Jungen war! Da wurde mir ganz deutlich, dass Armut ganz verschiedene Gesichter haben kann. Materielle Armut ist das eine. Aber die Seele war nicht arm. Dazu war die Freude am Leben viel zu groß. Natürlich gab es auch Konflikte in den Familien. Arbeitslosigkeit und wenig Geld sind immer und überall ausreichende Gründe für Streitereien. Doch man kann sich auch mit Konsumansprüchen das Leben vermiesen. Der ewige Anreiz, etwas kaufen zu müssen, verändert die Menschen und ihre Lebenssicht. Glück ohne ein bestimmtes Maß an Luxus ist für viele nicht mehr vorstellbar. Schade! Die Menschen in Nicaragua waren gewiss ärmer als die meisten hier in Deutschland und Europa, und trotzdem waren es positive Menschen, die nicht durch Konsumzwänge unzufrieden geworden waren. Ich machte mir Gedanken, was aus diesen Menschen wird, wenn der Kapitalismus in Nicaragua Einzug halten würde.

Heute, viele Jahre nach dem Ende der ehemaligen kommunistischen Länder (UdSSR, DDR, Polen, Tschechoslowakei und andere) kann man sich ausmalen, wie sich die Menschen im Kapitalismus ändern, oder er sie verändert. Meine Reise fand aber 1985 statt, und es gab keinerlei Erfahrungen auf diesem Gebiet.

Nachdem die Delegation aus Gießen alles abgewickelt hatte, fuhren wir nach vier Wochen wieder nachhause. Es war ein zwiespältiges Gefühl, das mich beherrschte. Ich hatte ein schönes Land mit wunderbaren Menschen erlebt, deshalb war ich beim Abschied traurig. Andererseits freute ich mich, wieder nachhause zu kommen. Diese Reise hatte mir sehr viel gebracht. Viele ungeklärte politische Fragen nahm ich mit zurück. Von außen und aus der Ferne sehen die Dinge immer anders aus. Viele Fakten fehlten mir. Das war mir bewusst geworden auf der Reise. Meine persönlichen Eindrücke von den sozialen Problemen und der Kultur des Landes konnte ich von nun an in Diskussionen einflechten. Schließlich hatte ich die Bevölkerung hautnah erlebt, hatte mit ihnen gegessen und getrunken und diskutiert. Es war ein sehr beeindruckendes Erlebnis!

Ein weiteres Beispiel für meine Erlebnisse in Nicaragua: Ich habe eigentlich nie jemanden über die Verhältnisse schimpfen hören. Und die Menschen dort waren wirklich viel ärmer als die meisten hier. Und trotzdem gibt es diese ständige Unzufriedenheit und Meckerei bei uns in Deutschland. Es ist nervend! Sollen doch alle mal in solche Länder fahren und ihre eigenen Erfahrungen machen. Und wer ist wirklich arm in Deutschland? Wo fängt da die Grenze an? Das Sozialsystem ist ausgezeichnet. Keiner muss hungern, keiner muss auf der Straße schlafen. Die Angebote sind da, auch für die Obdachlosen. Ich weiß, dass in fast allen großen Städten Asyle existieren. Das ist etwas, was viele wirklich Arme auf dieser Welt gar nicht kennen.

In Gießen bin ich noch manchmal zum Nica-Verein gegangen, um mich zu informieren, wie sich die Partnerschaft mit San Juan del Sur weiterentwickelt hat. Doch nach ein paar Wochen hatte ich keine Lust mehr dazu. Ich verstand mich mit einigen Mitgliedern nicht so gut. Unsere Vor- und Einstellungen waren zu unterschiedlich. Der Verein hat viel für Nicaragua getan. Mich haben die Erlebnisse während unserer

Reise sehr geprägt. Ich bin eine Demokratin mit einem linkslastigen sozialen Touch.

In Gießen brauchte ich einige Zeit, um mich wieder an diesen Konsumwahn und die Verschwendung zu gewöhnen. Alles war viel zu bunt, zu hell, zu laut und zu unpersönlich. Die Leute trugen ihre ernsten Gesichter durch die Stadt, wie Maskenmenschen kamen sie mir vor. Ich hatte das Gefühl, dass keiner glücklich war. Der Seltersweg in Gießen war gefüllt mit unzufriedenen Passanten, unzufrieden mit sich und der Welt.

In dem fernen Land Nicaragua, in dem es den meisten Menschen materiell schlechter ging, zeigten die Leute fröhliche, helle, positive Gesichter. Auch wenn sie sich nicht so toll fühlten. Warum müssen die Deutschen das Leben so verbissen nehmen? Lockerheit und Herzlichkeit sind für Geld nicht zu haben. Das kommt von innen! In Nicaragua waren die Menschen offen, gastfreundlich, ganz ohne Neid und nicht so neugierig, wie es üblich ist in einigen Teilen Deutschlands. Nehmen wir nur dieses Maschendrahtzauntheater, diesen Kleinkrieg unter Nachbarn. Einige Wochen haben sich die Medien damit befasst. Manchmal denke ich mir, wo sind die menschlichen Werte hingekommen, wo sind sie geblieben? Alles, was ich erlebe, hat mit Konsum zu tun. Konsum, Konsum und noch einmal Konsum. Da fängt der Weihnachtsrummel schon im September an. Die Leute sollen mit allen Mitteln zum Kaufen animiert werden. Wenn dann endlich der Weihnachtstag kommt, kann keiner mehr die Lieder ertragen, weil sie seit Monaten in allen Kaufhäusern bei jeder Gelegenheit heruntergedudelt werden. Freude auf Weihnachten? Ich weiß nicht! Mit Konsumzwang jedenfalls erzeugt man sie nicht.

1985 – Krisenzeit in Gießen

1985 habe ich meine Arbeit bei Frau Dr. Wessel aufgegeben. Ich wollte mich mit ganzer Kraft den Kulturprojekten im Ulenspiegel widmen.

Wir hatten tolle Programme. Max Eytel veranstaltete die chilenischen Abende mit Empanadas, den beliebten Teigtaschen mit Fleisch- oder Käsefüllung, und chilenischen Weinen. Max musste nur Korkgeld bezahlen für den Wein. Die Empanadas verkaufte er selbst und spendete den Erlös für Projekte in Chile. Wir tanzten Salsa und andere temperament- und schwungvolle Tänze aus Lateinamerika. Es war eine ausgelassene und offene Stimmung und rappelvoll im Ulenspiegel. Fast jeden zweiten Monat gab es chilenische Abende. Was für ein Erfolg! Nun konnten wir sogar Spenden nach Chile schicken. Fast jeden Abend war die Bühne frei für Darbietungen. Es gab Buchlesungen, Schwulen- und Lesbenfeten, Konzerte und Kabaretteinlagen. Das kulturelle Leben in Gießen hatte im Ulenspiegel einen alternativen Veranstaltungsort. Nun endlich! Gagen oder Ausfallgarantien gab es bei uns nicht. Jeder spielte für seinen eigenen Eintritt. Nur die Einnahmen aus den Getränkeverkäufen blieben im Ulenspiegel. Das war oft reichlich wenig, und der Streit über die Finanzen war vorprogrammiert. Abends bin ich meist todmüde ins Bett gefallen.

In diesen Jahren meiner Kulturarbeit habe ich die unterschiedlichsten interessanten Menschen schätzen gelernt. Die alternative Kultur im Ulenspiegel zog viele politisch Engagierte an. Einer von ihnen war Horst-Eberhard Richter, der „große alte Mann" der deutschen Friedensbewegung, wie er gern genannt wird. Ich hatte mich jahrelang schon mit Tarot-Kartenlegen beschäftigt und hier und da einigen Leuten die Karten gelegt. Wie es gekommen ist, weiß ich heute nicht mehr, aber eines Abends legte ich die Karten für Horst-Eberhard. Er war sehr angetan davon und sagte mir: „Bridge, Sie haben Potential mit Menschen umzugehen und ihnen zu helfen." Ich war sprachlos: „Na, ich weiß nicht! Ich habe Karten immer nur als Hobby gelegt. Aber wenn Sie das so sagen...". Irgendwie hat mich das sehr beeindruckt. Immerhin habe ich es mir bis heute gemerkt, und auch dann und wann seinen Ratschlag befolgt.

Der Ulenspiegel forderte mich voll, und die wenige freie Zeit, die ich hatte, verbrachte ich mit Musikhören und Lesen. Eines Tages lag ich auf meiner Couch, las friedlich in der Tageszeitung, da klopfte es an meiner Tür, und eine Bekannte meiner Freundin steckte ihren Kopf herein. Sie trug eine kleine Katze im Arm, setze sie mir auf den Bauch und sagte: „Ich möchte Dir gern dieses Kätzchen schenken. Sie kommt vom Land und sollte auf dem Bauernhof ersäuft werden. Da habe ich gedacht: Bridge kann bestimmt auf so ein kleines Tier gut aufpassen. Sie ist doch eine Seele von Mensch." Ich hatte mich überhaupt noch nie in diesem Sinn geäußert. Ich wusste gar nicht, wie mir geschah. Ich versuchte, mich dagegen zu wehren. Doch da stand auch schon Regina mit im Zimmer und redete auf mich ein. Dieses süße Kätzchen hatte wohl auch die gespannte Stimmung mitbekommen, jedenfalls saß sie immer noch auf meinem Bauch und pinkelte mich voll. „Du bist doch immer so allein hier. Da kannst Du gut dieses kleine Kätzchen aufnehmen und Dich kümmern." Ich hatte nicht die Kraft, mich gegen diese beiden Frauen zu wehren, und schließlich war es ja wirklich eine niedliche Katze. Nachdem ich widerwillig zugestimmt hatte, verschwanden die beiden. Was sollte ich jetzt mit diesem Tier machen? Als erstes bekam sie einen Namen: Spodie sollte sie heißen. Sie musste eine Zimmerkatze bleiben, denn meine Freundin hatte auch ein Katzentier, einen kastrierten Kater. Weil wir Menschen uns immer öfter stritten, blieb die Verbindungstür im Flur häufig geschlossen, und die beiden Katzen kamen gar nicht erst zusammen.

Es wurde mir immer unerträglicher mit Regina. Ich werde hier keine schmutzige Wäsche waschen und mich über die kleinen und großen Geschichten auslassen. Die schlechte Stimmung in der Wohnung führte dazu, dass ich völlig am Boden zerstört war. Ich konnte mich selbst kaum noch leiden und war reif für eine Therapie. Alles hatte sich immer mehr zugespitzt in diesen mehr als sechs Jahren, die wir zusammen lebten. Ich fühlte mich in meinem Teil der Wohnung wie in einem düsteren Loch. Die Zimmer waren sehr dunkel. Von einem Fenster sah ich auf eine große Wand. Aus meinem Schlafzimmer blickte ich durch einen langen schmalen Gang auf ein paar Pappeln. Der vordere Teil der Wohnung, in dem Regina mit ihrer Tochter lebte, war sehr hell und freundlich. Ursprünglich sollte der Balkon, der von ihrem Teil aus zu betreten war, von allen genutzt werden. Meine Freundin hatte ihn mit vielen Pflanzen wunderbar gestaltet. Man konnte den Ausblick auf die Johanneskirche und viel Grün genießen. Da wir uns aber meist in der Wolle hatten, war der Balkon für mich selten erreichbar. So saß ich in meinem dunklen Loch und verkroch mich immer mehr. Ich weiß, es lag an mir. Ich hatte mich in diese Situation hineindrängen lassen. Eigentlich hätte ich unter diesen Umständen schon lange ausziehen sollen. Aber ich habe es nicht fertig gebracht. Ich hing emotional immer noch an Regina und wollte die Beziehung nicht aufgeben. Sie behielt immer die Übermacht in unserem Umgang miteinander. Auch mit der Tochter verstand ich mich nicht. Also hatte ich ständig das Gefühl, zwei gegen mich zu haben. Meine Freundin bekam oft Besuch, auch von Leuten, die ich kannte. Sie kamen und gingen und nahmen keine Notiz von mir. Ich fühlte mich wie Luft in dieser Wohnung. Ach ja, ich hatte die Katze. Da war ich doch auch in Gesellschaft. Ha! Es brauchte niemand bei mir vorbeizuschauen, um mal Hallo! zu sagen. Ich war sehr unglücklich in den letzten Jahren in dieser Wohnung. Immer wieder versuchte ich, mir die Situation zu erklären. Ich habe mich oft gefragt: ‚Was ist los mit dieser Frau? Warum geht sie so mit dir um? Was ist nur geschehen, dass sie so hart geworden ist?' Aber ich fand keine Antwort.

Am Anfang unserer gemeinsamen Zeit in der Wohnung, die ersten sechs Monate, war Frieden. Da konnten wir noch miteinander reden. Dann hat es sich langsam geändert. Es gab nur noch Knatsch. Und trotzdem sind wir auch nach der Beendigung unserer Beziehung 1981 Freunde geblieben, obwohl wir die ganze Zeit über Probleme mit der Kommunikation hatten. Ich hörte ständig Unterstellungen und Vorwürfe heraus. Jetzt (2011) kennen wir uns schon über 30 Jahre und haben immer noch die gleichen Schwierigkeiten. Wir haben versucht, uns über unsere Beziehung auseinander zusetzen. Dabei gab es immer wieder Rückschläge und Missverständnisse. Ich würde mir sehr wünschen, einmal offen über alles mit ihr reden zu können. Abter trotz allem besuchen wir uns in größeren Zeitabständen gegenseitig. Vielleicht klappt es doch irgendwann einmal.

In diesen Wochen und Monaten konnte man mich vom Boden aufkratzen, so verunsichert war ich, seelisch heruntergekommen. Meine Selbstsicherheit war verloren gegangen. Weil wir nicht miteinander reden konnten, fraß ich alles in mich hinein und bekam Depressionen. Ich war schon froh, wenn mich alle in Ruhe ließen und gab mir große Mühe, mich selbst aus diesem Schlamassel zu befreien, aber es funktionierte nicht. Ich fand nicht den richtigen Ansatzpunkt. Später versuchte ich es mit einer Unparteiischen. Ich brachte Heidi mit nachhause, eine Bekannte und Psychologin. Sie sollte vermitteln helfen. Regina blockte sofort ab und beschimpfte uns, denn sie glaubte natürlich an ein abgekartetes Spiel: „Wie soll ich denn Vertrauen zu dieser Frau haben? Du kennst sie, und sie kennt Dich! Na wunderbar! Unparteiisch – das ich nicht lache!" Und so endete mein letzter Schlichtungsversuch in einem großen Krach!

Ich fragte Bekannte, was sie über mich dachten. Einige warfen mir vor, dass ich nicht zuhören könne und oberflächlich sei. Das hatte mir gerade noch gefehlt, dass auch andere in der offenen Wunde herumstochern. Ich lief wie Falschgeld durch die Stadt!

Als ich in dieser Zeit einen Brief von Rosa, einer Freundin aus New York City, bekam, in dem sie ihren Besuch ankündigte, freute ich mich riesig. Ich holte sie vom Flughafen ab, und wir tauschten die Erlebnisse der letzten Jahre aus, sahen uns Gießen an. Sie kam auch abends mit in den Ulenspiegel. Sie teilte wieder ein wenig mein Leben. Nachdem Rosa drei Tage bei mir gewesen war, merkte ich zunehmend, wie sehr sich unsere Einstellungen in den vergangenen Jahren verändert hatten. Es kam zu heftigen Diskussionen zwischen uns beiden. Rosa hatte kein Interesse an Politik. Doch hier, in Deutschland, konnte man die Politik nicht außen vor lassen. Mein Leben war politisch geworden. Es gab zum Beispiel die deutsch-deutsche Grenze. Ein kommunistischer Staat gleich nebenan – für Amerikaner eine Horrorvision. Obwohl niemand in Amerika wusste, wie sich das eigentlich anfühlte, wie die Grenze aussah, geschweige denn, wie die Menschen waren. Ich wollte ihr diese Situation nahe bringen, und setze sie eines Morgens ins Auto, und ab ging die Post. Wir fuhren Richtung Fulda an die Grenze zur DDR. Ich hatte ihr nicht verraten, wo die Tour hinging, obwohl sie danach gefragt hatte. „Ich möchte Dir eindrucksvolle Landschaften zeigen. Lass Dich überraschen!" Irgendwann erreichten wir die Grenze, hielten an und ich sagte ihr, dass wir da wären. Rosa blickte sich um und konnte keine spektakuläre Landschaft entdecken. Eine ebene Fläche, in einiger Entfernung eine Mauer und ein Aussichtsturm. Was sollte sie hier? „Komm, wir schauen uns mal die Grenze zum Kommunismus an. Dahinter beginnt die DDR." Als wir endlich auf dem Aussichtsturm standen, konnten wir die DDR-Grenzsoldaten sehen, einen Wachturm auf der anderen Mauerseite und ein kleines Dorf nicht weit entfernt. Ich musste sehr viel erklären. Rosa interessierte sich eigentlich nicht für Politik und hatte nie versucht, sich vorzustellen, wie es sein könnte, mit so einer Grenze zu leben. Es gab in Amerika in den Medien eben nur die Guten und die Bösen. Und die auf der anderen Seite, das waren immer die Bösen. Ich erzählte ihr von den Familien, die in Nachbardörfern lebten und doch nie zusammenkommen konnten, von den Flüchtlingen, die versuchten, diese Barrikaden zu überwinden, von den Menschen, die auf der Flucht erschossen wurden. Sie schaute mich mit großen Augen an. Ich hatte mich sehr verändert in den Jahren in Deutschland, betrachtete die Welt mit europäischen Augen und wollte mich in die Politik einmischen. Es war ihr nicht verständlich, dass ich an vielen Demonstrationen teilgenommen hatte, auch gegen die Stationierung der US-Pershing- und Patriot-Raketen, für eine Beendigung dieses kalten Krieges und der völlig sinnlosen Aufrüstung auf beiden Seiten.

Die Woche mit Rosa ging schnell herum. Am Ende hatten wir uns nicht mehr viel zu sagen. Ich war zu sehr entfernt von ihrer Welt. Sie flog zurück in die Staaten. Wir haben nie wieder etwas voneinander gehört, geschweige denn uns wiedergesehen.

Als ich wieder allein war und das Grübeln anfing, war das der Grund für mich, eine Psychologin aufzusuchen und mich danach drei Jahre lang einer Selbsthilfegruppe anzuschließen. Dadurch bin ich wieder Mensch geworden. Ich habe mein Selbstbewusstsein wiedergefunden und gelernt, Grenzen zu setzen, auch mal NEIN zu sagen. Die erste intensive Arbeit mit der Psychologin dauerte drei Wochen. Wir versuchten, mein Leben zu analysieren, und es kamen viele Erklärungen zum Vorschein.

Mit Hilfe unserer Gespräche konnte ich zum ersten Mal meine Mutter von ihrem Sockel herunterholen. Sie war für mich alles gewesen, diese wunderschöne Frau, die meine Kindheit bestimmte, dann so lange stumm geblieben war, und mich schließlich animiert hatte, wieder nach Deutschland zu kommen. Ich begriff, warum ich solche Angst vor Ratten habe: immer, wenn ich als Kind etwas angestellt hatte, wurde ich in den Keller gesperrt – zu diesen Tieren. Ich habe keine Lust auf große Wandertouren: Unser Nachkriegsmarsch durch halb Europa ist daran schuld. Weil ich immer wieder von meiner Mutter verlassen worden bin, klammere ich heute in jeder Liebesbeziehung. Ich hole mir in meinen Frauenbeziehungen das, was ich von meiner Mutter nicht bekommen hatte: Liebe, Aufmerksamkeit und Zärtlichkeit. Ich fing an, zu begreifen, warum ich mit meinen eigenen Kindern so umgegangen war, wie ich es gemacht hatte: Ich hatte nicht erfahren, dass es schön ist, wenn abends Geschichten vorgelesen werden, wenn man liebevoll in den Arm genommen wird. Meine Mutter war zu selten da, und Oma hatte meist ganz andere Dinge, die dringend und lebensnotwendig waren. Die vielen Abschiede in meiner Kindheit haben dazu geführt, dass ich heute große Schwierigkeiten habe, mich von Leuten zu verabschieden. Ich bin dann immer ganz schnell verschwunden, noch bevor der Zug abfährt. Alles kam hoch in mir.

Diese Aufarbeitung von Kindheitsmustern hat mir sehr gut getan. Ich bin, wie alle Menschen, geprägt durch meine Erlebnisse. Heute kann ich mich an diese Sitzungen erinnern und Erklärungen finden für eigene Verhaltensmuster, die anderen Menschen unverständlich erscheinen. Aber das Wichtigste ist doch immer, das man akzeptiert wird, so wie man ist. Verstehen ist eine Dimension, die sich nur selten herstellt.

Bei diesen Sitzungen habe ich sehr viel gelernt. Mein Selbstvertrauen wuchs, und ich konnte mich wieder auch an kleinen Dingen freuen. Es ging bergauf! Ich fühlte mich in dem „Psychozimmer" schon fast wie zuhause und versank nicht mehr in dem Stuhl, der so stand, dass ich die Psychologin nicht direkt sehen konnte. Irgendwann wollte ich nicht mehr nur in mir und meinen Gedanken herumwühlen, drehte den Stuhl herum, um ihr ins Gesicht zu sehen, während wir redeten. „Was machen Sie da, Frau Vargo?" „Ich habe mir den Sessel so gedreht, dass ich in Ihre schönen blauen Augen sehen kann, wenn ich mit Ihnen rede." Ich war genau drei Wochen bei dieser Psychologin gewesen. Nach dieser Antwort von mir war es so weit, und sie sagte: „Frau Vargo, ich denke, Sie brauchen mich nicht mehr." Sie hatte Recht!

Die Eindrücke und Erfahrungen, die ich während meiner Sitzungen bei der Psychologin gesammelt hatte, zeigten mir, dass es sich lohnt, über sich selbst nachzudenken, und das nicht nur oberflächlich. Ich erfuhr von einer Selbsthilfegruppe in der Volkshochschule und meldete mich an. Bevor der Kurs losging, gab es einen Fragebogen, ellenlang. Das Ausfüllen nervte mich. Ich setzte überall kleine Häkchen in die Kästen mit der positiven Antwort. Sollten sie doch sehen, wie sie damit fertig wurden.

Zum ersten Termin betrat ich ein Zimmer, in dem sich die Gruppe bereits versammelt hatte. Ich war ‚die Neue' und sollte von mir erzählen. Ich setzte mich lässig auf den freien Stuhl im Kreis und beobachtete die Anderen mit einem Schuss Arroganz. „Okay. Ich bin Bridge C. Vargo. Eigentlich weiß ich gar nicht so richtig, weshalb ich hier bin. Ich wollte nur mal sehen, was hier so losgeht." Es war zum Kotzen, wie ich mich aufführte. Dieser Meinung war ganz schnell auch die Gruppe. Ich wurde rausgeschickt. Sie wollten sich beraten.

Nach einer Weile kam Heidi, die Leiterin der Gruppe, hinterher. Sie sagte mir, dass die Gruppe nichts mit mir zu tun haben wollte. Es traf mich wie ein Schlag. Ich wollte herausfinden, warum ich solche Schwierigkeiten hatte, mit anderen Leuten zurechtzukommen. Ich bat sie, noch einmal mit der Gruppe zu reden. Es war mir wirklich wichtig! Nach langem Hin und Her wurde ich endlich aufgenommen. Ich durfte wieder ins Zimmer, entschuldigte mich und versuchte zu erklären, dass ich nervös und ängstlich wäre und alles für mich so ungewohnt sei, weshalb ich nicht den richtigen Ton gefunden hätte. Sie nahmen meine Entschuldigung an, und so wurde ich Teil der Gruppe.

Wir trafen uns drei Jahre lang regelmäßig. Ich lernte nach einer gewissen Zeit über meine privaten und persönlichen Dinge zu reden. Bald waren wir uns nicht mehr fremd, und es fiel allen leichter, miteinander umzugehen. Ich lernte viel über Kommunikation, über Zuhören und Aufeinandereingehen und arbeitete intensiv daran, meine Oberflächlichkeit abzulegen. Diese Treffen waren mir wichtig. Wir konnten uns alle zusammen über Fortschritte von Gruppenmitgliedern freuen und ermutigten uns gegenseitig. Einer aus der Gruppe, ein Schauspieler, hatte große Schwierigkeiten gehabt, Frauen anzusprechen. Seine Minderwertigkeitsgefühle behinderten ihn enorm. Gegen Ende der gemeinsamen Zeit lernte er eine sehr liebe Frau kennen, heiratete und gründete mit Mitte Dreißig eine Familie. Es war fantastisch für ihn.

Bei mir zuhause wurde es mit wachsendem Selbstvertrauen nicht einfacher. Aber ich lernte, damit besser umzugehen, negativen Einflüssen auszuweichen und mich nicht unterkriegen zu lassen. Diese Gruppentherapie hat mich aus einem tiefen Loch gezogen, und ich bin Heidi sehr dankbar, dass ich mit ihrer Hilfe einen Weg gefunden habe, an mir zu arbeiten. Meine Auseinandersetzung mit mir selbst hält an. Ich arbeite ständig an mir, was nicht so einfach ist. Mein Leben besteht heute zum Großteil aus Zufriedenheit und Glück, nur manchmal schmerzt etwas tief drinnen, und ich bin enttäuscht und wütend. Aber ich habe gelernt, mich selbst wieder einzukriegen.

Mitten in diese Zeit der Auseinandersetzung mit mir selbst schneite meine zweite Tochter, Chou, hinein. Sie kam nach Gießen und blieb 14 Jahre. Sie ist eine tolle Frau. Innerhalb kürzester Zeit lernte sie deutsch, und es dauerte nicht lange, da kellnerte sie im Ulenspiegel oder stand hinter der Bar. Ich konnte mich auf sie voll und ganz verlassen. Sie hat so ein herrliches Gemüt, begeisterungsfähig wie ein Kind. Sie lachte sehr viel, war immer gut drauf und hilfsbereit gegenüber jedermann. Sie war sportlich, ging oft ins Sportstudio, fuhr Rad und ging tanzen.

Chou ist Buddhistin. Am Anfang war mir diese Weltsicht sehr fremd. Aber nachdem ich ein paar Jahre später den Dalai Lama hörte und einige Bücher von ihm las, begeisterte mich diese Lebenseinstellung, und ich begann, auch den Weg der Philosophie des Buddhismus zu gehen.

Ich würde aber nie behaupten, dass ich Buddhistin bin. Ich versuche, mit unterschiedlichem Erfolg, ein paar Regeln zu beachten. Dabei spielt Vergebung eine große Rolle. Buddhisten tragen keinen Groll gegen Menschen, die einen Fehler gemacht haben, sondern lieben Frieden und Harmonie. Sie halten sich nicht an Zwänge, wie es in anderen Religionen vorkommt. Buddhismus ist in diesem Sinne keine Religion, sondern mehr ein Sein. Um diesen inneren Zustand zu erreichen, müsste man intensiv die buddhistischen Lehrbücher studieren und einen gewissen Zeitraum in ihren Klöstern wohnen. Dazu ist es bei mir nie gekommen.

Doch durch die Beschäftigung mit dem Buddhismus führe ich ein intensives Leben im Jetzt, Tag für Tag neu, ohne Gewalt und engherzige Gedanken gegenüber Mitmenschen. Seit dieser Zeit geht es mir sehr gut, und ich habe viel mehr Kraft bekommen, auch in schwierigen Situationen. Meine Reise auf diesem Weg dauert immer noch an, obwohl ich schon ein Gutstück vorangekommen bin. Ich bin meiner Tochter, Chou, sehr dankbar dafür, dass sie mein Interesse am Buddhismus geweckt hat. Das schließt jedoch nicht aus, dass wir beide viele Schwierigkeiten miteinander hatten, Gezicke zwischen Mutter und Tochter! Wir sind eben zwei sehr starke Frauen, und wenn solche Kaliber aufeinander treffen, dann ist der Ofen am Dampfen. Wir konnten uns nie so richtig in Ruhe und mit Verständnis für einander unterhalten. Immer gab es sehr schnell Streit. Deshalb fehlen mir viele Mosaiksteine aus ihrem Leben, was ich sehr bedauere. Ich hoffe, dass Chou eines Tages die Gelegenheit ergreift und sich mit mir trifft, und wir uns aussprechen können, bevor ich mich von dieser Welt verabschiede.

Meine Beziehung zu meiner ältesten Tochter ist gut. Ich denke, sie kann manches aus der Vergangenheit verstehen, weil sie auch Kinder hat und sich den Stress und die Verantwortung vorstellen kann, die ich gespürt habe, als meine Mädchen noch klein waren und mit mir in New York City wohnten.

Patty hat 1981 geheiratet, 1982 wurde ihr erstes Kind geboren und 1984 ihr zweites. Ich wurde Oma von zwei tollen Jungen. Meine Tochter und ich können ganz gut miteinander umgehen. Nur mit ihrem Mann hatte ich am Anfang große Probleme, da er sehr streng war und wenig von liebevollem Umgang miteinander hielt. Hinzu kam noch: Er mochte keine Feministinnen. Ich hatte das Gefühl, dass mich mein Schwiegersohn nicht leiden könnte. Vielleicht hatte er Probleme mit starken Frauen. Jedenfalls war dies mein Eindruck von ihm, wenn ich die Familie besuchte, was nicht allzu oft vorkam.

Meist besuchte ich sie von Freitagabend bis Sonntag. Ganz erstaunt verfolgte ich die gemeinsamen Mahlzeiten. Ich hatte mit meinen Töchtern in Amerika immer Gaudi und Spaß während der Mahlzeiten gehabt, doch hier passierten ganz andere Dinge bei Tisch. Tischmanieren spielten eine große Rolle, und wenn die Kinder etwas sagten, dann wurden sie sofort reglementiert. Als Schwieger- und Großmutter wollte ich mich nicht einmischen. Ich war nur zu Besuch, und das war nicht mein Leben.

Nur einmal habe ich meine Meinung gesagt, als einer ihrer Söhne sein Zimmer aufräumen sollte. Patty wollte ihn dazu bewegen, die ganze Aufräumerei schnell zu machen, wozu er aber offensichtlich nicht den geringsten Trieb hatte. Mit dem Bild von meiner kleinen Patty im Hinterkopf, die eigentlich nie aufräumen wollte, konnte ich mir eine Andeutung nicht verkneifen: „Also, ich kannte mal ein kleines Mädchen, das...!" „Okay, okay, Ma." Wir mussten beide lachen. Christoph durfte seine Sachen langsam wegräumen.

Andy war anders. Ich glaube, dass er mehr nach mir gekommen ist. Er hatte fast immer Blödsinn im Kopf, war aufgeweckt und lachte gern.

Ich habe meine Enkel leider nicht aus der Nähe mit aufwachsen sehen, da wir alle immer sehr beschäftigt waren und der Weg weit ist. Ich hätte es mir so gewünscht, sie öfter zu sehen, etwas mit ihnen zu unternehmen. Aber das ging nun leider nicht. Ich habe sie immer nur im Abstand von ein paar Jahren besucht. Es gab gewiss Gründe dafür. Leider bin ich von ihnen nie zu Weihnachten eingeladen worden, weil sie immer zu den Schwiegereltern gefahren sind.

Es fiel mir schwer, meinen Enkeln zu erklären, warum ich sie fast nie besuchte. Wenn ich bei Ihnen zu Besuch war, schlief ich unten im Gästezimmer. Andy schaute manchmal herein. Er gab mir einen Gutenachtkuss und war sehr lieb. Ich werde die Reaktion meines ältesten Enkel nie vergessen, als ich ihm ein Geburtstagsgeschenk gemacht hatte, sagte er zu mir: „Danke, Omi! Aber, weißt Du, ich habe fast keinen Bezug zu

Dir, da Du nie da warst." Das hat mich sehr getroffen. Ich war traurig und wusste nicht, was ich dazu sagen sollte.

Heute telefoniere ich öfter mal in die Schweiz und lasse mir berichten, was es an Neuigkeiten aus der Familie gibt. Dann weiß ich, auf welchem Kontinent sich meine Enkel gerade befinden, und was sie so treiben. Aber leider ist aus der Familienbande kein engerer Zusammenhalt entstanden.

Patty ist eine starke Frau. Ich bewundere sie sehr, wie sie ihre Familie managt und große und kleinere Probleme geduldig, mit Temperament und Durchsetzungsvermögen löst. Im Laufe der Jahre ist mir auch ihr Mann sympathischer geworden. Er hat sich verändert, ist lockerer und zugänglicher, nicht mehr so stur und bestimmend. Daran, dass ihr Partner einen Teil seiner Härte ablegen konnte, hat meine Tochter große Verdienste.

1986 – Sowjetunion

Anfang April 1986 hatte ich die große Chance mit einer Reisegruppe aus Gießen eine Kulturreise in die Sowjetunion zu machen. Diesmal war für mich ganz klar, dass ein Visum notwendig sein würde. Würde ich als Amerikanerin überhaupt eins bekommen? Die Zeit bis zur Erteilung des Visums zog sich quälend lange hin. Aber dann lief alles doch wie geschmiert. Bevor ich mich umsehen konnte, saß ich auch schon in der Maschine Richtung Moskau. Es war ein straffes Besuchsprogramm: Moskau, Baku, Jerewan, Tiflis und zurück nach Moskau. Ich würde mitten in der Sowjetunion stehen. Das hätte ich mir nie träumen lassen!

Mit von der Partie war Volker Bouffier, der damals dem Stadtrat von Gießen angehörte und heute Ministerpräsident von Hessen ist, sowie dessen Vater, der nach dem zweiten Weltkrieg in sowjetischer Gefangenschaft gewesen war. Letzterer hat uns viel über diese Zeit erzählt.

Alles war bestens organisiert. Am Flughafen empfing uns unsere Reiseleiterin Tatjana, eine sehr elegante Erscheinung. Wie wir später auf unserer Reise erfuhren, war sie Balletttänzerin am Bolschoi-Theater Moskau. Wir wurden in unser Hotel Rossija gebracht. Es war eine merkwürdig angespannte Stimmung überall. Ich hatte das Gefühl, ständig abgehört und beobachtet zu werden, wie in dem Film ‚Der Spion, der aus der Kälte kam'. Ich fühlte mich wie eine Geheimagentin, achtete auf meine Worte und stellte mir die versteckten Wanzen hinter den Bildern und in den Lampenschirmen vor. Es war aufregend und abenteuerlich. Es war mir in Fleisch und Blut übergegangen, die Sowjetunion als Feind zu sehen. Kalter Krieg! Die Sowjets belauerten die Amerikaner und umgekehrt.

Immer versuchten sie etwas zu erhaschen, noch so kleine Winzigkeiten erhielten in dieser Zeit großes Gewicht.

Tatjana führte uns durch die Stadt, zeigte und erklärte alles: den Roten Platz, das Lenin-Mausoleum, das Kaufhaus GUM, das Bolschoi-Theater, die Basiliuskathedrale, den Kreml und die vielen anderen Sehenswürdigkeiten dieser Millionenmetropole. Die Stadt hat mir sehr imponiert! Bei diesem Rundgang hat mich besonders die wunderschöne Uspenski-Kathedrale beeindruckt. Sie ist die größte Kirche innerhalb des Kremls und das älteste vollständig erhaltene Gebäude in Moskau. Ich war einfach hin und weg, in ihrem Innern die vielen wunderschönen Ikonen zu sehen. Fotografieren war streng verboten. Doch ich habe es geschafft, heimlich Fotos zu machen.

Am Abend haben wir das Bolschoi-Theater besucht. Ich fühlte mich in eine andere Epoche zurückversetzt. In diesem goldenen Zuschauerraum mit vier Rängen und der prächtigen Zarenloge wird schon der erste Schritt zum Erlebnis. Immer wieder musste ich mich umschauen und konnte es nicht fassen. Diese Pracht! Als der Vorhang aufging, das Orchester einsetzte und die Tänzer über die Bühne schwebten, war ich vor lauter Ergriffenheit zu Tränen gerührt. Es war einfach atemberaubend! Natürlich sahen wir ‚Schwanensee'. Diesen Ballettabend werde ich nie vergessen. In der Zeit in Moskau habe ich einen richtigen Kulturschock erlebt. Wir Amerikaner leben mit Blues, Jazz, Musicals und Stepptanz. Diese Musikformen sprechen mir aus der Seele, und ich kann damit im täglichen Leben etwas anfangen. Natürlich war ich auch in Paris in der Oper gewesen. Doch da war ich noch so jung und konnte dieses Erlebnis mit klassischer Musik nicht so intensiv in mich aufnehmen, wie jetzt in Moskau. Die Russen – so schien es – leben mit klassischer Musik. Etwas Schönes liegt in der Melancholie dieser Melodien. Natürlich gibt es in den USA auch Sinfonieorchester, große Geigenvirtuosen und andere große klassische Musiker. Aber was ich damals in der Sowjetunion erlebt habe, das kann man nicht vergleichen. Die Kunst wird dort vom Staat gestützt, mit Finanzen, mit Bildungsangeboten für junge Menschen. Theater werden hoch geschätzt.

Links neben dem Bolschoitheater steht ein großes Gebäude, das auch wie ein Theater aussieht. Auf meine Frage nach der Funktion dieses Hauses erhielt ich erstaunlicherweise die Antwort, dass das ein Kindertheater sei. Wie bitte? Ein ganzes Gebäude, noch dazu riesengroß, für Kindertheater? Ich konnte es nicht fassen. Da rackerte ich mich in Gießen mit meinen kleinen Ansätzen für Kindertheater im Ulenspiegel ab, und hier gab es staatlich finanzierte Kinderkultur. Die Diskussion mit Volker Bouffier folgte sofort. Aber er ließ sich nicht provozieren. Natürlich hatte Gießen für vergleichbare Projekte kein Geld. Das war auch mir klar. Aber solche Provokationen machten mir immer schon Freude.

Ich wollte unbedingt noch das Mausoleum von Lenin besuchen. Whow, eine lange Schlange! So viele Menschen wollten Lenin sehen? Ich hatte keine Lust, mich hinten anzustellen, lief an der Schlange entlang und suchte Verbündete. 20 Meter vor dem Eingang stand eine Gruppe aus Kalifornien. Natürlich sprach ich sie an. Sie waren aus einer Highschool, in der Russisch unterrichtet wurde. Ich war sehr überrascht, dass 1986 Schüler in den USA Russisch studierten und Klassenfahrten in die Sowjetunion machten. Ich durfte mich unter sie mischen, und 20 Minuten später standen wir am Eingang. Die Wachposten zelebrierten ihre Ablösung und genauso zackig waren die Wärter im Mausoleum. Keiner durfte aus der Reihe tanzen. Immer schön hinter dem Vordermann bleiben. Wehe ich lief einen Zentimeter zu weit vor oder blieb zurück, sofort kam ein Aufseher, griff nach meinem Anorakarm und zog mich wieder in Position. Es fühlte sich unangenehm an. Ein schummriger Gang, eine Treppe hoch, weiter, weiter, im langsamen Schritttempo, nicht stehen bleiben. Dann ein Raum mit einer Glasvitrine, darin Lenin. Ich war sehr enttäuscht. Ein kleiner Mann im Anzug, angestrahlter Kopf. Er sah wie eine Wachsfigur aus. Aber nun konnte ich sagen: ‚Ich habe Lenin gesehen!'

Was mir nicht in den Kopf wollte: Frisch vermählte Paare ließen sich am Mausoleum fotografieren, legten ihre

Brautsträuße nieder, und jeden Tag standen sich die Menschen in dieser schier endlosen Schlange die Beine in den Bauch, um den kleinen Lenin zu sehen. Nun ja, ich war auch mit von der Partie gewesen. Warum, das frage ich mich eigentlich heute noch.

Wir übernachteten im Hotel Rossija, einem Riesenbauwerk. Auf jeder Etage saß eine Mamutschka, die nach dem Rechten sah. Im vierten Stock gab es eine Bar. Sie sah nicht sehr einladend aus, und deshalb wollten wir dort nur unseren Getränkevorrat auffüllen. Wir kamen um die Ecke, einer streckte seine Hand nach Bier aus, aber aus dem Hintergrund ertönte eine Stimme: „Njet!" Rasselnd ging das Rollo herunter. Sie ließ sich nicht erweichen. Auch für uns war der Abend damit sehr schnell beendet.

Wir wurden im Hotelrestaurant verköstigt. Dort gab es auch Gäste aus der DDR. Für sie gab es ein anderes Angebot. Sie wurden nicht so gut behandelt, wie wir aus dem Westen. Das fand ich sehr schäbig. Aber man musste den Mund halten zu solchen Beobachtungen. Keiner wusste, was passiert wäre, wenn wir uns dazu geäußert hätten.

Am nächsten Morgen sind einige von uns in das schöne Kaufhaus GUM gegangen. Was für eine Eleganz! Das ganze Kaufhaus war mit einem Glasgewölbe überdacht. Es war reich verziert mit Stuckarbeiten. Ein Geschäft am anderen. Ich kann mir gut vorstellen, dass die deutschen Architekten diese Idee für unsere Kaufhäuser abgeguckt haben.

Als wir unsere Reise am nächsten Tag fortsetzten, war auch Tatjana dabei. Sie war für die gesamte Reise für uns eingeteilt worden, was eine große Überraschung war. Vom Flughafen ging es Richtung Baku, ein fünfstündiger Flug. Wir hatten viel Spaß während des Flugs. Die Verpflegung war gut, der Wodka durfte nicht fehlen. Unerwartet hörten wir orientalische Musik, schön laut mit vielen Trommeln. Das gefiel mir. Bevor wir fragen konnten, was das zu bedeuten hatte, waren wir schon gelandet. Wegen der angeregten Stimmung hatten wir überhaupt nicht bemerkt, dass wir landeten.

Als wir in Baku aus dem Flugzeug stiegen, fand ich mich in einer ganz anderen, einer orientalischen Welt wieder. Auf dem Flughafen wimmelte es nur so von Menschen unterschiedlicher Nationalitäten und Professionen: Geschäftsleute, Bauern, Urlauber. Alle schnatterten und liefen durcheinander. Da die Entfernungen in der Sowjetunion so weit waren, flogen auch die Bauern mit ihrem Hab und Gut zwischen den Märkten hin und her.

Tatjana war wie ausgewechselt. Locker und gelöst lachte sie und war fröhlich und fast nicht wiederzuerkennen. Auch sie war in einer anderen Welt angekommen, in einer Welt, in der sie nicht unter Beobachtung stand. Es war eine Freude, sie lachen zu sehen. Zum Essen besuchten wir eine Karawanserei. Das orientalische Essen, das uns vorgesetzt wurde, war märchenhaft: Fladenbrot, Humus, Hirse, sehr viel Gemüse mit Olivenöl, verschiedene exotische Gewürze, Knoblauch, Fleisch, Obst, Grießkuchen, Karamell und andere Leckerbissen.

Die Stadt Baku ist sehr orientalisch. Man findet viele Feuerstellen, die wie alte Steinbrunnen aussehen. Am nächsten Morgen machten wir einen Spaziergang auf der Promenade entlang der Küste. Ein großer Rundbau erregte meine Aufmerksamkeit. Das Kindertheater der Stadt! Es war wieder unfassbar für mich, was die UdSSR für ihre Kinder an Kultur bereithielt.

Eines meiner schönsten Erlebnisse hatte ich in einer Karawanserei am Mittag. Ein uralter braungebrannter Mann spielte auf einer orientalischen Trommel ganz wunderbare Musik. Er trug einen weißen Umhang mit einem Turban, sein Gesicht hatte tiefe Falten, die Haut sah fast wie Leder aus. Als er eine Pause machte, ging ich zu ihm und fragte mit Gesten, ob ich mit ihm spielen dürfte. Er nickte und gab mir eine Trommel. Ich schlug einen Latino-Rhythmus an, er antwortete mit seinen orientalischen Klängen und nach kurzer Zeit spielten wir zusammen. Diese neuen Rhythmen faszinierten mich. Ich vergaß alles um mich herum. Etwas später bemerkte ich, dass sich viele um uns versammelt hatten, die zuhören wollten.

Auch die Gießener Gruppe war staunend stehen geblieben. Es war ein unbeschreibliches Gefühl, so ohne Worte, ohne andere Verständigungsmöglichkeit, nur durch Musik Kontakt zu knüpfen. Wir improvisierten, mixten Latino- und orientalische Musik, inspirierten uns gegenseitig. Auf einmal waren 45 Minuten vorbei, ohne dass ich es bemerkt hätte. Unsere Gruppe musste weiter, alles klatschte. Ein unvergessliches Erlebnis.

Die nächste Station war Jerewan. Diesmal war es nur eine relativ kleine Flugmaschine, und ich hatte ein ziemlich mulmiges Gefühl. Doch das verflog sehr schnell. Eine Frau aus unserer Gruppe, die es sich vor mir gemütlich gemacht hatte, krachte plötzlich mit ihrem Sitz beim Start aus der Verankerung und brach in Hysterie aus: „Hilfe! Oh, mein Gott! Was ist denn hier los? Mein Sitz ist kaputt. Was ist denn das für eine Schrottkiste?! Stewardess, tun Sie doch etwas! " Die Stewardess kam, besah sich den Schaden, konnte aber nichts ausrichten. Sie blieb freundlich und höflich. Das Flugzeug war bis auf den letzten Platz gefüllt, deshalb blieb einfach keine Alternative. Und da, wo noch niemand saß, in den Gängen, da war alles mit Handelsware voll. Bauern mit ihren Hühnern und Enten flogen mit uns. Wir hatten eine tolle Tiermusik an Bord. Die Frau beruhigte sich nicht. Immer wieder hörten wir sie von ihrem schiefen Sitz murmeln: „So eine Sauerei! Nicht mal richtig sitzen kann man hier!" Es war ein Bild für die Götter. Wir mussten immer wieder lachen, wenn wir sie ansahen auf ihrem schrägen Sitz lachen. Doch um so mehr wir lachten, um so wütender wurde diese Frau. Nach der glücklichen Landung beim Abendessen in unserem Hotel in Jerewan konnte sie auch mitlachen, und ein Witz nach dem anderen machte die Runde.

Der nächste Tag begann mit einer Stadttour. Tatjana erklärte uns viel. Am Abend besuchten das Theater der Stadt. Tatjana und ich saßen nebeneinander. Es war eine Folkloreveranstaltung mit Tanz und viel Musik aus Armenien. Es war eine wunderschöne bunte Vorstellung mit tollen armenischen Tänzen und Trachten. Ganz unterschiedliche Musikrichtungen wurden vorgestellt, auch aus anderen Teilen der Sowjetunion.

Zwischen den einzelnen Stücken kam ein Moderator auf die Bühne und erzählte etwas. Ich hätte es gern verstanden, und fragte Tatjana, ob sie es bitte für mich übersetzen würde. Sie lächelte mich an und erwiderte: „Bridge, das tut mir leid. Ich würde es gern tun, aber ich verstehe selbst kein Wort. Die Moderation ist auf Armenisch." Ich hatte gedacht, dass der junge Mann auf der Bühne russisch sprechen würde und schaute sie nun ein wenig verständnislos an. Dann fing ich an zu schmunzeln: „Also wirklich, ist das nicht genial. Da sitzen wir beide, eine Russin und eine Amerikanerin nebeneinander in einem Theater in der Sowjetunion und verstehen kein Wort." Die Amerikaner denken ja, genau wie die Russen, dass sie alles wüssten. Doch hier an diesem Abend verstand keiner von beiden etwas. Es war zu komisch!

Am nächsten Morgen bestiegen wir einen Bus, der uns nach Tiflis fuhr. Es war eine lange Fahrt durch die wilden Berge des Kaukasus. Der alte Herr Bouffier erzählte während der Fahrt viel über seine Gefangenschaft in Russland. Er konnte sogar noch ein wenig Russisch. Wir hatten ausreichend Zeit für Gespräche. Mit Tatjana sprach ich die meiste Zeit über das Leben in der Sowjetunion. „Tatjana, was glaubst Du, warum hat die Sowjetunion so viel Angst vor den Amerikanern?" Die Antwort kam prompt: „Warum habt Ihr, Amerikaner, Angst vor uns?" Ich musste erst mal kurz überlegen. „Es ist schon merkwürdig. Jeder denkt vom anderen, dass der einen Krieg anfangen würde. Die Politiker reden nicht miteinander. Sie lassen nur die Waffen als Muskeln spielen. Dieser kalte Krieg ist einfach absurd." Ich dachte an die vergangenen Tage in Baku und Jerewan, an die vielen liebenswürdigen Menschen, die ich kennen gelernt hatte, an ihre Freundlichkeit, die Kultur und Musik. Wie konnte ich nur Angst und Vorurteile gegen sie all die Jahre haben? Es wurde mir klar, wie beschränkt viele Menschen doch sind. Es wird einfach so lapidar über Völker geurteilt, obwohl man nichts weiß über deren Lebensformen und Kultur. Ich musste zu meinem Beschämen eingestehen, dass ich auch nicht besser war. Ich war wieder einmal glücklich, dass ich diese Fahrt mitmachen und mich intensiv mit einer

Russin austauschen konnte. In Moskau hätten wir diese Gelegenheit nicht gehabt, erklärte mir Tatjana: „In Moskau bin ich Eure Stadtführerin. Weitergehende Kontakte sind nicht erlaubt. Jeden Augenblick wird man dort vom Geheimdienst beobachtet. Intensive Kontakte zu Ausländern sind nicht erwünscht." Ich war ihr sehr dankbar für ihre Offenheit.

Wir fuhren den ganzen Tag durch diese atemberaubende Landschaft. Unterwegs sahen wir etliche Baustellen, auf denen Frauen die schwersten Arbeiten verrichteten. Sie teerten die Straße, während die Männer am Rand saßen und etwas tranken, vermutlich Wodka. Für mich war das ein ungewohnter Anblick. Sowohl in Westeuropa als auch in den USA war es selbstverständlich, dass die Männer die schweren Arbeiten verrichten. War das Kommunismus, dass die Frauen wie Strafgefangene zu Arbeiten herangezogen wurden, die die Männer nicht machen wollten? Oder war das einfach nur Ausdruck der männerdominierten Gesellschaft? Später habe ich in der DDR viel erfahren über Frauen und ihre Aufgaben in dieser Art von Gesellschaft. Viele hatten typische Männerberufe, waren Kranführerin, Lastwagenfahrerin oder Maschinenbauerin. Und schon während des Krieges und natürlich nach Kriegsende waren die Frauen die treibenden Kräfte der Wirtschaft. Weil die Männer zur Armee eingezogen waren, mussten die Frauen in den Munitionsfabriken hart schuften. Und nach Ende des Krieges waren es wieder die Frauen, die Steine abklopften und den Aufbau mit ihrer Muskelkraft vorantrieben, die tapferen Trümmerfrauen. Dieses Bild, das ich da im Kaukasus für so ungewöhnlich gehalten hatte, war für viele Alltag gewesen. Ich hatte es nur vergessen.

Wir hatten während unseres Aufenthaltes in der Sowjetunion kaum Möglichkeiten, uns frei und neben dem offiziellen Programm zu bewegen. Alles war organisiert und vorgegeben. Uns war bereits am Anfang der Reise gesagt worden, dass sich keiner von der Gruppe absondern sollte: Das würde nur Ärger geben. Also sind wir brav alle zusammen bei den vorgeschriebenen Sehenswürdigkeiten gewesen. In den extra für

Westtouristen ausgerüsteten und ausgesuchten Hotels war fast alles nach Wunsch.

In Tiflis lag unser Hotel gegenüber von Pantheon und St. David Kirche, hoch auf einem steilen Bergvorsprung, den man mit einer Standseilbahn erreichen konnte. Auf dem Pantheon, dem Ehrenfriedhof liegen viele bekannte Dichter und Staatsmänner Georgiens, ein Reiterstandbild steht hoch droben und schaut über die Stadt. Nach einem Stadtrundgang in Tiflis ging es weiter nach Gori, dem Geburtsort von Stalin.

Ich hätte nie in meinem Leben gedacht, dass ich eines Tages vor dem Geburtshaus von Stalin stehen würde. Ich hatte so viel von ihm gehört, über seine Gräueltaten. Man sagt, dass er 14 Millionen Menschen auf dem Gewissen hat. Einer der schlimmsten Diktatoren der Weltgeschichte! Dabei wurde „Väterchen Stalin" im eigenen Land so sehr verehrt. Ich jedoch wusste um all die Verbrechen, und nun stand ich vor seinem Geburtshaus. Was sollte ich hier? Unglaublich! Auf der Weiterfahrt gab es viele Diskussionen im Bus.

Noch ganz aufgewühlt kamen wir vor unserem Hotel an. Nicht weit vom Eingangsportal lag ein magerer Hund, der mir nicht gesund erschien. Ich konnte es nicht mit ansehen und brachte ihm nach dem Abendessen Wasser und etwas von meinem Teller. Das Hotelpersonal sah das gar nicht gern, aber er tat mir so leid. Der arme Streuner wedelte mit dem Schwanz und ratzfatz verschlang er alles. So konnte ich wenigstens einem Hund ein paar glückliche Momente bereiten. Als wir am nächsten Morgen zur Festungsbesichtigung aufbrachen, war er verschwunden.

Der abendliche Bummel durch die Altstadt endete für mich ganz abrupt. Ich bekam fast einen Herzattacke, als ich die dicken fetten Ratten an den Häuserwänden entlang laufen sah. Ich war mal wieder mitten drin in meinen Alpträumen und kriegte mich fast nicht ein. Ich hatte schon so oft versucht, dagegen anzukämpfen, und war in Gießen in Zoogeschäfte gegangen, um mich diesen Tieren durch Gewöhnung anzunähern. Keine Chance! Immer wieder überkommt mich Angst, wenn ich eine Ratte oder Maus sehe. Diese Aversion werde ich einfach nicht los. Eine Zeitlang war es Mode gewesen, sich als Jugendlicher eine Ratte zuzulegen, als Kuscheltier sozusagen. Auch im Ulenspiegel erschien einmal ein Mädchen, aus dessen Bluse ein langer kahler Schwanz ragte, während sich etwas unter dem Stoff bewegte. Das war Berta, die Lieblingsratte. Mein Gott! Sie zeigte sie mir, eine weiß-braune Ratte. An diesem Abend war ich nicht mehr zu genießen, und das Mädchen musste mir hoch und heilig versprechen, dass ich dieses Tier nie wieder zu sehen bekommen würde. Ich kriege es einfach nicht fertig, sie niedlich zu finden. Hier, in Tiflis, waren es eben georgische Ratten. Das machte für mich aber nun überhaupt keinen Unterschied!

Wir verbrachten zwei Tage in dieser schönen Stadt.

Neben der beeindruckenden Altstadt mit ihren Kopfsteinstraßen, der Festung und der denkmalgeschützten Architektur rund um den breiten Uferboulevard hat mich am meisten, wieder einmal auf dieser Reise, die Kulturszene fasziniert. In dieser Stadt gab es 33 Bühnen!

Auf dem Rückflug nach Moskau nutzten wir die Gelegenheit, uns ohne Beobachtung durch staatliche Organe von Tatjana verabschieden. Wir wollten ihr keine Probleme machen, und so haben wir ganz am Ende unserer gemeinsamen Reise nur eine geschäftsmäßige Verabschiedung vorgespielt, aber die intensive freundschaftliche geschah bereits im Flieger. Ich habe ihr meine Tarot-Karten zur Erinnerung geschenkt. In diesen Tagen hatte ich mich ein wenig in sie verliebt und wollte, dass ihr etwas von mir bleibt, wenn ich weg bin. Tarot-Karten zu schenken, das bringt Glück für den Beschenkten, und das wünschte ich ihr von ganzem Herzen. Ich war traurig darüber, dass wir das reizvolle Tiflis verließen, dass wir uns nun wieder verstellen mussten, und überhaupt, die ganze Reise bald vorbei sein würde. Als wir in Moskau gelandet waren, stand urplötzlich wieder eine vollkommen verwandelte Tatjana vor der Reisegruppe. Sehr zuvorkommend, sehr höflich, sehr dienstlich!

Einmal übernachteten wir noch im Kosmoshotel, einem modernen Bau, auf dessen Vorplatz ein Denkmal stand.

Denkmäler waren während unserer ganzen Reise immer präsent. An erster Stelle natürlich: Lenin, dann Lenin und noch einmal Lenin. In allen Größen, aus allen denkbaren Materialien. Dieser Personenkult war heftig! Ich war in einem Leninmuseum, sah dort Kindergruppen mit Halstüchern und einheitlich angezogen in Schul- oder Pionierkleidung. Sie standen in einer Reihe, salutierten vor Lenin. Der große Lehrer! Wie lange war es eigentlich her, dass Stalin und seine Verherrlichung abgeschafft worden waren? Und was war mit den vielen großen Stalindenkmalen, Stalinbüsten und Stalingemälden passiert? Eingeschmolzen, übermalt? Macht das wirklich jedes diktatorische Regime: Große Eigendarstellungen inszenieren, und die Geschichte davor einfach totschweigen? Wie viele solche Umschwünge hatten doch die Völker Russlands oder der Sowjetunion schon erlebt und erlitten. Blutige Kriege über Jahrhunderte, Aufstände, Unterdrückung, Revolution, Verbannungen! Und immer ging es den einfachen normalen Menschen schlecht. Die Armut war groß. All das spiegelt sich in ihrer Kultur, in der Musik, den Liedern, in der grandiosen Literatur und den poetisch melancholischen Gedichten wider. Sie haben sich mit Musik, Gesang und Wodka vom schweren Leben ablenken müssen. Und was für Stimmen sind daraus erwachsen! Wenn ich Straßenmusiker aus Russland höre, denke ich an meine Kulturreise von 1986 zurück, und mir laufen Tränen in die Augen.

Als ich nachhause zurückkam, wurde ich sehr schnell auf den Boden der Tatsachen geholt. Die Zwistigkeiten mit Regina in der gemeinsamen Wohnung gingen weiter. Der Besuch der Sowjetunion war nur eine kurze Verschnaufpause gewesen. Meine Begeisterungsfähigkeit, die während der Reise endlich wieder da war und mich zu der macht, die ich im Grunde meines Herzens bin, wurde sehr schnell durch die Situation zuhause abgewürgt. Ich ging wieder meine eigenen Wege.

Unsere Reisegruppe traf sich noch einmal zu einem gemütlichen Abend, bei dem Fotos und Geschichten ausgetauscht wurden. Der meist gehörte Satz war natürlich: Guck mal da! Das war doch...! Ich ließ alles noch einmal vor meinem geistigen Auge aufleben. Was für eine fantastische Reise! Um so stärker traf mich am 26. April 1986 die Nachricht über die Nuklearkatastrophe in Tschernobyl, in der Ukraine. Es war die größte Umweltkatastrophe der Weltgeschichte bisher.

Vor wenigen Tagen waren wir in der weiteren Umgebung dieser Katastrophenstätte vergnügt durch die Städte gewandert. Mein Schutzengel hatte ein Auge auf mich gehabt.

1986-1989 – Reiseleitung

Der Ulenspiegel warf nicht genug ab, und ich musste einen Job suchen, der meine Haushaltskasse aufpolieren sollte. Da ich viersprachig bin, habe ich mich entschieden, mich als Reiseleiterin zu versuchen. Ich bekam schnell einen Job bei einem Busunternehmen und habe drei Jahre lang bei unterschiedlichen Auftraggebern als Reiseleiterin gearbeitet. Im ersten Jahr wurde ich auf der Spanienroute eingesetzt. In den darauf folgenden Jahren kamen Fahrten nach Italien, Schottland, Holland und Tschechien dazu.

Im ersten Sommer fuhr ich viermal an die Costa Brava, nach Barcelona, Montserrat und Tossa del Mar. Es war eine interessante Erfahrung für mich. Die Touristen waren sehr unterschiedlich. Manche waren nett, andere wieder hatten ständig etwas zum Meckern über die Hotels oder das Essen. Es waren immer sehr lange Busfahrten: zum Beispiel 13 Stunden bis nach Lloret de Mar. Während dieser Fahrten bestand meine Aufgabe darin, mich um die Passagiere zu kümmern: Kaffee und Getränke zu verkaufen, Würstchen mit Brot und Suppe zu servieren. Der Erlös dieser Versorgung ging an den Busfahrer. Wenn man sich mit dem Busfahrer gut verstand, dann fühlten sich die Passagiere wohl, ansonsten war es für alle die Hölle. Meist war es so, dass unser großer Reisebus die vorherige Gruppe mit zurücknahm, und die Besichtigungsfahrten von einheimischen Busunternehmen durchgeführt wurden.

Am Urlaubsort angekommen, musste ich dafür sorgen, dass alle Gäste ordnungsgemäß im Hotel eingecheckt wurden, ihre Zimmerschlüssel erhielten und einen Ansprechpartner hatten, wenn sie sich beschweren wollten. Nach dem Belegen der Zimmer war es meine Aufgaben bei einem Willkommenstrunk, den Programmablauf für den nächsten Tag zu erklären und alle zu ermahnen, auf ihre Wertsachen aufzupassen. Alle Zwischenfälle hatte ich zu regeln. Wurde jemand krank, hieß es: „Bridge, geh mit zum Arzt!" Hatte jemand etwas verloren oder wurde bestohlen: „Bridge, geh mit zur Polizei!" Zum Glück beherrschte ich die Landessprachen und konnte damit gut umgehen. Zum Reiseprogramm gehörten natürlich Ausflüge zu den Sehenswürdigkeiten des Gastlandes und immer auch Shoppintouren. Diese Tagesausflüge wurden mit örtlichen Busunternehmen durchgeführt. Ich war immer dabei. Busfahrer und Reiseleiter teilten sich dann die Provision, die von der jeweiligen Geschäftsleitung für Touristeneinkäufe eingeräumt wurde. Die Provision wurde mir ausgehändigt, und ich gab dem Busfahrer seinen Anteil. Da herrschte ein ständiges Misstrauen. Oft fühlten sich die Busfahrer hintergangen, und ich muss zugeben, dass das manchmal auch berechtigt war. Wenn ich mich mit einem Fahrer nicht gut verstanden hatte, dann wurde auch schon mal nicht fair geteilt. Trotzdem fühlte ich mich im Recht. Die ansehnlichste Provision habe ich in Amsterdam erhalten. Eine Amerikanerin hatte einen Diamanten im Wert von 18.000 $ gekauft. Dafür bekam ich einen Anteil von 1.000 DM. Aber es war leider das einzige Mal, dass ich mit so viel Geld nachhause kam.

Die Ausflüge führten uns in tolle Gegenden und zu faszinierende Stätten: zum Kloster Montserrat, nach Barcelona und Figueres. Figueres liegt nahe der Touristenregion Costa Brava und ist wegen des Dali-Museums fester Bestandteil aller Reisen. Dali war der wohl berühmteste Einwohner dieser Stadt und hat das ehemalige Theater in ein Museum umbauen lassen. Es ist ein Tempel der Selbstdarstellung des großen Meisters. Überdimensionale Eier krönen den Kunsttempel. Steinerne Brote zieren die blutroten Wände. Eine riesige Glaskuppel überdacht den Zuschauerraum und unter der Bühne, in der Krypta des Museums, ließ sich Dali begraben. Eng mit seinem Leben ist auch das Fischerdorf Cadaqués verbunden. Er hat einige Jahre seiner Kindheit hier verbracht und hat sich dafür eingesetzt, dass die „weiße Perle an der Costa Brava" nicht durch Bauhaie verschandelt wurde. Einige bekannte Künstler wie Federico García Lorca, Pablo Picasso und Joan Miró besuchten Cadaqués und trugen zur Bekanntheit des Ortes bei. Heute übersteigt die Zahl der Besucher in den Sommermonaten zeitweilig die Einwohnerzahl um mehr als das Zehnfache. Trotzdem sind diese Orte ein Muss, wenn man in Katalonien ist.

Die meisten Gruppen musste ich zum Kloster Montserrat begleiten. Die Fahrt dorthin war für mich immer ein Albtraum. Es führte nur eine einzige steile, eng gewundene Serpentinenstraße die 725 m hoch zu dem Benediktinerkloster. Ich bin nicht schwindelfrei, und musste mich mit dem Rücken zum Tal stellen, sonst hätte die Angst, dass wir abstürzen würden, mich fertiggemacht. Der Bus bewegte sich fast am Rande des Abgrunds. Die Fahrer waren Genies. Sie beherrschten ihre Fahrzeuge mit Bravour. Hut ab! Trotzdem wurde es mir jedes Mal ganz anders, wenn uns andere Touristenbusse entgegenkamen. Oh, mein Gott! Uff! Später wurde hinter dem Kloster eine richtig gute Straße gebaut, die den Touristenstrom heute ohne Gegenverkehr bewältigen kann, und bei der die Gefahr, abzustürzen, nicht mehr besteht.

Sehr beeindruckt haben mich auch die Touren nach Barcelona. Neben Prag ist Barcelona meine Lieblingsstadt, wenn es um Jugendstil-Architektur geht. Ich war fasziniert von der Kirche ‚La Sagrada Familia' von Antoni Gaudí. Schon 1882 wurde mit ihrem Bau begonnen, und bis heute ist sie nicht fertiggestellt. Ein spektakuläres Bauwerk! Die Casa Mila, der Gaudí-Park und die Häuser mit der wunderschönen Innenarchitektur Gaudís muss man gesehen haben, wenn man Jugendstil liebt. Meine Bus-Touren führten mich auch nach Schottland und Irland. Ich war von diesen beiden Ländern begeistert. Die grüne Weite in der wilden Landschaft und die wunderschönen schottischen Rinder haben es mir angetan. Nur den Dudelsack konnte ich damals schon nicht leiden. Diese Klänge taten meinen Ohren weh.

Eine Fahrt war besonders abenteuerlich. Es ging nach Italien an die Amalfiküste, nach Capri, Salerno, Neapel und Pompeji. Schon als ich den Bus zum ersten Mal bestieg, hatte ich das Gefühl, dass diese Gruppe anstrengend werden würde. Ich sprach nur ein paar Brocken Italienisch und musste mich hauptsächlich mit spanischen Vokabeln durchschlagen.

Wir wohnten irgendwo an der Küste. Ich kann mich nicht mehr erinnern, in welchem Ort. Für die Küstenfahrt nach Paola sollten wir einen kleineren italienischen Bus bekommen, da unser Reisebus für die schmale Küstenstraße zu groß war. Ich hatte total vergessen, mich darum zu kümmern, weil es ständig irgendwelche Nörgeleien zu richten gab, und mich die Touristen oft in Anspruch nahmen. Also brachen wir mit dem großen Bus zu der Tagestour auf. Was für ein Drama! Es kam eine Felsenunterführung nach der anderen. Unser Bus kam nur ganz knapp durch, und der Fahrer war schweißgebadet von den ständigen Millimetermanövern, vor und zurück. Als wir dann endlich in dem Fischerdorf Paola ankamen, gab es großen Krach! Der Busfahrer rastete aus, was ich sehr gut verstehen konnte. „Wie kann man einen so großen Bus für diese Strecke einsetzen! Diese Idioten, die das veranlasst haben! Wenn die mir unter die Augen kommen, aber dann...". Und, und, und – in einem fort. Ich verhielt mich vollkommen still und setzte mich abseits der Gruppe auf eine Bank am Meer, sah meine Fahrtpapiere durch. Auweia! Ich hätte den Kleinbus bestellen müssen, stand dort. Oh, du liebes Bisschen! Wenn das herauskam, was würde mich dann erwarten? Die ganze Reisegruppe war aufgebracht und stellte sich natürlich hinter den Busfahrer. Ich war die Buh-Frau, fast auf der gesamten Fahrt. Zum Glück ahnte der Busfahrer nicht, dass ich ihm diese Suppe eingebrockt hatte. Ich mag mir nicht vorstellen, was geschehen wäre, hätte er es herausgefunden. Was sollte ich nur tun? Wir mussten auf alle Fälle wieder zurück, und morgen sollte die anstrengende Tour nach Neapel stattfinden – ohne italienische Reiseleitung. Das konnte ich dem Busfahrer nicht zumuten. Angriff ist noch immer die beste Verteidigung, sagte ich mir, und um Ausreden war ich auch noch nie verlegen. Ich hatte eine Idee! Als wir wieder im Hotel ankamen, griff ich gleich zum Telefon und rief die italienische Tourismusfirma an, die für uns die Vorort-Organisation durchführte, und beschwerte mich: „Wieso haben Sie uns nicht den Bus gebracht für die Küstenfahrt mit der Gruppe aus Gießen? Der Kleinbus war doch gebucht für den Tag! Es steht so in meinen Vertragsunterlagen!" „Oh! Das tut uns furchtbar leid! Aber wir haben auf Ihren Anruf gewartet wegen des Termins!" „Das ist eine große Schweinerei! Mir hat keiner gesagt, dass ich mich bei Ihnen melden soll. In meinen Unterlagen steht das Datum als fest gebucht." „Wir bitten vielmals um Entschuldigung!" „So, was machen wir jetzt? Eine Tagesfahrt mit Ihrem Kleinbus ist gebucht und Bestandteil des Reiseprogramms. Der einzige Ausweg ist, dass Sie die Fahrt morgen übernehmen. Da geht es nach Neapel und Pompeji. Unsere Stadtführerin könnte dann, wie verabredet, in Neapel zusteigen." „Sie haben Glück! Morgen ist der Bus noch nicht gebucht, und eine Tagesfahrt ist ja sowieso bereits bezahlt. Dann können wir auch morgen nach Neapel und Pompeji fahren!" „Na, das trifft sich gut. Vielen Dank für Ihr Entgegenkommen. Sie haben mir sehr geholfen!" Mir fiel ein Stein vom Herzen. Es hatte in der Reisegruppe einen kleinen Aufstand gegeben, und der Busfahrer hatte nach dieser Tagestour auch keine gute Meinung von mir. Es gab abends eine Versammlung mit allen Touristen. Mit den Informationen über den nächsten Tag hatte ich gute Karten in der Hand und konnte beweisen, dass ich alles im Griff hatte. Ich informierte die Gruppe über das Programm des folgenden Tages. Der Busfahrer war immer noch sauer und sagte trotzig: „Ich fahre nicht mit. Ich bleibe hier und mache meinen eigenen Ausflug. Wer mit mir mitkommen möchte, der kann das tun." „Okay, dann übernehmen Sie aber die Verantwortung für diese Touristen. Ist das klar?" Unsere Fahrgäste waren geteilter Meinung. Aber immerhin wollten über die Hälfte der Leute die Tour nach Neapel, Pompeji und zum Vesuv mitmachen.

Am nächsten Morgen Punkt 8 Uhr stand ein hypermoderner Bus vor unserem Hotel. Meine Teilnehmer waren zufrieden. Der italienische Busfahrer war freundlich und fröhlich, die Klimaanlage funktionierte ausgezeichnet. Der Fahrer steuerte den Bus mit Leichtigkeit durch den dicksten Verkehr in Neapel. Hier fuhren alle einfach wahllos durcheinander, egal ob Autos, LKW, Vespa-Roller, Fahrräder, Kutschen oder was sich sonst so auf der Fahrbahn befand. Wenn wir an eine Kreuzung heranfuhren, war nur ein großes Blechknäuel zu erkennen, aber keine Lösung. Und doch schuckelte es sich zurecht, irgendwie löste sich alles in Wohlgefallen auf, und jeder fuhr in die von ihm gewünschte Richtung. Wir trafen pünktlich an dem Treffpunkt mit der Stadtführerin ein. Sie erklärte den Tagesablauf und belehrte alle noch einmal, auf ihre Besitztümer aufzupassen, denn es gab viele Diebe in der Stadt. Danach hatten wir eine Stunde Zeit, uns in einem Museum umzuschauen. Wir waren alle fasziniert von der Ausstellung mit Gemälden und Skulpturen berühmter italienischer Künstler und archäologischen Funden. Als wir uns im Ausgangsbereich wiedergetroffen hatten, öffneten wir das große Museumstor, um zu unserem Bus zu gehen. In dem Moment rasten mit quietschenden Reifen zwei Autos an uns vorbei. Das zweite Auto war ein Polizeiwagen, aus dessen Seitenfenster ein Kopf, eine Schulter und eine Hand mit einer Pistole ragten. Es peitschten Schüsse durch die Luft. So schnell wir nur konnten, sprangen wir zurück in den Museumseingang. Oh, mein Gott! Wie im Krimi, nur diesmal in echt! Meine armen Nerven! Neapel – Camorra– Verbrechen – das gesamte Klischee wurde erfüllt. Nachdem wir uns beruhigt hatten, machten wir eine Stadtrundfahrt und fuhren dann am Hafen entlang Richtung Pompeji.

Als wir am frühen Nachmittag in Pompeji ankamen, hatten wir wunderbar warmes Wetter mit viel Sonnenschein. Ich erinnerte mich an Szenen aus dem Film vom Untergang dieser Stadt und mir wurde ganz anders. Gleich nach dem Durchschreiten des ehemaligen Tores Porta Marina fühlte ich mich zurückversetzt in die Zeit kurz nach der Katastrophe. Welch ein Unglück! Man kann es sich gar nicht vorstellen. An einem ganz normalen Sommertag im Jahr 79 unserer Zeitrechnung brach der Vesuv aus, und heiße Lava, Schutt und Asche begruben alles unter sich. Heute kann man die historisch wertvolle Ruinenstadt besichtigen und Millionen Touristen sind begeistert und erschauern beim Anblick von Gipsmodellen der Toten, wie ich. Mit diesen Eindrücken im Hinterkopf fuhren wir zum Vesuv, um in den gewaltigen Krater zu schauen. Das war ein sehr mulmiges Gefühl. Immerhin kann der Vesuv jederzeit wieder ausbrechen! Die modernen Beobachtungsstationen können dann hoffentlich rechtzeitig vorwarnen. Allen Teilnehmern hatte dieser Tagesauflug viel Freude gemacht. Sie gaben der Stadtführerin und dem italienischen Busfahrer ein entsprechendes Trinkgeld. Am Abend kamen wir todmüde wieder in unserem Hotel an und berichteten den anderen von unseren Erlebnissen. Die Touristen, die sich entschlossen hatten bei dem Busfahrer zu bleiben, waren stinksauer und erzählten nicht viel. Aber – es war ihre eigene Entscheidung gewesen, sorry!

Am nächsten Tag setzten wir nach Capri über, zur Insel mit dem viel besungenen Sonnenuntergang. Die kleine Hürde beim Umsteigen zwischen den Booten wurde von allen gut gemeistert, und wir verbrachten den ganzen Tag dort. Für mich ist Capri – neben Texel, in Holland – eine der schönsten Inseln Europas.

Als wir wieder nach Gießen kamen, gab es eine Riesenauseinandersetzung im Büro des Reiseveranstalters. Der Busfahrer beschwerte sich über mich, und ich beschwerte mich über ihn. Ein Heidentheater! Es kamen einige Beschwerden von Passagieren, aber es gab auch diejenigen, die von unserer Neapelfahrt berichteten und davon, dass der Busfahrer die Hälfte der Gruppe aufgewiegelt hatte, so dass die diese Tagestour nicht mitgemacht hatte. Na ja! Auf den Verlauf dieser Reise war ich nicht stolz. Aber was soll's: Ich bekam mein Geld und ein Dankeschön und vorüber war's.

Ein paar Mal bin ich auch mit US-Highschool-Kids nach Lloret de Mar gefahren. Das war der helle Wahnsinn. Die Kids durften keinen Alkohol mit in den Bus nehmen. Doch sie waren sehr erfinderisch, dieses Verbot zu umgehen. Sie klebten in ihre Football-Helme Bierbüchsen und hatten Schläuche, mit denen sie die Büchsen aussaugten. Während der ersten Tour fand ich das heraus. Beim nächsten Mal kontrollierte ich, streng wie ein General, und die Jugendlichen mussten den Alkohol abgeben. Jede dieser Reisen wurde zu einem Abenteuer, und immer wieder gab es kleinere Zwischenfälle, die zu regeln waren. Ein Junge steckte seine ID-Card in die Badehose und ging damit schwimmen. Als er wieder herauskam, war sie weg, wohl auf dem Weg Richtung Afrika. Also mussten wir die Behörden aufsuchen und ihm provisorische Papiere ausstellen lassen. Ein anderes Mal klebten die Jugendlichen die Videokamera im Obergeschoss des Doppeldeckerbusses mit Kaugummi zu und trieben ihre Spielchen dort oben. Als wir in Gießen ankamen, waren zwei Sitze zerstört. Die Schuldigen wurden mit Hilfe der Militärpolizei ermittelt, ihre Väter aus dem Schlaf geholt, denn der Busfahrer wollte nicht ohne Bezahlung des Schadens losfahren. Einer davon war ein ‚hohes Tier'. Mann, war der sauer, als er bei uns ankam! Es wurde hin- und herdiskutiert, doch am Ende mussten die Väter 400 Dollar hinblättern. Wie leichtsinnig die Jugendlichen waren, wurde mir auch durch die schauerliche Geschichte von einer Reisegruppe bewusst, die 15 Kilometer hinter uns nach Frankreich unterwegs gewesen war. Auf der Autobahn öffnete einer der Jungen das Dachfenster und steckte seinen Kopf heraus. Es passierte etwas ganz Furchtbares. Der Junge wurde bei einer Brückendurchfahrt enthauptet. Sein Körper fiel ohne Kopf auf den Sitz zurück. Nicht nur der betroffene Busfahrer stand unter Schock! Ich machte diese Fahrten dreimal. Dann reichte es mir.

Da übernahm ich doch lieber Einkaufsfahrten mit US-Army-Frauen nach Prag. Auf der Hinfahrt hatte ich ausreichend Zeit, um den Frauen zu erklären, worauf es ankam, denn der Zoll würde auf der Rückfahrt alles genau kontrollieren. Aber wie es halt so ist, die Leute hören einfach nicht zu. Ich sagte ihnen, dass sie nur auf öffentlichen Banken Geld wechseln sollten, auf keinen Fall auf der Straße, las ihnen die Zollbestimmungen vor und wies sie darauf hin, dass sie kein

Kristall kaufen sollten. Dann entließ ich sie. Wir waren gegen 9 Uhr in Prag angekommen, um 16 Uhr war Treffpunkt zur Rückreise. Ich nutzte die Zeit, um mir diese grandiose Stadt anzusehen. Die Goldene Stadt mit der Hradschin-Burg und dem Veitsdom, der berühmten Karlsbrücke und nicht zuletzt dem jüdischen Viertel ‚Josevof' hat mich schwer beeindruckt. Geschichtliche Ereignisse, die ganz Europa beeinflussten, haben sich hier abgespielt. Nehmen wir nur den Fenstersturz von Prag, der Auslöser für den Dreißigjährigen Krieg war.

Die meiste Zeit verbrachte ich im jüdischen Viertel von Prag. Der größte Teil des Viertels wurde zwischen 1893 und 1913 zerstört. Lediglich 6 Synagogen, der alte Jüdische Friedhof, die Zeremonienhalle und das alte Jüdische Rathaus blieben erhalten. Auf dem alten Jüdischen Friedhof gibt es dicht aneinander gedrängt ungefähr 12.000 Grabsteine, auf denen zum Gedenken Steinchen abgelegt werden. Aus Platzmangel wurden die Toten hier in mehreren Schichten übereinander begraben. Man sagt, es sollen bis zu 100.000 Tote hier liegen. Meine Gefühle spielen verrückt, wenn ich beginne, mir diese Geschichten auszumalen. Ghetto, Deportation, KZ! Heute leben in ganz Tschechien offiziell nur noch 5.000 Juden.

Leider ist der Antisemitismus in einigen Ländern wieder auf dem Vormarsch, auch in Deutschland. Verachtung von Andersdenkenden oder Andersaussehenden ist weit verbreitet auf dieser Welt. Eine solche Einstellung kann ich nicht akzeptieren. Alle Menschen sind unterschiedlich. Warum begreift das die Menschheit nicht endlich nach den vielen schlimmen Erfahrungen? In den USA ist es auch die Rassendiskriminierung, die immer noch schlummert, obwohl wir jetzt einen schwarzen Präsidenten haben. Apartheid in Südafrika, Religionsstreitigkeiten zwischen allen: Katholiken, Moslems, Islamanhängern, Juden und und und. Die Reihe solcher sinnloser Anfeindungen lässt sich beliebig fortsetzen. Wieso lernt die Menschheit nicht aus der Vergangenheit und dem Leid das über die Jahrhunderte den Nachbarn zugefügt wurde? Was für Tragödien sich da abspielen! Und schon die kleinen Kinder werden mit hineingezogen. Wie abscheulich! Kindersoldaten!

Man stelle sich das nur mal vor. Was geht in den Gehirnen der Leute vor! Solche Verhaltensweisen seien menschlich, höre ich. Das ist doch nicht menschlich, sondern unmenschlich! Da packt mich dann manchmal ohnmächtige Wut!

Mit solchen Überlegungen beladen musste ich zurück zu meinem Bus. Um 15 Uhr war Treffpunkt. Schon von weitem konnte ich die Pakete und Kartons sehen, die die Army-Frauen um den Bus herum abgelegt hatten. Offensichtlich hatten sie halb Prag leer gekauft. Mich traf der Schlag! Wo sollten die Einkäufe alle untergebracht werden? Der Busfahrer schlief noch. Aber als er durch das Stimmengewirr geweckt wurde und verschlafen aus seinem Bus stolperte, bekam er fast einen Herzinfarkt. „Joa, Kruzifix, was hoamma doa?" war seine erste Reaktion in Original-Bayrisch. Auch ich war besorgt: Wie sollten wir das alles im Bus unterbringen und über die Grenze bekommen? Auf was habe ich mich da eingelassen?

Dann kam auch noch eine Mitreisende zu mir, die hereingelegt worden war. Sie hatte auf der Straße Geld getauscht. 300 Dollar. Als sie die Rolle mit den tschechischen Kronen öffnete, war nur Zeitungspapier darin. Da konnte man gar nichts machen. Ich hatte alle vorgewarnt. Wenn jemand nicht hören will, dann muss die gesammelte Erfahrung den Verlust an Geld ausgleichen. Pech gehabt!

Ich bewunderte den Busfahrer. Zwar schimpfte er die ganze Zeit vor sich hin, aber am Ende hatte er alles verstaut, Koffer, Pakete, Kartons. „Mein Bus ist doch kein Umzugswagen! Diese Weiber! Wenn jetzt noch eine kommt mit einem Koffer, dann schmeiße ich alles hochkant raus!" Wir kamen zur Grenze. Ich weckte die Damen auf und gab ihnen ein paar Anweisungen, wie sie sich während der Kontrolle zu verhalten hätten. Alle Vorhänge wurden vor die Fenster gezogen, so dass die Fracht von außen nicht zu erkennen war. Mir wurde immer mulmiger. Die Angst aus meinen Kindertagen, wenn meine Mutter mit Schmuggelware unterwegs gewesen war, steckte mir noch in den Knochen, wenn ich Polizisten oder Zollbeamte zu Gesicht bekam. „Gebt mir Eure Pässe und die Quittungen für die gekauften Sachen! Dann schlaft weiter, rührt Euch nicht! Egal was passiert!" Wir hielten am Kontrollpunkt. Zwei Beamte kamen zum Bus. Die Tür ging auf. „Passkontrolle!" Ich übergab die Pässe und antwortete auf die Frage, ob wir etwas zu verzollen hätten mit NEIN! Obwohl das eingekaufte Böhmische Kristall weit mehr wert war als die Ausfuhrbestimmungen zuließen. Ein Beamter lief um den Bus herum, warf einen Blick hinein und sagte dann: „Lassen Sie alle aussteigen. Ich bin gleich wieder da." Der Zollbeamte gab mir die Pässe zum Halten und verließ den Bus. Ich sah mich um, ob es eine Schranke gab, die uns den Weg versperrte. Nein, die Straße war frei. Die ersten Frauen stiegen schon aus, als ich leise aber eindringlich auf sie einredete: „Schnell wieder einsteigen, los!" Ich sah den Busfahrer an. In dem Moment konnte er meine Gedanken lesen. „Los, geben Sie Gas! Es gibt ein Unglück, wenn die Zollleute diesen Bus untersuchen. Wir müssen schnellstens verschwinden!" Und tatsächlich: Er gab Gas, und wir bretterten in einem Affentempo über die tschechische Grenze. Keiner sah sich um. Alle blickten gebannt nach vorn, ein Kilometer war es bis zum deutschen Grenzposten. Auf der deutschen Seite bekamen wir keine Probleme, da die Businsassen zu den Alliierten gehörten. Mir saß das Herz ganz schön in der Hose. Ich fühlte mich fast so, als wenn wir Flüchtlinge über die Grenze geschmuggelt hätten. Es dauerte eine ganze Weile, bis sich alle wieder beruhigt hatten. Ich bin überzeugt, dass keine der Hausfrauen geahnt hatte, in welchem Schlamassel sie beinahe gelandet waren. Nun freuten sie sich über das bestandene Abenteuer. Fast wie im Film! Und die ganze Aufregung nur wegen einer Einkaufstour nach Prag!

Weil ich die Nase nun gestrichen voll von Reiseleitung hatte, gab ich es auf. Ich hatte auf meinen Fahrten genug erlebt. Es war eine spannende und gute Zeit gewesen, und nun war es vorbei. Ich war sehr froh, dass ich in den drei Jahren als Reiseleiterin noch Geld dazu verdient hatte.

1986 – Erfurt

Meine zahlreichen Kontakte führten im Oktober 1986 zu einer Einladung, mit Gewerkschaftsvertretern eine Fahrt in die DDR zu machen. Ich kannte die Transitstrecke nach Berlin ganz gut und hatte es immer bedauert, dass es nicht gestattet war, die Autobahn zu verlassen und Kontakte zu knüpfen oder wenigstens Städte zu besichtigen. Dieses Angebot war die erste Chance für mich, ein bisschen hinter die Kulissen im anderen Teil Deutschlands zu schauen. Unser Gastgeber war der FDGB.[3]

Von Gießen aus ging es Mittags mit einem Bus auf die Reise, die zwar nicht weit, aber ziemlich emotional war. An der Grenze gab es die üblichen peniblen Gepäckkontrollen und prompt wurde mir mein Lesestoff, ein US-Life-Magazin, abgenommen. Subversive Literatur durfte nicht eingeführt werden. Die Bürger sollten keiner „Schundliteratur" ausgesetzt werden.

Kurz hinter der Grenzkontrolle führte die Autobahn an Eisenach vorbei. Dahinter sah ich die berühmte Wartburg liegen. Die Sonne stand schon sehr tief und tauchte die Burg in märchenhafte Beleuchtung. Was für ein Bild! Das war die perfekte Kulisse für einen Film über das Mittelalter!

Als wir gegen 18 Uhr in Erfurt ankamen, war es schon dunkel. Man brachte uns im Gästehaus des FDGB gegenüber der Oper unter. Gleich beim Verlassen des Busses stieg mir der brenzlige, unangenehme Geruch in die Nase, der von den vielen Öfen herrührte, die mit schlechter Braunkohle beheizt wurden. Ich musste mir mein Taschentuch vor die Nase halten, um den Gestank zu filtern.

Nachdem wir unsere Zimmer bezogen hatten, machten wir mit unseren Gastgebern einen ersten Rundgang durch die Stadt. Mir kam die ganze Atmosphäre sehr gespenstig vor: Dämmerlicht mit viel weniger Straßenbeleuchtung als in Gießen und spärlich erhellten Schaufenstern, dazu noch die Schwefelschwaden und die stolzen Häuser. Auf dem Anger standen runde Kugelleuchten, um die sich ein Lichtball bildete, der eine schöne Stimmung erzeugte. Diese Straße hat mir sehr imponiert, ein Haus war schöner als das andere. Trotzdem fühlte ich mich wie in einem Krimi in London. Ich meinte den berüchtigten Londoner Nebel zu sehen, nur in gelb. .

Es gab ein deftiges Thüringer Gericht zum Nachtmahl, danach sind wir noch eine Runde gelaufen, um zurück zu unserem Gästehaus zu kommen. Auf diesem Weg kamen wir am Domplatz vorbei. Dieser gewaltige Dom auf dem Berg, davor die riesige Treppe – das hinterließ einen enormen Eindruck bei mir. Das ganze Ensemble wurde angestrahlt von Scheinwerfern und bildete so zu den sonst spärlich erleuchteten Häusern und Schaufenstern einen großen Kontrast. In den Schaufenstern konnte man erkennen, dass versucht worden war mit wenigen Mitteln, eine Dekoration hinzukriegen, die Käufer anzieht. Verglichen mit unseren vollgestopften hellen Einkaufspassagen in Gießen sah das hier alles bescheiden aus.

Am nächsten Tag wurden wir in das Zwiebelkombinat nach Nohra gefahren. Auf dem Weg dorthin passierten wir eine sowjetische Kaserne mit vielen russischen Panzern. Vom Bus aus konnten wir auch einen Berg bei Weimar sehen, auf dem ein Turm steht. Ich erfuhr, dass es sich bei diesem Turm um die Gedenkstätte des Konzentrationslagers Buchenwald handelt. Hier wurden während der Naziherrschaft Tausende Häftlinge vergast und anderweitig ermordet. Ich habe erst später erfahren, dass die Bürger von Weimar angeblich nicht gewusst haben sollten, was in diesem Lager geschah, bis die Amerikaner die Bevölkerung gezwungen hatten, durch Buchenwald zu gehen. Alle mussten sich nach der Befreiung des KZ die ganzen Gräuel anschauen und mithelfen, die Leichen zu begraben. Ich habe nie verstanden, dass niemand den Rauch von den

Leichenverbrennungen gerochen haben will. Das war mir zu hoch. Erst in den neunziger Jahren hatte ich Gelegenheit, das KZ selbst zu besuchen und die Unmenschlichkeit des Naziregimes mit eigenen Augen zu sehen.

Im Zwiebelkombinat wurde uns die gesamte Produktions- und Verarbeitungsstrecke gezeigt. Nach der Besichtigung wurden wir zu Kaffee und Kuchen in die Kantine eingeladen. Es gab eine lange Tafel mit den feinsten Leckereien: Kuchen, Kaffee, Gebäck, Schokolade, Spirituosen. Im Westen war immer der Eindruck vermittelt worden, dass es in der DDR fast nichts zu essen geben würde. Diese Tafel sah aber garnicht so aus. Ich konnte mir gut vorstellen, dass für ausländische Gäste alles aufgetafelt wurde, was es gab, und die eigenen Bürger nicht so gut verpflegt wurden. Es wurde sehr viel aus der DDR exportiert, den Rest bekam dann die Bevölkerung. Dass die Genossen oben alles bekommen konnten, war mir klar. So ist es überall in Ländern mit Diktatur, unten – arm, oben – reich. So hatte ich es auch in Nicaragua erlebt.

In den folgenden Tagen besichtigten wir die Schreibmaschinenfabrik Optima in Erfurt und eine Metallfabrik in Eisenach. Da ich nie in einem großen Produktionsbetrieb gearbeitet hatte, waren diese Rundgänge für mich sehr interessant. In Eisenach begegnete mir während unseres Rundgangs ein Kubaner. Ich sprach ihn auf Spanisch an. Wir unterhielten uns eine Weile während seiner Mittagspause. Erst hinterher wurde mir erklärt, dass die Kontaktaufnahme unerwünscht gewesen war. Für mich hatte es keine Auswirkungen, und ob mit dem Kubaner hinterher ein Gespräch stattfand, weiß ich nicht. Es ist aber durchaus denkbar. Ich freute mich, mal wieder spanisch zu sprechen, und er hatte das Ganze auch nicht so verbissen gesehen.

Mein Eindruck generell war, dass die DDR-Bürger große Geduld hatten. Überall sah man die Leute Schlangestehen: vor den Lebensmittelläden genau wie vor den Restaurants. Überhaupt kam ich mit den Restaurantbestimmungen nicht klar. Die Leute reihten sich vor der Gaststätte in eine Schlange ein, obwohl der ganze Gastraum leer war. Und wenn man hinein wollte, wurde einem erklärt, dass alles reserviert sei. Wie bitte? Was war denn das? Okay, also weiter nach freien Plätzen suchen. Ich hatte das auch schon auf der Transitstrecke nach und von Berlin erlebt. Ein merkwürdiges Gebaren!

Erfurt wurde uns von einem hohen Beamten des Bauamtes gezeigt. Wir unternahmen mit ihm einen Stadtrundgang. Die Erfurter Innenstadt ist wunderschön mit vielen Häusern aus dem Mittelalter. Unterwegs konnten wir einige Gebäude sehen, die saniert und renoviert worden waren. Hinter der Krämerbrücke, dem Wahrzeichen der Stadt, wurden wir durch einen alten Stadtteil geführt, der nach den Plänen der Partei abgerissen und durch Neubauten ersetzt werden sollte. Zum Glück ist es durch die Wende nicht mehr dazu gekommen. Es wäre ein unersetzbarer Schaden für die Kultur und Architektur in Thüringen und ganz Deutschland entstanden.

Immer wieder während meines Aufenthaltes in Erfurt zog ich Vergleiche zu meiner Weststadt Gießen. Der Marshall-Plan hatte in Westdeutschland dazu geführt, dass die Kriegsschäden schon lange behoben waren und neue Technik und Transportmittel die Städte eroberten. In der DDR schien die Zeit stillgestanden zu haben. Der Geruch nach Kohleöfen erinnerte mich an meine Kindheit. Unterwegs sahen wir Panzer der Sowjetarmee, Bauern auf Leiterwagen und graue Städte. Auch die Menschen waren nicht so farbenfroh angezogen wie bei uns. Es war ein krasser Unterschied zu meinem täglichen Leben, wie ein Zeitspiegel zurück in meine Kindheit.

Die Heimkehr war unkompliziert. Mein Kopf jedoch hatte noch eine Zeit lang mit den Eindrücken und Erlebnissen zu tun. Der Unterschied im Lebensstandard war nicht zu übersehen gewesen. Und dadurch tauchten bei mir Fragen auf, ob zum Beispiel diese Energieverschwendung durch die Reklame in den Städten wirklich sein musste.

Kaum war ich wieder in Gießen, da hörte ich, dass DDR-Flüchtlinge in einem Notaufnahmelager in unserer Stadt untergekommen waren.

Es war an einem Sonntag. Der Ulenspiegel hatte auf seinem Spielplan um 15 Uhr eine Kindertheateraufführung. Als die Vorstellung schon angefangen hatte, stand eine fünfköpfige Familie vor der Tür des Ulenspiegel. Ich ging ihnen entgegen: „Die Vorstellung hat gerade erst angefangen. Möchten Sie noch hinein gehen?" „Wie viel kostet denn der Eintritt für uns alle?" „5 DM pro Person, für alle also 25 Mark." „Oh! Es tut uns leid. Aber das ist für uns zu teuer. Das können wir uns nicht leisten." Ich sah die traurigen Gesichter der drei Kinder, die so ungefähr 4, 6 und 7 Jahre alt gewesen sein mögen. Sie taten mir leid. Was konnte man da machen? „Wo kommen Sie denn her, dass Sie sich das nicht leisten können?" „Wir sind aus der DDR und erst vor kurzem in Gießen eingetroffen. Wir wohnen im Notaufnahmelager."

Es kam ganz automatisch aus mir herausgeschossen: „Bitte bleiben Sie hier. Gehen Sie hinein! Ich schenke Ihnen den Eintritt – als Willkommensgeschenk, sozusagen." Die Augen der Kinder fingen an zu leuchten, und bittend sahen sie ihre Eltern an. Der Vater bedankte sich. Die Mutter hatte Tränen in den Augen als sie sagte: „Wir danken Ihnen ganz herzlich. Damit machen Sie uns und den Kindern eine Riesenfreude." „Kommen Sie jetzt, sonst verpassen Sie noch das Stück. Aber, bitte, ganz leise. Ja?" Als die Vorstellung zu Ende war, kamen die fünf noch einmal zu mir und bedankten sich herzlich. An diesem Tag war ich ein sehr glücklicher und zufriedener Mensch. Es war einfach ein tolles Gefühl, etwas Gutes getan und jemanden glücklich gemacht zu haben. Mit meiner Hilfe hatte eine Familie einen schönen Sonntag gehabt. Wir wollten in Kontakt bleiben.

Und so kam es, dass ich nach einem Besuch bei ihnen im Aufnahmelager beschloss, eine Kindertheatervorstellung für diese Menschen anzuregen. Ich sprach mit der Lagerleiterin. Sie war sofort einverstanden und freute sich riesig über diese Abwechslung für die vielen Kinder, die sich im Lager nicht so viel kulturell betätigen konnten. Das Kindertheater spielte ein Kasperlestück. Als das Kasperle mit lauter Stimme fragte: „Kinder, seid Ihr alle da?" war die Antwort: „Ja!" so gewaltig laut, dass ich mir die Ohren zuhalten musste. Sie gingen das ganze Stück über begeistert mit. Die Zuschauer waren glücklich, man konnte es an ihren roten Bäckchen sehen.

An den Wandtafeln des Aufnahmelagers hingen viele Zettel mit Arbeitsangeboten, auch für Holland und Österreich. Etliche nutzten diese Chance. Das Lager erreichten auch viele Spenden. Kleidung, Bettwäsche, Schuhe, alles mögliche. Die Lagerleiterin berichtete mir, dass leider auch etliche Dinge darunter waren, die die Spender einfach loswerden wollten, Sachen, die kaputt oder schmutzig waren. Es ist eine Schande! Ich denke, auch heute noch sind unter den Spendern für gute Zwecke solche schwarzen Schafe, die denken, auf diese Weise ihren alten Hausrat loswerden zu können. Diese Leute sollten sich schämen!

1987 – Spanien

Durch die Erkenntnisse während meiner Therapie hatte sich die Situation in unserer Wohnung ein wenig entspannt. Das kam auch daher, dass wir uns meist aus dem Weg gingen. Regina kam oft in den Ulenspiegel, um sich Veranstaltungen anzuschauen. Wenn ich für eine Neuankündigung Plakate brauchte, hat sie mich tatkräftig unterstützt und sie entworfen. Es waren wunderschöne Plakate, und ich war ihr dankbar für diese Hilfe.

Auf diesem Status und mit der Gewissheit, dass wir uns auf Reisen immer gut verstanden hatten, planten wir für den April 1987 eine Spanienrundreise. Wir hatten uns viel vorgenommen und wollten unbedingt mit dem Auto nach Sevilla fahren. Natürlich fiel uns unterwegs noch die eine oder andere Attraktion in die Augen, so dass am Ende der Tour mehr als 6000 km hinter uns lagen. Auf der einen Seite ist es anstrengend, so viele Kilometer zurückzulegen. Auf der anderen Seite der Bilanz stehen tolle Erlebnisse, wundervolle Landschaften, Begegnungen mit vielen interessanten Leuten, Kunst und Kultur und natürlich auch der Besuch von Erinnerungsorten meiner sehr abwechslungsreichen Kinderjahre. Wir haben die Autobahnen voll ausgenutzt: Von Gießen über Frankfurt, Mannheim und Karlsruhe ging es nach Frankreich und schließlich nach Spanien. Imposante Städte wie Lyon, Nimes, Perpignan (hier war ich als Kind mit Mutter zu Fuß unterwegs gewesen), durch die Pyrenäen nach Saragossa, Pamplona, Madrid, Toledo bis nach Sevilla. Zurück ging es auf einer anderen Strecke. Wir besuchten Salamanca, eine Stadt, die voller Albträume aus meiner Kindheit ist, und Santiago de Compostela. Wir folgten ein Stück dem Jakobsweg bis nach Santander. Dann kam Frankreich mit Bordeaux, Orleans, Paris, Verdun, Metz, und schon waren wir wieder in Deutschland und kurz darauf in Gießen. Ich erwähne diese Autofahrt mit ihren Stationen so detailliert, weil ich sie so phantastisch fand. In meinen Augen ist das die schönste Strecke, die man durch Spanien nehmen kann, wenn man Land und Leute kennen lernen möchte.

Wir hatten die ganze Zeit über schönes Wetter, was nicht so selbstverständlich ist. Nach den ersten 10 Stunden Autofahrt bis zur spanischen Grenze fuhren wir in Richtung Andorra durch die raue Berglandschaft der Pyrenäen. Die wenigen Dörfer, die wir sahen, schienen in einer vergangenen Zeit zu leben. Die Frauen liefen in schwarzen langen Kleidern herum. Das ist in Spanien so Tradition auf dem Land. Die schwarze Kleidung hat mit den Trauerzeremonien und -zeiten zu tun. Wenn jemand gestorben ist, trauern die Angehörigen fünf Jahre lang. Dazu gehört auch die schwarze Tracht. Meist ist jemand im Verlauf dieser fünf Jahre dem Toten nachgefolgt, und so löst eine Trauerzeit in schwarzer Kleidung die nächste Trauerperiode ab. Die Frauen kommen gar nicht aus ihren schwarzen Kleidern heraus.

Doch nach und nach ändert sich auch in diesen Gegenden das Leben. Emanzipation hat hier und da schon Einzug gehalten. Am meisten ist das natürlich in den großen Städten zu bemerken. Die ausländischen Touristen bringen seit vielen Jahrzehnten ihre eigene Kultur und ihr Verständnis vom Zusammenleben von Mann und Frau mit, was natürlich nicht ohne Wirkung geblieben ist. Besonders in Katalonien gab es eine starke Entwicklung hin zu emanzipierten Lebensformen. Frauen in den Großstädten sind in der Tat sehr selbstbewusst und stark geworden. Die Männer haben dort nicht mehr ihre traditionelle Bestimmerrolle. In Südspanien dagegen waren die meisten Männer für mich nur Machos. Sie benahmen sich in vielen Gegenden immer noch wie die Axt im Wald. Es ist so ätzend: Wenn man zum Beispiel in Sevilla die Straße entlang geht, dann läuft einem diese gewisse Art von Männern hinterher mit einem ‚Zitzitzit' auf den Lippen. Das ist so eine Anmache. Sie haben einfach keine Achtung vor Frauen. Ich würde nicht dort leben können, ohne mich ständig mit den Machos anzulegen.

In den Pyrenäen setzten wir uns in einer kleinen Bodega zu zwei Frauen aus dem Ort und unterhielten uns. Während der ausgiebigen Mahlzeit hatten wir reichlich Zeit. Es gab wunderbare regionale Spezialitäten: Käse und Schinken mit selbstgebackenem Brot. Es erregte Aufsehen, als ich den Frauen erzählte, welche Tour wir vorhatten. Das konnten sie sich gar nicht vorstellen: zwei Frauen allein bis nach Sevilla – einfach unglaublich.

In Badajos besuchten wir eine Stierkampfarena in der Plaza de Torros. Es war schrecklich für mich, mit ansehen zu müssen, wie diese armen Tiere nur zum Vergnügen der Menschen in der Arena herumgehetzt und gereizt wurden, um am Ende von Lanzen durchbohrt nieder zu sinken. Was für ein Gemetzel! Da steigt mir noch heute ein mulmiges Gefühl in die Magengegend. Im Stillen hatte ich mir gewünscht, dass sich die Stiere irgendwie revanchieren könnten. Diese Macho-Männer mit ihren ballettartigen Posen! Ich kann überhaupt nicht verstehen, wie Tierquälerei ein Vergnügen darstellen soll. Aber nicht nur die Stiere taten mir leid, auch die Pferde, die mit geblähten Nüstern und weit aufgerissenen Augen auf die Stiere gehetzt wurden. Schon so manches Pferd musste den Einsatz in der Stierkampfarena mit seinem Leben bezahlen. Manchmal passiert es auch, dass der Stier den Torero auf seine Hörner nimmt. Ich finde: Das ist ein verdientes Schicksal.

Einer der berühmten Matadore, der zu Tode kam, war Manolette. Ich habe ihn 1946 noch in Madrid kämpfen sehen. Als Kind hatte ich mir das Spektakel gern angesehen. Ich war mir damals überhaupt nicht bewusst, was mit diesen Tieren wirklich geschah. Als ich jetzt, über 40 Jahre später, wieder in einer Arena saß, war ich geschockt. Ich würde den Stierkampf in Spanien verbieten, denn was da abgeht, ist doch nur ein Hinmetzeln. Und die Zuschauer jubeln dazu. Je mehr die Stiere sich in ihrem eigenen Blut wälzen, um so lauter wird gejubelt.

Während unserer gesamten Reise übernachteten wir immer in Hostales. Diese kleinen Herbergen sind preiswerter als Hotels und bieten ausreichenden Service. Mit dieser bescheidenen Variante waren wir sehr zufrieden. Auch wenn es immer wieder Grund gab, an den Ausstattungen zu verzweifeln.

Die meisten Stolperstellen gab es in den Duschen. Oh, was haben wir gelacht! Ich ging in die Dusche. Nach der Hitze des Tages war das die wunderbarste Methode, Staub und Schweiß abzuwaschen und sich wieder wie ein neugeborener Mensch zu fühlen. Ich stand also unter dem Wasserstrahl und genoß das kühle Nass, da hörte ich es poltern. Patsch! Danach war der Duschvorhang verschwunden und auf mir klebte eine nasse Plastikmasse. Der halbe Raum wurde eingeregnet. Auf meinen verwunderten Ruf hin kam meine Freundin hinzu, öffnete die Tür und war auch sofort nass. Na prima! Als wir uns von unserem Schock erholt hatten, schaffte ich es unter Lachen endlich, das Wasser abzustellen. Es muss ein Bild für die Götter gewesen sein: Ich - immer noch voll eingeseift und eingehüllt in den Vorhang mitsamt Gestell - im Nassen und schütte mich aus vor Lachen.

In dem nächsten Hostal bekamen wir ein sehr kleines Zimmer mit zwei getrennten Betten. Als ich mich auf mein Bett setzte, landete ich mit meinem Hintern auf dem Boden, so weich war die Matratze. So kann doch kein Mensch schlafen! Also nahm ich mein Bett auseinander, lehnte das Gestell hochkant an die Wand und legte mich nur auf die Matratze. Herrlich! Das tat meinem Rücken gut. Ich stieß zwar mit den Füßen an die Zimmerwand, und mein Kopf lag zwischen den Bettgestellbeinen. Aber was soll's? Meine Freundin öffnete die Tür, zeigte mit den Fingern in meine Richtung und fing an zu prusten. Ich konnte mich dann auch nicht mehr halten, und so hatten wir wieder ein Lachkonzert.

In einem anderern Quartier mussten wir den Kopf einziehen, um von der Toilette zurück ins Zimmer zu kommen. Regina sagte zu mir: „Bridge, wenn Du aus dem Bad gehst, achte darauf, dass die Decke ziemlich niedrig ist. Sonst kannst Du Dir ganz schön den Kopf einrammeln. Also: Pass auf, okay?"

„Ja, mach ich." Ich erinnere mich, dass sie diese Warnung drei- oder viermal wiederholte. „Okay, okay. Ich hab's gehört. Ist ja gut! Ich habe Dich verstanden, Herrgott noch mal!" Typisch Lehrerin, dachte ich mir, die wissen immer alles besser. Die Nacht war sehr warm, und auf der Plaza war viel Betrieb in den Restaurants, Bodegas und Cafés. Wir waren müde von unserem Stadtrundgang und gingen sofort ins Bett. Mitten in der Nacht tat es einen Schlag. Ich wachte sofort auf und sah, wie meine Freundin sich den Kopf hielt: „Aua, aua!" Obwohl ich mir denken konnte, was geschehen war, konnte ich mir die Frage nicht verkneifen: „Was ist denn passiert?" „Ich war gerade im Bad." Ob ich wollte, oder nicht: Mein Mund schickte sich an zu grinsen. „Ich bin beim Herausgehen mit dem Kopf voll gegen den Türrahmen gelaufen." Da war ich nicht mehr zu halten. Sie tat mir so leid mit ihrem großen Horn auf der Stirn, aber ich konnte nicht anders: Ich lachte und lachte. Und so hatten wir beide Tränen in den Augen – die eine vor Schmerzen, die andere vor Lachen. Schließlich, als ihr Schmerz ein wenig nachließ, konnte sie mitlachen. Ich besorgte einen Eisbeutel zum Kühlen, und es ging ihr viel besser. Immer wieder kam es in mir hoch, und ich musste mich sehr bremsen, um nicht ständig mit dem Lachen wieder anzufangen. Stundenlang Predigten halten und dann selbst nicht aufpassen! Irgendwie fand ich es sehr witzig.

In Sevilla besuchten wir das Volksfest Feria de Abril. Es gab einen farbenprächtigen Festumzug. Die sevillanischen Mädchen trugen fantastische Flamencotrachten und verbreiteten Freude und Ausgelassenheit. Wunderschön geschmückte Pferde trugen ihre Reiter durch die Straßen. Die feschsten Anzüge, die besten Kleider, die ausgefallensten Hüte: Alles wurde aus dem Schrank geholt für diese Woche der Lebensfreude. Auf dem Feria-Gelände gab es ein Zelt neben dem anderen, und in jedem tanzte eine andere Truppe Flamenco. Wenn man mochte, konnte man mittanzen oder zum Takt in die Hände klatschen. Doch dabei bleibt es nicht. Der Rhythmus geht in die Hüften, in die Beine und man bewegt sich mit, ob man will oder nicht. Ich liebe Flamenco: Wenn ich mir die stolzen Frauen anschaue mit ihrer tollen Haltung, wie sie herumtanzen, stolz, wild und unbezwungen. Dieser Tanz hat sehr viel Erotik.

Nach zwei Tagen fuhren wir weiter nach Cordoba. Am meisten beeindruckt hat mich die riesengroße Moschee, die Mezquita de Cordoba. Sie hat mich einfach umgehauen.

Ich finde es immer wieder sehr schade, dass die meisten deutschen Touristen ihre Spanienbesuche auf die Küstenregionen Costa del Sol und Costa Brava reduzieren. Dabei gewinnt man vor allem im inneren Süden Spaniens einen Eindruck von der ursprünglichen Kultur des Landes. Hier bekommt man das Gefühl: ‚Gleich kommt El Cid den Strand lang geritten!' Es ist wie im Film! Schade, dass so vielen Menschen dieses wunderbare Spanien von El Greco, Velazquez und Goya entgeht! Stattdessen fahren alle nach Mallorca und Ibiza, was sicher auch schön ist, aber nicht so ursprünglich wie Andalusien und Kastilien.

Wir waren auch kurze Zeit als Pilger unterwegs, auf vier Rädern den Jakobsweg entlang. Pamplona in Navarra, Burgos in Kastilien-León und Santiago de Compostela in Galicien haben wir kennen gelernt, an vielen kleinen Kirchen angehalten und sie besichtigt.

Wir brauchten drei Tage für die Rückreise nach Gießen. Leider war damit eine meiner schönsten Reisen zu Ende. Und der Alltag empfing mich mit viel Arbeit.

Abschluss und Neuanfang

1988 – Gießen

Ich musste fast jede Nacht bis 2 Uhr im Ulenspiegel bleiben, damit alles für den nächsten Tag vorbereitet war. Wenn wir Salsa-Abende hatten, waren so viele Schweißtropfen auf den Steinfussboden getropft, dass die Säuberung viel Kraft kostete. Um Geld zu sparen, machte ich auch manchmal mit. Ich war mir nie zu schade, die Toiletten zu putzen. Eines Morgens kam der Liefermann von der Licher Brauerei und traf mich beim Toilettenschrubben an. Der hat vielleicht große Kulleraugen bekommen, als er mitbekam, dass die Chefin das Klo sauber macht. Natürlich hatten wir eine Putzfrau, aber wenn sie krank war, stand ich am Scheuereimer. Meine Leute hatten sich schon den ganzen Abend über verausgabt mit dem Ausschank und dem Bedienen der Gäste. Das war manchmal Schwerstarbeit. Wenn es richtig voll war im Ulenspiegel, musste die Bedienung kämpfen, um durch die Massen zu kommen. Und immer schön freundlich sein und die vollen Tabletts jonglieren! Das Saubermachen konnte ich ihnen nicht auch noch aufhalsen.

Eines Tages kam ein Anruf von der Uni: „Bridge, wir haben Künstler aus dem Opernhaus Lodz zu Gast bei uns. Sie werden morgen Abend ein Konzert geben. Wir möchten gern danach mit ihnen in den Ulenspiegel kommen. Der Pianist würde noch was auf Deinem Klavier spielen, nichts klassisches, sondern Jazz. Ist das machbar?" Ich war natürlich begeistert. Noch mehr freute ich mich, dass ich auch zu der Veranstaltung am Abend eingeladen wurde. Es war ein wunderschönes Konzert mit einer Sopranistin und einem Tenor. In der Pause hörte ich jemanden sagen, dass sich der Pianist vor dem Konzert fürchterlich aufgeregt hatte, weil der Flügel nicht ordentlich gestimmt gewesen war. ‚Ach, du Scheiße!', dachte ich. ‚Na, das wird ja was werden in meinem Ulenspiegel.' Das Klavier dort hatte schon ewig keinen Klavierstimmer mehr gesehen. Aber jetzt war es eh zu spät. Ich versuchte, den Abend im Ulenspiegel noch abzuwimmeln: „He, hört mal, wenn der Künstler schon wegen Eurem Flügel, der garantiert tausendmal besser klingt, als unser kleines verstimmtes Klavier, einen Aufstand geprobt hat, dann wird er bei uns erst recht sauer sein. Ich will uns allen doch nicht den Abend vermiesen!" Ich wurde beruhigt: „Wir wollen doch nur ein wenig feiern. Bei Musikern gehört da eben auch Musikmachen dazu. Das kennst Du doch! Er wird sich nicht aufregen, versprochen!" Am Ende war es mir egal. Ich hatte keine Lust herumzudiskutieren und ging zum Ulenspiegel zurück. Eine Stunde nach mir trafen die Künstler aus Lodz mit einer großen Entourage ein. Ich begrüßte sie, leitete sie in den Theaterraum und zeigte unser Schmuckstück, das ungestimmte Instrument. Ich erwartete, dass der Pianist es mir ‚um die Ohren hauen' würde und war total aufgeregt. Er zog seine Jacke aus, setzte sich ans Klavier, krempelte die Hemdsärmel hoch und fing an zu spielen. Klassik – oh weh! Ich sah manchmal bei den allzu schrägen Tönen, wie ihm ein Lächeln übers Gesicht huschte, aber es kamen keine Bemerkungen oder Beschwerden. Sie spielten Klavier, sangen und waren glücklich. Fast eine Stunde lang begleitete der Pianist die Gesangssolisten. Sie hatten viel Spaß daran und wir als Zuhörer auch. Es war total entspannt und zwanglos. Sie sangen wunderschöne Lieder aus Polen. Es war einfach großartig. Später haute er richtig in die Tasten und spielte gepflegten Jazz. Am Ende des Abends kam der Pianist, dessen Namen ich leider nicht mehr weiß, zu mir, und bedankte sich überschwänglich für den unvergesslichen Abend: „Madam, wir haben uns wohl gefühlt bei Ihnen! Es war ein wundervoller Abend. Von ganzem Herzen möchte ich mich für Ihre Gastfreundschaft bedanken." Dann küsste er mir die Hand. Ich wurde richtig verlegen und wusste nicht, wie ich reagieren sollte. Das war wahrscheinlich der zweite Handkuss meines Lebens. Später, bei meinen häufigen Besuchen in

Polen, habe ich mich fast daran gewöhnt. Der Handkuss für die Dame gehört dort zu einer gepflegten Runde mit netten Partnern einfach dazu. Polnische Männer können sehr charmant sein. Im Nachhinein kann ich sagen, dass dieser Abend zu meinen schönsten und intensivsten Erinnerungen an die Ulenspiegelzeit gehört. Für diesen Besuch möchte ich mich bei dem ehemaligen Uni-Präsidenten, Herrn Bauer, bedanken.

Das Gießener Stadttheater plante einen Kulturtag im Stadtpark und lud meine Band „Mixed Double+One" ein, den Vormittag musikalisch auszugestalten. Am Nachmittag sollte dann eine andere Band auftreten. Der Wetterbericht sagte ein regnerisches Wochenende voraus, und so schlug ich vor, eine überdachte Bühne im Park neben dem Theater aufzubauen, doch das wollten die Zuständigen nicht. „Ja, und wenn es nun regnet? Für unsere Musiker ist das nicht so toll. Die Instrumente, das Klavier! Das geht doch alles vor die Hunde! Die Elektronik verträgt keine Feuchtigkeit!" „Ach, komm, Bridge – es wird schon nicht regnen!" „Okay, wenn Ihr meint!" Ich resignierte, und wir begannen unseren Auftritt. Und wie ich geahnt hatte, fing es eine Stunde später heftig zu schütten an. Aber wie! Manny spielte am Klavier gerade ‚How high the moon'. Das Lied wurde immer langsamer und langsamer und langsamer, und dann hörte man nur noch ‚kling, kluuunng, klönggggg'. Schluss war mit Musik, und das Keyboard war auch hinüber! Überall war der Regen hineingeflossen. Das gute Stück war total verquollen und hatte seinen Geist aufgegeben. Es kam kein einziger Ton mehr aus dem armen Klavier heraus. Der Gitarrist war bis auf die Haut nass, dass ich Angst hatte, er würde Dauerwellen bekommen, wenn er mit der Stromversorgung in Berührung käme. Meine kleine Snare-Trommel stand total unter Wasser. Immer, wenn ich einen Schlag machte, spritzte mir das Regenwasser ins Gesicht. Es hatte keinen Sinn mehr, wir gaben auf. Ich hatte die Theaterleitung gewarnt, aber sie wollten davon nichts hören.

Als ich nach dem kurzen Auftritt Leute traf, lachten mich alle fröhlich an. Ich wusste überhaupt nicht, warum. Bis mir jemand sagte: „Bridge, guck Dich mal im Spiegel an!" Erst auf der Toilette sah ich dann den Grund für die Heiterkeit. Mein ganzes Gesicht war übersät mit Dreckspritzern. Lauter kleine Schmutzpickel! Immer, wenn ich auf die Trommel schlug, hatte mir die Dreckbrühe ins Gesicht gespritzt. Das hatte ich nun davon! Es sah aus wie Masern, nur in schwarz. Kein Wunder, dass alle sich köstlich amüsierten.

In Gießen hatte der Ulenspiegel einen guten Ruf. Die Leute wussten, dass es bei uns immer spannende Kultur gab. Und ich habe mich redlich bemüht, die Presse und das Radio Hessen für uns zu begeistern. Vor jeder Veranstaltung habe ich die Redakteure aufgesucht und sie über das bevorstehende Ereignis informiert. Sicherlich bin ich dem einen oder anderen auch mal auf den Geist gegangen, aber sie haben dafür gesorgt, dass unsere Termine öffentlich bekannt wurden. Der Ulenspiegel war auch dadurch fast immer voll. Wir achteten darauf, dass unsere Einnahmen jeden Morgen auf die Bank kamen. Besonders im Sommer, wenn unser Biergarten bis auf den letzten Platz gefüllt war, haben wir gutes Geld gemacht. Alle im Team arbeiteten wie die Wilden.

Wie ich schon erwähnte, war ich eine sehr engagierte Kulturfrau, vom Geschäftlichen hatte ich wenig Ahnung. Aber es war nicht zu übersehen, dass der Ulenspiegel im Minus gewirtschaftet wurde. Meine Tochter, Chou, hatte sich wunderbar in die ganze Tätigkeit eingefuchst, und eigentlich hätte ich sie zur Geschäftsführerin machen sollen. Das weiß ich heute, doch damals habe ich es ihr wohl nicht zugetraut. Jedenfalls hatte ich Geschäftsführer eingestellt, die mich nach Strich und Faden betrogen haben. Das stellte sich immer beim Jahresabschluss heraus. Die finanzielle Misere wuchs mir über den Kopf. Der Ulenspiegel brauchte unbedingt eine Finanzspritze und einen tatkräftigen Teilhaber. Ein junger Mann, der oft im Ulenspiegel verkehrte, bot seinen Einstieg an. Kurze Zeit nach dem ersten Gespräch erschien er mit seiner Mutter. Wir waren uns schnell einig darüber, dass der Ulenspiegel unbedingt erhalten bleiben musste. Er hatte eine so einmalige Rolle in der Kulturszene in Gießen. Hier konnte man internationale und alternative Kultur erleben. Diese Aufgeschlossenheit gab es sonst nirgends in der Stadt, und die Besucherzahlen gaben dem Konzept recht. Um dem Sohn einen guten Start in eine gehobene Stellung zu ermöglichen, wollte die Mutter das notwendige Geld bereitstellen. Es sollte nach einer Versuchsphase eine GmbH gegründet werden, in der wir beide, der Sohn und ich, verantwortlich waren. Die GmbH-Einlage von 50.000 DM sollte geteilt werden. Ich konnte als Kulturfrau nur 1000 DM beisteuern. Der Rest sollte aus Mutters Tasche kommen. Meine Tochter und andere vom Team waren nicht sehr begeistert von dieser Idee. Mein zukünftiger Teilhaber hatte keinen guten Ruf in der Stadt: „Bridge, pass auf, wen Du Dir da ins Geschäft holst. Das ist doch nur ein Hochstapler. Der protzt überall mit seinem Geld herum und macht nichts Vernünftiges daraus." Ich wollte davon nichts wissen. Für mich war nur wichtig, dass jemand Geld in den Ulenspiegel steckte, damit er weiter laufen konnte. Wir hatten Termine beim Steuerberater, beim Anwalt, bei der Bank, der Brauerei. Überall standen wir in den roten Zahlen. Das sollte ein Ende haben. Es war eine schwierige Zeit. Immerzu hatte ich unangenehme Termine. Doch die Lösung war fast zum Greifen nah, und mein Optimismus half mir über diese Hürden hinweg.

Dann kam die Zeit, in der mein Kompagnon mich warten ließ, die Termine nicht mehr einhielt. Manchmal habe ich stundenlang auf ihn warten müssen und wochenlang hinter ihm her telefoniert. Trotzdem wollte ich die Fusion mit ihm nicht aufgeben. Egal, wie die Situation war. Augen zu und durch!

Regina lieh mir 10.000 DM, jemand vom Theater und noch zwei Freunde halfen dem Ulenspiegel auch mit jeweils 10.000 DM. Ich weiß bis heute nicht, wie ich es ihnen danken kann.

Ende der 80er Jahre, während der Reformen in der Sowjetunion, traf ich eine Gruppe von Sportlern aus der UdSSR. Ich lud sie in den Ulenspiegel ein. Sie waren sehr erfreut über diese Einladung. Ich besorgte von Aldi etliche Flaschen Wodka und stellte sie auf die Bar für die Sportler. Eins muss ich sagen: Russen können trinken! An diesem Abend war der Ulenspiegel bis auf den letzten Platz besetzt. Es wurde russisch getanzt und gesungen, und alle Gäste waren begeistert. Am Ende des Abends hatte ich von den Russen viele Leninanstecker geschenkt bekommen: Lenin von vorn, von rechts, von links – in allen möglichen Größen. Als Gegengeschenk erhielten sie von mir Aufkleber des Ulenspiegel zur Erinnerung. Der Abend war ein voller Erfolg. Immerhin war der Ulenspiegel die erste Kultureinrichtung in Gießen, die Gäste und Mitwirkende aus dem Ostblock, aus der UdSSR und aus Polen, hatte. Später waren noch Künstler aus Odessa da. Clowns aus Odessa – was haben wir gelacht – einfach so – ohne Sprache. Es war herrlich! Was für liebe dankbare Menschen, welch eindrucksvoller Abend!

Vier Wochen nach der Begegnung mit den russischen Sportlern sprach mich ein Gast des Ulenspiegel an: „He, Bridge. Ich komme gerade aus Moskau zurück. Und was, meinst Du, habe ich in einem Bus in Moskau gesehen? Einen deiner Ulenspiegelaufkleber!" Ich war von den Socken und lachte: „He, Leute, hört mal, unser Ulenspiegel ist schon international bekannt." Wie klein die Welt ist, hatte ich auch schon auf einer meiner Reisen nach Nicaragua erfahren. In Granada hatten wir Leute aus Köln getroffen, die an einem Projekt in Managua arbeiteten. Wir waren ins Gespräch gekommen. Eine Frau hatte sich danach erkundigt, was ich beruflich mache. „Ich betreibe eine Kleinkunstbühne in Gießen, den Ulenspiegel." „Ach ne! Da habe ich gerade vor zwei Wochen eine Info-Mappe von unserer Kabarettgruppe hingeschickt." „Was? Das gibt's doch nicht. Wenn Ihr wieder in Köln seid, ruft mich an, dann vereinbaren wir einen Auftritt!" So spielt das Leben, einfach wunderbar.

Tja, die Kultur, das ist mein Leben. Aber für unsere Kulturkneipe war auch der Umsatz wichtig. Während der Aufführungen, außer bei Konzerten, wurden in dem Theaterraum keine Getränke gereicht, was an diesen Abenden den Umsatz schmälerte. Mit Kultur allein ist kein Geld zu verdienen. Das mussten auch wir einsehen. Der Hauptumsatz wurde immer dann gemacht, wenn es keine Aufführungen gab, und an

Salsa-Abenden. Wir durften nur bis 1 Uhr öffnen. In eine verlängerte Öffnungszeit führte damals kein Weg rein. An Veranstaltungstagen fingen die Gäste erst gegen 22 Uhr an zu konsumieren. Wir hatten also nur drei Stunden zum Geldverdienen.

1990 feierten wir das 10-jährige Bestehen des Ulenspiegel. Alle unsere Freunde, Amateure und Profis waren an diesem Abend auf der Bühne. Sogar meine große Tochter, Patty, war zur Feier gekommen. Es war das erste Mal nach Amerika, dass ich meine beiden Töchter zusammen erlebt und gesehen habe. Ich war voller Emotionen. Nach einer halben Ewigkeit konnte ich nun beide wieder in die Arme nehmen. Ich war und bin stolz auf meine beiden schönen Powerfrauen! An dem Abend wollte ich sie um Verzeihung bitten für das schwere Leben in New York, und dann gab es doch nicht den passenden Moment. Wir tanzten alle nach Motown-Musik der 60er Jahre. Bei dem Titel „Dancing in the street" kam meine Tochter, Chou, auf mich zu und umarmte mich ganz fest und herzlich. Es war für mich in diesem Moment das schönste Geschenk, das sie mir geben konnte.

Das war ein wundervoller Abend mit Sketchen, Bauchtanz, Flamenco, Liedern von Weill, Gospel und Arien. Ich hielt eine kleine Ansprache, bedankte mich bei allen, die mich so tatkräftig unterstützt und mir geholfen hatten, mir Mut machten. Doch tief im Herzen war mir da schon klar, dass es höchstens noch zwei Jahre gehen wurde, wenn sich nicht gravierende Änderungen ergäben, und mein Teilhaber endlich seine Aufgaben erfüllen würde. Das tat weh!

Als Erinnerung habe ich eine Video-Aufzeichnung des Abends, und ab und zu sehe ich sie mir an.

In den 70er und 80er Jahren habe ich an vielen Demonstrationen teilgenommen: gegen den §218 in Bonn, gegen die Stationierung der Pershing- und Patriot-Raketen und dann natürlich an den Ostermärschen jedes Jahr. Ich war stolz darauf, dass ich mich traute, an Demos teilzunehmen. Während einer beeindruckenden Demonstration habe ich ein paar Worte mit Coretta King, der Witwe von Martin Luther King, und

Harry Belafonte wechseln können. Wenn es auch nur ein kurzer Augenblick war, die Beiden haben mich mit ihrer starken Ausstrahlung sehr beeindruckt.

Obwohl ich durch meine Aktivitäten im Ulenspiegel viele Leute kennen lernte, war ich privat oft allein. Ich war zu gehemmt, um jemanden zu mir mit nachhause zu nehmen. Die vielen Missverständnisse mit Regina hatten Spuren hinterlassen! Also spielte sich alles im Ulenspiegel ab. Ich war oft deprimiert und hatte das Gefühl, dass ich nur gut für die Leute war, wenn sie mich brauchten. Wenn ich mal jemanden treffen wollte, dann gab es meist keine Zeit, außer ich lud sie zum Essen ein. Ich bin oft in die Büchergilde zu Irmgard und Dagmar gegangen. Sie haben mir viel Halt gegeben in meiner dunklen Zeit. Wir haben in dem kleinen gemütlichen Buchladen zusammengesessen und lange Gespräche geführt. Sie haben mich und den Ulenspiegel sehr unterstützt, indem sie selber und auch mit Freunden in meine Kulturkneipe kamen. Kulturell waren viele liebe Menschen für mich da, aber keiner so intensiv, wie ich es mir gewünscht hätte. Ins Theater oder zu anderen Veranstaltungen musste ich meist allein gehen. Es war eher selten, dass ich meine Erlebnisse mit jemandem teilen konnte. Meine Gefühle über eine Aufführung oder einen Film musste ich im stillen Kämmerlein mit mir ausmachen. Das war schade! Die ganzen Jahre über war ausschließlich der Ulenspiegel meine Heimat.

Heute weiß ich, dass es sehr selten ist, eine gute Beziehung zu leben. Da spielen die vielen Einflüsse der Kindheit mit hinein. Ich habe nie wirklich feste Wurzeln gehabt. Durch die vielen Umzüge konnte ich nie sagen: „Dort ist meine Heimat! Hier gehöre ich hin!" Diese Erlebnisse haben mich geprägt, und ich werde diese Wurzellosigkeit bis an mein Lebensende mit mir herumschleppen, dachte ich. Heute, im Jahr 2011, hat es sich ein wenig gewandelt. Seit nunmehr 21 Jahren wohne ich in dieser wunderschönen Stadt, Erfurt, und fühle so etwas wie Heimatgefühl. Doch dazu später.

Einer meiner Freunde aus dem Ulenspiegel ist Opernsänger, ein begnadeter Tenor, auch Amerikaner. Er erhielt im Sommer 88 ein Engagement in Karlsbad, Tschechoslowakei. Ich bot ihm an, ihn mit meinem Auto nach Karlsbad zu fahren. Auf diese Weise hatten wir beide etwas davon. Ich würde mir die Stadt angucken können, und er würde bequem zu seinem Spielort kommen.

Wir wohnten im Hotel Moskau, gingen abends in die Bar. Viele stark geschminkte Frauen saßen allein dort herum. Ich passte überhaupt nicht in diese Atmosphäre, so wie ich aussah: völlig ungeschminkt, mit normaler Alltagskleidung. Nach und nach fanden sich Männer ein, die Interesse an den Präsentationen der Frauen zeigten. Es machte Spaß, die Aktionen an der Bar zu verfolgen.

Am nächsten Morgen begleitete ich den Tenor zur Probe, die in der schönen Konzerthalle in Karlsbad stattfand. Das Orchester bestand aus vielen jungen Musikern, Der Dirigent dagegen war schon etwas in die Jahre gekommen. Ich setzte mich in die letzte Reihe, um die Probe nicht zu stören. Sie probten verschiedene Stücke aus berühmten Opern. Die Liebeserklärung des Don Jose aus Carmen war auf ihrem Höhepunkt, der Tenor setzte zum hohen C an, da unterlief dem Dirigenten ein Fehler. Es musste unterbrochen werden, und der Tenor hing mit seinem brillanten Ton in der Luft. Ich hielt es fast nicht auf meinem Sitz aus, fand es zu komisch. Doch der Sänger fand das ganz und gar nicht witzig. Er war sehr wütend. Es gab eine Pause. Anschließend lief die Probe glatt durch.

Erst als wir den Konzertsaal verließen, konnte er so richtig Dampf ablassen. Er schimpfte wie ein Rohrspatz über diesen dilettantischen Dirigenten und konnte sich kaum beruhigen. Das Konzert am Abend wurde ein voller Erfolg!

In der Zeit zwischen Probe und Konzert konnte ich eine kurze Runde durch Karlsbad drehen. Es ist ein sehr schöner Kurort!

Ende 1988 fuhr ich noch zweimal nach Berlin. Die letzte Fahrt in diese großartige Stadt war Weihnachten 1988. Alles war voller Leben und erstrahlte in Weihnachtsbeleuchtung und glitzernden Dekorationen. Auf dem Kurfürstendamm drängten hastende Menschen. Diesmal wollte ich auch Ostberlin sehen und besorgte mir eine Karte für den Alliierten-Bus, der über Checkpoint Charlie fahren konnte.

Ich machte gegen 15 Uhr eine Stadtrundfahrt durch Ostberlin mit. Es war fast kein Verkehr auf den Straßen. Die alten Gebäude im historischen Kern der Stadt beeindruckten mich. Viele waren schwarz vom Zahn der Zeit und den Auspuffgasen. An etlichen Stellen waren noch Beschädigungen aus dem zweiten Weltkriegs zu sehen. Wir fuhren auch am Palast der Republik vorbei. Da waren sie alle! Der riesige Parkplatz vor dem Gebäude stand voller kleiner Trabis. ‚Erichs Lampenladen' war hell erleuchtet. Es war Samstag und sicherlich wurde im großen Saal getanzt und gefeiert.

Wir fuhren an großen Plattenbauten vorbei. In vielen Fenstern brannte Neonbeleuchtung, oft auch violett. Die Schaufenster der Geschäfte waren spärlich dekoriert, und es wurde immer dunkler, je weiter man sich vom Stadtkern entfernte. Die Straßen waren schlecht beleuchtet. Um 16 Uhr war es fast ganz dunkel und ein wenig neblig. Wir fuhren noch auf den russischen Friedhof, der sehr beeindruckend für mich war. Eine gruselige Stimmung lag über diesem Friedhof. Als wir dann gegen 18 Uhr auf den Ku'damm zurückkehrten, war es wie eine andere Welt. Dieser Glimmer und Glitzer: Was für eine Verschwendung! Eben waren wir noch in der Dunkelheit des Ostens gewesen und nun diese Überflutung mit Licht im Westteil der Stadt! Unfassbar, welche Menge an Energie hier verschwendet wurde. Es ging mir wochenlang nicht mehr aus dem Kopf.

Als ich eines Abends im Gießener Stadtparlament als Zuhörerin saß, fand eine Aussprache über Umwelt statt. Es ging um den Verkehr in der Stadt, die Abgase der Autos und um die Frage, wie man die Parkplatzsituation in der Innenstadt verbessern könnte. Immer mehr Kunden mieden die Innenstadt, weil es zu wenige Parkplätze gab, und sie mit ihren

Einkäufen nicht kilometerweit zum parkenden Auto zurücklaufen wollten. Auf einmal durchzuckte mich ein Geistesblitz. Ja! Das war's! Das war die Lösung! Rikschas mussten in die Stadt kommen. Die könnten die sperrigen und schweren Einkäufe zusammen mit den Käufern zu deren geparkten Autos fahren - keine Luftverschmutzung, keine Parkplatzsorgen und außerdem noch Arbeitsgelegenheiten. Diese Idee ließ mich die ganze Nacht nicht mehr los. Ich war richtig aufgedreht und wollte unbedingt mit meinem indischen Bekannten darüber reden. Ich besuchte ihn in seinem Geschäft, erzählte ihm davon, durch die Innenstadt Gießens Fahrradrikschas fahren zu lassen. Er hatte gleich tausend Fragen: Wer soll die Rikschas fahren? Wie soll das finanziert werden? Darüber musste ich erst nachdenken. Das Wichtigste war doch die Anfangsidee! Für die nachfolgenden offenen Punkte fand sich dann schon eine Antwort. Voller Feuereifer ging ich wenig später mit meinen Antworten wieder zu dem Inder: „Also: Erstens, wenn wir hinten auf den Rikschas eine Werbetafel anbringen und wichtige Geschäfte aus dem Zentrum dafür gewinnen, dort zu werben, dann hätten wir schon einen guten Einstieg. Das wäre ein toller Gag! Zweitens: eine Fahrt mit der Rikscha kostet 2 DM pro Person. Und drittens: Als Fahrer setzen wir Studenten ein für 8,50 DM die Stunde. Dafür sollten die Einnahmen reichen." Nach zwei Wochen waren wir uns einig und Rikscha-Partner. Er bestellte in Indien zwei Rikschas für 1500 DM das Stück. Das war zu verkraften, und über meinen Ulenspiegel konnte ich es steuerlich absetzen. Dann gingen die Behördengänge los, denn so einfach war es in Deutschland nicht, mal eben schnell eine neue Idee umzusetzen. Im März 1989 waren die Rikschas angekommen, und dennoch dauerte es bis zum 6. Mai, ehe wir starten konnten. Die Stadt Gießen gab die Genehmigung, nachdem wir die „muskelbetriebenen Transporter" vom TÜV hatten abnehmen lassen. Vor dem 6. Mai hatte ich natürlich die Presse informiert. Von da an stand mein Telefon nicht mehr still. Alle Journalisten wollten etwas über die Fahrrad-Rikschas wissen. Es war verrückt! Eine Woche vor dem Start standen unsere Rikschas und die Stadt

Gießen in allen Magazinen und Zeitungen. Selbst der Spiegel hatte eine Meldung veröffentlicht. Am Tag der Eröffnung gab es einen regelrechten Zulauf von Journalisten und Fernsehreportern. Es hatte ein ganz normaler Samstag auf dem Seltersweg in Gießen werden sollen. Doch nun war hier der Bär los! Sogar ein Fernsehteam aus der DDR war mit von der Partie. Und die Presse berichtete begeistert davon. Nur die Gießener Bevölkerung brauchte einige Zeit, sich an die Rikschas zu gewöhnen: „Wir sind hier in Deutschland und nicht in Indien. Ich lasse mich doch nicht von einem jungen Mann durch die Stadt kutschieren. Das ist die reinste Ausbeutung!" Dabei machten die Studenten diesen Job gern. Sie konnten sich mit sportlicher Betätigung etwas Geld hinzuverdienen und waren froh darüber. Nach einiger Zeit wurden die Rikschas für eine Modenschau nach München bestellt und später auch nach Mainz zur Fernsehgartenshow mit Ilona Christen. Dadurch wurden unsere Rikschas in ganz Deutschland bekannt. Ich war die Erste, die diese Idee hatte. Wenn ich heute in andere Großstädte komme, nach München oder Berlin zum Beispiel, sehe ich überall Rikschas. Der Unterschied besteht aber darin, dass diese in Deutschland gebaut wurden, während wir Originale aus Indien hatten. Die Räder bereiteten bald Probleme. Sie waren nicht so solide gebaut. Die Rikschas mussten öfter zur Reparatur. Das kostete natürlich immer wieder Geld, was nicht eingeplant war.

Ich hatte in einem Parkhaus in der Westanlage zwei Parkplätze für drei Rikschas gemietet. Die Miete war nicht hoch. Der Vermieter kam mir sehr entgegen. Ohne die Unterstützung und die Einnahmen durch die Werbeschilder hätten wir nicht lange überleben können. Aber die Rikschas waren ja nicht unbedingt zum Geldverdienen und Reichwerden gedacht, sondern es sollte Spaß bringen und die Innenstadt ein wenig attraktiver machen. Wir wollten einen kleinen Beitrag zum Umweltschutz leisten. Die Anschaffungskosten haben wir durch Hochzeitsfahrten, Werbeaufträge und seltene Rundfahrten wieder hereingeholt.

Als ich vor nunmehr über 20 Jahren nach dem Verlust des Ulenspiegel von Gießen nach Ostdeutschland umgezogen bin, wurde auch diese Idee begraben. Schade! Es war ein Abenteuer! Vor etlichen Monaten, im Sommer 2009, ist eine von den alten Rikscha wieder aufgetaucht. Ein engagierter Bürger aus Gießen hat sie unerwartet in einer Garage entdeckt, mit mir Kontakt aufgenommen und sich die ganze Geschichte erzählen lassen. Ich hoffe sehr, dass er erfolgreich mit der Rikscha durch Gießen kurvt und der Stadt ein wenig exotisches Flair verleiht. Ich bin begeistert davon, dass meine alte Idee wieder belebt wird!

Mein Teilhaber war 1989 ab und zu im Ulenspiegel zu sehen. Ich schöpfte immer wieder neue Hoffnung, klammerte mich an jedes positive Zeichen. Mal bezahlte er ausstehende Rechnungen und fällige Schulden und saß abends im Ulenspiegel und spielte den Lebemann, den Dandy. Ich wollte meine Kleinkunstbühne unbedingt erhalten und schlug die Warnungen der anderen in den Wind. Meine Tochter Chou wurde immer saurer auf mich, weil ich nicht auf sie hörte. Aber, wie so oft in meinem Leben, habe ich alle schlechten Nachrichten erst einmal beiseite geschoben. Wenn es unangenehm wurde, hatte ich große Schwierigkeiten, mich den Problemen zu stellen. Das war mein ganzes Leben lang so. Am liebsten wäre ich weggerannt. Die Mahnungen häuften sich, und ich bekam Panik. Dass meine Tochter in dieser Zeit die Achtung vor mir verloren hat, kann ich heute gut nachvollziehen. Ich reagierte nur noch panisch auf alles. Mir stand das Wasser bis zum Hals. Dieser junge Dandy war mein letzter Strohhalm, den Ulenspiegel zu retten. Und immer, wenn er mal wieder etwas bezahlt hatte, versuchte ich, mich zu beruhigen.

Geld war also knapp. Es musste wieder mal ein Ausweg gefunden werden, und ich begann eine neue Arbeit. Ich hatte viele Jahre in Amerika gelebt. Daraus konnte man doch etwas machen: Englischunterricht. Im Unterrichten hatte ich schon Erfahrungen gesammelt durch meine Arbeit mit den Kindern im Kindertheater und im Rhythmusunterricht. Das Sprechen in einer Fremdsprache, das war für mich sonnenklar, war wichtiger als die ganze Grammatik. Immerhin lernen Kleinkinder auch so ihre Sprache: hören und nachsprechen! Ich dachte mir ein Sprachprogramm aus, das hauptsächlich aus Kommunikationsübungen bestand: 60% Sprechen, 20% Lesen und 20% Übersetzen. Das war mein Lehrkonzept. Dafür entwickelte ich Englisch- und Französisch-Kurse und bewarb mich bei Sprache und Bildung als Kommunikationstrainerin. Ich wurde genommen und konnte sehr schnell dort anfangen. Es war ein tolles Gefühl, wieder mal in Neuland anzukommen. Für meine Studenten war es gewöhnungsbedürftig. Sie empfanden es als: das Pferd von hinten aufzäumen. Am Anfang konnte sich keiner vorstellen, wie das funktionieren sollte. Aber nach 6 Wochen konnten sie sich schon sehr gut verständigen. Das war ein Erfolg für mich und mein Konzept. Mein Einstieg in die Erwachsenenbildung war perfekt gelaufen. Bei diesem Bildungsträger lernte ich Maria-Anna kennen, eine tolle Frau. Sie unterrichtete auch in Gießen und hat mich sehr unterstützt.

Meine Tochter Chou, kam auch auf den Geschmack und begann ebenfalls, Englisch zu unterrichten. Das war für alle eine harte Zeit: den Ulenspiegel managen und am Leben erhalten, Englisch unterrichten, Kindertheater am Wochenende, die Band, die Rikschas - noch was? Ach ja, es war das Jahr 1989.

In diesem verrückten Jahr passierten so viele unerhörte Dinge, dass man kaum nachkam. Im Sommer nutzten immer mehr Menschen die Möglichkeiten zur Flucht. Als die Flut der Flüchtlinge nicht abnehmen wollte, gab die DDR kurzerhand keine Reiseerlaubnisse mehr aus. Das dazu führte, dass die Menschen in die westdeutschen Botschaften in Prag und Warschau flüchteten. Am 30. September konnten wir im Fernsehen die berühmte Balkonszene mit Herrn Genscher auf dem Gelände der Prager Botschaft verfolgen. Mehr als 5.000 Menschen aus der Prager und der Warschauer Botschaft wurden mit Zügen durch DDR-Gebiet in den Westen ausgefahren. Die Führung in Ost-Berlin beschloss daraufhin, die Grenze zur CSSR abzuriegeln, was in Sachsen die Massenproteste zusätzlich anheizte.

In den Nachrichten kamen nun immer öfter Meldungen über Demonstrationen in Leipzig. Alle Großstädte im Osten folgten mit Massenprotesten und der Ruf ‚Wir sind das Volk!' wurde zum stärksten Argument der Menschen. Es war eine sehr emotionale und turbulente Zeit.

Die Ereignisse überschlugen sich. Die neue DDR-Regierung bereitete ein Reisegesetz ohne Beschränkungen vor und löste mit dessen Verkündung auf einer Pressekonferenz am 9. November Ungeahntes aus. Tausende Ostberliner machten sich auf den Weg an die Grenzübergänge und forderten lautstark deren Öffnung. Im Fernsehen verfolgte ich, wie die Leute lachten, jubelten und weinten in einem. Es war unbeschreiblich! Dass ich so etwas erleben durfte, ist einfach großartig. Ich hätte nie im Leben gedacht, dass es wieder ein vereinigtes Deutschland geben würde. Ich saß, so oft es ging, vor dem Fernseher, um mich zu informieren, was sich da in Berlin und an anderen Grenzorten zwischen Ost und West abspielte. Bis spät in die Nacht verfolgte ich die Sendungen, bis ich einschlief.

Schlag auf Schlag folgten Veränderungen. Es fing, oberflächlich betrachtet, schon auf den Autobahnen an. Ich sah so viele Trabis, wie nie zuvor. Sie fuhren mit ihrem Zweitaktgemisch-Sprit mit den schwarzen Auspuffgasen bei 90 km/h rasant, wie Formel-Eins-Piloten. Das war ein Gestank!

Ein paar Monate nach dem Mauerfall fuhren Regina und ich mit dem Auto durch die DDR, nach Zwickau, Annaberg-Buchholz, Halle, Bitterfeld, Berlin, in die Uckermark, nach Dessau und Warnemünde. Es war eine sehr beeindruckende Fahrt. Sie ging durch riesige Industriegebiete mit den bekannten Problemen in Bezug auf Umweltverschmutzung, zu Luft, Wasser und Erde. In Zwickau wurden Motorräder gebaut, in Bitterfeld gab es die riesige Chemieindustrie. Danach ging es nach Ostberlin. Dort konnten wir bei einer Bekannten von Regina wohnen, die zu dieser Zeit in der früheren Wohnung von Wolf Biermann lebte, den ich 2 Jahre zuvor in Gießen bei einem Essen kennen gelernt hatte.

Dann kamen wir in die ruhigen Landschaften der Uckermark. Hier wohnten wir in diesem Bilderbuchsommer für zwei Tage im Haus von Eva-Maria Hagen, die ich später bei einer Lesung in Erfurt traf. Es war ein wunderschönes einstöckiges weißes Haus mit einem Stall, in dem ein Pony untergebracht war. Es war die reinste Idylle.

Weiter ging die Reise nach Warnemünde. Dieses Kleinod mit seinen Katen, dem winzigen Hafen (ich meine den Teil, der für Besucher zugänglich ist), dem Möwengeschrei, dem Geruch von Meer und Sonne in der Luft war eine Entdeckung für mich.

Beklemmend dagegen war es, an den großen Industriekomplexen in Bitterfeld vorbeizufahren. Neben den Schloten stand ganz einsam eine Kuh auf der gelben Wiese. Wir dachten laut vor uns hin: „Die arme Kuh! Die hat bestimmt einen Schaden davongetragen von der Verschmutzung in der Region." Alles kam mir farblos vor, graue Dörfer, graue Menschen, und in den Geschäften sah es auch nicht viel besser aus. In Halle, Leipzig und Berlin konnte man damals an den Häusern noch die Bomben- und Granateneinschläge erkennen. Viele Erinnerungen und Bilder aus meinen Kindertagen tauchten da wieder auf.

Ich dachte lange nach, wieso die Unterschiede so gravierend waren zwischen Ost- und Westdeutschland und erkannte für mich eine Antwort auf diese Frage: Grundsätzlich waren die Amerikaner daran interessiert, Deutschland wieder aufzubauen. Die UdSSR jedoch wollte Rache und Entschädigung, Wiedergutmachung, falls das überhaupt ging - zumindest für die materiellen Zerstörungen. Sie ließen fast alles abbauen, was irgendwie von volkswirtschaftlichem Nutzen war, die Industrie, die Schienen etc. etc. Sie wollten die Deutschen klein halten, und in Ostdeutschland hatten sie die Macht dazu. Sie errichteten einfach die nächste Diktatur. Das war ihre Art, die ihnen zugesprochene Besatzungszone zu bestrafen. Ob es rechtens war, darüber könnte man diskutieren.

Als wir von dieser Fahrt zurückkamen, war mein Kopf voller Gedanken. Ich schmiedete tollkühne Pläne. Ich wollte internationale Kultur nach Ostdeutschland bringen. Vielleicht könnte man in dem schönen Erfurt so etwas wie den Gießener Ulenspiegel aufziehen? Ich setzte mich mit meinem Ulenspiegel-Partner in Gießen zusammen, und wir dachten gemeinsam über eine Kleinkunstbühne in Erfurt nach. Barbara, eine Bekannte in der Stadt, wollte mit uns zusammen einen geeigneten Ort aussuchen.

Auf dem Weg nach Erfurt bekam ich das allerletzte Mal in meinen US-Pass ein Einreisevisum für die DDR, ein Land, das es nicht mehr gibt. Der Text: *Deutsche Demokratische Republik. Visum Nr. 1/40/375 Zur Ein- und Ausreise (ein-/mehrmalig) bis 26.08.1990 Wartha, den 22.08.1990 i.A. Ziegler- Stempel.*

Wir wohnten im nobelsten Hotel der Stadt, im Erfurter Hof. Im Haus Dacheröden wurden wir zu einer Runde empfangen, in der wir unsere Vorstellungen für eine alternative Kleinkunstbühne in Anlehnung an unsere Erfahrungen aus Gießen erklärten. Man sagte uns, dass es eine sehr gute Einrichtung gäbe, die aber noch ausgebaut werden müsste. Es war die Löwenburg in der Allerheiligenstraße. Wir mussten noch zweimal wiederkommen, ehe wir das Gebäude besichtigen konnten. Es wurde mir klar, dass dieses Objekt, eine bis zwei Nummern zu groß für uns war. Im Stillen war ich froh, als ich hörte, dass die Löwenburg gar nicht zu verpachten war, da der Eigentümer das nicht wollte. Also war dieses Projekt gestorben. Im Nachhinein - Gott sei dank!

1990 – Hessen - Thüringen

Durch meine Englisch-Kurse in Gießen sammelte ich Erfahrungen, wie Unterricht aufgebaut werden kann. Ich wollte unbedingt, dass alle Spaß und Freude daran haben und dabei auch etwas lernen.

Maria-Anna, meine Kollegin aus Sprache und Bildung in Gießen, hatte sehr schnell nach dem Mauerfall die Chance erkannt, in Thüringen einen Bildungsträger einzurichten. Es gab nach kurzer Zeit eine große Nachfrage nach Kursen. Eines Tages bekam ich eine Anfrage von ihr, ob ich nicht für einen Monat eine Vertretung in Gotha übernehmen könnte mit Bewerbungs- und Motivationstraining. Das war der Hammer für mich! Ich, Bridge C. Vargo, Dozentin in Ostdeutschland! In meinem Kopf ging es hoch her, wie immer bei neuen Ideen spielten meine Gedanken verrückt. Wie sollte das gehen? Ich wollte in Gießen im Ulenspiegel weiterhin Kultur machen, unbedingt. Nun sollte ich die ganze Woche über im Osten unterrichten und nur an den Wochenenden im Ulenspiegel sein. Auf der anderen Seite: Es war doch nur für einen Monat. Ich konnte das Geld gut gebrauchen, um meine Schulden zu bezahlen und um zu leben. Also, sagte ich mir: Okay, Bridge, heute ist heute und was morgen kommt, weiß man nicht. Ich sagte zu. Aber mulmig war mir dabei. Allein die Vorstellung vor einer Klasse mit Erwachsenen zu stehen! Ich hatte schon so viele Abenteuer in meinem Leben gemeistert, also – nur keinen Bammel! Wer A sagt, muss auch B sagen. Es gab kein Zurück mehr. Ohjeh! „Maria-Anna, traust Du mir das auch wirklich zu?" „Natürlich, Bridge, sonst hätte ich Dich nicht gefragt." Also sprach ich mit meinen Ulenspiegel-Angestellten alles ab. Sie würden eine Monat ohne mich auskommen müssen, aber am Wochenende wollte ich um jeden Preis wieder in Gießen sein, mithelfen, die Post studieren und die Programmgestaltung vorantreiben.

Maria-Anna besorgte mir in Gotha ein kleines Zimmer für fünfzehn DM die Nacht. Ich nahm meinen ganzen Mut zusammen und fuhr los. Damit fing wieder einmal ein ganz neues Leben für mich an. Es war nun schon die vierte radikale Veränderung, die ich durchmachte: Nazi-Deutschland, dann Frankreich, die USA, Westdeutschland – und nun Ostdeutschland. Ich war gespannt, was mir begegnen würde.

Natürlich gab es unterwegs Stau, und ich brauchte 2 ½ Stunden bis ich in Gotha ankam. Das Zimmer fand ich erst nach längerem Suchen, und meine Nervosität wuchs ständig. Die Vermieterin war sehr nett, das Zimmer klein und sehr überheizt. Auf meinem Bett - ein superdickes Federbett! Ich war so müde, dass ich sehr schnell ins Bett ging und einschlief. Ich war heilfroh, dass ich am nächsten Morgen lebendig aufwachte, denn der Ofen im Zimmer hatte mir mit seinem Holz-und-Kohle-Qualm doch einige Sorgen bereitet.

Ich erreichte die Mülana-Fabrik eine halbe Stunde zu früh, vor lauter Nervosität! Maria-Anna war schon da. Im Lehrerzimmer gab es erst einmal Kaffee und leckere Brötchen. Die Kollegen waren sehr freundlich zu mir. Ich habe mich auf Anhieb wohl gefühlt. Wir gingen in den Klassenraum. 15 Frauen und 3 Männer saßen an den Tischen. Sie sahen mich mit gemischten Gefühlen an. Ihr Gesichtsausdruck verriet: ‚Was will die denn von uns?' Andere schienen neugierig zu sein: ‚Na, mal sehen, was jetzt auf uns zukommt.' Ich konnte mich sehr gut in die Gedanken der Teilnehmer versetzen. Die Maßnahme ‚41A' war eine vom Arbeitsamt finanzierte Geschichte für Arbeitslose. Die Kurse dauerten meist 4 Wochen und waren für die Ostdeutschen eine ganz neue Erfahrung. Arbeitslosigkeit war erst vor kurzem zu einem ostdeutschen Zustand geworden. Der Kurs sollte Ihnen Ratschläge mitgeben, wie sie einen neuen Job finden, wie Bewerbungen erfolgreich verfasst werden, und ein großer Teil bestand in Stunden zum Aufbau des Selbstwertgefühls und der Motivation.

An meinem ersten Tag habe ich mich zwischen die Teilnehmer gesetzt und Maria-Annas Unterricht verfolgt, um für mich zu lernen, worauf es ankam. Es war hoch interessant. Sie ist eine exzellente Dozentin, bei der ich mir viele Anregungen abgeschaut habe. Am Nachmittag machten wir einen Rundgang durch die Strickwarenfabrik Mülana. Hier wurde Babywäsche hergestellt. Als ich in die Produktionshalle kam, war ich ein wenig geschockt. Die Strickmaschinen waren uralt. Aber was die Leute aus diesen alten Maschinen hervorzauberten, war einfach großartig. Die Männer und Frauen waren stolz auf ihre Arbeit. Und mit Recht! In Westdeutschland hätte kein Mensch auf solch alten Maschinen gearbeitet. Ich konnte nur sagen: „Hochachtung!"

Wir hatten in diesem ersten Kurs sehr viel Spaß miteinander, obwohl es den meisten Teilnehmern nicht zum Lachen war. Ihr Leben hatte sich gerade radikal geändert. Wie würde es weitergehen? Fragen über Fragen. Alles war so ungewiss. Die Angst vor der Zukunft saß ihnen im Nacken. Viele fühlten sich nichts mehr wert. Etliche wussten keine Antwort und fingen an zu trinken oder haben sich sogar das Leben genommen.

In dieser Zeit begann in Ostdeutschland der Ruf nach der Westmark laut zu werden. Natürlich gab es auch Warnungen vor der Einführung der DM, aber wer wollte das schon hören? Gelöst hat diese Währungsgeschichte für die einfachen Menschen auf der Straße gar nichts! Es gab keinen einzigen Job mehr dadurch! In meinen Kursstunden wurde heftig diskutiert. In dieser Zeit konnte niemand etwas machen, ohne dass politische Streitgespräche aufkamen. Ich habe diese Problematik mit in den Kurs einbezogen. Bei Diskussionen bestimmt auftreten zu können, hat viel mit Motivation, Selbstbild und Selbstwertgefühl zu tun.

Am Ende der vier Wochen in Gotha fragte mich Maria-Anna, ob ich nicht länger bleiben wollte, da eine andere Dozentin nicht mehr zur Verfügung stehen würde. Ich habe mich dafür entschieden und bin in Gotha mit seiner schönen Innenstadt geblieben.

1990/91 sah die Stadt wesentlich anders aus als heute. Es musste erst sehr viel investiert werden, um Gotha auf Vordermann zu bringen. Majestätisch liegt das Schloss Friedenstein über dem Hauptmarkt. Im Schloss gibt es das alte Ekhoff-Theater, das heute noch für Aufführungen genutzt wird und besichtigt werden kann. Natürlich gibt es in Gotha auch die berühmten Plattenbauten. *(Heimlich für mich nenne ich sie „Kaninchenställe")*. Auch die hatten einen Anstrich und Umbau nötig. Aber der damalige Bundeskanzler versprach für ganz Deutschland „blühende Landschaften". Bis auf ein paar Skeptiker wollten ihm alle glauben. Dass diese Vision heute noch immer nicht umgesetzt ist, konnte damals keiner ahnen.

In Gießen gab es für mich große Dinge zu regeln. Ich musste dort sehr unangenehme Termine wahrnehmen. Der Ulenspiegel war total überschuldet, und mein Teilhaber zog sich mehr und mehr zurück. Als ich ihn einmal erwischte, einigten wir uns so, dass ich für die 15.000 DM bei der Brauerei gerade stehen würde, alle anderen unbezahlten Verpflichtungen, wie Steuervorauszahlungen, Löhne und Krankenkassenbeiträge von den Angestellten sollte er begleichen.

Die Wohnung in Gießen behielt ich weiter, weil ich nicht wusste, wie lange ich in Ostdeutschland bleiben würde. Regina übernahm die Katze und kümmerte sich auch sonst um die Wohnung. Als das so weit geklärt war, fing ich erleichtert meine zweite Arbeit in Thüringen an, in Schmerbach, bei einer kleinen Metallfabrik, die Fensterfedern herstellte. Diese Fabrik sah noch antiquierter aus als Mülana. Auch dort wurden die meisten Arbeiten von Frauen verrichtet. Eine Arbeiterin fertigte in Handarbeit ein Stück, die nächste hing noch ein weiteres Teil dran, und ab ging es in die Box. Ich ging oft in die Fertigungshalle hinunter und sprach mit den Arbeiterinnen.

1990 war es nicht einfach, eine Wohnung in einer Thüringer Stadt zu bekommen. Ich wollte aber nicht weiter in dem winzigen Zimmer mit Kohleheizung bleiben und setzte alle Hebel in Bewegung, um eine Lösung zu finden. Ich sprach jeden an, ob nicht jemand eine Unterkunft für mich wüsste, am allerliebsten in Erfurt. Und tatsächlich, ich fand über einen Bekannten ein Zimmer in der Erfurter Thälmannstraße. Ich wohnte nun in einer 2-Zimmer-Wohnung ohne Bad im dritten Stock. Aber nicht allein, sondern mit Christian. Ich bin ja nicht gegen Bewegung, aber so viele Treppen steigen ...? Ich bekam das kleinere Zimmer 4 mal 2,80 m. Ein Bett, ein Tisch, ein Stuhl, ein kleiner Schrank, mehr ging nicht! Das war mein Zimmer für fast ein Jahr.

Um 6 Uhr klingelte mein Wecker. Ich stand so früh auf, weil ich meinem Mitbewohner nicht in die Quere kommen wollte. Es gab kein warmes Wasser und kein Bad. Okay, also erst mal Wasser aufsetzen und dann mit dem Waschlappen über einer Schüssel waschen. Da war ich doch fast wieder in meiner Kindheit angekommen, als wir auch weder Bad noch warmes Wasser aus der Leitung gehabt hatten. Es schockierte mich nicht wirklich. Anders war es, wenn ich in Gießen über meine Wohnsituation berichtete. Dort schauten sie mich mit großen Augen an: „Dass Du Dir so was antust!" Warum nicht? Ich brauchte das Geld, und für ein Abenteuer war ich sowieso schon immer zu haben. An den Wochenenden fuhr ich nach Gießen zurück ins Jahr 1991 und genoss den Komfort.

Jeden Tag fuhr ich nach Schmerbach in die Metallfabrik. Eines Tages kam ein Vorarbeiter in den Kaffeeraum mit Tränen in den Augen und verkündete: „Leute, ab heute seid Ihr alle entlassen!" Ich kann gar nicht beschreiben, welche Wirkung diese Worte auf die Anwesenden hatten. Es war einfach furchtbar. Wie sollte ich da Motivationstraining durchführen? Sie standen alle unter Schock. Es gab Gerüchte, dass eine italienische Firma das gesamte Gelände mit Fabrik kaufen wollte, um medizinische Geräte herzustellen. Die Erwartungen waren hoch. Alle hofften, eine Chance zu bekommen in dieser neuen Firma. Doch die Illusion war schnell verpufft. Kurze Zeit darauf kam die Nachricht, dass der Boden verseucht wäre, und die Italiener vom Kauf Abstand genommen hatten. Die Stimmung war total am Boden. Ich wollte nicht auch noch in dieser Wunde bohren. Was konnte man machen, um sie aufzubauen? Eins war sicher, dass ich nicht, wie viele andere Dozenten aus dem Westen sagen würde: ‚So ist nun mal das Leben. Man muss sich ändern, wenn neue Verhältnisse auftauchen. Kopf hoch!' Was konnte ihnen helfen? Am allerbesten gefiel mir die Idee, einen Erfahrungsaustausch mit anderen Frauen zu organisieren. Also telefonierte ich herum und fand dabei die ASF (Arbeitsgemeinschaft Sozialdemokratischer Frauen) in Erfurt. Rosemarie Bechthum kam mit einigen anderen nach Schmerbach, und wir diskutierten einen ganzen Tag über die neuartige Situation. Das tat meinen Teilnehmern sehr gut. Sie waren mit ihren Problemen und Sorgen nicht allein. Das verstanden sie schnell.

Seitdem kenne ich Rosemarie und habe viele interessante Diskussionen mit ihr erlebt. Sie hat mich in meiner Arbeit immer unterstützt. Viele Frauen aus Schmerbach, Friedrichroda, Finsterbergen und Umgebung haben mit uns diskutiert und, ich denke, es hat ihnen auch gut getan und geholfen.

In Erfurt lernte ich im Haus Dacheröden beim Europäischen Kulturzentrum Jutta kennen. Sie erzählte mir vom Frauenzentrum, im ehemaligen Stasigebäude in der Espachstraße. Da ich meist ab 16 Uhr in Erfurt war und Leute kennen lernen wollte, ging ich oft in diese schöne Villa. Ich besuchte auch häufig Ausstellungen im Haus zum Roten Ochsen. Damals gab es im Keller ein französisches Restaurant, das ‚Chez Henri'. Dort herrschte eine tolle Atmosphäre. Henri war ein richtiger Kulturmacher. Es war ein wenig wie im Ulenspiegel, nur alles viel kleiner. Ich fühlte mich bei Henri zuhause. Wir haben zusammen Talkshows organisiert und einen kubanischen Abend, bei dem ich nach längerer Zeit mal wieder meine Congas auspacken und mitspielen konnte. Dann hatte ich die Idee, einen englischen Stammtisch für Leute, die an der englischen Sprache Interesse hatten, zu gründen. Das sprach sich schnell herum und wurde ein voller Erfolg. Ein paar Wochen später kam ein zweiter Stammtisch hinzu für französisch. Ich war begeistert. Nun konnte ich meine Sprachen wieder beleben. Sonntags ging ich zum Brunch. Das Büfett war hervorragend. Im Sommer standen Stühle und Tische draußen, was den Fischmarkt zu jener Zeit sehr lebendig machte. Es war eine wunderbare Zeit bei Henri. Später gab es Ärger, und das Restaurant wurde geschlossen. Das machte mich sehr traurig. Er fehlt mir heute sehr in der Erfurter Kultur.

In den Mittagspausen fuhr ich ins Nebendorf, Schwarzhausen, zum ‚Schwarzen Heinz'. Er und seine Frau betrieben einen Gasthof. Die konnten kochen! Whow! Thüringer Gerichte: Klöße, Rotkohl und Wild – ein Genuss! Ich konnte mich nicht zurückhalten. Wenn ich dann aus der Pause kam, sahen meine Teilnehmer mir das reichhaltige Mahl schon von Ferne an. Die Klöße lagen mir schwer im Magen, und entsprechend sah auch mein Gang aus. Maria-Anna machte einen Vertrag und mietete einen Saal im „Schwarzen Heinz" an, um einen weiteren Kurs durchführen zu können. Also rückte ich noch näher an die Klöße. Au weia – meine Figur ging dahin. Ein paar Monaten später wurden Kurse in Friedrichroda angeboten. Wo immer uns das Arbeitsamt Teilnehmer zuordnete, führten wir Kurse durch. Ich lernte dadurch viele unterschiedliche ehemalige Industriebetriebe der DDR kennen. Die Glüso-Werke und die Schraubenfabrik in Tambach-Dietharz, in Gotha die Autowerke und in Waltershausen die Puppenfabrik Biggi! Es war für mich ein ganz neues Leben. Ich lernte viele tolle Menschen kennen, darunter auch etliche, die mutlos waren.

Als mich die Kurse bei Maria-Anna nicht mehr voll auslasteten, besuchte ich in Erfurt eine Bildungsmesse. Ich kam an einen kleinen Stand, der über eine internationale Schule informierte „IIS – Institute for International Studies". Diese Einrichtung wurde von Dr. Jürgen Mulert geleitet. Er war begeistert davon, eine richtige Amerikanerin in Erfurt zu finden. Gleich für den nächsten Morgen machte er uns einen Termin bei der Firma Thesys. In den Büros saßen Leute an Computern und machten irgendwelche wichtigen Dinge, von denen ich noch nie etwas gehört und gesehen hatte. Es schien mit Programmierung zu tun zu haben. Nach dem kurzen Rundgang trafen wir uns mit den Managern im Konferenzraum. Und da erfuhr ich, dass sie sich schon einig geworden waren. Gleich am folgenden Tag sollte es losgehen: „Business English". Doch dann fiel auf einmal mein Name: „Frau Vargo wird ab morgen den Unterricht mit Ihnen durchführen." Wie, was, wo? Ich war doch gar nicht vorbereitet! Alles wurde perfekt abgesprochen, Ort und Zeit standen fest. Dann stand ich mit Jürgen Mulert vor dem Hochhaus. „Das ist jetzt nicht Dein Ernst, oder? Ich habe überhaupt keine Ahnung, was ich unterrichten soll. Ich bin auch nicht vorbereitet. Und nun schickst du mich so Hals über Kopf in die Höhle des Löwen. Na prima!" „He, reg Dich nicht auf! Ich habe Vertrauen zu Dir. Das schaffst Du schon!"

Business-English? Womit fängt man da an? Wieder einmal musste ich in den Buchladen, um mich auf eine neue Aufgabe vorzubereiten. Ich kaufte mir Bücher über Computer-Englisch und normales Business-English. Dann büffelte ich die halbe Nacht, bis mir schließlich die Augen zufielen. Am nächsten Morgen stand ich Punkt 10 Uhr auf der Matte. Mir gegenüber saßen sechs Manager, sehr nette Herren, die mir meine Erleichterung vielleicht angesehen haben, als sie erklärten: „Wir wollen erst mal nur Kommunikation machen." Und so kam es, dass einer seine Fotos vom letzten Skiurlaub herausholte, und wir uns fast eine Stunde mit diesem Thema beschäftigt haben. Sport war ein sehr guter Einstieg. Die nächste Stunde ging mit Baseball hin. Zum Glück kannte ich die Spielregeln einigermaßen und konnte mit ihnen die entsprechenden Redewendungen und Vokabeln üben. So verlief mein erster Tag. Es war eine sehr schöne, spannende Erfahrung für mich, auch wenn ich Blut und Wasser schwitzte.

Jürgen gab mir etwas später einen weiteren Kurs in einem Hinterhof in der Nähe der Predigerkirche. Meine Schüler waren IT-Leute. Zu ihnen gehörten auch zwei Herren, die später die Firma Ibykus mit sehr großem Erfolg aufgebaut haben. 1997 habe ich Mitarbeiter vom Frontdesk und die beiden Chefs von Ibykus noch einmal unterrichtet. Heute haben sie die Firma sehr vergrößert und sich erfolgreich auf dem Markt etabliert. Ich freue mich jedes Mal, wenn ich an Ibykus vorbeifahre. Sie haben es geschafft, und ich hatte das Privileg, bereits am Anfang ein winziges Stück Englisch beizutragen.

Thüringen braucht noch mehr solche Pioniere! Es ist fantastisch, wenn man an Erfolgsstories mit bauen darf.

Außerdem habe ich in den folgenden Firmen unterichtet: 1994 – Hurth Getriebewerk in Gotha, 1997 – FER Fahrzeugelektrik in Stockhausen und 1998 – Pollmeier Massivholz GmbH in Creuzburg.

Bis 1996 habe ich Unterricht für IIS gegeben. Dann ist Jürgen Mulert durch unglückliche Umstände gezwungen gewesen, seine Schule zu schließen. Er hatte versucht, sein Know-How weiterzugeben und war unschuldig in eine mißliche Lage geraten. Von dem Skandal hat er sich nie richtig erholt. 2008 ist Jürgen Mulert verstorben. Ich bin ihm für vieles sehr dankbar. Er hat mich immer unterstützt, wo er konnte. Er war ein wichtiger Teil auf meinem neuen Weg in Ostdeutschland!

In diesen ersten Jahren in Thüringen fühlte ich mich ziemlich fremd. Die Mentalität der Menschen, die oft so mutlos und zurückhaltend waren, ihre eigenen Werte nicht richtig zum Ausdruck bringen konnten, war ungewohnt für mich. Trotzdem war es spannend und lehrreich zugleich. Ich bekam hautnah mit, wie so einige Westler mit der ostdeutschen Bevölkerung umgingen – arrogant und besserwisserisch. Ich fand das oft zum Kotzen. Auch wenn ich in Diskussionen über Ost-West einbezogen wurde, konnte ich meinen Mund nicht halten. Und immer, wenn ich nach Westdeutschland kam, gingen diese Debatten wieder von vorne los. „Wir zahlen die ganze Zeit für die Ossis und die, die sind zu faul zum Arbeiten. Was machen die bloß die ganze Zeit!" Ich konnte es nicht mehr hören!

Auf einer Bahnfahrt nach Gießen mit einigen Frauen aus Thüringen nutzten wir eine Gruppenfahrkarte. Der Westschaffner sah sich den Fahrschein an und kommentierte dazu: „Ist ja toll. Jetzt fahren sie auch noch billiger als wir hier im Westen. Und wer bezahlt das alles – wir!" Da war er bei mir an die Richtige geraten. Ich wurde wütend und schnauzte ihn an: „Machen Sie gefälligst hier ihre Arbeit und beleidigen Sie Ihre Fahrgäste nicht. Aber ich kann mich auch bei höherer

Stelle über Sie beschweren, wenn Ihnen das lieber ist! Das saß. Er sah mich erstaunt an und entschuldigte sich.

Ich hatte so viel zu tun, dass ich manchmal nicht wusste, wo mir der Kopf stand. Die Thüringer Frauen hatten vielfach kein Zutrauen zu ihrer eigenen Kraft. Ich konnte die Situation gut verstehen. Wie sollten sie auch selbstbewusst und positiv denken, wenn alles in ihrem Leben drunter und drüber ging. Alles, was als beständig festgestanden hatte, war weggebrochen. Sie hingen plötzlich in der Luft. Ich hörte mir jeden Monat neue Teilnehmer mit ihren Sorgen und Nöten an. Es gab da alles, was man sich nur vorstellen kann. Arbeitslosigkeit, Familienprobleme, Alkohol, Gewalt nicht nur gegen Frauen! Ich wollte gern überall helfen. Doch das ging nur sehr begrenzt. Und meistens hatten es die seelischen Nöte der Menschen ganz schön in sich. Wenn ich am Nachmittag in meinem Auto saß und nach Erfurt zurückfuhr, machte ich meine Anlage an und hörte Whitney Houston, eine meiner Lieblingssängerinnen. Ich stellte es sehr laut, um die Probleme des Tages zu verdrängen. Wenn ich sie mit zu mir nachhause genommen hätte, hätte ich durchgedreht.

Dann wurde ich nach Friedrichroda geschickt. Wir machten unseren ersten Kurs in einem Hotel, bis Maria-Anna endlich ein geeignetes Haus im Ort fand. Die Schulungsräume waren im Obergeschoss. Wir teilten uns das Haus mit einem Anwalt aus Gießen. Merkwürdig, wie das Leben so spielt – wir hatten uns in Gießen bereits ein paar Mal gesehen.

Ich pendelte nun schon fast zwei Jahre zwischen Erfurt und Gießen. Bei dem ganzen Stress während der Woche wurde mir die Reiserei zu viel. Meine Freundin gab mir außerdem zu verstehen, dass es an der Zeit war, meine Katze mitzunehmen. Also entschloss ich mich, ganz nach Thüringen umzusiedeln. Dann würde auch ein für alle Mal das Verhältnis zu Regina entspannter werden. Als erstes kam die Katze Spodie mit nach Erfurt. Mein Mitbewohner Christian hatte zugestimmt, dass sie mit in der Wohnung leben durfte. Aber auf Dauer war das nicht die richtige Lösung. Ich musste etwas Eigenes für mich und meine Katze finden. Zu viel wollte und konnte ich für eine Wohnung nicht bezahlen. Und – wie so oft in meinem Leben – löste sich das Problem auf wundersame Weise. In einem meiner Kurse in Friedrichroda saß Anni. Irgendwie kamen wir ins Gespräch über Wohnungen und Wohnraum. Ich erzählte von meinem kleinen Zimmer und der Katze in Erfurt. Da sagte Anni: „Wenn Du möchtest, kannst Du in unserem Haus wohnen. Ich habe eine kleine Wohnung mit Dusche und Toilette. Ich könnte sie Dir vermieten." Das brauchte mir Anni nicht zweimal zu sagen. Ich fuhr am Nachmittag mit zu ihr nach Schwarzhausen und sah mir die Wohnung an. Wir wurden uns ganz schnell handelseinig. Wenig später nahm ich meine Katze unter den Arm und zog in Schwarzhausen ein. Durch den Umzug wurden meine Arbeitswege viel kürzer, denn ich hatte nur in der Gegend Gotha, Friedrichroda und Eisenach Unterricht. Außer mir waren noch mindestens zwei andere Menschen auf dieser Erde froh über diese Wendung: Christian in Erfurt und Regina in Gießen. Es gibt eben für alles seine Zeit. Wir hatten schöne Jahre miteinander gehabt, doch nun war es vorbei.

In Erfurt wollte die Hausbesitzerin ein Bad dort einbauen lassen, wo ich gewohnt hatte. Das war natürlich toll für Christian. Wir gingen noch einmal zusammen in die Johannesklause, wo wir viele Male gemütliche Abende verbracht hatten. Diese Gaststätte wird von zwei Gays betrieben und hat auch dadurch ihre eigene Atmosphäre. Es sind tolle Männer, die sehr viel von ihrem Handwerk verstehen. Das Essen ist erstklassig. Ich habe mich dort immer sehr wohl gefühlt. Dieses Lokal hat was!

Meine Freundin in Gießen hatte es lange nicht geglaubt, dass ich wirklich als erste ausziehen würde. Trotz aller Zickereien habe ich es neben ihr 12 Jahre in dieser Wohnung ausgehalten. Die meiste Zeit haben wir uns leider nicht gut verstanden. Ich habe psychisch viel durchgemacht. Es wäre auch für sie besser gewesen, eine andere Untermieterin zu haben. Nach meinem Auszug hat sie das auch ziemlich schnell in die Tat umgesetzt. Meine Möbel ließ ich in Gießen. Ich nahm nur meine Bücher und den anderen Kleinkram mit. Es war kein großer Kraftakt.

Doch mit der Zeit wurde es recht einsam auf dem Dorf. Das bekam ich bald zu spüren. Ich kaufte mir einen großen Fernseher für die langen Winterabende. Endlich hatte ich eine Wohnung nur für mich allein, mein eigenes Reich, meine Katze, meinen Fernseher und mein Auto. Ich musste mich mit mir selbst einrichten. Die Kultur war weit weg.

Mein Kontakt zu den Dorfbewohnern hielt sich in Grenzen. Wenn ich beim ‚Schwarzen Heinz' zum Essen saß, nickten mir alle freundlich zu. Aber Freundschaften oder engere Beziehungen konnte ich nicht aufbauen. Das Essen in dieser Gaststätte war sehr lecker, aber leider war der Kaloriengehalt auch recht hoch. Das tat meinem Körper nicht so gut.

Später nahm Anni mich einmal mit auf eine Beerdigung. Es war jemand im Dorf gestorben, den ich auch kurz gekannt hatte. Irgendwie war die Atmosphäre merkwürdig. Alle starrten mich an, als ob ich geradewegs vom Mond gekommen wäre. Ich fühlte mich wie in einem Film: eine von draußen, die nicht dazu gehört. Ich hatte auch ab und zu mit den Dorfregeln zu kämpfen. Alles musste stimmen. Die Rollläden an den Fenstern mussten gleichmäßig heruntergelassen sein, sonst gab es Dorfklatsch. Wie bitte? Hatte ich das richtig verstanden? „Ja, Bridge. Mach doch bitte beide Rollläden gleichmäßig nach oben oder nach unten. Sonst stört das die Nachbarn." sagte Anni zu mir. Ich hatte meine Probleme damit und habe mich oft nicht daran gehalten. Hauptsache, für mich war es gemütlich. Nach einer Weile wurde ich nicht mehr darauf angesprochen. Wahrscheinlich war es akzeptiert worden, dass die komische Amerikanerin doch nicht zu ändern war.

An einem Sommersamstagmorgen kam Anni zu mir: „Bridge, kannst Du bitte Deinen Wagen ein Stück wegfahren. Wir bekommen heute Besuch. Die kommen mit ihrem Auto nicht vorbei." Na, das war doch klar. Das konnte ich sofort erledigen. Ich nahm meine Wagenschlüssel und ging in Pantoffeln zum Auto, um es ein Stück weiterzufahren. Der Nachbar grüßte über den Gartenzaun, ein Opa mit freundlichem

Grinsen. Ich kam zurück zum Haus. Da rief mich Anni an ihr Fenster und raunte mir zu: „He, Bridge. Das kannst Du nicht machen. So kannst Du doch nicht rausgehen." „Was? Wieso?" „In Unterwäsche! Bridge. Das geht nicht!" Ich drehte mich zu dem Nachbarn um. Tatsächlich, er war noch da. Laut rief ich ihm zu: „Es gibt doch nichts zu sehen, oder?" Er lachte und blieb am Zaun. Anni schüttelte nur den Kopf. Das wurde Gesprächsstoff in meinem Kurs. Anni ist eine so gute Imitatorin. Sie spielte die Szene als Sketch für alle, und es hielt die Leute kaum auf ihren Stühlen. Alle haben Tränen gelacht!

Wenig später stellte sie dieses Talent noch einmal unter Beweis. Im Nachbardorf sollte das einjährige Jubiläum der ASF im Landkreis Gotha stattfinden, und ich fand meine Lieblingsklamotten nicht. T-Shirt, Hose, Schuhe – alles nicht aufzutreiben. Okay, T-Shirt und Hose könnten in der Wäsche bei Anni sein. Sie wusch in ihrer Maschine meine Sachen mit. Aber die Schuhe? Das war schon sehr mysteriös. Na gut, musste ich eben auf meine Zweitschuhe ausweichen. Alle unsere Teilnehmer hatten sich im Gemeindesaal versammelt. Es sollte ein lustiger Abend werden mit viel Programm. Es gab eine Schauvorführung mit einem Samurai-Kämpfer, der mit seinen Säbeln und Schwertern gekonnt in der Luft herumjonglierte. Er wollte eine freiwillige Person für ein Kunststück finden. Wer hatte sich gleich gemeldet? Ingrid, eine sehr mutige Frau! Alle lachten, aber keiner wusste, was die Arme da erwartete. Sie musste sich auf den Tisch legen und bekam eine große Gurke auf ihren Bauch. Alles hielt den Atem an. Der Künstler hob sein Schwert und – zack – schnitt die Gurke mit einem Hieb durch, ohne Ingrid zu verletzen! Wie ihr zumute war, kann ich mir lebhaft vorstellen. Ich zumindest wäre vor lauter Angst in Ohnmacht gefallen. Alle klatschten ganz erleichtert.

Danach kam die zierliche Anni dran. Sie steckte in meinen viel zu großen Sachen, dreimal umgekrempelt, und spielte mich nach. Sie hatte mich im Unterricht genau beobachtet und konnte mich hervorragend imitieren. So sah es also aus, wenn ich in die Klasse kam, so verlief mein Unterricht. Natürlich war das alles überspitzt, aber gerade deshalb einfach herrlich. Erst ging ein Schmunzeln über die Gesichter und am Ende lagen fast alle am Boden vor Lachen. Ich war so überrascht, dass ich für eine Minute meinen Mund nicht zubekam. Doch dann habe ich mit eingestimmt in das Gelächter. Kein Wunder, dass ich meine Sachen nicht hatte finden können!

In Tambach-Dietharz hatte ich den nächsten Kurs. Unter dem Thema ‚Ich bin ich' arbeitete ich mit meinen Teilnehmern am Selbstbild. Sie hatten im Glüso-Werk, einem Hersteller von Glühlampensockeln, gearbeitet. Es fiel ihnen schwer, sich ohne Arbeit zurechtzufinden, und ich versuchte ihnen zu vermitteln, dass nicht alles zu Ende war. „Wenn sich eine Tür schließt, öffnet sich eine andere. Ihr müsst sie nur sehen und die Chance nutzen." Ich wollte ihnen Mut machen. Wir fingen an, uns im Kreis miteinander bekannt zu machen. Jeder sollte über seine dringlichsten Probleme reden. Viele hatten Schwierigkeiten weil fast die ganze Familie arbeitslos zuhause saß. Eine Teilnehmerin, sie war Mitte 50, beschwerte sich darüber, dass sie im Haushalt alles allein machen musste, obwohl ihr arbeitsloser Mann durchaus noch proper wäre und mit zupacken könnte. Vor dem folgenden Pfingstwochenende gab ich ihr folgenden Ratschlag mit auf den Weg: „Wenn Du nachhause kommst, sagst Du Deinem Mann: ‚Ich hatte einen anstrengenden Tag. Ich bin ich, und ich bin heute fertig, und Du bäckst den Kuchen.'" Alle in der Runde lachten herzlich über diesen Vorschlag. „Versuch's einfach!" Als wir uns nach Pfingsten wieder trafen, war das Erste, was ich von meiner Teilnehmerin hörte: „Bridge, es hat geklappt. Ich bin nachhause gekommen und habe, bevor mein Mann den Mund aufmachen konnte, gesagt: ich bin ich, und Du bäckst den Kuchen! Und was kam dabei heraus? Wir haben zum ersten Mal gemeinsam Kuchen gebacken." Was für eine Erfolgsstory! Wir freuten uns alle, dass sie diesen Mut aufgebracht hatte.

Auch in Friedrichroda gab es ähnliche Geschichten. Eine Teilnehmerin erzählte, dass ihr Mann sie dauernd herumkommandieren würde. Da war sie bei mir an die Richtige gekommen. Schließlich gehören immer zwei dazu, wenn so etwas funktioniert. Sie hatte diesen Zustand zuhause akzeptiert.

Irgendwann hatte sie aufgehört gehabt, sich um ihr eigenes Wohlbefinden zu kümmern. Das wollte ich ihr klarmachen. Sie bekam eine Hausaufgabe mit: „Wenn Du heute nachhause kommst, kochst Du Dir einen Kaffee und setzt Dich gemütlich irgendwohin. Du nimmst Dir eine Zeitung oder ein Buch oder entspannst einfach so. Wenn Dein Mann dann anfängt nach seinem Bier zu verlangen, dann sagst Du ihm, dass Du Dich nach den acht Stunden Unterricht ausruhen musst. Und wenn er ein Bier haben möchte, dann kann er es sich allein aus dem Kühlschrank holen, schließlich ist er ja den ganzen Tag zuhause gewesen." Sie sah mich sehr skeptisch an, versprach aber, es auszuprobieren. „Nur Mut, junge Frau!" Am nächsten Tag saßen wir wieder alle im Kreis zusammen. Meine Teilnehmerin grinste über das ganze Gesicht und berichtete über ihren Abend: „Ohja, ich habe es so gemacht, wie Du vorgeschlagen hast. Er wurde sprachlos und später wütend. Aber ich zog mein Ding durch, und er musste notgedrungen sein Bier selber holen. Und dann fragte er mich, ob ich diesen Quatsch in dem Kurs hier lernen würde. Ja, habe ich geantwortet. Na, dann werde ich es Deiner Lehrerin aber geben, morgen. Also, sieh Dich vor, Bridge. Er kann unangenehm sein." „Der soll mich kennen lernen." Alle lachten. Natürlich wartete ich den ganzen Tag auf das Erscheinen des Ehemannes, der mir den Kopf waschen wollte. Doch keiner kam. Schade! Am nächsten Tag erkundigte ich mich: „Wo ist denn Dein Mann geblieben? Ich habe ihn erwartet." „Er war gestern hier und hat gesehen, wie Du in Deinem US-Parker zum Auto gegangen bist und etwas herausgeholt hast. Seine Lust, sich mit Dir anzulegen, hatte sich da ganz von selbst erledigt. Er ist umgekehrt und nachhause gegangen." Es gab großes Gelächter.

Die Frauen waren einfach toll. Je länger ein Kurs ging, desto mehr wuchsen sie mir ans Herz. Diese Frauen waren echt, nicht affektiert, sondern bodenständig. Ich war und bin noch immer sehr stolz auf meine Teilnehmerinnen. Anni wäre eine gute Kabarettistin geworden. Christine aus dem Kurs in Schmerbach leitet heute eine Tanzgruppe, eine faszinierende Frau, die esoterisch interessiert ist.

Immer wieder geschahen wunderbare Dinge mit meinen Teilnehmerinnen. Eine war unglaublich schüchtern und machte am Anfang nur selten den Mund auf. Ich traute meinen Augen kaum, als ich sie nach vier Wochen Aufbaukurs in Erfurt auf einer Demo sprechen hörte. Sie war auf einen Lastwagen auf dem Wenigemarkt geklettert und stand dort erhobenen Hauptes und hielt eine Rede über die Probleme in ihrer Gegend.

So viel Potential lag da verborgen. Viele Frauen schafften den Sprung heraus aus dem negativen Sog, obwohl sie nicht wussten, wie es weitergehen würde.

In der DDR hatte jeder Arbeit gehabt, egal wie sie aussah. Die Arbeit und die Lohntüte war ihnen sicher gewesen. Jetzt plötzlich standen die Westverhältnisse und mit ihnen die Westunternehmer auf der Schwelle der Ex-DDR, und alles lief aus den Fugen. Alle wollten die neuen Produkte haben. Auch gute Waren aus der DDR-Produktion lagen in den Regalen und wurden nicht genommen. Erst als das Verschleudern losging, griffen die Menschen wieder zu. Die Westunternehmer aber fühlten sich, ‚als hätte sie das Kätzchen geleckt'. Scharenweise strömten sie rüber und ihre Augen waren gierig. Ein riesiger neuer Absatzmarkt. Nicht einmal Werbung musste gemacht werden. Die Westprodukte liefen wie von selbst. Es entstanden Möbelmärkte und Autohäuser, Autohäuser und Möbelmärkte. Das Leben in den Wohnungen veränderte sich schnell. Wenn ich Leute besuchte, konnte ich das feststellen. Am Anfang meiner Zeit in Thüringen hatten alle noch die damals modernen bunten Tapeten mit den großen Mustern, alte Schränke aus Großmutters Zeiten oder eine Schrankwand aus DDR-Produktion, für die sie lange hatten sparen müssen, und sie waren glücklich. Ein paar Monate später in den gleichen Räumen hatte sich etliches verändert. Mit Stolz zeigten sie mir ihre neuen Westmöbel. Manche kauften auf Kredit und verloren wenig später ihren Arbeitsplatz. Andere arbeiteten selbst in der Möbelindustrie und kauften die Produkte ihres eigenen Werkes nicht mehr. Das gleiche Bild bei den Beschäftigten in der DDR-Autoindustrie. Keiner wollte die Ostschlitten. Das war gewiss verständlich, aber es trug mit dazu bei, dass immer mehr Ost-Betriebe stillgelegt wurden.

Eine Westfirma nach der anderen baute in Thüringen. Doch selbst in diesem kleinen Land gab es riesige Unterschiede. Entlang der Autobahn Eisenach, Gotha, Erfurt, Weimar, Jena begann eine rapide Umwälzung. Mit der Ansiedlung von Firmen hatten die Leute wieder Arbeit und damit Geld, etwas für ihre Dörfer zu tun. Die Häuser wurden renoviert und farbiger.

Der Thüringer Wald mit seinen Erholungsgebieten wurde für den Tourismus hergerichtet, so gut es eben ging. Industriebetriebe in dieser Gegend schlossen, und viele Menschen standen auf der Straße. Sie konnten nicht alle im Tourismus Beschäftigung finden. Beim Urlaub hieß das Motto: Die Freiheit nutzen! Auch das war eine verständliche Reaktion auf die vielen Jahre hinter Mauern. Nun stand sie ihnen offen, die Welt! Und kaum einer wollte noch im Thüringer Wald Urlaub machen. Dadurch hat der Tourismus einen Einbruch ohne Gleichen erlebt.

Nach meinen Eindrücken hat sich im Norden Thüringens viel weniger getan. Rossleben, Sondershausen und die Ecke dort oben hat sich in den ersten Jahren der 90er Jahre kaum verändert. Während sich zwischen Erfurt und Weimar unendlich viel bewegte. 1990 konnte ich noch die vielen gelb blühenden Rapsfelder bewundern, wenn ich mich von Erfurt aus auf den Weg machte. Inzwischen hat sich die Landschaft zwischen den beiden Städten sehr verändert. Es ist so viel zugebaut worden mit Bürohäusern, Supermärkten, Hotels, Tankstellen, Autohäusern und den riesigen Möbelmärkten. Investoren wurden in der Ex-DDR dringend gebraucht. Für mich war nur immer die Frage, wie diese mit den hiesigen Bürgern umgingen. Ich hatte die ersten Jahre das Gefühl, dass Ostdeutschland eine Kolonie des Westens geworden war.

Neben den Kursen, die mich auch emotional sehr beschäftigten, hatte ich ständig Schreiben zum Ulenspiegel in meinem Briefkasten. Es waren alles Rechnungen. Ich legte sie ungelesen zur Seite. Der Stapel wuchs und wuchs. Nach einiger Zeit sah ich die Briefe gar nicht mehr an. Es war

Verdrängung pur! Nur durch meine Arbeit hielt ich meine Psyche in Schach. Nachts konnte ich sehr schlecht schlafen. Ich wachte manchmal schweißgebadet auf. Albträume über meine Zukunft suchten mich heim. Ich wollte nichts davon wissen, auch nicht, auf welche Zahl die Schulden anwuchsen. Wie sollte ich das jemals abbezahlen? Es war wie ein Riese, der vor mir stand, mich bedrohte und sagte: „Wenn Du die Schulden nicht bezahlst, kommst Du ins Gefängnis!" Zweimal war ich schon im Gefängnis gewesen, zwar nur für kurze Zeit, aber die Bilder sah ich als Drohung immer vor mir. Damals, als wir auf dem Marsch nach Spanien mit meiner Mutter eingesperrt wurden, bis die Papiere für richtig befunden worden waren. Das zweite Mal in England, als meine Mutter mich für einige Zeit zurückgelassen hatte, ohne zu sagen, wie man sie erreichen konnte. Nein, das wollte ich nicht noch einmal erleben. Also - lieber nicht hinschauen!

In den Jahren 1990 bis 1992 ging ich durch die Hölle. Die Schulden waren erdrückend, und die Ungewissheit über ihre reale Höhe ließ mir zusätzlich keine Ruhe. Ich hatte panische Angst! Mit wem sollte ich darüber reden? Ich war wie gelähmt und konnte nicht mehr richtig denken. Es war grotesk! In meinem Unterricht gab ich den Teilnehmern gute Ratschläge, wie man sich informiert und mit komplizierten Situationen umgeht. Aber mir selber konnte ich nicht helfen. So spielt das Leben mit einem! Aber eins wenigstens habe ich daraus gelernt: Es ist unheimlich wichtig, sich zu informieren, egal was passiert ist. Briefe liegen zu lassen ist kein Ausweg. Es verschiebt den Mist nur zeitlich nach hinten, und ganz von allein wächst der Misthaufen. Seitdem öffne ich alle Briefe, egal, welche Hiobsbotschaften sie enthalten.

Dann kam der Tag, an dem ich nach Gießen fahren musste, um den Ulenspiegel abzugeben. Es musste sein! Ich hätte ihn nicht halten können mit den Schulden. Also sollten wenigstens keine neuen hinzukommen. Es war mein schwerster Schritt. Ich hing am Ulenspiegel. Er war mein Lebenswerk. Ich hatte in dieser Kleinkunstbühne viele Ideen und Träume umsetzen können. Diese offene und kreative Atmosphäre war nur möglich gewesen, weil mir im Hintergrund treue Freunde und tatkräftige Sponsoren den Rücken gestärkt haben. Ich sehe noch meine eifrige Tochter Chou und den jungen Spund, Till Schweiger, als Bedienung durch die Räume laufen. Ohne die Künstler, meine Kindertheatergruppe und, nicht zu vergessen mein Team, von denen immer alle ihr Bestes gaben, hätte sie nie so erfolgreich sein können. Es waren viele wunderbare Menschen, die den Ulenspiegel geprägt haben, dass es einmalig in Gießen war: Heinz Bauer – Präsident der Universität, das Stadttheater Gießen, Herr Behrens vom Kaufhaus Karstadt, Herr Schormann – Ferber'sche Buchhandlung, Gideon Schüler - Ricker'sche Buchhandlung, die Presse der Stadt (der Anzeiger, die Allgemeine, der Express und die Wochenprogrammheftredaktion) und die Stadtverwaltung Gießen – allen bin ich sehr dankbar für diese erlebnisreichen 12 Jahre.

Mein letzter Gang in den Ulenspiegel war für mich eine große Überwindung. An jenem Tag saßen alle Betroffenen am großen Tisch – nur mein Geschäftspartner fehlte. Er drückte sich mal wieder vor der Verantwortung. Was für ein feiger Hund! Der Hauptmieter der Gebäude, dem das Bistro nebenan gehörte, übernahm nun den Ulenspiegel. Er bezahlte 10.000 DM für alle Renovierungsarbeiten, die Innenausstattung und Dekoration im Ulenspiegel, die ich die ganzen Jahre über gesammelt hatte. Damit war das Geschäft für ihn sehr gut gelaufen. Ein richtiges Schnäppchen! Natürlich hatte ich das Gefühl, dass ich viel mehr hätte bekommen müssen. Aber ich war vollkommen fertig mit den Nerven und wollte es einfach nur hinter mich bringen. Schwamm drüber! Ich hatte keine Kraft zum Kämpfen! Ich war froh. ‚Es ist vorbei', dachte ich.

Meine Tochter Chou ist im Ulenspiegel geblieben. Sie hat weiter unter dem neuen Betreiber gearbeitet, was ich gut fand. Gott sei Dank, hatte sie ihre Arbeit nicht verloren. Und in meinen Augen hätte sie mit dem Familiennamen Vargo gute Chancen gehabt, den Ulenspiegel weiterzuführen. Der Name war bei den Gästen tief eingebrannt. Im Nachhinein tut es mir leid, dass ich den Ulenspiegel nicht mit ihr zusammen betrieben habe. Sie war sehr beliebt bei den Gästen mit ihrem Charme und der Freundlichkeit, die sie ausstrahlte. Wer weiß, was daraus geworden wäre!

Die Übergabe ging sehr schnell, und ehe ich mich versah, war ich schon wieder auf der Autobahn Richtung Thüringen.

Natürlich waren die Schulden mit der Übergabe des Ulenspiegel nicht erledigt. Es waren immer noch genug übrig. Maria-Anna war die Frau, die mir in dieser Misere geholfen hat. Sie gab mir die Chance, viel zu arbeiten, damit ich genug Geld verdienen konnte, um Rechnungen zu bezahlen. Sie war für mich ein Engel. Kurze Zeit konnte ich mich beruhigen. Ich verdrängte den großen Batzen und bezahlte einige kleine Rechnungen. ‚Alles wird gut', sagte ich mir. Trotzdem saß mir ständig die Angst im Nacken.

Eigentlich war das Leben in Schwarzhausen schön, aber ich vermisste Erfurt sehr. Also fuhr ich fast jeden Nachmittag die 50 Kilometer hin und zurück und ging in mein geliebtes Frauenzentrum. Im Winter waren diese Fahrten nicht ungefährlich. Viele Tiere rannten nachts über die Straßen: Rehe und Wildschweine. Wenn dann noch Glatteis kam, war es doppelt riskant. Bei solchem Wetter überlegte ich nicht lange, blieb in meinem gemütlichen Heim und hatte viel Zeit zum Nachdenken. Wenn mir die Decke gar zu sehr auf den Kopf fiel, bin ich auf ein Schwätzchen zu Anni gegangen. Danach sah die Welt schon anders aus, und ich hatte meine Lage wieder ein wenig mehr verdrängt.

Die Katze hatte sich an die neue Wohnung gewöhnt. Doch ich hatte immer Schuldgefühle, sie allein zu lassen. Irgendwann fing sie an, nicht mehr auf ihr Katzenklo zu gehen. Sie pinkelte überall hin. Das war sehr unangenehm. Aber ich hatte keine andere Wahl. Ich musste das ertragen. Sie in ein Tierheim zu geben, brachte ich nicht übers Herz. Nach zehn Monaten war Spodi sehr krank. Ich bin ein paar Mal mit ihr zum Tierarzt gegangen. Aber es ging ihr nicht besser, obwohl ich alles tat, um sie gesund zu pflegen. Der Tierarzt hat sie dann erlöst. Ich habe einige Tage geweint, denn ich liebte meine Spodi. Trotzdem war ich heilfroh, dass meine Katze nicht mehr so furchtbar leiden musste. Danach habe ich mir nie wieder ein Tier angeschafft.

Nach der Übergabe des Ulenspiegel hatte ich gedacht, dass ich das Schlimmste überstanden hätte. Doch so war es nicht. Im Gegenteil, es wurde schlimmer! Fast jeden Tag bekam ich Rechnungen, auch mit den Raten für meinen Wagen war ich drei Monate im Verzug. Eines Tages übergab mir der Briefträger eine Mahnung von meiner Renault-Bank. Diesmal machte ich ihn auf. Man teilte mir mit, wenn ich mich nicht in ein paar Tagen melden würde, würden sie meinen Wagen konfiszieren. Ich brauchte das Auto! Angstschweiß stand mir auf der Stirn. Was sollte ich nur tun? Ich musste aus meinen Ängsten herauskommen, aber wie? Ich entschloss mich, den Anwalt aufzusuchen, der in dem Haus seine Kanzlei hatte, in dem ich unterrichtete. Ich kannte ihn ja aus Gießen und dem Ulenspiegel. Nachdem ich ihm alles offenbart hatte, sagte er zu, mir zu helfen. Es wurde höchste Zeit! Ich übergab ihm alle meine Briefe und Papiere. Die Unterlagen über den Ulenspiegel hatte mein ehemaliger Geschäftspartner, und andere Schreiben befanden sich noch bei meinem ehemaligen Steuerberater in Wetzlar. Es war Chaos pur! ‚Armer Kerl!' dachte ich. Bis er das Ganze gesichtet hatte, verging einige Zeit. Bei unserem nächsten Termin wurde ich erstmals über die vollständige Schuldenhöhe aufgeklärt: 100.000 DM! Mir wurde ganz schlecht, als ich diese Summe hörte. Wie konnte das nur sein? „Schon allein der Brauerei schuldest Du 60.000 DM!" „Das kann doch nicht sein. Ich habe Gießen verlassen, da waren es nur 15.000 DM." „Dein Partner hat die Schulden auflaufen lassen. Er hat die folgenden Lieferungen, Krankenkassenbeiträge und Löhne nicht mehr bezahlt. Da Du aber bis zur Übergabe offiziell die Inhaberin des Ulenspiegel warst, wirst Du zur Verantwortung gezogen." „Aber er war doch der Geschäftsführer der GmbH, und mit 49.000 DM daran beteiligt." „Es hat sich nicht um eine GmbH gehandelt hat, sondern um eine Art geschäftliche Gemeinschaft. Wenn es eine GmbH gewesen wäre, dann würden nur die Einlagen für die Schuldentilgung genommen werden. So aber kommst Du nicht aus den Verpflichtungen heraus. Der Vertrag mit Deinem Partner damals ist absichtlich so aufgesetzt worden. Sein Anwalt wusste genau, was er tat. Du bist immer die Garantie geblieben für die Brauerei und alle anderen." „Soll das bedeuten, dass er nicht mithaftet?" „Er haftet mit. Aber wenn es bei ihm kein Geld zu holen gibt, dann bist Du dran. Außer, Du machst einen Offenbarungseid." „Was ist denn das, ein Offenbarungseid?" „Du musst Deine finanzielle Lage offen legen. Alle Bankkonten und was Du sonst so an Werten besitzt. Wenn nichts zu holen ist, hast Du erst mal drei Jahre Ruhe." „Das kann ich nicht. Wenn ich das tun würde, würden sie mir ja den Lohn pfänden. Ich bezahle lieber jedem Gläubiger monatlich eine kleine Summe bis alle Schulden abgezahlt sind." „Gut. Dann werde ich mich darum kümmern und mit allen monatliche Raten vereinbaren. Wie viel könntest Du Renault monatlich zahlen?" „400 DM." „Ich werde Dir dann in ein paar Tagen mitteilen, wie viel Du den anderen monatlich zahlen musst. Ich werde die Raten so niedrig wie möglich halten." Als ich die Kanzlei verließ, hatte ich das Gefühl, dass ein Riesenbrocken von mir gefallen war. Ich konnte nach langer Zeit mal wieder eine Nacht durchschlafen. Nun kommt alles in die richtigen Bahnen!

Doch es dauerte nicht lange, da kam der nächste Hammer. Ein Einschreibebrief vom Finanzamt Gießen! Ich ahnte nichts Gutes! Als ich mich gesetzt hatte und den Inhalt las, wurde ich kreidebleich im Gesicht vor Schreck und Wut. Ich schuldete dem Finanzamt – Was? – Wieviel? 60.000 DM? Ich konnte es einfach nicht fassen! Gleich am nächsten Tag ging ich zu meinem Anwalt und übergab ihm den Brief. Er war genauso entsetzt. Wie konnte das nur passieren? Beim Finanzamt erfuhr er, dass mein sauberer Geschäftspartner in den vergangenen zwei Jahren überhaupt keine Steuern bezahlt hatte – weder Vorsteuer noch sonst etwas. Es war eine Katastrophe! Ich hätte nie gedacht, dass er so kriminell veranlagt war. Damals war er mit dem Rückenwind seiner Mutter bei mir eingestiegen. Ich hätte gern gewusst, wie sie dazu stand. Ich denke, sie wusste nichts von seinen Machenschaften. Sie wohnte wieder in

England. Und da ihr sauberer Herr Sohn die englische und die deutsche Staatsbürgerschaft hatte, konnte er sich immer wieder nach England absetzen. Da konnten noch nicht mal die Inkasso-Unternehmen an ihn heran. Ich hatte schlechte Karten.

Mein Anwalt machte monatliche Zahlungen von 200 DM mit dem Finanzamt Gießen aus. Das waren 300 Monate – 25 lange Jahre! Und dann noch meine Steuern beim Finanzamt Erfurt. In den ersten beiden Jahren in Thüringen hatte ich gar keine Einkommenssteuererklärung gemacht. Ich wusste auch nicht, wie. Ein Kollege half mir beim Ausfüllen. Da kam dann zusätzlich noch einiges zusammen. Nicht weniger als 5.000 DM Steuernachzahlung für die letzten zwei Jahre.

Mir wurde ganz schwindlig! Ich dachte: ‚Bridge, aus diesem Teufelskreis kommst du nie wieder heraus! But, I'm an American woman! Und die geben nicht so schnell auf! If you're down, there is always a new way up, there's sunshine!' Jetzt waren es insgesamt 165.000 DM, na toll! Das war schon lange kein Spaß mehr.

Ein neues Konto musste her. Ich fuhr nach Erfurt in die Sparkassenfiliale, die sich zu dieser Zeit im Hotel Kosmos befand. Ich hatte großen Bammel, dass ich kein Konto bekommen würde, weil ich doch bei der Schufa als hoch riskant eingestuft war. Bei der Kontoeröffnung saß ich einer sehr sympathischen Frau gegenüber. Ich spürte eine kleine Erleichterung, als ich sie sah. Sie machte auf mich gleich einen aufgeschlossenen und hilfsbereiten Eindruck. Ich erzählte ihr, wo bei mir der Schuh drückte. Irgendwie hatte ich das Gefühl, dass ich ihr vertrauen konnte. Doris wurde mein zweiter Engel! Sie half mir mit Rat und Tat und richtete für mich ein Girokonto ein. Von diesem Tag an konnten meine Gehälter auf das neue Konto überwiesen werden, und ich veranlasste die Abschlagszahlungen für die Gläubiger. Nun sollte es wieder bergauf gehen. Doris hat mich bis März 2009 begleitet. Dann ist sie in Rente gegangen, und manche der Daueraufträge an die Gläubiger liefen immer noch. Ich vermisse Doris jetzt, wenn ich zur Sparkasse gehe. Ich habe ihr viel zu verdanken. Danke, Doris, für alles, und bleibe so, wie du bist. Ich wünschte mir, dass die Banken mehr solche wundervollen Berater hätten.

Auf eine Empfehlung hin habe ich mich in Erfurt auch an eine Steuerberaterin gewandt. Und so trat ein dritter Engel in mein Leben! Marion, eine sehr engagierte Frau! Sie nahm meine Papiere entgegen und machte erst mal Ordnung in dem Chaos. Sie gab mir Ordner, in die ich die Honorarabrechnungen und alle Quittungen und wichtigen Belege heften musste. Marion erklärte mir, was ich abrechnen konnte und was nicht. Ich versuchte, alles so ordentlich vorzubereiten, dass sie möglichst wenig Arbeit damit hatte. In dem Ordner gab es nun Kuverts für Tankquittungen, Büroausgaben, Fachliteratur, Apotheke usw. Am Ende des Jahres macht Marion seitdem immer meine Steuererklärung, und ich muss vor dem Finanzamt keine Angst mehr haben.

All das hätte ich schon 1990 einleiten müssen, aber ich war wie gelähmt und konnte nicht einmal daran denken.

Es gab zu jener Zeit viele Veranstaltungen, an denen ich teilnahm. Sie behandelten die unterschiedlichsten Themen der aktuellen politischen Situation. In Schwarzhausen hatten wir eine sehr schöne Veranstaltung zu der Frage: ‚Bleibt für Frauen nur der Herd?' Ich wollte die Frauen wachrütteln. Auch in den Dörfern kann man viele Dinge tun, die das Gesicht der Welt verändern. Vor allem die vielen arbeitslosen Frauen auf dem Lande durften ihre Köpfe nicht in den Sand stecken, sondern sollten aktiv werden. Dafür stand meine Teilnahme an den Talkrunden. Nicht resignieren, Frauen! Nur wer etwas anpackt, kann auch etwas schaffen! Und wenn es erst nur kleine Schritte waren.

Bei manchen Veranstaltungen trat Gerd Krambehr auf. Er spielte Gitarre und sang dazu kritische Texte, was genial zu unseren Gesprächsthemen passte. Dann und wann habe ich ihn bei solchen Gelegenheiten mit meinen Bongos begleitet. Es war immer ein großes Vergnügen für mich. Schade, dass ich ihn aus den Augen verloren habe!

Im April 1992 wurde meine ehemalige Kursteilnehmerin Corinna Ortmann aus Winterstein einstimmig zur

Vorsitzenden des ASF im Landkreis Gotha gewählt. Ich war sehr stolz auf Corinna. Sie hatte es geschafft, sich auf einen Platz zu arbeiten, an dem sie einiges verändern konnte.

Im gleichen Jahr wurde ich zu einer Veranstaltung nach Schmalkalden eingeladen. Das Thema war: Thüringen braucht mehr starke Frauen. Frau Dr. Regine Hildebrandt, Arbeits- und Sozialministerin von Brandenburg sollte auch daran teilnehmen. Ich war wahnsinnig aufgeregt, dass ich diese tolle starke Frau kennen lernen würde. Sie war die Mutter Courage des Ostens! Eine wunderbare Frau mit unnachahmlichem Humor! Ihr Brandenburger Akzent war herrlich. Als ich in den großen Saal eintrat, wurde ich von oben bis unten gemustert. Zum Glück kannte ich Edda, die mich eingeladen hatte. Meine Anspannung löste sich, und später stellte sich auch noch heraus, dass Frauen aus meinen Lehrgängen anwesend waren. Wir saßen alle an einer Tafel in Hufeisenform. Auf den Tischen des Podiums standen Wasserflaschen, die anderen Tische waren nicht eingedeckt. Ich nahm Platz und wartete auf den spannenden Moment mit Regine Hildebrandt, da hörte ich Edda sagen: „Wir haben heute Abend einen Gast aus den USA bei uns, Bridge Vargo. Sie ist Dozentin und freiberuflich. Einige Frauen kennen Bridge schon aus ihrer Arbeit. Da Frau Hildebrandt ein wenig später eintreffen wird, möchte ich Bridge bitten, uns über ihre Erfahrungen zu berichten." Ich bekam fast einen Herzinfarkt. Ich hatte nichts vorbereitet. Was sollte ich denn nur erzählen? So kam es, dass ich im Podium landete. Ich setzte mich erst mal, sah das Wasser und sagte, noch bevor ich es richtig gedacht hatte: „Na, da habe ich ja Glück gehabt. Jetzt kriege ich sogar Wasser. Prost!" Damit war die Stimmung gerettet. Ich fing an über die Situation in den USA und meine Eindrücke in West- und Ostdeutschland zu reden, vor allem über die Lage der Frauen in der Arbeitswelt. Ich sprach ungefähr 15 Minuten, bis die Tür aufging und Regine Hildebrandt eintrat. Für eine Ministerin war sie sehr schlicht angezogen, was ich einfach toll fand. ‚Wenn sie eine Westministerin wäre, würde sie aufgetakelter erscheinen', dachte ich bei mir. Die Presse nannte sie den

‚Brandenburgischen Wirbelwind'. Regine nahm zu allen brisanten Fragen Stellung. Natürlich sprach sie auch zum Thema des §218. Da sich Regine Hildebrandt in Brandenburg für die kostenlose Abgabe der Pille stark machte, lag ihr diese Problematik sehr am Herzen. Sie lehnte auch eine Zwangsberatung vor der Abtreibung ab. Der Abend wurde sehr lang, und ich war beeindruckt von dieser Ost-Power-Frau. Es war ein großes Ereignis für mich, neben dieser tollen Persönlichkeit in einem Podium zu sitzen. Das werde ich nie vergessen.

Das nächste Mal traf ich Regine Hildebrandt bei einer SPD-Veranstaltung in der Nähe von Fulda. Diese bewunderungswürdige Frau wollte ich gern wieder hören. Rosemarie und ich fuhren hin. Auch hier mussten wir einige Zeit auf Regine warten. In dem großen Wirtshaus gab es Kaffee und Kuchen. Alle waren bestens versorgt. Trotzdem wurden die Leute im Saal ungeduldig. Die Menschen haben immer so wenig Zeit. Dabei kommt es meist nicht auf Minuten an. Das ist die deutsche Lebensart, die die Leute so zum Hetzen bringt. Nur wenige nehmen sich die Zeit, einfach mal auszuspannen. Dann trat Regine ein. Sie legte in einem Affentempo ihren Vortrag hin. Es war zugleich spannend und amüsant. Die anschließende Diskussion dauerte noch einmal eine Stunde. Im Unterschied zu der vorigen Veranstaltung gab es hier für die Podiumsredner keine Versorgung. Das war nicht zu fassen. Die Hauptrednerin, noch dazu eine Ministerin, bekam nicht einmal etwas zu trinken. Wir waren entrüstet darüber, dass die zuständigen SPD-Frauen Regine Hildebrandt so behandelten. Wir hatten das Gefühl, dass dabei die Kluft zwischen Ost und West eine Rolle spielte. Die Vorurteile von einigen Westfrauen waren nicht zu übersehen gewesen.

Neben meinen Kursen und dem Besuch von politischen Veranstaltungen in den Orten im Thüringer Wald brauchte ich unbedingt den Hauch einer größeren Stadt. Im Frauenzentrum in Erfurt lernte ich Birgit Adamek kennen. Sie ist eine sehr starke und engagierte Frau mit einer enormen Rhetorik und sehr resolut. Ich bewundere sie, wie sie sich mit Herz und Kompetenz für Frauen einsetzt. Das Frauenzentrum, damals in der Espachstraße, war ihr Baby. In diesem Zentrum wurden viele kulturelle Veranstaltungen durchgeführt, dafür war Ingeborg zuständig. Ich war ihr schon in der Erfurter Kunstausstellung begegnet. Sie liebt Kultur. Ich möchte fast sagen: Sie wurde für die Kultur geboren. Wir haben eine sehr enge Freundschaft gehabt, bis das Frauenzentrum in die Pergamentergasse umgezogen ist. Danach haben wir uns aus den Augen verloren.

Bei einem meiner zahllosen Besuche im Frauenzentrum gab es eine Veranstaltung zu Frauennetzwerken und dem Verband Berufstätiger Frauen in Deutschland (DVBF). Auch als Frau ist es wichtig, Kontakte zu haben und in Netzwerken zu agieren, so wie es die Männer bereits seit langen Zeiten machen. Niemand findet etwas dabei, dass sie sich beim Golfspielen oder auch zu Kartenabenden zusammenfinden. Also, Frauen, lasst uns die Erfahrungen der Männer nutzen und unsere eigenen Netze spinnen! Ich verstand die Idee, die dahinter steht, und war sofort Feuer und Flamme. In Erfurt trafen sich kurz darauf sieben Frauen. Wir gründeten den Club Erfurt im DVBF. Uns zur Seite standen Frauen aus den Clubs aus Aachen, Bremen und Göttingen. Ich konnte meine Erfahrungen aus Amerika und Gießen in die Arbeit des Clubs in Erfurt einbringen. Am Anfang stand natürlich das gegenseitige Kennenlernen: Ich war und bin begeistert von diesen Frauen, die Kompetenzen und Stärke in das gemeinsame Netzwerk einbringen. Unser kleiner Club Erfurt machte sich stark für das Motto: „Im Osten ist was los!" Im Oktober 1999 wurde der Deutsche Verband Berufstätiger Frauen in Business and Professional Women - BPW Germany umbenannt. Einmal im Monat treffen wir uns und laden interessante Referentinnen zu Diskussionen ein. Viele fruchtbare Kontakte und Freundschaften sind daraus schon entstanden.

Ende 1993 lernte ich Ute kennen. Ich erzählte ihr, dass ich gern in Erfurt wohnen und eine preiswerte Wohnung suchen würde. Ute sagte mir, dass ihre Tochter bald ausziehen und damit die Wohnung frei wird. Wahnsinn! Aber so ist es nun mal, je mehr man mit Leuten spricht, desto öfter eröffnen sich ungeahnte Dinge. Einige Tage später sah ich mir die Wohnung in der Brühler Straße an. Es ist ein sehr altes Haus, ein wenig heruntergekommen. Doch es hat so eine ganz bestimmte Aura. Die Wohnung war in der ersten Etage, 26 m² klein. Das Wohnzimmer hatte eine kleine Küche und war gerade mal 15 m² groß. Es gab weder Bad noch Dusche, dafür war das Klo eine halbe Treppe höher. Das zweite Zimmer 7,50 m². Mir war alles egal. Ich wollte unbedingt wieder in die Stadt und intensiver am Kulturleben teilnehmen. Ein halbes Jahr später konnte ich einziehen. Was für eine Erlösung! Ich hatte es bei Anni gut gehabt, aber mir fehlte die Kultur so sehr.

Frauenpower

1994 – Erfurt

Am 1. Juli 1994 bin ich von Schwarzhausen nach Erfurt umgezogen. Ich habe mich so glücklich gefühlt, wie lange nicht mehr. Endlich konnte ich aus der Einsamkeit des Dorfes herauskommen.

Als erstes musste ich mir Möbel kaufen und eine Dusche einbauen lassen. Ohne Dusche konnte ich nicht leben! Ute und ich teilten uns die Ausgaben dafür. Meine kleine Kücheneinrichtung baute ich selber. Der Raum ist nur 4,50 m lang und 1 ½ m breit, davon wurde die Dusche abgezwackt. Noch heute lebe ich in der inzwischen etwas erweiterten Wohnung und koche auf einem Camping-Elektrokocher mit zwei Kochplatten. Die ersten 9 Jahre in Erfurt lebte ich sehr beengt. Das war schon krass! Nach dieser Zeit ergab sich die Möglichkeit, meine Wohnung mit einem weiteren Zimmer zu verbinden. Diese Gelegenheit habe ich sofort ergriffen. Nun habe ich ein gemütliches Heim und fühle mich in dem kleinen charismatischen Haus endlich zuhause. Doch zurück zu 1994.

Abends war ich oft unterwegs. In Erfurt gab es neben der offiziellen Kulturlandschaft auch eine engagierte internationale Kultureinrichtung: das Europäische Kulturzentrum Thüringen (EKT) im Haus Dacheröden. Die Leitung bestand aus einem sehr kreativen Gespann: Jürgen Fischer und Claudia Ruschkowski. Die beiden hatten Ideen ohne Ende und organisierten faszinierende internationale Kulturtage. Fast jedes Jahr wurde ein anderes Land in allen seinen Kunstfacetten vorgestellt. Es gab Ausstellungen, Musikveranstaltungen, Lesungen, Diskussionen, Theater und dazu meist auch kulinarische Kostproben. Ich fand diese Veranstaltungen einfach genial. Sie erinnerten mich an meinen Ulenspiegel in Gießen.

Dann und wann schlug ich auch mal eine Veranstaltung vor. Auf diese Weise entstand eine Talkrunde mit Schülern aus Erfurt über die Situation in den Schulen der Stadt und andere Fragen. Es wurden dazu Politiker aus dem Stadtrat eingeladen. Die Vertreter von CDU und SPD mussten den Jugendlichen Rede und Antwort stehen.

Für die Veranstaltungen nutzte das Europäische Kulturzentrum viele Kulturstätten außerhalb des Hauses Dacheröden: Mal wurde im Kaisersaal gespielt oder diskutiert, dann wieder im Gewerkschaftshaus oder in einer Kirche. Die kulturinteressierten Bürger der Stadt hatten einen anspruchsvollen und interessanten Anlaufpunkt. International bekannte Künstler tauchten plötzlich in Erfurt auf, und ein Hauch der großen weiten Welt kam mit ihnen in unsere Provinz. Es war fantastisch. Theatergruppen aus der ganzen Welt führten ihre Stücke auf. Ralph Giordano, Lea Rosh und viele beliebte Autoren lasen aus ihren Büchern und diskutierten mit dem Publikum. Ich habe mich immer gern in solchen Gesprächen eingebracht und diskutierte intensiv mit.

Im Haus Dacheröden lernte ich auch Ulrike kennen. Sie arbeitete als Projektleiterin beim EKT und ist eine sehr interessante Frau. Sie spricht englisch und französisch und hatte in ihrem Leben immer mit Kulturprojekten zu tun. Wir fanden viele gemeinsame Themen, über die wir reden konnten. Nun hatte ich jemanden gefunden, mit dem ich französisch parlierte. Meine große Liebe zu Frankreich kommt immer wieder durch, wenn ich mit Ulrike spreche.

Neben meinen Unterrichten und Trainingskursen habe ich mich für unseren Business Club of Professional Women (BPW) aktiv eingesetzt. Besondere Höhepunkte sind in jedem Jahr die Frühjahrs- und Herbsttagungen des BPW Deutschland. Unsere erste Reise führte Gabi Schuh, Ingrid Theurich und mich nach München. Es war der helle Wahnsinn. Wir übernachteten in einem 4-Sterne-Hotel. Die westdeutschen Mitglieder waren fast alle sehr elegant angezogen und betrachteten uns, als wären wir Exoten. Wir waren damals die ersten aus dem Osten Deutschlands. Wir merkten bald, dass wir zu vielen Fragen ganz andere Meinungen hatten als die Teilnehmerinnen aus Westdeutschland. Kein Wunder! Unsere Erfahrungen sahen ganz anders aus, und auch die Gegenwart unterschied sich enorm. Und ich – als Amerikanerin – vertrat im Großen und Ganzen die ostdeutschen Standpunkte. Es wurde sehr viel an diesen zwei Tagen diskutiert und geredet, und es war gar nicht einfach, sich zu einigen. Diese Tagung war der erste kleine Schritt im Miteinander und sehr aufschlussreich.

Beeindruckend in mehrfacher Hinsicht war unsere Teilnahme an einer internationalen Konferenz, die in Wien stattfand. Es war ein erlebnisreiches Wochenende. Untergekommen waren Gabi und ich privat bei einer sehr rechts gerichteten Frau. Sie war so lange nett, bis sie erfuhr, dass wir aus Ostdeutschland kamen. Da ging eine heftige Diskussion und ein Gezeter los: „Die schlechten Kommunisten.....! In der Hitlerzeit war alles besser.....!" Es ging hoch her zwischen uns dreien. Sie war so vernagelt gegenüber allen Argumente, dass es höchste Eisenbahn wurde, aus dem Quartier zu verschwinden. Die Konferenz fand im Wiener Interconti statt – alles piekfein. Ich fühlte mich nicht sehr wohl in dieser Atmosphäre. Aus meiner Jugend kannte ich solche Galakulissen. Sie machten mich misstrauisch. ‚Wie sind die Menschen hinter dem Make-Up und den aufgesetzten Masken?' frage ich mich immer wieder. Ungefähr 700 Frauen aus aller Welt waren hier zusammen gekommen, um die Situation in ihren Heimatländern zu schildern und über Networking und Frauenkompetenz zu reden. Die Berichte über die verschiedenen Länder waren faszinierend. Es gab sehr bodenständige und interessante Beiträge aus Afrika, Griechenland, Italien, Frankreich und dem Osten Europas. In einem Raum des Hotels waren große Stellwände aufgestellt, an die jede Frau ihre Visitenkarte heften konnte. Vor diesen Informationstafeln standen immer wieder Gruppen von Frauen und diskutierten die Möglichkeiten, international tätig zu werden und Netzwerke zu gründen. Es war ein reges Sprachgewirr. Und mittendrin fand mich Elena aus Pskov in Russland. Sie hatte Interesse an unterschiedlichen Seminarthemen, und wir vereinbarten eine Zusammenarbeit zu den

Themen Frauensexualität und Kinder-Stehgreiftheater. Ich war mir im Klaren darüber, dass das ein Experiment werden würde: Frauensexualität in Russland. Doch Abenteuer haben mich immer gereizt, und so zog ich einige Zeit später los, um mit russischen Frauen über Sexualität zu sprechen.

Der Club München schenkte Gabi und mir eine Kutschfahrt durch Wien. Am Stephansdom startete die Besichtigungstour. Wir hatten einen sehr schönen Tag mit viel Sonne. Perfekt! Der Kutscher erklärte uns die Stadt, ihre Geschichte, die Kultur, die Gebäude. Eine halbe Stunde lang haben wir diese Fahrt genossen. Plötzlich nahm sie ein jähes Ende. Der Kutschweg führte uns durch das ehemalige Judenviertel. „Hier, das war das Judenviertel. Gott sei Dank sind die Judenschweine jetzt alle weg." Ich dachte, mich verhört zu haben. Doch seine Kommentare gingen weiter in die rechte Ecke. Wir wussten erst gar nicht, was wir sagen sollten, so empört waren wir beide. Doch dann kam es in mir hoch: Hitler kam aus Österreich, und die braune Soße saß hier bei manchen immer noch fest im Sattel. „Kutscher, anhalten!", sagte ich scharf. „Wir steigen aus!" Empört kletterten wir aus dem Kremser. Der Schock musste erst einmal verarbeitet werden. Im nächsten Café hatten Gabi und ich Gelegenheit bei einem Kännchen Kaffee und einem riesigen Stück Sachertorte dieses Erlebnis zu verdauen und auszudiskutieren. Unsere Nerven benötigten dringend kalorienreiche Nahrung. Den Abschluss des Tages bildete eine Abendveranstaltung mit Programm, Essen und natürlich vielen Gesprächen. Ich nutzte rege die Möglichkeit, mich mit vielen Teilnehmerinnen zu unterhalten. Wir versprachen, miteinander in Kontakt zu bleiben, doch es wurde nichts daraus. Nach ein paar Emails hin und her schliefen die Kontakte ein. Schade!

Nur mit Elena aus Pskov blieb der Kontakt bestehen. Ich wurde tatsächlich dorthin eingeladen, um ein Seminar über Frauensexualität zu leiten. Ein Jahr nach unserem Wien-Erlebnis, im Juli 1995, durfte ich am Unabhängigen Institut zur Psychologischen Untersuchung von Frauenproblemen diese

Veranstaltung durchführen. Einerseits war ich glücklich über dieses Angebot, andererseits ging mir auch ganz schön die Muffe. Wie sollte das gehen: Ich diskutiere mit Frauen aus dieser für mich fremden Kulturlandschaft in Englisch, das nicht ihre Muttersprache ist, über so intime Dinge? Ich machte mir viele Gedanken über diesen Kurs. Neben den inhaltlichen Problemen gab es noch organisatorische Hürden zu meistern. Erst sehr spät erhielt ich die schriftliche Einladung, die ich auf dem russischen Konsulat in Leipzig vorweisen musste, damit man mir ein Visum ausstellte. Mit etwas wackligen Beinen machte ich mich auf nach Leipzig. Mir war ganz komisch zumute, als ich das Konsulatsgebäude betrat. Jetzt gehst du zu russischen Behörden, sagte ich mir immer wieder, das hättest du nie gedacht. Der Beamte für die Bearbeitung der Visaanträge war sehr höflich aber bestimmt. Er fragte: „Warum fahren Sie nach Pskov? Was wollen Sie dort?" Ich kramte meine Einladung hervor und erklärte ihm, dass ich es als Ehre betrachten würde, als Amerikanerin Russland, seine Kultur und seine Frauen kennen lernen zu können. Ich versuchte so charmant zu sein, wie ich nur konnte. „Freitag in einer Woche können Sie das Visum hier abholen!" „Oh, spasiba und doswidanja!" Er blickte erstaunt auf. Nach einer Woche stand ich wieder im Konsulat, und eine Stunde später hielt ich mein Visum in Händen.

Ich sollte mit der russischen Fluggesellschaft Aeroflot von Berlin Schönefeld nach Sankt Petersburg fliegen. Einige Menschen nutzen diese Gesellschaft nur ungern, weil sie veraltete Maschinen einsetzen soll. Nun ja, dachte ich, wenn meine Zeit kommt, diese Welt zu verlassen, dann ist es eben so. Aber ich hatte schon in den 80er Jahren meine speziellen Erlebnisse mit dieser Fluggesellschaft, und mir war damals nichts passiert. Also, was sollte es! Der Tag der Abreise kam, und ich war sehr aufgeregt. Es ging um 4:30 Uhr mit dem Zug in Erfurt los, um 10 Uhr startete die Maschine, die nur für 120 Personen bestimmt war. In den großen Jumbo-Jets hatte ich keine Angst. Sie wackelten nicht so hin und her wie ein Karussell, aber diese kleine Maschine…? Ich versuchte, mich abzulenken.

Es gab kein Zurück mehr. Die Sitzreihen boten keinen Komfort. Ich hatte eine Heidenangst vor dem Start, schnallte mich an und hielt mich krampfhaft an den Armlehnen meines Sitzes fest. Nach dem Start hoch oben in den Wolken konnte ich mich endlich wieder entspannen. Die Stewardess brachte uns Tee und Wodka. Während des Fluges kam ich mit dem jungen Russen neben mir ins Gespräch. Er konnte sehr gut Englisch, und ich fragte ihn, ob er mir nicht einige russische Wörter beibringen könnte, dann würde die Zeit schneller vergehen. Und ich schrieb auf, was ich hörte: Wo ist der Bahnhof? – Gdje Woksal paschalsta? Und so weiter.

Der Flughafen Pulkovo liegt etwa 14 Kilometer südlich von St. Petersburg. Nach der weichen Landung war ich stolz auf mich, dass ich diesen Flug ohne allzu große Angst überstanden und nebenher noch einige Russischvokabeln gelernt hatte. Es ging ziemlich schnell durch die Passkontrolle und den Zoll. Elena stand schon ganz aufgeregt da und erwartete mich. Als wir uns sahen, gab es ein großes Hallo. Alle um mich herum sprachen Russisch, und ich verstand kein Wort. Das war mir noch nie so gegangen. Naja, ein paar Wörter hatte ich schon drauf. Doch ich glaube kaum, dass ich mich ohne große Umwege durchgeschlagen hätte, weil ich auch die Buchstaben nicht lesen konnte. So war ich sehr dankbar, dass Elena mich abholte. Wir nahmen ein Taxi zum Bahnhof. Unser Zug fuhr erst drei Stunden später. Ich musste meine Ungeduld zügeln. In den folgenden zwei Wochen habe ich versucht, meinen Rhythmus an die russische Mentalität anzupassen. Dadurch bin ich etlichem Stress aus dem Weg gegangen. Endlich rollte der Zug ein. In Russland fahren die Züge mit einer anderen Spurbreite als in Westeuropa. Die Lok und die Wagen kamen mir riesig vor. Als wir einstiegen, war ich überrascht, dass der Gang mit einem sehr schönen Läufer ausgelegt war. Es gab Gardinen an den Fenstern. Die Abteile hatten gepolsterte Bänke, die man auch als Betten nutzen konnte. Über den Sitzbänken gab es zusätzlich zwei Schlafgelegenheiten. In jedem Wagen gab es eine Begleiterin, die sich um die Fahrgäste kümmerte. Am Anfang waren wir zu viert im Abteil, doch es dauerte nicht lange, da setzten sich andere Fahrgäste zu uns. Sie hatten einen riesigen Proviantkorb mit Essen und Wodka dabei. Einer trug eine Gitarre. Als der Zug anfuhr, wurden die Türen fest verschlossen. Ich bekam Panik, weil ich dachte: Wenn wir jetzt einen Unfall haben, kommt kein Mensch aus dem Wagen heraus. Es dauerte eine Weile, bis ich mich beruhigt hatte. Ich trank mir Mut an – mit Tee, denn den bekamen wir in ausreichender Menge. Der Zug wackelte so heftig, dass es schwierig war, den Tee zu trinken. Meist landete mehr neben meinem Mund als darin. Doch bald wurde es gemütlich in unserem Abteil. Alles, was zu essen und zu trinken im Abteil aufzutreiben war, wurde herumgereicht: Knoblauchwurst, Käse, Brot und natürlich Wodka. Ich verzichtete, denn ich hatte schlechte Erfahrungen mit Wodka gemacht in meiner New Yorker Zeit – damals in den 60er Jahren. Nie wieder Wodka! Der Gitarrist spielte Heimatlieder, und alle sangen dazu. Ich war hin und weg. Was für fantastische Stimmen die Russen haben! Das war meine erste russische Party. In einem fahrenden Zug!

Für die 195 Kilometer nach Pskov brauchten wir 6 Stunden. Es war Mitternacht russischer Zeit, als wir ankamen. Zu den langen Fahrzeiten kamen noch zwei Stunden Zeitverschiebung hinzu. Ich war todmüde. Wir wurden am Bahnhof in Pskov abgeholt, und 10 Minuten später waren wir am Ziel. Das Haus, in dem Elena wohnte, sah ein wenig heruntergekommen aus. In der Wohnung gab es keinen Komfort. Die Bewohner hatten wenig Geld und konnten sich nicht viel leisten. Ich bekam das Bett von Elenas jüngstem Sohn. Pjotr, der Jüngere, schlief über mir im Doppelstockbett. Ich war Elena sehr dankbar, dass ich bei ihr und ihrer Familie wohnen durfte. So war ich direkt in eine Familie integriert und konnte das normale Leben besser kennen lernen. Elena hatte einen Ehemann und zwei Söhne. Der ältere Sohn ging zur Armee, und Pjotr, mit dem ich mir das Zimmer teilte, war so ungefähr 10 Jahre alt.

An dem Abend saßen wir noch ein wenig in der Küche, bevor wir schlafen gingen. Ich fragte Elena, was für Teilnehmer ich am nächsten Morgen treffen würde. Sie erklärte mir, dass sie alle Diplompsychologen wären. Ich wäre vor Schreck fast umgefallen. Das waren doch Fachleute. Und ich sollte ihnen was zu Frauensexualität erzählen? Ich? Darauf war ich nicht gefasst gewesen. „Bridge, das wird schon. Mach Dir keine Sorgen!" sagte Elena. Was sollte ich mich auch verrückt machen. Heute war ich total geschafft, und morgen war morgen. Ich atmete tief durch und schlief ein. Mitten in der Nacht wachte ich auf. Draußen war es hell. Ich hatte vorher noch nie von den weißen Nächten gehört, in denen die Sonne nicht unterzugehen scheint. Das war sehr ungewohnt für mich. Ich brauchte eine ganze Weile, um wieder einzuschlafen. Als ich am Morgen erwachte, blickte ich in zwei wunderschöne blaue Augen, direkt vor mir. Es war Pjotr, der mich zum ersten Mal sah und begrüßte. Ich blinzelte ihn an, er lächelte zurück. Er war ein fixer kleiner Kerl mit einem strahlenden Lachen und immer sehr freundlich. Wir konnten uns nur sehr schwer verständigen. Zwar versuchte er es am Anfang mit Russisch, aber meine paar Brocken taugten nicht zu einem Gespräch. Da er kein Englisch sprach, blieb uns nur die Gebärdensprache. Handzeichen, die wir uns ausdachten!

Wir saßen zu dritt am Frühstückstisch. Der Ehemann war schon zur Arbeit unterwegs. Pjotr reichte mir ein großes Glas mit einer gelben Flüssigkeit und machte dazu die Geste für Trinken, verdrehte vergnügt die Augen und rieb sich dabei mit der rechten Hand den Bauch. Okay – ich sollte das Trinken, und es würde gut schmecken. Naja! Mein Geruchssinn sagte mit etwas anderes. Ich fragte Elena, die mir erklärte, dass das eine Pilzkultur wäre, die sehr gesund sei. Ich roch noch einmal daran, und konnte es wirklich nicht trinken. Ich weiß, dass es unhöflich ist, als Gast etwas abzulehnen, aber ich glaube, es war besser so. Mein empfindlicher Magen hätte es mir unter Umständen übelgenommen. Das wollte ich nicht riskieren. Wir mussten los. Um 9 Uhr fing das Seminar an. Ich war sehr aufgeregt und versuchte, über Atemtechnikübungen Beruhigung zu finden. Tief ein- und ausatmen, Bridge, alles wird gut! Wir betraten den Raum, und zehn erwartungsvolle Gesichter wendeten sich uns zu. Sie waren zwischen 25 und 35 Jahre alt. Es konnte losgehen. Elena übersetzte. Sie war eine hervorragende Übersetzerin. Obwohl es oft um Themen ging, die nicht so leicht zu verdauen waren, hat sie tapfer mitgemacht. Frauensexualität in Russland – ein weites Feld! Ich habe sehr viel erfahren in diesem außergewöhnlichen Seminar. Frauen in Russland sind sehr auf Männer bezogen. Ich meine damit: Sie sind sexuell von ihren Männern abhängig. Sie arbeiten zwar genauso hart wie Männer und sind doch zu kleinen lieben Mädchen, Ehefrauen und Müttern und zur Hausarbeit erzogen. Als ich auf meinen Spaziergängen durch Pskov Eindrücke sammelte, sah ich viele Männer Wodka trinken. Sie standen am Straßenrand, schlugen sich die Zeit um die Ohren, nippten an ihren Flaschen, während die Frauen Schwerstarbeit leistete. Überall blühte die Prostitution, vor allem in den Hotels.

Das erlebte ich, als ich das zweite Mal nach Pskov kam. Da übernachtete ich in einem Hotel für 25 DM die Nacht. Dafür musste ich mir eine Erlaubnis von der Polizei geben lassen, weil alle Ausländer das Doppelte des Preises für Einheimische bezahlen mussten. Mit diesem Schein in der Tasche, den Elena mir besorgte, blieb mir das erspart. Als ich abends zum Essen ging und allein am Tisch saß, servierte mir der Kellner vier Bier. Ich hatte kein einziges bestellt. Als Erklärung nickte der Kellner in Richtung eines anderen Tisches, an dem vier Russen saßen und erklärte mir auf Englisch: „Diese Herren haben Ihnen das ausgegeben!" „Tut mir leid, Sie können die Flaschen wieder zurückbringen. Ich trinke sie nicht. Ich habe sie nicht darum gebeten." Was hatten die Vier sich nur gedacht? Hatten sie sich schon eine tolle Sexnacht ausgemalt? Pech gehabt! Ja, ja – die Gleichberechtigung!

Doch zurück zu meinem Seminar! Ich hatte es als eine Art Selbsterfahrung angelegt und wollte mit meinen Teilnehmerinnen über ihr eigenes Leben sprechen. Ich beobachtete ihre Gesichter sehr genau, als sie sich vorstellten und darüber sprachen, weshalb sie sich zu diesem Seminar angemeldet hatten. Ich hatte das Gefühl, sie wussten nicht so richtig, was auf sie zukam. Und ich war mir auch unsicher, wie sie auf mein Seminar reagieren würden. Immerhin sollte es ja um sehr intime Dinge gehen: Selbstbefriedigung, Orgasmus, G-Punkt, eigene Wünsche. Wir hatten uns ganz schön was vorgenommen.

Am Abend war Elena total kaputt. Es fiel ihr selbst nicht leicht, über ihre eigenen Wünsche zu sprechen, und nun hatte sie den ganzen Tag die Wünsche anderer Frauen in eine Fremdsprache zu übersetzen. In den nächsten Tagen kamen viele Probleme auf. – Wie soll ich mit meinem Mann umgehen, wenn ich nicht befriedigt bin? – Wir haben in der Familie nie über Sex gesprochen! – Selbstbefriedigung - ein Tabu! – Ich dachte als Jugendliche, dass man durch Küssen Kinder bekommen kann! – Ich bin noch nie zum Orgasmus gekommen! – Wo ist der G-Punkt? – Was muss ich machen, damit ich mich selbst befriedigen kann? – Für mich ist Sex meist ein Muss! – Ich habe mich immer als Unterlegene gefühlt! – Sind Sex und Liebe das Gleiche? – Das waren nur einige Fragen und Unklarheiten meiner Teilnehmerinnen. Wir haben eine Woche an diesen Themen gearbeitet. Ich hatte das Gefühl, dass diesen Frauen ein ganz neues Licht aufging. Die Zeit rannte uns davon. Also fragte ich die Teilnehmerinnen, ob sie auch am Samstag zu einem Kurs kommen würden. Und obwohl einige Verpflichtungen zuhause hatten, saßen sie alle da und arbeiteten mit mir. Ich war überglücklich. Es zeigte mir, dass mein Seminar wichtig war. Ich habe viel von den Frauen gelernt. An einem Tag kam auch ein Fernsehteam, und abends wurde über das Seminar berichtet. Bevor ich abflog, bekam ich eine Kopie des Nachrichtenbeitrags mit.

Fast jeden Abend wurde ich von einer anderen Teilnehmerin zum Essen eingeladen. Meist gab es das Nationalgericht, Pelmeny, mit Hackfleisch gefüllte Teigtaschen, und sehr, sehr lecker! Die russische Gastfreundschaft ist ja weltberühmt, und ich kann da nur einstimmen. Es wurde fantastisches Essen und immer sehr viel zu trinken aufgetischt, meist war auch eine Gitarre mit dabei, die zur Begleitung gespielt wurde. Sie sangen wie die Heidelerchen. Ich fühlte mich unendlich wohl. Ich werde diese Zeit nie vergessen. Elena zeigte mir auch ihre

Stadt – Pskov – und die Sehenswürdigkeiten der Gegend mit großem Stolz.

Ich war sehr beeindruckt vom Mönchskloster Petschory mit acht Kirchen, der Kathedrale, den wundertätigen Quellen und den Höhlen. Es ist ein Wallfahrtsort für tausende Pilger. Keiner, der in diese Gegend kommt, sollte den Besuch dieses Klosters verpassen. Obwohl ich nicht religiös bin, ist mir dieser Besuch unvergesslich.

Im Seminar hatten wir immer viel Spaß. Nachmittags wurde der berühmte Samowar mit Wasser angestellt. Es gab russisches Gebäck und viele Tassen guten heißen Tees. Der durfte auf gar keinen Fall fehlen.

Wenn wir mit dem Wagen durch Pskov fuhren, traute ich meinen Augen kaum. Die Busse in der Stadt waren von einem methusalemischen Alter. Vollbesetzt mit Menschen fuhren sie in Schieflage durch die Stadt. Beängstigend!

In der zweiten Woche beschäftigte mich ein anderes Thema: Kinderstehgreiftheater. Diesmal waren die Teilnehmer Lehrer aus unterschiedlichen Schulen. Wir sprachen über Kindererziehung, die Rolle des Lehrers, die Beziehungen zwischen Lehrer und Eltern und Problemlösungen. Wir arbeiteten an Stressbewältigung und analysierten aktuelle Erziehungsprobleme. Dann versuchten wir, mit freiem Theaterspielen einen Weg zur Problembehandlung zu finden. Damit sollten die Kinder zu Offenheit und Selbstvertrauen ermutigt werden. Zum Abschluss, am Wochenende, spielten Lehrer und Kinder zusammen Stehgreiftheater. Es war wunderbar, eine tolle Erfahrung! Der Erfolg war großartig! Radio Pskov brachte eine Sendung über unser Seminar.

Da diese Kurse immer erst nachmittags stattfanden, nahm mich früh Elena mit in die Uni. Ich lernte eine kleine Gruppe Studenten kennen. Alle sprachen sehr gut Englisch, hatten viele Fragen an mich und wollten alles über die USA erfahren. Auch die Lehrkräfte setzten sich dazu, und es war schnell ein herzlicher Kontakt entstanden. Wir haben über das Bildungssystem diskutiert. Für mich war es beeindruckend, wie viel die Studenten bereits wussten und konnten. Das russische

Bildungssystem und dessen Vorgänger – das sowjetische – hatten gute Arbeit geleistet. Die jungen Leute wollten wirklich intensiv lernen und hatten erstaunlich gute Kenntnisse von den USA, der Sprache und dem Land. Ich fühlte mich sehr wohl unter diesen jungen Studenten. Da merkte ich mal wieder, dass irgendwo in mir noch ein Kind schlummert. Immer wieder kommt es, dass ich bei meinem Anblick und der Analyse meines Verhaltens denke: ‚Bridge, wirst du jemals eine erwachsene Frau?' Mit meinen 74 Jahren gehe ich immer noch gern in eine Disko und mache auch sonst viel Blödsinn. Von gesetztem Alter kann da nicht die Rede sein.

Elena und ich verabredeten, dass ich später zusammen mit Maria-Anna aus Eisenach noch einmal nach Pskov kommen sollte. Elena wollte Kontakte zu deutschen Schülern aufbauen. Vielleicht gab es eine Möglichkeit, einen Schüleraustausch zu organisieren. Ich war begeistert. Darum wollte ich mich sofort kümmern, wenn ich wieder zurück war. Am nächsten Tag um 14 Uhr ging mein Flug von Sankt Petersburg zurück nach Frankfurt.

An der Landstraße nach dorthin standen ältere Frauen mit Eimern. Sie wollten ganz offensichtlich etwas verkaufen. Bei näherem Hinsehen war es rohes Fleisch, so wie man es in einem Metzgerladen bekommt. Wahrscheinlich war das für diese Frauen die einzige Möglichkeit, an etwas Geld zu kommen. Auch das war ein Teil Russlands! Fleisch zu kaufen, das den ganzen Tag in einem Eimer ohne Kühlung neben einer vielbefahrenen Straße mitten in den Abgasen gestanden hatte, das konnte ich mir für mich nicht vorstellen.

In St. Petersburg angekommen, luden wir unser Gepäck bei Elenas Freundin ab, die am Newski Prospekt wohnte. Nach dem Mittagessen fuhren wir in die Stadt, und die beiden Frauen zeigten mir die offiziellen Sehenswürdigkeiten, aber auch ein paar Hinterhöfe und Schmuddelstellen, die kein Tourist sehen soll. Ich war überwältigt von dieser wunderschönen Großstadt mit ihrem barocken Zentrum.

Das beeindruckendste Bauwerk war für mich die Eremitage, eines der größten und bedeutendsten Kunstmuseen der

Welt, zu der auch das Winterpalais gehört. Vor diesem Komplex befindet sich der riesige Palastplatz mit der Alexandersäule – einfach gigantisch. Wenn man auf diesem Platz steht und die Augen schließt, kann man mit etwas Fantasie die Kutschengeräusche und das Pferdegetrappel, wenn die Großen der russischen und Weltgeschichte hier eingetroffen sind, oder auch die Schreie und Schüsse während der russischen Revolution unter Lenins Führung hören. Hier gewinnt man einen Eindruck von Geschichte.

Als ich da auf dem Platz vor dem Winterpalais stand, liefen vor meinem geistigen Auge die Bilder ab, die ich in Verfilmungen über diese Zeit gesehen hatte. Ich stand direkt am Ort des Geschehens! Mir liefen Schauer den Rücken hinunter! Wie viele Menschen sind auf diesem Platz während der Oktoberrevolution erschossen worden?

Sankt Petersburg ist eine überwältigende Stadt. Natürlich haben wir das übliche Touristenprogramm mit Peter-und-Paul-Festung, der prächtigen Auferstehungskirche mit ihren Zwiebeltürmchen, den vergoldeten Türmen der Admiralität, dem Denkmal von Peter dem Großen absolviert. Puschkin, der große russische Dichter, ist überall präsent. Wir besichtigten das Theater, und danach ging es unterirdisch weiter. Es ist sicher kein Geheimtipp mehr, dass man in Sankt Petersburg unbedingt mit der Metro fahren sollte. Sie ist die tiefste der Welt, teilweise bis zu 100 Meter unter der Erdoberfläche. Ich habe in meinem Leben noch nie solch wunderschöne Architektur in einer U-Bahn gesehen, obwohl ich schon in vielen Städten Europas mit der Metro gefahren bin: in London, Paris, Madrid oder Berlin. Da ich keine kyrillischen Schriftzeichen lesen kann, wusste ich nie, wo ich war. Zum Glück aber hatte ich Zählen gelernt, und es musste für den Rückweg genau die gleiche Anzahl an Stationen sein, wie für den Hinweg.

Großstädte haben neben einer touristischen Seite natürlich auch immer ihre Schmuddelecken und hässlichen Gegenden. Da ich mit Einheimischen unterwegs war, hatte ich die Möglichkeit, auch hinter die Fassaden zu schauen. Sankt

Petersburg hat sehr viele Hinterhöfe. Viele sehen erbärmlich aus. Sie sind voller Mülltonnen und Dingen, die niemand mehr gebrauchen kann. Viele obdachlose Katzen und Katzenkindern streunen durch die Gegend. Oft werden sie von den Bewohnern gefüttert. Mir kamen meine Kindheitserlebnisse in den Kopf, und ich fragte nach Ratten. Natürlich, nachts, massenhaft! Lautete die Antwort. Es gab abseits der Touristenwege viel Armut: Straßenkinder, Obdachlose, Bettler. Solche Bilder kenne ich auch aus vielen anderen Großstädten.

Ich hatte ein Erlebnis vor dem Denkmal Alexander des Großen. Eine kleine alte Frau – sie muss so um die 80 Jahre gewesen sein – sah mich intensiv mit ihren großen traurigen Augen an. Sie hielt in jeder Hand einen kleinen verschrumpelten Apfel, den sie mir verkaufen wollte. Ihre abgearbeiteten Hände zitterten, als sie mir die Äpfel immer und immer wieder hinhielt. Es tat mir in der Seele weh, in welchem Zustand diese arme Frau war. Ihre Augen schauten so lieb und bittend in mein Gesicht. Ich hatte nur einen Zehnmarkschein. Elena tauschte das Geld um und übergab ihr einen Teil davon. Vor lauter Dankbarkeit fing sie zu weinen an. Ich werde dieses Bild nie vergessen. Es hat sich mir tief eingeprägt.

Mir fiel auch auf, dass in manchen Straßenzügen Frauen Kleidungsstücke zum Kauf anboten, was offiziell verboten war. Ich hatte das Gefühl, dass die Polizei ein Auge zudrückte, und sie gewähren ließ. Schockierend fand ich allerdings, dass Wachposten mit Maschinengewehren vor fast jedem Kaufhaus standen. Standen sie dort wegen Ladendieben? Oder aus welchem Grund? Ich weiß es nicht.

Am Nachmittag trafen wir russische BPW-Frauen, um Erfahrungen auszutauschen. Ich wurde herzlich aufgenommen und konnte mit einigen Unternehmerinnen sprechen. Frauen haben es schwer in der russischen Männerwelt, sind aber selbstbewusst und wissen, was sie wollen. Sie werden sich durchsetzen, dachte ich mir. Abends gingen Elena und ich in einen Jazzclub. Das hatte ich mir zur Angewohnheit gemacht: Überall auf der Welt besuchte ich einen Jazzclub, wenn dafür der Zeitrahmen reichte. Hier war es ein riesiger Club mit

150 oder 200 Besuchern. Der Swing riss mich wieder einmal mit. Nach den anstrengenden Tagen in den vergangenen zwei Wochen war das eine herrliche Entspannung. Die Bigband spielte hauptsächlich bekannten Swing. Wir blieben bis gegen 2 Uhr. Doch dann war ich knülle, nichts ging mehr. Als ich endlich in meinem Bett lag, konnte ich nicht einschlafen. Die vielen Bilder des Tages reisten in meinem Kopf hin und her. Diese tolle Stadt mit ihrer Geschichte und der faszinierenden Architektur, daneben die Erlebnisse mit Armen und Bettlern und zum Abschluss der Jazz. Ein paar Stunden hatte ich dann doch geschlafen, bevor der Wecker klingelte und mich daran erinnerte, dass es heute zurück nach Erfurt ging. Das lebhafte Frühstück ist mir noch in Erinnerung. Ich bedankte mich bei meinen Gastgebern und schilderte ihnen meine ganz besonderen Eindrücke: „Als Amerikanerin hatte ich feste Vorurteile, zu Beginn meiner Reise. Und obwohl ich schon 1985 die Sowjetunion besucht hatte, war es für mich doch wieder ein Kulturschock. Damals waren es Moskau, Baku, Jerewan und Tiflis, die mich tief beeindruckt haben. Diesmal also Sankt Petersburg! Was für eine Stadt! Das übertrifft alles, was ich je gesehen habe. Man hat uns immer eingetrichtert, dass man Russland am besten meiden sollte, nicht nur wegen des Kommunismus. Ich bin ein ganz normaler Mensch und liebe es, einfache Menschen kennen zu lernen, mir ein Bild zu machen über das tägliche Leben. Da glaube ich den Politikern überhaupt nichts mehr." Wir versprachen, uns nicht aus den Augen zu verlieren. Demnächst sollte es eine Wiederholung geben. Am nächsten Tag mussten wir zum Flughafen aufbrechen. Der Abschied fiel mir schwer. Uns standen Tränen in den Augen. Lange Abschiedszeremonien kann ich nicht ausstehen, und so war ich froh, als ich endlich in der Maschine nach Frankfurt saß.

In Erfurt brauchte ich einige Tage, um alles zu verdauen. Das war hier eine ganz andere Welt, und auch die Menschen unterschieden sich sehr. Als die Fotos fertig waren, konnte ich alles noch einmal erleben.

Mein Leben danach lief wie immer: im Stau stehen, arbeiten, einkaufen und Kultur. Ich hatte eine neue Aufgabe begonnen: die Arbeit in Kindergärten. Den Kleinen in einer spielerischen Form Englisch beizubringen, machte mir ausgesprochen Spaß. Meine kleine Hexe, eine Handpuppe, die den Kindern die neuen Wörter erklärte und mit ihnen spielte, kam gut an. Die Kleinen waren so witzig, wie sie auf alles reagierten und mit ihren großen Augen staunend mitspielten. Es war eine wunderbare Zeit mit viel Lachen. Leider dauerte sie nur ein Jahr. In meinem Leben bin ich ständig zwischen unterschiedlichsten Aufgaben hin und her gesprungen. Rein in die Kartoffeln, raus aus den Kartoffeln! Und eins ist mir dabei total klar geworden: Kopf in den Sand stecken, bringt gar nichts. Wenn man 20 Dinge versucht, wird etwas davon gelingen. Garantiert! Dort, wo sich eine Tür schließt, öffnet sich eine andere. Man muss es nur sehen und annehmen. Mit ein wenig Neugier und Courage ist das zu meistern.

Danach gingen die intensiven Englischkurse mit Erwachsenen los. Also gut – Englisch für Erwachsene! Die Menschen in Ostdeutschland hatten hauptsächlich Russisch gelernt. Nach der Wende war es schwierig geworden, ohne Englischkenntnisse einen neuen Job zu finden. Es wurden viele Sprachkurse vom Arbeitsamt angeboten, deren Ziel es war, dass sich die Teilnehmer nach sechs Wochen verständigen konnten, auch am Telefon. Ich erarbeitete mir ein Lehrprogramm, und los ging es.

In allen meinen Englischkursen waren die Leute gehemmt. Am Anfang traute sich niemand, etwas zu sagen. Alle hatten Angst, sich zu blamieren. Das ist eine weit verbreitete Furcht der Menschen hier: ‚Wenn ich nun einen Fehler mache? Was wird der Nachbar dazu sagen? Habe ich mich auch richtig verhalten? Oh, Gott, was denken die anderen jetzt von mir?' Es ist, als ob diese Gespenster vor jedem Satz befragt werden, und jeder dann lieber schweigt, als sich ungeschickt oder fehlerhaft zu äußern. Aber, wenn man Sprechen nicht übt, kann es einfach nichts bringen. Es dauerte bei jedem neuen Kurs Wochen, bis sich wenigstens ein paar Teilnehmer aus der Deckung trauten. Immer wieder betonte ich in meinem Unterricht, dass doch jeder für sich und nicht für den Nachbarn lerne. Aber es war sehr schwierig, eine ganze Truppe zu Selbstversuchen zu überzeugen. Ein halber Tag mindestens ging immer dafür drauf, den Teilnehmern Mut zu machen und eine Motivation für sie zu finden, den Unterricht aktiv mitzubegleiten. Sie waren alle vom Arbeitsamt dazu verdonnert worden, an diesem Lehrgang teilzunehmen. Viele hatten schon früher Kurse besucht, die, ihrer Einschätzung nach, total nutzlos gewesen waren: EDV, Buchhaltung, Altenpflege, Floristik und so weiter. Für einige war der Englischkurs auch nur eine Auffrischung. Viele hatten keinen Bock mehr auf diese sinnlosen Stunden. Doch wenn sie einen Kurs ablehnten, bekamen sie weniger Geld. Die meisten hatten einfach keine Wahl, kamen und setzen sich hin.

In diesem Zusammenhang möchte ich die Geschichte eines Mannes, Mitte 50, erwähnen. Gleich von der ersten Stunde an, motzte er sich durch den Unterricht: „Was soll ich eigentlich hier? Ich brauche Englisch überhaupt nicht. Ich krieg sowieso keine Stelle mehr in meinem Alter!..." „Okay! Wenn Sie sich nicht für unseren Unterricht interessieren, dann setzen Sie sich in die Ecke, lesen Zeitung oder machen irgendetwas anderes. Falls Sie irgendwann mal Lust bekommen sollten, sich doch zu beteiligen, dann würde mich das sehr freuen. Vielleicht hilft es Ihnen ja doch, junger Mann. Man kann nie wissen, was auf einen zukommt. Erst wenn Sie tot sind, gibt es keine Aussicht auf Arbeit mehr!" Ein paar Tage später fing er jedoch an, im Unterricht mitzuarbeiten. Es sah fast aus, als ob er daran Spaß finden würde. Wir machten viele Rollenspiel, hatten reichlich zu lachen und auf einmal zeigte er, dass er recht gut Englisch konnte. Die Zeit verging schnell! Nach den sechs Wochen waren die Teilnehmer richtig gut geworden. Mein Rebell wurde zu einem Bewerbungsgespräch in einer amerikanischen Firma für Keramikbauteile nach Coburg eingeladen. Das erste, was man ihn fragte, war: „Do you speak English?" Mit ruhigem Gewissen konnte er über unseren sechswöchigen Kurs berichten und das Vorstellungsgespräch in der Fremdsprache zu Ende bringen. Dann wurde ihm mitgeteilt, dass er ideal zu der Stelle passen würde. Die einzige Hürde wäre noch der Trainingsaufenthalt in Kalifornien, den er demnächst wahrnehmen müsste. Er sollte ein halbes Jahr dauern. Als mein Teilnehmer am nächsten Morgen in den Unterricht kam, war er total aufgeregt. Er stürzte auf mich zu, berichtete über das Gespräch und fragte nach meiner Meinung. Natürlich machte ich ihm Mut: „He, that's great. Da wird Deine Frau wohl mal ohne Dich auskommen müssen. Ihr seid schon so lange verheiratet. Diese sechs Monate werden wohl kein Hindernis für Eure Ehe sein. Man kann ja schließlich auch telefonieren. Das ist die Chance Deines Lebens. Ergreif sie!" Er drückte mich und verschwand. Da hatte der große Skeptiker und Pessimist mit seinen vielen Lebensjahren einen wahnsinnigen Neuanfang geboten bekommen. Er wurde eingestellt. Toll! Ab und zu gab es solche Erfolgserlebnisse. Aber leider viel zu selten.

Maria-Anna hatte mit Freude meine Erzählungen und Pläne mit den russischen Partnern aufgenommen. Wir bekamen eine Einladung vom Bildungsministerium und beantragten in Leipzig die Visa für unseren Besuch in Pskov zur Vorbereitung eines Schüleraustauschs. Eine Woche später hielten wir die Papiere in Händen und flogen nach Sankt Petersburg. Von dort ging es mit dem Auto nach Pskov. Für Maria-Anna war alles komplett neu, und sie war sehr gespannt. Diesmal wurden wir auf Einladung des Ministeriums in einem Hotel untergebracht. Elena war wieder unsere perfekte Gastgeberin. Gleich am ersten Tag fuhren wir ins Bildungsministerium und trafen die entscheidenden Leute, die gemeinsam mit Elena für den Austausch zuständig sein würden. Drei Stunden Diskussion standen auf dem Programm, und Elena übersetzte alles mit Bravour. Doch zu einem Konsens sind wir nicht gekommen, da die finanziellen Mittel nicht ausreichend zur Verfügung standen. Die Schule von Maria-Anna war auch nicht in der Lage, so etwas zu finanzieren. Wir verblieben so, dass wir in Kontakt bleiben wollten, um in Zukunft bei besserer finanzieller Ausgangssituation das Vorhaben voranzutreiben.

Trotzdem hatten wir eine schöne Woche in Pskov. Schon von meinem ersten Besuch kannte ich ein kleines Restaurant, das mir gut gefallen hatte. Dorthin gingen wir Drei. Als wir ankamen, trauten wir unseren Augen kaum. Es war gerade Anlieferungszeit, und wir staunten nicht schlecht, als wir sahen, dass das Fleisch auf einem Kohlenwagen angeliefert wurde – ohne Kühlung oder Verpackung. Damit hatte die gute Fleischsuppe in diesem Restaurant ihren Reiz für mich verloren. Gut, dass ich das nicht bei meinem ersten Besuch gesehen hatte!

Auf dem Rückweg von Pskov nach Sankt Petersburg mit einem Auto mussten wir unbedingt anhalten, da wir eine Toilette brauchten. Als wir endlich eine gefunden hatten, stellte sie sich als primitives Holzklo heraus, eine Art Plumpsklo. Ich wurde an meine Kindertage in Frankreich erinnert, als ich nach meinem abenteuerlichen Flug in der Jauchegrube gelandet war. Dieses Bild vor Augen fing ich an zu lachen. Aber jetzt war mir gar nicht wohl bei der Benutzung des Etablissements. Es war so dreckig, dass ich mich nicht traute, mich hinzusetzen und musste aus einer Höhe von einem halben Meter nach dem Loch zielen. Das war vielleicht ein Drahtseilakt! Als ich heraus kam, lag eine tote Maus vor meinen Füßen. Mir wurde ganz anders. Maria und Elena lachten sich halbtot, als sie mich so bleich und geschockt zurückkommen sahen.

Während der Autofahrt sahen wir wieder die Frauen mit ihren Eimern mit Fleisch am Straßenrand sitzen.

In Sankt Petersburg wurden wir von einer Kosmetikfirma zu einem Rundgang eingeladen, die von einer tüchtigen Geschäftsfrau geleitet wurde und in einem eleganten und üppigen Park lag. Das war das Kontrastprogramm zu meiner Toilettenerfahrung vor nur wenigen Stunden. Wir waren alle drei sehr überrascht von dieser Pracht. Die Chefin versucht, uns etwas zu verkaufen, aber Maria-Anna interessierte sich nicht dafür. Und ich? Mich sprachen Kosmetik, Schminke und Lippenstift nur an, wenn ich sie beim Theaterspielen einsetzen konnte. Ich benutze selbst keine Schönheitsfarben. Ich war, bin und bleibe ein Naturmensch.

Dann hatte Elena für uns noch einen Termin bei einer Nachrichtenagentur gemacht, die auch von einer Frau geleitet wurde. Nach einem interessanten Gespräch über die russische Nachrichtenwelt war unser Programm beendet.

Die Frauen, die ich in Russland kennen gelernt hatte, waren starke Powerfrauen mit einem sehr großen Selbstbewusstsein. Sie kämpften sich durch. Ich empfand alle Achtung vor ihnen.
Als wir wieder in Eisenach waren und ich meine Kurse in der Firma von Maria-Anna fortsetzte, konnte ich meinen Lehrgangsteilnehmerinnen sagen, dass die russischen Frauen genauso viel durchmachten wie sie hier, in Ostdeutschland. Nur war die Umstellung in Russland unvergleichlich schwieriger und hatte auch später begonnen. Ostdeutschland hatte den starken Westen als Helfer an der Seite, wenn man das so bezeichnen darf. Russland war auf sich allein gestellt, und zimperlich sind sie dort nicht, wenn etwas schief geht.

Eine der Großtaten des BPW Clubs Erfurt war die Vorbereitung, Organisation und Durchführung der internationalen Polizistinnenkonferenz in Bad Langensalza. Das Thema war Gewalt in der Familie. Ich telefonierte in ganz Europa herum, um Kommissarinnen anzuwerben. Sie kamen aus Russland, Polen, Holland, Frankreich, Österreich, England und Deutschland. Das Thema Gewalt in der Familie ist ja auf der ganzen Welt präsent. Doch die Herangehensweise an die Lösung solcher Konflikte ist unterschiedlich, und der Erfahrungsaustausch ein wertvolle Quelle für neue Ideen in der eigenen Region. Ich war den ganzen Tag über eingespannt mit Dolmetschen Englisch/Französisch/Deutsch. Abends schwirrte mir alles durchs Hirn – ein einziges großes Stimmen- und Sprachengewirr. Ich war total erledigt. Aber nicht nur mir erging es so. Unsere kleine Truppe hatte ihre ganze Kraft gegeben für den Erfolg der Konferenz. Wieder mal ein Beweis dafür, dass Teamwork wahre Wunder vollbringen kann, wenn alle zuverlässig arbeiten. Dieses Engagement der Frauen im Club Erfurt ist es, was ich schätze – klein aber oho!.

1999 waren Vertreterinnen des BPW Poznan für eine Woche in Erfurt, um die Arbeit der Landesfrauenbeauftragten und des Landesfrauenrates kennen zu lernen. Wir trafen uns zu inspirierenden Gesprächen mit ihnen.

Maria-Anna stellte einen Geschäftsführer ein, der viele Dinge selbständig regeln konnte, damit sie freie Hand für andere Aufgaben bekam. Ich wurde von ihm in ein neues Projekt gesteckt. Ich sollte für Kursteilnehmer Praktikantenstellen suchen, und sie während des Praktikums dort betreuen. Für mich war das okay. Ich fuhr nun also jeden Tag im Umkreis von 40 Kilometern um Eisenach herum in die Betriebe, um Praktikumstellen zu finden. Ich machte Halt in Blumenläden, Kantinen, Krankenhäusern und verschiedenen kleineren und größeren Betrieben. In der Zeit, in der die Teilnehmer dort arbeiteten, betreute ich sie weiter, redete mit ihren Vorgesetzten und hörte mir ihre Sorgen, Nöte und auch ihre Freude an. Ich hatte wieder mit sehr vielen unterschiedlichen Menschen zu tun. Das machte mir großen Spaß, und ich lernte viel für mich.

Um die langen Fahrten zu vermeiden hatte ich mir ein kleines Zimmer in Eisenach gesucht. Es war billiger, diese Unterkunft zu bezahlen, als jeden Tag hin und her zu reisen. Freitags fuhr ich immer zurück nach Erfurt. Hier bin ich zu vielen Diskussionen und Veranstaltungen in die kleine Synagoge gegangen. Ich habe mich oft an den Streitgesprächen beteiligt und begann meine Beiträge immer mit der Einleitung: „Ich bin Amerikanerin und habe eine Frage." Das hatte den Vorteil, dass sich niemand über meine Bemerkungen aufregte. Auf dieser Grundlage konnte ich meine Meinung zu Israel und den Juden einbringen, ohne sofort als Antisemit abgestempelt zu werden. Ich habe nun einmal eine unvoreingenommene Einstellung Juden gegenüber. Es sind Menschen, wie alle anderen auch und haben nicht weniger und nicht mehr Rechte als der Rest der Welt. Aber das darf man in Deutschland nicht sagen – als Deutscher. Als Amerikanerin kann ich sie so sehen.

Im Frauenzentrum veränderte sich die Atmosphäre, seitdem eine neue Managerin das Kommando führte. Es wurde ein strengeres Regime eingeführt, und die Frauen, mit denen ich mich gern unterhalten hatte, saßen jetzt in Büros in der ersten Etage, und hatten nur noch geringe Freiräume. Auch wechselte die Belegschaft häufig. Meist waren es nur Stellen als Arbeitsbeschaffungsmaßnahme (ABM) für ein halbes oder ganzes Jahr. Dann kam die Ablösung. Die Zeit für intensive Kontakte und Vertrauen war nicht mehr gegeben. Natürlich waren die Frauen sehr zuvorkommend und aufgeschlossen. Aber kaum hatte ich mich an eine gewöhnt und ihr vertraut, war schon wieder eine Neue da. Trotzdem habe ich mich immer wieder eingebracht in das Programm des Frauenzentrums: Fotoausstellung, Peter und der Wolf (mit Kindern), Diskussionsabende zum Thema: ‚Wie gehen Frauen mit Frauen in einer lesbischen Beziehung um?'. Meine Congas kamen zum Einsatz und natürlich war ich bei vielen Ost-West-Diskussionen dabei.

Im Hintergrund vollzogen sich in der Bildungsstätte in Eisenach Veränderungen, die auch im zwischenmenschlichen Tonfall ihren Ausdruck fanden. Bald fühlte ich mich von dem neuen Geschäftsführer gemobbt und versuchte, mit ihm zu reden. Es ging nicht! Ich meine: Es kam nicht wirklich etwas dabei heraus. Auch andere Dozenten wurden von ihm schlecht gemacht, nur bei mir kam er damit nicht durch. Ich wehrte mich, sagte meine Meinung dazu. Es kam so weit, dass sich schon auf dem morgendlichen Arbeitsweg mein Magen verkrampfte. Das konnte so nicht weitergehen. Ich hatte die Nase gestrichen voll. Also wandte ich mich an Maria-Anna, um ihr mitzuteilen, dass der Neue keine gute Rolle in ihrem Unternehmen spielte. Doch sie war davon überzeugt, dass er der Richtige auf diesem Posten war. Irgendwann hielt ich es nicht mehr aus, dass er immer an mir herumnörgelte und meine Arbeit schlecht machte. Ich suchte noch einmal das Gespräch mit Maria-Anna. Doch als sie weiter an ihrem Geschäftsführer festhielt, verließ ich die Schule. Ich war ganz sicher, dass ich gute Arbeit geleistet hatte, und es keinen Grund dafür gab, dass er mich mies machte. Obwohl ich darüber enttäuscht war, dass sie nicht zu mir stand, was mir sehr weh getan hatte, ging der Kontakt zu Maria-Anna dadurch zum Glück nicht verloren. Sie ist eine tolle Power-Frau, und ich bewundere sie für ihren Elan und ihren Kampfgeist. Das muss erst mal jemand nachmachen, ein solches Unternehmen aufzubauen. Ich bin ihr sehr dankbar, denn ich weiß nicht, was aus meinem Schuldenberg geworden wäre, hätte sie mir nicht mit ihren Aufträgen dazu verholfen, gutes Geld zu verdienen.

Nach meinem Abgang aus Eisenach bekam ich von vielen Bildungsstätten in ganz Thüringen Aufträge als Kommunikationstrainerin für Englisch und Französisch.

Privat waren meine Beziehungen immer wieder zu Bruch gegangen. So auch in dieser Zeit 1999-2000. Ich war zu wenig für meine Freundin da, weil ich die ganze Woche über auf Achse war. Wenn ich mit ihr eine Diskussion hatte, und wir nicht auf den gleichen Nenner kamen, hörte ich immer wieder: „Das ist doch typisch amerikanisch!" Auf meine Nachfrage, ob es eine Definition dafür gäbe, wurde sie still oder unfair. Ich bekam diesen Satz oft zu hören. Das machte keinen Spaß. Wir trennten uns. Aber wenigstens blieb mir das Auto treu. Es war meine feste Beziehung, egal bei welchem Wetter. 12 Jahre habe ich es gefahren mit 186.000 Kilometern auf dem Tacho.

1999 und danach – immer wieder Polen

Mitte 1999 beschloss ich, Polen zu besuchen. Einmal in den 90er Jahren hatte ich zwar mit meiner Gießener Freundin Regina Danzig besucht, aber während der 4-tägigen Reise über Weihnachten konnten wir uns keinen Eindruck von Polen verschaffen. Ich war damals beeindruckt gewesen von der wunderschönen Stadt. Es wurde viel renoviert. Wir hatten eine Rundfahrt in die Polnische Schweiz gemacht, und schon war die Reise wieder vorüber gewesen. Es wurde nun für mich Zeit, unser Nachbarland anzuschauen und mehr über Land und Leute zu erfahren.

Im BPW Club Hannover gab es private Kontakte zu polnischen Familien. Auf Empfehlung aus Hannover rief ich in Krakau an und erzählte, dass ich vorhatte nach Krakau zu kommen und eine preiswerte Unterkunft suchen würde. Mit Zela, so hieß meine Gesprächspartnerin, konnte ich mich auf französisch verständigen. Sie war Psychotherapeutin und versprach mir, mich bei der Quartiersuche zu unterstützen. Ihr Mann würde mich vom Bahnhof in Krakau abholen, so die Verabredung. Meine Pläne wurden immer konkreter, und ich beschloss nach mehr als 50 Jahren mein Versprechen einzulösen, das ich damals dem jüdischen Jungen in Frankreich gegeben hatte, einen Film über Auschwitz zu drehen und ihn später an Schulen zu zeigen.

Am 2. November 1999 fuhr ich mit dem Nachtzug nach Krakau. Als ich endlich nach 14-stündiger Fahrt aus dem Zug aussteigen konnte, war ich gerädert. Wie versprochen, stand ein sehr liebenswürdiger Mann auf dem Bahnsteig, der mir entgegenkam und mich höflich auf Englisch fragte: „Sind Sie Bridge Vargo? Ich bin Jack. Willkommen in Krakau!" Jack war Zela's Ehemann. Es wurde mir schnell klar, dass ich mit dieser Familie zweisprachig sprechen musste: Französisch mit Zela und Englisch mit Jack.

In der Wohnung der beiden wurde ich sehr herzlich aufgenommen. Wir kamen schnell ins Gespräch und verstanden uns von Anfang an hervorragend. Die Zeit verging wie im Flug. Ich erfuhr, dass ihre Tochter, Grazyna, in Paris an der Sorbonne studierte. Es wurde immer später, bis ich schließlich fragte, in welchem Hotel ich untergebracht sein würde. Zela und Jack sahen mich an: „Bridge, Du bist natürlich unser Gast! Wir geben dir das Zimmer von Grazyna. Du kannst die zehn Tage bei uns bleiben. Wir würden uns sehr freuen." Ich war sprachlos. Dann dachte ich, dass es für alle besser so sei. Ich hätte familiäre Kontakte und lernte so die polnische Mentalität besser kennen, und für sie wäre es auch nicht verkehrt, wenn ich ihnen das Geld für das Hotel geben würde. Das konnten sie bestimmt gebrauchen. Was für ein tolles Angebot! So wurden wir sehr gute Freunde. Später lernte ich auch noch den Rest der Familie kennen, den Sohn, Bartek, ein angehender Frauenarzt, seine Frau Leila, ihre Tochter Suscha und die drei Yorkis. Sie züchteten diese Hunde.

Am folgenden Tag zeigte mir Zela Krakau. Es war ein wunderschöner Tag mit viel Sonnenschein. Wir fuhren ins Zentrum der Stadt auf den großen Markt Rynek Główny. Ich war hin und weg von dieser schönen Architektur, den unendlich vielen Tauben, die über unsere Köpfe flogen oder sich auf die Hände setzten, um Futter zu bekommen. Dieser Hauptmarkt ist der Treffpunkt für Künstler, Touristen und Einheimische. Es gibt unzählige Cafés, in denen sich die Touristen drängen. Jedes Jahr gibt es Veranstaltungen und Festivals auf dem großen Platz. Im November wurden Weihnachtskrippen zur Schau gestellt. Die Tuchhalle in der Mitte des Marktes mit den vielen kleinen Souvenirbuden und die Marienkirche sind immer Attraktionen für Touristenbesuche. Diese Kirche ist das Wahrzeichen von Krakau. Ich habe selten eine so schöne Basilika gesehen. Hauptattraktion ist der beeindruckende Veit-Stoss-Hochaltar. Im Nordturm befindet sich auf etwa 54 m Höhe die Bläserstube. Seit dem 14. Jahrhundert läutet ein Feuerwehrmann zu jeder Stunde die Glocke von Hand und spielt das Krakauer Trompetensignal in alle vier Himmelsrichtungen. Es bricht mitten im Spiel ab und soll damit an den Tatarensturm im 13. Jahrhundert erinnern, bei dem der damalige Trompeter während des Spiels von einem Tatarenpfeil getötet wurde.

Wir warteten bis zur vollen Stunde und sahen und hörten mit Hunderten von Touristen dem Spektakel zu. Ich mittendrin! Als wir in die Kathedrale gingen, wurde sie gerade renoviert. Kein Wunder, denn selbst das Renovieren zog sich über etliche Jahre hin. Was musste die Errichtung der Kirche erst für ein Jahrhundertwerk gewesen sein!

An diesem ersten Tag war ich todmüde vom Laufen. Es war alles so überwältigend, so toll, dass ich mal wieder ein paar Stunden brauchte, um die ganzen Eindrücke zu verarbeiten. Zela erzählte mir so viel von ihrer Stadt, dass ich gefüttert war mit Informationen.

In den nächsten Tagen fuhren mich Jack und Zela in die hypermodernen Supermärkte, die meist von Franzosen entworfen worden waren. Das waren nicht einfach nur Einkaufspassagen, sondern eben auch kleine Kunstausstellungen. Auf diese Weise bekamen die Künstler Gelegenheit und Orte, an denen sie ihre Kunst präsentieren konnten. Manche Zentren hatten 24 Stunden geöffnet. Ich muss gestehen, dass ich mir manchmal vorkam wie in den USA. In dieser Hinsicht ist Polen Deutschland ganz schön voraus. Ich konnte nur staunen. Die Polen sind sehr fleißige Menschen und Macher! Die Unis sind voll, viele studieren im Ausland und sprechen englisch und französisch. Ich habe das Gefühl, dass sich Deutschland eine Scheibe vom polnischen Bildungssystem abschneiden kann.

Ich habe auch einige Freunde von Jack und Zela kennen gelernt und sehr viel über die Menschen in Polen erfahren. Als erstes, dass die Polen wunderbar offene und sehr gebildete Menschen sind. Ganz im Gegensatz zu den Vorurteilen, die immer noch in einigen deutschen Köpfen herumgeistern und besagen, dass die Polen Autodiebe und dumm und dreckig seien. Was für eine Arroganz! Da kann ich nur sagen: ‚Fasst euch mal an die eigene Nase!' Jedes Land hat seine negativen und positiven Seiten, egal, in welchem Teil der Welt. Ich bin überzeugt, dass es genügend Deutsche gibt, die genauso negativ herüberkommen, wie die Klischees über die Polen.

Schnell verging die Zeit, und es waren plötzlich nur noch fünf Tage übrig. Einen Tag wollte ich im jüdischen Viertel Kazimierz zubringen und am nächsten Tag nach Auschwitz fahren. Ich hatte so viel von Kriegsverbrechen in meinem Leben gehört und gelesen, viele Filme und Dokumentationen über Treblinka, Auschwitz, Birkenau und andere Vernichtungslager gesehen, dass mir ganz seltsam wurde, als ich nun diese Orte besuchte. Also verabschiedete ich mich von meinen Gastgebern und ging an diesem Tag zurück in die Geschichte, die sich 1940-41-42 in diesem Stadtteil Krakaus abspielte.[4]

Ich nahm meine Kamera und fuhr zum Zentrum von Kazimierz, der Breiten Straße. Bereits beim ersten Umschauen fühlte ich mich in eine andere Zeit zurückversetzt. An der grauen Kopfsteinpflasterstraße standen ziemlich alte Häuser, die nicht gut in Schuss waren. Überall blätterten Putz und Farbe ab, und viele Gebäude sahen sehr feucht aus. Auf einer Seite des Platzes befindet sich die Remuh Synagoge mit ihrem Friedhof. Diese Synagoge wurde von Rabbi Moses Isserles zwischen 1525 und 1572 gebaut. Zur gleichen Zeit entstand der Friedhof, auf dem der Rabbi auch zur Ruhe gebettet wurde. In der Besatzungszeit wurde der Friedhof als Müllkippe benutzt, bis er dann nach dem Krieg wieder in seinem originalen Zustand hergestellt wurde. Viele Juden aus der ganzen Welt besuchen das Grab jedes Jahr und legen Steine darauf, wie es die jüdische Tradition zur Erinnerung an die Wüste, in der es keine Blumen gibt vorsieht. Dichtgedrängt stehen die alten verwitterten Steine. Auf vielen Grabsteinen haben Besucher statt Blumen ihre Steine abgelegt. Es herrschte eine unheimliche Atmosphäre, und ich kann kaum beschreiben, welche Gefühle durch meinen Körper liefen, als ich diesen Ort besuchte. Die Synagoge ist besonders im Inneren sehr eindrucksvoll. Ich hielt mich mindestens eine halbe Stunde dort auf und drehte mit meiner kleinen Kamera ein paar Einstellungen. Immer wieder gingen mir Fragen durch den Kopf: Was müssen die Menschen, die hier begraben sind, alles durchgemacht haben? Dafür reicht die Phantasie kaum aus!

Gegenüber der Synagoge liegt das Restaurant ‚Ariel und Alef', in dem es koschere Küche gibt. Ich hatte in New York oft in jüdischen Delikatessenläden Pastrami (sehr zartes geräuchertes Rindfleisch) mit Kümmelbrot und Weißkrautsalat gegessen, und finde, dass jüdisches Essen vorzüglich schmeckt. Und so ging ich hinein, schaute mich um, aß und trank etwas und hörte der Klezmermusik zu.

Am anderen Ende des Platzes steht an der Szroka 24 die alte Synagoge, die um 1500 herum gebaut wurde. Heute ist darin das historische Museum der jüdischen Geschichte und Kultur untergebracht. Hier ist mir aufgefallen, dass in den jüdischen Einrichtungen, Läden und Kaffees nur Christen arbeiten, was ich sehr bedauerlich und auch bedrückend finde.

Es gibt einen Marktplatz mitten in Kazimierz, der sehr lebendig ist. Gemüse, Fleisch und Obst, alles gibt es zu kaufen. Den Marktplatz begrenzen Wohnhäuser, die vier bis fünf Stockwerke hoch sind. Oben auf den Dächern lauern die vielen Tauben am Ende des Tages auf die Reste des Marktgeschehens. An der Ecke des Marktplatzes liegt das Jüdische Informationszentrum. Hier kann man alles über die Geschichte des Stadtviertels erfahren. Im Untergeschoss gibt es eine Verkaufsabteilung, die neben Literatur über das Judentum auch einheimische jüdische Kunst, Bilder, Skulpturen und vieles andere anbietet. Ein Besuch lohnt sich!

Mein Rundgang führte mich durch die kleinen Gassen und Hinterhöfe im Viertel. Was für merkwürdige Emotionen überkamen mich da! Als ich in diesen Hinterhöfen stand, hatte ich das Gefühl, von den Menschen, die einst hier ihr Leben hatten lassen müssen, beobachtet zu werden. Ich konnte im wahrsten Sinne des Wortes ihren Atem in meinem Nacken spüren. Sie standen da und beobachteten mich, wollten wissen, was ich bei ihnen suche. Meine Fantasie ging regelrecht mit mir durch! Es war mir, als würde ich von Phantomen umgeben sein. Ich machte die Augen zu und lauschte.

Ich besichtigte auch die Überreste des Ghettos auf der anderen Seite der Weichsel in Podgorze. Das Eingangstor, Reste der Mauern, die Ghetto-Apotheke und die alte Fabrik von Oskar Schindler habe ich gesehen und gefilmt. In der Apotheke hängen viele Bilder und Fotos aus dieser schlimmsten Zeit der Gegend. Beim Betrachten der Fotos spielten sich in meinem Kopf wieder unglaubliche Szenen ab: Trampeln, Schreie, Gezerre, Weinen, dazwischen Schüsse – mein Kopf war voller Eindrücke. Ich hatte das nie erlebt und trotzdem sah ich in meiner Vorstellung Dinge, die mich schockierten. Doch höchstwahrscheinlich reicht meine Vorstellungskraft nicht, um die realen Gräueltaten auch nur annähernd zu treffen. Ich versuchte, alles mit der Kamera für meinen Film festzuhalten.

Als ich wieder zurück bei meinen Gastgebern war, stand ich noch unter den Eindrücken des Tages. Ich war sehr deprimiert und wollte nicht über meine Erlebnisse sprechen. Ich musste erst einmal selbst mit allem fertig werden. Außerdem war es eine delikate Sache. Ich wollte mich nicht auf Diskussionen einlassen, weil ich nicht wusste, wie meine Freunde über diese schrecklichen Ereignisse dachten. Und so berichtete ich nur kurz über meine Besichtigung von Kazimierz. Als ich abends im Bett lag, kamen die Bilder des Tages wieder zurück. Es dauerte eine ganze Weile, bis ich einschlafen konnte.

Am nächsten Tag musste ich früh aus dem Bett, da ich nach Auschwitz[5] fahren wollte. Es war ein kalter nebliger Tag und passte so richtig zu meinen Eindrücken von gestern. Ich trug diese Bilder immer noch in mir, als mich Jack bei der Bushaltestelle absetzte. Er wünschte mir noch einen guten Tag und fuhr seiner Wege. Würde es ‚ein guter' werden? Darüber war ich mir nicht sicher, nachdem was ich am Tag zuvor erlebt hatte.

Mit mir stiegen noch eine Handvoll Touristen in den Bus. Nach ungefähr einer Stunde Busfahrt durch Nebel, Wind und Kälte erreichten wir das 50 Kilometer entfernte Oświęcim und hielten direkt vor dem Haupttor des Lagers. Es wehte ein eisiger Wind. Gleich hinter dem Tor mit der Aufschrift „Arbeit macht frei!" sah ich ein großes Foto, dass die Musikkapelle des Konzentrationslagers zeigt. Immer, wenn neue Gefangene durch dieses Tor geführt wurden, mussten die Musiker, die auch Insassen des Lagers waren, spielen. Eine makabre Vorstellung!

Auf dem Gelände wuchsen hohe Bäume. Die Gebäude vermittelten den Eindruck einer Militärkaserne, rote Backsteinbauten in Reih und Glied, befestigte Wege und Straßen, und alles schnurgerade. Das eigentliche Lager war mit mehreren Reihen Stacheldrahtzaun von den Häusern, in denen die Wachposten wohnten, abgegrenzt. Halt – Stoj – stand an jedem Zaun. Alles wirkte sehr bedrohlich und einschüchternd.

Was sich hinter diesen Zäunen abspielte, war unbeschreiblich. Ich habe mir diese ganzen Schrecken im Museum angeschaut: die Schlafställe mit ihren Pritschen, die Folterkammern, eine nachgebaute Gaskammer, die sogenannten Duschräume und das, was von den armen Opfern übrig geblieben war: Berge von Brillen, Koffern, Schuhen und Haaren. Es waren viele Dokumentaraufnahmen an den Wänden: die ankommenden Züge mit ihren ausgemergelten Insassen, die von anderen KZ-Häftlingen herausgeholt wurden. Frauen, Männer und Kinder auf ihrem Weg in die Gaskammern und immer bewacht, gestoßen und erniedrigt von anderen Menschen. Was hat die nur zu solchen Bestien gemacht? Ich stand an der schwarzen Mauer des Todes im Hof, wo so viele erschossen worden waren. Und dann war da dieses Bild, von dem Jungen, der den Betrachter mit seinen riesigen Augen ängstlich anstarrte. Ich musste eine Weile vor diesem Foto stehen bleiben und versuchte, mich in seine aussichtslose Lage hinein zu versetzen. Mir schossen Tränen in die Augen. Und einen Moment später sah ich mich als 11-jährige vor meinem Freund stehen, und er zeigte mir seine Tätowierung am Arm. Ein Schauer lief mir den Rücken hinunter. Er hätte genauso den Weg in die Gaskammer gehen können! Mein junger Spielkamerad war in diesem Moment ganz nah bei mir! Ich hörte mich noch einmal sagen: „Mit den dreckigen Jidden spiel' ich nicht!" Ich bin meiner Mutter sehr dankbar, dass sie mir damals die Ohrfeige verpasste für diese Äußerung.

Wie konnten ‚kultivierte' Menschen, die selber eine Familie und Kinder zuhause hatten, sonntags in die Kirche gingen und zu Jesus (der übrigens ein Jude war!) beteten, ein paar Minuten später die brutalsten Verbrechen verüben? Sie alle wohnten, zum Teil mit ihren Familien in unmittelbarer Nähe des Lagers, kamen abends nachhause, umarmten ihre Kinder, als ob nichts passiert wäre! Was waren das für kranke Menschen? Und nach all dem konnten so viele von diesen Verbrechern nach Südamerika oder sonst wohin untertauchen oder sogar im entnazifizierten Deutschland unentdeckt arbeiten und leben.

Ich hatte Glück und konnte mich mit der damaligen Direktorin der Gedenkstätte unterhalten. Einen kleinen Ausschnitt des Gesprächs habe ich mit in den Film aufgenommen.

So gegen 13 Uhr nahm ich den Bus nach Birkenau, einem Außenlager von Auschwitz. Als ich den Bus verließ, blies mir ein scharfer Wind entgegen. Ich hatte Mühe, mich auf den Beinen zu halten. Die ganze Gegend war verschneit und durch den heftigen Wind gab es viele Schneeverwehungen. Ich lief auf das Lager zu, stolperte und brauchte eine ganze Weile, bis ich wieder festen Stand hatte. Erst da bemerkte ich, dass ich auf den Zugschienen zur Lagereinfahrt gelaufen war. Ich hob meinen Kopf gegen den Wind, und mir schauderte. Direkt vor mir befand sich das Lagertor, das ich schon auf Hunderten von Fotos gesehen hatte. Doch jetzt hier zu stehen, das war ein ganz anderes grauenvolles Gefühl. Ich sah bildlich vor mir die Züge in das Lager rollen, vollgestopft mit Menschen, die in den Tod fuhren. Und in mir entstand der Gedanke: ‚Stell' dir vor Bridge, die ganzen Kriegsjahre über, in denen du mit Mutter auf den Bahnsteigen die vorbeirollenden Züge angeschaut hast und immer gesagt wurde, das ist Kriegsmaterial, wenn in denen nun kein Material sondern Menschen wie Schlachtvieh transportiert worden waren!' Noch nach so vielen Jahren konnte ich die Vorstellung kaum ertragen. Wie furchtbar!

Ich nahm an einer Führung teil. Vom Turm aus hatte man einen guten Überblick über das gesamte Lagergelände. Hinten rechts in einem Waldstück waren die Trümmer der Gaskammern. Direkt vor uns: eine Baracke nach der anderen, aufgereiht zu beiden Seiten, in der Mitte der Appellplatz. Ich stellte mir das alles an so einem Tag wie heute vor: Eisiger Wind, Schneesturm und alle Lagerhäftlinge mussten auf dem Platz stillstehen, bis die Zählung abgeschlossen war. In ihrer dünnen Sträflingskleidung hatten die armen Menschen dort in der Kälte gestanden, bei einem Wind, der wie ein scharfes Messer gegen die Körper klirrte. Es war unvorstellbar. Ich hatte heute einen Parker an, der bis zu 30 °C unter Null isolierte, und trotzdem war mir eiskalt, als wir vom Turm herunterkamen. Ich war emotional fix und fertig und bin nicht mehr in die Baracken gegangen. Nach ein paar Kameraaufnahmen ging ich zum Bus. Ich war froh, diesen Ort verlassen zu können, und brauchte Ruhe, um diese Erlebnisse zu verdauen. Gegen 17 Uhr war ich wieder bei meinen Gastgebern. Am Abend versuchte ich, mich mit Fernsehen abzulenken, sonst wäre ich durchgedreht. Es wurde ein sehr ruhiger Abend. Zela fragte mich nur kurz, wie mein Tag verlaufen wäre, und als meine Antwort sehr knapp ausfiel, konnte sie erahnen, wie es in mir aussah, und fragte nicht weiter. Sie ist eine wunderbare, einfühlsame Frau. Wir sind bis heute sehr gute Freunde geblieben. Meine Tage in Krakau neigten sich dem Ende zu. Neben den vielen Eindrucken nahm ich auch die Telefonnummer der Tochter Grasyna mit nach Erfurt. Als ich ein paar Wochen später übers Wochenende nach Paris fuhr, traf ich sie dort. Wir hatten einen tollen Abend in einem chinesischen Restaurant. In den Jahren 2000 und 2001 bin ich wieder nach Krakau gefahren und habe sie alle dort wieder getroffen.

Im April 2000 luden die zwei BPW-Clubs aus Poznan mit einer großen Aktion zu ihrem 10-jährigen Jubiläum ein. Unser Erfurter Club musste nicht lange nachdenken. Wir fuhren hin und waren zu unserem Erstaunen die einzigen Vertreter aus Deutschland. Es gab ein sehr interessantes Wochenendprogramm. Wir hatten viele anregende Gespräche. Daraus entstand die Idee des Club-Twinning, eine Art Patenschaft. Wir, in Erfurt, sind sehr stolz, die Pioniere dieser Partnerschaft, die später ein Viererbündnis wurde, zu sein: die beiden Clubs in Poznan, der Club Göttingen und wir Erfurter.

Natürlich bin ich wieder mal aus dem Rahmen gefallen. Immer passieren mir solche Sachen! Am Morgen gab es einen Empfang beim Bürgermeister von Poznan. Oh, mein Gott, mein Wecker hatte versagt, und als ich wach wurde, war es höchste Zeit, im Rathaus zu erscheinen. Also, schnellstens rein in die Sachen, und schon bin ich losgefegt. In T-Shirt und Turnschuhen sprintete ich mit ungekämmten Haaren in den Rathaussaal. Die elegante Gesellschaft, die sich dort versammelt hatte, schaute schon ein wenig – wie sagt man so schön auf deutsch – ‚not amused'. Aber so bin ich eben, manche Fettnäpfchen kann ich einfach nicht auslassen.

2000 – Liebe

Anfang 2000 bekam ich einen Kurs in Erfurt für sechs Wochen. Dabei lernte ich eine junge Frau, Anfang 30, kennen. Sie sprach Französisch und Englisch mit einem kleinen französischen Akzent. Wir verstanden uns sehr gut. Ich konnte endlich wieder intensiv Französisch sprechen. Irgendwie imponierte sie mir. Sie wohnte direkt gegenüber meiner Wohnung, und trotzdem war ich ihr die ganzen Jahre nie begegnet. Das war schon witzig. Sie hatte eine Tochter, die damals 2 Jahre alt war, ein süßes Kind und sehr intelligent. Wir trafen uns öfter, gingen zusammen essen. Eines Tages lud sie mich zu sich ein. Es waren wunderbar entspannte Stunden. Die Einladungen häuften sich. Ich hatte das Gefühl, dass diese junge Frau großes Interesse an mir hatte, bis sie eines Tages zu mir sagte: „Ich bin verliebt in Dich!" Für mich kam das aus völlig heiterem Himmel, und ich wusste nicht, was ich sagen sollte. Ich hatte nicht gedacht, dass sie gay war. Mir wurde ganz komisch. Sie war zwar nicht die erste Frau, die mir so etwas sagte, aber es war doch jedes Mal wieder unglaublich und aufregend. 35 Jahre Altersunterschied! Wie sollte das alles gehen? Meine Töchter waren 15 Jahre älter als sie, und diese Frau wollte mit mir ins Bett? Ich versuchte, ihr zu erklären, dass es unmöglich sei, auch wegen des Altersunterschieds. Doch sie ließ nicht locker: „Dein Alter stört mich nicht! Du siehst toll aus, und ich bin sehr verliebt in Dich!" Okay, dachte ich. Sie ist eine wunderschöne Frau, und ich wollte das Prickeln der Liebe mit meinen 66 Jahren noch einmal erleben. Ich liebte ihre Augen, ihr Lächeln.

In dieser Zeit wurde die Straße, in der wir wohnten von oben bis unten aufgerissen: Die Gleisanlagen der Straßenbahn wurden erneuert. Die Bauarbeiten dauerten fast ein Jahr. Während dieser Zeit war ich immer am späten Nachmittag und nachts bei meiner neuen Freundin und ihrem Kind. Ihre Zimmer gingen nach hinten raus, und so bekamen wir den Baulärm nicht mit. Wir hatten eine intensive, emotionale und intime Beziehung. Ich lernte, sie zu lieben. Wir unternahmen viel zusammen und trafen uns auch manchmal mit Freunden oder Bekannten von mir.

Nach sechs Monaten bekam ich einen Anruf von ihr. Ich war gerade in Heiligenstadt. „Bridge, es tut mir leid. Aber es ist vorbei!" „Was meinst Du damit: es ist vorbei?" „Ich möchte Schluss machen!" Ich war wie vor den Kopf gestoßen. Das musste ich erst mal verdauen. Ich ging mit einem Kollegen, mit dem ich befreundet war und der auch meine Freundin kennen gelernt hatte, in ein Café. Er war auch gay und konnte deshalb meine Beziehung besser verstehen. Ich war total deprimiert und konnte nicht aufhören zu weinen. Es ging mir sehr sehr schlecht, und ich konnte meinen Unterricht nur oberflächlich abhalten. Das ging eine Woche so, bis ich wieder einen Anruf bekam: „Bridge, ich kann es nicht. Ich halte es nicht aus ohne Dich. Ich liebe Dich so sehr. Bitte komm zurück!" Wieder dachte ich, nicht richtig zu hören, und war überglücklich. Was für eine Achterbahn! Doch jetzt war die Welt wieder in Ordnung. Von da an nahm sie mich auch mit zu ihren Freunden: „Das ist Bridge, meine Partnerin!" Wir fuhren gemeinsam zu ihren Eltern übers Wochenende und holten ihre Tochter aus Offenburg vom leiblichen Vater ab. Er ist Franzose und lebt im Haus seiner Eltern in den französischen Alpen. Die Tochter war ein paar Mal im Jahr bei ihrem Vater und den Großeltern. Mit ihren drei Jahren konnte sie deshalb auch schon sehr gut französisch sprechen. Weihnachten 2001 verbrachten wir gemeinsam bei den Großeltern. Es war das erste Mal in meinem langen Leben, dass ich mit einer wunderbaren herzlichen Familie, meiner Freundin und ihrer Tochter das Weihnachtsfest feierte. Es war ein Gefühl, das ich gar nicht beschreiben kann. Da wurde mir so richtig bewusst, wie sehr ich meine eigene Familie vermisste. Es war das schönste Weihnachten seit 30

Jahren, seit ich mit meiner Mutter die Feiertage gemeinsam verbracht hatte. Ein richtiges Weihnachtsfest wie zu Kinderzeiten: der Abend mit dem Weihnachtsmann für die Kleine, Herzlichkeit, fantastisches Essen und die Liebe meiner Freundin! Ich fühlte mich rundum glücklich.

Auf dem Rückweg bemerkte ich eine Veränderung an ihr. Sie wurde aus heiterem Himmel launisch und grantig. Es war, als ob sie einen Schalter umgelegt hätte, einfach so. Ich wusste gar nicht warum, wieso und überhaupt? Ich war mir keiner Schuld bewusst. Als wir in einer Raststätte einen Imbiss einnehmen wollten, hatten wir eine Diskussion, die mich auf die Palme brachte. Also verließ ich das Restaurant, setzte mich in den Wagen und überlegte: Was ist mit ihr geschehen? Doch ich kam nicht dahinter. Als wir nachhause kamen, war alles wieder gut und passte.

Im nächsten Sommer waren wir zusammen an der Ostsee und hatten wunderschöne Tage dort. Im Alltag kümmerte ich mich um die Kleine. Wenn ihre Mutter zur Arbeit ging, betreute ich das Mädchen und lernte viel dazu, vor allem, wie man auf Kinder eingehen kann. Manchmal habe ich auch neue Bücher für sie gekauft und ihr vorgelesen. Ich hing sehr an dem Kind. Ich habe sie mit auf ihre Schuleinführung begleitet und konnte es genießen. Ich habe meiner Freundin irgendwann mein Auto geschenkt. Es war für sie wichtiger, eines zu haben, als für mich. Für meine Arbeitswege habe ich mir später einen Wagen geleast.

Wenn ich bei Ihnen war, gingen mir oft meine eigenen Kinder durch den Kopf. Ich habe meinen Kindern nie Bücher geschenkt und mit ihnen gemeinsam gelesen. Warum eigentlich nicht? War es die verzwickte Situation in New York, oder war ich einfach zu jung gewesen, oder war es, weil ich das aus eigenem Erleben so nie kennen gelernt hatte? Meine Mutter hatte mich fast nie in den Arm genommen. Abends las sie mir weder Geschichten vor noch setzte sie sich zu mir ans Bett und gab mir einen Gutenachtkuss. Kindheitserfahrungen sind tief verwurzelt in uns, und wir geben sie weiter. Mit meinen Töchtern bin ich ähnlich umgegangen wie meine Mutter mit mir, vielleicht nicht so krass, aber überschwängliche Zärtlichkeit gab es nicht.

Die folgende Zeit wurde sehr turbulent zwischen meiner Freundin und mir. Bis sie mir eines Tages nach fast 3 Jahren sagte, dass wir nicht zusammenpassten. Der Altersunterschied würde ihr nun doch Probleme bereiten. Ich hatte diesen Haken in unserer Beziehung schon von Anfang an gesehen. Trotzdem hatten wir viele herrliche Momente erlebt und schöne Zeiten gehabt. Kurz vor dem Zusammenbruch unserer Beziehung waren wir auf Mallorca. Das war der Hammer! Ich werde nicht weiter darauf eingehen, nur so viel, dass ich so eine Ferienwoche nie, nie wieder erleben möchte. Nach unserer Rückkehr trennten wir uns sofort.

Es folgte eine unendlich schwere Zeit für mich. Ich habe sehr viel über alles nachgedacht nach diesem Desaster. Warum wiederholte sich so etwas immer wieder in meinem Leben? Eines weiß ich sicher, dass es von meiner Seite aus ehrliche tiefe Liebe war. Aber natürlich hatte ich auch diesmal meinen eigenen Anteil an dem Zusammenbruch.

In der Zwischenzeit hat diese Freundin eine Frau geheiratet und scheint glücklich zu sein, was ich ihr von Herzen gönne. Wir hatten in unseren guten Zeiten viel Spaß miteinander und sehr viel zu lachen. Ich bereue nichts. Auch wenn der Altersunterschied so groß war, verstanden wir uns im Bett großartig. Ich fühlte mich wie eine 20-jährige und hatte das Gefühl, dass ich nichts verlernt hatte, im Gegenteil! Heute bin ich ihr sehr dankbar für dieses Geschenk der Liebe, für drei wunderschöne Jahre.

Leider haben wir inzwischen nicht mehr viel miteinander zu tun. Mutter und Tochter bekommen zu ihren Geburtstagen und zu Weihnachten Karten von mir, und das war's. Sie werden immer in meinem Herzen bleiben. Diese Liebe hatte mir ein gutes Stück Jugend zurückgegeben. Ich würde mir wünschen, meiner Freundin eines Tages wieder auf einer freundschaftlichen Ebene begegnen zu können. Ob sie jemals den Mut haben wird, mich zu treffen?

Leider darf ich auch die Tochter nicht treffen, was sehr schade ist. Als ich hörte, dass sie in einem Kindermusical mitspielt – hier in Erfurt – da bin ich natürlich hingegangen und habe gestaunt, was aus ihr geworden ist. Da war sie schon elf Jahre alt!

Im Jahr 2001 habe ich von Heike, einer Bekannten, die ein Büro für Arbeitssuchende hat, einen sehr guten beruflichen Auftrag bekommen. Sie ist eine sehr dynamische Frau und hat sogar in Kanada ein Tochterbüro aufgemacht. Ich sollte Kommunikationsenglisch für Techniker und Azubis in Seebach unterrichten. Anfangs dachte ich, der Unterricht würde zwei bis drei Monate dauern, doch fast acht Jahre wurden daraus. Zweimal in der Woche hatte ich halbtags dort zu tun. Ich habe mich sehr wohl gefühlt in dieser Firma. Meine Teilnehmer und ich, wir haben uns immer gut verstanden. Es wurde neben der Arbeit auch sehr viel gelacht. Aber es war ständig ein Drahtseilakt, da zwischendurch immer wieder Teilnehmer zum Arbeiten geschickt wurden. So kam es vor, dass ich mit einem oder zwei Teilnehmern da saß und am aktuellen Programm gearbeitet habe, während andere das nachholen mussten, was sie verpasst hatten. Sehr genossen habe ich die Frühstückspausen im Büro. Alle waren so nett zu mir: Herr Schmidt (den ich immer Schmitti nannte), Dirk und Brigitte, überhaupt alle, die in diesem Büro arbeiteten. Wenn Geburtstage anstanden, bog sich der Tisch vor lauter Leckereien, und durch das ganze Haus konnte man unser Gelächter hören.

Ich fuhr mit meinen Teilnehmern auf die Hannover-Messe. Peter, einem meiner Techniker, konnte ich zuhören, wie er auf Englisch einem Chinesen die Konstruktion einer Maschine erklärte. Ich kam aus dem Staunen nicht heraus. Toll hat er das gemacht! Ich war stolz darauf, dass er das in Englisch so gut konnte!

Ab dem Jahr 2003 habe ich mal wieder Bruchlandungen in zwei Beziehungen erlebt. Für mich war das nichts Neues mehr! Die eine dauerte drei Jahre, die andere nur zwei Wochen! Diese zwei Wochen waren nur ein Strohfeuer und sonst nichts, deshalb gehe ich auch nicht weiter darauf ein!

Ich denke, ich habe genug davon! Man soll zwar nie Nie sagen, aber...! Es ist mir einfach zu anstrengend, Liebesbeziehungen zu leben. Diese Ups und Downs sind emotional stressig. Ich möchte meine Energie lieber für andere Dinge verwenden. Ich habe heute mehr von meinem Leben, wenn ich Kameradschaften, Bekanntschaften und Freundschaften pflege. Es lebt sich viel entspannter. Aber ich möchte keine meiner Beziehungen missen. Es waren schöne und aufregende Zeiten. Ich habe wahnsinnig viel gelernt von Frauen, über Frauen und Beziehungen. Frauen können viel komplizierter sein als Männer. Es gibt immer wieder Kommunikationsprobleme, Zickenkriege, Eifersüchteleien, Unehrlichkeiten. Das, was ich bisher erlebt habe, reicht mir für den Moment!

2001 machte ich meine zweite 10-tägige Reise nach Krakau. Diesmal war es nicht so deprimierend. Ich war über Ostern zu Besuch und konnte das Fest mit Zela, Jack und dem Rest der Familie erleben. Wir gingen am Ostersonntag mit einem kleinen Körbchen voll gepackt mit Eiern, Wurst und anderen Lebensmitteln in die Kirche, um sie mit Weihwasser segnen zu lassen. Das bringt Glück! Ich fand es sehr interessant, die Messe in Krakau zu verfolgen. Nach dem Heimweg gab es ein Festessen. Alle tauschten ihre Eier aus und wünschten sich Frohe Ostern! Anschließend wurden die Eier aufgegessen. Ich habe selten eine solche Herzlichkeit empfunden, wie unter meinen polnischen Freunden, dass mir manchmal vor lauter Rührung und Dankbarkeit die Tränen kamen. Zela und Jack haben ein wunderschönes kleines Blockhaus auf dem Lande in Trzebunia, etwa 40 Kilometer südlich von Krakau. Ich habe dort sehr viele schöne Tage verbracht.

2002 war ich noch einmal über Ostern dort und das letzte Mal, als Grazyna heiratete.

Ein paar Jahre später fuhr ich im Rahmen meiner Tätigkeiten im BPW zu unserem ersten Twinning-Meeting Erfurt-Poznan. Im Zug lernte ich eine sehr interessante Frau kennen, Asha, eine Architektin aus Warschau. Die Zugfahrt Berlin-Poznan verging wie im Flug. Als wir ausstiegen, habe ich eine

Einladung für einen Masurenausflug mitgenommen. Asha wollte sie mir eines Tages zeigen.

2005 hat Asha mich zu sich nach Warschau eingeladen, und 2008 sind wir gemeinsam an der masurischen Seenplatte gewesen. Das war ein fantastisches Erlebnis, das ein wenig dadurch getrübt wurde, dass wir im August dort waren. Um diese Zeit fingen die bewaffneten Auseinandersetzungen zwischen Georgien und Russland an. Das war auf einmal gleich um die Ecke, und Erinnerungen an meine Kinderjahre in der Kriegszeit kamen wieder hoch. Es wurde mir richtig unheimlich und aufregend. Wie oft passierte es in der Weltgeschichte, dass man an einem Ort in einem fremden Land war, plötzlich Krieg ausbrach und man sich mittendrin befand? Das ging mir durch den Kopf in Warschau. Es war eigentlich Blödsinn und hat mich doch beeinflusst. Wenn man einmal einen solch furchtbaren Krieg, wie den zweiten Weltkrieg, erlebt hat, wird man sensibel!

Polen ist mir ein liebes Reiseland geworden. Bereits in den 90er Jahren war ich in Warschau gewesen. Bis heute bin ich insgesamt dreimal in Warschau und etliche Male in Poznan und Wroclaw gewesen. Ich finde Polen sehr interessant und schön.

Anfang März 2008 traf ich durch Zufall Marianne auf dem Anger in Erfurt. Wir hatten uns ein halbe Ewigkeit nicht gesehen, obwohl wir uns immer gut verstanden, Irgendwie einen guten Draht miteinander haben. Sie kam ganz spontan mit mir einen Kaffee trinken oben in dem schönen kleinen Café in der Buchhandlung Habel. Wir kamen ins Gespräch über Gott und die Welt. Als wir da so zusammensaßen, bekam ich einen Geistesblitz: Whow, du kennst Marianne schon so lange: Frag sie doch einfach, ob sie dir bei deinem Buchprojekt helfen würde. Gedacht, getan: „Du, ich will ein Buch über mein Leben schreiben. Hättest Du nicht Lust, meine Mitautorin und Lektorin zu werden? Ich brauche dafür jemandem, dem ich vertrauen kann. Ich könnte mir vorstellen, dass Du dafür die Richtige bist." Es dauerte eine kurze Zeit. Sie sah mich an und überlegte. „Ja, das würde mich interessieren. Ich mache es gern!" „Meinst Du das ernst? Würdest Du mein Buch mitschreiben? Das ist ja fantastisch."

So kam es, das wir uns seit März 2008 jede Woche einmal gegen 10 Uhr zu Gesprächen und Kaffee treffen. Marianne ist ein Geschenk für mich. Wir waren zusammen in Bad Harzburg und Gießen, um Erinnerungen wieder aufzufrischen und Kontakte zu knüpfen. Es macht großen Spaß, mit Marianne zu arbeiten. Sie ist eine fantastische Frau. Obwohl sie selber viel um die Ohren hat, findet sie noch Zeit, mein schlechtes Deutsch in Form zu bringen. Wir sind beide Autorinnen meines Buches. Ohne Marianne gäbe es kein Buch.

2008 war auch das Jahr der Wirtschaftskrise! In der zweiten Dezemberwoche verlor ich den Job in Seebach. Einfach so – von einem Tag auf den anderen. Ich hatte schon eine gewisse Zeit vorher ein mulmiges Gefühl gehabt. Wie immer hat mich meine Intuition nicht im Stich gelassen, und mir wurde gesagt, dass es leider keine Kurse mehr geben würde. Wieder mal war ein Kapitel vorbei.

Heute, am 4. November 2008, sitze ich vor meinem Fernseher und verfolge die Wahl des 44. Amerikanischen Präsidenten und bei der Bekanntgabe des Ergebnisses laufen mir die Tränen durchs Gesicht. Die Berichterstattung schwenkt nach Chicago und ich sehe Jesse Jackson, den Mitstreiter von Martin Luther King, im Grand Park weinen. Wie wird er sich jetzt fühlen? Was wird diesem Mann wohl jetzt durch den Kopf gehen? Angefangen von den Bürgerrechtsbewegungen, dem langen Marsch auf Washington mit Martin Luther King jr. 1963 und den folgenden Aktionen gegen Rassendiskriminierung ist es nun ein Afro-Amerikaner, der die Geschicke dieser Weltmacht bestimmen wird. Was für ein Erfolg!

In Gedanken höre ich immer noch die Rede von Martin Luther King jr.:„I have a dream... – Ich habe einen Traum..." Der Traum ist wahr geworden. Wenn Martin Luther King jr. das hätte erleben können. Sein Kampf war nicht vergeblich!

Als damals John F. Kennedy gewählt wurde, waren alle aus dem Häuschen. Aber kein Vergleich zu dem Jubel und Freudentaumel unter all den Menschen heute darüber, dass sie endlich einen schwarzen Präsidenten bekommen haben. Einer von ihnen ist der mächtigste Mann der Welt geworden! Was für Emotionen, weltweit! Ich hätte nie geglaubt, dass ich so etwas erleben würde.

Ab heute bin ich wieder eine glückliche und stolze Amerikanerin!

Im November 2009 – fast 20 Jahre nach dem Desaster mit dem Ulenspiegel in Gießen - bezahlte ich meine letzte Rate an das Finanzamt dort. Ich hatte es geschafft und keinen Cent Schulden mehr. „I'm free again!" sang es in mir. Ohne die drei Engel an meiner Seite: Maria-Anna, Doris und Marion wäre mir das nie gelungen. Herzlichen Dank Euch allen!

Schlussworte

Nachtrag

Egal, was in meinem Leben passierte, ich war und bin eine Macherin. Was habe ich nicht alles erlebt: im Krieg, in dem ich von den Bombenangriffen oder Maschinengewehren der Tiefflieger verschont wurde, meine Jugendstreiche in Frankreich, mein Überleben in den Großstädten, die Ehe, das Leben mit meinen beiden tollen Töchtern und danach lange ohne sie, das Gay-sein mit allen Höhen und Tiefen. Immer wieder habe ich in meiner beruflichen Laufbahn neu angefangen: Kantinenarbeit, tiermedizinische Pflegerin, Kurier für Zahnlabore, Zahnarzthelferin, Supervisor in einer Zahnklinik, Sportartikelverkäuferin, Musikerin, Bardame, Taxifahrerin, Zahntechnikerin in der Orthopädie, Leiterin einer Kleinkunstbühne, Regisseurin für Kindertheater, Mitglied einer Jazzband, Organisatorin von Kinderjazzkonzerten, Dozentin für Englisch, Motivations und Bewerbungstraining und Lehrerin an einer Kindermusikschule. An Silvesterabenden habe ich noch zusätzlich Tarot-Karten gelegt. Und nun bin ich auch noch Semiautorin – nicht zu fassen!

Mein Motto im Leben: Learning by doing. Dadurch bin ich in diese vielen unterschiedlichen Berufe geraten. Ich bin noch nie arbeitslos gewesen. Mein Glück war immer, dass ich zur richtigen Zeit am richtigen Ort war.

Ich war ganz unten am Boden, doch ich bin wieder hochgekommen mit Hilfe von einigen lieben Freunden. Ich versuche, immer positiv zu denken, obwohl die Welt im Moment nicht so toll aussieht. Eines steht für mich fest: Aus Krisen kann wieder etwas Neues entstehen.

Ich habe so unendlich vielen Menschen zu danken für mein wunderbares Leben.

Meiner Mutter und Oma danke ich, dass sie das aus mir gemacht haben, was ich geworden bin.

Vor allem danke ich meinen Töchtern, Steven, meinem Ex-Ehemann, und seiner Frau, die meine Mädchen in ihrer Jugend begleitet und dafür gesorgt haben, dass die beiden ihr Leben trotz der schwierigen Kindheit in New York City gemeistert und es geschafft haben, gute Berufe zu erlernen. Meine Töchter sind wunderschöne, tolle, starke Frauen geworden mit gesundem Selbstbewusstsein. Darauf bin ich sehr stolz.

Mit meiner ältesten Tochter, Patty, verstehe ich mich gut. Ich besuche sie immer, wenn es möglich ist und freue mich jedes Mal riesig auf unser Wiedersehen. Ich fahre einmal im Jahr zu ihr in die Schweiz. Obwohl es nicht immer einfach ist, sich mit seinen Kindern auseinander zusetzen, noch dazu wenn es Töchter sind, haben wir beide es ganz gut hinbekommen. Manchmal fliegt Patty mit ihrem Mann nach Amerika, um ihren Vater und die Familie dort zu besuchen. Dann treffen sich auch die Schwestern. Ich habe das Gefühl, dass sie sehr verschieden und sich ein wenig fremd sind, und ich frage mich, ob das auch mit ihrer Kindheit zu tun hat.

Ich habe mir schon lange gewünscht, eine richtige Aussprache mit meinen beiden großen Frauen führen zu können. Das hat sich leider noch nicht ergeben. Aber wenigstens hatte ich die Gelegenheit, mit meiner ältesten Tochter zu reden. Ich bin ihr sehr dankbar, dass sie mir zugehört hat, denn es war nicht einfach für uns beide.

Als ich das letzte Mal bei meiner älteren Tochter Patty zu Besuch war – kurz vor Weihnachten 2008, saßen wir am Esstisch und unterhielten uns über die Probleme in den Beziehungen zwischen Eltern und Kindern. Ich sprach über die Fehler, die ich als Mutter in New York gemacht hatte und betonte, wie dankbar ich meiner Tochter war, dass sie mich so unterstützt hatte in jenen Jahren, in denen Chou noch klein war. Plötzlich bemerkte ich, dass Tränen in Patty's schöne blauen Augen schossen. Da wurde mir sehr klar, wie tief bei ihr der Schmerz noch immer sitzt. Es zerriss mir in diesem Moment mein Herz, weil ich ihre Gefühle sehr gut nachvollziehen konnte.

Oh, Patty, wie schlimm muss es für dich gewesen sein, diese riesige Verantwortung für deine kleine Schwester übertragen bekommen zu haben. Mein ganzes Leben war und werde ich dir dankbar sein für deine Hilfe. Ohne Patty hätte ich die Jahre in New York nie überstanden! Schuldgefühle haben mich die ganzen Jahre über begleitet.

Wie leicht ist es doch, die eigenen Kinder seelisch zu verlieren, wenn man Fehler macht, wenn sie noch klein sind und eigentlich einen Erwachsenen brauchen. Damit möchte ich ausdrücken, dass ich sehr wahrscheinlich meine jüngere Tochter verloren habe. Sie ist Sternzeichen Widder, und Widder sind nicht ohne! Meine Hoffnung war immer, dass sie durch ihr eigenes Leben begreifen würde, wie schwer ich es hatte über die Runden zu kommen. Vielleicht wird sie mich eines Tages doch noch verstehen. Ich gebe auf keinen Fall auf, mich bei ihr zu melden, denn diese Art des Schweigens, so wie sie früher in meiner Familie oft vorkam, möchte ich nicht wiederholen. Vor kurzer Zeit hat sich Chou per Email gemeldet, was mich sehr gefreut hat! Es ist der erste Schritt wieder nach so vielen Jahren! Ich liebe meine beiden Töchter sehr, und wünsche mir, dass eines Tages Chou und ich uns genauso verstehen werden, wie ich und Patty. Ich werde meine Hand Chou so lange entgegen strecken, bis der Abschiedstag kommen wird, und ich mich auf den Weg ins Nirwana begebe. Ich versuche die Philosophie des Dalai Lama zu leben. Für mich ist es eine gesunde Philosophie. Ich habe darin meinen Weg gefunden.

Ich habe sehr viel meditiert und dadurch zu mir gefunden. Ich bereue viel. Aber ich kann damit gut leben und fühle mich glücklich. Immer, wenn ich ein neues Projekt anfange, eine neue Aufgabe antrete, geht es mir noch besser. So lange man positiv denkt, hat fast jeder im Leben die Chance weiterzukommen. Ich habe das Gefühl, dass sich gerade jetzt ein ganz neues Kapitel in meinem Leben auftut! Ein neuer Weg beginnt für mich in meinem Beruf und überhaupt. Ich hoffe, es wird so klappen, wie ich es mir vorstelle.

Mit meiner Schwester habe ich mich wieder vertragen. Unsere Beziehung war nicht leicht. Nachdem sie von Amerika nach Europa zurückfuhr, war unser Kontakt über Jahre hinweg belastet. Aber, wie alle Wunden, brauchte es etwas Zeit, um wieder zu heilen. Meiner Schwester danke ich, dass wir wieder zueinander gefunden haben. Ich liebe sie sehr, obwohl wir zwei vollkommen verschiedene Frauen sind mit unterschiedlichen Lebensauffassungen und Erfahrungen.

Ich möchte mich auch bei meinen vergangenen Liebespartnerinnen bedanken für die Liebe, die ich bekommen habe, wie immer sie auch aussah. Ich habe sehr viel gelernt von diesen tollen Frauen. Ich möchte sie nie missen. Das sind mit die schönsten Erfahrungen in meinem Leben. Sie haben mir viel gegeben.

Mein Weg wird weitergehen. Wohin er mich führen wird, weiß ich noch nicht. Irgendwo werde ich wohl ankommen – zum Schluss im Nirwana.

Ein Zitat des Dalai Lama:
Der entscheidende Schlüssel zum Glück ist, mit dem zufrieden zu sein, was man im Augenblick ist und hat. Diese innere Zufriedenheit verändert Ihren Blick auf die Dinge, sodass Ihr Geist in Frieden verweilen kann.

Ende (2009)

Epilog

Heute ist der 13. August 2011. Die letzten Gedanken im Hauptteil des Buches habe ich vor nunmehr fast zwei Jahren an Marianne weitergegeben. Nun endlich wird es das Buch geben, und ich möchte mein aktuelles Leben ans Ende des Buches setzen.

Seit August 2010 weiß ich, dass ich Blutkrebs habe. In dem Abschnitt über die Krankheit und den Tod meiner Mutter habe ich es aufgeschrieben: Ich habe Angst vor Krebs! Geschockt saß ich vor meiner Hausärztin, nachdem sie mir die Diagnose mitgeteilt hatte. Ich fing heftig zu weinen an. Was sollte ich nur tun? Dr. Andreas, meine Hausärztin, hat sich viel Zeit genommen, um mit mir zu reden. Sie hat mir Mut gemacht und versprochen, dass sie mich bis zum Ende begleiten wird. Mit der Überweisung zur Chemotherapie in der Hand ging ich nach Hause. Horrorvisionen über die Auswirkungen von Chemotherapie begleiteten mich in das Wartezimmer von Frau Dr. Heike, die die folgenden Monate die passende Therapie für mich entwickelte. Bei meinem ersten Besuch war ich mir nicht sicher, ob ich mich überhaupt behandeln lassen wollte. Dann saß ich zwischen den anderen Patienten, blickte mich um und fing an, mit meinen Nachbarn Kontakt aufzunehmen. Manche kamen schon viele Jahre regelmäßig in die Praxis zur ambulanten Chemobehandlung. Je länger ich mich mit ihnen unterhielt, desto besser konnte ich mein Schicksal annehmen. Die Atmosphäre in der Praxis mit der Freundlichkeit und Zuwendung durch die Schwestern und der Aufmerksamkeit von Dr. Heike machen es mir viel einfacher, alles zu überstehen. Ich fühle mich gut aufgehoben.

In meinem Leben habe ich die Chance bekommen, viele unglaubliche Dinge zu erleben, und ich bin darüber glücklich. Vielleicht bleiben mir noch weitere drei bis fünf Jahre, dann werde ich über 80 Jahre alt sein, und das ist für diese verrückte Welt wirklich genug! Mir scheint es, als ob sie sich immer schneller dreht und immer schlimmer wird. Also kann ich irgendwann ganz entspannt ‚Goodbye, cruel world!" sagen.

Am Ende möchte ich mich noch bei Anett und Andreas herzlichst bedanken für das, was sie für mich getan haben. An alle meine Freunde – ich danke Euch! Und natürlich: herzlichen Dank an Marianne und Volkmar, denn ohne diese beiden wunderbaren Menschen, wäre dieses Buch nie zustande gekommen! Danke, auch für Euer Vertrauen in mich.

Nachwort von Marianne Schwalbe

In den 1990er Jahren saß in vielen Kulturveranstaltungen in Erfurt eine energische Frau in der ersten Reihe, die sich immer an den Diskussionen beteiligte, mit viel Temperament die Beiträge und Darbietungen kommentierte, bei Musikdarbietungen mitwippte und regelmäßig als erste klatschte. „Mein Name ist Bridge Vargo. Ich bin Amerikanerin.", so leitete sie jeden ihrer Beiträge ein. Irgendwann kam ich nach einer Veranstaltung mit ihr ins Gespräch. Ich beneidete sie um ihr Selbstbewusstsein, denn ich bin eher ein leiser Mensch, der sich im Weltenlauf nicht so wichtig nimmt und immer ein wenig unsicher ist. Die Gespräche mit Bridge haben mich angeregt, über das nachzudenken, was ich mit meinem Leben wollte. Ich begriff, dass ich einiges ändern musste, um bei mir selbst zu sein. Verschiedene Faktoren führten dazu, dass ich tatsächlich meine Lebensumstände neu organisierte. Ich hatte viel zu tun: eine anspruchsvolle Arbeit, drei Kinder und mein Hobby, den Philharmonischen Chor Erfurt. Es blieb wenig Zeit, und die verbrachte ich mit Freunden, die mir näher standen. Wir verloren uns aus den Augen.

Als im Jahr 2008 Bridge und ich auf dem Erfurter Anger aufeinander trafen, war ich gerade arbeitslos geworden und ein wenig verzagt. Ich freute mich, Bridge zu sehen. Die Plauderstunde mit ihr ging schnell dahin, bis sie zu der Frage ansetzte, ob ich sie nicht beim Verfassen ihrer Autobiografie unterstützen könnte. „Wir schreiben sie gemeinsam. Was hältst Du davon?" Es muss die richtige Sekunde für diese Frage gewesen sein, denn das einzige, was mir dazu einfiel, war: 'Warum nicht?' Garnichts sprach dagegen! Im diesem Augenblick hatte ich Zeit und Lust, mich an einem solchen

Projekt auszuprobieren. Ohne weiter darüber nachzudenken, sagte ich: „Ja!"

In Bridges Schublade lagen die ersten 50 Seiten bereits seit mehr als 15 Jahren und hatten geduldig auf den passenden Moment gewartet, sich entwickeln zu dürfen. In den 90er Jahren fand ich es immer interessant, zuzuhören, wenn sie kleine Episoden zum Besten gab. Aber daran, dass es eines Tages ein solches Buch geben würde, hatte ich nicht geglaubt.

Heute, drei Jahre nach diesem „Ja!", liegt das Buch vor. Ganz ehrlich: Ich hätte nicht gedacht, dass es so viel Zeit und Kraft kosten würde. Immer wieder kam die Arbeit ins Stocken. Die Jahre hatten es in sich. Ich habe jetzt meine dritte Arbeitsstelle, musste heftige Schicksalsschläge verkraften und hatte manchmal überhaupt keine Motivation, das Buch zu Ende zu schreiben. Und ich gebe zu, ohne Bridges Krankheit hätte ich mich nicht so intensiv um den Abschluss gekümmert. Doch nun bin ich zufrieden, dass wir eine Fassung ihrer Lebensgeschichte vorlegen können, die zwar noch Korrekturen erfordert, aber im Großen und Ganzen fertiggestellt ist.

Mit dieser langwierigen Aktion bin ich bei einigen auf Unverständnis gestoßen. Ich habe nie darüber nachgedacht, was dabei „herausspringen" könnte. Viele mir wichtige Dinge sind während dieser Zeit entstanden: Ich weiß jetzt, dass ich konsequent an einer langen Aufgabe arbeiten kann und in der Lage bin, unterhaltsam und leicht Geschichten aufzuschreiben, die auch andere interessieren. Und schließlich hat sich eine intensive Freundschaft zu Bridge entwickelt. Ich habe ihre Schwester, die ältere Tochter und einige Freundinnen kennen gelernt. Ich finde es schade, dass ich kaum Gelegenheit haben werde, mit diesen für Bridges Leben wichtigen Menschen intensiv zu sprechen und ihre Sicht der Geschehnisse zu erfahren. Das wäre außerordentlich spannend!

Ich möchte mich bei denen bedanken, die mir durch ihre Unterstützung, Verbundenheit, Freundschaft und nicht zuletzt durch das kritische Lesen großer Teile des Buches den Mut und die Kraft gegeben haben, diese Seiten einem breiten

Publikum vorzulegen: Klaus Heilbock, Frau Dr. Unger, Betti, Evi, Susanne. Auch meinem treuen Freund Jürgen möchte ich für seinen überaus kritischen Umgang mit der Entstehung des Buches danken.

Ganz am Ende aber bleibt mir nur zwei Menschen ganz besonderen Dank auszusprechen: Bridge, die mir gestattet hat, so intensiv in ihr Leben Einblick zu nehmen, und Volkmar, meinem fantastischen Mann, der mich immer unterstützt und aufgefangen, auf zahllose gemeinsame Stunden verzichtet und schließlich den Satz und das Layout das Buchs übernommen hat. Danke!

Ich widme dieses Buch meinem auf tragische Weise verstorbenen Sohn, Michael.

Nachwort von Bridge C. Vargo

Der Tag ist gekommen, das Buch ist da!
Doch wie ist es realisiert worden?
Jahrelang haben mich Leute gefragt: „Warum schreibst Du nicht mal ein Buch über Dein reichhaltiges Leben?" Dann habe ich immer gedacht: ‚Jeder schreibt heutzutage ein Buch – über alles und nichts. Warum soll ich jetzt unbedingt auch noch eins schreiben?'

Ich weiß, dass mein Deutsch weder in Grammatik noch in Rechtschreibung so ist, dass man daraus ein Buch machen könnte.

Dann kam Marianne Schwalbe in mein Leben. Ich denke, es war 1990-91 im Europäischen Kulturzentrum in Erfurt. Wir unterhielten uns immer sehr angeregt, und ich fand Marianne sehr sympathisch und offen für gute Gespräche. Ich wurde ein paar Mal eingeladen in ihre Wohnung, lernte ihre drei Kinder und ihren Ex-Mann kennen und habe mich immer sehr wohl gefühlt in dieser Familie.

Marianne ist eine sehr starke Frau. Sie hat vieles durchgemacht. Das hat man ihr nie angesehen. Dafür habe ich sie sehr bewundert. Sie ist eine sehr natürliche und bescheidene Frau.

Da ich als Sprachdozentin in ganz Thüringen unterwegs war, haben wir uns jahrelang aus den Augen verloren. Ich fand das immer schade, aber so ist das Leben. Im Jahr 2008 trafen wir uns auf dem Anger, fingen an, uns zu unterhalten und fanden kein Ende. Ich fragte sie, ob wir nicht lieber im Café etwas zusammen trinken wollten. Es sei angenehmer, sich beim Kaffee zu unterhalten. Sie stimmte zu. Ich erzählte ihr, dass ich mein Leben aufschreiben wollte, und jemanden suchte, der mein Deutsch aufpoliert und die spannende Geschichte in die richtigen Worte fasst. „Marianne, ich habe Vertrauen zu Dir. Würdest Du mitmachen?" Sie sagte spontan zu, und ich war überglücklich, jemanden gefunden zu haben, dem ich voll vertrauen konnte und der das notwendige Wissen hatte. Denn die Inhalte sind ja nicht „so ganz ohne"!

Das war der Start unseres gemeinsamen Projektes. Was für ein Projekt! Ich begann, jeden Tag zwischen 14 und 18 Uhr eine Seite aufzuschreiben. Immer Montags trafen wir uns im Café. Ich gab ihr meine sieben Seiten ab, damit sie sie ins Reine schreibt. Das ging drei Jahre so.

Wenn Marianne nicht gewesen wäre, würde das Buch nicht entstanden sein. Ich danke Marianne und auch Volkmar, Ihrem Ehemann, von ganzem Herzen für diese riesige Arbeit! Trotz des großen Verlustes von Mariannes Sohn, Michael, hat sie weiter an diesem Buch geschrieben und gearbeitet. Ich kann es nicht in Worte fassen, was es mir bedeutet, so tolle Freunde gefunden zu haben. Sie haben es mir ermöglicht, meinen Kindern, meinen Enkeln und meiner Schwester einen Bericht über mein Leben als Andenken zu hinterlassen.

Es gibt viele Menschen in meinem Leben, aber nur sehr wenige ehrliche Freunde, wie es Marianne und Volkmar für mich sind, und dafür danke ich beiden nochmals von ganzem Herzen!

Danke – Marianne und Volkmar!

/ Glossar

1 Guernica liegt nordöstlich von Bilbao und hat heute ca. 15.000 Einwohner. In Guernica befindet sich oberhalb der Stadtmitte das heilige Nationalsymbol der Basken, eine Eiche, unter der bis 1876 die Ältestenräte aus dem ganzen Baskenland jährlich zusammenkamen, um eine Form von direkter Demokratie auszuüben. Der Baum wird jeweils, wenn er abstirbt, durch eine Neupflanzung aus den Früchten des alten Baumes ersetzt. Zwischen 1936 und 1939 tobte in Spanien ein Bürgerkrieg zwischen den Truppen der demokratisch gewählten Regierung und den nationalistischen Putschisten unter General Francisco Franco. Als der Putschversuch der Militärs zu scheitern drohte, erhielten die spanischen Franquisten Hilfe von den Regierungen in Deutschland und Italien. Ziel des deutschen Angriffs auf Guernica war angeblich die Zerstörung einer 25 Meter langen und 10 Meter breiten Steinbrücke. Dadurch sollte vorgeblich die Infrastruktur zerstört und den Truppen Francos ein leichteres Erobern der Stadt ermöglicht werden. Durch die Bomben und das anschließende Großfeuer wurden etwa 80 Prozent aller Gebäude zerstört. Die Brücke allerdings blieb unbeschädigt. Beim Luftangriff auf Guernica starben Hunderte von Menschen.

2 Bekannt wurde Oradour durch das Massaker vom 10. Juni 1944, bei dem der ganze Ort zerstört und fast alle Einwohner ermordet wurden. SS-Leute treiben die Frauen und Kinder in die steinerne Kirche und zündeten sie an, sprengten den Kirchturm und schossen wahllos in die Menge. An diesem Tag starben 642 Menschen in Oradour. Heute gibt es eine Gedenkstätte auf dem Gelände.

3 Der Freie Deutsche Gewerkschaftsbund (abgekürzt FDGB) war der Dachverband der etwa 15 Einzelgewerkschaften in der DDR.

4 Kazimierz ist ein Stadtteil von Krakau. Die ursprünglich selbständige Stadt wurde überwiegend von Juden bewohnt. Diese wurden 1941 von den deutschen Besatzungstruppen in das Krakauer Ghetto in Podgórze zwangsumgesiedelt. Teile der Ghetto-Mauer, die Ghetto-Apotheke und die Fabrik von Oskar Schindler liegen in diesem Teil Krakaus. Die Fabrik kann als Museum besichtigt werden. Von den 64.000 Juden in Krakau im Jahr 1940 wurden fast alle ermordet. Heute leben inoffiziell ca. 600 Juden in der Stadt.

5 Das Konzentrationslager Auschwitz-Birkenau war das größte deutsche Vernichtungslager während der Zeit des Nationalsozialismus. Es wurde 1941 drei Kilometer entfernt vom Stammlager Auschwitz I gebaut und befand sich nahe der in Auschwitz umbenannten Stadt Oświęcim. Der Name „Auschwitz" wurde zum

Symbol für den Holocaust. Von mehr als 5,6 Millionen ermordeten Menschen wurden etwa 1,1 Millionen Menschen, darunter eine Million Juden in Birkenau ermordet. Etwa 900.000 der Deportierten wurden direkt nach ihrer Ankunft in den Gaskammern ermordet oder erschossen. Weitere 200.000 Menschen wurden von der SS durch Krankheit, Unterernährung, Misshandlungen, medizinische Versuche oder die spätere Vergasung ermordet. Herkunftsländer der meisten Ermordeten waren Belgien, Deutschland, Frankreich, Griechenland, Italien, Jugoslawien, Luxemburg, Niederlande, Österreich, Polen, Rumänien, Sowjetunion, Tschechoslowakei und Ungarn. Heute sind von zwei der großen Konzentrationslager noch viele Teile erhalten bzw. originalgetreu ergänzt. Sie sind öffentlich zugänglicher Bestandteil des Staatlichen Museum Auschwitz-Birkenau, Gedenkstätte des Holocaust und jüdischer Friedhof auf dem Gelände der beiden ehemaligen Konzentrationslager I und II. Dieses Museum ist zugleich Gedenkstätte, internationales Begegnungs- und Holocaust-Forschungszentrum.

Diese Erläuterungen sind zum großen Teil aus Wikipedia - Die freie Enzyklopädie entnommen.

Bilder

1942 | Oma und Lory vor der Jagdhütte

1951 | Bridge in Gießen

1952 | Bridge in Paris

1956 | Bridge und Patty in Samois

1961 | Bridge und Pat in Kalifornien

1966 | Einbürgerungsurkunde

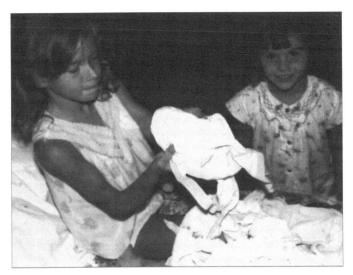

1967 | die Töchter Patty und Chou

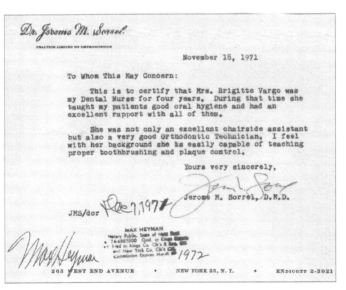

1971 | Arbeitszeugnis von Dr. Sorrel

1971 | Brldges Mutter mit Hund

1976 | Vorlage für Auftrittsankündigung des Giessen Jazztett

1989 | Bridge bei der Einführung von Rikschas in Gießen

1990 | letztes Visum zum Besuch der DDR

2004 | Bridge in Poznan

2010 | Bridge bei Wartburgradio Eisenach

2011 | Bridge und Marianne